D1727506

Kröll | Hausmann
Rechte und Belastungen
bei der Verkehrswertermittlung von Grundstücken

Rechte und Belastungen bei der Verkehrswert- ermittlung von Grundstücken

von
Dipl.-Ing. Ralf Kröll
und
Dipl. Wohnungs- und Immobilienwirtin (FWI) Andrea Hausmann

3. überarbeitete und erweiterte Auflage 2006

Luchterhand

Bibliografische Information Der Deutschen Bibliothek
Die Deutsche Bibliothek verzeichnet diese Publikation in der Deutschen
Nationalbibliografie; detaillierte bibliografische Daten sind im Internet
über **http://dnb.ddb.de** abrufbar.

ISBN-13: 978-3-472-06623-1
ISBN-10: 3-472-06623-7

www.wolterskluwer.de
www.luchterhand-fachverlag.de

Umschlag: futurweiss kommunikationen, Wiesbaden
Satz: Hümmer GmbH, Waldbüttelbrunn
Druck: Betz-Druck GmbH, Darmstadt
Printed in Germany, Oktober 2006

Vorwort zur 3. Auflage

In der dritten Auflage von »Rechten und Belastungen« hat es zwei wesentliche Änderungen gegeben:

1. Die Texte im Buch stammen nun aus der Feder von zwei Autoren: Ralf Kröll und Andrea Hausmann. Frau Hausmann beschäftigt sich seit einigen Jahren intensiv mit der Bewertung von Rechten und Belastungen. Sie hält zahlreiche Seminare zu diesem Thema und ist insofern mit der fachlichen und didaktischen Aufbereitung der Texte bestens vertraut. Mit Frau Hausmann erfährt das Buch somit eine erhebliche Aufwertung.

2. Zu Beginn des Jahres 2006 wurde das Kapitel »Bewertung von Rechten und Belastungen« in den Wertermittlungsrichtlinien umfassend geändert. Diese Änderungen werden in der dritten Auflage von »Rechten und Belastungen« berücksichtigt. Sie finden diesbezüglich ausführliche Beschreibungen der in den Wertermittlungsrichtlinien veröffentlichten Bewertungsmodelle. Da die Bewertungsmodelle jedoch auch Schwachstellen enthalten, darf eine kritische Würdigung nicht fehlen.

Ansonsten ist es bei der bewährten Form des Buches geblieben: zahlreiche theoretische Ausführungen wechseln sich mit Beispielen aus der Praxis ab. Es wird weiterhin großer Wert auf die visuelle Unterstützung der Texte gelegt, weshalb wieder zahlreiche Grafiken und Tabellen in die Texte integriert wurden.

Der Übungsteil ist erheblich erweitert worden. Es gibt viele neue Aufgaben und Fragen (mit Lösungen). Die Aufgaben und Fragen sind insbesondere für diejenigen gedacht, die sich einer Sachkundeprüfung stellen und sich gewissenhaft auf das Thema »Rechte und Belastungen« vorbereiten möchten.

Unser Hauptanliegen ist es nach wie vor, den theoretischen Hintergrund der Bewertung im Zusammenhang mit Rechten und Belastungen zu erläutern und gleichzeitig Tipps und Anregungen für die praktische Umsetzung zu geben. Die vielen positiven Stimmen zu den beiden ersten Auflagen lassen uns hoffen, dass dies mit der wesentlich erweiterten dritten Auflage noch besser gelingt.

Ralf Kröll   Andrea Hausmann
www.ralfkroell.de   www.andreahausmann.de

Inhaltsverzeichnis

1 Einleitung

In dieser Einleitung wird gezeigt,

- dass Rechte und Belastungen als wertbeeinflussende Zustandsmerkmale in der Verkehrwertermittlung zu berücksichtigen sind,
- dass bei Rechten und Belastungen zwischen dem Privatrecht und dem öffentlichen Recht unterschieden werden muss,
- dass neben den wirtschaftlichen Auswirkungen von Rechten und Belastungen immer noch das Verhalten der Marktteilnehmer berücksichtigt werden muss,
- dass neben dem Verkehrswert eines belasteten oder begünstigten Grundstücks oftmals auch der Verkehrswert einer Belastung oder Begünstigung ermittelt werden muss,
- dass man umfangreiche Kenntnisse benötigt, um die Auswirkungen von Rechten und Belastungen fundiert ermitteln zu können.

1.1 Rechte und Belastungen in der Verkehrswertermittlung

Die grundlegende Systematik jeder Verkehrswertermittlung besteht darin, zunächst die Zustandsmerkmale eines Bewertungsobjekts zu ermitteln (Tatsachenfeststellung) und diesen Zustandsmerkmalen dann Werte zuzuordnen (Wertermittlung). So ist beispielsweise die Lage des Bewertungsobjekts ein Zustandsmerkmal, das es zu recherchieren gilt. Der recherchierten Lage ist dann ein entsprechender Bodenwert zuzuordnen.

Die Zustandsmerkmale, die im Allgemeinen festzustellen sind, werden in § 3 Abs. 2 WertV genannt:

- rechtliche Gegebenheiten
- tatsächliche Eigenschaften
- sonstige Beschaffenheit
- Lage

Von diesen vier Zustandsmerkmalen werden in dem vorliegenden Buch hauptsächlich die »rechtlichen Gegebenheiten« behandelt.

Was unter »rechtlichen Gegebenheiten« zu verstehen ist, wird in der WertV beschrieben. Dort werden in den §§ 4 und 5 insbesondere folgende »rechtlichen Gegebenheiten« genannt:

- Entwicklungszustand
- Art und Maß der baulichen Nutzung
- beitrags- und abgabenrechtlicher Zustand
- wertbeeinflussende Rechte und Belastungen

Mit den »wertbeeinflussenden Rechte und Belastungen«, die demnach bei einer Verkehrwertermittlung als rechtliche Gegebenheiten zu berücksichtigen sind, können nun die Rechte und Belastungen in den umfangreichen Komplex »Verkehrswertermittlung« eingeordnet werden. Dabei wird deutlich, dass die Rechte und Belastungen lediglich einen Bruchteil der Verkehrswertermittlung ausmachen. Dies bedeutet jedoch nicht, dass »Rechte und Belastungen« von untergeordneter Bedeutung sind. Die richtige Recherche und Berücksichtigung von Rechten und Belastungen ist vielmehr von ausschlaggebender Bedeutung für den resultierenden Verkehrswert. Geringfügige Fehler bei der Berücksichtigung von Rechten und Belastungen können dazu führen, dass der Verkehrswert völlig unbrauchbar wird.

Die nachfolgende Abbildung soll nochmals verdeutlichen, wie die wertbeeinflussenden Rechte und Belastungen in das Gefüge der Verkehrswertermittlung einzuordnen sind.

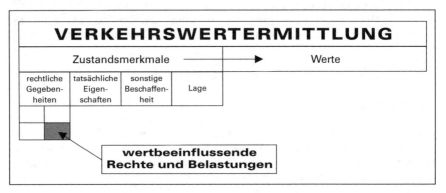

1.2 Welche Rechte und Belastungen gibt es?

Grundstücksbezogene Rechte und Belastungen können privatrechtlicher oder öffentlich-rechtlicher Natur sein.

Die auf dem Privatrecht beruhenden Rechte und Belastungen werden hauptsächlich im Bürgerlichen Gesetzbuch (BGB) behandelt. Dort wird unterschieden zwischen dem Grundeigentum, welches eine umfassende Herrschaft über ein Grundstück begründet und den Beschränkungen des Grundeigentums, die nur eine Teilherrschaft über das Grundstück ermöglichen. Das Grundeigentum sowie die Beschränkungen des Grundeigentums werden in das Grundbuch eingetragen.

Neben dem BGB gibt es noch verschiedene andere Gesetze und Verordnungen, in denen privatrechtliche Beschränkungen des Grundeigentums enthalten sind. Hier sind zum Beispiel die Erbbaurechtsverordnung und das Bundesberggesetz zu nennen.

Darüber hinaus können öffentlich-rechtliche Rechte und Belastungen an Grundstücken den Verkehrswert eines Grundstücks mindern oder erhöhen. Hierbei handelt es sich zum Beispiel um Baulasten, die Abstandsflächen- oder Stellplatzverpflichtungen sowie die Erschließung eines Grundstücks besichern. Auch Auflagen des Denkmalschutzes und des Naturschutzes können den Verkehrswert stark beeinflussen.

Die öffentlich-rechtlichen Rechte und Belastungen sind nicht im Grundbuch eingetragen. Im Rahmen der Recherche ist es demnach hinsichtlich möglicher Rechte und Belastungen erforderlich, nicht nur das Grundbuch einzusehen, sondern auch z. B. bezüglich bestehender Baulasten eine Auskunft aus dem Baulastenverzeichnis einzuholen oder das Denkmalregister einzusehen. Detaillierte Hinweise dazu finden Sie im Kapitel »Baulasten«.

Nachfolgend finden Sie eine Übersicht über die wesentlichen privatrechtlichen und öffentlich-rechtlichen Rechte Belastungen. Diese Übersicht erhebt jedoch keinesfalls den Anspruch auf Vollständigkeit.

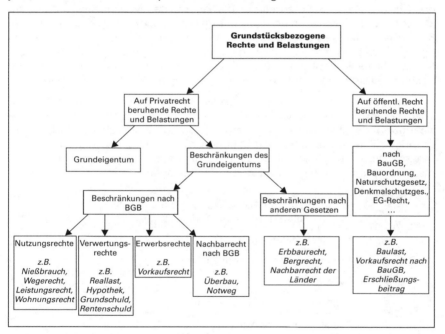

1.3   Grundsätzliche Vorgehensweise

Die WertV sagt zwar, dass Rechte und Belastungen als Zustandsmerkmale eines begünstigten bzw. belasteten Grundstücks bei der Verkehrswertermittlung zu berücksichtigten sind. Sie gibt jedoch keine konkreten Hinweise, **wie** dies geschehen soll. Derartige Grundsätze sind lediglich im Zweiten Teil der WertR zu finden.

Die dortigen Grundsätze sind jedoch wenig ausführlich. Lediglich die Verkehrswertermittlung im Zusammenhang mit Erbbaurechten wird etwas detaillierter beschrieben. Für alle anderen Rechte und Belastungen sind die Ausführungen wenig überzeugend, zumal die WertR in vielen Fällen immer noch davon ausgehen, dass die Auswirkungen von Rechten und Belastungen lediglich auf der Grundlage von Ertrags- und Kostenüberlegungen ermittelt werden sollen.

Diese Auffassung steht jedoch im Widerspruch zum Marktverhalten, denn bei vielen Rechten und Belastungen machen die Marktteilnehmer weitaus höhere Zu- oder Abschläge als das nach wirschaftlichen Gesichtspunkten vernünftig wäre. Hier sei zum Beispiel an die Belastung durch ein Wohnungsrecht gedacht, bei der der Barwert einer entgangenen Miete zwar problemlos nach Ertragsüberlegungen ermittelt werden kann. Dieser Barwert führt jedoch in der Regel nicht zu einem marktgerechten Verkehrswert, denn die Marktteilnehmer sehen in dem Wohnungsrecht erfahrungsgemäß einen größeren Nachteil als es der Barwert ausdrücken kann. Der Barwert berücksichtigt zum Beispiel nicht das Risiko, dass der Berechtigte eventuell (viel) länger lebt, als es die Statistik aussagt. Er berücksichtigt auch nicht die höherwertige Rechtsposition des Wohnungsberechtigten gegenüber einem Mieter.

Insofern muss zusätzlich zu den Ertrags- und Kostenüberlegungen immer noch das Verhalten der Marktteilnehmer berücksichtigt werden. Unter Berücksichtigung der Marktanpassung ergibt sich die nachfolgend dargestellte grundsätzliche Vorgehensweise bei der Bewertung von Rechten und Belastungen. Diese Vorgehensweise kann auf fast alle Bewertungen im Zusammenhang mit Rechten und Belastungen übertragen werden.

Grundsätzliche Vorgehensweise bei Rechten und Belastungen	
Verkehrswert des belasteten Grundstücks	unbelasteter Verkehrswert
	± Ertrags- und Kostenüberlegungen
	= Zwischenwert
	± Lage auf dem Grundstücksmarkt
	= belasteter Verkehrswert
Verkehrswert des Rechts	Ertrags- und Kostenüberlegungen
	± Lage auf dem Grundstücksmarkt
	= Verkehrswert des Rechts

1.4   Marktanpassung

Die oben beschriebene grundsätzliche Vorgehensweise bei der Wertermittlung im Zusammenhang mit Rechten und Belastungen geht konform mit dem Grundsatz der Verkehrswertermittlung, dass wirtschaftliche Auswirkungen in der Regel nicht unmittelbar zum Verkehrswert führen. Es ist stets noch die Lage auf dem Grundstücksmarkt zu berücksichtigen. Im Sachwertverfahren geschieht dies mittels eines Marktanpassungsfaktors und im Ertragswertverfahren mittels des Liegenschaftszinssatzes. Wenn man diese für die deutsche Wertermittlung typische Systematik auf die Bewertung im Zusammenhang mit Rechten und Belastungen überträgt, bleibt nur der Schluss, dass auch bei der Bewertung von Rechten und Belastungen stets die Lage auf dem Grundstücksmarkt zu berücksichtigen ist.

Bei Rechten und Belastungen besteht jedoch das Problem, dass kaum geeignete Verkaufspreise vorliegen, die statistisch ausgewertet werden könnten. Insofern kann man die Marktanpassungsfaktoren für Rechte und Belastungen nicht aus dem Marktgeschehen heraus ableiten. Gerade das aber ist die Stärke des Sach- und des Ertragswertverfahrens, dass nämlich durch die aus Kaufpreisen abgeleiteten Marktanpassungsfaktoren und Liegenschaftszinssätze bei richtiger Anwendung marktgerechte Verkehrswerte produziert werden.

Somit besteht eine wesentliche Schwäche der Verkehrswertermittlung im Zusammenhang mit Rechten und Belastungen darin, dass keine aus dem Marktgeschehen abgeleiteten Marktanpassungsfaktoren vorhanden sind. Da bei der Verkehrswertermittlung im Zusammenhang mit Rechten und Belastungen in der Regel keine empirischen Marktanpassungsfaktoren vorhanden sind, muss der Sachverständige sich größtenteils auf Erfahrungswerte und Analogien stützen, die nicht statistisch gesichert und daher angreifbar sind.

Der Sachverständige sollte sich jedoch bewusst sein, dass der Rückgriff auf Erfahrungswerte und Analogien zu den wesentlichen Aufgaben der Wertermittlung gehört. Niemand kann etwas dagegen haben, dass ein Sachverständiger seine eigenen Erfahrungswerte in die Bewertung einfließen lässt, wenn die Erfahrungswerte nachvollziehbar dargelegt werden. Oder anders ausgedrückt: Es liegt im Ermessen des Sachverständigen, welche Marktanpassung er ansetzt; er muss die Marktanpassung nur für jedermann nachvollziehbar begründen.

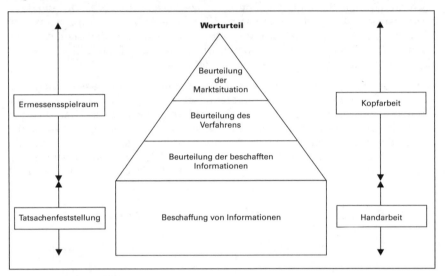

1.5   Notwendige Kenntnisse zur Bewertung von Rechten und Belastungen

Wie bereits beschrieben, gibt es im Bewertungsrecht keine detaillierten und allgemein gültigen Vorschriften für die Bewertung von Rechten und Belastungen. Insofern sind in der Literatur zahlreiche Vorschläge zur vermeintlich sinnvollsten Vorgehensweise zu finden. Auch an dieser Stelle werden bezüglich der Wertermittlung von Rechten und Belastungen Lösungsansätze vorgestellt und anhand von Beispielen detailliert erläutert.

Das Ziel dieses Buchs ist es jedoch nicht, mit neuen Lösungsansätzen noch weiter zu verwirren. Es soll vielmehr sensibilisiert werden dafür, dass die Berücksichtigung der bereits vorgestellten grundsätzlichen Vorgehensweise im Allgemeinen zu einem sinnvollen Verkehrswert führt. Zudem sollen die vorgestellten Ansätze anregen, in Einzelfällen eigene sinnvolle Lösungsansätze zu finden. Dazu bedarf es vor allem folgender Kenntnisse:

- fundierte finanzmathematische Kenntnisse, um die wirtschaftlichen Auswirkungen einschätzen zu können

- Kenntnisse der rechtlichen Grundlagen, um die diesbezüglichen Auswirkungen einschätzen zu können
- Marktkenntnisse, um das Verhalten der Marktteilnehmer einschätzen zu können

Wenn der Sachverständige diese Kenntnisse besitzt und darüber hinaus die hier vorgestellten Lösungsansätze auf die Einzelfallproblematik zu projizieren lernt, steht der Ermittlung von rechtlich sicheren und marktgerechten Verkehrswerten nichts mehr im Weg.

1.6 Zusammenfassung

In der Einleitung wurde verdeutlicht,

- dass die Bewertung von Rechten und Belastungen zwar nur einen Bruchteil der Verkehrswertermittlung ausmacht; dass dieser oft vernachlässigte Randbereich jedoch erhebliche Auswirkungen auf den resultierenden Verkehrswert haben kann,
- dass es eine systematische Vorgehensweise bei der Bewertung von Rechten und Belastungen gibt, die in den meisten Bewertungsfällen zu aussagefähigen Verkehrswerten führt,
- dass es Marktanpassungsfaktoren (wie beispielsweise bei der Sachwertermittlung) in der Regel nicht gibt und dass deshalb eine marktgerechte Bewertung in den weitaus meisten Fällen mit erheblichen Schwierigkeiten verbunden ist,
- dass umfangreiche Kenntnisse notwendig sind, um die möglichen Fallkonstellationen richtig bewerten zu können.

2 Erbbaurecht

In diesem Kapitel wird gezeigt,

* wie der Verkehrswert eines Erbbaurechts und der Verkehrswert eines mit einem Erbbaurecht belasteten Grundstücks ermittelt werden können,
* dass die Laufzeit des Erbbaurechts in Verbindung mit der Restnutzungsdauer des Gebäudes zu unterschiedlichen Fallkonstellationen in der Wertermittlung führen kann,
* wie der Bodenwert bei der Erbbaurechtsbewertung behandelt wird,
* dass eine Marktanpassung auch bei der Bewertung von Erbbaurechten erforderlich ist,
* wie ein Erbbaurechtsgutachten in der Praxis aussehen kann.

2.1 Definition und wesentliche Aspekte

Die rechtlichen Grundlagen des Erbbaurechts finden sich hauptsächlich in der Erbbaurechtsverordnung (ErbbauVO). § 1 ErbbauVO beschreibt das Erbbaurecht wie folgt:

§ 1 ErbbauVO (Gesetzlicher Inhalt)

(1) Ein Grundstück kann in der Weise belastet werden, dass demjenigen, zu dessen Gunsten die Belastung erfolgt, das veräußerliche und vererbliche Recht zusteht, auf oder unter der Oberfläche des Grundstücks ein Bauwerk zu haben (Erbbaurecht).

(2) Das Erbbaurecht kann auf einen für das Bauwerk nicht erforderlichen Teil des Grundstücks erstreckt werden, sofern das Bauwerk wirtschaftlich die Hauptsache bleibt.

(3) Die Beschränkung des Erbbaurechts auf einen Teil eines Gebäudes, insbesondere ein Stockwerk, ist unzulässig.

(4) Das Erbbaurecht kann nicht durch auflösende Bedingungen beschränkt werden. Auf eine Vereinbarung, durch die sich der Erbbauberechtigte verpflichtet, beim Eintreten bestimmter Voraussetzungen das Erbbaurecht aufzugeben und seine Löschung im Grundbuch zu bewilligen, kann sich der Grundstückseigentümer nicht berufen.

Nachfolgend werden einige für die Grundstückswertermittlung wesentliche Aspekte des Erbbaurechts aufgeführt:

* Das aufgrund des Erbbaurechts errichtete Bauwerk gilt als wesentlicher Bestandteil des Erbbaurechts (und nicht des Grundstücks). Eigentümer des Bauwerks ist somit der Erbbauberechtigte. Erlischt das Erbbaurecht,

so wird das Bauwerk zum wesentlichen Bestandteil des Grundstücks, d. h. dass dann der Grundstückseigentümer zum Eigentümer des Bauwerks wird.

- Das Erbbaurecht kann nur ausschließlich zur ersten Rangstelle bestellt werden; der Rang kann nicht geändert werden. Damit ist gesichert, dass das Erbbaurecht auch im Falle der Zwangsversteigerung des Grundstücks fortbesteht.
- Das Erbbaurecht kann zeitlich befristet oder unbefristet sein.
- Gemäß § 1 Abs. 2 der Verordnung über das Erbbaurecht (ErbbauVO) kann sich das Erbbaurecht auch auf einen für das Bauwerk nicht erforderlichen Teil des Grundstücks erstrecken. Demnach kann beispielsweise eine Gartenfläche ebenfalls Inhalt des Erbbaurechts sein. Zu beachten ist in diesem Fall jedoch, dass das Bauwerk wirtschaftlich die Hauptsache des Erbbaurechts darstellen muss.
- Eine Beschränkung des Erbbaurechts auf Gebäudeteile, zum Beispiel eine Etage eines Einfamilienhauses, ist nicht zulässig. Das Erbbaurecht umfasst das gesamte Bauwerk. Ausnahmen bilden das Wohnungserbbaurecht und das Teilerbbaurecht.
- Gemäß § 6 der Grundbuchordnung (GBO) können auch mehrere Grundstücke mit einem Erbbaurecht belastet werden. Die Eintragung eines Gesamterbbaurechts ist jedoch an bestimmte Bedingungen geknüpft, auf die an dieser Stelle nicht näher eingegangen wird.
- Auf im Erbbaurechtsvertrag vorhandene Bedingungen, die bei Eintritt zur Auflösung des Erbbaurechts und Löschung im Grundbuch führen sollen, kann ein Grundstückseigentümer sich nicht berufen. Das Erbbaurecht kann also nicht durch auflösende Bedingungen beschränkt werden.
- Bei dem Erbbaurecht handelt es sich um ein grundstücksgleiches Recht. Es kann wie ein Grundstück veräußert, vererbt und belastet werden und wird deshalb in ein eigenes Grundbuch eingetragen: das so genannte Erbbaugrundbuch. Im Erbbaugrundbuch wird in der Regel auf den Erbbaurechtsvertrag Bezug genommen. Dieser enthält die vertraglichen Vereinbarungen zwischen den Beteiligten.

2.2 Inhalte des Erbbaurechts

2.2.1 Gesetzlicher Inhalt

Der gesetzliche Inhalt des Erbbaurechts ist in § 1 ErbbauVO geregelt (siehe oben). Er besteht zum Beispiel darin, dass dem Erbbauberechtigten das veräußerliche und vererbliche Recht zusteht, auf oder unter der Oberfläche des mit dem Erbbaurecht belasteten Grundstücks ein Bauwerk zu haben. Darüber hinaus ist in § 1 ErbbauVO als gesetzlicher Inhalt des Erbbaurechts festgelegt, dass das Bauwerk der wirtschaftliche Hauptzweck des Erbbaurechts sein muss und eine Beschränkung auf Gebäudeteile nicht zulässig ist. Schließlich wird dort festgehalten, dass sich ein Grundstückseigentümer nicht auf im Erbbaurechtsvertrag genannte Bedingungen, die bei Eintritt zur Auflösung des Erbbaurechts und Löschung im Grundbuch führen sollen, berufen kann. Das Erbbaurecht kann also nicht durch auflösende Bedingungen beschränkt werden.

Der oben aufgeführte gesetzliche Mindestinhalt des Erbbaurechts wird den Beteiligten in der Regel nicht genügen. Sie wollen im Allgemeinen detailliertere Vereinbarungen treffen. Derartige Vereinbarungen können im Erbbaurechtsvertrag getroffen werden. Diese vertraglichen Vereinbarungen werden, soweit sie an den §§ 1 bis 8 ErbbauVO ausgerichtet sind, zum dinglichen Inhalt des Erbbaurechts. Nachfolgend wird beschrieben, welche vertragsmäßigen Vereinbarungen nach den §§ 1 bis 8 der ErbbauVO getroffen werden können.

2.2.2 Vertragsmäßiger Inhalt

Inhalt des Erbbaurechts können nur die in § 1 der Erbbaurechtsverordnung aufgeführten Merkmale und die in den §§ 2 bis 8 der Erbbaurechtsverordnung aufgeführten Vereinbarungen sein. Dabei handelt es sich insbesondere um Vereinbarungen zu folgenden Aspekten:

- die Errichtung, die Instandhaltung und die Verwendung des Bauwerks
- die Versicherung des Bauwerks und seinen Wiederaufbau im Falle der Zerstörung
- die Tragung der öffentlichen und privatrechtlichen Lasten und Abgaben
- die Verpflichtung des Erbbauberechtigten, das Erbbaurecht beim Eintreten bestimmter Voraussetzungen auf den Grundstückseigentümer zu übertragen (Heimfall)
- die Verpflichtung des Erbbauberechtigten zur Zahlung von Vertragsstrafen
- die Einräumung eines Vorrechts für den Erbbauberechtigten auf Erneuerung des Erbbaurechts nach dessen Ablauf
- die Verpflichtung des Grundstückseigentümers, das Grundstück an den jeweiligen Erbbauberechtigten zu verkaufen
- die Zustimmung des Grundstückseigentümers zur Veräußerung des Erbbaurechts und zur Belastung des Erbbaurechts mit einer Hypothek, Grund- oder Rentenschuld oder einer Reallast
- die Entschädigung beim Erlöschen oder beim Heimfall des Erbbaurechts

Die in der ErbbauVO genannten Vertragsinhalte bilden den Rahmen möglicher Vereinbarungen. Die Ausgestaltung der einzelnen genannten Aspekte kann im Wege der Verhandlung zwischen dem Erbbauberechtigten und dem Erbbaurechtsgeber zu unterschiedlichen Formulierungen in den Erbbaurechtsverträgen führen.

Die in der obigen Aufzählung aufgeführten Vereinbarungen werden durch ihre Aufnahme in den Erbbaurechtsvertrag zum Inhalt des Erbbaurechts und erhalten somit dinglichen Charakter, d. h. dass sie sowohl gegen den derzeitigen Grundstückseigentümer als auch seine Rechtsnachfolger wirken. Darüber hinaus gehende Vereinbarungen besitzen lediglich schuldrechtlichen Charakter, d. h. dass sie beim Eigentumswechsel möglicherweise nicht übernommen werden (auch wenn sie im Erbbaurechtsvertrag aufgeführt sind), da sie nicht dinglich gesichert sind.

2.2.3   Beurteilung der Inhalte

Der Sachverständige, der Wertermittlungen im Zusammenhang mit einem Erbbaurecht durchzuführen hat, muss somit den Erbbaurechtsvertrag einsehen, um alle wertrelevanten Vereinbarungen zu erkennen. Nur durch das Studium des Vertrags können die von Fall zu Fall unterschiedlichen Vereinbarungen richtig erfasst und bei der Wertermittlung berücksichtigt werden.

Inhalte des Erbbaurechts		
gesetzliche	vertragliche	schuldrechtliche
werden zum Inhalt des Erbbaurechts und wirken aufgrund der dinglichen Sicherung auch gegen Rechtsnachfolger		können bei einem Verkauf oder einer Übertragung untergehen

Es ist jedoch nicht die Aufgabe des Sachverständigen, die im Erbbaurechtsvertrag getroffenen Vereinbarungen der beteiligten Parteien bezüglich des Erbbaurechts auf Rechtmäßigkeit zu überprüfen. Der Sachverständige kann in der Regel auch nicht feststellen, welche vertraglichen Vereinbarungen gegen die Vorschriften der Erbbaurechtsverordnung verstoßen und somit möglicherweise nicht oder nur schuldrechtlich wirksam sind. Er sollte bei seiner Bewertung vielmehr von dem Rechtszustand ausgehen, der im Grundbuch und im Erbbaurechtsvertrag angetroffen wird und dies auch in seinem Gutachten ausdrücklich vermerken.

2.3   Erbbauzins

2.3.1   Vorbemerkungen

Der Erbbaurechtgeber erhält dafür, dass er seinen Boden dem Erbbauberechtigten zur Verfügung stellt, in der Regel ein Entgelt in Form einer regelmäßigen Leistung: den Erbbauzins. Es ist auch möglich ein unentgeltliches Erbbaurecht oder eine Einmalzahlung zu vereinbaren, was jedoch selten vorkommen dürfte.

Da es sich um eine wiederkehrende Leistung handelt, die der Erbbaurechtgeber aus der Nutzung des Grundstücks heraus erhält, handelt es sich um eine Reallast. Diese Erbbauzinsreallast ist ein subjektiv-dingliches Recht, das nur zugunsten des jeweiligen Grundstückseigentümers bestellt werden kann. Die Erbbauzinsreallast wird im Grundbuch eingetragen.

Der Erbbauzins ist nicht gesetzlicher bzw. vertraglicher Inhalt des Erbbaurechts. Erst durch die Absicherung als Reallast im Grundbuch erhält der Erbbauzins die dingliche Wirkung.[1]

---

1 Vgl. *Fassbender u. a.*, Notariatskunde, 2000, S. 330.

Die Höhe des Erbbauzinses kann grundsätzlich zwischen den beteiligten Parteien frei verhandelt werden. Es ist jedoch zur Regel geworden, dass der Erbbauzins zu Beginn der Laufzeit des Erbbaurechts in einem Prozentsatz des zur Zeit der Begründung des Rechts aktuellen Bodenwerts festgelegt wird.

In den neuen Bundesländern gilt eine Besonderheit hinsichtlich des Erbbauzinses. Unter bestimmten Voraussetzungen sind hier auf der Grundlage des § 43 Abs. 2 SachenRBerG fest vorgegebene Erbbauzinssätze anzusetzen.

Seit der Einführung des Sachenrechtsänderungsgesetzes im Jahr 1994 kann der Erbbauzins »zwangsversteigerungsfest« vereinbart werden. Die entsprechende Rechtsgrundlage ist § 9 Abs. 3 ErbbauVO:

Als Inhalt des Erbbauzinses kann vereinbart werden, dass die Reallast abweichend von § 52 Abs. 1 des Gesetzes über die Zwangsversteigerung und die Zwangsverwaltung mit ihrem Hauptanspruch bestehen bleibt, wenn der Grundstückseigentümer aus der Reallast oder der Inhaber eines im Range vorgehenden oder gleichstehenden dinglichen Rechts die Zwangsversteigerung des Erbbaurechts betreibt.

Wird demnach die Vereinbarung hinsichtlich § 9 Abs. 3 ErbbauVO getroffen, so bleibt die Erbbauzinsreallast unabhängig von ihrer Rangstelle in einer Zwangsversteigerung bestehen.

2.3.2 Erhöhung des Erbbauzinses

Seit der Einführung des Sachenrechtsänderungsgesetzes im Jahr 1994 muss der Erbbauzins nicht mehr für die ganze Laufzeit des Erbbaurechts im Voraus bestimmt sein. Die Erbbauzinsreallast kann vielmehr eine Anpassungsklausel beinhalten. Vor 1994 war es nicht möglich, eine wertgesicherte Erbbauzinsreallast in das Grundbuch einzutragen. Etwaige Erhöhungsansprüche wurden bis 1994 lediglich über eine zusätzliche schuldrechtliche Zahlungsverpflichtung gesichert. Dabei musste sich der Erbbauberechtigte verpflichten, im Falle einer Erhöhung des Erbbauzinses jeweils entsprechende geänderte Reallasten in das Grundbuch einzutragen. Diese schuldrechtliche Verpflichtung wurde dann über eine Vormerkung im Grundbuch gesichert.

Auf der Grundlage einer Anpassungsklausel ist eine Anpassung des Erbbauzinses an die allgemeinen wirtschaftlichen Verhältnisse möglich, nicht jedoch eine Anpassung an Währungsverhältnisse oder an Bodenwertänderungen. Die wirtschaftlichen Verhältnisse sind an der Preisentwicklung der Verbraucherpreise (vormals Lebenshaltungskosten eines 4-Personen-Haushalts mittleren Einkommens) zu bemessen. Sofern keine Anpassungsklausel vereinbart wurde und ein Kaufkraftschwund von mehr als 60 % seit Abschluss des Erbbaurechtsvertrags festgestellt wird, sind die allgemeinen wirtschaftlichen Verhältnisse darüber hinausgehend an der Änderung der Bruttoeinkommen der Arbeiter im produzierenden Gewerbe und Angestellten im produzierenden Gewerbe und Handel zu orientieren.

Erbbauzinserhöhung	
vor dem 01. Oktober 1994	ab dem 01. Oktober 1994
• der dingliche Erbbauzins musste für die ganze Laufzeit des Erbbaurechts im Voraus bestimmt sein	• der Erbbauzins muss nicht mehr für die gesamte Laufzeit im voraus bestimmt sein
• die Erhöhung des Erbbauzinses konnte aufgrund des Bestimmtheitsgrundsatzes nur über eine genehmigungspflichtige Wertsicherungsvereinbarung vertraglich (schuldrechtlich) fixiert werden	• seither kann eine Anpassungsklausel zum Inhalt der dinglichen Erbbauzinsreallast gemacht werden (eine Genehmigung ist unter Umständen erforderlich)
• der Anspruch des Grundstückseigentümers auf Erhöhung konnte durch eine Vormerkung zur Sicherung des Erhöhungsanspruchs im Grundbuch gesichert werden	• dies ist bei Neubestellung oder Inhaltsänderung des Erbbaurechts möglich
	• die Anpassung muss analog der Regelungen zur Reallast (§ 1105 BGB) hinsichtlich Art und Umfang bestimmbar sein
	• eine Grundbuchabsicherung des Erhöhungsanspruchs ist nicht mehr erforderlich

Bei einem Bauwerk, das Wohnzwecken dient, darf die Erhöhung nicht unbillig sein. Nach § 9 a der ErbbauVO darf die Anpassung des Erbbauzinses in diesem Fall nur dann an geänderte Grundstückswertverhältnisse, die die Änderung der allgemeinen wirtschaftlichen Verhältnisse oftmals übersteigen, gekoppelt werden, wenn die Änderung des Grundstückswerts

- infolge eigener zulässigerweise bewirkter Aufwendungen des Grundstückseigentümers entstanden ist oder
- Vorteile, welche eine Änderung des Grundstückswerts mit sich bringen als billig anerkannt werden.

§ 9 a ErbbauVO trat am 23. Januar 1974 in Kraft. Aufgrund von Übergangsregelungen gilt diese seither gültige Bestimmung auch für vor diesem Zeitpunkt geschlossene Erbbaurechtsverträge. Aus diesem Grund ist bei älteren Erbbaurechtsverträgen stets zu prüfen, ob eine rückwirkende Änderung der Erbbauzinsen notwendig ist.[2]

2.3.3   Erhöhung des Erbbauzinses bei Wegfall der Geschäftsgrundlage

Erbbaurechte ohne Anpassungsklauseln können in der Regel bei einem Kaufkraftschwund von mehr als 60 Prozent wegen des Wegfalls der Geschäftsgrundlage angepasst werden (BGH-Urteil). Der Kaufkraftschwund wird dabei

---

2 Vgl. *Kleiber/Simon/Weyers*, Verkehrswertermittlung von Grundstücken, 4. Auflage 2002.

nach den Lebenshaltungskosten eines Vier-Personen-Arbeitnehmerhaushalts mit mittlerem Einkommen bemessen. Bei aktuellen Wertermittlungsstichtagen ist der Kaufkraftschwund aus dem Verbraucherpreisindex abzuleiten.

Ein Anspruch auf Erhöhung des Erbbauzinses darf bei Erbbaurechten für Wohnzwecke frühestens nach Ablauf von drei Jahren seit Vertragsabschluss und, wenn eine Erhöhung des Erbbauzinses bereits erfolgt ist, frühestens nach Ablauf von drei Jahren seit der jeweils letzten Erhöhung des Erbbauzinses geltend gemacht werden.

Beispiel 1: Keine Erhöhung des Erbbauzinses

Es ist der Verkehrswert eines mit einem Erbbaurecht belasteten Grundstücks zum Wertermittlungsstichtag 01. Januar 2005 zu ermitteln. Der Erbbaurechtsvertrag wurde im Januar 1991 geschlossen. Es wurde seinerzeit ein Erbbauzins in Höhe von 500,00 DM/Jahr vereinbart. Der Vertrag enthält keine Anpassungsklausel. Der seinerzeit vereinbarte Erbbauzins wird am Wertermittlungsstichtag noch unverändert mit 500,00 DM/Jahr (= 255,65 EUR/Jahr[3]) gezahlt.

Es liegen folgende Informationen über die Entwicklung der Lebenshaltungskosten vor:

Wertermittlungsstichtag . . . . 1. Januar 2005
Verbraucherpreisindex 1991[4] 83,6
Verbraucherpreisindex 2005 108,3

Nach BGH-Rechtsprechung[5] ist ein Anpassungsverlangen bei einem Kaufkraftschwund von mehr als 60 Prozent gerechtfertigt. Dieser Kaufkraftschwund ist aus der Änderung der Lebenshaltungskosten (zum Zeitpunkt des BGH-Urteils für einen 4-Personen-Arbeitnehmer-Haushalt) abzuleiten.

Im vorliegenden Fall beträgt der Kaufkraftschwund 29,54 Prozent. Der Kaufkraftschwund wird wie folgt ermittelt:

$$\frac{108,3 - 83,6}{83,6} = 29,54\%$$

Im vorliegenden Bewertungsfall wäre der Erbbauzins demnach nicht anzupassen. Bei Erbbaurechten, die vor vielen Jahren geschlossen wurden, kann der Kaufkraftschwund jedoch deutlich höher ausfallen, so dass es zu einer Anpassung des Erbbauzinses kommen kann, selbst wenn im Erbbaurechtsvertrag keine Anpassungsklausel vorgesehen ist.

---

3 Bei einem Umrechungskurs von 1,95583.
4 Die Indizes wurden hier aus Gründen der leichteren Nachvollziehbarkeit auf Basis der Jahresdurchschnittswerte angegeben, die vom statistischen Bundesamt im »Verbraucherpreisindex, Lange Reihe ab 1881, Basisjahr 2000« ermittelt wurden. In einer Wertermittlung wären die monatlichen Indizes mit entsprechender Umrechnung der Basisjahre anzuwenden.
5 BGH, Urt. vom 24. 02. 1984 – V ZR 222/82.

Beispiel 2: Erhöhung des Erbbauzinses

Es soll zum Wertermittlungsstichtag 31. Dezeber 2005 ein Verkehrswertgutachten für ein im Januar 1965 bestelltes Erbbaurecht erstattet werden. Der Erbbauzins wurde im Erbbaurechtsvertrag mit 350 DM/Jahr festgelegt. In diesem Vertrag wurde keine Anpassungsklausel vereinbart. Folgende Informationen über die Entwicklung der Lebenshaltungskosten liegen vor:

Wertermittlungsstichtag 31. 12. 2005
Verbraucherpreisindex 2005 (Basisjahr 2000) 108,3
Verbraucherpreisindex 1965 (Basisjahr 2000) 33,7
Index ∅ Bruttomonatsverdienste der Arbeiter im prod.
Gewerbe 2005 (Basisjahr 2000) 108,2
Index ∅ Bruttomonatsverdienste der Arbeiter im prod.
Gewerbe 1965 (Basisjahr 2000) 18,3
Index ∅ Bruttomonatsverdienste der Angestellten im prod.
Gewerbe 2005 (Basisjahr 2000) 112,9
Index ∅ Bruttomonatsverdienste der Angestellten im prod.
Gewerbe 1965 (Basisjahr 2000) 16,5

Zunächst muss geprüft werden, ob eine Anpassung des Erbbauzinses erforderlich ist. Dabei muss die Frage beantwortet werden, ob der Kaufkraftschwund seit Abschluss des Erbbaurechtsvertrags bis zum Wertermittlungsstichtag größer als 60 Prozent ist. Diese Grenze wurde in einem BGH-Urteil als Grenze des tragbaren Risikos für den Erbbaurechtsgeber definiert.

Im vorliegenden Fall kommt man zu folgendem Ergebnis:

$$\frac{108,3 - 33,7}{33,7} = 221,37\%$$

Grundsätzlich muss dem Willen der Vertragsparteien entsprochen werden. Das bedeutet, dass in einer Wertermittlung natürlich zunächst der Erbbauzins herangezogen werden muss, der ursprünglich vereinbart wurde. Im vorliegenden Fall wurde keine Anpassungsklausel vereinbart. Demnach wäre der unveränderte Erbbauzins Grundlage der Erbbaurechtsbewertung.

Allerdings geht die Rechtsprechung davon aus, dass bei Verträgen mit langen Laufzeiten, wie es häufig bei Erbbaurechtsverträgen der Fall ist, das Verhältnis von Leistung und Gegenleistung im Zeitablauf stark voneinander abweichen kann. Wenn das Gleichgewicht zwischen Leistung und Gegenleistung so stark gestört ist, dass die Interessen einer Vertragspartei durch die ursprüngliche Vereinbarung stark beeinträchtigt werden, kann eine Anpassung des Erbbauzinses erfolgen.

Wie oben bereits mehrfach beschrieben, ist nach BGH-Rechtsprechung ein Anpassungsverlangen bei einem Kaufkraftschwund von mehr als 60 Prozent gerechtfertigt. Dieser Kaufkraftschwund ist aus der Änderung der Lebenshaltungskosten (zum Zeitpunkt des BGH-Urteils für einen 4-Personen-Arbeitnehmer-Haushalt) abzuleiten.

Da der Kaufkraftschwund im vorliegenden Fall größer als 60 Prozent ist, kann eine Anpassung des Erbbauzinses verlangt werden. Auch hier wird allerdings darauf verwiesen, dass eine abschließende Sicherheit über die Notwendigkeit der Erhöhung nur über eine juristisch fundierte Aussage erlangt werden kann.

Die Höhe der Anpassung des Erbbauzinses wird wie folgt berechnet[6]:

	1965	2005	Anpassungsfaktoren
			Steigerung in %
Verbraucherpreisindex (2000=100)	33,7	108,3	a = 3,214 (= 108,3 / 33,7)
			221,37 (= 108,3 / 33,7) × 100 – 100
Index der durchschnittlichen Bruttomonatsverdienste der Arbeiter im produzierenden Gewerbe (2000 = 100)	18,3	108,2	b = 5,913 (= 108,2 / 18,3)
			491,26 (= 108,2 / 18,3) × 100 – 100
Index der durchschnittlichen Bruttomonatsverdienste der Angestellten im produzierenden Gewerbe und Handel (2000 = 100)	16,5	112,9	c = 6,842 (= 112,9 / 16,5)
			584,24 (= 112,9 / 16,5) × 100 – 100

Das gewogene Mittel wird nach folgender Formel berechnet:

$$\text{Erbbauzinsanpassungsfaktor} = \left(\frac{b + c}{2} + a \right) \times 0,5$$

a = Anpassungsfaktor Lebenshaltungskostenindex
b = Anpassungsfaktor ∅ Bruttowochenverdienst der Arbeiter im produzierenden Gewerbe
c = Anpassungsfaktor ∅ Bruttomonatsverdienst der Angestellten im produzierenden Gewerbe und Handel

Als gewogenes Mittel der Anpassungsfaktoren erhält man demnach:

$$\left(\frac{5,913 + 6,842}{2} + 3,214 \right) \times 0,5 = 4,796$$

Mit Hilfe dieses Ergebnisses lässt sich der angepasste Erbbauzins wie folgt berechnen:

Erbbauzins laut Vertrag in 1965	350,00 DM
Erbbauzins in 2005	350,00 DM × 4,796 = 1.678,60 DM

6 BGH, Urt. vom 23. 05. 1980 – V ZR 20/78- in Verbindung mit BGH Urt. vom 18. 05. 1979–V ZR 237/70 und BGH Urt. vom 23. 05. 1980 – V ZR 129/76.

Als gewogenes Mittel der Steigerungen in % erhält man:

$$\left(\frac{491{,}26 + 584{,}24}{2} + 221{,}37 \right) \times 0{,}5 = 379{,}51\%$$

Mit Hilfe dieses Ergebnisses lässt sich der angepasste Erbbauzins wie folgt berechnen:

Erbbauzins laut Vertrag in 1965	350,00 DM
Erbbauzins in 2005	350,00 DM + (350,00 DM × 379,51%) = 1.678,60 DM

Dies entspricht einem Erbbauzins in Höhe von 858,09 EUR[7].

Hinweise für die Bewertungspraxis

Es muss an dieser Stelle ausdrücklich darauf hingewiesen werden, dass die juristische Auslegung von Vertragsinhalten nicht zur Aufgabe des Sachverständigen gehört. Dies gilt auch für die Auslegung bzw. Deutung von Erhöhungsmöglichkeiten für den Erbbauzins.

Für die Bewertungspraxis wird empfohlen, dem Auftraggeber die Problematik hinsichtlich des Erbbauzinses zu schildern (soll der aktuelle oder ein erhöhter Erbbauzins in der Wertermittlung berücksichtigt werden?) und entsprechend um einen eindeutigen Auftrag hinsichtlich der Vorgehensweise zu bitten. Schlimmstenfalls muss der Auftraggeber juristisch prüfen lassen, welcher Erbbauzins zum Wertermittlungsstichtag zu zahlen ist.

Sollte der Auftraggeber keinerlei Kenntnisse über die Erbbauzinserhöhungsmöglichkeiten haben und auch nicht gewillt sein, sich diesbezüglich in Kenntnis zu setzen, wird empfohlen, sich begründet für einen Erbbauzins zu entscheiden (z. B. aktueller Erbbauzins oder Erbbauzins unter Berücksichtigung der Erhöhungsmöglichkeiten) und dies im Gutachten deutlich zu vermerken.

Möglicherweise ist es auch sinnvoll, zwei Verkehrswerte in einem Gutachten zu ermitteln: 1. Verkehrswert mit aktuellem Erbbauzins, 2. Verkehrswert mit erhöhtem Erbbauzins. In diesem Fall ist im Gutachten eindeutig zu vermerken, dass der Sachverständige die Problematik bezüglich der Erhöhung des Erbbauzinses nicht lösen kann, und deshalb zwei Verkehrswerte angibt, die dann noch der juristischen Deutung bedürfen.

2.4 Weitere Aspekte zum Erbbaurecht

2.4.1 Gründe für die Bestellung von Erbbaurechten

Dem Grundstückseigentümer bieten sich bei der Bestellung von Erbbaurechten viele Vorteile. Er bleibt Eigentümer des Grundstücks und erhält für die Gestattung der Bebauung und Nutzung des Grundstücks den Erbbauzins als wie-

---

7 Bei einem Umrechnungskurs von 1,95583.

derkehrende Leistung aus dem Grundstück. Je nach Ausgestaltung des Erbbaurechts trägt der Erbbauberechtigte für die Dauer des Erbbaurechts die Kosten, die üblicherweise der Eigentümer zu tragen hat.

Weiterhin partizipiert der Eigentümer an Bodenwertsteigerungen, die im Zeitablauf zweifelsohne erzielt werden. Zudem kann er nach Ablauf des Erbbaurechts gegen Zahlung einer Entschädigung das Eigentum an dem Bauwerk, den baulichen Anlagen oder Einrichtungen erhalten.

Der Erbbaurechtsnehmer hingegen erhält die Möglichkeit, Eigentum zu bilden, ohne die Kosten des Grunderwerbs tragen zu müssen. Dabei hat er im Rahmen des Erbbaurechts die komplette Verfügungsgewalt über das Grundstück. In der Regel bleibt der zu zahlende Erbbauzins deutlich hinter den laufenden Kosten zurück, die beim Kauf eines Grundstücks entstehen würden.

2.4.2 Rechtliche Zuordnung des Bauwerks

Der Erbbaurechtsnehmer ist Eigentümer des Bauwerks, der Erbbaurechtsgeber ist Eigentümer des Grundstücks, auf dem das Bauwerk errichtet wurde oder wird. Im Fall des Erbbaurechts wird also von dem Grundsatz abgewichen, dass das Bauwerk wesentlicher Bestandteil des Grundstücks ist. Somit wird in der Wertermittlung auch eine separate Betrachtung des mit einem Erbbaurecht belasteten Grundstücks und des Erbbaurechts erforderlich.

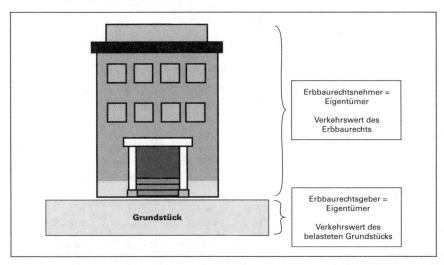

Aufgrund der rechtlichen Trennung wird das Gebäude mit Eintragung des Erbbaurechts in das Grundbuch von den Belastungen des Grundstücks befreit. Sobald das Erbbaurecht jedoch erlischt, werden die Bestandteile des Erbbaurechts zu Bestandteilen des Grundstücks.

Unbeschadet dessen kann eine Person zugleich Inhaber des Erbbaurechts und Eigentümer des Grundstücks sein. Man spricht dann von einem Eigentümererbbaurecht.

2.4.3   Grundbücher

Ein Erbbaurecht entsteht durch die Einigung zwischen dem Erbbaurechtsgeber und dem Erbbaurechtsnehmer über die Bestellung eines Erbbaurechts sowie die Eintragung in das Grundbuch. Im Falle des Erbbaurechts ist zu beachten, dass dieses in zwei verschiedenen Grundbüchern dokumentiert wird.

Einerseits wird das Erbbaurecht in Abeilung II des belasteten Grundstücks an erster Rangestelle eingetragen. Andererseits wird darüber hinaus ein Erbbaugrundbuch angelegt. Der Aufbau des Erbbaugrundbuchs folgt den Bestimmungen der Grundbuchordnung über den Aufbau eines Grundbuchs. Auf das Erbbaugrundbuch muss in Abteilung II des belasteten Grundstücks Bezug genommen werden.

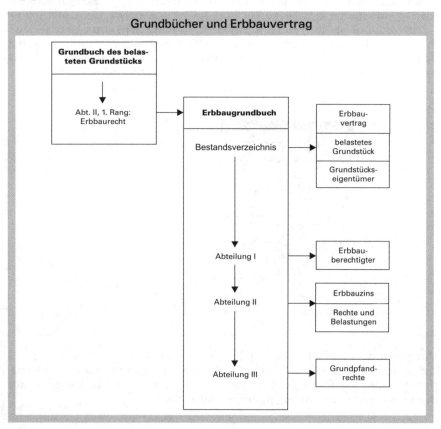

Im Bestandsverzeichnis des Erbbaugrundbuchs wird vermerkt, dass es sich um ein Erbbaurecht handelt. In der Regel wird Bezug auf die Eintragungsbewilligung (Erbbauvertrag) genommen. Darüber hinaus werden das mit dem Erbbaurecht belastete Grundstück sowie der Eigentümer des belasteten Grundstücks näher bezeichnet.

In Abteilung I des Erbbaugrundbuchs wird der Berechtigte des Erbbaurechts benannt. In Abteilung II werden der Erbbauzins sowie weitere Rechte und Belastungen des Erbbaurechts jeweils unter Bezugnahme auf die entsprechenden Eintragungsbewilligungen benannt. In Abteilung III des Erbbaugrundbuchs können Grundpfandrechte, die das Erbbaurecht belasten, eingetragen werden.

2.4.4 Ende der Laufzeit des Erbbaurechts

Das Ende der Laufzeit des Erbbaurechts kann in folgenden Fällen erreicht werden:

- Heimfallanspruch z. B. bei Zahlungsverzug mit dem Erbbauzins in Höhe zweier Jahresbeiträge (§ 9 Abs. 4 ErbbauVO)
- Aufhebung
- Zeitablauf

Heimfall bedeutet, dass das Bauwerk, bauliche Anlagen und Einrichtungen bei Nichterfüllung getroffener Vereinbarungen in das Eigentum des Erbbaurechtsgebers (=Grundstückseigentümer) übergehen. Damit wird das Bauwerk wieder wesentlicher Bestandteil des Grundstücks. Der Heimfallanspruch muss ausdrücklich vertraglich als Inhalt des Erbbaurechts vereinbart worden sein. Eine reine Vertragsverletzung ohne Regelungen über den Heimfall führt nicht zu einem Heimfallanspruch. In diesem Fall ist für das Erbbaurecht eine angemessene Vergütung zu zahlen, deren Höhe im Erbbaurechtsvertrag geregelt werden kann. Es wird demnach eine Entschädigung für den Rechtsverlust am Erbbaurecht und für das Bauwerk gezahlt.

Stellt der Erbbaurechtsnehmer einen Antrag auf Aufhebung des Erbbaurechts, so bedarf dieser der Zustimmung des Grundstückseigentümers. Die Zustimmung ist dem Grundbuchamt oder dem Erbbauberechtigten gegenüber zu erklären und ist unwiderruflich.

Eine Beendigung durch Zeitablauf bedeutet, dass die im Erbbaurechtsvertrag vereinbarte Laufzeit abgeschlossen ist und nicht verlängert wird. Für diesen Fall kann im Erbbaurechtsvertrag vereinbart werden, dass für das Bauwerk, die baulichen Anlagen und Einrichtungen eine Entschädigung gezahlt wird.

2.5 Wertermittlung für den Standardfall RLZ $\geq$ RND

2.5.1 Bewertungsmodell

Im Folgenden wird das Modell zur Bewertung von Erbbaurechten und von mit Erbbaurechten belasteten Grundstücken vorgestellt. Dieses Modell ist relativ einfach aufgebaut und lehnt sich eng an die Denkweise eines wirtschaftlich denkenden und handelnden Marktteilnehmers an. Es ist bis auf kleine Unterschiede mit dem Modell der WertR identisch. Die Unterschiede und die daraus resultierenden Schwachstellen im WertR-Modell werden in Kapitel 3 näher beschrieben.

Das Modell zur Bewertung von Erbbaurechten und mit Erbbaurechten belasteten Grundstücken ist wie folgt aufgebaut:

	Grundsätzliche Vorgehensweise	Ertragswert	Sachwert
Belastetes Grundstück	Ertrags- und Kostenüberlegungen	Barwert des Erbbauzinses	
		+ über die RLZ abgezinster Bodenwert	
		± Sonstige wertbeeinflussende Umstände	
	Zwischenwert	= Summe der Barwerte	
	Lage auf dem Grundstücksmarkt	± Marktanpassung	
	belasteter Verkehrswert	= Verkehrswert des belasteten Grundstücks	
Erbbaurecht	Ertrags- und Kostenüberlegungen	Barwert der Reinerträge	Gebäudesachwert
		− Barwert der Erbbauzinsen	
		± Sonstige wertbeeinflussende Umstände	
	Lage auf dem Grundstücksmarkt	± Marktanpassung	
	Verkehrswert des Rechts	= Verkehrswert des Erbbaurechts	

Anhand des obigen Schemas wird deutlich, dass sich Sachwert- und Ertragswertverfahren nur bei den Ertrags- und Kostenüberlegungen hinsichtlich der Bewertung des Erbbaurechts unterscheiden. Ansonsten besteht Übereinstimmung.

In grafischer Form stellen sich der Verkehrswert des belasteten Grundstücks und der Verkehrswert des Erbbaurechts (ohne Berücksichtigung sonstiger Umstände) im obigen Modell wie folgt dar:

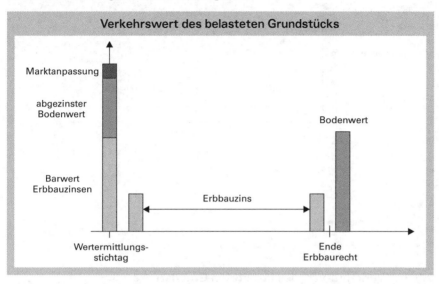

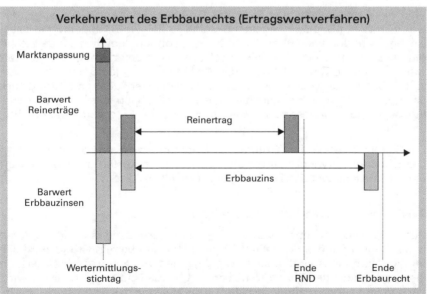

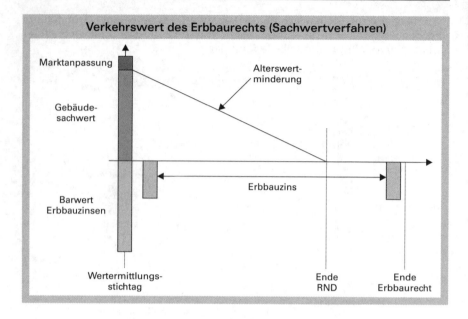

2.5.2   Verkehrswert des belasteten Grundstücks

Sinn des Erbbaurechts aus Sicht des Grundstückseigentümers ist es, das Grundstück auf Dauer im eigenen Bestand zu halten. Der Eigentümer beabsichtigt nicht den Verkauf des Grundstücks, sondern lediglich die Belastung mit einem Erbbaurecht über einen kalkulierbaren Zeitraum. Er bleibt somit während der gesamten Laufzeit des Erbbaurechts Eigentümer des Grundstücks. Bedingt durch die rechtliche Trennung des Gebäudes vom Grundstück ist er jedoch über den Zeitraum der Laufzeit des Erbbaurechts in seinem Handlungsspielraum eingeschränkt. Hierfür erhält er als Entschädigung den Erbbauzins.

Der Bodenwert steht dem Grundstückseigentümer erst am Ende der Laufzeit des Erbbaurechts wieder zur Verfügung. Aus diesem Grund ist der Bodenwert über die Restlaufzeit des Erbbaurechts abzuzinsen.

2.5.3   Verkehrswert des Erbbaurechts

Der Erbbaurechtsnehmer spart die Kosten des Grundstücksankaufs und hat in der Regel dennoch die volle Verfügungsgewalt über ein Grundstück, das im Eigentum eines Dritten steht. Die Eigenheit von Erbbaurechten besteht also darin, dass der Boden **nicht** vom Erbbauberechtigten erworben wird. Für den Erbbauberechtigten ist lediglich die Nutzung des Grundstücks von Interesse. Diese Nutzung ist durch die vertragliche Gestaltung des Erbbaurechtsvertrags in den meisten Bewertungsfällen zeitlich begrenzt.

Der Käufer oder Eigentümer eines Erbbaurechts spart sich somit die Investition in den Boden, so dass es bei der Bewertung von Erbbaurechten einer Berücksichtigung des Bodenwerts nicht bedarf.[8]

Der Erbbaurechtnehmer zahlt für die Möglichkeit, auf oder unter einem fremden Grundstück ein Bauwerk zu haben, einen Erbbauzins. Dieser Erbbauzins wird in der Regel bei Vertragsabschluss in Anlehnung an die aktuelle Bodenwertverzinsung vereinbart und sollte auch Grundlage der Überlegung der Bewertung des Erbbaurechts und des belasteten Grundstücks sein. Aus diesen Überlegungen heraus folgt ebenfalls, dass dem Erbbaurecht unabhängig von dem Objekttyp, der im Rahmen des Erbbaurechts errichtet wurde oder wird, kein Bodenwert zuzuordnen ist, da die Kosten des Grunderwerbs des Bodens nicht anfallen.

Die Situation des Erbbauberechtigten ist vergleichbar mit der eines Mieters, der zwar die von ihm gemietete Wohnung im vollen Umfang nutzen, aber Veränderungen nur im Rahmen der mietvertraglich vereinbarten Regelungen vornehmen kann. Das Fehlen des vollen eigentumsgleichen Einwirkungsrechts auf die Wohnung kompensiert er dadurch, dass er mit seiner Miete eine geringere Zahlung leistet als wenn er einen Kapitaldienst für das uneingeschränkte Eigentum zu bezahlen hätte. Der Erbbauberechtigte zahlt für die Nutzungsmöglichkeit des Grundstücks den Erbbauzins. Auch dieser ist in der Regel geringer als die Kosten, die durch einen Erwerb anfallen.

2.5.4 Sonstige wertbeeinflussende Umstände

In der Regel werden im Erbbaurechtsvertrag Entschädigungsregelungen für den Fall des Zeitablaufs und des Heimfalls vereinbart. Diese Entschädigungsregelungen müssen im Falle des Zeitablaufs des Erbbaurechts berücksichtigt werden, wenn die Restlaufzeit des Erbbaurechts kleiner als die Restnutzungsdauer des Gebäudes ist und das Gebäude bei Ablauf des Erbbaurechts nicht oder nicht voll entschädigt wird. Für den Heimfall gelten besondere Bedingungen. Hierzu verweisen wir auf die Ausführungen zu Beginn dieses Kapitels.

Die Entschädigung kann als sonstiger wertrelevanter Umstand berücksichtigt werden. Alle weiteren Verpflichtungen aus dem Erbbaurecht werden bei ertragsorientierten Objekten in der Regel im Reinertrag oder in den Bewirtschaftungskosten erfasst. Aspekte, die nicht bereits auf die genannte Art Eingang in die Überlegungen zur Wertmittlung gefunden haben, können, wie die Entschädigung auch, als sonstige wertrelevante Umstände berücksichtigt werden.

---

8 Diese Sichtweise hat sich bei den Bewertungsmodellen, die in der Fachwelt kursieren, größtenteils noch nicht durchgesetzt. Von daher sind die meisten Modelle auch sehr kompliziert, da sie mit unterschiedlichen Bodenwertanteilen operieren.

Bei Sachwertobjekten können die sonstigen, sich aus dem Erbbaurechtsvertrag ergebenden wertrelevanten Umstände unter den sonstigen wertbeeinflussenden Umständen erfasst werden (z. B. eine Entschädigungsregelung).

Oftmals sind die Verpflichtungen aus dem Erbbaurecht nicht unüblich und stellen insofern keine außergewöhnlichen wertrelevanten Merkmale dar, die nicht bereits über die Höhe des vereinbarten Erbbauzinses erfasst sind. In diesen Fällen finden die in den Erbbaurechtsverträgen enthaltenen Verpflichtungen keine weitergehende Berücksichtigung. Nur außergewöhnliche Vor- oder Nachteile, die nicht bereits im Erbbauzins oder an anderer geeigneter Stelle erfasst sind, wären zusätzlich zu berücksichtigen.

2.5.5 Marktanpassung

Bei Rechten und Belastungen besteht das Problem, dass sie in der Regel nicht auf dem freien Markt veräußert werden. Insofern kann man die Marktanpassung nicht aus Verkaufspreisen ableiten. Gerade das aber ist die Stärke des Sach- und des Ertragswertverfahrens, dass nämlich durch die aus Kaufpreisen abgeleiteten Marktanpassungsfaktoren und Liegenschaftszinssätze bei richtiger Anwendung marktgerechte Verkehrswerte produziert werden.

Somit besteht eine wesentliche Schwäche der Verkehrswertermittlung im Zusammenhang mit Rechten und Belastungen darin, dass keine aus dem Marktgeschehen abgeleiteten Marktanpassungsfaktoren und Liegenschaftszinssätze vorhanden sind. Dies bedeutet für den Sachverständigen, dass er sich größtenteils auf Erfahrungswerte und Analogien stützen muss, die nicht statistisch gesichert und daher angreifbar sind.

Die Frage, ob der Ertrags- bzw. Sachwert eines Erbbaurechts mit dem Verkehrswert gleichzusetzen ist oder ob eine Marktanpassung vorzunehmen ist, kann daher kaum seriös beantwortet werden. Für den Sachverständigen gilt daher, sich einerseits intensiv über die jeweilige Marktsituation bei Erbbaurechten zu erkundigen und andererseits Plausibilitätsüberlegungen auf der Grundlage von eventuell verfügbaren Vergleichswerten durchzuführen. Dazu können zum Beispiel die Kaufpreissammlungen der Gutachterausschüsse eingesehen werden. Teilweise weisen die Gutachterausschüsse auch entsprechende Marktanpassungsfaktoren in ihren Marktberichten aus, wie zum Beispiel nachfolgender Auszug aus dem Marktbericht des Gutachterausschusses der Stadt Bergisch-Gladbach, der sich nur auf Erbbaurechte bezieht, zeigt.

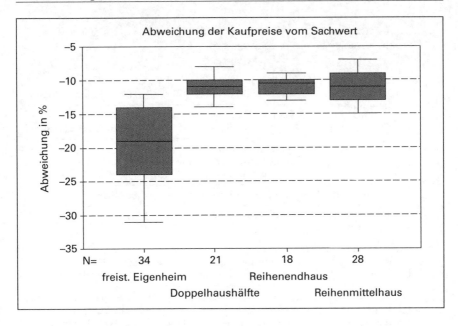

2.5.6 Beispiel für ein Ertragswertobjekt

Nachfolgend finden Sie ein Beispiel zur Erbbaurechtsbewertung im Ertragswertverfahren.

Ausgangsdaten
Wertermittlungsstichtag .... 01. Juli 2006
unbelasteter Bodenwert .... 40.000 EUR
Reinertrag .... 6.600 EUR/Jahr
Liegenschaftszinssatz... 3,0 %
Erbbauzins... 200 EUR/Jahr
Restlaufzeit des Erbbaurechts (RLZ)............................ 64 Jahre
Restnutzungsdauer Gebäude (RND) .... 60 Jahre

Grundsätzliche Vorgehensweise		Erbbaurechts-bewertung (Ertragswert)	Beispiel
Belastetes Grundstück	Ertrags- und Kosten-überlegungen	Erbbauzins × Vervielfältiger (RLZ, LZ)	5.662 EUR (= 200 EUR/Jahr × 28,31)
		+ über die RLZ abgezinster Bodenwert	+ 6.000 EUR (= 40.000 EUR × 0,15)
		± Sonstige wertbe-einflussende Umstände gemäß § 19 WertV	± 0 EUR
	Zwischenwert	= Summe der Barwerte	= 11.662 EUR
	Lage auf dem Grundstücks-markt	± Marktanpassung	± 0 EUR
	belasteter Verkehrswert	= Verkehrswert des belasteten Grundstücks	= 11.662 EUR rd. 11.000 EUR
Erbbaurecht	Ertrags- und Kosten-überlegungen	Reinertrag × Vervielfältiger (RND, LZ)	182.688 EUR (= 6.600 EUR/Jahr × 27,68)
		− Erbbauzins × Vervielfältiger (RLZ, LZ)	− 5.662 EUR (= 200 EUR/Jahr × 28,31)
		± Sonstige wertbe-einflussende Umstände gemäß § 19 WertV	± 0 EUR
	Lage auf dem Grundstücks-markt	± Marktanpassung	+ 5.000 EUR
	Verkehrswert des Rechts	= Verkehrswert des Erbbaurechts	= 182.026 EUR rd. 182.000 EUR

2.5.7 Beispiel für ein Sachwertobjekt

Nachfolgend finden Sie ein Beispiel zur Erbbaurechtsbewertung im Sachwertverfahren.

Ausgangsdaten
Wertermittlungsstichtag .... 01. Juli 2006
unbelasteter Bodenwert .... 40.000 EUR
Herstellungskosten der baulichen Anlagen .... 210.000 EUR
Alterswertminderung.. 38 %
Erbbauzins.. 200 EUR/Jahr
Liegenschaftszinssatz... 3 %
Restlaufzeit des Erbbaurechts (RLZ)............................ 50 Jahre
Restnutzungsdauer Gebäude (RND) .... 40 Jahre

Grundsätzliche Vorgehensweise		Erbbaurechts-bewertung (Sachwert)	Beispiel
Belastetes Grundstück	Ertrags- und Kostenüber-legungen	Erbbauzins × Vervielfältiger (RLZ, LZ)	5.146 EUR (= 200 EUR/Jahr × 25,73)
		+ über die RLZ abgezinster Bodenwert	+ 9.200 EUR (= 40.000 EUR × 0,23)
		± Sonstige wertbeein-flussende Umstände gemäß § 25 WertV	± 0 EUR
	Zwischenwert	= Summe der Barwerte	= 14.346 EUR
	Lage auf dem Grundstücks-markt	± Marktanpassung	± 0 EUR
	belasteter Verkehrswert	= Verkehrswert des belasteten Grundstücks	= 14.346 EUR rd. 14.000 EUR

Grundsätzliche Vorgehensweise		Erbbaurechts-bewertung (Sachwert)	Beispiel
Erbbaurecht	Ertrags- und Kostenüber-legungen	Gebäudesachwert	130.200 EUR (= 210.000 EUR – (210.000 EUR × 38%))
		– Erbbauzins × Vervielfältiger (RLZ, LZ)	– 5.146 EUR (= 200 EUR/Jahr × 25,73)
		± Sonstige wertbeein-flussende Umstände gemäß § 25 WertV	± 0 EUR
	Lage auf dem Grundstücks-markt	± Marktanpassung	– 5.000 EUR
	Verkehrswert des Rechts	= Verkehrswert des Erbbaurechts	= 120.054 EUR rd. 120.000 EUR

2.6   Wertermittlung für den Sonderfall RLZ < RND

2.6.1   Verkehrswert des Erbbaurechts

In einigen Fällen zur Wertermittlung des Erbbaurechts kann der Fall auftreten, dass die Restlaufzeit des Erbbaurechts kürzer ist als die Restnutzungsdauer der Gebäude. In diesem Fall muss das zuvor vorgestellte Modell zur Bewertung von Erbbaurechten erweitert werden, da der Grundstückseigentümer in diesem Fall eine Entschädigung für das Bauwerk an den Erbbaurechtsnehmer zu zahlen hat.

Grundsätzlich ist die Entschädigungssumme auf Basis der Vereinbarungen zu ermitteln, die im Erbbaurechtsvertrag getroffen wurden. Häufig ist jedoch festzustellen, dass die Formulierungen unklar sind und der Wille der Vertragsparteien zum Wertermittlungsstichtag nicht sicher ergründet werden kann. Sofern eine juristische Deutung der Vertragsinhalte nicht vorliegt, sollte im Gutachten ausdrücklich darauf hingewiesen werden. Seitens des Sachverständigen getroffene Annahmen sind entsprechend deutlich hervorzuheben.

Die im Zusammenhang mit einer Entschädigungszahlung erforderlichen zusätzlichen Überlegungen werden nachfolgend für das Ertragswertverfahren und das Sachwertverfahren erläutert.

Ertragswertverfahren

In diesem Fall ist zu berücksichtigen, dass sich das Gebäude bis zum Ende der Restlaufzeit des Erbbaurechts im Eigentum des Erbbauberechtigten befindet. Am Ende des Rechts geht das Eigentum am Gebäude auf den Erbbaurechtnehmer über. Da die Restnutzungsdauer die Restlaufzeit des Erbbaurechts übersteigt, erzielt das Gebäude weiterhin Erträge. Die aus der baulichen Anlage erzielbaren Erträge werden demnach auf zwei unterschiedliche Berechtigte in zwei verschiedenen Phasen der Restnutzungsdauer des Gebäudes aufgeteilt.

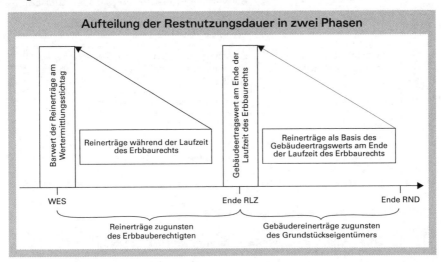

Der dem Erbbauberechtigten zustehende Barwert der Reinerträge wird auf Basis der Reinerträge ermittelt, die vom Wertermittlungsstichtag an bis zum Ende der Restlaufzeit des Erbbaurechts anfallen.

Darüber hinaus erhält der Erbbauberechtigte am Ende der Restlaufzeit des Erbbaurechts eine Entschädigung für das Bauwerk, das – je nach vertraglicher Regelung – dann in das Eigentum des Erbbaurechtsgebers (Grundstückseigentümers) übergeht. Diese Entschädigung wird in der Regel auf Basis des Gebäudeertragswerts, der sich aus den Erträgen vom Ende der Restlaufzeit des Erbbaurechts bis zum Ende der Restnutzungsdauer des Gebäudes ergibt, ermittelt. Da der Gebäudeertragswert erst am Ende der Restlaufzeit des Erbbaurechts auf Basis der künftigen Reinerträge anfällt und die Entschädigung erst am Ende der Restlaufzeit des Erbbaurechts gezahlt wird, ist der Entschädigungsbetrag auf Basis des Gebäudeertragswerts über die Restlaufzeit des Erbbaurechtsvertrags auf den Wertermittlungsstichtag abzuzinsen.

Grundsätzliche Vorgehensweise	Verkehrswert des Erbbaurechts (RLZ < RND)
Ertrags- und Kostenüberlegungen	Barwert der Reinerträge (bezogen auf RLZ)
	− Barwert der Erbbauzinsen (bezogen auf RLZ)
	± Sonstige wertbeeinflussende Umstände gemäß § 19 WertV
zusätzliche Ertrags- und Kostenüberlegungen	+ Entschädigungsbetrag (auf Basis des Gebäudeertragswerts ab Ende RLZ, abgezinst auf WES)
Zwischenwert	= Ertragswert des Erbbaurechts
Lage auf dem Grundstücksmarkt	± Marktanpassung
Verkehrswert des Rechts	= Verkehrswert des Erbbaurechts

(linke Randbeschriftung: **Erbbaurecht**)

Grafisch lässt sich dies wie folgt darstellen:

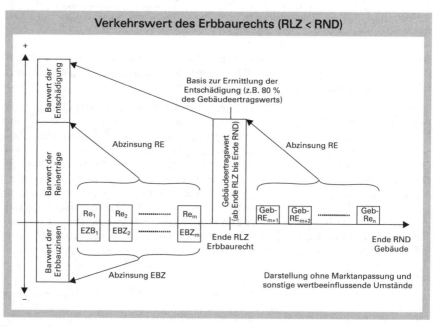

Verkehrswert des Erbbaurechts (RLZ < RND)

Beispiel

Es ist der Verkehrswert des bebauten Erbbaurechts anhand der nachstehenden Informationen zu ermitteln:

Ausgangsdaten
Wertermittlungsstichtag . . . . 01. September 2006
unbelasteter Bodenwert . . . . 100.000 EUR
Reinertrag . . . . 20.000 EUR/Jahr
Liegenschaftszinssatz . . . . 7,25 %
Erbbauzins . . . . 2.500 EUR/Jahr
Restlaufzeit des Erbbaurechts (RLZ) . . . . 35 Jahre
Restnutzungsdauer Gebäude (RND) . . . . 40 Jahre
Entschädigung . . . . 70 % des Gebäudeertragswerts am Ende des EBR

Gebäudeertragswert am Ende der Laufzeit des Rechts
   Reinertrag . . . . 20.000 EUR/Jahr
– Bodenwertverzinsung . . . . 7.250 EUR/Jahr
= Gebäudereinertrag . . . . 12.750 EUR/Jahr
x Vervielfältiger (7,25 %, 5 Jahre) 4,07
= Zwischenwert . . . . 51.893 EUR
± sonstige wertbeeinflussende Umstände . . . . 0 EUR
= Gebäudeertragswert am Ende der Laufzeit des Rechts . . . . 51.893 EUR

Ermittlung der Entschädigung
   Gebäudeertragswert am Ende der Laufzeit des Rechts . . . . 51.893 EUR
x Prozentsatz des zu entschädigenden Betrags . . . . 70 %
= Entschädigungsbetrag am Ende des Rechts . . . . 36.325 EUR
x Abzinsungsfaktor (7,25 %, 35 Jahre) 0,086
= Entschädigungsbetrag am Wertermittlungsstichtag . . . . 3.124 EUR

Grundsätzliche Vorgehensweise		Erbbaurechtsbewertung (Ertragswert)	Beispiel
Erbbaurecht	Ertrags- und Kostenüberlegungen	Reinertrag x Vervielfältiger (RLZ, LZ)	252.000 EUR (= 20.000 EUR/Jahr × 12,60)
		− Erbbauzins x Vervielfältiger (RLZ, LZ)	− 31.500 EUR (= 2.500 EUR/Jahr × 12,60)
		± Sonstige wertbeeinflussende Umstände gemäß § 19 WertV	± 0 EUR
	zusätzliche Ertrags- und Kostenüberlegungen	+ Entschädigungsbetrag am WES	+ 3.124 EUR
	Lage auf dem Grundstücksmarkt	± Marktanpassung	± 0 EUR
	Verkehrswert des Rechts	= Verkehrswert des Erbbaurechts	= 223.624 EUR rd. 220.000 EUR

Sachwertverfahren

Dem Erbbauberechtigten wird zunächst der Gebäudesachwert, wie er sich am Wertermittlungsstichtag ergibt, vollständig zugeordnet. Dieser Gebäudesachwert wird nachfolgend Gebäudesachwert I genannt.

Falls das Gebäude am Ende der Laufzeit des Erbbaurechts voll entschädigt wird, sind keine weiteren wertrelevanten Aspekte zu berücksichtigen. Der Verkehrswert ergibt sich dann wie im Normalfall (RLZ ≥ RND).

In vielen Erbbaurechtsverträgen werden jedoch Regelungen getroffen, wonach das Gebäude am Ende der Laufzeit des Rechts bei dem Eigentumsübergang auf den Grundstückseigentümer nicht in voller Höhe zu entschädigen ist. Daher muss der Gebäudesachwert I um den Betrag vermindert werden, der am Ende der Laufzeit des Rechts nicht zu entschädigen ist.

Die Entschädigung wird auf Basis des Gebäudesachwerts ermittelt, der sich am Ende der Laufzeit des Rechts ergibt. Dieser Gebäudesachwert II ergibt sich auf Basis der Restnutzungsdauer ab dem Ende der Laufzeit des Rechts bis zum Ende der Restnutzungsdauer des Gebäudes.

Da die Bewertung zum Wertermittlungsstichtag erfolgt, ist der nicht zu entschädigende Betrag zunächst auf den Wertermittlungsstichtag abzuzinsen. Der Anteil, der vom Erbbaurechtsgeber nicht als Entschädigung gezahlt wird (z. B. 30 % des Gebäudesachwerts II), ist dann vom Gebäudesachwert I abzuziehen.

Da die Erbbauzinsen auch in diesem Fall vom Erbbauberechtigten gezahlt werden, ist deren Barwert wertmindernd zu berücksichtigen.

	Grundsätzliche Vorgehensweise	Erbbaurechtsbewertung (RLZ < RND)
Erbbaurecht	Ertrags- und Kostenüberlegungen	Gebäudesachwert I (bezogen auf RND ab WES)
		– Barwert der Erbbauzinsen
		± Sonstige wertbeeinflussende Umstände gemäß § 25 WertV
	zusätzliche Ertrags- und Kostenüberlegungen	– Betrag, der vom Grundstückseigentümer nicht zu entschädigen ist (Basis: auf den Wertermittlungsstichtag abgezinster Gebäudesachwert II ab Ende RLZ)
	Zwischenwert	= Sachwert des Erbbaurechts
	Lage auf dem Grundstücksmarkt	± Marktanpassung
	Verkehrswert des Rechts	= Verkehrswert des Erbbaurechts

Grafisch lässt sich dies wie folgt darstellen:

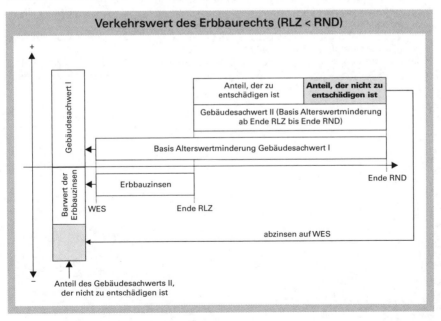

Verkehrswert des Erbbaurechts (RLZ < RND)

Beispiel

Es ist der Verkehrswert des bebauten Erbbaurechts anhand der nachstehenden Informationen zu ermitteln:

Ausgangsdaten

Wertermittlungsstichtag .... 01. September 2006
unbelasteter Bodenwert .... 60.000 EUR
Herstellungskosten der baulichen Anlagen .... 200.000 EUR
Liegenschaftszinssatz.. 3,0 %
Erbbauzins... 1.000 EUR/Jahr
Restlaufzeit des Erbbaurechts (RLZ)............................ 20 Jahre
Restnutzungsdauer Gebäude (RND) am WES .... 40 Jahre
Alterswertminderung.. nach Ross
Entschädigung .... 90 % des Gebäudesachwerts am Ende des EBR

Gebäudesachwert I am Wertermittlungsstichtag
    Herstellungskosten der baulichen Anlagen .... 200.000 EUR
 – Alterswertminderung (38%, 40 Jahre RND) .... 76.000 EUR
 = Gebäudesachwert I .... 124.000 EUR

Gebäudesachwert II am Ende der Laufzeit des Rechts
    Herstellungskosten der baulichen Anlagen .... 200.000 EUR
 – Alterswertminderung (66%, 20 Jahre RND) .... 132.000 EUR
 = Gebäudesachwert II.................................... 68.000 EUR

Ermittlung des Betrags, der nicht zu entschädigen ist
    Gebäudesachwert II.................................... 68.000 EUR
 × Prozentsatz, der nicht zu entschädigen ist .... 10 %
 = Betrag, der nicht zu entschädigen ist .... 6.800 EUR
 × Abzinsungsfaktor (3 %, 20 Jahre) 0,55
 = Barwert des Betrags, der nicht zu entschädigen ist............. 3.740 EUR

Grundsätzliche Vorgehensweise		Erbbaurechtsbewertung (Sachwert)	Beispiel
Erbbaurecht	Ertrags- und Kostenüberlegungen	Gebäudesachwert I (bezogen auf RND)	124.000 EUR
		– Erbbauzins x Vervielfältiger (RLZ, LZ)	– 14.880 EUR (= 1.000 EUR/Jahr x 14,88)
		± Sonstige wertbeeinflussende Umstände gemäß § 25 WertV	± 0 EUR
	zusätzliche Ertrags- und Kostenüberlegungen	– Betrag, der nicht zu entschädigen ist	– 3.740 EUR
	Zwischenwert	= Sachwert des Erbbaurechts	= 105.380 EUR
	Lage auf dem Grundstücksmarkt	± Marktanpassung	± 0 EUR
	Verkehrswert des Rechts	= Verkehrswert des Erbbaurechts	= 105.380 EUR rd. 105.000 EUR

2.6.2 Verkehrswert des belasteten Grundstücks

Ausgangspunkt ist auch in diesem Bewertungsfall die weiter oben beschriebene Verkehrswertermittlung des belasteten Grundstücks im Normalfall. Da die Restnutzungsdauer des Gebäudes die Restlaufzeit des Erbbaurechts übersteigt, ist das Modell des Normalfalls jedoch zu erweitern.

Dabei ist zunächst zu bedenken, dass der Bodenwert über die Restnutzungsdauer des Gebäudes abgezinst werden muss, da der Boden erst nach dem Ende der Restnutzungsdauer wieder zur Verfügung steht.

Zu beachten ist weiterhin, dass der Erbbauzins über die Restlaufzeit des Erbbaurechts kapitalisiert werden muss. Der Zeitraum der Restnutzungsdauer der Gebäude darf hier nicht zur Kapitalisierung herangezogen werden, da der Erbbauzins seitens des Erbbauberechtigten nur während der Laufzeit des Erbbaurechts an den Grundstückseigentümer gezahlt wird.

In den Überlegungen zur Verkehrswertermittlung des belasteten Grundstücks muss nun zusätzlich berücksichtigt werden, dass am Ende der Laufzeit des Erbbaurechts das Gebäude noch existiert und dieses unter Umständen zu entschädigen ist. Der seitens des Grundstückseigentümers nicht zu entschädigende Betrag wird auf Basis des Gebäudesachwerts II, der sich am Ende der Laufzeit des Rechts ergibt, ermittelt. Der nicht zu entschädigende Betrag erhöht den Verkehrswert des belasteten Grundstücks.

Da das Gebäude dem Grundstückseigentümer erst am Ende der Restlaufzeit des Erbbaurechts zufällt und die Entschädigung erst zu diesem Zeitpunkt zu zahlen ist, müssen beide Positionen auf den Wertermittlungsstichtag abgezinst werden.

	Grundsätzliche Vorgehensweise	Erbbaurechtsbewertung (RLZ < RND)
Belastetes Grundstück	Ertrags- und Kostenüberlegungen	Barwert der Erbbauzinsen (= Erbbauzins p. a. × Vervielfältiger$_{RLZ}$)
		± Sonstige wertbeeinflussende Umstände
	zusätzliche Ertrags- und Kostenüberlegungen	+ Anteil des auf den Wertermittlungsstichtag abgezinsten Gebäudesachwerts II oder Gebäudeertragswerts, der nicht zu entschädigen ist
	unbelasteter Bodenwert	+ abgezinster unbelasteter Bodenwert (= unbelasteter Bodenwert × Abzinsungsfaktor$_{RND}$)
	Zwischenwert	= Zwischenwert
	Lage auf dem Grundstücksmarkt	± Marktanpassung
	Verkehrswert des belasteten Grundstücks	= Verkehrswert des belasteten Grundstücks

Grafisch lässt sich dies wie folgt darstellen:

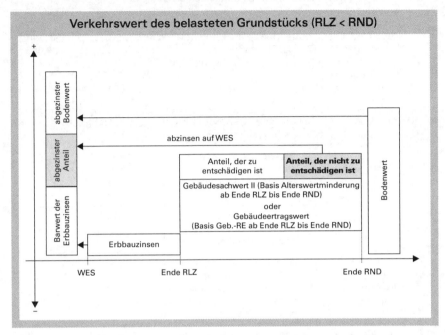

Verkehrswert des belasteten Grundstücks (RLZ < RND)

Beispiel

Es ist der Verkehrswert des mit einem Erbbaurecht belasteten Grundstücks anhand der nachstehenden Informationen zu ermitteln:

Ausgangsdaten

Wertermittlungsstichtag .... 01. September 2006
unbelasteter Bodenwert .... 100.000 EUR
Reinertrag .... 20.000 EUR/Jahr
Liegenschaftszinssatz .... 7,25 %
Erbbauzins .... 2.500 EUR/Jahr
Restlaufzeit des Erbbaurechts (RLZ) .... 35 Jahre
Restnutzungsdauer Gebäude (RND) .... 40 Jahre
Entschädigung .... 70 % des Gebäudeertragswerts am Ende des EBR

Gebäudeertragswert am Ende der Laufzeit des Rechts

   Reinertrag .... 20.000 EUR/Jahr
– Bodenwertverzinsung .... 7.250 EUR/Jahr
= Gebäudeeinertrag .... 12.750 EUR/Jahr
× Vervielfältiger (7,25 %, 5 Jahre) 4,07
= Zwischenwert .... 51.893 EUR
± sonstige wertbeeinflussende Umstände .... 0 EUR
= Gebäudeertragswert am Ende der Laufzeit des Rechts .... 51.893 EUR

Ermittlung des Betrags, der nicht zu entschädigen ist

	Gebäudeertragswert am Ende der Laufzeit des Rechts	51.893 EUR
×	Prozentsatz des zu entschädigenden Betrags	30 %
=	nicht zu entschädigender Betrag am Ende des Rechts	15.568 EUR
×	Abzinsungsfaktor (7,25 %, 35 Jahre)	0,086
=	Betrag, der am Wertermittlungsstichtag nicht zu entschädigen ist	1.339 EUR

Grundsätzliche Vorgehensweise	Erbbaurechtsbewertung (Ertragswert)	Beispiel
belastetes Grundstück — Ertrags- und Kostenüberlegungen	Barwert der Erbbauzinsen (= Erbbauzins p. a. × Vervielfältiger$_{RLZ}$)	31.500 EUR (= 2.500 EUR/Jahr × 12,60)
	± Sonstige wertbeeinflussende Umstände gemäß § 19 WertV	± 0 EUR
zusätzliche Ertrags- und Kostenüberlegungen	+ Anteil des auf den Wertermittlungsstichtag abgezinsten Gebäudeertragswerts, der nicht zu entschädigen ist	+ 1.339 EUR
unbelasteter Bodenwert	+ abgezinster unbelasteter Bodenwert (= unbelasteter Bodenwert × Abzinsungsfaktor$_{RND}$)	+ 6.100 EUR (= 100.000 EUR × 0,061)
Lage auf dem Grundstücksmarkt	± Marktanpassung	± 0 EUR
Verkehrswert des belasteten Grundstücks	= Verkehrswert des belasteten Grundstücks	= 38.939 EUR rd. 38.000 EUR

2.7   Gutachten über den Verkehrswert eines Erbbaurechts

1.   Allgemeines

1.1   Bewertungsobjekt

Es handelt sich um ein Erbbaurecht, das mit einem eingeschossigen Einfamilienhaus bebaut ist. Das Gebäude ist unterkellert und besitzt ein ausgebautes Satteldach.

1.2 Zweck des Gutachtens

Das Gutachten wird im Rahmen einer Entscheidung des Vormundschaftsgerichts erstellt.

1.3 Wertermittlungsstichtag

Die Recherche bezüglich der wertrelevanten Merkmale des Bewertungsobjekts wurde am 8. August 2006 abgeschlossen. Dieser Tag ist auch der Wertermittlungsstichtag.

1.4 Daten zum Erbbaurecht

- Beginn: 18. Mai 1993
- Laufzeit: 75 Jahre
- Der Erbbauberechtigte bedarf zur Veräußerung sowie zur Belastung des Erbbaurechts der Zustimmung des Grundstückseigentümers.
- Der Erbbauzins beträgt 144,48 EUR pro Jahr (seit dem 1. Februar 2004). Die nächste Erbbauzinsanpassung ist gemäß § 4 Absatz 1 des Erbbaurechtsvertrages zum 1. Januar 2007 möglich.

2. Wesentliche wertrelevante Zustandsmerkmale

2.1 Grundstück

- Grundstücksgröße: 903 m²
- ländliche Gemeinde
- rd. 1.300 Einwohner
- Die Elbmündung und die Nordsee liegen etwa 6 km entfernt und sind vom Hafen aus per Schiff erreichbar.
- In der näheren Umgebung des Bewertungsobjekts sind überwiegend eingeschossige Einfamilienhäuser in offener Bauweise vorhanden.
- Eine Bushaltestelle befindet sich in der Nähe; von dort aus Anschluss an den Bahnhof.
- Im öffentlichen Straßenraum sind einige Parkplätze vorhanden. Auf dem Grundstück selbst befinden sich ein bis zwei weitere Parkplätze.
- Es handelt sich um eine ruhige Wohnlage. Wesentlich wertrelevante Immissionen konnten beim Ortstermin nicht festgestellt werden.
- Ein Kindergarten und eine Grundschule befinden sich im Ort.
- Weiterführende Schulen befinden sich in C.
- Beschränkte Einkaufsmöglichkeiten für den kurzfristigen Bedarf sind im Ort vorhanden.
- Der mittel- und langfristige Bedarf kann in den größeren Orten in der Umgebung gedeckt werden.
- Die Wohnlage kann als mittlere Wohnlage bezeichnet werden.

- Das Gebäude ist vermietet. Die Kaltmiete beträgt 435 EUR/Monat. Es handelt sich um einen kurzfristig kündbaren Wohnungsmietvertrag mit den üblichen Vereinbarungen.
- In Abt. II des Grundbuchs sind die üblichen Belastungen eines Erbbaurechts, die in einer speziellen Vorgehensweise bei der Erbbaurechtsbewertung berücksichtigt werden, eingetragen (Erbbauzinszahlung, Vormerkung zur Sicherung des Anspruchs auf Eintragung der Änderung der Höhe des Erbbauzinses ab 1. Januar 1995 alle drei Jahre, Vormerkung zur Sicherung des Anspruchs auf Eintragung der Erhöhung des Erbbauzinses im Falle der Nutzungsänderung des Erbbaurechts, Vorkaufsrecht für den jeweiligen Grundstückseigentümer)
- Ein Bebauungsplan existiert für das zu bewertende Grundstück nicht. Es handelt sich somit um ein Grundstück, dessen Bebaubarkeit nach den Vorschriften des § 34 Baugesetzbuch zu beurteilen ist. Gemäß § 34 Baugesetzbuch ist in einem solchen Fall eine Bebauung zulässig, wenn sie sich nach Art und Maß der baulichen Nutzung in die Eigenart der näheren Umgebung einfügt und die Erschließung gesichert ist. Das Ortsbild darf nicht beeinträchtigt werden. Im vorliegenden Bewertungsfall wird davon ausgegangen, dass die vorhandene Bebauung hinsichtlich der Art und des Maßes der baulichen Nutzung nach § 34 Baugesetzbuch zulässig ist. Diese Annahme wird vor allem durch die in der näheren Umgebung vorhandene bauliche Nutzung und die Ausweisung im Flächennutzungsplan als gemischte Baufläche (MI) gestützt.
- Im Baulastenverzeichnis werden keine wertrelevanten Baulasten geführt.

2.2 Gebäude

- Das Baujahr des Gebäudes ist nicht bekannt.
- eingeschossig
- Massivbauweise
- freistehend
- ausgebautes Satteldach in Holzkonstruktion
- Ziegeleindeckung
- unterkellert
- üblicher Kellerzustand (nicht wohnlich nutzbar)
- Holztreppen
- Fassaden in Ziegelmauerwerk bzw. nachträglich aufgesetzter Riemchenverkleidung
- Dachrinnen und Regenfallrohre in Zinkblech
- straßenseitiger Erker
- im rückwärtigen Bereich ist ein angebautes Nebengebäude (Schuppen bzw. Garage) vorhanden
- übliche Außenanlagen (Garten, Einfriedung, Zuweg, Ver- und Entsorgungsleitungen)

- rechts und links neben dem Gebäude befinden sich zwei Pumpen, die das zeitweise aufsteigende Grundwasser in die öffentliche Kanalisation pumpen
- Aufteilung des Gebäudes:
  EG: Wohnzimmer, Küche, Diele, Bad, Erker
  DG: 2 Zimmer, Flur, kleiner Balkon
- Wohnfläche rd. 81 m²
- Bruttogrundfläche rd. 181 m²

2.3   Wohnräume

- Fußböden überwiegend in Holzdielen mit Textil- bzw. Kunststoffbelag
- Wände und Decken größtenteils tapeziert bzw. Innenputz
- Fußboden und Wände im Bad gefliest
- überwiegend Kunststofffenster mit Isolierverglasung
- Holzinnentüren
- Bad mit Wanne, Dusche, Waschbecken und WC im EG
- Ölzentralheizung im Keller
- Warmwasserbereitung elektrisch
- die Installationen (Sanitär, Elektro) wurden vor Kurzem teilweise erneuert

2.4   Unterhaltungszustand

Das Gebäude befindet sich in einem leicht zurückgehaltenen Unterhaltungsrückstand. Es konnten insbesondere folgende Unterhaltungsrückstände festgestellt werden:

- Die Außenfassaden weisen Ausblühungen auf.
- Der Holzdielenfußboden weist an einigen Stellen, die von den Teppichen bedeckt sind, Beschädigungen auf. Inwiefern hier ein Holzwurmbefall vorliegt, konnte nicht überprüft werden.
- Die Holztreppe in das DG zeigt an mehreren Stellen Risse. Vermutlich liegt ein Holzwurmbefall vor.
- Der Schornstein ist versottet.
- Das Dach ist an einigen Stellen nur behelfsmäßig repariert und laut Auskunft der Mieter bei Regen undicht.
- Am rückwärtigen Eingang muss eine neue Tür eingebaut werden.

Die Beseitigungskosten der oben aufgeführten und weiteren kleineren Rückstände werden an späterer Stelle ermittelt. Sie müssen wertmindernd berücksichtigt werden.

3. Vorgehensweise bei der Wertermittlung

3.1 Allgemeine Vorgehensweise bei Erbbaurechten

Die nachfolgende Bewertung des Erbbaurechts erfolgt auf Basis der Denkweise eines wirtschaftlich handelnden Marktteilnehmers. Der Verkehrswert des Erbbaurechts setzt sich demnach im Wesentlichen aus dem Gebäudesachwert und dem in Abzug zu bringenden Barwert der Erbbauzinsen zusammen.

3.2 Gebäudesachwert

Es handelt sich im vorliegenden Fall um ein nicht ertragsorientiert genutztes Wohnhaus. Der gewöhnliche Geschäftsverkehr schätzt solche Gebäude im Allgemeinen nach Herstellungskosten ein. Demzufolge müssen auch bei der Verkehrswertermittlung die Baukosten im Vordergrund stehen.

Der Gebäudewert wird daher auf der Grundlage von Normalherstellungskosten in Anlehnung an die Vorgehensweise bei der in der WertV normierten Sachwertermittlung wie folgt ermittelt:

  Herstellungskosten der baulichen Anlagen
– Korrektur wegen des Gebäudealters
± Korrektur wegen sonstiger Umstände
= Gebäudesachwert

3.3 Barwert der Erbbauzinsen

Der Erbbauberechtigte zahlt für die Nutzung des Grundstücks einen Erbbauzins Da der von ihm zu zahlende Erbbauzins für ihn als Kosten entsteht, ist der Barwert des Erbbauzinses vom Gebäudesachwert in Abzug zu bringen. Der Barwert der Erbbauzinsen ergibt sich wie folgt:

  Erbbauzins
× Ertragsvervielfältiger bezogen auf die Restlaufzeit des Erbbaurechts
= Barwert der Erbbauzinsen

3.4 Keine Vergleichswerte vorhanden

Grundsätzlich ist dem Vergleichswertverfahren bei der Bewertung der Vorzug zu geben, da über die Höhe der tatsächlich realisierten Verkaufspreise das Marktgeschehen am Treffendsten abgebildet wird. Auch Erbbaurechte können oftmals nach dem Vergleichswertverfahren bewertet werden.

Für die Anwendung des Vergleichswertverfahrens stehen im vorliegenden Fall jedoch nicht genügend Kaufpreise von Objekten zur Verfügung, die mit dem Bewertungsobjekt hinreichend genau vergleichbar sind. Insofern kann das Vergleichswertverfahren nicht angewandt werden.

4. Gebäudesachwert

4.1 Herstellungskosten der baulichen Anlagen

Ausgangswert zur Ermittlung der Normalherstellungskosten

Die Herstellungskosten der baulichen Anlagen werden auf der Grundlage von Normalherstellungskosten ermittelt. Diese werden im vorliegenden Bewertungsfall in Anlehnung an die im Erlass des Bundesministeriums für Raumordnung, Bauwesen und Städtebau angegebenen Normalherstellungskosten gewählt. Dabei handelt es sich um die derzeit aktuellsten Werte. Dort werden folgende Normalherstellungskosten für das Jahr 2000 angegeben:

- Bauweise: Einfamilienwohnhaus, freistehend
- Geschosse: KG, EG, ausgebautes DG
- Ausstattungsstandard: einfach
- Normalherstellungskosten: ca. 500 EUR/m² Brutto-Grundfläche

Korrekturen

Bei den oben angegebenen Normalherstellungskosten handelt es sich um durchschnittliche Werte für die gesamte Bundesrepublik Deutschland. Sie müssen im Allgemeinen noch an die regionalen und örtlichen Verhältnisse angepasst werden. Schließlich muss noch berücksichtigt werden, dass die oben ermittelten Normalherstellungskosten sich auf das Jahr 2000 beziehen, der Wertermittlungsstichtag jedoch im Jahr 2006 liegt.

Korrektur wegen des Regionaleinflusses

Der Regionaleinfluss berücksichtigt die unterschiedliche Höhe der Baukosten in den einzelnen Bundesländern. Der Korrekturfaktor für Niedersachsen beträgt etwa 0,8.

Korrektur wegen der Ortsgröße

Die Korrektur wegen der Ortsgröße berücksichtigt über den Regionaleinfluss hinaus noch die Abhängigkeit der Baukosten von der Ortsgröße. Für N. liegt der diesbezügliche Korrekturfaktor bei etwa 0,9.

Korrektur wegen der Baupreisentwicklung

Die Baupreise sind von 2000 (Bezugszeitpunkt der Normalherstellungskosten) bis zum Wertermittlungsstichtag laut dem letzten verfügbaren Statistischen Bericht des Bundesamtes für Datenverarbeitung und Statistik um etwa 2,9 Prozent gestiegen.

Normalherstellungskosten im vorliegenden Fall

Die endgültigen Normalherstellungskosten ergeben sich somit wie folgt:

Ausgangswert	500 EUR/m^2
× Regionaleinfluss	0,8
= Zwischenwert	400 EUR/m^2
× Einfluss Ortsgröße	0,9
= Zwischenwert	360 EUR/m^2
× Baupreissteigerung	1,029
= Normalherstellungskosten	rd. 370 EUR/m^2

Brutto-Grundfläche

Die Brutto-Grundfläche wurde in einer für die Wertermittlung ausreichenden Genauigkeit zu ca. 181 m^2 ermittelt.

Herstellungskosten des Wohngebäudes

Mit den oben ermittelten Normalherstellungskosten und der berechneten Brutto-Grundfläche ergeben sich die Herstellungskosten des Wohngebäudes wie folgt:

Normalherstellungskosten	370 EUR/m^2
× Brutto-Grundfläche	181 m^2
= Herstellungskosten Wohngebäude	66.970 EUR

Herstellungskosten des Nebengebäudes

Die Herstellungskosten des Nebengebäudes werden überschlägig auf rd. 5.000 EUR geschätzt.

Außenanlagen

Es wird von Erfahrungssätzen ausgegangen, nach denen die vorhandenen Außenanlagen mit rd. 3 Prozent der Herstellungskosten des Wohn- und Nebengebäudes hinreichend erfasst sind. Somit ergeben sich Herstellungskosten der Außenanlagen von rd. 2.159 EUR (3 Prozent von 71.970 EUR).

Baunebenkosten

Die beim Bau angefallenen Honorare für Architekten, Statiker, Makler und Gutachter, öffentliche Gebühren, Notar- und Gerichtsgebühren sowie Kosten der Zwischenfinanzierung und sonstige Nebenkosten bezeichnet man als Baunebenkosten. Sie gehören zu den Herstellungskosten eines Gebäudes.

Im Allgemeinen betragen die Baunebenkosten bei Einfamilienhäusern rund 16 Prozent der Herstellungskosten der Gebäude einschließlich der Außenanlagen (nach dem Erlass des Bundesministeriums für Raumordnung, Bauwesen und Städtebau). Dieser Prozentsatz erscheint auch im vorliegenden Fall als angemessen. Demnach betragen die Baunebenkosten rd. 11.860 EUR (16 Prozent von 74.129 EUR).

Herstellungswert

Der Herstellungswert der baulichen Anlagen ergibt sich somit wie folgt:

Herstellungskosten Wohngebäude	66.970 EUR
+ Herstellungskosten Nebengebäude	5.000 EUR
+ Außenanlagen	2.159 EUR
+ Baunebenkosten	11.860 EUR
= Herstellungskosten der baulichen Anlagen	85.989 EUR

4.2 Korrektur wegen des Gebäudealters

Vorbemerkung

Je älter ein Gebäude wird, desto mehr verliert es an Wert. Dieser Wertverlust ergibt sich aus der Tatsache, dass die Nutzung eines »gebrauchten« Gebäudes im Vergleich zur Nutzung eines neuen Gebäudes mit zunehmendem Alter immer unwirtschaftlicher wird. Der Wertverlust muss als Korrekturgröße im Sachwertverfahren berücksichtigt werden. Zur Bemessung der Korrekturgröße müssen zunächst die wirtschaftliche Gesamtnutzungsdauer und die wirtschaftliche Restnutzungsdauer des Bewertungsobjekts ermittelt werden.

Wirtschaftliche Gesamtnutzungsdauer

Nach dem Erlass des Bundesministeriums für Raumordnung, Bauwesen und Städtebau liegt die Gesamtnutzungsdauer von Einfamilienhäusern bei 60 bis 100 Jahren. Im vorliegenden Fall erscheint ein Wert von 80 Jahren als angemessen.

Wirtschaftliche Restnutzungsdauer

Die wirtschaftliche Restnutzungsdauer ist der Zeitraum, in denen die baulichen Anlagen bei ordnungsgemäßer Unterhaltung und Bewirtschaftung voraussichtlich noch wirtschaftlich genutzt werden können. Sie wird im Allgemeinen durch Abzug des Alters von der wirtschaftlichen Gesamtnutzungsdauer der baulichen Anlagen ermittelt. Bei einer solchen Vorgehensweise würde sich im vorliegenden Fall jedoch eine unangemessene Restnutzungsdauer ergeben. Daher erscheint es sinnvoller, die wirtschaftliche Restnutzungsdauer für das zu bewertende Gebäude sachgerecht zu schätzen. Die Schätzung der wirtschaftlichen Restnutzungsdauer wird auch in der einschlägigen Literatur als unproblematisch empfunden. So schreibt zum Beispiel Kleiber (Kleiber/Simon/Weyers, Verkehrswertermittlung, § 16 WertV, Rdnr. 106 f):

»Die übliche Restnutzungsdauer – RND – von Gebäuden wird i. d. R. so ermittelt, indem von einer für die Objektart üblichen Gesamtnutzungsdauer – GND – das Alter in Abzug gebracht wird: RND = GND – Alter. Dies darf nicht schematisch vorgenommen werden. Es müssen vor allem die örtlichen und allgemeinen Wirtschaftsverhältnisse im Hinblick auf die Verwendbarkeit der baulichen Anlagen berücksichtigt werden.

Sachgerechter ist es daher, die wirtschaftliche Restnutzungsdauer am Wertermittlungsstichtag unter Berücksichtigung des Bau- und Unterhaltungszustands sowie der wirtschaftlichen Verwendungsfähigkeit der baulichen Anlage zu schätzen. Es ist nämlich bedenklich, die Restnutzungsdauer, wie oben dargestellt, schematisch zu errechnen, weil damit ebenso die Vorhersage über die Einkommensströme über mehrere Jahrzehnte verbunden ist.«

Im vorliegenden Bewertungsfall wird die wirtschaftliche Restnutzungsdauer bei durchgeführter Beseitigung der vorhandenen Rückstände auf 40 Jahre geschätzt.

Wertminderung wegen Alters

Die Wertminderung wegen Alters wird bei Gebäuden mit normaler Innenausstattung im Allgemeinen im Modell nach Ross wie folgt berechnet:

$$\left(\frac{1}{2} \times \left(\frac{(GND - RND)^2}{GND^2} + \frac{(GND - RND)}{GND} \right) \right) \times 100$$

Bei einer Gesamtnutzungsdauer von 80 Jahren und einer Restnutzungsdauer von 40 Jahren erhält man eine Korrekturgröße von rund 37,5 Prozent der Herstellungskosten der baulichen Anlagen, demnach 32.246 EUR.

4.3   Modernisierungskosten

Wie weiter oben bereits beschrieben, weist das Gebäude einen Unterhaltungsrückstand auf. Es kann davon ausgegangen werden, dass jeder potenzielle Käufer diesen Unterhaltungsrückstand zunächst beseitigt und erst dann in das Objekt einzieht. Die Kosten für die Beseitigung des Unterhaltungsrückstands werden überschlägig auf rd. 7.500 EUR geschätzt.

Somit ergibt sich der Gebäudesachwert wie folgt:

Herstellungskosten der baulichen Anlagen	85.989 EUR
– Korrektur wegen des Gebäudealters	32.246 EUR
– Korrektur wegen sonstiger Umstände	7.500 EUR
= Gebäudesachwert	46.243 EUR

5. Barwert der Erbbauzinsen

5.1 Erbbauzins

Der im Rahmen der gesetzlichen und vertraglichen Möglichkeiten angepasste Erbbauzins beträgt 144,48 EUR/Jahr.

5.2 Liegenschaftszinssatz

Der zuständige Gutachterausschuss hat keine Liegenschaftszinssätze für Einfamilienhausgrundstücke ermittelt. Insofern wird der Liegenschaftszinssatz aus der empirischen Untersuchung über anzuwendende Liegenschaftszinssätze abgeleitet (Sommer/Hausmann, GuG 03/06, S. 139) Demnach liegt der Liegenschaftszinssatz bei 3,0 Prozent.

5.3 Restlaufzeit des Erbbaurechts

Der Erbbaurechtsvertrag wurde im Jahr 1993 für eine Laufzeit von 75 Jahren geschlossen. Die Restlaufzeit beträgt demnach am Wertermittlungsstichtag noch 62 Jahre.

5.4 Barwert des Erbbauzinses

Der Barwert des Erbbauzinses ergibt sich auf Basis der Restlaufzeit des Erbbaurechts und des Liegenschaftszinssatzes wie folgt:

Erbbauzins	144,48 EUR/Jahr
× Ertragsvervielfältiger (3,0 %, 62 Jahre)	28,00
= Barwert des Erbbauzinses	4.045 EUR

6. Verkehrswert

6.1 Berechnung

Der Verkehrswert des Erbbaurechts ergibt sich auf der Grundlage folgender Berechnung:

Gebäudesachwert	46.243 EUR
− Barwert des Erbbauzinses	4.045 EUR
± sonstige wertbeeinflussende Umstände	0 EUR
= Sachwert Erbbaurecht	42.198 EUR

6.2 Marktanpassung

Die obigen Berechnungsansätze beruhen auf einem mathematisch-theoretischem Modell, das die Überlegungen der Marktteilnehmer nachvollziehen soll. Ob die Marktteilnehmer bei ihren Kaufpreisüberlegungen jedoch tatsächlich nach diesem Modell vorgehen, ist letztendlich nur dann zu klären, wenn der auf der Grundlage des theoretisch-mathematischen Modells ermittelte Werte anhand von Marktuntersuchungen überprüft werden könnte. Mir sind jedoch keine diesbezüglichen Marktuntersuchungen bekannt, so dass eine Überprüfung letztendlich nicht möglich ist.

Bei vergleichbar »kleinen« Bewertungsobjekten, die sich nicht im Erbbaurecht befinden, muss in der Regel ein hoher Marktanpassungszuschlag von bis zu 20 Prozent des ermittelten Werts angebracht werden (Quelle: Marktbericht des Gutachterausschusses in N.). Ich halte es im vorliegenden Fall jedoch für angemessen, trotz des vergleichsweise niedrigen Werts von rd. 42.000 EUR nur einen geringen Marktanpassungszuschlag von rd. 10 Prozent vorzunehmen. Denn einerseits werden Erbbaurechte erfahrungsgemäß nicht zu den gleichen (hohen) Preisen gehandelt wie das Volleigentum. Andererseits ist der Ansatz der Beseitigungskosten für die Unterhaltungsrückstände mit Unsicherheiten verbunden, weshalb potenzielle Käufer bei der Bemessung eines Kaufpreises vermutlich sehr vorsichtig vorgehen werden. Zudem besteht in N. ein überdurchschnittlich hohes Angebot an Einfamilienhäuser, dem nur ein begrenzter Käuferkreis gegenüber steht.

6.3 Ergebnis

Der Verkehrswert, wie er in § 194 des Baugesetzbuchs normiert ist, wird im allgemeinen als der Preis angesehen, der im gewöhnlichen Geschäftsverkehr unter Berücksichtigung aller wertrelevanten Merkmale zu erzielen wäre. Insofern handelt es sich bei dem Verkehrswert um die Prognose des wahrscheinlichsten Preises.

Unter Berücksichtigung aller wertbeeinflussenden Umstände wird der Verkehrswert des Erbbaurechts zum Wertermittlungsstichtag 08. August 2006 aus den vorliegenden Informationen mit 42.000 EUR abgeleitet.

2.8 Zusammenfassung

● Im Rahmen der Erbbaurechtsbewertung ist zwischen dem Verkehrswert des Erbbaurechts und dem Verkehrswert des belasteten Grundstücks zu unterscheiden.
● In beiden Fällen lässt sich der Wert auf der Basis von Überlegungen der Marktteilnehmer nachvollziehbar darstellen.
● Grundlegender Gedanke ist, dass dem Erbbaurecht kein Bodenwertanteil zugeordnet wird, da der Erbbaurechtsnehmer keinen Bodenanteil erwirbt.
● Der Bodenwert wird vielmehr vollständig dem Erbbaurechtsgeber zugeordnet. Als Entgelt für den Entzug der Nutzung seines Grundstücks während der Laufzeit des Erbbaurechts erhält er einen Erbbauzins.

- Sowohl beim Verkehrswert des Erbbaurechts als auch beim Verkehrswert des belasteten Grundstücks ist die Lage auf dem Grundstücksmarkt zu berücksichtigen!
- Wenn die Restnutzungsdauer des Gebäudes die Restlaufzeit des Erbbaurechts übersteigt, sind die Bewertungsmodelle zu erweitern.

3 Erbbaurecht nach WertR 2006

In diesem Kapitel erfahren Sie,

- welche Neuerungen die WertR 2006 im Zusammenhang mit der Bewertung von Erbbaurechten enthalten,
- wie die Bewertung entsprechend der Modelle der WertR 2006 durchzuführen ist,
- dass nicht alle Modelle der WertR die Denkweise eines wirtschaftlich handelnden Marktteilnehmers widerspiegeln,
- dass die Systematik der WertR 2006 im Hinblick auf die Erbbaurechtsbewertung weder nachvollziehbar noch einheitlich ist.

3.1 Neuerungen in den WertR 2006

Nachfolgend werden zunächst die wesentlichen Neuerungen hinsichtlich der Erbbaurechtsbewertung im Vergleich zu den WertR 2002 aufgezählt.

- In den WertR 2002 wurden bei der Ermittlung des Bodenwertanteils des Erbbaurechts sowie bei der Ermittlung des mit dem Erbbaurecht belasteten Grundstücks so genannte Wertfaktoren verwendet. Die Wertfaktoren sollten die Gewichtung vertraglicher Besonderheiten berücksichtigen. Die Wertfaktoren waren aus vielen Gründen stark umstritten und sind in den novellierten WertR 2006 entfallen.
- Einflüsse aus besonderen vertraglichen Gestaltungen, die bislang in die Wertfaktoren einfließen sollten, können nun durch Zu- und Abschläge separat berücksichtigt werden, soweit sie nicht bereits in der Höhe des Erbbauzinses erfasst sind und sich nicht im (regional-)typischen Rahmen bewegen. Da diese Einflüsse im Gegensatz zu der vormals gültigen Anwendung der Wertfaktoren nun nicht mehr ausschließlich im Bodenwertanteil erfasst werden, ist dieser Zusatz zu begrüßen.
- In den WertR 2006 wird klargestellt, dass (soweit Erschließungsbeiträge bereits entrichtet wurden) immer der erschließungsbeitragsfreie Bodenwert Grundlage der Überlegungen ist, unabhängig davon, wer diese entrichtet hat.
- In den WertR 2006 wird darauf hingewiesen, dass gegebenenfalls ein höherer Erbbauzins vereinbart wird, sofern ein Grundstück bereits bei Vertragsabschluss bebaut ist. In der WertR 2002 wurde dieser Umstand über einen Erbbauzins erfasst, der sich anteilig auf den Boden und anteilig auf die bauliche Anlage bezog. Der jeweils anteilige Erbbauzins wurde innerhalb des Bewertungsverfahrens an unterschiedlichen Stellen eingesetzt. Diese Aufteilung wird in den WertR 2006 nun nicht mehr durchgeführt.
- Vor einer Wertermittlung soll überprüft werden, ob sich aus dem Marktgeschehen regionaltypische Erbbauzinssätze herausgebildet haben, die an-

stelle des Liegenschaftszinssatzes als Grundlage der Berechnungen in das Modell einfließen können.

- Laut WertR 2006 ist in der Wertermittlung der erzielbare Erbbauzins, d. h. ein im Rahmen der vertraglichen und gesetzlichen Anpassungsmöglichkeiten angepasster Erbbauzins, zu berücksichtigen.

- In den WertR 2002 fand die Marktsituation, die sich im Zusammenhang mit Erbbaurechten ergibt, noch keinerlei Berücksichtigung. In den WertR 2006 wurde sowohl bei der Bewertung des Erbbaurechts als auch bei der Bewertung des belasteten Grundstücks ein Marktanpassungsfaktor eingeführt, über den die Lage auf dem Grundstücksmarkt im Hinblick auf Erbbaurechte berücksichtigt werden kann.

- In den WertR 2006 werden zwei verschiedene Modelle zur Ermittlung des Verkehrswerts des belasteten Grundstücks und des Erbbaurechts angewandt. Erst eine mathematische Umformung ermöglicht es, diese Modelle zu vergleichen. Darauf wird weiter hinten in diesem Kapitel noch näher eingegangen.

3.2 Gegenüberstellung WertR 2006 und WertR 2002

3.2.1 Verkehrswert des belasteten Grundstücks

In der nachfolgenden Tabelle wird das alte Modell der Wertermittlungsrichtlinien 2002 zur Bewertung des mit dem Erbbaurecht belasteten Grundstücks dem neuen Modell der Wertermittlungsrichtlinien 2006 gegenüber gestellt. Man erkennt, dass der Wertfaktor in dem neuen Modell nicht mehr vorhanden ist. Zudem wurden ein Marktanpassungsfaktor und die Möglichkeit Zu- oder Abschläge wegen sonstiger vertraglicher Vereinbarungen zu berücksichtigen, eingeführt.

ALT	NEU	
VW_{GS}	VW_{GS}	
$= BW$	$= BW_{abgezinst\ über\ RLZ}$	$\Big\}BWA_{GS}$
$- (BW \times LZ - EBZ) \times V_{RLZ} \times WF$	$+ EBZ \times V_{RLZ}$	
	$=$ Summe der Barwerte	
	$\times$ Marktanpassungsfaktor	
	$=$ Zwischenwert	
	$\pm$ Zu- oder Abschläge wegen sonstiger vertraglicher Vereinbarungen	

VW_{GS} = Verkehrswert des mit dem Erbbaurecht belasteten Grundstücks
BW = Bodenwert (ohne Berücksichtigung des Erbbaurechts)
RLZ = Restlaufzeit des Erbbaurechts
LZ = Liegenschaftszinssatz

EBZ = Erbbauzins
V_{RLZ} = Vervielfältiger über die Restlaufzeit des Erbbaurechts
WF = Wertfaktor
BWA_{GS} = Bodenwertanteil des Grundstücks

3.2.2 Verkehrswert des Erbbaurechts

Die folgende Tabelle zeigt, dass auch beim Modell zur Ermittlung des Verkehrswerts des Erbbaurechts der Wertfaktor nicht mehr berücksichtigt wird. Zudem ist ein Marktanpassungsfaktor eingeführt worden. Die vertraglichen Bestimmungen können wiederum über Zu- oder Abschläge wegen sonstiger vertraglicher Vereinbarungen berücksichtigt werden, fall dies erforderlich sein sollte.

ALT	NEU	
VW_{EBR}	VW_{EBR}	
$= (BW \times LZ - EBZ) \times V_{RLZ} \times WF$	$= (BW \times LZ - EBZ) \times V_{RLZ}$	$\Big\} BWA_{EBR}$
$+ GW_{EBR}$	$+ GW_{EBR}$	
	= Zwischenwert	
	$\times$ Marktanpassungsfaktor	
	= Zwischenwert	
	$\pm$ Zu- oder Abschläge wegen sonstiger vertraglicher Vereinbarungen	

VW_{EBR} = Verkehrswert des Erbbaurechts
GW_{EBR} = Gebäudewertanteil des Erbbaurechts

In den folgenden Abschnitten werden die Bewertungsmodelle nach den aktuellen WertR 2006 im Einzelnen vorgestellt. Dabei werden auch die oben beschriebenen Änderungen erläutert. Auf die Kritik an den Modellen wird im Anschluss an die Erläuterungen noch im Einzelnen eingegangen.

3.3 Verkehrswert des Erbbaurechts, Standardfall RLZ ≥ RND

3.3.1 Ausgangssituation

Der Erbbauzins wird bei Vertragsabschluss in der Regel auf der Grundlage der aktuellen Bodenwertverzinsung festgelegt (= Bodenwert × Liegenschaftszinssatz). Er kann zwar in vielen Fällen in regelmäßigen Abständen gemäß den vertraglichen Vereinbarungen angepasst werden. Im Allgemeinen wird die Erhöhung des Erbbauzinses aufgrund einer Anpassungsklausel an die Entwicklung der Lebenshaltungskosten jedoch geringer sein als die Steigerung der Bodenwertverzinsung.

Das bedeutet, dass der tatsächliche Erbbauzins sich schon nach wenigen Jahren Laufzeit von dem Zinssatz unterscheidet, der bei einer neuen Bestellung des Erbbaurechts erzielbar wäre. Der Erbbauberechtigte hat somit einen Zinsvorteil. Diese Tatsache soll an folgender Grafik verdeutlicht werden:

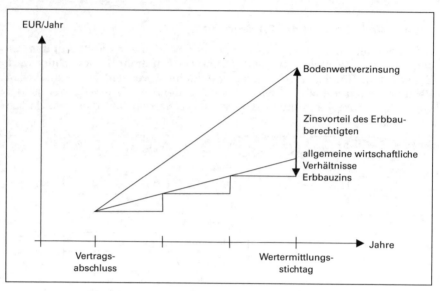

3.3.2   Bodenwertanteil

Der Barwert des Zinsvorteils des Erbbauberechtigten entspricht gemäß WertR 2006 dem Bodenwertanteil. Mit den unten stehenden Ausgangsdaten ergibt sich folgender Bodenwertanteil des Erbbauberechtigten:

Ausgangsdaten:	
unbelasteter Bodenwert	40.000 EUR
Liegenschaftszinssatz	3 %
Bodenwertverzinsung	1.200 EUR/Jahr
Erbbauzins	200 EUR/Jahr
Restlaufzeit Erbbaurecht	64 Jahre

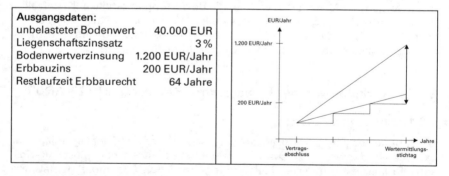

In diesem Fall wird unterstellt, dass der Zeitpunkt der nächstmöglichen vertraglichen bzw. gesetzlichen Erbbauzinsanpassungsmöglichkeit noch nicht erreicht ist.

Der Bodenwertanteil ergibt sich mit den obigen Angaben wie folgt:

Bodenwertanteil des Erbbaurechts		
	Bodenwertverzinsung	1.200 EUR/Jahr
−	Erbbauzins	200 EUR/Jahr
=	Zinsvorteil des Erbbauberechtigten	1.000 EUR/Jahr
×	Vervielfältiger (64 Jahre, 3 %)	28,31
=	Barwert des Zinsvorteils = Bodenwertanteil des Erbbauberechtigten	28.310 EUR

Der so ermittelte Bodenwertanteil des Erbbauberechtigten stellt eine Komponente des Verkehrswerts des Erbbaurechts dar (siehe nachfolgendes Kapitel 3.3.3).

3.3.3 Verkehrswert des Erbbaurechts

Der Verkehrswert des Erbbaurechts ergibt sich nach WertR 2006 aus dem Gebäudesachwert bzw. Gebäudeertragswert, dem Bodenwertanteil des Erbbauberechtigten, einem Marktanpassungsfaktor sowie der Zu- oder Abschläge wegen vertraglicher Besonderheiten.

	Grundsätzliche Vorgehensweise	Erbbaurechtsbewertung nach WertR 2006
Erbbaurecht	Ertrags- und Kostenüberlegungen	Gebäudesachwert bzw. Gebäudeertragswert
		+ Bodenwertanteil des Erbbauberechtigten (= Barwert des Zinsvorteils)
	Zwischenwert	= Sachwert des Erbbaurechts bzw. Ertragswert des Erbbaurechts
	Lage auf dem Grundstücksmarkt	× Marktanpassungsfaktor
	Zwischenwert	= Zwischenwert
	sonstige wertbeeinflussende Umstände	± Zu- oder Abschläge wegen besonderer vertraglicher Vereinbarungen
	Verkehrswert des Rechts	= Verkehrswert des Erbbaurechts

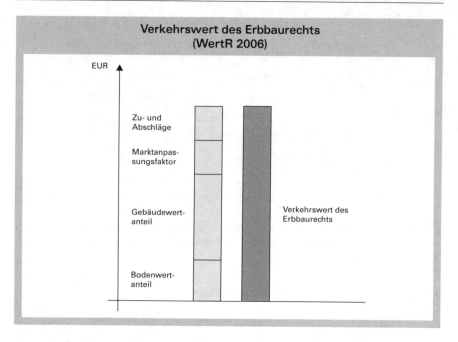

3.3.4   Marktanpassungsfaktoren

Nach den WertR 2006 ist der finanzmathematisch ermittelte Wert, der sich aus dem Gebäudewertanteil und dem Bodenwertanteil des Erbbaurechts ergibt, nicht mit dem Verkehrswert des Erbbaurechts gleichzusetzen. Es ist vielmehr noch ein Marktanpassungsfaktor zu berücksichtigen, was ausdrücklich zu begrüßen ist (siehe dazu auch Kapitel 1.4). In den WertR 2002 war von einer Marktanpassung noch nicht die Rede.

Der Marktanpassungsfaktor ist gemäß Punkt 4.3.2.2 WertR aus regionalen Analysen herzuleiten, sofern diese vorliegen. Dabei soll stets geprüft werden, ob die Ergebnisse der vorliegenden Analysen über die untersuchte Region hinaus im Einzelfall angewendet werden können. In der WertR-Beispielrechnung Nr. 3 zum Verkehrswert des Erbbaurechts im Zusammenhang mit einem Sachwertobjekt wird beispielsweise ein Marktanpassungsfaktor von 1,1 angewendet.

Bei Ertragswertobjekten berücksichtigt der Marktanpassungsfaktor allein die Reaktion des Marktes auf die Existenz des Erbbaurechts. Alle weiteren wertbeeinflussenden Faktoren können über die Wahl geeigneter Eingangsgrößen und insbesondere des Liegenschaftszinssatzes berücksichtigt werden.

Bei Sachwertobjekten muss darüber hinaus über den Marktanpassungsfaktor die Nachfragesituation nach Objekten der zu bewertenden Art erfasst werden. Da der Gebäudesachwert, der eine Komponente des Verkehrswerts des Erbbaurechts darstellt, zunächst ausschließlich kostenorientiert ermittelt wird und die Lage auf dem Grundstücksmarkt in dem Gebäudesachwert noch nicht erfasst wird, muss der Marktanpassungsfaktor bei typischen Sachwertobjekten auch diesen Aspekt umfassen.

Hinweis: In Kapitel 2.5.5 finden Sie weitere Informationen zur Marktanpassung bei Erbbaurechten.

3.3.5 Zu- oder Abschläge wegen besonderer vertraglicher Vereinbarungen

Hierunter sind gemäß WertR 2006 nur solche vertraglichen Vereinbarungen zu berücksichtigen, die von den regional üblichen Vertragsgestaltungen abweichen. In den WertR wird darauf hingewiesen, dass Aspekte, die bereits über die Höhe des Erbbauzinses berücksichtigt wurden, an dieser Stelle nicht nochmals in das Verfahren eingebracht werden dürfen.

Wenn zum Beispiel im Erbbaurechtsvertrag keine Anpassungsklausel für den Erbbauzins vorgesehen ist, soll dies laut WertR 2006 über einen entsprechenden Zuschlag bei der Bewertung des Erbbaurechts berücksichtigt werden, da sich für den Erbbauberechtigten ein erheblicher Vorteil ergibt.

3.3.6 Beispiel: Sachwertverfahren

Ausgangsdaten
Wertermittlungsstichtag . . . . 01. April 2006
unbelasteter Bodenwert . . . . 104.000 EUR
Liegenschaftszinssatz . . . . 3,5 %
Erbbauzins . . . . 2.100 EUR/Jahr
Restlaufzeit des Erbbaurechts (RLZ) . . . . 53 Jahre
Restnutzungsdauer Gebäude (RND) . . . . 45 Jahre
Gesamtnutzungsdauer Gebäude (GND) . . . . 80 Jahre
Herstellungskosten der baulichen Anlagen . . . . 165.000 EUR
Alterswertminderung nach Roß . . . . 31 %
Marktanpassungsfaktor Erbbaurecht 1,2
Zuschlag wegen besonderer vertraglicher Regelungen . . . . 7.500 EUR

Bodenwertanteil des Erbbauberechtigten
   Bodenwertverzinsung . . . . 3.640 EUR/Jahr
 − Erbbauzins . . . . 2.100 EUR/Jahr
 = Zinsvorteil des Erbbauberechtigten . . . . 1.540 EUR/Jahr
 × Vervielfältiger (3,5 %, 53 Jahre) 23,96
 = Bodenwertanteil des Erbbauberechtigten . . . . 36.898 EUR

Gebäudesachwert
   Herstellungskosten der baulichen Anlagen . . . . 165.000 EUR
 − Alterswertminderung . . . . 51.150 EUR
 = Zwischenwert . . . . 113.850 EUR
 ± Sonstige Umstände (§ 25) . . . . 0 EUR
 = Gebäudesachwert . . . . 113.850 EUR

3

Grundsätzliche Vorgehensweise	Erbbaurechtsbewertung nach WertR 2006 (Sachwert)	Beispiel
Ertrags- und Kostenüberlegungen	Gebäudesachwert	113.850 EUR
	+ Bodenwertanteil des Erbbauberechtigten (= Barwert des Zinsvorteils)	+ 36.898 EUR
Zwischenwert	= Sachwert des Erbbaurechts	= 150.748 EUR
Lage auf dem Grundstücksmarkt	× Marktanpassungsfaktor	× 1,2
Zwischenwert	= Zwischenwert	= 180.898 EUR
sonstige wertbeeinflussende Umstände (§ 25 WertV)	+ Zuschlag wegen besonderer vertraglicher Vereinbarungen	+ 7.500 EUR
Verkehrswert des Rechts	= Verkehrswert des Erbbaurechts	= 188.398 EUR **rd. 188.000 EUR**

(Erbbaurecht)

3.3.7   Beispiel: Ertragswertverfahren

Ausgangsdaten
Wertermittlungsstichtag .... 01. Mai 2006
unbelasteter Bodenwert .... 90.000 EUR
Liegenschaftszinssatz... 3,5 %
Erbbauzin.. 1.800 EUR/Jahr
Restlaufzeit des Erbbaurechts (RLZ)............................ 67 Jahre
Restnutzungsdauer Gebäude (RND) .... 59 Jahre
Rohertrag... 15.000 EUR/Jahr
Bewirtschaftungskosten .... 3.000 EUR/Jahr
Marktanpassungsfaktor Erbbaurecht................................. 1,1
Abschlag wegen besonderer vertraglicher Regelungen .... 5.000 EUR

Bodenwertanteil des Erbbauberechtigten
Bodenwertverzinsung................................. 3.150 EUR/Jahr
– Erbbauzins .... 1.800 EUR/Jahr
= Zinsvorteil des Erbbauberechtigten .... 1.350 EUR/Jahr
× Vervielfältiger (3,5 %, 67 Jahre)................................. 25,72
= Bodenwertanteil des Erbbauberechtigten .... 34.722 EUR

Gebäudeertragswert

	Rohertrag	15.000 EUR/Jahr
–	Bewirtschaftungskosten	3.000 EUR/Jahr
=	Grundstücksreinertrag	12.000 EUR/Jahr
–	Bodenwertverzinsung	3.150 EUR/Jahr
=	Gebäudereinertrag	8.850 EUR/Jahr
×	Vervielfältiger (3,5 %, 59 Jahre)	24,82
=	Zwischenwert	219.657 EUR
±	Sonstige Umstände (§ 19)	0 EUR
=	Gebäudeertragswert	219.657 EUR

Grundsätzliche Vorgehensweise		Erbbau-rechtsbewertung nach WertR 2006 (Ertragswert)	Beispiel
	Ertrags- und Kostenüber-legungen	Gebäudeertragswert	219.657 EUR
		+ Bodenwertanteil des Erb-bauberechtigten (= Barwert des Zinsvorteils)	+ 34.722 EUR
	Zwischenwert	= Ertragswert des Erbbaurechts	= 254.379 EUR
Erbbaurecht	Lage auf dem Grundstücks-markt	× Marktanpassungsfaktor	× 1,1
	Zwischenwert	= Zwischenwert	= 279.817 EUR
	sonstige wertbeeinflus-sende Umstände (§ 19 WertV)	– Abschlag wegen besonderer vertraglicher Vereinbarungen	– 5.000 EUR
	Verkehrswert des Rechts	= Verkehrswert des Erbbaurechts	= 274.817 EUR **rd. 274.000 EUR**

3.4 Verkehrswert des Erbbaurechts, Sonderfall RLZ < RND

3.4.1 Vorbemerkung

In den Anlagen 14 und 15 der WertR 2006 wird der Fall vorgestellt, dass die Restlaufzeit des Erbbaurechts kürzer ist, als die Restnutzungsdauer der Gebäude. In diesem Fall muss das zuvor vorgestellte Modell zur Bewertung von Erbbaurechten erweitert bzw. geändert werden. Dabei wird berücksichtigt, dass die Reinerträge über einen anderen Zeitraum kapitalisiert werden als in Kapitel 3.3 und dass seitens des Grundstückseigentümers im Allgemeinen eine Entschädigung für das Bauwerk an den Erbbaurechtsnehmer zu zahlen ist. Die entsprechende Erweiterung bzw. Änderung des Modells ist in der im nächsten Punkt dieses Kapitels dargestellten Tabelle zur Vorgehensweise grau hinterlegt.

In diesem Zusammenhang verweisen wir grundsätzlich auf die Ausführungen im Kapitel 2. Nachfolgend wird jedoch die Vorgehensweise nach WertR 2006 dargestellt, da dem Modell zur Erbbaurechtsbewertung in Kapitel 2 unabhängig von der Restlaufzeit des Erbbaurechts ein anderer Denkansatz zu Grunde liegt. Beispielsweise wird in dem Modell in Kapitel 2 kein Bodenwertanteil in die Überlegungen einbezogen. Darüber hinaus wird die Entschädigung nach WertR 2006 mathematisch über andere Rechenschritte berücksichtigt als im Modell in Kapitel 2, wenngleich die ermittelte Höhe der Entschädigung letztlich auf den gleichen Betrag hinausläuft. Die in der WertR 2006 vorgesehene Methode wird daher nachfolgend der Vollständigkeit halber wiedergegeben.

3.4.2   Vorgehensweise im Ertragswertverfahren

Das Gebäude befindet sich bis zum Ende der Restlaufzeit des Erbbaurechts im Eigentum des Erbbauberechtigten. Der dem Erbbauberechtigten zustehende Gebäudeertragswert I wird auf Basis der Erträge ermittelt, die vom Wertermittlungsstichtag an bis zum Ende der Restlaufzeit des Erbbaurechts anfallen.

Der Bodenwertanteil des Erbbauberechtigten ist zu berechnen wie in Kapitel 3.3 beschrieben. Diesbezüglich ergeben sich keine Änderungen im Vergleich zum Standardfall.

Darüber hinaus erhält der Erbbauberechtigte am Ende der Restlaufzeit des Erbbaurechts eine Entschädigung für das Bauwerk, das – je nach vertraglicher Regelung – dann in das Eigentum des Erbbaurechtsgebers übergeht. Diese Entschädigung wird in der Regel auf Basis des Gebäudeertragswerts II, der sich aus den Erträgen vom Ende der Restlaufzeit des Erbbaurechts bis zum Ende der Restnutzungsdauer des Gebäudes ergibt, ermittelt. Da der Gebäudeertragswert II erst am Ende der Restlaufzeit des Erbbaurechts auf Basis der künftigen Reinerträge anfällt und die Entschädigung erst am Ende der Restlaufzeit des Erbbaurechts gezahlt wird, ist der Gebäudeertragswert II über die Restlaufzeit des Erbbaurechtsvertrags auf den Wertermittlungsstichtag abzuzinsen.

Nach WertR 2006 wird dem Erbbauberechtigten zunächst der abgezinste Gebäudeertragswert II vollständig zugeordnet. Der Betrag, der vom Grundstückseigentümer nicht zu entschädigen ist, wird anschließend in Abzug gebracht.

Grundsätzliche Vorgehensweise	Erbbaurechtsbewertung nach WertR 2006 (RLZ < RND)
Ertrags- und Kostenüberlegungen	Gebäudeertragswert I (bezogen auf RLZ)
	+ Bodenwertanteil des Erbbauberechtigten (= Barwert des Zinsvorteils)
zusätzliche Ertrags- und Kosten	+ Gebäudeertragswert II (ab Ende EBR, abgezinst auf WES)
	− Betrag, der vom Grundstückseigentümer nicht zu entschädigen ist (in % des abgezinsten Gebäudeertragswerts II)
Zwischenwert	= Ertragswert des Erbbaurechts
Lage auf dem Grundstücksmarkt	x Marktanpassungsfaktor
Zwischenwert	= Zwischenwert
sonstige wertbeeinflussende Umstände (§ 19 WertV)	± Zu- oder Abschläge wegen besonderer vertraglicher Vereinbarungen
Verkehrswert des Rechts	= Verkehrswert des Erbbaurechts

(Spalte links, vertikal: **Erbbaurecht**)

Dabei wird in der Beispielrechnung, wie bereits erwähnt, davon ausgegangen, dass zunächst der abgezinste Gebäudeertragswert II vollständig dem Verkehrswert des Erbbaurechts hinzuzurechnen ist. In einem nächsten Schritt wird dann der Betrag in Abzug gebracht, der nicht vom Grundstückseigentümer zu entschädigen ist. Als Ergebnis verbleibt der auf den Wertermittlungsstichtag abgezinste Entschädigungsbetrag als zusätzlicher Bestandteil des Verkehrswerts des Erbbaurechts beim Erbbaurechtsnehmer.

Grafisch lässt sich dies wie folgt darstellen:

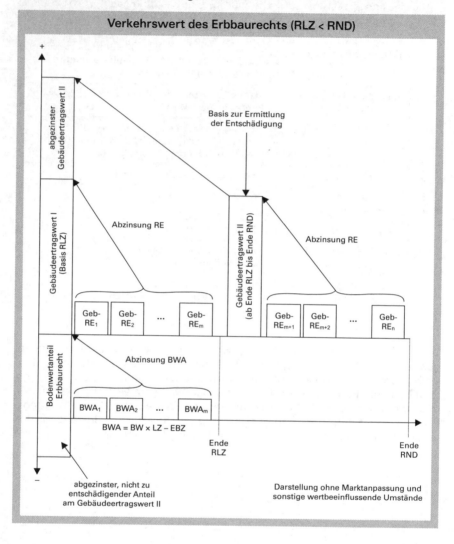

Verkehrswert des Erbbaurechts (RLZ < RND)

3.4.3 Beispiel Ertragswertverfahren

Ausgangsdaten

Wertermittlungsstichtag	01. September 2006
unbelasteter Bodenwert	100.000 EUR
Reinertrag	20.000 EUR/Jahr
Liegenschaftszinssatz	7,25 %
Erbbauzins	2.500 EUR/Jahr
Restlaufzeit des Erbbaurechts (RLZ)	35 Jahre
Restnutzungsdauer Gebäude (RND)	40 Jahre
Entschädigung	70 % des Gebäudeertragswerts am Ende des EBR
Marktanpassungsfaktor	1,1

Gebäudeertragswert I am Wertermittlungsstichtag

	Grundstücksreinertrag	20.000 EUR/Jahr
–	Bodenwertverzinsung	7.250 EUR/Jahr
=	Gebäudereinertrag	12.750 EUR/Jahr
×	Vervielfältiger (7,25 %, 35 Jahre)	12,60
=	Zwischenwert	160.650 EUR
±	Sonstige Umstände (§ 19 WertV)	0 EUR
=	Gebäudeertragswert I	160.650 EUR

Bodenwertanteil des Erbbauberechtigten

	Bodenwertverzinsung	7.250 EUR/Jahr
	Erbbauzins	2.500 EUR/Jahr
=	Zinsvorteil des Erbbauberechtigten	4.750 EUR/Jahr
×	Vervielfältiger (7,25 %, 35 Jahre)	12,60
=	Bodenwertanteil des Erbbauberechtigten	59.850 EUR

Gebäudeertragswert II am Wertermittlungsstichtag

	Grundstücksreinertrag	20.000 EUR/Jahr
–	Bodenwertverzinsung	7.250 EUR/Jahr
=	Gebäudereinertrag	12.750 EUR/Jahr
×	Vervielfältiger (7,25 %, 5 Jahre)	4,07
=	Zwischenwert	51.893 EUR
±	sonstige wertbeeinflussende Umstände	0 EUR
=	Gebäudeertragswert II am Ende der Laufzeit des Rechts	51.893 EUR
×	Abzinsungsfaktor (7,25 %, 35 Jahre)	0,086
=	Gebäudeertragswert II am Wertermittlungsstichtag	4.463 EUR

Ermittlung des nicht zu entschädigenden Betrags

	Gebäudeertragswert II am Wertermittlungsstichtag	4.463 EUR/Jahr
×	Prozentsatz des nicht zu entschädigenden Betrags	30 %
=	Betrag, der nicht zu entschädigen ist	1.339 EUR

	Grundsätzliche Vorgehensweise	Erbbau-rechtsbewertung (Ertragswert)	Beispiel
Erbbaurecht	Ertrags- und Kostenüberlegungen	Gebäudeertragswert I	160.650 EUR
		+ Bodenwertanteil des Erbbauberechtigten (= Barwert des Zinsvorteils)	+ 59.850 EUR
	zusätzliche Ertrags- und Kostenüberlegungen	+ Gebäudeertragswert II (ab Ende EBR, abgezinst auf WES)	+ 4.463 EUR
		− Betrag, der vom Grundstückseigentümer nicht zu entschädigen ist	− 1.339 EUR
	Zwischenwert	= Ertragswert des Erbbaurechts	= 223.624 EUR
	Lage auf dem Grundstücksmarkt	× Marktanpassungsfaktor	× 1,1
	Zwischenwert	= Zwischenwert	= 245.986 EUR
	sonstige wertbeeinflussende Umstände (§ 19 WertV)	± Zu- oder Abschlag wegen besonderer vertraglicher Vereinbarungen	± 0 EUR
	Verkehrswert des Rechts	= Verkehrswert des Erbbaurechts	= 245.986 EUR rd. 246.000 EUR

3.4.4   Vorgehensweise im Sachwertverfahren

Der Bodenwertanteil des Erbbauberechtigten ist zu berechnen wie in Kapitel 3.3 beschrieben. Diesbezüglich ergeben sich keine Änderungen im Vergleich zum Standardfall.

Auch der Gebäudesachwert I wird zunächst wie im Standardfall berechnet. Grundlage der Berechnung ist die Restnutzungsdauer des Gebäudes. Da das Gebäude am Ende der Laufzeit des Erbbaurechts jedoch in das Eigentum des Erbbaurechtsgebers übergeht, steht der Gebäudesachwert I dem Erbbauberechtigten nicht in voller Höhe zu.

Demnach ist als nächster Schritt der Wert festzustellen, den das Gebäude am Ende der Laufzeit des Rechts hat. Dieser Gebäudesachwert II ergibt sich auf

Basis der Restnutzungsdauer ab dem Ende der Laufzeit des Rechts bis zum Ende der Restnutzungsdauer des Gebäudes.

Da die Bewertung zum Wertermittlungsstichtag erfolgt, ist dieser Gebäudesachwert II zunächst auf den Wertermittlungsstichtag abzuzinsen. Der Anteil, der vom Erbbaurechtsgeber nicht als Entschädigung gezahlt wird (z. B. 30 % des Gebäudesachwerts II), ist dann vom Gebäudesachwert I abzuziehen.

	Grundsätzliche Vorgehensweise	Erbbaurechtsbewertung nach WertR 2006 (RLZ < RND)
Erbbaurecht	Ertrags- und Kostenüberlegungen	Gebäudesachwert I (bezogen auf RND ab WES)
		+ Bodenwertanteil des Erbbauberechtigten (= Barwert des Zinsvorteils)
	zusätzliche Ertrags- und Kostenüberlegungen	– Betrag, der vom Grundstückseigentümer nicht zu entschädigen ist (Basis: auf den Wertermittlungsstichtag abgezinster Gebäudesachwert II ab Ende RLZ EBR)
	Zwischenwert	= Sachwert des Erbbaurechts
	Lage auf dem Grundstücksmarkt	× Marktanpassungsfaktor
	Zwischenwert	= Zwischenwert
	sonstige wertbeeinflussende Umstände (§ 25 WertV)	± Zu- oder Abschläge wegen besonderer vertraglicher Vereinbarungen
	Verkehrswert des Rechts	= Verkehrswert des Erbbaurechts

Grafisch lässt sich die obige Tabelle wie folgt darstellen:

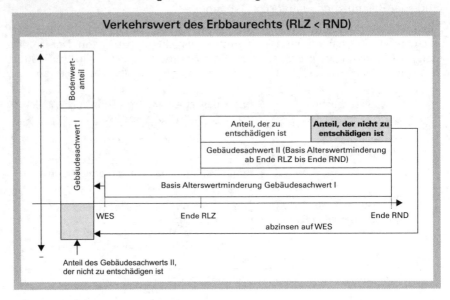

3.4.5   Beispiel Sachwertverfahren

Ausgangsdaten
Wertermittlungsstichtag .... 01. September 2006
unbelasteter Bodenwert .... 60.000 EUR
Herstellungswert der baulichen Anlagen .... 200.000 EUR/Jahr
Liegenschaftszinssatz.. 3,0 %
Erbbauzins... 1.000 EUR/Jahr
Restlaufzeit des Erbbaurechts (RLZ)............................ 20 Jahre
Restnutzungsdauer Gebäude (RND) .... 40 Jahre
Gesamtnutzungsdauer (GND) .... 80 Jahre
Alterswertminderung... nach Ross
Entschädigung .... 90 % des Gebäudesachwerts am Ende des EBR
Marktanpassungsfaktor 1,2

Gebäudesachwert I am Wertermittlungsstichtag
    Herstellungskosten der baulichen Anlagen .... 200.000 EUR
− Alterswertminderung (38%, 40 Jahre RND) .... 76.000 EUR
= Gebäudesachwert I .... 124.000 EUR

Bodenwertanteil des Erbbauberechtigten
    Bodenwertverzinsung .... 1.800 EUR/Jahr
− Erbbauzins .... 1.000 EUR/Jahr
= Zinsvorteil des Erbbauberechtigten .... 800 EUR/Jahr
× Vervielfältiger (3 %, 20 Jahre)...................................... 14,88
= Bodenwertanteil des Erbbauberechtigten .... 11.904 EUR

Gebäudesachwert II am Ende der Laufzeit des Rechts
Herstellungskosten der baulichen Anlagen . . . . 200.000 EUR
– Alterswertminderung (66%, 20 Jahre RND) . . . . 132.000 EUR
= Gebäudesachwert II . . . . 68.000 EUR

Ermittlung des Betrags, der nicht zu entschädigen ist
Gebäudesachwert II . . . . 68.000 EUR
× Prozentsatz, der nicht zu entschädigen ist . . . . 10 %
= Betrag, der nicht zu entschädigen ist . . . . 6.800 EUR
× Abzinsungsfaktor (3 %, 20 Jahre) 0,55
= Barwert des Betrags, der nicht zu entschädigen ist . . . . 3.740 EUR

	Grundsätzliche Vorgehensweise	Erbbau-rechtsbewertung (Sachwert)	Beispiel
Erbbaurecht	Ertrags- und Kosten-überlegungen	Gebäudesachwert I (bezogen auf RND)	124.000 EUR
		+ Bodenwertanteil des Erbbau-berechtigten (= Barwert des Zins-vorteils)	+ 11.904 EUR (= 800 EUR/Jahr × 14,88)
	zusätzliche Ertrags- und Kostenüberlegungen	– Betrag, der nicht zu entschädigen ist	– 3.740 EUR
	Zwischenwert	= Sachwert des Erbbaurechts	= 132.164 EUR
	Lage auf dem Grundstücksmarkt	× Marktanpassungs-faktor	× 1,2
	Zwischenwert	= Zwischenwert	= 158.597 EUR
	sonstige wertbeein-flussende Umstände (§ 25 WertV)	± Zu- oder Abschläge wegen besonderer vertraglicher Vereinbarungen	± 0 EUR
	Verkehrswert des Rechts	= Verkehrswert des Erbbaurechts	= 158.597 EUR rd. 158.000 EUR

3.5   Verkehrswert des belasteten Grundstücks, Standardfall RLZ $\geq$ RND

3.5.1   Ausgangssituation

Bei der Verkehrswertermittlung des belasteten Grundstücks gehen die WertR 2006 davon aus, dass der Grundstückseigentümer über die Restlaufzeit des Erbbaurechts den Erbbauzins erhält. Am Wertermittlungsstichtag ist zunächst der Barwert der Erbbauzinsen zu berücksichtigen.

Darüber hinaus steht dem Grundstückseigentümer am Ende der Restlaufzeit des Erbbaurechts der Boden wieder zur Verfügung. Aus diesem Grund ist zusätzlich der über die Restlaufzeit des Erbbaurechts abgezinste Bodenwert bei der Verkehrswertermittlung des belasteten Grundstücks zu berücksichtigen.

Da im Standardfall die Restlaufzeit des Erbbaurechts die Restnutzungsdauer des Gebäudes übersteigt, steht dem Erbbaurechtsgeber kein Gebäudewertanteil zu. Darüber hinaus ist in diesem Fall keine Entschädigung zu zahlen.

Der Verkehrswert des belasteten Grundstücks ergibt sich in diesem Fall unabhängig davon, ob es sich um ein Ertragswert- oder Sachwertobjekt handelt, wie folgt:

	Grundsätzliche Vorgehensweise	Erbbaurechtsbewertung nach WertR (RLZ $\geq$ RND)
Belastetes Grundstück	Ertrags- und Kostenüberlegungen	Barwert der Erbbauzinsen (= Erbbauzins p. a. × Vervielfältiger$_{RLZ}$)
		+ abgezinster unbelasteter Bodenwert (= unbelasteter Bodenwert × Abzinsungsfaktor $_{RLZ}$)
	Zwischenwert	= Summe der Barwerte
	Lage auf dem Grundstücksmarkt	× Marktanpassungsfaktor
	Zwischenwert	= Zwischenwert
	sonstige wertbeeinflussende Umstände	± Zu- oder Abschlag wegen besonderer vertraglicher Vereinbarungen
	Verkehrswert des belasteten Grundstücks	= Verkehrswert des belasteten Grundstücks

3.5.2 Beispiel zur Bewertung des Erbbaurechtsgrundstücks

Ausgangsdaten

Wertermittlungsstichtag	01. Juni 2006
unbelasteter Bodenwert	100.000 EUR
Liegenschaftszinssatz	4,5 %
Erbbauzins	2.500 EUR/Jahr
Restlaufzeit des Erbbaurechts (RLZ)	40 Jahre
Restnutzungsdauer Gebäude (RND)	30 Jahre
Marktanpassungsfaktor belastetes Grundstück	1,3
Zuschlag wegen besonderer vertraglicher Regelungen	5.000 EUR

	Grundsätzliche Vorgehensweise	Erbbaurechts- bewertung nach WertR (Ertragswert)	Beispiel
Belastetes Grundstück	Ertrags- und Kosten- überlegungen	Barwert der Erbbauzinsen (= Erbbauzins p. a. × Vervielfältiger$_{RLZ}$)	46.000 EUR (= 2.500 EUR/Jahr × 18,40)
		+ abgezinster unbe- lasteter Bodenwert (= unbelasteter Bodenwert × Ab- zinsungsfaktor$_{RLZ}$)	+ 17.200 EUR (= 100.000 EUR × 0,172)
	Zwischenwert	= Summe der Bar- werte	= 63.200 EUR
	Lage auf dem Grundstücksmarkt	× Marktanpassungs- faktor	× 1,3
	Zwischenwert	= Zwischenwert	= 82.160 EUR
	sonstige wertbeein- flussende Umstände	± Zu- oder Abschlag wegen besonderer vertraglicher Ver- einbarungen	+ 5.000 EUR
	Verkehrswert des belasteten Grundstücks	= Verkehrswert des belasteten Grund- stücks	= 87.160 EUR **rd. 87.000 EUR**

3.6   Verkehrswert des belasteten Grundstücks, Sonderfall RLZ < RND

Ausgangspunkt ist die zuvor beschriebene Verkehrswertermittlung des belasteten Grundstücks. Da die Restnutzungsdauer des Gebäudes die Restlaufzeit des Erbbaurechts übersteigt, ist das Modell zu erweitern. Die Vorgehensweise ist identisch mit dem in Kapitel 2 dargestellten Modell. Nachfolgend wird lediglich das in Kapitel 2 vorgestellte Modell mit den in den WertR 2006 verwendeten Begriffen der Vollständigkeit halber wiedergegeben.

	Grundsätzliche Vorgehensweise	Erbbaurechtsbewertung nach WertR (RLZ < RND)
Belastetes Grundstück	Ertrags- und Kostenüberlegungen	Barwert der Erbbauzinsen (= Erbbauzins p. a. × Vervielfältiger$_{RLZ}$)
		+ abgezinster unbelasteter Bodenwert (= unbelasteter Bodenwert × Abzinsungsfaktor$_{RND}$)
	zusätzliche Ertrags- und Kostenüberlegungen	+ Anteil des auf den Wertermittlungsstichtag abgezinsten Gebäudeertragswerts II oder Gebäudesachwerts II, der nicht zu entschädigen ist
	Zwischenwert	= Summe der Barwerte
	Lage auf dem Grundstücksmarkt	× Marktanpassungsfaktor
	Zwischenwert	= Zwischenwert
	sonstige wertbeeinflussende Umstände	± Zu- oder Abschlag wegen besonderer vertraglicher Vereinbarungen
	Verkehrswert des belasteten Grundstücks	= Verkehrswert des belasteten Grundstücks

3.7   Kritik an den WertR 2006

3.7.1   Bodenwertanteil des Erbbaurechts

Ein großer Schwachpunkt in der Erbbaurechtsbewertung nach WertR 2006 besteht in der Ausweisung eines Bodenwertanteils. Obwohl der Bodenwertanteil bereits seit langem kritisiert wird, wurde er dennoch wieder in die WertR 2006 übernommen. Gegen die Berücksichtigung eines Bodenwertanteils sprechen folgende Überlegungen:

- Sinn des Erbbaurechts aus Sicht des Grundstückseigentümers ist es, das Eigentum an einem Grundstück auf Dauer im eigenen Immobilienbestand zu halten. Der Eigentümer beabsichtigt nicht den Verkauf des Grundstücks, sondern lediglich die Belastung mit einem Erbbaurecht über einen kalkulierbaren Zeitraum.

• Der Erbbaurechtsnehmer entwickelt in der Regel aus finanziellen Überlegungen heraus Interesse am Erwerb eines Erbbaurechts. Er spart die Kosten des Grundstücksankaufs und hat je nach Ausgestaltung des Erbbaurechts dennoch die volle Verfügungsgewalt über ein Grundstück, das im Eigentum eines Dritten steht.

• Keiner der Vertragsbeteiligten hat demnach ein Interesse an der Bildung von Bodenwertanteilen. Von Interesse ist lediglich die Nutzung des Grundstücks bzw. die Gestattung der Nutzung.

Der Erbbaurechtsnehmer zahlt für die Möglichkeit auf oder unter einem fremden Grundstück ein Bauwerk zu haben einen Erbbauzins. Dieser Erbbauzins wird in der Regel bei Vertragsabschluss vereinbart und sollte auch Grundlage der Überlegung der Bewertung des Erbbaurechts sein. Nimmt man dagegen einen Bodenwertanteil zur Grundlage des Erbbaurechts, wie dies in den WertR 2006 geschieht, ergeben sich Modellfehler, die unter Punkt 3.7.3 und 3.7.4 näher erläutert werden.

3.7.2   Fehlende einheitliche Systematik

Bei der Bewertung des belasteten Grundstücks ist es in den Wert 2006 gelungen, die Denkweise eines wirtschaftlich handelnden Marktteilnehmers angemessen und in vollem Maße nachvollziehbar zu berücksichtigen. Es wird davon ausgegangen, dass der Erbbauzins sich werterhöhend auf den Verkehrswert des mit dem Erbbaurecht belasteten Grundstücks auswirkt und der unbelastete Bodenwert analog der Systematik des verkürzten Ertragswertverfahrens erst dann frei zur Verfügung steht, wenn das Ende der Restlaufzeit des Erbbaurechts (Fall: RLZ ≥ RND) oder das Ende der Restnutzungsdauer (RLZ < RND) erreicht ist.

Diese Denkweise eines wirtschaftlich handelnden Marktteilnehmers wird bei der Bewertung des Erbbaurechts negiert. Hier wird immer noch mit Bodenwertanteilen und Zinsvorteilen bzw. Zinsnachteilen gerechnet (zur Denkweise eines wirtschaftlich handelnden Marktteilnehmers siehe Kapitel 2.5 und 2.6).

Es stellt sich daher die Frage, warum das belastete Grundstück und das Erbbaurecht nicht nach einer einheitlichen Vorgehensweise bewertet werden. Mit den unterschiedlichen Modellen entsteht ein »Wirrwarr«, das für den Anwender nur schwer zu durchschauen ist. Zudem ergeben sich Modellfehler, die in den beiden nachfolgenden Kapiteln beschrieben werden.

3.7.3   Modellfehler im Ertragswertverfahren

Wie weiter oben bereits mehrfach beschrieben, ergibt sich der Verkehrswert des Erbbaurechts nach den WertR 2006 im Ertragswertverfahren wie folgt:

Bodenwertanteil des Erbbauberechtigten (BWA_{EBR})
+ Gebäudeertragswert (GW_{EBR})
= Zwischenwert
× Marktanpassungsfaktor
= Zwischenwert
± Zu- oder Abschlag wegen besonderer vertraglicher Vereinbarungen
= Verkehrswert des Erbbaurechts

Nachfolgend wird lediglich die Summe aus Bodenwertanteil des Erbbaurechts und Gebäudeertragswert betrachtet. Der Marktanpassungsfaktor sowie der Zu- oder Abschlag wegen besonderer vertraglicher Vereinbarungen wird hier aus Gründen der Übersichtlichkeit nicht dargestellt. Durch einige mathematische Umformungen wird deutlich, welche drei Anteile im Bodenwertanteil und im Gebäudewert verborgen sind (siehe dazu auch die nachfolgende Tabelle):

- der Barwert des Reinertrags,
- der Barwert des Erbbauzinses und
- der Barwert der Bodenwertverzinsung

	BWA_{EBR}		$+ GW_{EBR}$
=	$(BW \times LZ - EBZ) \times V_{RLZ}$		$+ (RE - BW \times LZ) \times V_{RND}$
=	$BW \times LZ \times V_{RLZ} - EBZ \times V_{RLZ}$		$+ RE \times V_{RND} - BW \times LZ \times V_{RND}$
=	$RE \times V_{RND}$	$- EBZ \times V_{RLZ}$	$+ BW \times LZ \times V_{RLZ} - BW \times LZ \times V_{RND}$
=	$RE \times V_{RND}$	$- EBZ \times V_{RLZ}$	$+ BW \times LZ \times (V_{RLZ} - V_{RND})$
=	Barwert Reinertrag	− Barwert Erbbauzins	+ Barwert Bodenwertverzinsung

Abkürzungen:

BWA_{EBR} = Bodenwertanteil des Erbbaurechts
GW_{EBR} = Gebäudewert (Gebäudeertragswert oder Gebäudesachwert)
BW = Bodenwert (ohne Berücksichtigung des Erbbaurechts)
LZ = Liegenschaftszinssatz
EBZ = Erbbauzins
V_{RLZ} = Vervielfältiger bezogen auf die Restlaufzeit des Erbbaurechts
V_{RND} = Vervielfältiger bezogen auf die Restnutzungsdauer des Gebäudes

Die drei Anteile in der obigen Tabelle lassen sich wie folgt erklären:

- Während der Laufzeit des Erbbaurechts stehen dem Erbbauberechtigten die Reinerträge aus der Gebäudenutzung zu. Der Barwert des Reinertrags drückt den Wert dieser Einnahmen zum Wertermittlungsstichtag aus.
- Um das Grundstück nutzen zu können, muss der Erbbauberechtigte den Erbbauzins zahlen. Der Barwert des Erbbauzinses schmälert somit den Barwert des Reinertrags.

● Der dritte Anteil ist der Barwert der Bodenwertverzinsung. Dabei wird nur die Bodenwertverzinsung berücksichtigt, die sich vom Ende der Restnutzungsdauer des Gebäudes bis zum Ende des Erbbaurechts ergibt.

Dies lässt sich grafisch wie folgt darstellen:

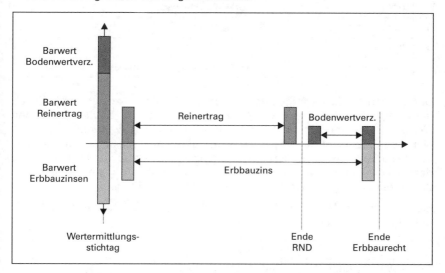

Während der Barwert des Reinertrags und der Barwert des Erbbauzinses die Denkweise eines Marktteilnehmers widerspiegeln, ist der Barwert der Bodenwertverzinsung äußerst kritisch zu sehen. Der Barwert der Bodenwertverzinsung bringt zum Ausdruck, dass der Erbbauberechtigte nach dem Ende der Restnutzungsdauer zumindest noch die Bodenwertverzinsung auf seiner Habenseite verbuchen kann. Dies widerspricht jedoch der Ansicht eines rational handelnden Erbbauberechtigten, der das Grundstück für eine bestimmte Zeit »gepachtet« hat, um in dieser Zeit Erträge aus einem Gebäude zu erzielen. Er wird das »leere« Grundstück nach dem Ablauf der Restnutzungsdauer des Gebäudes mit hoher Wahrscheinlichkeit nicht weiter verpachten, weshalb es in dieser Zeit auch keine Erträge (Bodenwertverzinsung) gibt, die dem Erbbauzins gegenüberstehen.

Der Barwert der Bodenwertverzinsung ist demnach ein überflüssiger und fehlerhafter Appendix, der nur aufgrund der Konstruktion des Bodenwertanteils in das Verfahren hineingekommen ist. Hätte man die Sichtweise des Erbbauberechtigten ohne den Umweg über den fiktiven Bodenwertanteil unmittelbar nachvollzogen, wäre der Barwert der Bodenwertverzinsung auch nicht (versehentlich?) in das Modell hineingekommen.

Auch mathematisch hat sich mit dem Barwert der Bodenwertverzinsung ein Fehler eingeschlichen. Dies kann gezeigt werden, wenn man den Fall unterstellt, dass der am Wertermittlungsstichtag zu zahlende Erbbauzins der aktuellen Bodenwertverzinsung entspricht. In diesem Fall stellt sich das obige Modell wie folgt dar:

	BWA_{EBR}	$+ GW_{EBR}$
=	$(BW \times LZ - EBZ) \times V_{RLZ}$	$+ (RE - BW \times LZ) \times V_{RND}$
=	$0 \times V_{RLZ} = 0$	$+ RE \times V_{RND} - BW \times LZ \times V_{RND}$
=	$RE \times V_{RND}$	$- BW \times LZ \times V_{RND}$
=	Barwert Reinerträge	$-$ Barwert des Erbbauzinses (da $BW \times LZ = EBZ$)

Der Barwert der Reinerträge und der Barwert des Erbbauzinses werden nach dem obigen Modell über die Restnutzungsdauer des Gebäudes berechnet. Das ist für den Barwert der Reinerträge richtig und nachvollziehbar. Der Barwert des Erbbauzinses darf jedoch nicht auf die Restnutzungsdauer des Gebäudes bezogen werden. Dies entspricht nicht dem Wesen des Erbbauzinses, der über die Laufzeit des Erbbaurechts (und nicht über die Restnutzungsdauer des Gebäudes) an den Grundstückseigentümer gezahlt wird.

Ersetzt man den Ausdruck »$BW \times LZ$« nicht durch den Erbbauzins, stellt sich das Modell wie folgt dar:

	BWA_{EBR}	$+ GW_{EBR}$
=	$(BW \times LZ - EBZ) \times V_{RLZ}$	$+ (RE - BW \times LZ) \times V_{RND}$
=	$0 \times V_{RLZ} = 0$	$+ RE \times V_{RND} - BW \times LZ \times V_{RND}$
=	$RE \times V_{RND}$	$- BW \times LZ \times V_{RND}$
=	Barwert Reinerträge	$-$ Barwert der Bodenwertverzinsung

Man erkennt, dass der Barwert der Bodenwertverzinsung in diesem Fall vom Barwert der Reinerträge abzuziehen ist. Dies würde jedoch bedeuten, dass eine Wertminderung des Erbbaurechts vorliegt, obwohl die Höhe des Erbbauzinses der Höhe der aktuellen Bodenwertverzinsung entspricht und sich in diesem Fall gemäß Punkt 4.3.2.2.1 der WertR 2006 kein Bodenwertanteil des Erbbaurechts und demnach auch kein Vor- oder Nachteil ergibt.

3.7.4   Modellfehler im Sachwertverfahren

In der nachfolgenden Tabelle wird nochmals dargestellt, wie sich der Verkehrswert des Erbbaurechts im Sachwertverfahren ergibt. Der Marktanpassungsfaktor sowie der Zu- oder Abschlag wegen besonderer vertraglicher Vereinbarungen werden hier aus Gründen der Übersichtlichkeit nicht dargestellt. Die Abkürzungen wurden bereits auf den vorherigen Seiten erläutert.

	GW$_{EBR}$	+ BWA$_{EBR}$
=	GW$_{EBR}$	+ (BW × LZ – EBZ) × V$_{RLZ}$
=	GW$_{EBR}$	+ BW × LZ × V$_{RLZ}$ – EBZ × V$_{RLZ}$
=	GW$_{EBR}$ + BW × LZ × V$_{RLZ}$	– EBZ × V$_{RLZ}$

Grundlage des Verkehrswerts des Erbbaurechts ist somit zunächst der Gebäudewert (GW$_{EBR}$) und der Bodenwert während der Laufzeit des Erbbaurechts (BW × LZ × V$_{RLZ}$). Davon wird dann der Barwert der Erbbauzinsen abgezogen (EBZ × V$_{RLZ}$).

Mit dem Gebäudewert (GW$_{EBR}$) und dem Bodenwert während der Laufzeit des Erbbaurechts (BW × LZ × V$_{RLZ}$) enthält das Modell die klassischen Gedanken des Sachwertverfahrens:

1. Was kostet es, das Grundstück zu kaufen?
2. Was kostet es, das Gebäude auf dem Grundstück zu errichten?

Diese auf Kosten basierenden Gedanken gehen davon aus, dass der Erwerber eines Sachwertobjekts Eigentümer des Gebäudes **und** des Grundstücks wird. Dabei wird unterstellt, dass der Eigentümer die freie, zeitlich nicht beschränkte Verfügungsgewalt über das Gebäude und das Grundstück hat. Wenn er beispielsweise das Objekt wieder veräußert, so erhält er ein Entgelt für das Grundstück (Bodenwert) und das Gebäude (Gebäudewert). Nur in diesem Fall ist es sinnvoll, sowohl nach den Baukosten des Gebäudes als auch nach den Erwerbskosten des Grundstücks zu fragen.

Ein Erbbauberechtigter wird jedoch lediglich Eigentümer des Gebäudes und **nicht** des Grundstücks. Er hat lediglich die freie Verfügungsgewalt über das auf der Grundlage des Erbbaurechts errichtete Gebäude. Das Grundstück bleibt weiterhin im Eigentum des Grundstückseigentümers. Die Kosten für den Grunderwerb, wie sie im klassischen Sachwertverfahren angesetzt werden, fallen somit nicht an. Im Gegenteil: Das Ziel des Erbbauberechtigten ist es, das Grundstück ausdrücklich nicht zu erwerben, sondern lediglich für eine bestimmte Zeit zu pachten.

Somit ist es (analog zur Ertragswertermittlung) nicht sinnvoll, den Bodenwert beim Verkehrswert des Erbbaurechts anzusetzen, auch wenn es sich nur um den Bodenwert während der Laufzeit des Erbbaurechts handelt. Man sollte sich endlich von dem Gedanken lösen, dass der Bodenwert beim Verkehrswert des Erbbaurechts eine Rolle spielt. Dies ist nicht der Fall! Der Erbbauzins ist der entscheidende Faktor bei der Bewertung eines Erbbaurechts und nicht der Bodenwert oder ein irgendwie gearteter Bodenwertanteil.

Somit bleibt festzuhalten: In dem Fall einer kostenorientierten Betrachtung ist es nicht sachgerecht, dem Erbbauberechtigten einen Bodenwert bzw. Bodenwertanteil zuzuordnen, da er tatsächlich kein Geld in den Ankauf eines Grundstücks investieren muss. Zudem wird ein potenzieller Käufer nicht in einen Boden investieren, der ihm nicht gehören wird. Der Bodenwertanteil im Sachwertverfahren darf letztendlich nicht berücksichtigt werden, womit das Modell der WertR 2006 falsch ist. Die in den WertR 2006 vorgeschlagene Vorgehensweise führt zu einer künstlichen Erhöhung des Verkehrswerts des Erbbaurechts, die grundsätzlich über einen Marktanpassungsfaktor ausgeglichen werden müsste, der deutlich kleiner als 1 ist.

3.7.5 Rechnerische Unterschiede

Nachfolgend wird der Verkehrswert des Erbbaurechts jeweils nach dem in Kapitel 2 vorgestellten Modell und dem Modell der WertR 2006 angegeben. Die Berechnungen erfolgten sowohl für den Standardfall RLZ $\geq$ RND als auch für den Sonderfall RLZ < RND. Dabei wurden die Eingangsgrößen aus den Beispielen in diesem Kapitel angesetzt.

		Verkehrswert nach WertR 2006	Verkehrswert nach Kapitel 2	Differenz
1	Standardfall, RLZ $\geq$ RND, Sachwertverfahren, Eingangsgrößen aus Beispiel 3.3.6	188.398 EUR	83.741 EUR	104.657 EUR
2	Standardfall, RLZ $\geq$ RND, Ertragswertverfahren, Eingangsgrößen aus Beispiel 3.3.7	274.817 EUR	271.698 EUR	3.119 EUR
3	Sonderfall, RLZ < RND, Sachwertverfahren, Eingangsgrößen aus Beispiel 3.4.5	158.597 EUR	126.456 EUR	32.141 EUR
4	Sonderfall, RLZ < RND, Ertragswertverfahren, Eingangsgrößen aus Beispiel 3.4.3	245.986 EUR	245.986 EUR	0 EUR

Aus der obigen Tabelle wird deutlich, dass die im Ertragswertverfahren Nr. 2 auftretenden Differenzen gering sind. Dies liegt vor allem daran, dass der Unterschied zwischen dem Modell nach WertR 2006 und dem Modell aus Kapitel 2 lediglich in der über die Restlaufzeit des Erbbaurechts abgezinsten Bodenwertverzinsung (vom Ende der Restnutzungsdauer bis zum Ende der Restlaufzeit) liegt. Ist die Restlaufzeit des Erbbaurechts noch hoch, ergibt sich in der Regel kein wesentlicher Unterschied.

Im Ertragswertverfahren Nr. 4 ist kein Unterschied vorhanden. Es besteht Gleichheit zwischen den beiden Modellen. Dies lässt sich anhand der nachfolgenden Übersicht bei der Betrachtung des Gebäudeertragswerts I und des Bodenwertanteils im Modell nach WertR 2006 leicht verdeutlichen. Aus Gründen der Übersichtlichkeit wurde der Gebäudeertragswert II nicht berücksichtigt, da er in beiden Modellen gleich ist.

Geb-EW 1		$+ BWA_{EBR}$	
=	$(RE - BW \times LZ) \times V_{RLZ}$	$+ (BW \times LZ - EBZ) \times V_{RLZ}$	
=	$RE \times V_{RLZ} - BW \times LZ \times V_{RLZ}$	$+ BW \times LZ \times V_{RLZ} - EBZ \times V_{RLZ}$	
=	$RE \times V_{RLZ}$	$- EBZ \times V_{RLZ}$	$+ BW \times LZ \times V_{RLZ} - BW \times LZ \times V_{RLZ}$
=	$RE \times V_{RLZ}$	$- EBZ \times V_{RLZ}$	$+ 0$
=	Barwert Reinertrag	$-$ Barwert Erbbauzins	$+$ Barwert Bodenwertverzinsung $(= 0)$

Im Sachwertverfahren Nr. 1 und 3 wird deutlich, dass der Verkehrswert des Erbbaurechts nach WertR 2006 deutlich überhöht ist. Diese Überhöhung hängt damit zusammen, dass dem Erbbaurecht die Bodenwertverzinsung über die Restlaufzeit des Erbbaurechts zugeordnet wird. Aus den weiter oben genannten Gründen ist es jedoch nicht sachgerecht, in dem kostenbasierten Sachwertverfahren davon auszugehen, dass ein potenzieller Erwerber bereit ist, einen Anteil des Bodens zu finanzieren, an dem er kein Eigentum erwirbt. Wie bereits erwähnt, sollte auch hier die Zahlung des Erbbauzinses im Vordergrund der Überlegungen stehen.

3.7.6   Fazit

Die Modelle zur Bewertung von Erbbaurechten und Erbbaurechtsgrundstücken nach den Wert 2006 enthalten erhebliche Unstimmigkeiten. Einige der Neuerungen sind zwar ausdrücklich zu begrüßen (z. B. Wegfall des Wertfaktors und Einführung von Marktanpassungsfaktoren). Insgesamt sind aber weiterhin einige erheblich wertrelevante Unstimmigkeiten vorhanden. Zudem ist keine einheitliche Systematik in den Bewertungsmodellen zu erkennen.

Da die Anwendung der Wertermittlungsrichtlinien nur einzelnen Behörden vorgeschrieben ist, sollte man meinen, dass sich aus den Ungereimtheiten der Wertermittlungsrichtlinien insofern keine Konsequenzen für private Sachverständige ergeben können. Die Wertermittlungsrichtlinien werden jedoch von einem Bundesministerium herausgegeben und haben somit einen »staatlichen« Charakter, weshalb viele Auftraggeber die Wertermittlungsrichtlinien für »allgemeine Bewertungsgrundlagen« halten, deren Richtigkeit nicht in Frage zu stellen ist. Aus diesem Grund wird auch privaten Sachverständigen immer wieder empfohlen, sich mit dem Inhalt der Wertermittlungsrichtlinien zu befassen. Letztendlich betrifft der Inhalt der Wertermittlungsrichtlinien somit auch die tägliche Arbeit der Sachverständigen.

Es liegt nun in der Entscheidung der Sachverständigen, die mit Unstimmigkeiten behafteten Modelle der Wertermittlungsrichtlinien in ihre Gutachten zu integrieren oder fehlerfreie Modelle (siehe Kapitel 2) anzuwenden. An dieser Stelle wird empfohlen, die seit langem erprobten Bewertungsmodelle, wie sie in Kapitel 2 beschrieben werden, anzuwenden.

3.8   Zusammenfassung

In diesem Kapitel haben Sie erfahren,

- welche Neuerungen es in der WertR 2006 im Hinblick auf die Bewertung von Erbbaurechten gibt,
- dass bei der Bewertung des Erbbaurechts und des Erbbaurechtsgrundstücks neuerdings ein Marktanpassungsfaktor eingeführt wurde,
- dass es unterschiedliche Denkansätze für die Bewertung von Erbbaurechten und Erbbaurechtsgrundstücken gibt,
- dass die Modelle der WertR 2006 aufgrund der vorhandenen Unstimmigkeiten mit Skepsis zu betrachten sind und dass es besser ist, die in Kapitel 2 beschriebenen praxiserprobten Modelle anzuwenden.

4 Erbbaurecht in der Beleihungs- wertermittlung

4.1 Theoretisches Modell

Bei der Ermittlung des Beleihungswerts eines Erbbaurechts wird im Wesentlichen folgendes Modell angewandt:

Beleihungswert eines Erbbaurechts	
Beleihungswert des Volleigentums	Ertragswert oder Sachwert unter Berücksichtigung der Beleihungswertvorschriften
– Pauschaler Abschlag wegen der Einschränkungen und Auflagen aufgrund des Erbbaurechts	5 bis 15 Prozent des Beleihungswerts des Volleigentums (teilweise auch 10 bis 50 Prozent des Bodenwerts)
– Abschlag wegen zeitlicher Begrenzung der Grundstücksnutzung	Bodenwert × Abzinsungsfaktor
– Abschlag wegen eines eventuellen Entschädigungsverlusts, wenn die Restnutzungsdauer des Gebäudes größer ist als die Restlaufzeit des Erbbaurechts	Unterschiedliche Berechnung, je nach Anwendung des Ertrags- oder Sachwertverfahrens (siehe unten)
= Beleihungswert des erbbauzinsfreien Erbbaurechts	Zwischenwert, Erbbauzins wurde bislang noch nicht berücksichtigt
– Einwirkungen des Erbbauzinses	es gibt unterschiedliche Vorgehensweisen je nach Situation bei einer Zwangsversteigerung und Rangstelle (siehe unten)

In der Fachliteratur wird bei den ersten drei Abschlägen im Allgemeinen eine andere Reihenfolge gewählt. Die Reihenfolge spielt hinsichtlich des Ergebnisses jedoch keine Rolle.

Beleihungswert des Volleigentums

Es wird zunächst der Beleihungswert des Volleigentums ermittelt, wobei man das Grundstück in seiner Gesamtheit (Boden plus Gebäude) bewertet (Fiktion: es ist kein Erbbaurecht vorhanden). Dabei sind die einschlägigen Vorschriften und Sicherheitsaspekte zur Beleihungswertermittlung zu beachten, wie zum Beispiel:

- Anwendung des Zwei-Säulen-Verfahrens
- Berücksichtigung eines pauschalen Sicherheitsabschlags im Sachwertverfahren
- Begrenzung der Baunebenkosten im Sachwertverfahren
- Berücksichtigung vorgegebener Mindest-Kapitalisierungszinssätze im Ertragswertverfahren
- Berücksichtigung vorgegebener Mindest-Bewirtschaftungskosten im Ertragswertverfahren
- keine Berücksichtigung eines so genannten Overrents

Pauschaler Abschlag aufgrund des Erbbaurechts

Da es sich um die Bewertung eines Erbbaurechts und nicht um die Bewertung eines Volleigentums handelt, wird ein pauschaler Abschlag wegen der Einschränkungen und Auflagen, die aufgrund des Erbbaurechts vorhanden sind, gemacht. Dieser Abschlag liegt in der Regel zwischen 5 und 15 Prozent des Beleihungswerts des Volleigentums, je nach Ausgestaltung des Erbbaurechts (teilweise auch 10 bis 50 Prozent des Bodenwerts).

Abschlag wegen der zeitlichen Begrenzung der Grundstücksnutzung

Der Abschlag wegen der zeitlichen Begrenzung der Grundstücksnutzung ist notwendig, da bei der Bewertung des Volleigentums von einer unbegrenzten Nutzung des Bodens ausgegangen wird. Da aber ein Erbbaurecht zeitlich befristet ist, muss ein entsprechender Abschlag berücksichtigt werden. Dieser Abschlag ergibt sich aus dem über die Restlaufzeit des Erbbaurechts abgezinsten Bodenwert.

Abschlag wegen eines eventuellen Entschädigungsverlusts

Der Abschlag wegen eines eventuellen Entschädigungsverlusts, wenn die Restnutzungsdauer des Gebäudes größer ist als die Restlaufzeit des Erbbaurechts, ergibt sich in Analogie zur Verkehrswertermittlung im Ertragswertverfahren wie folgt:

	Gebäudereinertrag × Vervielfältiger
−	Entschädigung
=	Entschädigungsverlust
×	Abzinsungsfaktor
=	abgezinster Entschädigungsverlust

Dabei wird der Vervielfältiger vom Ende des Erbbaurechts bis zum Ende der Restnutzungsdauer gebildet. Die Abzinsung erfolgt über die Restlaufzeit des Erbbaurechts. Falls die Entschädigung größer ist als der kapitalisierte Gebäudereinertrag, sollte kein Zuschlag berücksichtigt werden, um dem Sicherheitsaspekt des Beleihungswerts Rechnung zu tragen.

Im Sachwertverfahren ergibt sich der Abschlag wegen eines eventuellen Entschädigungsverlusts folgendermaßen:

	Herstellungskosten × Alterswertminderung
–	Entschädigung
=	Entschädigungsverlust
×	Abzinsungsfaktor
=	abgezinster Entschädigungsverlust

Die Alterswertminderung wird zum Zeitpunkt Ende des Erbbaurechts ermittelt. Die Abzinsung erfolgt wiederum über die Restlaufzeit des Erbbaurechts. Auch für das Sachwertverfahren gilt: Falls die Entschädigung größer ist als das Produkt aus Herstellungskosten und Alterswertminderung, sollte kein Zuschlag berücksichtigt werden, um dem Sicherheitsaspekt des Beleihungswerts Rechnung zu tragen.

Der Abschlag wegen eines eventuellen Entschädigungsverlusts ist nicht notwendig, wenn

- die Restnutzungsdauer des Gebäudes gleich der Restlaufzeit des Erbbaurechts ist,
- die Restnutzungsdauer des Gebäudes größer als die Restlaufzeit des Erbbaurechts ist,
- der Gebäudewert bei Ende des Erbbaurechts zu 100 Prozent entschädigt wird.

Einwirkungen des Erbbauzinses

Unter Berücksichtigung der oben aufgeführten Abschläge ergibt sich der Beleihungswert des erbbauzinsfreien Erbbaurechts. D. h. dass der Erbbauzins bislang noch nicht bewertet wurde. Bei der Bewertung des Erbbauzinses spielt es eine entscheidende Rolle, ob es sich um einen versteigerungsfesten Erbbauzins nach § 9 Abs. 3 ErbbauVO handelt und welchen Rang der Erbbauzins in Abt. II des Grundbuchs einnimmt.

Bei einem »versteigerungsfesten« Erbbauzins nach § 9 Abs. 3 ErbbauVO wird der Barwert des Erbbauzinses ermittelt und vom Beleihungswert des erbbauzinsfreien Erbbaurechts abgezogen. In diesem Fall ist die Rangstelle des Erbbauzinses unerheblich, da der Erbbauzins im Falle einer Zwangsversteigerung nicht wegfallen kann.

Falls es sich nicht um einen »versteigerungsfesten« Erbbauzins handelt, ist die Rangstelle des Erbbauzinses in Abt. II des Grundbuchs von entscheidender Bedeutung. Ein im Rang vor der Beleihung abgesicherter Erbbauzins ist in kapitalisierter Form als so genannte Vorlast zu berücksichtigen. Ein nachrangiger Erbbauzins ist nicht weiter abzuziehen.

Da der Sachverständige oftmals nicht beurteilen kann, wie der Erbbauzins abgesichert ist bzw. wird (z. B. im Rahmen eines Neugeschäftes oder bei Vorliegen eines Rangrücktritts), empfiehlt es sich in der Regel, lediglich den Beleihungswert des erbbauzinsfreien Erbbaurechts zu ermitteln und zusätzlich den Barwert des Erbbauzinses nachrichtlich anzugeben. In diesem Fall kann der mit der Kreditvergabe betraute Sachbearbeiter des Beleihungsinstituts, der die Rangstellen und sonstigen Vereinbarungen kennen sollte, entscheiden, wie der Erbbauzins letztendlich berücksichtigt wird.

Erbbauzins	Berücksichtigung
»versteigerungsfest« nach § 9 Abs. 3 ErbbauVO	kapitalisierter Erbbauzins wird vom Beleihungswert des erbbauzinsfreien Erbbaurechts abgezogen
Vorrang	kapitalisierter Erbbauzins wird **nicht** vom Beleihungswert des erbbauzinsfreien Erbbaurechts abgezogen sondern als Vorlast berücksichtigt
Nachrang	Erbbauzins wird nicht berücksichtigt

4.2   Beispiele

4.2.1   Ertragswertverfahren

Beleihungswert des Volleigentums:	500.000 EUR
Pauschaler Abschlag	10 %
Reinertrag:	20.336 EUR/Jahr
Bodenwert:	40.000 EUR
Bodenwertverzinsung:	1.600 EUR/Jahr
Gebäudereinertrag:	18.736 EUR/Jahr
Liegenschaftszinssatz:	4 %
Restlaufzeit des Erbbaurechts:	50 Jahre
Restnutzungsdauer des Gebäudes:	60 Jahre
Erbbauzins:	600 EUR/Jahr

Die am Ende der Restlaufzeit des Erbbaurechts zu zahlende Entschädigung wird im Erbbaurechtsvertrag in der Regel in einem Prozentsatz des Gebäudewerts angegeben. Im Beispielfall beträgt die Entschädigung zwei Drittel des Gebäudewerts bei Ende des Erbbaurechts, das sind 101.299 EUR.

Beleihungswert eines Erbbaurechts im Ertragswertverfahren	
Beleihungswert des Volleigentums	500.000 EUR
– Pauschaler Abschlag wegen der Einschränkungen und Auflagen aufgrund des Erbbaurechts (10 %)	50.000 EUR
= Zwischenwert	450.000 EUR
– Abschlag wegen zeitlicher Begrenzung der Grundstücksnutzung	5.640 EUR = 40.000 × 0,141
= Zwischenwert	444.360 EUR
– Abschlag wegen eines eventuellen Entschädigungsverlusts, wenn die Restnutzungsdauer des Gebäudes größer ist als die Restlaufzeit des Erbbaurechts	7.142 EUR = (18.736 EUR/Jahr × 8,11 – 101.299 EUR) × 0,141
= Beleihungswert des erbbauzinsfreien Erbbaurechts	437.218 EUR
– Einwirkung des »versteigerungsfesten« Erbbauzinses	12.888 EUR = 600 EUR/Jahr × 21,48
= Beleihungswert	424.330 EUR rd. 424.000 EUR

Bei einer üblichen Beleihungsgrenze von 60 Prozent des Beleihungswerts würde somit ein Darlehen von 254.400 EUR ausgezahlt werden können.

Falls der Erbbauzins nicht »versteigerungsfest« ist, sondern vorrangig in Abt. II des Grundbuchs eingetragen wurde, sollte der Barwert des Erbbauzinses lediglich nachrichtlich angegeben werden. Das Kreditinstitut wird den Barwert des Erbbauzinses dann als Vorlast berücksichtigen, was zu folgender Darlehensberechnung führt:

	Beleihungswert des erbbauzinsfreien Erbbaurechts	437.218 EUR
	Beleihungsgrenze 60 %	262.331 EUR
–	Barwert des Erbbauzinses	12.888 EUR
=	Mögliches Darlehen	249.443 EUR rd. 249.000 EUR

Bei einem nachrangig eingetragenen Erbbauzins ergibt sich folgende Darlehensberechnung:

Beleihungswert des erbbauzinsfreien Erbbaurechts	437.218 EUR
Beleihungsgrenze 60 %	262.331 EUR
Mögliches Darlehen	262.332 EUR rd. 262.000 EUR

4.2.2 Sachwertverfahren

Beleihungswert des Volleigentums:	300.000 EUR
Pauschaler Abschlag	5 %
Bodenwert:	25.000 EUR
Liegenschaftszinssatz:	3,5 %
Restlaufzeit des Erbbaurechts:	70 Jahre
Restnutzungsdauer des Gebäudes:	60 Jahre
Erbbauzins:	500 EUR/Jahr

Beleihungswert eines Erbbaurechts im Sachwertverfahren	
Beleihungswert des Volleigentums	300.000 EUR
− Pauschaler Abschlag wegen der Einschränkungen und Auflagen aufgrund des Erbbaurechts (5 %)	15.000 EUR
= Zwischenwert	285.000 EUR
− Abschlag wegen zeitlicher Begrenzung der Grundstücksnutzung	2.250 EUR = 25.000 × 0,090
= Zwischenwert	282.750 EUR
− Abschlag wegen eines eventuellen Entschädigungsverlusts, wenn die Restnutzungsdauer des Gebäudes größer ist als die Restlaufzeit des Erbbaurechts	0 EUR
= Beleihungswert des erbbauzinsfreien Erbbaurechts	282.750 EUR
− Einwirkung des »versteigerungsfesten« Erbbauzinses	13.000 EUR = 500 EUR/Jahr × 26,000
= Beleihungswert	269.750 EUR rd. 269.000 EUR

Bei einer üblichen Beleihungsgrenze von 60 Prozent des Beleihungswerts würde somit ein Darlehen von 161.400 EUR ausgezahlt werden können. Für den vor- bzw. nachrangigen Erbbauzins ergeben sich die Darlehensmöglichkeiten wie im Beispiel zum Ertragsverfahren beschrieben.

4.3   Gutachten aus der Praxis

1.   Bewertungsobjekt

Bei dem Bewertungsobjekt handelt es sich um ein Erbbaurecht an einem Grundstück in Düsseldorf. Auf der Grundlage des Erbbaurechts wurde im Jahr 2003 ein Lebensmittel-Markt mit 699 m² Verkaufsfläche errichtet. Dieser Markt wird vom Erbbauberechtigten für 15 Jahre an die Plus Warenhandelsgesellschaft mbH vermietet. In diesem Gutachten werden Verkehrs- und Beleihungswert des Erbbaurechts ermittelt.

2.   Lage

Das Bewertungsobjekt liegt im Düsseldorfer Stadtteil W. in einem Gewerbegebiet mit zum Teil noch älterer Gewerbebebauung. Es handelt sich vermutlich um ein ehemaliges Bahngelände. In dem Gewerbegebiet, das zwischen der Ottostraße und einer Bahnlinie liegt, sind insbesondere folgende Betriebe vorhanden: ALDI (ca. 150 m entfernt), Reifenhändler, Schrotthändler, Baumaschinenvermietung bzw. -verkauf, Getränkehandel, Kiosk, Imbiss. An der dem Gewerbegebiet gegenüberliegenden Seite der Ottostraße befindet sich überwiegend Wohnbebauung. Der Rhein verläuft in einer Entfernung von etwa 300 m. In der Ottostraße verläuft eine Straßenbahnlinie. Die nächste Haltestelle liegt etwa 1 km entfernt.

In Düsseldorf befinden sich bereits zahlreiche Plus-Läden. Der nächste Plus-Laden liegt etwa 500 m entfernt an der Münchstraße im Stadtteilzentrum von W.

In dem Gewerbegebiet an der Ottostraße befindet sich ein Aldi-Markt (ca. 150 m entfernt). Der nächstgelegene Lidl-Markt liegt etwa 1 km entfernt im Stadtteil A. Trotz der bereits vorhandenen Discounter besitzt W. mit rd. 18.500 Einwohnern ein ausreichendes Bevölkerungspotenzial für den zu bewertenden Discount-Markt.

Das Grundstück mit dem Plus-Markt befindet sich in einer verkehrsgünstigen Lage am Rand des Stadtteils W. Die Erreichbarkeit mit dem PKW ist gut. Der Plus-Markt verfügt mit 80 Parkplätzen über ausreichende Parkmöglichkeiten.

Weitere Lagemerkmale:

– Stadtteilzentrum von W. etwa 500 m entfernt
– Zentrum von Düsseldorf mit Fußgängerzone und Hauptbahnhof etwa 3 km entfernt
– Bahnhof Düsseldorf-H. in der Nähe
– Straßenbahnhaltestelle etwa 1 km entfernt
– Autobahnanschluss in der Nähe, von dort aus gute Verkehrsanbindung in alle Richtungen

- Flughafen Düsseldorf etwa 15 km entfernt
- Entfernungen: Duisburg ca. 15 km, Essen ca. 25 km, Krefeld ca. 25 km

Insgesamt handelt es sich um ein Objekt mit folgenden wesentlichen Lagekriterien:

- Gewerbegrundstück am Rand des Düsseldorfer Stadtteils W.
- gute Erreichbarkeit mit PKW, ausreichende Parkplätze (geplant)
- ausreichendes Bevölkerungspotenzial für einen Discounter
- mit Aldi ist in dem Gewerbegebiet bereits ein »Magnetbetrieb« vorhanden

Aufgrund der Erreichbarkeit, des Bevölkerungswachstums und der Marktposition der Discounter handelt es sich insgesamt um eine gute Lage für einen Discounter. Anderweitige gewerbliche Nutzungen des Grundstücks sind möglich, aber vermutlich nicht so rentabel wie die geplante Nutzung als Discount-Markt (beispielsweise klassische Gewerbenutzungen, wie Produktions- und Logistikhallen; Büros sind in der Lage an der Ottostraße kaum denkbar).

3.   Situation der Discounter

Plus ist bundesweit drittgrößter Discounter (nach Aldi und Lidl). Die Discounter haben in der deutschen Lebensmittelbranche einen Marktanteil von 35 bis 40 Prozent. Im Gegensatz zur allgemeinen Einzelhandelskonjunktur (Umsatzminus von etwa 3 Prozent im Jahr 2002 und negativen Prognosen für 2003) wachsen die Umsätze bei den Discountern. Grund: In Zeiten wirtschaftlicher Schwäche kaufen die Verbraucher verstärkt bei den Discountern ein, wo Artikel des täglichen Bedarfs zu Billigpreisen angeboten werden. Der Aufschwung der Discounter basiert zudem auf einer stetig abnehmenden Markentreue der Kunden. Mittlerweile ist das Image der bei den Discountern angebotenen Handelsmarken ebenso gut wie das der in Supermärkten angebotenen Markenartikel.

4.   Angaben zum Erbbaurecht

Begründung des Erbbaurechts	2003
Laufzeit	bis 2063
Erbbauzins	30.800 EUR/Jahr
Erbbauzins	versteigerungsfest
Entschädigung bei Ablauf	Gebäudewert
Wertsicherungsklausel	ja

5.   Gebäudebeschreibung

Das Gebäude wurde auf der Grundlage der »Baubeschreibung für Plus-Lebensmittelmärkte« errichtet. Die wesentlichen dort genannten Gebäudemerkmale werden nachfolgend aufgeführt:

Geschosse: EG, ohne Stufen und Schwellen
Verkaufsfläche: 699 m², Nebenfläche: 215 m², Parkplätze: 80
Konstruktion: Massivbauweise (Ziegel, Kalksandstein, Beton)
Dachform: Satteldach, Holzkonstruktion, Nagelbrettbinder mit Wärmedämmung und Dampfsperre
Dachdeckung: Betondachsteine
Außenwände: massive Bauweise
Fassade: Verblendung mit rotbuntem Hartbrandklinker oder Kratzputz
Innenwände: massiv bzw. Gipskartonständerwände
Warenanlieferung: über Rampe, entsprechende Tragfähigkeit der Zufahrt
Fußböden: überwiegend keramische Bodenfliesen
Wände: überwiegend Innenputz, gestrichen, Küchenbereich und Toiletten gefliest
Decke: abgehängte Mineralfaser-Kassettendecke
Heizung: Gaszentralheizung, Warmwasser über Druckspeicher, Beheizung des Verkaufsraums über Deckenlufterhitzer
Sonstiges: Lichtbänder im Verkaufsraum, Einbruch- und Türsicherungsanlage

Die Baugenehmigung liegt vor; die vom Kunden angegebenen Flächen sind nachvollziehbar.

Die Restnutzungsdauer des Gebäudes wird mit 30 Jahren angesetzt.

Es besteht ein Mietvertrag mit der Plus Warenhandelsgesellschaft mbH, wonach als Mietzins 129.000 EUR pro Jahr zuzüglich Mehrwertsteuer zu zahlen sind. Das Mietverhältnis beginnt am 1. Oktober 2003 und läuft 15 Jahre. Es besteht eine Wertsicherungsklausel. Die vereinbarten Mieteinnahmen sind nach meinen Erkundigungen bei Maklern, die derartige Discounter-Objekte vermietet haben, als nachhaltig erzielbar anzusehen. In diesen Mieteinnahmen ist insbesondere berücksichtigt, dass der Erbbauberechtigte das gesamte Gebäude inklusive der Außenanlagen nach den Vorgaben des Mieters errichtet.

6. Bodenwert

Bodenrichtwerte für vergleichbare gewerbliche Bauflächen liegen bei rd. 70 bis 90 EUR/m². Mit einem durchschnittlichen Bodenrichtwert von 80 EUR/m² ergibt sich folgender Bodenwert:

Bodenrichtwert 80 EUR/m²
× Grundstücksgröße 4.400
= Bodenwert 352.000 EUR

Der obige aus dem Bodenrichtwert ermittelte Bodenwert kann bei der Verkehrswertermittlung des Erbbaurechts nicht angesetzt werden, da der Erbbauberechtigte kein Eigentum am Boden erwirbt. Er »pachtet« lediglich das Grundstück für eine gewisse Zeit und zahlt während dieser Zeit den Erbbauzins.

Bei der Beleihungswertermittlung wird der Bodenwert berücksichtigt.

7.   Beleihungswert

	Sachwertverfahren	
	Gebäudeherstellungskosten (1.021 m² × 600 EUR/m²)	612.600 EUR
+	Außenanlagen (Parkplätze, etc)	150.000 EUR
=		762.600 EUR
+	Baunebenkosten (15 %)	114.390 EUR
=	Herstellungswert der baulichen Anlagen	876.990 EUR
−	Alterswertminderung (neues Objekt)	0 EUR
=		876.990 EUR
+	Bodenwert	352.000 EUR
±	Sonstiges	0 EUR
=	Sachwert	1.228.990 EUR
−	Sicherheitsabschlag auf den Sachwert (10 %)	122.899 EUR
=	Beleihungswert des Volleigentums im Sachwertverfahren	1.106.091 EUR
−	Pauschaler Abschlag wegen der Einschränkungen und Auflagen aufgrund des Erbbaurechts (10 %)	110.609 EUR
=	Zwischenwert	995.482 EUR
−	Abschlag wegen zeitlicher Begrenzung der Grundstücksnutzung (352.000 EUR × 0,015)	5.280 EUR
=	Zwischenwert	990.202 EUR
−	Abschlag wegen eines eventuellen Entschädigungsverlusts, wenn die Restnutzungsdauer des Gebäudes größer ist als die Restlaufzeit des Erbbaurechts	0 EUR
=	Beleihungswert des erbbauzinsfreien Erbbaurechts	990.202 EUR

	Sachwertverfahren	
–	Einwirkungen des »versteigerungsfesten« Erbbauzinses (30.800 EUR/Jahr × 13,59)	418.572 EUR
=	Beleihungswert	571.630 EUR rd. 571.000 EUR

	Ertragswertverfahren	
	Rohertrag inkl. Parkplätze (914 m² × 12 EUR/m² × 12)	131.616 EUR/ Jahr
–	Mietausfallwagnis (4 % des Rohertrags)	5.265 EUR/Jahr
–	Betriebskosten (1 % des Rohertrags)	1.316 EUR/Jahr
–	Verwaltungskosten (4 % des Rohertrags)	5.265 EUR/Jahr
–	Instandhaltungskosten (1,2 % der Gebäudeherstellungskosten)	7.351 EUR/Jahr
–	Modernisierungsrisiko (0,8 % der Gebäudeherstellungskosten)	4.901 EUR/Jahr
=	Reinertrag	107.518 EUR/Jahr
–	Bodenwertverzinsung (352.000 EUR × 7,25 %)	25.520 EUR/Jahr
=	Gebäudereinertrag	81.998 EUR/Jahr
×	Vervielfältiger (7,25 %, 30 Jahre)	12,104
=	Gebäudeertragswert	992.504 EUR
+	Bodenwert	352.000 EUR
±	Sonstiges	0 EUR
=	Beleihungswert des Volleigentums im Ertragswertverfahren	1.344.504 EUR
–	Pauschaler Abschlag wegen der Einschränkungen und Auflagen aufgrund des Erbbaurechts (10 %)	134.450 EUR
=	Zwischenwert	1.210.053 EUR
–	Abschlag wegen zeitlicher Begrenzung der Grundstücksnutzung (352.000 EUR × 0,015)	5.280 EUR
=	Zwischenwert	1.204.773 EUR

Ertragswertverfahren		
–	Abschlag wegen eines eventuellen Entschädigungsverlusts, wenn die Restnutzungsdauer des Gebäudes größer ist als die Restlaufzeit des Erbbaurechts	0 EUR
=	Beleihungswert des erbbauzinsfreien Erbbaurechts	1.204.773 EUR
–	Einwirkungen des »versteigerungsfesten« Erbbauzinses (30.800 EUR/Jahr × 13,59)	418.572 EUR
=	Beleihungswert	786.201 EUR rd. 786.000 EUR

Der Beleihungswert ergibt sich auf der Grundlage des Ertragswertverfahrens zu 786.000 EUR.

8. Verkehrswert

Der Verkehrswert wird im Ertragswertverfahren wie folgt ermittelt.

Ertragswertverfahren		
	Rohertrag inkl. Parkplätze (914 m² × 12 EUR/m² × 12)	131.616 EUR/Jahr
–	Mietausfallwagnis (4 % des Rohertrags)	5.265 EUR/Jahr
–	Betriebskosten (1 % des Rohertrags)	1.316 EUR/Jahr
–	Verwaltungskosten (4 % des Rohertrags)	5.265 EUR/Jahr
–	Instandhaltungskosten (1,2 % der Gebäudeherstellungskosten)	7.351 EUR/Jahr
=	Reinertrag	112.419 EUR/Jahr
×	Vervielfältiger (6,75 %, 30 Jahre)	12,727
=	Gebäudeertragswert	1.430.757 EUR
±	Sonstiges	0 EUR
–	Abschlag wegen eines eventuellen Entschädigungsverlusts, wenn die Restnutzungsdauer des Gebäudes größer ist als die Restlaufzeit des Erbbaurechts	0 EUR

Ertragswertverfahren		
–	Berücksichtigung des »versteigerungsfesten« Erbbauzinses (30.800 EUR/Jahr × 14,52)	447.216 EUR
=	Ertragswert	983.541 EUR rd. 983.000 EUR

9. Zusammenfassung

Beleihungswert	786.000 EUR
Beleihungswert/Rohertrag	6,0
Beleihungswert/Mietfläche	860 EUR/m²

Verkehrswert	983.000 EUR
Verkehrswert/Rohertrag	7,5
Verkehrswert/Mietfläche	1.075 EUR/m²

Insgesamt handelt es sich um ein Objekt ohne wesentliche Risiken, da ein langfristiger Mietvertrag mit einem angesehenen Discounter vorhanden ist und zudem ein ausreichendes Bevölkerungspotenzial für den Betrieb des Marktes besteht.

5 Wohnungs- und Teilerbbaurecht

In diesem Kapitel erfahren Sie hauptsächlich, wie Wohnungs- bzw. Teilerbbaurechte mittels des Verfahrens, das in Kapitel 2 »Erbbaurecht« vorgestellt wurde, bewertet werden können.

5.1 Grundlagen

Die Grundlage des Wohnungs- und Teilerbbaurechts findet sich in § 30 des Wohnungseigentumsgesetzes (WEG):

> **§ 30 WEG**
>
> (1) Steht ein Erbbaurecht mehreren gemeinschaftlich nach Bruchteilen zu, so können die Anteile in der Weise beschränkt werden, dass jedem Mitberechtigten das Sondereigentum an einer bestimmten Wohnung oder an nicht zu Wohnzwecken dienenden bestimmten Räumen in einem auf Grund des Erbbaurechts errichteten oder zu errichtenden Gebäude eingeräumt wird (Wohnungserbbaurecht, Teilerbbaurecht).
>
> (2) Ein Erbbauberechtigter kann das Erbbaurecht in entsprechender Anwendung des § 8 teilen.
>
> (3) Für jeden Anteil wird von Amts wegen ein besonderes Erbbaugrundbuchblatt angelegt (Wohnungserbbaugrundbuch, Teilerbbaugrundbuch). Im Übrigen gelten für das Wohnungserbbaurecht (Teilerbbaurecht) die Vorschriften über das Wohnungseigentum (Teileigentum) entsprechend.

Bei einem Wohnungs- bzw. Teilerbbaurecht handelt es sich somit um einen Miteigentumsanteil an einem Erbbaurecht. Das Erbbaurecht ist mit dem Sondereigentum an Räumen in Verbindung mit dem Miteigentumsanteil am gemeinschaftlichen Eigentum verbunden, die sich in einem auf der Grundlage des Erbbaurechts errichteten Gebäude befinden.

5.2 Verkehrswertermittlung

Im Folgenden wird lediglich die Wertermittlung von Wohnungserbbaurechten beschrieben. Bei Teilerbbaurechten ist analog vorzugehen.

Der Verkehrswert eines Wohnungserbbaurechts als Prognose des wahrscheinlichsten Preises kann zutreffend nur aus Kaufpreisen von vergleichbaren anderen Wohnungserbbaurechten abgeleitet werden. Da aber in vielen Fällen keine Vergleichspreise von Wohnungserbbaurechten vorliegen, muss die Wertermittlung im Allgemeinen auf der Grundlage des Ertragswertverfahrens durchgeführt werden.

Das Ertragswertverfahren bietet sich deshalb an, weil die Marktteilnehmer Wohnungserbbaurechte entweder nach Anlageaspekten oder unter dem Gesichtspunkt einer ersparten Miete beurteilen.

Das Sachwertverfahren ist zur Bewertung von Wohnungserbbaurechten nicht geeignet, da es in der Regel nicht möglich ist, die Substanz von Räumen im Sondereigentum genau von der übrigen Substanz des Hauses zu trennen.

Bei der Anwendung des Ertragswertverfahrens sind folgende erbbaurechtsspezifische Besonderheiten zu berücksichtigen:

- Die Eigenheit von Erbbaurechten besteht darin, dass der Boden **nicht** erworben werden muss. Der Käufer oder Eigentümer eines Erbbaurechts spart sich die Investition in den Boden, so dass es bei Erbbaurechten eines Abzugs der Bodenwertverzinsung vom Grundstücksreinertrag nicht bedarf. Aus dem gleichen Grund darf auch der Bodenwert nicht zum Gebäudeertragswert addiert werden, denn der Erbbauberechtigte ist nicht der Eigentümer des Bodens. Er hat den Boden praktisch nur »gepachtet«. Der Bodenwert kann somit bei der Ermittlung des Ertragswerts eines Erbbaurechts grundsätzlich unberücksichtigt bleiben.
- Da der Erbbauberechtigte kein Kapital in den Boden investiert hat, braucht die Bodenwertverzinsung nicht berücksichtigt zu werden. Der Erbbauberechtigte hat vielmehr den Boden für eine in der Regel begrenzte Zeitspanne »gepachtet«, wofür er eine Pacht, nämlich den Erbbauzins, bezahlt. Der Erbbauzins mindert den Ertrag, den der Erbbauberechtigte aus dem Grundstück erwirtschaftet, und muss daher an geeigneter Stelle in Abzug gebracht werden.

Unter Berücksichtigung der erbbaurechtlichen Besonderheiten stellt sich das Ertragswertverfahren wie folgt dar:

	Rohertrag
−	Bewirtschaftungskosten
=	Reinertrag
×	Vervielfältiger
=	vorläufiger Ertragswert des Wohnungserbbaurechts
−	Barwert des Erbbauzinses
±	Sonstige wertbeeinflussende Umstände
=	Ertragswert des Wohnungserbbaurechts

Wohnungserbbaurecht

Ausgangsdaten
Reinertrag der Wohnung . . . . 5.000 EUR/Jahr
Liegenschaftszinssatz . . . . 4,5 %
Restnutzungsdauer . . . . 70 Jahre
Erbbauzins . . . . 1.650 EUR/Jahr
Restlaufzeit des Wohnungserbbaurechts . . . . 80 Jahre
Renovierungskosten . . . . 5.000 EUR

Ertragswert des Wohnungserbbaurechts
Reinertrag . . . . 5.000 EUR/Jahr
Vervielfältiger (70 Jahre, 4,5 %) 21,20
vorläufiger Ertragswert . . . . 106.000 EUR
Erbbauzins . . . . 1.650 EUR/Jahr
Vervielfältiger (80 Jahre, 4,5 %) 21,57
Barwert des Erbbauzinses . . . . 35.591 EUR
Sonstige wertbeeinflussende Umstände . . . . 5.000 EUR
Ertragswert . . . . 65.409 EUR
gerundet . . . . 65.000 EUR

5.3 Gutachten aus der Praxis

1. Allgemeines

1.1 Bewertungsobjekte

- Anteil an einem Erbbaurecht verbunden mit dem Sondereigentum an einer Wohnung und einem Kellerraum
- Anteil an einem Erbbaurecht verbunden mit dem Sondereigentum an einem Stellplatz in der Tiefgarage

1.2 Zweck des Gutachtens

Verkehrswertermittlung im Rahmen einer Zwangsversteigerung

1.3 Wertermittlungsstichtag

Die Recherche bezüglich der wertrelevanten Merkmale des Bewertungsobjekts wurde am 02. März 2006 abgeschlossen. Dieser Tag ist auch der Wertermittlungsstichtag.

2. Wesentliche wertrelevante Zustandsmerkmale

- Entfernung zum Stadtteilzentrum ca. 400 m, Entfernung zum Zentrum von Bonn ca. 5 km

- In der näheren Umgebung befinden sich überwiegend drei- bis viergeschossige Wohnblöcke, die fast ausschließlich in geschlossener Bauweise errichtet wurden.
- In fußläufiger Entfernung befinden sich einige Einfamilienhäuser, die teils freistehend und teils in Form von Reihen- oder Doppelhäusern errichtet wurden.
- Das Gebiet insgesamt ist jedoch geprägt vom Geschosswohnungsbau der achtziger bzw. neunziger Jahre.
- Die Fläche gegenüber dem Wohnblock mit der zu bewertenden Wohnung wird als landwirtschaftliche Fläche genutzt.
- Etwa 30 m von der zu bewertenden Wohnung entfernt verläuft die Bahnlinie Bonn – Hardtberg.
- Autobahnanschluss ca. 2 km entfernt (A 565), Bus- und Bahnverbindung nach Bonn-Zentrum vorhanden
- Durch die unmittelbare Nähe zur Bahnlinie ist mit Lärmbelästigungen zu rechnen.
- Schulen und Kindergärten sind vorhanden. Der Sitz der Stadtverwaltung ist Bonn.
- Einkaufsmöglichkeiten für den kurzfristigen Bedarf sind in der Nähe vorhanden. Der mittel- und langfristige Bedarf kann im Zentrum bzw. im Umland von Bonn gedeckt werden.
- Die Wohnlage wird im aktuellen Mietpreisspiegel der Stadt Bonn als »mittel« eingestuft (Mögliche Einstufungen: einfach, mittel, gut, sehr gut). Eine bessere Einstufung ist insbesondere aufgrund der Lärmimmissionen nicht gerechtfertigt.
- Die Wohnung und der Tiefgaragenstellplatz waren zum Zeitpunkt der Ortsbesichtigung vermietet.
- Es handelt sich um einen Erbbaurechtsvertrag mit den üblichen Regelungen.
- Es besteht zum 01. Januar 2006 ein Wohngeldrückstand von rund 2.894,68 EUR für die Wohnung und 156 EUR für den Tiefgaragenstellplatz. Inwieweit diese Zahlungsrückstände im Zwangsversteigerungsverfahren Bestand haben, kann im vorliegenden Gutachten nicht geklärt werden. Insofern werden die aufgelaufenen Wohngeldforderungen nicht berücksichtigt. Der in diesem Gutachten angegebene Verkehrswert ist somit der Verkehrswert ohne Berücksichtigung der aufgelaufenen Wohngeldforderungen.
- Bebauungsplan vorhanden: MI, III, g, GRZ 0,4, GFZ 1,0
- keine wertrelevanten Baulasten in das Baulastenverzeichnis eingetragen
- Der derzeitige Erbbauzins liegt bei 112,73 EUR pro Monat für die Wohnung und 4,32 EUR pro Monat für den Tiefgaragenstellplatz. Der Erbbauzins wurde in der Vergangenheit seitens des Erbbaurechtsnehmers nicht regelmäßig gezahlt. Bis zum 06. Februar 2006 ist gemäß schriftlicher Auskunft des Erbbauzinsverwalters insgesamt für die Wohnung sowie den Tiefgaragenstellplatz ein Zahlungsrückstand in Höhe von

942,20 EUR aufgelaufen. Dabei sind ausschließlich rückständige Zahlungen berücksichtigt, die ab dem 01. Juli 2005 entstanden sind, da der Erbbauzinsverwalter die Verwaltung der Erbbauzinsen für das Gesamtobjekt erst ab diesem Zeitpunkt übernommen hat. Es ist uns nicht bekannt, ob bereits vor dem 01. Juli 2005 ein Zahlungsrückstand bestand. Es wird ausdrücklich darauf hingewiesen, dass die Informationen des Erbbauzinsverwalters über den Zahlungsrückstand nur nachrichtlich angegeben werden. Sie werden bei der Wertermittlung nicht berücksichtigt.

- In dem Erbbaurechtsvertrag ist eine Anpassung des Erbbauzinses vorgesehen. Wie oben bereits beschrieben, wurde die hierzu erforderliche Vormerkung zur Sicherung des Erbbauzinserhöhungsanspruchs in Abteilung II des Wohnungs- und Teilerbbaugrundbuchs eingetragen. Die Passage zur Regelung der Erbbauzinsanpassung ist unklar und teils widersprüchlich formuliert. Die genaue Überprüfung der Erbbauzinsanpassungsmöglichkeiten könnte demnach lediglich nach einer juristischen Prüfung der entsprechenden Formulierungen im Erbbaurechtsvertrag erfolgen. Eine rein überschlägige Überprüfung der Erbbauzinsanpassungsmöglichkeiten haben wir vorgenommen. Demnach scheint der derzeitige Erbbauzins analog der prozentualen Indexveränderung der vergangenen Jahre angepasst worden zu sein.
- Wir gehen demnach aufgrund der aktuellen Höhe der uns benannten Erbbauzinsen von einem Erbbauzins in Höhe von 112,73 EUR/Monat für das Wohnungserbbaurecht und in Höhe von 4,32 EUR/Monat für das Teilerbbaurecht aus.
- Es kann im Rahmen dieses Gutachtens nicht geklärt werden, ob der Erbbauzins und die diesbezügliche Erhöhungsvormerkung nach Erteilung des Zuschlags im Zwangsversteigerungsverfahren bestehen bleiben werden. Da der Erbbauzins jedoch erheblichen Einfluss auf den Wert eines Erbbaurechts hat, werden im vorliegenden Gutachten zwei unterschiedliche Werte ermittelt:
  1. Wert des Erbbaurechts ohne Berücksichtigung des momentanen Erbbauzinses
  2. Wert des Erbbaurechts unter Berücksichtigung des Erbbauzinses

3. Bauliche Anlagen

3.1 Gebäude

- Baujahr 1986
- dreigeschossig
- Massivbauweise, Betondecken, Außenputz
- voll unterkellert, im Kellergeschoss sind eine Tiefgarage und Kellerräume für die Wohnungen vorhanden
- ausgebautes Satteldach mit Ziegeleindeckung

- Das Gebäude befindet sich in einem guten Zustand und hinterlässt einen gepflegten Eindruck. Auffällige Bauschäden und Baumängel waren bei der Ortsbesichtigung nicht erkennbar. Es wird vorausgesetzt, dass das Gebäude nach den üblichen Regeln des Bauhandwerks errichtet wurde.
- Der Wohnblock mit der zu bewertenden Wohnung besteht aus zwei Gebäuden. Beide Gebäude werden zu Wohnzwecken genutzt. In den Gebäuden befinden sich laut Teilungserklärung 19 Wohneinheiten.

3.2   Wohnung

- Die Wohnung ist wie folgt aufgeteilt: Großes Wohn-/Esszimmer, Schlafzimmer, Küche, innen liegendes Bad, Flur, Terrasse. Es besteht ein Sondernutzungsrecht an dem vor der Terrasse gelegenen Garten.
- Die wohnlich nutzbare Fläche beträgt laut Teilungserklärung ca. 54 m². Dabei ist die Terrasse mit einem Viertel ihrer Fläche berücksichtigt.
- Holzfenster mit Isolierverglasung, teilweise abschließbar, Kunststoffrollläden
- Holzinnentüren in Stahlzargen, teilweise mit Glasausschnitten
- Bad mit Wanne, Waschtisch, WC,
- Fußböden: überwiegend gefliest (Wohn- und Schlafzimmer, Bad, Flur)
- Küche mit PVC-Bodenbelag
- Terrasse mit Betonplattenbelag
- Holzpalisaden als optische Trennung der Terrasse vom Garten
- Wasseranschluss außen
- Küche mit Fliesenspiegel
- Wandfliesen im Bad ca. türhoch
- Warmwasserbereitung Küche über Untertischgerät
- Warmwasserbereitung Bad über Durchlauferhitzer
- Badezimmer: mit Badewanne sowie Waschbecken und WC, weiße Sanitärobjekte
- Wände überwiegend tapeziert
- Türsprechanlage, Einbauküche, Einbauschrank in der Diele
- Lattenverschlag sowie Raum für Kinderwagen und Fahrräder im Keller
- Die Wohnung befindet sich in einem gepflegten Zustand ohne erkennbare Unterhaltungsrückstände.

4.   Wertermittlung für das Wohnungserbbaurecht

4.1   Vorgehensweise

Bei einem Wohnungserbbaurecht handelt es sich um einen Miteigentumsanteil an einem Erbbaurecht. Das Erbbaurecht ist mit dem Sondereigentum an Räumen in Verbindung mit dem Miteigentumsanteil am gemeinschaftlichen Eigentum verbunden, die sich in einem auf der Grundlage des Erbbaurechts errichteten Gebäude befinden.

Der Verkehrswert eines Wohnungserbbaurechts als Prognose des wahrscheinlichsten Preises kann zutreffend nur aus Kaufpreisen von vergleichbaren anderen Wohnungserbbaurechten abgeleitet werden. Die Vergleichspreise von Eigentumswohnungen können nur bedingt herangezogen werden. In diesem Fall müssten die Grundstücksanteile fiktiv aus den Vergleichspreisen herausgerechnet und darüber hinaus ein fiktiver Erbbauzins unterstellt werden.

Für das vorliegende Bewertungsobjekt konnten lediglich vier Vergleichspreise aus zeitnahen und zurückliegenden Kauffällen aus der Kaufpreissammlung erfragt werden, die sich auf Verkäufe von Wohnungserbbaurechten beziehen. Lediglich einer der vom Gutachterausschuss angegebenen Vergleichswerte bezieht sich auf ein Wohnungserbbaurecht im direkten Umfeld des Bewertungsgegenstands. Alle weiteren Vergleichspreise wurden in weiter entfernten Lagen erzielt. Hinzu kommt, dass die weiter entfernten Vergleichsobjekte deutlich älter sind als das Bewertungsobjekt. Weiterhin ist uns nicht bekannt, unter welchen Prämissen (z. B. Höhe des zu zahlenden Erbbauzinses, vertragliche Besonderheiten des Erbbaurechtsvertrags) die Kaufpreise für die Wohnungserbbaurechte realisiert wurden. Insofern kann das Vergleichswertverfahren aufgrund mangelnder Informationen und Vergleichbarkeit in diesem Fall nicht sachgerecht angewandt werden.

Da im vorliegenden Fall keine ausreichende Anzahl von Vergleichspreisen von Wohnungserbbaurechten vorliegt, muss die Wertermittlung in diesem Fall auf der Grundlage anderer Verfahren durchgeführt werden.

Das *Ertragswertverfahren* bietet sich insbesondere beim Wohnungserbbaurecht an: Die Wertigkeit des gesamten Wohnungserbbaurechts, also des Miteigentumsanteils mitsamt des untrennbar damit verbundenen Sondereigentums an einer Wohnung, wird, sofern geeignete Vergleichspreise nicht vorliegen, am besten durch die Miete zum Ausdruck gebracht. Da Wohnungserbbaurechte zum größten Teil als Anlageobjekte gehalten werden und damit wie im vorliegenden Fall auch vermietet sind, lässt sich in der Regel eine Miete unschwer feststellen oder als vergleichbar heranziehen.

Hinzu kommt, dass Wohnungserbbaurechte in vielen Komponenten den Charakter einer Mietwohnung haben. Kaufentscheidungen hinsichtlich eines Wohnungserbbaurechts werden oftmals vor dem Hintergrund einer »ersparten Miete« gefällt; auch insofern ist also ein Ertragswertdenken nicht fern.

Das *Sachwertverfahren* ist völlig ungeeignet: Es ist nämlich in der Regel nicht möglich, die Substanz von Räumen im Sondereigentum genau von der übrigen Substanz des Hauses zu trennen.

Das *Vergleichswertverfahren* scheidet, wie bereits erwähnt, aus, da keine ausreichende Anzahl geeigneter Vergleichspreise für Wohnungserbbaurechte vorhanden ist.

4.2 Ertragswertverfahren im vorliegenden Fall

Im vorliegenden Fall wird das Ertragswertverfahren unter Berücksichtigung folgender erbbaurechtsspezifischer Besonderheiten angewandt:

- Die Eigenheit von Erbbaurechten besteht darin, dass der Boden nicht erworben werden muss. Der Käufer oder Eigentümer eines Erbbaurechts spart sich die Investition in den Boden, so dass es bei Erbbaurechten eines Abzugs der Bodenwertverzinsung vom Grundstücksreinertrag nicht bedarf. Aus dem gleichen Grund darf auch der Bodenwert nicht zum Gebäudeertragswert addiert werden, denn der Erbbauberechtigte ist nicht der Eigentümer des Bodens. Er hat den Boden praktisch nur »gepachtet«. Der Bodenwert kann somit bei der Ermittlung des Ertragswerts eines Erbbaurechts grundsätzlich unberücksichtigt bleiben.
- Da der Erbbauberechtigte kein Kapital in den Boden investiert hat, braucht die Bodenwertverzinsung nicht berücksichtigt zu werden. Der Erbbauberechtigte hat vielmehr den Boden für eine in der Regel begrenzte Zeitspanne »gepachtet«, wofür er eine Pacht, nämlich den Erbbauzins, bezahlt. Der Erbbauzins mindert den Ertrag, den der Erbbauberechtigte aus dem Grundstück erwirtschaftet, und muss daher an geeigneter Stelle in Abzug gebracht werden.

Unter Berücksichtigung der erbbaurechtlichen Besonderheiten stellt sich das Ertragswertverfahren wie folgt dar:

   Rohertrag
- Bewirtschaftungskosten
= Reinertrag
× Vervielfältiger
= vorläufiger Ertragswert des Erbbaurechts
- Barwert des Erbbauzinses
- Sonstige wertbeeinflussende Umstände
= endgültiger Ertragswert des Erbbaurechts

Bei dieser Vorgehensweise ist die Verpflichtung zur Zahlung des Erbbauzinses berücksichtigt. Sollte diese Verpflichtung im Wege des Zwangsversteigerungsverfahrens wegfallen, ist der Barwert des Erbbauzinses mit Null EUR anzusetzen.

4.3 Nachhaltig erzielbarer Rohertrag

Der nachhaltig erzielbare Rohertrag wird auf der Grundlage des aktuellen Mietspiegels der Stadt Bonn ermittelt. Demnach sind für vergleichbare Wohnungen in mittlerer Lage mit guter Ausstattung monatliche Nettokaltmieten von rund 6,80 EUR/m² erzielbar. Aufgrund des Sondernutzungsrechts am Garten erscheint eine leichte Erhöhung auf 7,00 EUR/m² angemessen. Bei einer Größe von etwa 54 m² ergibt sich somit folgender Rohertrag:

monatliche Miete	7,00 EUR/m²/Monat
× Größe der Wohnung	rd. 54 m²
= monatlicher Rohertrag	378 EUR
×	12
= jährlicher Rohertrag	4.536 EUR

Dieser Rohertrag liegt im Rahmen der tatsächlich gezahlten Miete.

4.4 Bewirtschaftungskosten

Im vorliegenden Fall werden folgende Bewirtschaftungskosten gewählt:

- Verwaltungskosten: in Anlehnung an die II. Berechnungsverordnung rd. 240 EUR/Jahr
- Betriebskosten: Es wird davon ausgegangen, dass die Betriebskosten zum größten Teil auf die Mieter umgelegt werden. Es verbleibt vermutlich nur ein geringer Anteil, den der Eigentümer zu tragen hat. Dieser wird auf etwa 1 Prozent des Rohertrags geschätzt, das sind rd. 45 EUR/Jahr.
- Instandhaltungskosten: In Anlehnung an die II. Berechnungsverordnung, wählen wir hier 7,00 EUR/m²/Jahr. Insgesamt werden in der Wertermittlung 378 EUR/Jahr bei einer wohnlich nutzbaren Fläche von 54 m² berücksichtigt.
- Mietausfallwagnis: Das Mietausfallwagnis für derartige Wohnobjekte in vergleichbarer Lage ist erfahrungsgemäß gering und liegt bei etwa 2 Prozent des Rohertrags, das sind rd. 91 EUR/Jahr.

Die Bewirtschaftungskosten betragen 754 EUR/Jahr und liegen damit bei etwa 17 Prozent des Rohertrags, was für Wohnungen in derartigen Gebäuden erfahrungsgemäß angemessen ist. Es wird davon ausgegangen, dass eine ausreichende Rücklage gebildet worden ist.

4.5 Reinertrag

Der Reinertrag ergibt sich unter Berücksichtigung von Rohertrag und Bewirtschaftungskosten wie folgt:

Rohertrag	4.536 EUR/Jahr
– Verwaltungskosten	240 EUR/Jahr
– Betriebskosten	45 EUR/Jahr
– Instandhaltungskosten	378 EUR/Jahr
– Mietausfallwagnis	91 EUR/Jahr
= Reinertrag	3.782 EUR/Jahr

4.6   Liegenschaftszinssatz

Der Liegenschaftszinssatz ist laut § 11 WertV der Zinssatz, mit dem der Verkehrswert von Liegenschaften im Durchschnitt marktüblich verzinst wird. Der Gutachterausschuss für Grundstückswerte in der Stadt Bonn gibt den Liegenschaftszinssatz für vermietete, 11 bis 35 Jahre alte Eigentumswohnungen mit 5 Prozent an. Diesen Zinssatz halten wir auch im vorliegenden Fall für angemessen, da alle risikobehafteten Lage- und Zustandsmerkmale bereits im nachhaltig erzielbaren Rohertrag erfasst sind.

4.7   Restnutzungsdauer

Die wirtschaftliche Restnutzungsdauer ist der Zeitraum, in dem die baulichen Anlagen bei ordnungsgemäßer Unterhaltung und Bewirtschaftung voraussichtlich noch wirtschaftlich genutzt werden können. Sie wird im Allgemeinen durch Abzug des Alters von der wirtschaftlichen Gesamtnutzungsdauer der baulichen Anlagen ermittelt.

Mit einer Gesamtnutzungsdauer von rd. 80 Jahren und einem Alter der baulichen Anlagen von rd. 20 Jahren ergibt sich somit eine Restnutzungsdauer von rd. 60 Jahren.

4.8   Vervielfältiger

Der Ertragswert der Wohnung ergibt sich durch Multiplikation mit dem Vervielfältiger, der wiederum von Liegenschaftszinssatz und Restnutzungsdauer abhängig ist. Im vorliegenden Fall erhält man einen Vervielfältiger von 18,93.

4.9   Barwert des Erbbauzinses

Laut dem Erbbaurechtsvertrag und der darauf basierenden Grundbucheintragungen soll das Erbbaurecht bis zum 31. Dezember 2182 laufen. Die Restlaufzeit beträgt somit noch 176 Jahre, was außergewöhnlich hoch ist. Es konnte jedoch nicht überprüft werden, ob das Ende der Laufzeit im Erbbaurechtsvertrag korrekt angegeben ist oder ob es sich um einen Schreibfehler handelt. Insofern muss im vorliegenden Gutachten davon ausgegangen werden, dass die Restlaufzeit tatsächlich 176 Jahre beträgt.

Der derzeitige Erbbauzins für das Wohnungserbbaurecht beträgt 112,73 EUR/Monat. Dies entspricht rd. 1.353 EUR/ Jahr. Bei einer Laufzeit des Erbbaurechts von 176 Jahren ergibt sich mit einem Liegenschaftszinssatz in Höhe von 5 Prozent ein Vervielfältiger in Höhe von 20.

Somit erhält man folgenden Barwert des Erbbauzinses:

Erbbauzins/Jahr	rd. 1.353 EUR
× Vervielfältiger	20
= Barwert des Erbbauzinses	27.060 EUR

4.10 Sensitivitätsanalyse zum Erbbauzins

Da die Restlaufzeit des Erbbaurechts mit 176 Jahren außergewöhnlich lang ist, wird nachfolgend dargestellt werden, dass sich der Barwert des Erbbauzinses aufgrund des sich kaum ändernden Vervielfältigers bei Laufzeiten ab etwa 90 Jahren nicht signifikant verändert:

Restlaufzeit Erbbaurecht	Barwert Erbbauzins
90 Jahre	26.720 EUR
100 Jahre	26.849 EUR
150 Jahre	27.037 EUR

4.11 Sonstige wertbeeinflussende Umstände

Es sind keine sonstigen wertbeeinflussenden Umstände gemäß § 19 WertV zu berücksichtigen.

4.12 Vorläufiger Ertragswert (ohne Berücksichtigung des Erbbauzinses)

Reinertrag	3.782 EUR/Jahr
× Vervielfältiger	18,93
= vorläufiger Ertragswert	71.593 EUR

4.13 Endgültiger Ertragswert (unter Berücksichtigung des Erbbauzinses)

vorläufiger Ertragswert	71.593 EUR
– Barwert des Erbbauzinses	27.060 EUR
= endgültiger Ertragswert	44.533 EUR

In diesem Ertragswert des Wohnungserbbaurechts ist berücksichtigt, dass der Erbbauberechtigte für die Nutzung des Grundstücks einen Erbbauzins zu zahlen hat. Da im vorliegenden Gutachten jedoch nicht geklärt werden kann, ob der Erbbauzins beim Zuschlag bestehen bleibt, wurde zuvor zusätzlich der Ertragswert ermittelt, der sich ergibt, wenn die Verpflichtung zur Zahlung des Erbbauzinses entfällt.

5. Wertermittlung für das Teilerbbaurecht

5.1 Ertragswert des Teilerbbaurechts

Der Ertragswert für das Teilerbbaurecht wird in Analogie zum Wohnungserbbaurecht wie folgt ermittelt:

Rohertrag
- Bewirtschaftungskosten
= Reinertrag
× Vervielfältiger
= vorläufiger Ertragswert (Teilerbbaurecht)
- Barwert des Erbbauzinses
± sonstige wertbeeinflussende Umstände
= endgültiger Ertragswert (Teilerbbaurecht)

5.2   Nachhaltig erzielbarer Rohertrag

Gemäß unserer Recherchen liegt die monatliche Miete für vergleichbare Tiefgaragenstellplätze bei rd. 35 EUR/m².

5.3   Bewirtschaftungskosten

Die Bewirtschaftungskosten werden in der gleichen Höhe in Ansatz gebracht wie bei dem Wohnungserbbaurecht, demnach 17 Prozent des Rohertrags.

5.4   Sonstige wertbeeinflussende Umstände

Es sind keine sonstigen wertbeeinflussenden Umstände gemäß § 19 WertV zu berücksichtigen.

5.5   Berücksichtigung des Erbbauzinses

Der derzeitige Erbbauzins beträgt 4,32 EUR pro Monat, das sind rund 52 EUR pro Jahr. Bei einer Restlaufzeit von 176 Jahren und einem Liegenschaftszinssatz von 5 Prozent erhält man einen Vervielfältiger von 20 und somit folgenden Barwert des Erbbauzinses:

Erbbauzins	52 EUR/Jahr
× Vervielfältiger	20
= Barwert des Erbbauzinses	1.040 EUR

5.6   Vorläufiger Ertragswert
(ohne Berücksichtigung des Erbbauzinses)

Der Ertragswert ergibt sich mit den ermittelten Eingangsgrößen ohne Berücksichtigung des Erbbauzinses wie folgt:

Rohertrag	420 EUR/Jahr
- Bewirtschaftungskosten	71 EUR/Jahr
= Reinertrag	349 EUR/Jahr
× Vervielfältiger	18,93
= vorläufiger Ertragswert	6.607 EUR

5.7 Endgültiger Ertragswert (unter Berücksichtigung des Erbbauzinses)

Der Ertragswert ergibt sich mit den ermittelten Eingangsgrößen unter Berücksichtigung des Erbbauzinses wie folgt:

vorläufiger Ertragswert	6.607 EUR
– Barwert des Erbbauzinses	1.040 EUR
= endgültiger Ertragswert	5.567 EUR

5.8 Plausibilisierung des Ertragswerts über Vergleichsfaktoren

Der Gutachterausschuss für Grundstückswerte in der Stadt Bonn gibt in seinem aktuellen Grundstücksmarkbericht keine Vergleichswerte für Stellplätze an. Hilfsweise kann in diesem Fall der Ablösebetrag zur Wertermittlung herangezogen werden, der üblicherweise zu entrichten wäre, wenn kein Stellplatz auf dem eigenen Grundstück im Zusammenhang mit einer Baumaßnahme platziert werden kann.

Der Tiefgaragenstellplatz liegt gemäß Satzung der Stadt Bonn über die Ablösung von Stellplätzen in der Gebietszone II. In dieser Zone ist ein Betrag in Höhe von 6.850 EUR/Stellplatz zu entrichten, wenn ein Bauwilliger seiner Stellplatzverpflichtung nicht nachkommen kann.

Dieser Betrag entspricht etwa dem vorläufigen Ertragswert.

6. Verkehrswerte

6.1 Definition

Der Verkehrswert, wie er in § 194 des Baugesetzbuchs normiert ist, wird im Allgemeinen als der Preis angesehen, der im gewöhnlichen Geschäftsverkehr unter Berücksichtigung aller wertrelevanten Merkmale zu erzielen wäre. Insofern handelt es sich bei dem Verkehrswert um die Prognose des wahrscheinlichsten Preises.

6.2 Lage auf dem Grundstücksmarkt

Der Verkehrswert als der wahrscheinlichste Preis ist nach § 7 Abs. 1 WertV aus dem Ergebnis des herangezogenen Verfahrens unter Berücksichtigung der Lage auf dem Grundstücksmarkt zu bemessen.

Im vorliegenden Fall wurde das Ertragswertverfahren angewendet. Dabei wurden marktübliche Eingangsgrößen, wie zum Beispiel Mieten, Bewirtschaftungskosten und Liegenschaftszinssatz angesetzt. Insofern spiegelt sich in den ermittelten Ertragswerten die Lage auf dem Grundstücksmarkt wider. Weitere Zu- oder Abschläge zu den ermittelten Ertragswerten sind nicht mehr notwendig.

6.3   Ergebnis

Unter Berücksichtigung aller wertbeeinflussenden Umstände ergeben sich die Verkehrswerte für das Wohnungserbbaurecht nebst Keller sowie für das Teilerbbaurecht zum Wertermittlungsstichtag 02. März 2006 zu

	Verkehrswerte des Wohnungserbbaurechts	Verkehrswerte des Teilerbbaurechts
ohne Berücksichtigung des Erbbauzinses	71.500 EUR	6.600 EUR
unter Berücksichtigung des Erbbauzinses	44.500 EUR	5.500 EUR

6 Wohnungsrecht

In diesem Kapitel erfahren Sie,

- was der gesetzliche Inhalt eines Wohnungsrechts ist,
- wie die Verkehrswertermittlung im Zusammenhang mit Wohnungsrechten durchgeführt wird,
- wie die Marktanpassung auf der Grundlage eines einfaches Schemas ermittelt werden kann,
- welche Zinssätze und Barwertfaktoren bei der Wertermittlung von Wohnungsrechten angesetzt werden,
- wie ein Wohnungsrecht an einem überalterten Gebäude bewertet wird,
- was ein Dauerwohnrecht ist und wie es bewertet wird.

6.1 Grundlagen

6.1.1 Definition

Die rechtlichen Grundlagen des Wohnungsrechts finden sich im § 1093 des BGB:

> **§ 1093 BGB**
>
> (1) Als beschränkte persönliche Dienstbarkeit kann auch das Recht bestellt werden, ein Gebäude oder einen Teil eines Gebäudes unter Ausschluss des Eigentümers als Wohnung zu benutzen. Auf dieses Recht finden die für den Nießbrauch geltenden Vorschriften der §§ 1031, 1034, 1036, des § 1037 Abs. 1 und der §§ 1041, 1042, 1044, 1049, 1050, 1057, 1062 entsprechende Anwendung.
>
> (2) Der Berechtigte ist befugt, seine Familie sowie die zur standesgemäßen Bedienung und zur Pflege erforderlichen Personen in die Wohnung aufzunehmen.
>
> (3) Ist das Recht auf einen Teil des Gebäudes beschränkt, so kann der Berechtigte die zum gemeinschaftlichen Gebrauch der Bewohner bestimmten Anlagen und Einrichtungen mit benutzen.

6.1.2 Gesetzlicher Inhalt des Wohnungsrechts

Zum gesetzlichen Inhalt des Wohnungsrechts gehören insbesondere folgende Bestimmungen:

- Bei dem Wohnungsrecht handelt es sich um eine beschränkte persönliche Dienstbarkeit, die dem Berechtigten das Recht einräumt, ein Gebäude oder einen Teil eines Gebäudes unter Ausschluss des Eigentümers als Wohnung zu nutzen.

- In Ausübung des Wohnungsrechts ist der Berechtigte befugt, seine Familie sowie die zur standesgemäßen Bedienung und Pflege erforderlichen Personen in die Wohnung aufzunehmen.
- Sofern das Recht auf einen Teil des Gebäudes beschränkt ist, kann der Berechtigte die zum gemeinschaftlichen Gebrauch der Bewohner bestimmten Anlagen und Einrichtungen mitbenutzen.
- Gemäß § 1092 ist das Wohnungsrecht nicht übertragbar, das heißt, es kann nicht vererbt oder veräußert werden. Es ist höchstpersönlich!
- Die Ausübung des Wohnungsrechts kann einem anderen nur dann überlassen werden, wenn die Überlassung in der Eintragungsbewilligung ausdrücklich gestattet ist.
- Das Wohnungsrecht erlischt mit dem Tod des Berechtigten. Die Löschung einer beschränkten persönlichen Dienstbarkeit kann durch einen Unrichtigkeitsnachweis erfolgen, der in der Regel mittels Sterbeurkunde erbracht wird. Steht das Wohnungsrecht einer juristischen Person oder einer rechtsfähigen Personengesellschaft zu, erlischt es mit der Auflösung derselben.
- Grundsätzlich kann das Wohnungsrecht an die Lebensdauer des Berechtigten gekoppelt oder zeitlich befristet sein. Bei einer zeitlichen Befristung endet das Wohnungsrecht mit Ablauf der in der Eintragungsbewilligung vereinbarten und im Grundbuch eingetragenen Zeit. Das Wohnungsrecht endet auch dann, wenn sich die Beteiligten über die Aufhebung des Wohnungsrechts einigen.
- Der Wohnungsberechtigte ist zum Besitz der Wohnung berechtigt. Er hat bei der Ausübung des Wohnungsrechts die bisherige wirtschaftliche Bestimmung der Sache aufrechtzuerhalten und nach den Regeln einer ordnungsgemäßen Wirtschaft zu verfahren.
- Der Wohnungsberechtigte ist nicht berechtigt, die Wohnung umzugestalten oder wesentlich zu verändern.
- Der Wohnungsberechtigte hat für die Erhaltung der Wohnung in ihrem wirtschaftlichen Bestand zu sorgen. Ausbesserungen und Erneuerungen obliegen ihm nur insoweit, als sie zu der gewöhnlichen Unterhaltung der Wohnung gehören.
- Der Wohnungsberechtigte trägt die Betriebskosten.
- Nimmt der Wohnungsberechtigte eine erforderlich gewordene Ausbesserung oder Erneuerung der Wohnung nicht selbst vor, so hat er dem Eigentümer die Vornahme zu gestatten.
- Veränderungen oder Verschlechterungen der Wohnung, welche durch die ordnungsgemäße Ausübung des Wohnungsrechts herbeigeführt werden, hat der Wohnungsberechtigte nicht zu vertreten.
- Gegenstand des Wohnungsrechts ist auch das Zubehör.
- Der Grundstückseigentümer trägt die privatrechtlichen und öffentlichrechtlichen Lasten des Grundstücks und des Gebäudes inklusive der Räume, die vom Wohnungsrecht betroffen sind.

Der gesetzliche Inhalt des Wohnungsrechts kann durch Aufnahme in den Wohnungsrechtsvertrag und entsprechende Eintragung in das Grundbuch geändert werden, jedoch nur soweit, wie das Wesen des Wohnungsrechts nicht verändert wird. Es ist aber keinesfalls die Aufgabe des Sachverständigen, die im Wohnungsrechtsvertrag getroffenen Vereinbarungen der beteiligten Parteien bezüglich des Wohnungsrechts auf Rechtmäßigkeit zu überprüfen. Es kann zwar durchaus vorkommen, dass einzelne Vereinbarungen der Beteiligten gegen das Wesen des Wohnungsrechts verstoßen und somit möglicherweise nicht wirksam sind. Der Sachverständige ist in der Regel jedoch kein Rechtsexperte. Er sollte daher bei seiner Bewertung von der Rechtmäßigkeit der im Vertrag getroffenen Vereinbarungen ausgehen und dies auch in seinem Gutachten ausdrücklich vermerken.

Weiterhin ist zu beachten, dass im Wohnungsrechtsvertrag über den gesetzlichen Inhalt hinausgehende Vereinbarungen getroffen werden können, die dann möglicherweise keine dingliche sondern nur schuldrechtliche Wirkung zwischen den Vertragsparteien haben. Dabei handelt es sich zum Beispiel um Vereinbarungen über zu zahlende Entgelte oder Kostentragungspflichten. Diesbezüglich gilt, dass das Wohnungsrecht dem Wesen nach unentgeltlich ist. Sofern die Beteiligten ein Entgelt oder bestimmte Kostentragungspflichten vereinbaren wollen, haben diese lediglich schuldrechtlichen und keinen dinglichen Charakter und können nicht in das Grundbuch eingetragen werden.

Das heißt, die Vereinbarung gilt lediglich zwischen den Beteiligten, kann nicht in das Grundbuch eingetragen werden und berechtigt daher nicht einen etwaigen Rechtsnachfolger des Eigentümers, sofern der Anspruch nicht im Erbgang oder durch besondere Abtretung auf ihn übergeht.[1]

Dies hat zur Folge, dass die rein schuldrechtlichen Vereinbarungen beim Verkauf des Gebäudes nicht automatisch auf den Rechtsnachfolger des Eigentümers übergehen. Aus diesem Grund empfiehlt es sich, in der Eintragungsbewilligung zu prüfen, ob für den Fall des Verkaufs oder der Eigentumsübertragung aus anderen Gründen eine Vereinbarung getroffen wurde, die sicherstellt, dass auch künftige Rechtsnachfolger begünstigt sein sollen. Letztendlich kann der Sachverständige jedoch oftmals nicht erkennen, welche Vertragsvereinbarungen dingliche Wirkung gegenüber einem Erwerber und welche nur schuldrechtliche Wirkung zwischen den Vertragsparteien haben. Diesbezüglich sei empfohlen, im Gutachten kenntlich zu machen, welche Vereinbarungen der Wertfindung zugrunde liegen.

---

1 Vgl. *Fassbender u. a.*, Notariatskunde, 2000, S. 321.

Inhalt des Wohnungsrechts

Wesentlicher gesetzlicher Inhalt mit dinglicher Wirkung

Wohnnutzung eines Gebäudes oder Gebäudeteils unter Ausschluss des Eigentümers

Familie und Pflegepersonen dürfen in die Wohnung aufgenommen werden

Mitbenutzung der Gemeinschaftsanlagen ist erlaubt, falls nur ein Gebäudeteil genutzt wird

Wohnungsrecht kann nicht vererbt oder veräußert werden

Überlassung des Wohnungsrechts muss in der Eintragungsbewilligung gestattet werden

lebenslanges Wohnungsrecht erlischt mit dem Tod des Berechtigten

befristetes Wohnungsrecht erlischt mit Zeitablauf

Wohnungsberechtigter muss nach den Regeln einer ordnungsgemäßen Wirtschaft verfahren

Wohnungsberechtigter ist zum Erhalt des Bestands verpflichtet

Wohnungsberechtigter darf die Wohnung nicht wesentlich verändern

Wohnungsberechtigter ist für die **gewöhnliche** Unterhaltung verantwortlich, der Eigentümer trägt die Kosten der **außergewöhnlichen** Unterhaltung

Wohnungsberechtigter trägt die Betriebskosten

Zubehör der Wohnung ist ebenfalls Gegenstand des Wohnungsrechts

gesetzlicher Inhalt kann vertraglich geändert werden, wenn das Wesen des Wohnungsrechts dadurch nicht berührt wird (beispielsweise können einzelne Nutzungen ausgeschlossen werden)

Weitere Vereinbarungen mit schuldrechtlicher Wirkung

Regelungen hinsichtlich der Aufhebungsmöglichkeit

Zahlung eines Entgelts

Änderung der gesetzlichen Lastenverteilung

Erstattung der vom Berechtigten getätigten Aufwendungen

...

6.1.3 Mitbenutzung

In der Eintragungsbewilligung muss klar definiert werden, auf welche Räume sich das Wohnungsrecht bezieht. Jeder Dritte muss zweifelsfrei feststellen können, welche Räume gemeint sind.

Ist das Wohnungsrecht auf einen Teil des Gebäudes beschränkt, so kann der Berechtigte die zum gemeinschaftlichen Gebrauch der Bewohner bestimmten Anlagen und Einrichtungen mit benutzen. Dabei kann es sich zum Beispiel um das Treppenhaus, Kellerräume und Zugangswege handeln. Dies muss in der Eintragungsbewilligung nicht besonders vermerkt werden.

Die Mitbenutzung des Gartens muss jedoch in der Eintragungsbewilligung ausdrücklich festgelegt werden. In diesen Fällen handelt es sich nicht mehr um ein Wohnungsrecht nach § 1093 BGB, sondern um ein Wohnungs- und Mitbenutzungsrecht nach den §§ 1090 **und** 1093 BGB.

Wenn dem Eigentümer die Mitbenutzung der Räume, die Gegenstand des Wohnungsrechts sind, gestattet wird, handelt es sich nicht mehr um ein (ausschließliches) Wohnungsrecht nach § 1093 BGB. Es liegt dann vielmehr eine allgemeine beschränkte persönliche Dienstbarkeit nach § 1090 BGB vor. Man spricht dann nicht mehr von einem »Wohnungsrecht« sondern von einem »Wohnrecht«. Somit sei nochmals ausdrücklich klargestellt, dass der Charakter des Wohnungsrechts nach § 1093 BGB im Wesentlichen darin besteht, dass der Eigentümer von der Nutzung eines Gebäudes bzw. Gebäudeteils ausgeschlossen wird.

6.1.4 Eintragungsbewilligung

Im Rahmen der Wertermittlung von Wohnungsrechten muss zwingend die Eintragungsbewilligung eingesehen werden, da nur aus dieser die vertraglichen und wertrelevanten Bedingungen des Wohnungsrechts erkennbar sind. In der Eintragungsbewilligung können Aspekte geregelt sein, die nicht unmittelbar im Grundbuch erkennbar sind. In der Eintragungsbewilligung finden sich in der Regel Antworten auf die folgenden Fragen:

- Ist das Wohnungsrecht entgeltlich oder unentgeltlich?
- Wie alt ist der Berechtigte?
- Auf welchen Gebäudeteil bezieht sich das Wohnungsrecht?
- Wer trägt die Bewirtschaftungskosten?
- Wer trägt die auf dem Grundstück ruhenden öffentlich-rechtlichen bzw. privatrechtlichen Lasten?
- Ist das Wohnungsrecht zeitlich befristet oder an die Lebenserwartung des Berechtigten gebunden?

Der Sachverständige sollte sich zur Klärung der genannten Fragen nicht auf die Aussagen der Beteiligten verlassen, denn häufig sind diese über die in der Eintragungsbewilligung getroffenen Vertragsinhalte nicht in ausreichendem Maße informiert bzw. interpretieren diese falsch. Falls die Eintragungsbewilligung nicht eingesehen werden kann und im Gutachten ein Bezug auf mündliche Aussagen erforderlich wird, ist dies im Gutachten unbedingt anzugeben.

6.2 Verkehrswert des belasteten Grundstücks

6.2.1 Vorgehensweise

Bei der Wertermittlung von mit Wohnungsrechten belasteten bebauten Grundstücken wird zunächst der unbelastete Verkehrswert ermittelt. Daran anschließend wird der Barwert der wirtschaftlichen Vor- und Nachteile berechnet und von dem unbelasteten Verkehrswert in Abzug gebracht. Die Anpassung an die Lage auf dem Grundstücksmarkt führt dann zum Verkehrswert des belasteten Grundstücks.

Der Verkehrswert des belasteten Grundstücks kann wie folgt ermittelt werden:

	Grundsätzliche Vorgehensweise	Bewertung von Wohnungsrechten
Belastetes Grundstück	unbelasteter Verkehrswert	Verkehrswert ohne Berücksichtigung des Wohnungsrechts
	Ertrags- und Kostenüberlegungen	– Barwert des wirtschaftlichen Nachteils
		+ Barwert des wirtschaftlichen Vorteils
	Lage auf dem Grundstücksmarkt	± Marktanpassung
	belasteter Verkehrswert	= Verkehrswert des belasteten Grundstücks

6.2.2 Unbelasteter Verkehrswert

Der unbelastete Verkehrswert wird in der Regel mittels der in der Wertermittlungsverordnung normierten Verfahren ermittelt. Bei ertragsorientiert genutzten Objekten wird somit überwiegend das Ertragswertverfahren zur Anwendung kommen, bei nicht ertragsorientiert genutzten Objekten das Sachwertverfahren. Bei stark standardisierten Objekttypen hingegen sollte das Vergleichswertverfahren herangezogen werden.

Sofern im begründeten Einzelfall die Wertermittlung über so genannte nicht normierte Verfahren sinnvoll erscheint, kann auch der so ermittelte Wert des unbelasteten Grundstücks Ausgangspunkt der weiteren Überlegungen sein. Bei den typischerweise mit Wohnungsrechten belasteten bebauten Grundstücken handelt es sich jedoch in den meisten Bewertungsfällen um Objekttypen, die idealerweise über die in der WertV normierten Verfahren abgebildet werden können.

6.2.3 Barwert des wirtschaftlichen Nachteils

Der wirtschaftliche Nachteil besteht darin, dass der Eigentümer des Grundstücks entweder keine oder eine geringere als die ortsüblich und nachhaltig erzielbare Miete für die mit dem Wohnungsrecht belasteten Flächen erhält. Auch kann der wirtschaftliche Nachteil darin bestehen, dass der Eigentümer Kosten übernimmt, die üblicherweise von dem Berechtigten des Wohnungsrechts zu tragen wären. So wäre z. B. denkbar, dass der Eigentümer dem Berechtigten des Wohnungsrechts einen Heizkostenzuschuss gewährt.

Das Wohnungsrecht kann, wie bereits erwähnt, zeitlich befristet oder an die Lebenserwartung des Berechtigten gekoppelt sein. Dadurch ergeben sich unterschiedliche Vorgehensweisen bei der Barwertbildung des wirtschaftlichen Nachteils. Diese werden nachfolgend vorgestellt.

Restlaufzeit ist zeitlich befristet

Eine zeitliche Befristung eines Wohnungsrechts ist in der Praxis nur selten vorzufinden, da das Wohnungsrecht dem Berechtigten eine auf Dauer angelegte Sicherheit für die persönliche Lebensplanung geben soll.

Der wirtschaftliche Nachteil ergibt sich in diesem Fall durch Kapitalisierung des Minderertrags über die Restlaufzeit des Wohnungsrechts mittels des Vervielfältigers, der in Abhängigkeit von der Laufzeit des Rechts und der Höhe des Liegenschaftszinssatzes gewählt wird. Dazu nachfolgendes Beispiel:

Ausgangsdaten
Wertermittlungsstichtag . . . . 2. Juli 2006
Mietausfall . . . . 6.600 EUR/Jahr
Restlaufzeit des Wohnungsrechts . . . . 10 Jahre
Liegenschaftszinssatz . . . . 4,0 Prozent
Ertragsvervielfältiger 8,11

Berechnung
Mietausfall EUR/Jahr . . . . 6.600 EUR/Jahr
× Vervielfältiger (4,0 %, 10 Jahre) 8,11
= Barwert des wirtschaftlichen Nachteils . . . . 53.526 EUR

Restlaufzeit ist an die Lebensdauer einer Person gebunden

In der Regel ist das Wohnungsrecht an die Lebensdauer einer Person gebunden. In diesem Bewertungsfall muss zur Kapitalisierung des wirtschaftlichen Nachteils der Leibrentenbarwertfaktor herangezogen werden. Der Minderertrag wird somit nicht mit dem Ertragsvervielfältiger einer Zeitrente, sondern mit dem Leibrentenbarwertfaktor einer Leibrente kapitalisiert.

Dabei versteht man unter einer Leibrente regelmäßige Zahlungen, die an die Lebenszeit einer Person gebunden sind. Der Unterschied zwischen einer Leibrente und einer Zeitrente liegt darin, dass die Leibrente nicht über einen genau definierten Zeitraum anfällt, sondern über den Zeitraum einer nicht exakt kalkulierbaren Lebenserwartung. Nähere Einzelheiten zu Leibrenten und Leibrentenbarwertfaktoren finden sich in dem Kapitel »Leibrentenbarwertfaktoren und Sterbetafeln«. Nachfolgend lediglich ein Beispiel:

Ausgangsdaten
Wertermittlungsstichtag .... 8. August 2006
Mietausfall .... 6.600 EUR/Jahr
Alter der Berechtigten .... 84 Jahre
Liegenschaftszinssatz... 4,0 Prozent
Leibrentenbarwertfaktor[2] 5,50

Berechnung
   Mietausfall EUR/Jahr .... 6.600 EUR/Jahr
× Leibrentenbarwertfaktor 5,50
= Barwert des wirtschaftlichen Nachteils .... 36.300 EUR

6.2.4   Barwert des wirtschaftlichen Vorteils

In Ausnahmefällen kann für die Gewährung eines Wohnungsrechts ein Entgelt vereinbart sein, das höher ist als der bereits im unbelasteten Verkehrswert berücksichtigte nachhaltig erzielbare Rohertrag. Darüber hinaus finden sich in manchen Eintragungsbewilligungen Regelungen, die die Übernahme von Kosten durch den Berechtigten des Wohnungsrechts regeln, die eigentlich vom Grundstückseigentümer zu tragen sind. Zu der rechtlichen Wirkung dieser Vereinbarungen verweisen wir auf die Bemerkungen zum gesetzlichen Inhalt des Wohnungsrechts zu Beginn dieses Kapitels.

Es ergibt sich somit ein wirtschaftlicher Vorteil für den Grundstückseigentümer. Dieser Vorteil ist als Werterhöhung des mit dem Wohnungsrecht belasteten Grundstücks zu berücksichtigen. Der Betrag, der über den bereits im unbelasteten Verkehrswert berücksichtigten Reinertrag hinausgeht, ist dann über die Restlaufzeit des Wohnungsrechts zu kapitalisieren.

Bei zeitlich befristeten Wohnungsrechten erfolgt die Kapitalisierung des wirtschaftlichen Vorteils analog der Vorgehensweise bei der Ermittlung des Barwerts des wirtschaftlichen Nachteils mittels des Ertragsvervielfältigers. Bei einem an die Lebensdauer des Berechtigten gebundenen Wohnungsrecht wird zur Kapitalisierung des wirtschaftlichen Vorteils der Leibrentenbarwertfaktor herangezogen.

---

2 Siehe Kapitel »Leibrentenbarwertfaktoren und Sterbetafeln«.

Hinweis: Die beschriebene Vorgehensweise zur Ermittlung des wirtschaftlichen Vor- bzw. Nachteils aufgrund des Wohnungsrechts wird im Allgemeinen zu sachgerechten Ergebnissen führen. Es kann jedoch der Sonderfall auftreten, dass die Restnutzungsdauer der baulichen Anlagen kürzer ist als die Restlaufzeit des Wohnungsrechts und keine Wiederaufbauverpflichtung besteht. Dann ist bei der Kapitalisierung der wirtschaftlichen Vor- und Nachteile von der Restnutzungsdauer des Gebäudes auszugehen.

6.2.5 Marktanpassung

Vielfach wird die Meinung vertreten, dass der Abzug des wirtschaftlichen Nachteils, der durch die Existenz des Wohnungsrechts entsteht, vom unbelasteten Verkehrswert bereits zum belasteten Verkehrswert führt. Dabei wird missachtet, dass ein zentraler Punkt einer jeden Verkehrswertermittlung die Berücksichtigung der Lage auf dem Grundstücksmarkt ist. Dies gilt im besonderen Maße auch bei der Verkehrswertermittlung von mit Wohnungsrechten belasteten bebauten Grundstücken.

Neben der rein rechnerisch ermittelten Größe des wirtschaftlichen Nachteils ist der Verkehrswert des unbelasteten Grundstücks im Allgemeinen mittels eines Marktanpassungsabschlags zu korrigieren. Dabei spielt vor allem die verbleibende Unsicherheit, ob die berechtigte Person tatsächlich so lange überlebt, wie die aus der Statistik abgeleiteten Lebenserwartungen dies vorgeben, eine große Rolle. Darüber hinaus muss berücksichtigt werden, dass das Wohnungsrecht dem Berechtigten eine wesentlich größere Rechtssicherheit als ein Mietvertrag bietet und der Handlungsspielraum des Eigentümers dadurch für viele Jahre eingeschränkt ist.

Warum Marktanpassungsabschlag?

Es besteht eine erhebliche Unsicherheit, ob die berechtigte Person tatsächlich so lange überlebt, wie die Statistik es vorgibt.

Bei Mietverträgen gibt es Kündigungsmöglichkeiten, bei Wohnungsrechtsverträgen nicht.

Bei Mietverträgen kann die Miete erhöht werden, bei Wohnungsrechten ist in der Regel keine Erhöhung vorgesehen.

Der Marktanpassungsabschlag kann **niemals** genau geschätzt werden. Es ist lediglich möglich, anhand der wertrelevanten Faktoren abzuschätzen, ob der Marktanpassungsabschlag besonders hoch oder besonders niedrig ist. Diese Abschätzung kann beispielsweise anhand folgender Tendenzen durchgeführt werden:

- Je höher die Restlaufzeit des Rechts (Lebenserwartung des Berechtigten), desto größer ist die Marktanpassung, da das Risiko über einen längeren Zeitraum besteht.

- Je höher die wirtschaftliche Wertminderung im Verhältnis zum unbelasteten Verkehrswert, desto größer ist die Marktanpassung.
- Ist in größeren ertragsorientiert genutzten Wohngebäuden lediglich eine Wohnung mit einem Wohnungsrecht belastet, wird eine Marktanpassung in der Regel nicht notwendig sein bzw. sehr gering ausfallen.
- Ist das Immobilienangebot hoch, so werden sich potenzielle Kaufinteressenten eher für ein nicht belastetes Objekt entscheiden. Bei geringem Angebot und entsprechend hoher Nachfrage werden Interessenten auch auf belastete Objekte ausweichen, so dass in diesem Fall der Marktanpassungsabschlag geringer ausfallen wird.

Diese Tendenzen können mittels folgenden Schemas bewertet werden:

Merkmal	Gewicht	Punkte von 0 bis 1	hoch gering
Lebenserwartung	50	0,2	1 ←——→ 0
wirtschaftliche Wertminderung/unbelasteten Verkehrswert	30	0,4	1 ←——→ 0
Immobilienangebot	20	0,5	1 ←——→ 0
	100		

In dem obigen Schema werden Gewichte eingeführt und Punkte vergeben. Wenn beispielsweise 0,2 Punkte für das Merkmal Lebenserwartung vergeben werden, so bedeutet dies, dass die berechtigte Person nur noch eine geringe Lebenserwartung besitzt.

Der Marktanpassungsabschlag in Prozent des unbelasteten Verkehrswerts ergibt sich auf der Grundlage des obigen Schemas wie folgt:

$$\text{Marktanpassung} = \frac{\sum(\text{Gewichte} \times \text{Punkte})}{300} = \frac{32}{300} = 0,10666.. = \text{rd. } 11\%$$

Die Beurteilung der Gewichtung sowie der zu vergebenden Punkte wird in jedem Bewertungsfall seitens des Sachverständigen neu durchdacht. Sie bedarf stets einer Begründung.

Das obige Schema ist lediglich ein Vorschlag zur Quantifizierung der Marktanpassung. Es soll hier nicht verschwiegen werden, dass jeder Sachverständige natürlich Gewichte und Punkte nach seinem Ermessen vergeben kann, was dann möglicherweise zu einer anderen Marktanpassung führen wird. Auch die Begrenzung der Marktanpassung auf maximal 33 Prozent des unbelasteten Verkehrswerts wurde subjektiv vorgenommen (durch die maximal mögliche Summe von 100 im Zähler und die Zahl 300 im Nenner). Diesbezüglich ist selbstverständlich auch eine andere Obergrenze denkbar. Möglicherweise gibt es im Einzelfall auch noch andere Merkmale, die bei der Ableitung der Marktanpassung eine wesentliche Rolle spielen können. Sofern also ein Bewertungsfall eine höhere Marktanpassung erfordert, kann und muss die Begrenzung der Marktanpassung aufgehoben werden, um zu einem sachgerechten Ergebnis zu kommen.

Letztendlich führt die Anwendung des oben angegebenen Schemas jedoch zur Nachvollziehbarkeit der sachverständigen Entscheidung. Der Leser des Gutachtens kann anhand des Schemas erkennen, wie der Sachverständige seinen Ermessensspielraum ausgenutzt hat. Die Zeiten der unbegründeten und nicht nachvollziehbaren »Pi-mal-Daumen-Entscheidungen« gehören damit der Vergangenheit an. Das Schema zur Ableitung der Marktanpassung stellt somit ein beliebig erweiterbares Werkzeug dar, was bei richtiger Anwendung zu nachvollziehbaren Werten führt.

6.2.6 Beispiel 1: Mehrfamilienhaus mit unentgeltlichem Wohnungsrecht

Es ist der Verkehrswert eines Mehrfamilienhauses mit 12 Wohnungen zu ermitteln. Eine der Wohnungen ist mit einem Wohnungsrecht belastet. Der Berechtigte trägt die umlagefähigen Bewirtschaftungskosten. In dem regionalen Teilmarkt werden derzeit einige Mehrfamilienhäuser zum Kauf angeboten.

Ausgangsdaten

Wertermittlungsstichtag	1. April 2006
Alter des Berechtigten am Wertermittlungsstichtag	55 Jahre
Wohnfläche gesamt	800 m²
Wohnungsgröße	65 m²
nachhaltig erzielbare Nettokaltmiete	6,00 EUR/m²/Monat
Bewirtschaftungskosten	18 Prozent des Rohertrags
Liegenschaftszinssatz	4,0 Prozent
Restnutzungsdauer	45 Jahre
Bodenwert	180.000 EUR
Leibrentenbarwertfaktor[3]	14,80

unbelasteter Verkehrswert

Rohertrag	57.600 EUR/Jahr
– Bewirtschaftungskosten	10.368 EUR/Jahr
= Grundstücksreinertrag	47.232 EUR/Jahr
– Bodenwertverzinsung	7.200 EUR/Jahr
= Gebäudereinertrag	40.032 EUR/Jahr
× Vervielfältiger (4 %, 45 Jahre)	20,72..
= Gebäudeertragswert	829.463 EUR
+ Bodenwert	180.000 EUR
= Ertragswert	1.009.463 EUR
≈ unbelasteter Verkehrswert	1.000.000 EUR

---

3 Siehe Kapitel »Leibrentenbarwertfaktoren und Sterbetafeln«.

Wirtschaftliche Wertminderung
Mietausfall EUR/Jahr . . . . 4.680 EUR/Jahr
× Leibrentenbarwertfaktor 14,80
= Barwert des Mietausfalls . . . . 69.264 EUR
≈ . . . . 70.000 EUR

Marktanpassung

Merkmal	Gewicht	Punkte von 0 bis 1	hoch	gering
Lebenserwartung	20	0,3	1 ◄――――► 0	
wirtschaftliche Wert-minderung/unbelasteten Verkehrswert	60	0,0	1 ◄――――► 0	
Immobilienangebot	20	0,3	1 ◄――――► 0	
	100			

$$\text{Marktanpassung} = \frac{\sum (\text{Gewichte} \times \text{Punkte})}{300} = \frac{12}{300} = 0,04 = \text{rd. } 4\%$$

Ergebnis

Verkehrswert ohne Berücksichtigung des Wohnungsrechts 1.000.000 EUR
– Wirtschaftliche Wertminderung . . . . 70.000 EUR
– Marktanpassungsabschlag . . . . 40.000 EUR
= Verkehrswert des belasteten Grundstücks . . . . 890.000 EUR

Anmerkungen zu den Bewirtschaftungskosten

Bei der Wertermittlung im Zusammenhang mit Wohnungsrechten ist es wichtig, die richtigen Bewirtschaftungskosten an der richtigen Stelle anzusetzen. Da der Ansatz der Bewirtschaftungskosten erfahrungsgemäß große Probleme bereitet, wird nachfolgend erläutert, wie die Bewirtschaftungskosten zu berücksichtigen sind.

Bei der Berechnung des unbelasteten Verkehrswerts im obigen Beispiel wird die Miete für alle zwölf Wohnungen zugrunde gelegt. Von der Miete werden die nicht umlagefähigen Bewirtschaftungskosten, die der Eigentümer trägt, abgezogen. Die umlagefähigen Bewirtschaftungskosten werden nicht abgezogen, da diese von den Mietern getragen werden.

Eine Wohnung ist von dem Wohnungsrecht betroffen. Es handelt sich um ein unentgeltliches Wohnungsrecht, weshalb der Eigentümer keine Miete für diese Wohnung erhält. Da der Wohnungsberechtigte nur die umlagefähigen Bewirtschaftungskosten zahlt, muss der Eigentümer die nicht umlagefähigen Bewirtschaftungskosten für die belastete Wohnung weiter tragen. Somit muss lediglich die entgangene Miete (Barwert des Mietausfalls) als wirtschaftlicher Nachteil angesetzt werden.

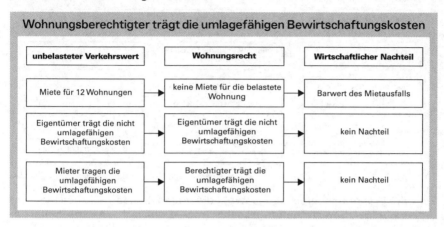

Wohnungsberechtigter trägt die umlagefähigen Bewirtschaftungskosten

unbelasteter Verkehrswert	Wohnungsrecht	Wirtschaftlicher Nachteil
Miete für 12 Wohnungen	keine Miete für die belastete Wohnung	Barwert des Mietausfalls
Eigentümer trägt die nicht umlagefähigen Bewirtschaftungskosten	Eigentümer trägt die nicht umlagefähigen Bewirtschaftungskosten	kein Nachteil
Mieter tragen die umlagefähigen Bewirtschaftungskosten	Berechtigter trägt die umlagefähigen Bewirtschaftungskosten	kein Nachteil

Man könnte sicherlich darüber diskutieren, ob der Eigentümer bei den nicht umlagefähigen Bewirtschaftungskosten ein Mietausfallwagnis für die mit dem Wohnungsrecht belastete Wohnung ansetzen muss. Als Argument gegen den Ansatz eines Mietausfallwagnis könnte man anbringen: Der Eigentümer vermietet die Wohnung nicht. Er hat vielmehr einen Wohnungsrechtsvertrag geschlossen, der nicht ohne weiteres gekündigt werden kann. Zudem erhält der Eigentümer bei einem unentgeltlichen Wohnungsrecht keine Miete, weshalb auch kein Mietausfallwagnis bestehen kann.

Dennoch sollte man nicht vergessen, dass es auch bei einem Wohnungsrecht zu Rechtsstreitigkeiten kommen kann (z. B. über eine Untervermietung des Wohnungsrechts oder über Ruhestörungen). Die damit verbundenen potenziellen Kosten können in dem kalkulatorischen Mietausfallwagnis berücksichtigt werden. Von daher ist es durchaus angemessen, ein Mietausfallwagnis zur Berücksichtigung von Kosten für potenzielle Rechtsstreitigkeiten anzusetzen.

Falls der Eigentümer auch die nicht umlagefähigen Bewirtschaftungskosten des Wohnungsberechtigten trägt, muss dies entsprechend der nachfolgenden Grafik berücksichtigt werden.

müsste hier Fehler sein!

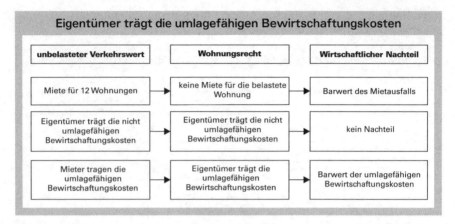

Falls der Wohnungsberechtigte sowohl die umlagefähigen als auch die nicht umlagefähigen Bewirtschaftungskosten trägt, ergibt sich ein wirtschaftlicher Vorteil für den Eigentümer, der entsprechend zu berücksichtigen ist.

6.2.7 Beispiel 2: Einfamilienhaus mit unentgeltlichem Wohnungsrecht

Es ist der belastete Verkehrswert eines Einfamilienhauses anhand der nachstehenden Angaben zu ermitteln. Das Einfamilienhaus ist mit einem Wohnungsrecht belastet. Das Wohnungsrecht ist unentgeltlich und der Berechtigte trägt die umlagefähigen Bewirtschaftungskosten (Betriebskosten). Das Einfamilienhaus liegt in einer einfachen Wohnlage und die Nachfrage nach vergleichbaren Objekten ist eher als gering einzustufen.

Ausgangsdaten

Wertermittlungsstichtag .... 02. September 2006
Alter des Berechtigten am Wertermittlungsstichtag .... 84 Jahre
Wert der baulichen Anlagen .... 80.000 EUR
Bodenwert .... 55.000 EUR
Marktanpassungsfaktor (Objekte bis 135.000 EUR) 1,05
nachhaltig erzielbare Nettokaltmiete .... 6.000 EUR/Jahr
Liegenschaftszinssatz.. 3 Prozent
Leibrentenbarwertfaktor[4] 4,98

unbelasteter Verkehrswert

   Wert der baulichen Anlagen............................. 80.000 EUR
+ Bodenwert .... 55.000 EUR
= Sachwert.. 135.000 EUR
× Marktanpassungsfaktor 1,05
= unbelasteter Verkehrswert .... 141.750 EUR
≈ .... 140.000 EUR

Wirtschaftliche Wertminderung

   Mietausfall EUR/Jahr .... 6.000 EUR/Jahr
× Leibrentenbarwertfaktor 4,98
= Barwert des Mietausfalls .... 29.880 EUR
≈ .... 30.000 EUR

Marktanpassung

Merkmal	Gewicht	Punkte von 0 bis 1	hoch gering
Lebenserwartung	30	0,2	1 ◄――――► 0
wirtschaftliche Wert-minderung/unbelasteten Verkehrswert	40	0,4	1 ◄――――► 0
Immobilienangebot	30	0,7	1 ◄――――► 0
	100		

$$\text{Marktanpassung} = \frac{\sum(\text{Gewichte} \times \text{Punkte})}{300} = \frac{43}{300} = 0,14333 = \text{rd. } 14\%$$

---

4 Siehe Kapitel »Leibrentenbarwertfaktoren und Sterbetafeln«.

Ergebnis

Verkehrswert ohne Berücksichtigung des Wohnungsrechts . 140.000 EUR
- wirtschaftliche Wertminderung .... 30.000 EUR
- Marktanpassungsabschlag .... 19.600 EUR
= Verkehrswert des belasteten Grundstücks .... 90.400 EUR
≈ .... 90.000 EUR

Anmerkungen zu den Bewirtschaftungskosten

Wie im Beispiel 1 bereits angemerkt, ist es bei der Wertermittlung im Zusammenhang mit Wohnungsrechten wichtig, die richtigen Bewirtschaftungskosten an der richtigen Stelle anzusetzen. Nachfolgend wird daher erläutert, wie und wo bei einem Einfamilienhaus, das mit einem Wohnungsrecht belastet ist, die Bewirtschaftungskosten anzusetzen sind.

Falls es sich um ein vermietetes Einfamilienhaus handelt und der Verkehrswert auf der Basis des Ertragswertverfahrens ermittelt wird, so ist wie weiter oben im Zusammenhang mit ertragsorientiert genutzten Objekten beschrieben vorzugehen. In den meisten Fällen wird der Verkehrswert eines Einfamilienhauses jedoch auf der Basis des Sachwertverfahrens ermittelt, insbesondere dann, wenn der Eigentümer das Objekt selbst bewohnt.

Im Sachwertverfahren geht man davon aus, dass das Objekt bis zum Ende der Restnutzungsdauer ordnungsgemäß instand gehalten wird. Die entsprechenden Instandhaltungskosten trägt der Eigentümer. Auch die verbrauchsabhängigen Betriebskosten muss der Eigentümer selbst tragen. Verwaltungskosten und Mietausfallwagnis, wie sie im Ertragswertverfahren angesetzt werden, sind im Sachwertverfahren nicht zu berücksichtigen.

Wenn nun das Einfamilienhaus durch ein Wohnungsrecht belastet ist, kann der Eigentümer das Haus nicht selbst bewohnen, erhält aber durch das Wohnungsrecht auch keine Mietzahlung dafür. Der Wohnungsberechtigte erhält durch das Wohnungsrecht die Möglichkeit einer unentgeltlichen Nutzung des Einfamilienhauses. Für den Eigentümer entsteht deswegen ein Nachteil in der Höhe der Mietzahlung, die er nicht vom Wohnungsberechtigten erhält. Der Barwert der entgangenen Miete muss als wirtschaftlicher Nachteil berücksichtigt werden.

Die Instandhaltungskosten werden auch bei der Belastung durch ein Wohnungsrecht in der Regel weiter vom Eigentümer getragen. Diesbezüglich entsteht somit kein Nachteil im Vergleich zum unbelasteten Verkehrswert.

Die Betriebskosten trägt im Allgemeinen der Wohnungsberechtigte. Demnach entsteht dem Eigentümer diesbezüglich ein Vorteil im Vergleich zum unbelasteten Verkehrswert. Man kann aber davon ausgehen, dass dieser Vorteil durch den Nachteil, der dem Eigentümer aus den Verwaltungskosten und eventuell dem Mietausfallwagnis entsteht, in etwa ausgeglichen wird. Insofern entsteht dem Eigentümer hinsichtlich Betriebskosten, Verwaltungskosten und Mietausfallwagnis weder ein Vorteil noch ein Nachteil.

Diese Überlegungen wurden im obigen Beispiel entsprechend berücksichtigt. Sie werden in der nachfolgenden Übersicht auch nochmals grafisch dargestellt.

Sollten die Instandhaltungskosten vom Berechtigten oder die Betriebskosten vom Eigentümer getragen werden, so ist dies in den Berechnungen entsprechend zu berücksichtigen.

6.2.8 Gutachtentext

Nachfolgend finden Sie einen Vorschlag zur Textgestaltung bezüglich der Wertminderung eines Grundstücks durch ein Wohnungsrecht.

Inhalt des Wohnungsrechts

Es handelt sich um ein lebenslängliches, unentgeltliches Wohnungsrecht an einem freistehenden Einfamilienhaus zugunsten von Frau Katharina O., geb. am 27. Dezember 1916. Die Mitbenutzung des Gartens ist ausgeschlossen. Der Eigentümer trägt sowohl die nicht umlagefähigen als auch die umlagefähigen Bewirtschaftungskosten.

Unbelasteter Verkehrswert

Der unbelastete Verkehrswert wurde über das Sachwertverfahren mit 100.000 EUR ermittelt.

Wertminderung durch das Wohnungsrecht

Die Wertminderung durch das Wohnungsrecht setzt sich aus zwei Faktoren zusammen:

- wirtschaftliche Wertminderung
- Marktanpassung

Im Folgenden werden diese Faktoren quantifiziert.

Wirtschaftliche Wertminderung

Nach unseren Recherchen liegt die ortsübliche Miete für vergleichbare Einfamilienhäuser in B. bei rund 750 EUR/Monat. Diese Miete ist auch als nachhaltig erzielbar anzusehen. Der wirtschaftliche Nachteil beträgt somit 9.000 EUR/Jahr.

Der Barwert der Mietzahlungen wird mittels des Leibrentenbarwertfaktors ermittelt. In dem Leibrentenbarwertfaktor wird die Überlebenswahrscheinlichkeit der Berechtigten berücksichtigt. Im vorliegenden Fall ergibt sich auf der Grundlage des Alters der Berechtigten (90 Jahre) und des Liegenschaftszinssatzes von 3,0 % ein Leibrentenbarwertfaktor von 3,71[5].

Somit erhält man folgenden Barwert des Mietausfalls für das Wohnungsrecht:

```
  Mietausfall EUR/Jahr................................ 9.000 EUR/Jahr
× Leibrentenbarwertfaktor ...................................... 3,71
= Barwert des Mietausfalls............................... 33.390 EUR
```

Der Eigentümer hat vertragsgemäß die umlagefähigen Bewirtschaftungskosten (Betriebskosten) sowie die Verwaltungskosten zu tragen. Ein wesentliches Mietausfallwagnis ist nicht vorhanden. Die Kosten werden im vorliegenden Fall wie folgt geschätzt:

```
  Betriebskosten (rd. 3 % der Miete) .................... 270 EUR/Jahr
+ Verwaltungskosten (rd. 1 % der Miete) ................... 90 EUR/Jahr
+ Mietausfallwagnis (rd. 1 % der Miete) ................... 90 EUR/Jahr
= Kosten insgesamt ................................... 270 EUR/Jahr
× Leibrentenbarwertfaktor ...................................... 3,71
= Barwert der Kosten ................................... 1.002 EUR
```

Die wirtschaftliche Wertminderung beträgt somit insgesamt 34.392 EUR.

Marktanpassung

Neben der rein finanzmathematisch ermittelten Größe der wirtschaftlichen Wertminderung ist im Allgemeinen ein Marktanpassungsabschlag zu berücksichtigen. Dabei spielt vor allem die verbleibende Unsicherheit, ob die berechtigte Person tatsächlich so lange überlebt, wie die aus der Statistik abgeleite-

---

5 Siehe Kapitel »Leibrentenbarwertfaktoren und Sterbetafeln«.

ten Lebenserwartungen dies vorgeben, eine große Rolle. Darüber hinaus muss berücksichtigt werden, dass das Wohnungsrecht der Berechtigten eine wesentlich größere Rechtssicherheit als ein Mietvertrag bietet.

Der Marktanpassungsabschlag kann jedoch niemals genau berechnet werden. Es ist lediglich möglich, anhand der wertrelevanten Faktoren abzuschätzen, ob der Marktanpassungsabschlag besonders hoch oder besonders niedrig ist. Im vorliegenden Fall ist beispielsweise die statistische Lebenserwartung der Berechtigten (rd. 4 Jahre) relativ gering. Die wirtschaftliche Wertminderung (rd. 35 % des unbelasteten Verkehrswerts) hingegen ist relativ hoch. Das Angebot an vergleichbaren freistehenden Einfamilienhäusern ist derzeit gering, womit der Marktanpassungsabschlag wie folgt geschätzt werden kann:

Merkmal	Gewicht	Punkte von 0 bis 1	hoch gering
Lebenserwartung	30	0,2	1 ◄――――► 0
wirtschaftliche Wertminderung/unbelasteten Verkehrswert	50	0,4	1 ◄――――► 0
Immobilienangebot	20	0,2	1 ◄――――► 0
	100		

$$\text{Marktanpassung} = \frac{\sum (\text{Gewichte} \times \text{Punkte})}{300} = \frac{30}{300} = 0,1 = \text{rd. } 10\%$$

Verkehrswert des belasteten Grundstücks

Verkehrswert ohne Berücksichtigung des Wohnungsrechts	100.000 EUR
– Barwert des Mietausfalls	33.390 EUR
– Barwert sonstiger vom Eigentümer zu tragender Kosten	1.002 EUR
– Lage auf dem Grundstücksmarkt	10.000 EUR
= Verkehrswert des belasteten Grundstücks	55.608 EUR
≈	55.000 EUR

6.3   Wert des Wohnungsrechts

6.3.1   Vorgehensweise

Da das Wohnungsrecht als persönliche Dienstbarkeit nicht veräußert und nicht vererbt werden kann, gibt es auch keinen gewöhnlichen Geschäftsverkehr für ein Wohnungsrecht. Es macht daher keinen Sinn, den Verkehrswert des Wohnungsrechts im Hinblick auf einen fiktiven gewöhnlichen Geschäftsverkehr zu ermitteln. Man ermittelt vielmehr den Wert des Wohnungsrechts, der sich für den Berechtigten ergibt. Dieser Wert spielt insbesondere dann eine wesentliche Rolle, wenn das Wohnungsrecht abgelöst werden soll. In diesem Fall ergibt sich der Wert des Wohnungsrechts ähnlich wie der Ver-

6

Wohnungsrecht

kehrswert des belasteten Grundstücks aus dem Barwert der ersparten Miete und zusätzlichen Marktüberlegungen.

Diese Vorgehensweise stimmt auch mit einem Urteil des Oberlandesgerichts Bremen überein, in dem hinsichtlich des Werts des Wohnungsrechts gefordert wird, dass der wirtschaftliche Vorteil, den der Wohnungsberechtigte genießt, ermittelt werden muss, wobei dieser wirtschaftliche Vorteil noch auf seine Erzielbarkeit am (fiktiven) Markt zu überprüfen ist (Urteil vom 29. 11. 1967 – UB c 5/67).

Es sei nochmals ausdrücklich darauf hingewiesen, dass es sich bei dem nachfolgend angegebenen Wert um den Wert des Wohnungsrechts **für den Wohnungsberechtigten** handelt.

	Grundsätzliche Vorgehensweise	Bewertung von Wohnungsrechten
Wohnungsrecht	Ertrags- und Kostenüberlegungen	Wirtschaftlicher Vorteil
		– Wirtschaftlicher Nachteil
	Lage auf dem Grundstücksmarkt	± Marktanpassung
	Wert des Rechts	= Wert des Wohnungsrechts

6.3.2 Wirtschaftlicher Vorteil

Bei der Bemessung des wirtschaftlichen Vorteils geht man in der Regel von der Frage aus, was der Berechtigte nor malerweise, ohne Berücksichtigung des Rechts, für eine vergleichbare Wohnung bzw. für ein vergleichbares Haus an Miete aufzubringen hätte. Der wirtschaftliche Vorteil ergibt sich dann aus dem über die Restlaufzeit des Rechts kapitalisierten Betrag, den der Berechtigte weniger zahlt als die nachhaltig erzielbare Miete. Dazu folgendes Beispiel

Ausgangsdaten
Eingesparte Miete . . . . 8.000 EUR/Jahr
Alter der Berechtigten . . . . 82 Jahre
Liegenschaftszinssatz . . . . 4,5 %
Leibrentenbarwertfaktor[6] 6,09

Wirtschaftlicher Vorteil
Mietausfall EUR/Jahr . . . . 8.000 EUR/Jahr
× Leibrentenbarwertfaktor 6,09
= Wirtschaftlicher Vorteil des Berechtigten . . . . 48.720 EUR

6 Siehe Kapitel »Leibrentenbarwertfaktoren und Sterbetafeln«.

128

Grundsätzlich trägt der Berechtigte die umlagefähigen Bewirtschaftungskosten. Dann wird wie in dem obigen Beispiel gerechnet. Es kann jedoch der Fall eintreten, dass der Grundstückseigentümer Kosten übernimmt, die üblicherweise vom Berechtigten zu tragen sind. So ist z. B. denkbar, dass er dem Berechtigen des Wohnungsrechts einen Heizkostenzuschuss gewährt oder die Kosten der Stromversorgung für die Allgemeinbereiche vollständig übernimmt. Auch dies führt zu einem wirtschaftlichen Vorteil für den Wohnungsberechtigten. Hinsichtlich der rechtlichen Wirkung dieser Vereinbarungen verweisen wir auf die Ausführungen zum gesetzlichen Inhalt des Wohnungsrechts zu Beginn dieses Kapitels.

Berechtigter trägt ...	Berücksichtigung beim wirtschaftlichen Vorteil
... alle umlagefähigen Bewirtschaftungskosten	Sofern der Berechtigte die umlagefähigen Bewirtschaftungskosten komplett trägt, ist keine weitere Berücksichtigung der umlagefähigen Bewirtschaftungskosten erforderlich. Gemessen an üblichen mietvertraglichen Regelungen ergibt sich für ihn kein Vor- oder Nachteil.
... nur einen Teil der umlagefähigen Bewirtschaftungskosten	Der Barwert des wirtschaftlichen Vorteils wird wie folgt berechnet: Barwert des wirtschaftlichen Vorteils aus der Mieterparnis + Barwert des wirtschaftlichen Vorteils aus der Nichtübernahme eines Teils der umlagefähigen BWK = Barwert des zu berücksichtigenden wirtschaftlichen Vorteils

Hinweis: Bei der Kapitalisierung des wirtschaftlichen Vorteils eines Wohnungsberechtigten bestehen hinsichtlich der Wahl eines geeigneten Zinssatzes unterschiedliche Auffassungen. Im vorliegenden Buch wird die Kapitalisierung des Vorteils (und auch des Nachteils) eines Wohnungsberechtigten mittels des Liegenschaftszinssatzes durchgeführt. Details dazu finden sich im Kapitel »Angemessene Kapitalisierungszinssätze«.

6.3.3 Wirtschaftlicher Nachteil

In seltenen Fällen der Wertermittlung kann der Fall auftreten, dass der Berechtigte eines Wohnungsrechts einen Teil der nicht umlagefähigen Bewirtschaftungskosten, die generell vom Grundstückseigentümer zu tragen sind, übernimmt. In diesem Fall ergibt sich aus der Übernahme eines Teils der nicht umlagefähigen Bewirtschaftungskosten ein wirtschaftlicher Nachteil für den Berechtigten. Er wird im Verhältnis zu üblichen mietvertraglichen Regelungen finanziell schlechter gestellt. Allerdings wird der sich durch den Barwert des Mietausfalls ergebende wirtschaftliche Vorteil hierdurch in der Regel nicht aufgezehrt.

Die unten stehende Tabelle zeigt die Vorgehensweise in diesem Fall. Dabei wird davon ausgegangen, dass der wirtschaftliche Vorteil um den Barwert des Anteils der zu tragenden umlagefähigen Bewirtschaftungskosten reduziert wird.

Berechtigter trägt ...	Berücksichtigung des reduzierten wirtschaftlichen Vorteils
... einen Teil der nicht umlagefähigen Bewirtschaftungskosten	Der Barwert des wirtschaftlichen Vorteils wird wie folgt berechnet: Barwert des wirtschaftlichen Vorteils aus der Mietersparnis – Barwert des wirtschaftlichen Nachteils aus der Übernahme eines Teils der nicht umlagefähigen BWK = Barwert des zu berücksichtigenden wirtschaftlichen Vorteils

6.3.4   Marktanpassung

Bezüglich der Marktanpassung gilt, dass bei der Bewertung des Wohnungsrechts in der Regel ein Zuschlag erforderlich ist (anders als beim belasteten Grundstück, bei dem ein Abschlag gemacht wird). Dabei spielt vor allem die für den Berechtigten verbleibende Unsicherheit hinsichtlich der Lebenserwartung eine große Rolle. Darüber hinaus muss berücksichtigt werden, dass das Wohnungsrecht dem Berechtigten eine wesentlich größere Rechtssicherheit als ein Mietvertrag bietet. Aus diesen Gründen würde der Berechtigte sicherlich nicht nur die kapitalisierte Miete als fiktiven Preis verlangen, wenn das Wohnungsrecht abgelöst werden sollte.

Warum Marktanpassungszuschlag?

Der Berechtigte des Wohnungsrechts lebt möglicherweise wesentlich länger als die Statistik es vorgibt.
Dem Berechtigten des Wohnungsrechts kann nicht gekündigt werden.
Der Berechtigte des Wohnungsrechts ist vor Mieterhöhungen geschützt.

Nachfolgend ein Beispiel, das die Notwendigkeit eines Marktanpassungszuschlags verdeutlichen soll:

Frau Meier hat ihre »Traumwohnung« gefunden. Diese ist jedoch mit einem Wohnungsrecht belastet. Deshalb macht Frau Meier dem Berechtigten den Vorschlag, das Wohnungsrecht aufzulösen. Im Gegenzug dafür soll der Berechtigte in eine andere, vergleichbare Wohnung ziehen, für die Frau Meier die Mietzahlungen übernimmt. Frau Meier rechnet somit wie folgt:

	Kaufpreis für die Wohnung	200.000 EUR
–	Mietbarwert für eine vergleichbare Wohnung	70.000 EUR
=	angemessener Kaufpreis	130.000 EUR

Aus der Sicht des Wohnungsrechtberechtigten sieht die Kalkulation anders aus. Er hat nämlich Interesse am Ankauf einer vergleichbaren Wohnung in vergleichbarer Lage. Hierfür muss er nicht nur den Kaufpreis, sondern auch die Erwerbsnebenkosten aufbringen. Zusätzlich fallen Umzugs- und Renovierungskosten an. Weiterhin kalkuliert er mit dem Barwert der nicht umlagefähigen Bewirtschaftungskosten, die derzeit der Wohnungseigentümer für ihn übernimmt. Nach erfolgtem Umzug und Aufgabe seiner gesicherten Rechtsposition fallen die Kosten bei ihm an.

Aus Sicht des Berechtigten des Wohnungsrechts ist es zunächst unerheblich, dass das Wohnungsrecht ihm lediglich während der Dauer seiner Lebenserwartung einen Vorteil einbringt und nicht über seinen Tod hinaus den Erben zur Verfügung steht. Er hat zum Zeitpunkt der Auflösung des Wohnungsrechts Interesse an einer adäquaten Lösung, die für ihn nicht mit Mehrbelastungen verbunden sein soll und ihm eine Unabhängigkeit von einem Vermieter gewährt.

Da er in der Regel kein Wohnungsrecht an einer vergleichbaren Wohnung erhält, könnte sich seine Kalkulation wie folgt darstellen:

	Kaufpreis für eine vergleichbare Wohnung	200.000 EUR
+	Erwerbsnebenkosten	18.000 EUR
+	Umzugs- und Renovierungskosten	15.000 EUR
+	Barwert der nicht umlagefähigen Bewirtschaftungskosten . .	10.000 EUR
=	Wert des Wohnungsrechts für den Berechtigten	243.000 EUR

In der Praxis wird sich vermutlich ein Wert zwischen den beiden dargestellten Kalkulationen im Wege der Verhandlung zwischen den Berechtigten ergeben (siehe Kapitel »Angemessene Renten«). Die Kalkulation des Berechtigten zeigt jedoch sehr deutlich, dass der Berechtigte eines Wohnungsrechts eine außerordentlich gute Verhandlungsposition hat, die sich in einem sehr hohen Marktanpassungszuschlag widerspiegeln kann.

Der Marktanpassungsfaktor kann **niemals** genau geschätzt werden. Es ist lediglich möglich, anhand der wertrelevanten Faktoren abzuschätzen, ob der Ausgleich besonders hoch oder besonders niedrig ist. Ansonsten bedarf es der Marktkenntnis und des Erfahrungsschatzes des Sachverständigen, um über die Höhe des Risikoausgleichs bzw. des Marktanpassungsfaktors zu einem marktgerechten Wert zu kommen. Letztendlich handelt es sich also um eine grobe Schätzung, wobei es ungewiss ist, ob diese dann tatsächlich in der prognostizierten Form eintritt. Dies ist ein weiteres Indiz dafür, dass es sich bei der Bewertung eines Wohnungsrechts keineswegs um die Ermittlung eines Verkehrswerts handeln kann.

Bei der Ermittlung des Werts des Wohnungsrechts sind Marktanpassungszuschläge von etwa 5 bis 25 Prozent des wirtschaftlichen Vorteils üblich. Dabei spielt die Ausgestaltung des Wohnungsrechts eine wesentliche Rolle. Handelt es sich um einen normalen Wohnungsrechtsvertrag ohne wesentliche Vor- und Nachteile für den Berechtigten, so orientiert man sich in der Mitte der Bandbreite. Hat der Wohnungsberechtigte erhebliche Vorteile, ist der obere Wert der Bandbreite angemessen. Erhebliche Vorteile können zum Beispiel entstehen, wenn der Wohnungsberechtigte keine Bewirtschaftungskosten zahlt (auch keine Betriebskosten) oder wenn eine Untervermietung möglich ist.

Es sei jedoch nochmals ausdrücklich darauf hingewiesen, dass der Marktanpassungszuschlag auch höher als 25 Prozent sein kann (siehe obiges Beispiel).

6.3.5   Gutachten aus der Praxis

1.   Sachverhalt

Frau Magdalene Muster, geboren am 19. 09. 1914, hat das Haus Musterweg 120 in Köln den Eheleuten Mustermann übertragen. Sie hat sich jedoch für die Wohnung im ersten Obergeschoss ein Wohnungsrecht eintragen lassen. Zu dem Wohnungsrecht gehört die Nutzung eines Kellerraums. Das Wohnungsrecht nimmt sie zurzeit nicht wahr. Sie hält sich in einem Altenheim in Dormagen auf.

Da Sozialhilfe in Anspruch genommen wird, bittet das Sozialamt der Stadt Köln, die Wohnung, die Frau Muster bewohnt hat und für die ein Wohnungsrecht besteht, zu bewerten.

Eigentümer des mit dem Wohnungsrecht belasteten Grundstücks sind die Eheleute Mustermann.

Die Besichtigung des Gebäudes fand am 26. August 2006 statt. Wertermittlungsstichtag ist der 01. September 2006.

2.   Grundstücksbeschreibung

- Das mit dem Wohnungsrecht belastete Grundstück liegt in Köln im Stadtteil Weidenpesch. Es ist mit einem dreigeschossigen Reihenhaus bebaut. Die Grundstücksgröße beträgt 360 m².
- Ein Bebauungsplan ist nicht vorhanden. Im Flächennutzungsplan ist das Grundstück als Wohnbaufläche ausgewiesen.
- Die Autobahn A1 verläuft in ca. 200 m Entfernung südlich des Grundstücks. Trotz eines vorhandenen Lärmschutzwalls besteht eine starke Lärmbelästigung.

- Westlich des Grundstücks befinden sich in ca. 400 m Entfernung eine Kläranlage und eine Müllverbrennungsanlage. Bei vorherrschender westlicher Windrichtung ist von Geruchsbelästigungen auszugehen.
- An der südlichen Längsseite des Grundstücks führt in unmittelbarer Nähe die vierspurige Konrad-Adenauer-Straße vorbei. Über diese Straße läuft ein großer Teil des LKW-Verkehrs zur Müllverbrennungsanlage und zur Kläranlage.
- Südlich und östlich des Grundstücks sind Gewerbegebiete vorhanden.
- Einkaufsmöglichkeiten für den kurzfristigen Bedarf sind in der Nähe vorhanden. Der mittel- und langfristige Bedarf kann im Zentrum und im Umland von Köln gedeckt werden.

3.   Gebäudebeschreibung

- Baujahr 1913 mit Modernisierungen in neuerer Zeit
- dreigeschossig
- ausgebautes Dachgeschoss
- in dem Gebäude befinden sich vier Mietwohnungen
- Satteldach in Holzkonstruktion mit Ziegeleindeckung
- Massivbauweise
- beidseitig angebaut
- voll unterkellert
- üblicher Kellerzustand
- ein Kellerraum je Mieteinheit
- Beton- und Holzgeschossdecken
- Holztreppe
- Fassaden überwiegend in Außenputz
- kleiner Innenhof
- übliche Außenanlagen (Garten, Einfriedung, Zufahrt/Zuweg, Ver- und Entsorgungsleitungen)
- Dachrinnen und Regenfallrohre in Zinkblech
- das Gebäude befindet sich aufgrund der Modernisierungen in einem normalen Unterhaltungszustand

4.   Beschreibung der Wohnung

- die Wohnung befindet sich im 1. Obergeschoss
- 2 Zimmer, Küche, Bad mit WC, Balkon
- zur Wohnung gehört ein Kellerraum
- Wohnfläche rd. 74 m^2
- Gaszentralheizung
- Warmwasserversorgung über die Heizung
- Holzinnentüren in einfacher Ausfertigung
- Kunststofffenster mit Isolierverglasung
- Rollläden vorhanden

- Fußböden überwiegend mit Textilbelag, in der Küche PVC, im Bad gefliest
- Wände überwiegend tapeziert, im Bad gefliest
- Decken größtenteils mit Holzvertäfelung

Die Wohnung befindet sich in einem guten Unterhaltungszustand. Bei der Ortsbesichtigung waren keine auffälligen Unterhaltungsrückstände bzw. Schäden erkennbar.

5.   Wertermittlung

5.1   Vorgehensweise

Der Wert des Wohnungsrechts ergibt sich wie folgt:

wirtschaftlicher Vorteil der Wohnungsberechtigten
+ Marktanpassungszuschlag
= Wert des Wohnungsrechts

5.2   Wirtschaftlicher Vorteil der Wohnungsberechtigten

Es handelt sich im vorliegenden Fall um ein unentgeltliches Wohnungsrecht. Die Berechtigte zahlt lediglich einen stets gleich bleibenden Unterhaltungsbeitrag von 40 EUR pro Monat an die Grundstückseigentümer.

Der wirtschaftliche Vorteil der Wohnungsberechtigten besteht darin, dass sie aufgrund des unentgeltlichen Wohnungsrechts keine Miete zahlt. Der Barwert der »ersparten« Miete ist dann identisch mit dem wirtschaftlichen Vorteil.

Zur Berechnung des Barwerts der »ersparten« Miete muss zunächst die ortsübliche Nettokaltmiete auf der Grundlage des Kölner Mietspiegels ermittelt werden. Dazu wird die Wohnung in folgende Kategorie eingeteilt:

- einfache Wohnlage (aufgrund der Nähe zu störenden Gewerbebetrieben und zur Autobahn)
- gute Ausstattung
- Baualtersklasse 1961–1970 (aufgrund der Modernisierung)

Innerhalb dieser Kategorie ergibt sich eine ortsübliche Nettokaltmiete von rd. 5,00 EUR/m². Damit ergibt sich folgender jährlicher wirtschaftlicher Vorteil:

nachhaltig erzielbare Nettokaltmiete	5,00 EUR/m²/Monat
× Wohnfläche	74 m²
= Zwischenwert	370 EUR/Monat
− Unterhaltungsbeitrag	40 EUR/Monat
= Zwischenwert	330 EUR/Monat
× Monate	12
= jährlicher Vorteil	3.960 EUR/Jahr

Dieser jährliche wirtschaftliche Vorteil muss nun mit dem Leibrentenbarwertfaktor kapitalisiert werden. In dem Leibrentenbarwertfaktor wird insbesondere die mit zunehmendem Alter zunehmende Überlebenswahrscheinlichkeit der Berechtigten berücksichtigt. Mit dem Alter der Berechtigten von 92 Jahren und einem Liegenschafzinssatz von 4 Prozent ergibt sich der aktuelle monatlich vorschüssige Leibrentenbarwertfaktor zu 3,14[7].

Somit ergibt sich letztendlich folgender wirtschaftlicher Vorteil der Wohnungsberechtigten:

jährlicher Vorteil	3.960 EUR/Jahr
× Leibrentenbarwertfaktor	3,14
= Barwert des wirtschaftlichen Vorteils	12.434 EUR

5.3 Marktanpassung

Neben der rein rechnerisch ermittelten Größe des wirtschaftlichen Vorteils ist der Wert des Wohnungsrechts mittels eines Marktanpassungszuschlags zu korrigieren. Dabei spielt vor allem die für die Berechtigte verbleibende Unsicherheit hinsichtlich der Lebenserwartung eine große Rolle. Darüber hinaus muss berücksichtigt werden, dass das Wohnungsrecht der Berechtigten eine wesentlich größere Rechtssicherheit als ein Mietvertrag bietet.

Die Bandbreite für den Zuschlag liegt im Allgemeinen bei 5 bis 25 Prozent des wirtschaftlichen Vorteils, je nach Ausgestaltung des Wohnungsrechts. Im vorliegenden Fall liegt ein Wohnungsrechtsvertrag ohne wesentliche Besonderheiten vor, so dass ich einen durchschnittlichen Marktanpassungszuschlag von rd. 15 Prozent für angemessen halte.

5.4 Wert des Wohnungsrechts

Der Wert des Wohnungsrechts ergibt sich schließlich wie folgt:

Barwert des wirtschaftlichen Vorteils der Wohnungsberechtigten	12.434 EUR
+ Marktanpassungszuschlag (15 Prozent des Barwerts des wirtschaftlichen Vorteils)	1.865 EUR
= Wert des Wohnungsrechts	14.299 EUR
	rd. 14.000 EUR

---

7 Siehe Kapitel »Leibrentenbarwertfaktoren und Sterbetafeln«.

6.4 Sonderfall: Wohnungsrecht an einem überalterten Gebäude

6.4.1 Aufgabenstellung

Ein zu bewertendes Grundstück ist mit einem Dreifamilienhaus bebaut, das aus technischer und wirtschaftlicher Sicht überaltert ist und dementsprechend abgerissen werden muss. An einer Wohnung des Gebäudes besteht jedoch ein lebenslängliches Wohnungsrecht zugunsten von Frau Meier, die nicht bereit ist, das Bewertungsobjekt zu räumen und in eine andere, vom Grundstückseigentümer angemietete Wohnung zu ziehen. Das unwirtschaftliche Gebäude kann somit nicht abgerissen werden. Das Wohnungsrecht ist unentgeltlich und der Grundstückseigentümer muss zusätzlich die Bewirtschaftungskosten von 150 EUR pro Monat zahlen.

Weitere Ausgangsdaten:

Bodenwert . . . . 100.000 EUR
Freilegungskosten . . . . 8.000 EUR
Liegenschaftszinssatz . . . . 3,0 Prozent
Alter der Berechtigten . . . . 81 Jahre
Lebenserwartung der Berechtigten . . . . 8 Jahre
Leibrentenbarwertfaktor[8] 6,93
an das Leben gebundener Abzinsungsfaktor[9] 0,81
Immobilienangebot . . . . gering

---

8 Siehe Kapitel »Leibrentenbarwertfaktoren und Sterbetafeln«.
9 Der an das Leben gebundene Abzinsungsfaktor wird im Kapitel »Wohnungsrecht nach WertR 2006« näher erläutert.

6.4.2 Wertermittlung

Der Verkehrswert des belasteten Grundstücks ergibt sich wie folgt:

Wohnungsrecht an einem überalterten Gebäude			
	Verkehrswert ohne Berücksichtigung des Wohnungsrechts	BW – FLK	92.000 EUR
–	Bewirtschaftungskosten	BWK × LBF	12.474 EUR
–	Bodenwert steht erst nach 8 Jahren wieder zur Verfügung	(BW – FLK) – (BW – FLK) × 0,81	17.480 EUR
–	Marktanpassung	15 Prozent des unbelasteten Verkehrswerts (siehe Punkt 6.4.3)	13.800 EUR
=	Verkehrswert des belasteten Grundstücks		48.246 EUR

BW	Bodenwert
FLK	Freilegungskosten
BWK	Bewirtschaftungskosten
LBF	Leibrentenbarwertfaktor
LZ	Liegenschaftszinssatz

6.4.3 Anmerkungen zur Wertermittlung

Es wird zunächst der Verkehrswert des unbelasteten Grundstücks ermittelt (Welcher Verkehrswert würde sich ohne die Belastung ergeben?). Ohne die Belastung durch das Wohnungsrecht könnte das Gebäude unmittelbar entfernt werden, so dass sich der unbelastete Verkehrswert über das Liquidationswertverfahren auf der Grundlage des Bodenwerts abzüglich der Freilegungskosten ergibt.

Daran anschließend ist die tatsächliche Situation zu berücksichtigen. Das Gebäude kann aufgrund der Existenz des Wohnungsrechts nicht entfernt werden. Somit ergibt sich zunächst eine wirtschaftliche Wertminderung in der Form, dass der Grundstückseigentümer bis zum Tod der Berechtigten die Bewirtschaftungskosten zu tragen hat.

Eine weitere wirtschaftliche Wertminderung ergibt sich dadurch, dass der Boden, vermindert um die Freilegungskosten, aufgrund des Wohnungsrechts erst in 8 Jahren wieder zur Verfügung steht. Aus diesem Grund kann für den Grundstückseigentümer lediglich der über 8 Jahre abgezinste Wert angesetzt werden. Da aber im ersten Schritt (unbelasteter Verkehrswert) die volle Differenz zwischen Bodenwert und Freilegungskosten angesetzt wurde, ergibt sich die wirtschaftliche Wertminderung aus der Differenz zwischen dem vollen freigelegten Bodenwert und dem abgezinsten freigelegten Bodenwert.

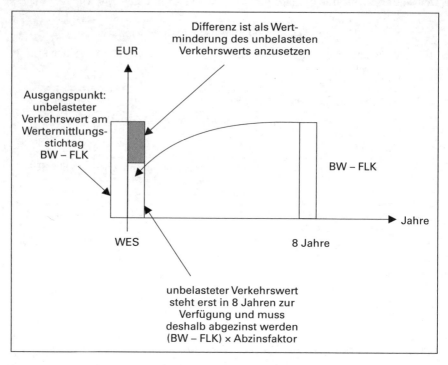

In der obigen Übersicht wurden die vom Eigentümer zu tragenden Bewirtschaftungskosten aus Gründen der Übersichtlichkeit nicht dargestellt.

Die Marktanpassung ergibt sich wie folgt:

Merkmal	Gewicht	Punkte von 0 bis 1	hoch gering
Lebenserwartung	50	0,4	1 ◄——► 0
wirtschaftliche Wert-minderung/unbelasteten Verkehrswert	30	0,6	1 ◄——► 0
Immobilienangebot	20	0,3	1 ◄——► 0
	100		

$$\text{Marktanpassung} = \frac{\sum (\text{Gewichte} \times \text{Punkte})}{300} = \frac{44}{300} = 0,14666 = \text{rd. } 15\%$$

Somit ergibt sich letztendlich ein Verkehrswert von 48.246 EUR für das belastete Grundstück.

6.4.4 Alternativer Ansatz

Der gleiche Verkehrswert hätte sich auch auf der Grundlage eines anderen Ansatzes ergeben:

Geht man unmittelbar davon aus, dass der freigelegte Boden erst in acht Jahren wieder zur Verfügung steht, so hätte zunächst der abgezinste freigelegte Bodenwert als Wert für den Eigentümer des Grundstücks angesetzt werden müssen. Diesem Wert stehen jedoch die Bewirtschaftungskosten entgegen, die der Eigentümer bis zum Tod der Berechtigten tragen muss. Auch in diesem Fall ist die Marktanpassung zu berücksichtigen.

Somit ergibt sich der Verkehrswert wie folgt:

Verkehrswert =
(BW − FLK) × Abzinsungsfaktor − BWK × LBF − Marktanpassungsabschlag

Diese Vorgehensweise führt zum gleichen Ergebnis. Es ergibt sich ebenfalls ein Verkehrswert von 48.246 EUR.

Obwohl die zweite Vorgehensweise vermeintlich einfacher erscheint, ist es doch ratsam, immer erst den unbelasteten Verkehrswert zu ermitteln und davon die Wertminderungen abzuziehen. Grund: Der Auftraggeber hat dann einen Überblick über den Verkehrswert im unbelasteten sowie im belasteten Zustand und kann eventuelle Entscheidungen auf der Grundlage beider Verkehrswerte treffen.

6.5 Dauerwohnrecht/Dauernutzungsrecht

6.5.1 Definition

Die rechtlichen Grundlagen des Dauerwohn- bzw. Dauernutzungsrechts finden sich in den §§ 31 bis 42 des Wohnungseigentumsgesetzes (WEG). § 31 WEG definiert das Dauerwohn- und Dauernutzungsrecht wie folgt:

> **§ 31 WEG**
>
> (1) Ein Grundstück kann in der Weise belastet werden, dass derjenige, zu dessen Gunsten die Belastung erfolgt, berechtigt ist, unter Ausschluss des Eigentümers eine bestimmte Wohnung in einem auf dem Grundstück errichteten oder zu errichtenden Gebäude zu bewohnen oder in anderer Weise zu nutzen (Dauerwohnrecht) Das Dauerwohnrecht kann auf einen außerhalb des Gebäudes liegenden Teil des Grundstücks erstreckt werden, sofern die Wohnung wirtschaftlich die Hauptsache bleibt.

(2) Ein Grundstück kann in der Weise belastet werden, dass derjenige, zu dessen Gunsten die Belastung erfolgt, berechtigt ist, unter Ausschluss des Eigentümers nicht zu Wohnzwecken dienende bestimmte Räume in einem auf dem Grundstück errichteten oder zu errichtenden Gebäude zu nutzen (Dauernutzungsrecht).

(3) Für das Dauernutzungsrecht gelten die Vorschriften über das Dauerwohnrecht entsprechend.

6.5.2   Wesentliche Aspekte

Das Dauernutzungsrecht unterscheidet sich demnach vom Dauerwohnrecht nur dadurch, dass es an nicht zu Wohnzwecken dienenden Räumen eingeräumt werden kann. Wenn im Folgenden einige für die Grundstückswertermittlung wesentliche Aspekte des Dauerwohnrechts aufgezählt werden, so gelten diese daher für das Dauernutzungsrecht entsprechend.

● Das Dauerwohnrecht wird in Abt. II des Grundbuchs des belasteten Grundstücks eingetragen. Die Eintragungsbewilligung regelt den näheren Inhalt. Zur Eintragungsbewilligung gehören ein Aufteilungsplan und die Abgeschlossenheitserklärung.

● Das Dauerwohnrecht ist im Gegensatz zum Wohnungsrecht nach § 1093 BGB veräußerlich und vererblich.

● Der Berechtigte kann die zum gemeinschaftlichen Gebrauch bestimmten Teile, Anlagen und Einrichtungen des Gebäudes und Grundstücks mitbenutzen, soweit nichts andres vereinbart ist.

● Als Inhalt des Dauerwohnrechts können Vereinbarungen getroffen werden über
  – Art und Umfang der Nutzungen
  – Instandhaltung und Instandsetzung der dem Dauerwohnrecht unterliegenden Gebäudeteile
  – die Pflicht des Berechtigten zur Tragung öffentlicher oder privatrechtlicher Lasten des Grundstücks
  – die Versicherung des Gebäudes und seinen Wiederaufbau im Falle der Zerstörung
  – das Recht des Eigentümers, bei Vorliegen bestimmter Voraussetzungen Sicherheitsleistungen zu verlangen

● Als Inhalt des Dauerwohnrechts kann vereinbart werden, dass der Berechtigte zur Veräußerung des Dauerwohnrechts der Zustimmung des Eigentümers oder eines Dritten bedarf.

● Weiterhin kann vereinbart werden, dass der Berechtigte verpflichtet ist, das Dauerwohnrecht beim Eintritt bestimmter Voraussetzungen auf den Grundstückseigentümer oder einen von diesem zu bezeichnenden Dritten zu übertragen (Heimfallanspruch). Eine Vereinbarung über die Höhe der Entschädigung beim Heimfall kann ebenfalls getroffen werden.

- Dauerwohnrechte können zeitlich begrenzt oder zeitlich unbegrenzt einge-räumt werden. Es ist auch möglich das Dauerwohnrecht auf die Lebenszeit eines Berechtigten zu beschränken.
- Das Dauerwohnrecht kann vermietet und verpachtet werden.
- Das Dauerwohnrecht kann nicht mit Grundpfandrechten, Reallasten, Dienstbarkeiten oder einem Vorkaufsrecht belastet werden.

6.5.3   Wertermittlung

Das Dauerwohnrecht nach § 31 WEG hat große Ähnlichkeit mit dem Woh-nungsrecht nach § 1093 BGB. Die oben beschriebenen Grundsätze zur Bewer-tung im Zusammenhang mit Wohnungsrechten können daher im Wesent-lichen auch beim Dauerwohnrecht zur Anwendung kommen. Folgendes ist zu beachten:

- Die jeweiligen Vereinbarungen zum Dauerwohnrecht können von Fall zu Fall unterschiedlich sein. Es ist daher unerlässlich, dass der Sachverstän-dige die Eintragungsbewilligung einsieht.
- Falls das Dauerwohnrecht auf unbegrenzte Zeit eingeräumt ist, ergibt sich der Barwert der wirtschaftlichen Wertminderung bzw. des wirtschaftlichen Vorteils als ewige Rente.

6.6   Zusammenfassung

In diesem Kapitel wurde Folgendes gezeigt:

- Bei der Bewertung im Zusammenhang mit Wohnungsrechten sind einer-seits wirtschaftliche Einflüsse zu berücksichtigen. Andererseits müssen je-doch auch Einflüsse berücksichtigt werden, die über die wirtschaftlichen Einflüsse hinaus gehen. Derartige Einflüsse werden in diesem Kapitel als »Marktanpassung« bezeichnet.
- Wirtschaftliche Einflüsse lassen sich in der Regel einfach ermitteln. Markt-anpassungen sind jedoch von Fall zu Fall unterschiedlich. Dementspre-chend gibt es bei der Ermittlung der Marktanpassung keine normierte Vor-gehensweise.
- Ist die Laufzeit eines Wohnungsrechts an die Lebenserwartung von Perso-nen gebunden, so muss die Kapitalisierung mittels Leibrentenbarwertfak-toren durchgeführt werden.
- Bei der Kapitalisierung der wirtschaftlichen Wertminderung eines Grund-stücks, das mit einem Wohnungsrecht belastet ist, wird der Liegenschafts-zinssatz angewandt.
- Bei der Kapitalisierung des wirtschaftlichen Vorteils eines Wohnungsbe-rechtigten wird in diesem Buch der Liegenschaftszinssatz angewandt. In der Fachwelt bestehen hinsichtlich der Wahl eines geeigneten Zinssatzes jedoch unterschiedliche Auffassungen. Diesbezüglich wird auf das Kapitel »Angemessene Kapitalisierungszinssätze« verwiesen.

7 Wohnungsrecht nach WertR 2006

In diesem Kapitel erfahren Sie,

- welche Neuerungen die WertR 2006 im Zusammenhang mit der Bewertung von Wohnungsrechten enthalten,
- wie die Bewertung entsprechend der Modelle der WertR 2006 durchzuführen ist,
- dass die Modelle der WertR zahlreiche Fehler und offene Fragen enthalten,
- dass die Systematik der WertR im Hinblick auf die Wohnungsrechtsbewertung weder nachvollziehbar noch einheitlich ist.

7.1 Neuerungen in den WertR 2006

Nachfolgend werden zunächst die wesentlichen Neuerungen hinsichtlich der Wohnungsrechtsbewertung im Vergleich zu den WertR 2002 aufgezählt.

- In den WertR 2002 wurde der Barwert einer an die Lebensdauer des Berechtigten gebundenen Rente mittels des Vervielfältigers einer Zeitrente berechnet. In den WertR 2006 wird der entsprechende Barwert nun richtigerweise mittels des Leibrentenbarwertfaktors ermittelt.
- In den WertR 2002 war noch vom »Verkehrswert des Wohnungsrechts« die Rede. In den WertR 2006 wird dagegen nur noch vom »Wert des Wohnungsrechts« gesprochen. Die Bezeichnung nach WertR 2006 ist nunmehr korrekt, da das Wohnungsrecht als beschränkte persönliche Dienstbarkeit nicht veräußert und nicht vererbt werden kann und es somit auch keinen gewöhnlichen Geschäftsverkehr für ein Wohnungsrecht gibt. Wie in Kapitel 5 beschrieben, ist es nicht sinnvoll, den Verkehrswert des Wohnungsrechts im Hinblick auf einen fiktiven gewöhnlichen Geschäftsverkehr zu ermitteln. Man ermittelt vielmehr den Wert des Wohnungsrechts, der sich für den Berechtigten ergibt.
- In den WertR 2002 wurde der Wert des Wohnungsrechts mit der Wertminderung des belasteten Grundstücks gleichgesetzt, was nicht korrekt ist. In den WertR 2006 wird nun klargestellt, dass der Wert des Wohnungsrechts nicht der Wertminderung des mit einem Wohnungsrecht belasteten Grundstücks entsprechen muss.
- In den WertR 2002 fand die Markt- bzw. Risikosituation, die sich im Zusammenhang mit Wohnungsrechten ergibt, noch keinerlei Berücksichtigung. In den WertR 2006 wird nun zumindest bei der Ermittlung des Werts des Wohnungsrechts ein (Marktanpassungs-)zuschlag aufgrund der gesicherten Rechtsposition des Berechtigten berücksichtigt. Bei der Ermittlung des Verkehrswerts des belasteten Grundstücks wurde die Markt- bzw. Risikosituation jedoch nicht berücksichtigt.
- In den WertR 2006 gibt es zwei verschiedene Modelle zur Ermittlung des Verkehrswerts des belasteten Grundstücks. Das eine Modell soll bei Er-

tragswertobjekten, das andere bei selbst genutzten Objekten angewendet werden.

In den folgenden Abschnitten werden die Bewertungsmodelle der WertR 2006 im Einzelnen vorgestellt. Dabei werden auch die oben beschriebenen Änderungen erläutert. Es sei jedoch bereits an dieser Stelle darauf hingewiesen, dass die Bewertungsmodelle trotz der genannten Verbesserungen zahlreiche Fehler enthalten. Aus diesem Grund ist deren Anwendung äußerst problematisch. Darauf wird im Anschluss an die Beschreibung der Modelle noch im Einzelnen eingegangen.

7.2   Wert des Wohnungsrechts

Gemäß den Beispielrechnungen Nr. 10 und 11 der WertR 2006 (Anlage 16) ergibt sich der Wert des Wohnungsrechts wie folgt:

Wert des Wohnungsrechts	
	Barwert der ersparten nachhaltig erzielbaren Nettokaltmiete
+	Barwert weiterer ersparter Kosten- und Lastenpositionen
+	Zuschlag aufgrund Unkündbarkeit und Sicherheit vor Mieterhöhungen (in % der Nettokaltmiete)
−	jährlicher Nachteil aus Tragung von Kosten und Lasten
=	Zwischenwert
×	Leibrentenbarwertfaktor
=	Wert des Wohnungsrechts für den Berechtigten

Diese Vorgehensweise wird gemäß Anlage 16 zur WertR 2006 unabhängig davon, ob es sich um ein Sach- oder Ertragswertobjekt handelt, angewendet.

Somit hat sich in dem Bewertungsmodell nach den Wertermittlungsrichtlinien 2006 Folgendes geändert:

- Grundlage der Berechnung soll die ersparte nachhaltig erzielbare Nettokaltmiete sein. Mit dieser Vorschrift soll die Diskussion über die anzusetzende Miete beendet werden, was ausdrücklich zu begrüßen ist.
- Die Unkündbarkeit des Rechts und die Sicherheit vor Mieterhöhungen sollen angemessen berücksichtigt werden (Marktanpassungszuschlag!). Wie dies geschehen soll, wird jedoch nicht näher beschrieben. In den entsprechenden Beispielrechnungen wird jeweils ein Zuschlag von 10 Prozent der ersparten Miete angesetzt. Es ist zu befürchten, dass diese in den Wertermittlungsrichtlinien angesetzten 10 Prozent in der Praxis ohne weitere Reflexion übernommen werden.

- Bei der Barwertermittlung wird nun eindeutig der Leibrentenbarwertfaktor vorgeschrieben. Bislang bestand in der Fachwelt eine erhebliche Unsicherheit darüber, welcher Barwertfaktor angewendet werden sollte. Im Übrigen wird in den Wertermittlungsrichtlinien vorgeschrieben, dass der Leibrentenbarwertfaktor auf der Basis des Liegenschaftszinssatzes gebildet werden soll.

- Es wird darauf hingewiesen, dass es sich um den Wert des Rechts für den Berechtigten (und nicht um einen allgemeingültigen Verkehrswert) handelt.

In den bisherigen Wertermittlungsrichtlinien wurde der Wert des Wohnungsrechts gleichgesetzt mit der Wertminderung des belasteten Grundstücks. Insofern handelt es sich um einen erheblichen Fortschritt, wenn nun davon ausgegangen wird, dass der Wert des Rechts nach einem eigenständigen Modell berechnet werden muss. Dies gilt im Übrigen auch für die Vorschrift zur Anwendung des Leibrentenbarwertfaktors.

Es ist jedoch abzusehen, dass die Vorschrift zur Anwendung des Liegenschaftszinssatzes bei der Barwertbildung in der Fachwelt nicht auf ungeteilte Zustimmung stoßen wird. Die Verfechter der Kapitalisierung mittels Kapital- bzw. Kapitalmarktzinssätzen werden weiterhin versuchen, Ihre Meinung durchzusetzen.

Letztendlich muss man beiden Parteien zugestehen, dass ein Beweis über den »richtigen« Zinssatz nicht geführt werden kann. Die Wahl des »richtigen« Zinssatzes liegt im Ermessensspielraum des Sachverständigen. Warum also werden die Wertermittlungsrichtlinien nicht soweit liberalisiert, dass die Wahl des »richtigen« Zinssatzes dem Sachverständigen überlassen wird. Ein Zwang zur Anwendung des Liegenschaftszinssatzes, wie die Wertermittlungsrichtlinien 2006 es vorsehen, entspricht nicht den in Theorie und Praxis vorhandenen Realitäten.

Beispiel: Wert des Wohnungsrechts

Es ist der Wert eines Wohnungsrechts anhand der nachstehenden Angaben zu ermitteln. Das Wohnungsrecht soll aufgrund des Verkaufs der belasteten Wohnung aufgelöst werden.

Ausgangsdaten
Wertermittlungsstichtag . . . . 09. August 2006
Alter des Berechtigten am Wertermittlungsstichtag . . . . 64 Jahre
Liegenschaftszinssatz . . . . 4,5 Prozent
nachhaltig erzielbarer Rohertrag . . . . 6,50 EUR/m²/Monat
Wohnfläche der belasteten Wohnung . . . . 60 m²
Verlust der gesicherten Rechtsposition der
Berechtigten . . . . 10 % der Nettokaltmiete
aktueller Leibrentenbarwertfaktor[1] 11,26

---

1 Siehe Kapitel »Leibrentenbarwertfaktoren und Sterbetafeln«.

Wert des Wohnungsrechts

	Nettokaltmiete	4.680 EUR/Jahr
+	weiterer ersparter Kostenpositionen	0 EUR/Jahr
+	Unkündbarkeit und Sicherheit vor Mieterhöhungen (10 % von 4.680 EUR/Jahr)	468 EUR/Jahr
–	jährlicher Nachteil aus Tragung von Kosten	0 EUR/Jahr
=	Zwischenwert	5.148 EUR/Jahr
×	aktueller Leibrentenbarwertfaktor	11,26
=	Wert des Wohnungsrechts	57.966 EUR
≈		57.000 EUR

7.3   Verkehrswert des mit dem Wohnungsrecht belasteten Grundstücks

7.3.1   Selbst genutzte Objekte

Wie weiter vorne schon beschrieben, unterscheiden die WertR 2006 zwischen Ertragswertobjekten und selbst genutzten Objekten. Unter selbst genutzten Objekten verstehen die WertR 2006 zum Beispiel Einfamilienhäuser und Eigentumswohnungen, die vom Eigentümer selbst genutzt werden. Im folgenden Schema wird die Vorgehensweise bei selbst genutzten Objekten beschrieben.

Schritt 1	Ermittlung des unbelasteten Verkehrswerts zum Ende des Wohnungsrechts
Schritt 2	unbelasteter Verkehrswert zum Ende des Wohnungsrechts × Abzinsungsfaktor = abgezinster unbelasteter Verkehrswert
Schritt 3[2]	– Übernahme von Kosten und Lasten + Ersparnis von Kosten und Lasten = Summe × Leibrentenbarwertfaktor = Belastung durch das Recht
Schritt 4	abgezinster unbelasteter Verkehrswert – Belastung durch das Recht = belasteter Verkehrswert

Das Einfamilienhaus ist erst nach dem Ende der Restlaufzeit des Wohnungsrechts wieder vom Eigentümer nutzbar. D. h. dass der uneingeschränkte Wert erst mit dem Ende des Wohnungsrechts wieder auflebt. Zunächst wird in diesem Modell der Verkehrswert des unbelasteten Grundstücks auf Basis der Restnutzungsdauer ermittelt, die das Sachwertobjekt am Ende der Lebenser-

---

2 Bei der Wertermittlung im Zusammenhang mit Wohnungsrechten ist es wichtig, die richtigen Kosten und Lasten an der richtigen Stelle zu berücksichtigen. Diesbezüglich wird auf die Kapitel 6.2.6 und 6.2.7 verwiesen.

wartung des Berechtigten noch haben wird. Dabei werden die aktuellen Wertverhältnisse des Wertermittlungsstichtags zugrunde gelegt. Da der Verkehrswert jedoch erst am Ende der Lebenserwartung des Berechtigten zur Verfügung steht, muss der Verkehrswert über die Dauer der Lebenserwartung des Berechtigten abgezinst werden. Die Abzinsung erfolgt mittels des an die Lebenserwartung gebundenen Abzinsungsfaktors einer lebenslänglich nachschüssig zahlbaren Rente.

Dieser Abzinsungsfaktor wird in der WertR 2006 in einer Fußnote wie folgt angegeben:

$$f_x = 1 - (ä_x - 1) \times p$$

Bei weiblichen Berechtigten eines Wohnungsrechts ist folgender an das Leben gebundener Abzinsungsfaktor zu berücksichtigen:

$$f_y = 1 - (ä_y - 1) \times p$$

Hinweis: Nähere Erläuterungen zu dem an die Lebenserwartung gebundenen Abzinsungsfaktor werden weiter hinten in diesem Kapitel gemacht.

In einem nächsten Schritt werden die Belastungen des Eigentümers durch das Wohnungsrecht ermittelt, indem übernommene und ersparte Kosten und Lasten saldiert werden. Dabei wird in den WertR 2006 davon ausgegangen, dass die vom Eigentümer übernommenen Kosten und Lasten höher sind als die ersparten Kosten und Lasten (sonst würde es sich nicht um eine Belastung sondern um eine Begünstigung handeln). Die Kapitalisierung der Belastungen erfolgt mittels des Leibrentenbarwertfaktors.

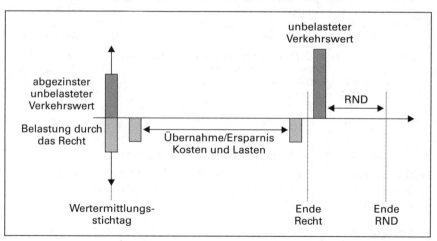

Beispiel: Verkehrswert eines selbst genutzten Objekts

Ausgangsdaten

Art der Belastung . . . . unentgeltliches Wohnungsrecht
Wertermittlungsstichtag . . . . 22. Juli 2006
Alter der Berechtigten am Wertermittlungsstichtag . . . . 89 Jahre
Herstellungskosten der baulichen Anlage . . . . 180.000 EUR
Gesamtnutzungsdauer . . . . 80 Jahre
Restnutzungsdauer bei Ende des Wohnungsrechts . . . . 32 Jahre
Alterswertminderung . . . . 48 Prozent
Bodenwert . . . . 95.000 EUR
Marktanpassungsfaktor (Sachwert bis 190.000 EUR) 1,05
Liegenschaftszinssatz . . . . 3,5 Prozent
an das Leben gebundener Abzinsungsfaktor[3] . . . . fy = 1 – (äy – 1) × p
aktueller Leibrentenbarwertfaktor[4] 3,93

Schritt 1: Unbelasteter Verkehrswert zum Ende des Rechts

    Herstellungskosten der baulichen Anlage . . . . 180.000 EUR
– Alterswertminderung 48% . . . . 86.400 EUR
= Wert der baulichen Anlage . . . . 93.600 EUR
+ Bodenwert . . . . 95.000 EUR
= Sachwert . . . . 188.600 EUR
× Marktanpassungsfaktor 1,05
= Verkehrswert . . . . 198.030 EUR
= Verkehrswert, gerundet . . . . 198.000 EUR

Schritt 2: Abzinsung des unbelasteten Verkehrswerts

    unbelasteter Verkehrswert . . . . 198.000 EUR
× an das Leben gebundener Abzinsungsfaktor 1 – (4,390–1) × 0,035 . . . 0,88135
= abgezinster unbelasteter Verkehrswert . . . . 174.507 EUR

Schritt 3: Ermittlung des mit dem Wohnungsrecht belasteten Verkehrswerts

    abgezinster unbelasteter Verkehrswert . . . . 174.507 EUR
– Belastung durch das Recht . . . . 0 EUR
= belasteter Verkehrswert . . . . 174.507 EUR
≈ . . . . 174.000 EUR

7.3.2   Der an das Leben gebundene Abzinsungsfaktor

Der üblicherweise in den Tabellen angegebene Abzinsungsfaktor bezieht sich auf einen fest vorgegebenen Zeitpunkt (zum Beispiel 10 Jahre). Er wird wie folgt berechnet:

$$\text{Abzinsungsfaktor} = \frac{1}{(1+i)^n}$$

---

3 Wobei gemäß WertR 2006 ä y = Leibentenbarwertfaktor einer jährlich vorschüssigen Rente und p = Zinssatz.
4 Siehe Kapitel »Leibrentenbarwertfaktoren und Sterbetafeln«.

Der obige Abzinsungsfaktor ist identisch mit folgendem Ausdruck:

Abzinsungsfaktor $= 1 - V \times i$

Die Identität der beiden mathematischen Gleichungen wird nachfolgend gezeigt, indem in die zweite Gleichung für V eingesetzt wird:

$$V = \frac{(1+i)^n - 1}{(1+i)^n \times i}$$

Damit ergibt sich:

Abzinsungsfaktor $= 1 - \dfrac{(1+i)^n - 1}{(1+i)^n \times i} \times i = 1 - \dfrac{\left((1+i)^n - 1\right) \times i}{(1+i)^n \times i}$

Nach Kürzen durch i erhält man:

Abzinsungsfaktor $= 1 - \dfrac{(1+i)^n - 1}{(1+i)^n}$

Der Zähler wird nun wie folgt umgeformt:

Abzinsungsfaktor $= 1 - \dfrac{(1+i)^n \times \left(1 - \dfrac{1}{(1+i)^n}\right)}{(1+i)^n}$

Nun wird durch $(1+i)^n$ gekürzt. Damit ergibt sich:

Abzinsungsfaktor $= 1 - 1 + \dfrac{1}{(1+i)^n}$

Da 1 − 1 bekanntlich Null ergibt, erhält man also durch Umformen die obige Identität für den Abzinsungsfaktor:

Abzinsungsfaktor $= \dfrac{1}{(1+i)^n} = 1 - V \times i$

Wie oben bereits angemerkt handelt es sich um den Abzinsungsfaktor für einen fest vorgegebenen Zeitpunkt. Ist nun der Zeitpunkt nicht fest vorgegeben, sondern abhängig von der (unsicheren) Lebenserwartung einer Person, so muss in die Gleichung für den Abzinsungsfaktor anstelle des Vervielfältigers V der Leibrentenbarwertfaktor LBF, der auch mit $(ä_x - 1)$ bezeichnet wird, eingesetzt werden. Damit ergibt sich folgender an das Leben gebundener Abzinsungsfaktor:

an das Leben gebundener Abzinsungsfaktor $= 1 - LBF \times i = 1 - (ä_x - 1) \times i$

7.3.3   Ertragswertobjekte

Ertragswertobjekte, die durch ein Wohnungsrecht belastet sind, werden nach folgendem Modell bewertet:

Schritt 1	Ermittlung des unbelasteten Verkehrswerts zum Wertermittlungsstichtag
Schritt 2[5]	entgangene nachhaltige Miete − Übernahme von Kosten und Lasten + Ersparnis von Kosten und Lasten = Zwischenwert × Leibrentenbarwertfaktor = Belastung durch das Recht
Schritt 3	unbelasteter Verkehrswert zum Wertermittlungsstichtag − Belastung durch das Recht = belasteter Verkehrswert

Ausgangspunkt des Ertragswertverfahrens ist der unbelastete Verkehrswert (ohne Berücksichtigung des Wohnungsrechts). Von dem unbelasteten Verkehrswert wird die Belastung durch das Recht abgezogen. Diese wiederum ergibt sich aus dem Mietausfall und verschiedenen Kosten und Lasten.

Beispiel: Verkehrswert eines Ertragswertobjekts

Ausgangsdaten
Wertermittlungsstichtag .... 28. Mai 2006
Bewertungsobjekt .... Mehrfamilienhaus
Wohnfläche gesamt .... 820 m²
unentgeltliches Wohnungsrecht .... an einer Wohnung
Wohnfläche der belasteten Wohnung .... 68 m²
Alter der Berechtigten am Wertermittlungsstichtag .... 74 Jahre
Restnutzungsdauer Gebäude .... 40 Jahre
nachhaltig erzielbare Nettokaltmiete .... 7,50 EUR/m²/Monat
nicht umlagefähige Bewirtschaftungskosten .... 14.000 EUR/Jahr
unbelasteter Bodenwert .... 180.000 EUR
Liegenschaftszinssatz .... 5 Prozent
Leibrentenbarwertfaktor[6] 8,93

Die Wohnungsberechtigte trägt die umlagefähigen Bewirtschaftungskosten.

Schritt 1: Unbelasteter Verkehrswert
   Rohertrag .... 73.800 EUR/Jahr
− Bewirtschaftungskosten .... 14.000 EUR/Jahr
= Grundstücksreinertrag .... 59.800 EUR/Jahr
− Bodenwertverzinsung .... 9.000 EUR/Jahr

---

5 Bei der Wertermittlung im Zusammenhang mit Wohnungsrechten ist es wichtig, die richtigen Kosten und Lasten an der richtigen Stelle zu berücksichtigen. Diesbezüglich wird auf die Kapitel 6.2.6 und 6.2.7 verwiesen.
6 Siehe Kapitel »Leibrentenbarwertfaktoren und Sterbetafeln«.

```
= Gebäudereinertrag ................................. 50.800 EUR/Jahr
× Vervielfältiger (5%, 40 Jahre) ................................... 17,16
= Gebäudeertragswert .................................... 871.728 EUR
+ Bodenwert ......................................... 180.000 EUR
= unbelasteter Verkehrswert ........................... 1.051.728 EUR

Schritt 2: Belastung durch das Recht
  Nettokaltmiete p. a. ................................. 6.120 EUR/Jahr
× Leibrentenbarwertfaktor (5 %, 74 Jahre) ........................... 8,93
= Barwert des Mietausfalls ................................. 54.652 EUR

Schritt 3: Belasteter Verkehrswert
  unbelasteter Verkehrswert ........................... 1.051.728 EUR
− Barwert des Mietausfalls ................................. 54.652 EUR
= belasteter Verkehrswert ............................... 997.076 EUR
≈ ................................................... 997.000 EUR
```

7.4   Kritik an der Vorgehensweise nach WertR 2006

Wie eingangs bereits erwähnt, sind einige Neuerungen in die Bewertung von Wohnungsrechten und mit Wohnungsrechten belasteten Grundstücken eingeführt worden, die durchaus zu begrüßen sind. Folgende Aspekte bei der Bewertung von Wohnungsrechten und mit Wohnungsrechten belasteten Grundstücken sind jedoch mit äußerster Skepsis zu betrachten.

Fehlende Marktanpassung

Die Marktanpassung als der zentrale Aspekt bei der Bewertung von mit Wohnungsrechten belasteten Grundstücken wird auch nach der Novellierung der WertR 2006 nicht berücksichtigt. Dabei ist es allgemein bekannt, dass die Marktteilnehmer bei der Kaufpreisfindung eines mit einem Wohnungsrecht belasteten Grundstücks teilweise mit empfindlichen Marktanpassungsabschlägen reagieren.

Von daher kann keineswegs davon ausgegangen werden, dass ein mit einem Wohnungsrecht belastetes Einfamilienhaus zu einem nach obigem Modell abgeleiteten Verkehrswert auch tatsächlich am Markt veräußert werden kann. Die Unsicherheit, ob der Berechtigte des Wohnungsrechts die auf Basis von Statistiken ermittelte Lebenserwartung besitzt oder unter Umständen deutlich länger lebt, wird sich in der Regel in einem deutlichen Marktanpassungsabschlag ausdrücken. Zudem wird in den Modellen der WertR 2006 nicht berücksichtigt, dass das Verhältnis der wirtschaftlichen Wertminderung zum unbelasteten Verkehrswert von entscheidender Bedeutung ist. Weiterhin wird missachtet, dass je nach Angebot und Nachfrage in dem zu untersuchenden Teilmarkt der wirtschaftlichen Wertminderung ein unterschiedliches Gewicht beigemessen wird.

Bei der Ermittlung des Werts eines Wohnungsrechts wird in den WertR 2006 zutreffend darauf hingewiesen, dass die gesicherte Rechtsposition des Berechtigten zu berücksichtigen ist. Aus diesem Grund wird beim Wert des Wohnungsrechts ein Zuschlag aufgrund der Unkündbarkeit und Sicherheit des Berechtigten vor Mieterhöhungen vorgenommen. Warum fehlen entsprechende Zu- oder Abschläge bei der Ermittlung des Verkehrswerts des belasteten Grundstücks? Hier ist keine einheitliche Handhabung zu erkennen.

Zudem wird der Zuschlag beim Wert des Wohnungsrechts lediglich in Form eines nicht näher erläuterten prozentualen Zuschlags berücksichtigt. Diesbezüglich ist zu befürchten, dass auch in der Gutachtenpraxis nicht näher erläuterte, überschlägige Zuschläge gemacht werden, die der gutachterlichen Begründungspflicht nicht genügen.

Fehlende einheitliche Systematik

Zusätzlich zu der fehlenden Marktanpassung hat die Bewertung des belasteten Grundstücks nach den Wertermittlungsrichtlinien 2006 eine weitere entscheidende Schwäche: Für ein und denselben Sachverhalt werden zwei vollkommen unterschiedliche Modelle zur Anwendung vorgeschrieben. Hier verfolgt die WertR 2006 keine einheitliche Linie. Dabei könnten sowohl Ertragswertobjekte als auch selbst genutzte Objekte nach dem in Kapitel 6 beschriebenen Modell einheitlich bewertet werden:

	unbelasteter Verkehrswert
±	Ertrags- und Kostenüberlegungen
=	Zwischenwert
±	Lage auf dem Grundstücksmarkt
=	belasteter Verkehrswert

Zwei Aspekte sind in diesem einheitlichen Modell von ausschlaggebender Bedeutung:

● Ausgangspunkt ist immer der unbelastete Verkehrswert, denn ein Auftraggeber muss einerseits wissen, was sein Grundstück ohne die Belastung und mit der Belastung wert ist. Auf dieser Basis kann er dann fundierte Investitionsentscheidungen treffen. Dieser unbelastete Verkehrswert ist im Übrigen der wesentliche Ausgangswert für Wertermittlungen im Zwangsversteigerungsverfahren, da ein Sachverständiger in der Regel nicht weiß, ob die Belastungen im Zwangsversteigerungsverfahren bestehen bleiben werden. Der abgezinste unbelastete Verkehrswert ist für Bewertungen in Zwangsversteigerungsverfahren ungeeignet.
● Die Lage auf dem Grundstücksmarkt muss immer berücksichtigt werden. Dabei handelt es sich um einen der wichtigsten Grundsätze einer marktgerechten Immobilienbewertung (siehe dazu auch die vorstehenden Ausführungen).

Zwar wird auch in den WertR 2006 unter Punkt 4.2 darauf hingewiesen, dass der unbelastete Verkehrswert in der Regel Ausgangspunkt der Überlegungen zur Wertermittlung des durch das Recht belasteten oder begünstigten Grundstücks ist. Weiterhin wird ausgeführt, dass die Wertminderung des belasteten Grundstücks sich aus dem wirtschaftlichen Nachteil ergibt, der durch das Recht entsteht. Von dieser sinnvollen Systematik wird aber gerade bei der Bewertung eines selbst genutzten Grundstücks, das mit einem Wohnungsrecht belastet ist, aus nicht nachvollziehbaren Gründen abgewichen.

Prognose des Verkehrswerts bei Ablauf des Rechts

Bei einem selbst genutzten Objekt soll laut WertR 2006 zunächst der Verkehrswert ermittelt werden, wie er sich bei Ablauf des Wohnungsrechts ergibt. Bei diesem Verkehrswert handelt es sich um eine äußerst unsichere Prognose, da die Lebenserwartung je nach Alter des Berechtigten sehr lang ausfallen kann. Während dieser Zeit können sich die maßgeblichen Eingangsdaten der Wertermittlung wesentlich ändern, so dass eine zutreffende Prognose schwer fällt.

So ist es beispielsweise kaum möglich, die Preisentwicklung von Baukosten (Normalherstellungskosten) über einen langen Zeitraum sachgerecht zu schätzen. Zudem kann das Bewertungsobjekt bis zum Ablauf des Wohnungsrechts erhebliche Änderungen in den Zustandsmerkmalen erfahren, die am Wertermittlungsstichtag noch nicht zu erwarten sind. Dies gilt insbesondere für den Fall, dass das Gebäude nicht mehr ordnungsgemäß unterhalten wird, was zu einer entsprechend geringeren Restnutzungsdauer führen kann. Umgekehrt könnte natürlich der Fall auftreten, dass durch umfassende Modernisierungen und Verbesserung der Substanz am Ende des Rechts eine längere Restnutzungsdauer zu berücksichtigen wäre.

Somit wird deutlich, dass das Prognoserisiko hinsichtlich der Qualität der baulichen Anlagen bei Ablauf des Rechts und die damit einhergehende erhebliche Unsicherheit hinsichtlich des Werts der baulichen Anlagen einen maßgeblichen Schwachpunkt darstellen.

Weiterhin muss die in den Beispielrechnungen ausgewiesene Gesamtnutzungsdauer des selbst genutzten Objekts von 100 Jahren äußerst kritisch gesehen werden. Hierzu besteht in der Fachwelt mittlerweile die Auffassung, dass bei Einfamilienhäusern eine Gesamtnutzungsdauer von maximal 80 Jahren anzusetzen ist.

Fazit

Die Modelle zur Bewertung von mit Wohnungsrechten belasteten Grundstücken nach den Wert 2006 enthalten erhebliche Mängel. Einige der Neuerungen sind zwar ausdrücklich zu begrüßen (z. B. Einführung von Leibrentenbarwertfaktoren). Insgesamt sind aber weiterhin zu viele Fehler und Unstimmigkeiten vorhanden. Zudem ist keine einheitliche Systematik in den Bewertungsmodellen zu erkennen.

153

Da die Anwendung der Wertermittlungsrichtlinien nur einzelnen Behörden vorgeschrieben ist, sollte man meinen, dass sich aus den Ungereimtheiten der Wertermittlungsrichtlinien insofern keine Konsequenzen für private Sachverständige ergeben können. Da die Wertermittlungsrichtlinien jedoch von einem Bundesministerium herausgegeben werden und somit einen »staatlichen« Charakter haben, halten viele Auftraggeber die Wertermittlungsrichtlinien für »allgemeine Bewertungsgrundlagen«, deren Richtigkeit nicht in Frage zu stellen ist. Aus diesem Grund wird auch privaten Sachverständigen immer wieder empfohlen, sich mit dem Inhalt der Wertermittlungsrichtlinien zu befassen. Letztendlich betrifft der Inhalt der Wertermittlungsrichtlinien somit auch die tägliche Arbeit der Sachverständigen.

Es liegt nun in der Entscheidung der Sachverständigen, die größtenteils mangelhaften Modelle der Wertermittlungsrichtlinien in ihre Gutachten zu integrieren oder fehlerfreie Modelle (siehe Kapitel 6) anzuwenden. An dieser Stelle wird empfohlen, die seit langem erprobten Bewertungsmodelle, wie sie in Kapitel 6 beschrieben werden, anzuwenden.

7.5   Zusammenfassung

In diesem Kapitel haben Sie erfahren,

- welche Neuerungen es in der WertR 2006 im Hinblick auf die Bewertung von Wohnungsrechten gibt,
- dass beim Wert des Wohnungsrechts neuerdings ein Risikofaktor bzw. Marktanpassungsfaktor eingeführt wurde, beim Verkehrswert des belasteten Grundstücks jedoch nicht,
- dass es unterschiedliche Modelle für selbst genutzte Objekte und Ertragswertobjekte gibt und dass diese Unterscheidung im Wesentlichen nicht nachvollziehbar ist,
- dass die Modelle der WertR 2006 aufgrund der vorhandenen Mängel mit Skepsis zu betrachten sind und dass es besser ist, die in Kapitel 6 beschriebenen praxiserprobten Modelle anzuwenden.

8 Nießbrauch

In diesem Kapitel wird gezeigt,

- dass der Nießbrauch ein Nutzungsrecht ist,
- welche Fragen bei der Bewertung von Nutzungsrechten auftreten können,
- was der gesetzliche Inhalt des Nießbrauchs ist,
- wie die Bewertung eines Grundstücks, das mit einem Nießbrauch belastet ist, durchzuführen ist,
- wie der Wert eines Nießbrauchs ermittelt werden kann.

8.1 Der Nießbrauch als Nutzungsrecht

Der Verkehrswert bzw. Marktwert ist die Antwort auf folgende Frage:

Was ist es wert, Eigentümer des Grundstücks zu sein?

Diese Frage ist leicht zu beantworten, wenn der Eigentümer gleichzeitig auch der Nutzer des Grundstücks ist. Dann nämlich hat der Eigentümer aufgrund der Nutzung wirtschaftliche Vorteile, deren Wert berechnet werden kann. Beispielsweise kann er das Grundstück inklusive der vorhandenen baulichen Anlagen vermieten. Der Wert des Grundstücks ergibt sich dann als Barwert der Vermietungserträge abzüglich der Kosten. Beim Standardfall der Bewertung (Eigentümer und Nutzer sind dieselbe Person) ist die Bewertung somit unproblematisch.

Im Privatrecht gibt es jedoch auch die Situation, dass der Eigentümer des Grundstücks und der Nutzer nicht identisch sind. Die dementsprechend im Bürgerlichen Gesetzbuch vorgesehenen Nutzungsrechte sind: Erbbaurecht, Grunddienstbarkeit, beschränkte persönliche Dienstbarkeit, Nießbrauch (zu den unterschiedlichen Rechten siehe auch Kapitel 1.2).

Falls die Situation vorliegt, dass Eigentümer und Nutzer nicht identisch sind, ist die Bewertung nicht mehr so einfach wie im Standardfall. Stellen sie sich beispielsweise den Fall vor, dass ein renditestarkes Mehrfamilienhaus mit einem Nießbrauch belastet ist. Dem Nießbraucher (Nutzer) stehen die Mieten bis an sein Lebensende zu, womit der Eigentümer für eine lange Zeit ohne Mieteinnahmen bleibt. Die Antwort auf die Frage

Was ist es wert, Eigentümer des Grundstücks zu sein?

hängt in diesem Fall von zusätzlichen Aspekten ab, wie zum Beispiel:

- Wie hoch ist die Lebenserwartung des Berechtigten?
- Wird für die Nutzung ein Entgelt gezahlt?
- Werden die Bewirtschaftungskosten vom Nutzer übernommen?
- Welche rechtlichen Befugnisse hat der Nutzer im Detail?

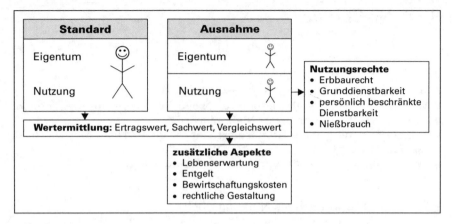

Geht man im Standardfall davon aus, dass der Wert des Grundstücks zu 100 Prozent dem Eigentümer (der gleichzeitig auch Nutzer ist) zufällt, so muss bei einer Trennung von Eigentum und Nutzung der Wert des Eigentums gemindert werden. Wie hoch diese Minderung ausfällt, ist stets abhängig von den zusätzlichen Aspekten. Es ist somit die Aufgabe der Wertermittlung, die zusätzlichen Aspekte zu erfassen und in einem Geldbetrag auszudrücken.

Eine weitere Aufgabe der Wertermittlung bei der Trennung von Eigentum und Nutzung kann darin bestehen, den Wert der Nutzung zu ermitteln. In diesem Fall muss folgende Frage beantwortet werden:

Was ist es wert, die Nutzung an dem Grundstück zu haben?

Im Falle eines Nießbrauchs würde sich somit die Frage nach dem Wert des Nießbrauchs stellen.

In den meisten Bewertungsfällen im Zusammenhang mit der Trennung von Eigentum und Nutzung wird die Frage nach dem Wert des Eigentums zu beantworten sein. Die Frage nach dem Wert der Nutzung kommt in der Praxis relativ selten vor. Dennoch sollte der Bewertungssachverständige sich der beiden unterschiedlichen Fragestellungen bewusst sein und die Fragestellungen nicht vermischen. Bei der Überprüfung von Gutachten ist jedoch immer wieder festzustellen, dass die unterschiedlichen Fragestellungen und die sich daraus ergebenden Probleme nicht hinreichend erkannt und getrennt werden. In diesem Buch wird an zahlreichen Stellen auf die unterschiedlichen Fragestellungen hingewiesen.

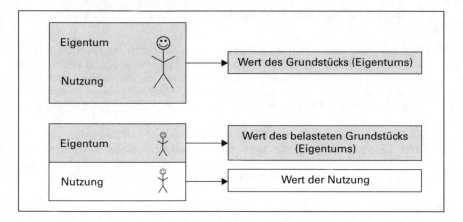

Mit dem Nießbrauch wird das Eigentum an einem Grundstück von dem Recht, das Grundstück zu nutzen, abgespalten. Es handelt sich somit um ein typisches Nutzungsrecht. Insofern sind im Zusammenhang mit der Bewertung eines Nießbrauchs die folgenden zwei Fragen zu klären:

1. Was ist es wert, Eigentümer des mit dem Nießbrauch belasteten Grundstücks zu sein?
2. Was ist es wert, den Nießbrauch an dem Grundstück zu haben?

Die Antwort auf Frage 1 führt zum Verkehrswert des belasteten Grundstücks, die Antwort auf Frage 2 zum Wert des Nießbrauchs. In diesem Kapitel wird im Detail beschrieben, wie die beiden Werte ermittelt werden können. Zunächst werden jedoch die Grundlagen des Nießbrauchs beschrieben.

8.2 Grundlagen des Nießbrauchs

8.2.1 Definition

Die umfassenden rechtlichen Bestimmungen im Zusammenhang mit dem Nießbrauch finden sich in den Paragraphen 1030 bis 1089 des BGB. In § 1030 BGB wird der Nießbrauch wie folgt definiert:

§ 1030 BGB

(1) Eine Sache kann in der Weise belastet werden, dass derjenige, zu dessen Gunsten die Belastung erfolgt, berechtigt ist, die Nutzungen der Sache zu ziehen.

(2) Der Nießbrauch kann durch den Ausschluss einzelner Nutzungen beschränkt werden.

Im Folgenden werden einige wesentliche Aspekte zum Nießbrauch aufgeführt:

● Der Nießbrauch erlischt mit dem Tod des Berechtigten. Ist der Nießbrauch zugunsten einer juristischen Person bestellt, so endet er mit deren Erlöschen. Ein zeitlich befristeter Nießbrauch endet mit Ablauf der vereinbarten und im Grundbuch eingetragenen Zeit. Ein Nießbrauch endet auch dann, wenn sich die Beteiligten über die Aufhebung des Nießbrauchs einigen.

● Der Unterschied zur Grunddienstbarkeit und zur beschränkten persönlichen Dienstbarkeit besteht darin, dass grundsätzlich alle Nutzungen aus dem Grundstück gezogen werden können. Grunddienstbarkeit und beschränkte persönliche Dienstbarkeit sind auf einzelne Nutzungen (z. B. Wohnnutzung) beschränkt.

● Der Nießbrauch kann durch den Ausschluss einzelner Nutzungen beschränkt werden. Dabei dürfen jedoch tatsächlich nur einzelne Nutzungen ausgeschlossen werden. Die Natur des Nießbrauchs als umfassendes Nutzungsrecht darf nicht verloren gehen.

● Der Nießbrauch erlaubt auch die Ausbeutung von Bodenschätzen, wie zum Beispiel Kies und Torf.

8.2.2 Formen des Nießbrauchs

In der Praxis spielt vor allem der so genannte Vorbehaltsnießbrauch eine wichtige Rolle. Beim Vorbehaltsnießbrauch überträgt der Eigentümer das Grundstück auf eine andere Person unter dem Vorbehalt des Nießbrauchs. Dies ist insbesondere bei der vorweggenommenen Erbfolge, der Altersvorsorge und der Nachlassregelung der Fall.

Beispiel 1: Ein Erblasser vererbt seinen Kindern ein Grundstück, räumt sich jedoch einen Nießbrauch an dem Grundstück ein. Beispiel 2: Ein Grundstückseigentümer schenkt seinem Sohn ein Grundstück, wobei er jedoch die Mieten des auf dem Grundstück vorhandenen Gebäudes bis zu seinem Tod weiter einnehmen möchte.

Beim Zuwendungsnießbrauch räumt der Grundstückseigentümer einer anderen Person den Nießbrauch ein; der Nießbrauch wird zugewendet. Dies geschieht in der Regel aus steuerlichen Gründen. Beispiel: Ein Grundstückseigentümer räumt seinen Kindern, die noch über kein eigenes Einkommen verfügen, den Nießbrauch am Grundstück in der Form ein, dass ihnen die Mieten des aufstehenden Mehrfamilienhauses zustehen.

Beim Vermächtnisnießbrauch wird das Nießbrauchrecht zum Beispiel durch ein Testament oder einen Erbvertrag auf eine andere Person übertragen. Beispiel: Ein Grundstückseigentümer verfügt, dass seine Kinder das Grundstück erben werden. Er räumt jedoch seiner Ehefrau ein Nießbrauchrecht ein.

Der Sicherungsnießbrauch gibt einem Gläubiger das Recht seine Forderungen auf der Grundlage eines Nießbrauchs zu sichern. So kann der Gläubiger beispielsweise auf die Mieten zurückgreifen, falls der Grundstückseigentümer eine bestimmte Forderung nicht erfüllt. Auf diese Weise kann die Zwangsversteigerung umgangen werden.

Form des Nießbrauchs	Wirkung
Vorbehaltsnießbrauch	Eigentümer überträgt das Grundstück auf eine andere Person unter dem Vorbehalt des Nießbrauchs
Zuwendungsnießbrauch	Eigentümer räumt einer anderen Person den Nießbrauch ein
Vermächtnisnießbrauch	Eigentümer räumt aufgrund eines Vermächtnisses einer anderen Person den Nießbrauch ein
Sicherungsnießbrauch	im Falle einer nicht erfüllten Forderung wird dem Gläubiger der Nießbrauch eingeräumt

8.2.3 Gesetzlicher Inhalt des Nießbrauchs

Zum gesetzlichen Inhalt des Nießbrauchs gehören insbesondere folgende Bestimmungen:

- Beim Nießbrauch handelt es sich um ein höchstpersönliches, d. h. nicht übertragbares und nicht vererbliches Recht. Die Ausübung des Nießbrauchs kann jedoch einem anderen überlassen werden. So kann zum Beispiel eine andere Person als der Nießbraucher ein auf dem belasteten Grundstück vorhandenes Gebäude bewohnen. Der Nießbraucher kann das Grundstück bzw. das Gebäude auch verpachten oder vermieten. Die Miet- bzw. Pachteinnahmen stehen dem Nießbraucher zu.
- Der umfassenden Nutzungsmöglichkeit des Grundstücks durch den Nießbraucher steht die Verpflichtung des Nießbrauchers gegenüber, das Grundstück ordnungsgemäß zu bewirtschaften und den **gewöhnlichen** Unterhaltungsaufwand zu tragen, wie zum Beispiel den Austausch einzelner Dachziegel oder Reparaturen an der Heizungsanlage.
- Der Eigentümer trägt die Kosten der **außergewöhnlichen** Unterhaltung, wie zum Beispiel die Dacheindeckung und den Austausch der Heizungsanlage
- Der Nießbraucher ist zur ordnungsgemäßen Bewirtschaftung und zum Erhalt des Bestands verpflichtet. Grundstück und Gebäude dürfen nicht wesentlich umgestaltet werden.
- Der Nießbraucher trägt die zur Zeit der Bestellung des Nießbrauchs auf dem Grundstück ruhenden privatrechtlichen Lasten, insbesondere die Zinsen der Hypotheken und Grundschulden sowie die aufgrund einer Rentenschuld zu entrichtenden Leistungen.
- Der Nießbraucher hat für die Dauer des Nießbrauchs die auf dem Grundstück ruhenden öffentlichen Lasten mit Ausnahme der außerordentlichen Lasten zu tragen. Das bedeutet, dass der Nießbraucher beispielsweise die Grundsteuern, die Kosten für Müllabfuhr und Schornsteinfeger sowie

die Kanalgebühren zu entrichten hat, nicht jedoch die Erschließungsbeiträge, da diese als außerordentliche Lasten gelten.

- Der Eigentümer trägt die außerordentlichen Grundstücksbelastungen, wie
  zum Beispiel Erschließungsbeiträge, Ausgleichsbeiträge (z. B. in der Sanierung), Umlegungsbeiträge und Ausgleichsbeiträge nach den Kommunalabgabengesetzen der Länder zu tragen.

- Der Nießbraucher hat das Gebäude für die Dauer des Nießbrauchs gegen
  Brandschäden und sonstige Unfälle auf seine Kosten zu versichern, wenn
  die Versicherung einer ordnungsgemäßen Wirtschaft entspricht.

Der gesetzliche Inhalt des Nießbrauchs kann durch Aufnahme in den Nieß-
brauchvertrag und entsprechende Eintragung in das Grundbuch geändert
werden, jedoch nur soweit, wie das Wesen des Nießbrauchs nicht verändert
wird. Darüber hinaus können im Vertrag weitere, über den gesetzlichen Inhalt
hinausgehende Vereinbarungen getroffen werden, die dann möglicherweise
keine dingliche sondern nur schuldrechtliche Wirkung zwischen den Vertragsparteien haben.

Es ist aber keinesfalls die Aufgabe des Sachverständigen, die im Nießbrauch-
vertrag getroffenen Vereinbarungen der beteiligten Parteien bezüglich des
Nießbrauchs auf Rechtmäßigkeit zu überprüfen. Es kann zwar durchaus vorkommen, dass einzelne Vereinbarungen der Beteiligten gegen das Wesen
des Nießbrauchs verstoßen und somit möglicherweise nicht wirksam sind.
Der Sachverständige ist in der Regel jedoch kein Rechtsexperte. Er sollte daher bei seiner Bewertung von der Rechtmäßigkeit der im Vertrag getroffenen
Vereinbarungen ausgehen und dies auch in seinem Gutachten ausdrücklich
vermerken.

Zudem kann der Sachverständige oftmals nicht erkennen, welche Vertragsvereinbarungen dingliche Wirkung gegenüber einem Erwerber und welche
nur schuldrechtliche Wirkung zwischen den Vertragsparteien haben. Diesbezüglich sei empfohlen, im Gutachten kenntlich zu machen, welche Vereinbarungen der Wertfindung zugrunde liegen.

Inhalt des Nießbrauchs

Wesentlicher gesetzlicher Inhalt mit dinglicher Wirkung
Ausübung des Nießbrauchs kann einem anderen überlassen werden
Vermietung des Grundstücks bzw. des Gebäudes ist möglich
der Nießbraucher ist verpflichtet, das Grundstück ordnungsgemäß zu bewirtschaften und den **gewöhnlichen** Unterhaltungsaufwand zu tragen
der Eigentümer trägt die Kosten der **außergewöhnlichen** Unterhaltung
der Nießbraucher ist nicht berechtigt, die Sache umzugestalten oder wesentlich zu verändern.
der Nießbraucher trägt die zur Zeit des Nießbrauchs auf dem Grundstück lastenden privatrechtlichen Lasten
der Nießbraucher trägt die zur Zeit des Nießbrauchs auf dem Grundstück lastenden öffentlich-rechtlichen Lasten mit Ausnahme der außerordentlichen Lasten
der Eigentümer trägt die außerordentlichen öffentlich-rechtlichen Lasten
der Nießbraucher hat eine Versicherungspflicht gegen Brandschäden und sonstige Unfälle
gesetzlicher Inhalt kann vertraglich geändert werden, wenn das Wesen des Nießbrauchs dadurch nicht berührt wird (beispielsweise können einzelne Nutzungen ausgeschlossen werden)

Weitere Vereinbarungen mit schuldrechtlicher Wirkung
Regelungen hinsichtlich der Kündigungsmöglichkeit
Zahlung eines Entgelts
Erstattung der vom Berechtigten getätigten Aufwendungen
...

8   *Nießbrauch*

8.3 Verkehrswert des belasteten Grundstücks

Bei der Wertermittlung ist es wichtig zu unterscheiden, ob der Grundstückseigentümer oder der Nießbraucher die Bewirtschaftungskosten trägt. Falls es sich um den gesetzlich geregelten Normalfall handelt, trägt der Nießbraucher sämtliche Bewirtschaftungskosten im Sinne von § 18 WertV, bis auf die außergewöhnlichen Aufwendungen (zum Beispiel Erneuerung des Dachstuhls). Man spricht in diesem Fall vom so genannten Nettonießbrauch. Wurde dagegen vertraglich vereinbart, dass der Eigentümer sämtliche Bewirtschaftungskosten trägt (auch die gewöhnlichen Aufwendungen, aber nicht die Betriebskosten) so handelt es sich um einen so genannten Bruttonießbrauch.

Daneben gibt es zahlreiche weitere Varianten der Vertragsgestaltung hinsichtlich der Bewirtschaftungskosten. Im Folgenden werden folgende drei Fälle behandelt:

1. Der Nießbraucher trägt sämtliche Bewirtschaftungskosten inklusive der außergewöhnlichen Aufwendungen.
2. Der Nießbraucher trägt die Bewirtschaftungskosten bis auf die außergewöhnlichen Aufwendungen (Nettonießbrauch).
3. Der Eigentümer trägt sämtliche Bewirtschaftungskosten bis auf die Betriebskosten (Bruttonießbrauch).

8.3.1 Fall 1

Wie bei den meisten Belastungen, wird auch beim Nießbrauch zunächst der Verkehrswert im unbelasteten Zustand ermittelt (Verkehrswert ohne Berücksichtigung des Nießbrauchs). Anschließend werden die wirtschaftlichen Auswirkungen und eine Marktanpassung berücksichtigt.

Die wirtschaftlichen Auswirkungen ergeben sich wie folgt:

- Wertminderung aufgrund des Mietausfalls während der Laufzeit des Nießbrauchs
- Werterhöhung aufgrund der vom Nießbraucher zu tragenden Bewirtschaftungskosten

162

Grundsätzliche Vorgehensweise	Nießbrauchbewertung
unbelasteter Verkehrswert	Verkehrswert ohne Berücksichtigung des Nießbrauchs
Wirtschaftliche Auswirkungen	– Barwert des Mietausfalls
	+ Barwert der Bewirtschaftungskosten, die vom Nießbraucher getragen werden
Lage auf dem Grundstücksmarkt	± Marktanpassung
belasteter Verkehrswert	= Verkehrswert des belasteten Grundstücks

(Zeilengruppe links überschrieben mit: **Belastetes Grundstück**)

Unbelasteter Verkehrswert

Der unbelastete Verkehrswert wird mittels in der Wertermittlungsverordnung angegebenen Verfahren ermittelt. Bei ertragsorientiert genutzten Objekten wird somit überwiegend das Ertragswertverfahren zur Anwendung kommen, bei nicht ertragsorientiert genutzten Objekten das Sachwertverfahren oder das Vergleichswertverfahren.

Barwert des Mietausfalls

Der Eigentümer des belasteten Grundstücks nimmt während der Laufzeit des Nießbrauchs keine Mieten ein. Diese stehen dem Nießbraucher in der Regel unentgeltlich zu. Auch wenn es sich bei dem belasteten Objekt um ein Einfamilienhaus handelt, das im Allgemeinen nicht vermietet wird, geht man davon aus, dass der Eigentümer das unbelastete Objekt vermieten könnte oder bei Eigennutzung sich eine Miete für ein anderes vergleichbares Objekt erspart.

Der Barwert des Mietausfalls ergibt sich durch Kapitalisierung der für den Grundstückseigentümer nicht erzielbaren Miete über die Restlaufzeit des Nießbrauchs. Bei einem befristeten Nießbrauch wird der Mietausfall mittels des Vervielfältigers einer Zeitrente ermittelt.

Beispiel für befristeten Nießbrauch
Mietausfall . . . . 10.000 EUR/Jahr
Restlaufzeit des Nießbrauchs . . . . 10 Jahre
Liegenschaftszinssatz. . . . . 4,0 Prozent
Ertragsvervielfältiger 8,11
Wirtschaftlicher Nachteil = 10.000 EUR/Jahr × 8,11 = ... 81.100 EUR

Ist die Restlaufzeit des Nießbrauchs an die Lebensdauer des Berechtigten gebunden, so wird der Minderertrag nicht mit dem Ertragsvervielfältiger einer Zeitrente, sondern mit dem Leibrentenbarwertfaktor einer Leibrente kapitalisiert. Dabei versteht man unter einer Leibrente regelmäßige Zahlungen, die an die Lebenszeit einer Person gebunden sind. Der Unterschied zwischen einer Leibrente und einer Zeitrente liegt darin, dass in der Leibrente die Überlebenswahrscheinlichkeiten berücksichtigt sind. Nähere Einzelheiten zu Leibrenten und Leibrentenbarwertfaktoren finden sich in dem Kapitel »Leibrentenbarwertfaktoren und Sterbetafeln«. Nachfolgend lediglich ein Beispiel:

Beispiel für persönlichen Nießbrauch

Mietausfall . . . . 10.000 EUR/Jahr
Alter des Berechtigten . . . . 71 Jahre
Liegenschaftszinssatz . . . . 4,0 Prozent
Leibrentenbarwertfaktor[1] 9,16
Wirtschaftlicher Nachteil = 10.000 EUR/Jahr × 9,16 = ... 91.600 EUR

Barwert der Bewirtschaftungskosten

Falls der Nießbraucher während der Laufzeit des Nießbrauchs sämtliche Bewirtschaftungskosten trägt (auch die außergewöhnlichen Aufwendungen), so ist dies als Vorteil des Eigentümers zu berücksichtigen. Mit Bewirtschaftungskosten sind in diesem Fall die Kosten gemeint, die nach § 18 WertV zu berücksichtigen sind.

Beispiel

Bewirtschaftungskosten nach § 18 WertV . . . . 1.500 EUR/Jahr
Alter des Berechtigten . . . . 71 Jahre
Liegenschaftszinssatz . . . . 4,0 Prozent
Leibrentenbarwertfaktor[2] 9,16
Wirtschaftlicher Vorteil = 1.500 EUR/Jahr × 9,16 = ... 13.740 EUR

Man kann auch zunächst die Differenz aus Bewirtschaftungskosten und Rohertrag bilden und den sich ergebenden Reinertrag in einem Schritt kapitalisieren.

Marktanpassung

Wie beim Wohnungsrecht auch, ist der Verkehrswert des unbelasteten Grundstücks neben den rein rechnerisch ermittelten wirtschaftlichen Auswirkungen im Allgemeinen noch mittels eines Marktanpassungsabschlags zu korrigieren. Dabei spielt vor allem die verbleibende Unsicherheit, ob die berechtigte Person tatsächlich so lange überlebt, wie die aus der Statistik abgeleiteten

---

1 Siehe Kapitel »Leibrentenbarwertfaktoren und Sterbetafeln«.
2 Siehe Kapitel »Leibrentenbarwertfaktoren und Sterbetafeln«.

Leibrentenbarwertfaktoren dies vorgeben, eine große Rolle. Darüber hinaus muss berücksichtigt werden, dass der Nießbrauch dem Berechtigten eine wesentlich größere Rechtssicherheit als ein Mietvertrag bietet.

In der einschlägigen Wertermittlungsliteratur wird die Notwendigkeit der Marktanpassung bei Nießbrauchrechten inzwischen einhellig anerkannt, was die nachfolgende Zusammenstellung der jeweiligen Texttestellen zeigt.

So schreibt zum Beispiel Kleiber in dem führenden Kommentar zur Verkehrswertermittlung Folgendes zum Marktanpassungsabschlag bei Nießbrauchrechten[3]:

Für die Wertermittlung eines mit einem Nießbrauch belasteten Grundstücks sind der Geldwert der zustehenden Nutzung und das Alter des Nießbrauchers von entscheidender Bedeutung. Auch hier besteht wie beim Wohn- und Altenteilsrecht die Unsicherheit der Laufzeit des Rechts.

Verkäufe derartig belasteter Grundstücke sind deshalb äußerst selten, zumal der Käufer aus dem Grundstück keine Erträge ziehen kann, solange der Nießbraucher lebt. Abschläge vom rein rechnerisch ermittelten Wert bis zu 50 v. H. sind deshalb keine Seltenheit.

Simon befasst sich in demselben Kommentar ebenfalls mit dem Marktanpassungsabschlag[4]:

Verkäufe von Objekten, die mit einer beschränkt persönlichen Dienstbarkeit belastet sind, lassen erkennen, dass die Kaufpreise deutlich geringer sind als die Verkehrswerte, die im Standardwertermittlungsverfahren auf der Grundlage der Sterbetafeln ermittelt werden. Diesem Umstand wird in der Praxis der Wertermittlung in Abweichung zum Beispiel der Anl. 20 zur WertR im Allgemeinen durch einen zusätzlichen Abschlag von 10 bis 15 v. H. des Werts des belasteten Grundstücks Rechnung getragen. Der Abschlag berücksichtigt im Kern die Unsicherheit der bei der Barwertermittlung vorgenommenen Annahme, dass der Berechtigte nicht länger lebt, als nach der Sterbetafel des statistischen Bundesamtes ausgewiesen. Die Bestimmung der Höhe des Abschlags ist schwierig, da er praktisch nur aus der persönlichen Erfahrung des Sachverständigen hergeleitet werden kann. Zu dem vorstehenden Ergebnis gelangt man im Übrigen auch, wenn man entsprechend der Rechtsprechung des OLG Bremen einen Zuschlag an den Nutzwert anbringt.

In dem vom Simon zitierten Urteil des OLG Bremen[5] wurde der Nutzwert eines Wohnungsrechts um 25 Prozent erhöht, womit der Verkehrswert des belasteten Grundstücks entsprechend gemindert wurde (Gleiches gilt natürlich auch für den Nießbrauch). Diesbezüglich spricht Strotkamp sogar von einem 50-prozentigen Zuschlag[6]:

---

3 *Kleiber* in Kleiber/Simon/Weyers, Verkehrswertermittlung, 4. Auflage, S. 2301.
4 *Simon* in Kleiber/Simon/Weyers, Verkehrswertermittlung, 4. Auflage, S. 2334.
5 OLG Bremen, Urt. Vom 29. 11. 1967, U B c 5/67.
6 *Strotkamp* in Sprengnetter, Grundstücksbewertung, 18. EL, S. 10/18/2/1.

Da der Nießbrauch in aller Regel einen höheren Nutzungswert aufweist als das Wohnungsrecht (z. B. berechtigt der Nießbrauch grundsätzlich zur Überlassung, beim Wohnungsrecht bedarf es der Gestattung durch den Eigentümer), sind die Zuschläge in freier Schätzung zu erhöhen. Grundsätzlich werden Erhöhungen des Zuschlags um ca. 50 % als angemessen gelten können.

In einem Kommentar zu den im Jahr 2002 neu herausgegebenen Wertermittlungsrichtlinien (WertR 2002) schreibt Simon wie folgt[7]:

Bei der Wertermittlung von Grundstücken mit beschränkt persönlichen Dienstbarkeiten ergeben sich bei Anwendung der Sterbetafeln des Statistischen Bundesamtes zu geringe Werte für die Rechte und umgekehrt zu hohe Werte für die belasteten Grundstücke. Deshalb werden die Ausgangswerte im Regelfall noch um einen pauschalen Abschlag in unterschiedlicher Höhe an die Marktlage angepasst. Dieser Abschlag berücksichtigt im Kern die Unsicherheit der bei der Barwertermittlung vorgenommenen Annahme, dass der Berechtigte nicht länger lebt, als nach der Sterbetafel des Statistischen Bundesamtes ausgewiesen. Die Bestimmung der Höhe des Abschlags ist schwierig, da zumeist keine objektiven Kriterien zur Plausibilisierung vorliegen.

Konkrete Hinweise zur Höhe der Marktanpassung enthalten der Kommentar zu den WertR wie auch die WertR selbst nicht.

Ein weiterer Autor, der sich mit der Marktanpassung befasst, ist Vogel[8]. Er schildert die zwingende Durchführung einer Marktanpassung bei der Bewertung von Wohnungsrechten. Da Wohnungsrechte in gleicher Weise bewertet werden wie Nießbrauchrechte, ist das von Vogel Beschriebene uneingeschränkt auf Nießbrauchrechte übertragbar:

Zu diskutieren ist bei der herkömmlichen, nach der abgekürzten Sterbetafel berechneten Belastung der Wert, der sich nach rechnerischer Berücksichtigung der Belastung durch das Wohnrecht ergibt. Der Eigentümer eines solchen Grundstücks erachtet die Belastung in der Regel als einschneidender, als die reine Barwertberechnung es ergibt. Muss er doch über fast eine ganze Generation damit rechnen, dass er zwar einen bezahlten oder finanzierten Grundbesitz hat, einen Nutzen daraus aber bis zum zu erwartenden Freiwerden nicht hat, sondern auch noch in Art einer »Zwangssparkasse« laufende Kosten für den Grundbesitz zu tragen hat.

Zwar ist anhand der herkömmlichen rechnerischen Überlegungen jedem Interessenten klarzumachen, dass finanzmathematisch das Risiko der Investitionssumme weitgehend ausgeglichen sein dürfte. Nach derartigen Argumenten reagiert aber ein möglicher Erwerber nicht. Ihm wird das Risiko, dass zum einen die Wertsteigerung geringer ausfallen könnte, und auch

---

7 *Simon* in Sommer/Piehler/Kröll, Grundstücks- und Gebäudewertermittlung, Gruppe 2, (1/2003), S. 5.
8 *Roland R.* Vogel, Zur Bewertung einer Grundbuchbelastung, Der Bau- und Immobiliensachverständige (BIS), 5/2002, S. 163 ff.

dass die Lebensdauer der Begünstigten länger sein könnte, als sie statistisch zu erwarten ist, nicht als dadurch ausgeglichen scheinen, dass andererseits der Nutzungszeitraum der Begünstigten auch möglicherweise früher enden könnte. Der mögliche Eigentümer oder Erwerber wird die Risiken immer höher einzuschätzen geneigt sein, als sie sich möglicherweise tatsächlich ergeben werden.

Für derartige Überlegungen gibt es kein stichhaltiges Modell. Hier ist im Wege der freien sachverständigen Schätzung zu entscheiden.

Möckel schreibt zum Marktanpassungsabschlag bei der Nießbrauchbewertung Folgendes[9]:

Dieser Abschlag wird neben der rein finanzmathematisch realisierten Minderung aufgrund geminderter Erträge angebracht, um zu berücksichtigen, dass sich wegen der Belastung

a) Beleihungsschwierigkeiten und
b) Schwierigkeiten bei der Sicherung einer ordnungsgemäßen Bewirtschaftung ergeben können sowie
c) bei einem Verkauf des Grundstücks nur ein eingeschränkter Käuferkreis finden wird.

Die Beeinträchtigung durch den Nießbrauch wird umso schwerer wiegen, je jünger der Berechtigte ist, d. h. je länger die Wartezeit bis zum Ablauf des Nießbrauchs ist. Die Abschläge können nur im Wege der sachverständigen freien Schätzung angebracht werden. Folgende Abschläge werden vorgeschlagen:

Lebensalter des/der Berechtigten Jahre	50 und darunter	60	70	80
Abschlag A in v. H. des Ertragswerts	25	20	10	5

Bei Zimmermann/Heller finden sich ebenfalls eindeutige Aussagen zu einer erforderlichen Marktanpassung[10]:

... die so gefundenen Ergebnisse bedürfen stets der Kontrolle durch einen Blick auf den örtlichen Grundstücksmarkt. Sollte sich ergeben, dass der örtliche Grundstücksmarkt das Nießbrauchgrundstück nicht zu einem Preis akzeptiert, der durch Abzug des Nießbrauchwertes vom Verkehrswert des unbelasteten Grundstücks ermittelt wurde, sind entsprechend der Nr. 3.7 WertR 91 Korrekturen notwendig, um den Verkehrswert richtig bestimmen zu können. Wie hoch solche Korrekturen im Einzelfall sein müssen, kann nicht allgemein gültig festgelegt werden. Hier spielen marktbezogene Gesichtspunkte eine Rolle, die bei der Vielzahl unterschiedlicher örtlicher Grundstücksmärkte keiner allgemeinen Quantifizierung zugänglich sind. Immerhin ist aber auf die eingangs zitierten Hinweise bei Stannigel/Kremer/Weyers zu verweisen, wo-

---

9 *Möckel* in Gerardy/Möckel/Troff, Praxis der Grundstücksbewertung, S. 5.2.4/39.
10 *Zimmermann/Heller*, Der Verkehrswert von Grundstücken, S. 148.

*nach der Nießbrauch als umfassendes Nutzungsrecht ein Grundstück nahezu
unverwertbar und damit unbeleihbar im Sinne der Beleihungsgrundsätze für
Sparkassen macht. Auch wenn der wirtschaftliche Wert des Nießbrauchrechts
selber gering sein mag, weil zum Beispiel die Lastentragung durch den Nießbraucher erheblich ist, kann der Einfluß der Belastung mit dem Nießbrauch
auf den Verkehrswert des Grundstücks beträchtlich sein und den Wert des
Nießbrauchrechts übersteigen. Denn kaum ein Grundstückskäufer ist bereit,
Kapital in ein Grundstück zu investieren, das er nicht nutzen kann. Hier
muss die Marktfähigkeit des mit dem Nießbrauch belasteten Grundstücks
durch Preisabschläge erst wieder hergestellt werden.*

Insgesamt zeigt sich, dass die Fachbuchautoren einhellig davon ausgehen,
dass ein Marktanpassungsabschlag beim Nießbrauch zwingend erforderlich
ist. Die Höhe des Abschlags wird konträr diskutiert. Es wird jedoch deutlich,
dass der entsprechende Abschlag lediglich sachgerecht geschätzt werden
kann.

Eine Kalkulationshilfe zur Marktanpassung finden Sie im Kapitel »Wohnungsrecht«. Die dortigen Hinweise gelten gleichermaßen für den Nießbrauch.

Beispiel: Mehrfamilienhaus mit unentgeltlichem Nießbrauch

Ein 68 Jahre alter Berechtigter (Lebenserwartung rd. 14 Jahre) besitzt ein lebenslanges unentgeltliches Nießbrauchrecht an einem Mehrfamilienhaus mit acht
Parteien. Der Berechtigte trägt sämtliche Bewirtschaftungskosten. Es ist lediglich
ein geringes Angebot an vergleichbaren Mehrfamilienhäusern vorhanden.

Ausgangsdaten
Bodenwert . . . . 100.000 EUR
Wohnfläche insgesamt . . . . 640 m²
Nachhaltig erzielbare Nettokaltmiete . . . . 5,50 EUR/m²/Monat
Liegenschaftszinssatz . . . . 5 %
Restnutzungsdauer . . . . 50 Jahre

unbelasteter Verkehrswert
Bodenwert . . . . 100.000 EUR
Rohertrag . . . . 42.240 EUR/Jahr
Bewirtschaftungskosten (17 Prozent) . . . . 7.181 EUR/Jahr
Grundstücksreinertrag . . . . 35.059 EUR/Jahr
Bodenwertverzinsung . . . . 5.000 EUR/Jahr
Gebäudereinertrag . . . . 30.059 EUR/Jahr
Ertragsvervielfältiger (5 %, 50 Jahre) 18,26
Gebäudeertragswert . . . . 548.877 EUR
Ertragswert (= Verkehrswert) . . . . 648.877 EUR

Mietausfall
jährlicher Mietausfall (= 640 m² × 5,50 EUR/m² × 12) . . . . 42.240 EUR/Jahr
Leibrentenbarwertfaktor[11] 9,56
Kapitalisierter Mietausfall . . . . 403.814 EUR

---
11 Siehe Kapitel »Leibrentenbarwertfaktoren und Sterbetafeln«.

Bewirtschaftungskosten
jährliche BWK (= 17 Prozent des Rohertrags) .... 7.181 EUR/Jahr
Leibrentenbarwertfaktor[12] 9,56
Kapitalisierte Bewirtschaftungskosten .... 68.650 EUR

Gesamte Wirtschaftliche Wertminderung
Kapitalisierter Mietausfall .... 403.814 EUR
Kapitalisierte Bewirtschaftungskosten .... 68.650 EUR
insgesamt .... 335.164 EUR

Marktanpassung

Merkmal	Gewicht	Punkte von 0 bis 1	hoch gering
Lebenserwartung	30	0,8	1 ←——→ 0
wirtschaftliche Wert-minderung/unbe-lasteten Verkehrs-wert	50	0,7	1 ←——→ 0
Immobilienangebot	20	0,2	1 ←——→ 0
	100		

$$\text{Marktanpassung} = \frac{\sum (\text{Gewichte} \times \text{Punkte})}{300} = \frac{63}{300} = 0,21 = \text{rd. } 21\%$$

Ergebnis
unbelasteter Verkehrswert .... 648.877 EUR
wirtschaftliche Wertminderung .... 335.164 EUR
Marktanpassung .... 136.264 EUR
Verkehrswert des belasteten Grundstücks .... 177.449 EUR

8.3.2 Fall 2: Nettonießbrauch

Bei einem Nettonießbrauch trägt der Nießbraucher die Bewirtschaftungskosten bis auf die außergewöhnlichen Aufwendungen. In diesem Fall verbleibt also ein Teil der Bewirtschaftungskosten beim Eigentümer, was bei der Kalkulation der Bewirtschaftungskosten entsprechend berücksichtigt werden muss. Dabei erscheint es angemessen, etwa ein Drittel der Bewirtschaftungskosten als außergewöhnliche Aufwendungen, die beim Grundstückseigentümer verbleiben, anzusetzen. Somit zahlt der Nießbraucher etwa zwei Drittel der Bewirtschaftungskosten. Dieser Teilbetrag der Bewirtschaftungskosten ist werterhöhend zu berücksichtigen.

---

12 Siehe Kapitel »Leibrentenbarwertfaktoren und Sterbetafeln«.

Beispiel: Mehrfamilienhaus mit unentgeltlichem Nießbrauch

Ausgangsdaten . . . . wie in dem Beispiel zuvor
unbelasteter Verkehrswert . . . . 648.877 EUR
Kapitalisierter Mietausfall . . . . 403.814 EUR

Bewirtschaftungskosten
jährliche BWK (= 17 Prozent des Rohertrags) . . . . 7.181 EUR/Jahr
davon 2/3 . . . . 4.787 EUR/Jahr
Leibrentenbarwertfaktor[13] 9,56
Kapitalisierte Bewirtschaftungskosten . . . . 45.764 EUR

Gesamte Wirtschaftliche Wertminderung
Kapitalisierter Mietausfall . . . . 403.814 EUR
Kapitalisierte Bewirtschaftungskosten . . . . 45.764 EUR
insgesamt . . . . 358.050 EUR

Marktanpassung
Da die wirtschaftliche Wertminderung im Vergleich zum unbelasteten Verkehrs-
wert etwas höher ist als im Beispiel zuvor, wird diesbezüglich eine etwas höhere
Punktzahl angesetzt.

Merkmal	Gewicht	Punkte von 0 bis 1	hoch gering
Lebenserwartung	30	0,8	1 ◄————► 0
wirtschaftliche Wert-minderung/unbe-lasteten Verkehrs-wert	50	0,8	1 ◄————► 0
Immobilienangebot	20	0,2	1 ◄————► 0
	100		

$$\text{Marktanpassung} = \frac{\sum (\text{Gewichte} \times \text{Punkte})}{300} = \frac{68}{300} = 0,23 = \text{rd. } 23\%$$

Ergebnis
unbelasteter Verkehrswert . . . . 648.877 EUR
wirtschaftliche Wertminderung . . . . 358.050 EUR
Marktanpassung . . . . 149.242 EUR
Verkehrswert des belasteten Grundstücks . . . . 141.585 EUR

---

13 Siehe Kapitel »Leibrentenbarwertfaktoren und Sterbetafeln«.

8.3.3 Fall 3: Bruttonießbrauch

Bei einem Bruttonießbrauch trägt der Eigentümer sämtliche Bewirtschaftungskosten. Somit können die Bewirtschaftungskosten nicht werterhöhend angesetzt werden.

Beispiel: Mehrfamilienhaus mit unentgeltlichem Nießbrauch

Ausgangsdaten.............................. wie in den Beispielen zuvor
unbelasteter Verkehrswert .... 648.877 EUR
Kapitalisierter Mietausfall .... 403.814 EUR
Kapitalisierte Bewirtschaftungskosten .... 0 EUR

Gesamte Wirtschaftliche Wertminderung
Kapitalisierter Mietausfall .... 403.814 EUR
Kapitalisierte Bewirtschaftungskosten .... 0 EUR
insgesamt .... 403.814 EUR

Marktanpassung
Da die wirtschaftliche Wertminderung im Vergleich zum unbelasteten Verkehrswert höher ist als in den Beispielen zuvor, wird diesbezüglich eine etwas höhere Punktzahl angesetzt.

Merkmal	Gewicht	Punkte von 0 bis 1	hoch	gering
Lebenserwartung	30	0,8	1 ◄————► 0	
wirtschaftliche Wertminderung/unbelasteten Verkehrswert	50	0,9	1 ◄————► 0	
Immobilienangebot	20	0,2	1 ◄————► 0	
	100			

$$\text{Marktanpassung} = \frac{\sum (\text{Gewichte} \times \text{Punkte})}{300} = \frac{73}{300} = 0,24 = \text{rd. } 24\%$$

Ergebnis
unbelasteter Verkehrswert .... 648.877 EUR
wirtschaftliche Wertminderung .... 403.814 EUR
Marktanpassung... 155.730 EUR
Verkehrswert des belasteten Grundstücks .... 89.333 EUR

8.3.4 Zusammenfassung

In der nachfolgenden Tabelle wird nochmals zusammengefasst, welche Verkehrswerte sich bei gleichen Ausgangsdaten in den drei unterschiedlichen Fällen ergeben:

Fall	Verkehrswert
Der Nießbraucher trägt sämtliche Bewirtschaftungskosten (auch die außergewöhnlichen Aufwendungen).	177.449 EUR
Der Nießbraucher trägt die Bewirtschaftungskosten bis auf die außergewöhnlichen Aufwendungen (Nettonießbrauch).	141.585 EUR
Der Eigentümer trägt sämtliche Bewirtschaftungskosten (Bruttonießbrauch).	89.333 EUR

8.3.5 Gutachtentext

Inhalt des Nießbrauchs

Laut vorliegendem Grundbuchauszug und laut Schenkungsvertrag ist das Bewertungsobjekt mit einem Nießbrauch für Michael Müller belastet. Demnach behält sich Michael Müller, geb. am 5. April 1952, ein lebenslängliches, in der Ausübung unentgeltliches Nießbrauchrecht an dem Grundbesitz vor.

Dem Nießbraucher stehen grundsätzlich alle Einnahmen aus dem Grundstück zu. Dabei hat der Nießbraucher im vorliegenden Fall – abweichend von ansonsten üblichen Nießbrauchrechten – sämtliche Aufwendungen für das Grundstück zu tragen: alle Kosten für Ausbesserungen und Erneuerungen am Gebäude einschließlich außergewöhnliche Ausbesserungen und Erneuerungen, Kosten für auf dem Grundstück ruhende öffentliche Lasten einschließlich der außerordentlichen Lasten, Gebäudeversicherungen, Grundsteuern, Grundbesitzabgaben sowie die laufenden privatrechtlichen Lasten.

Wertminderung durch den Nießbrauch

Die Wertminderung durch den Nießbrauch setzt sich aus zwei Faktoren zusammen:

- wirtschaftliche Wertminderung
- Marktanpassung

Im Folgenden werden diese Faktoren quantifiziert.

Wirtschaftliche Wertminderung

Um den wirtschaftlichen Nachteil zu ermitteln, muss zunächst der Mietausfall berechnet werden. Wie im vorliegenden Gutachten beschrieben, liegt die nachhaltig erzielbare Miete für ein vergleichbares Objekt mit vier Wohneinheiten und einer vermietbaren Fläche von insgesamt rund 130 m² bei insgesamt 1.007,15 EUR/Monat. Demnach ergibt sich der Mietausfall zu 12.086 EUR/Jahr.

Als Vorteil für den Grundstückseigentümer ist jedoch in Ansatz zu bringen, dass der Nießbraucher sämtliche Bewirtschaftungskosten übernimmt. Die Bewirtschaftungskosten im vorliegenden Fall wurden zu 2.503 EUR/Jahr ermittelt. Die wirtschaftliche Wertminderung ergibt sich somit wie folgt:

Mietausfall	12.086 EUR/Jahr
– Bewirtschaftungskosten	2.503 EUR/Jahr
= wirtschaftlicher Nachteil jährlich	9.583 EUR/Jahr

Der Barwert dieses jährlichen Nachteils wird mittels des Leibrentenbarwertfaktors ermittelt. In dem Leibrentenbarwertfaktor wird die Überlebenswahrscheinlichkeit des Berechtigten berücksichtigt. Auf der Grundlage des Alters des Berechtigten (54 Jahre) und des Liegenschaftszinssatzes von 4,5 % ergibt sich ein aktueller Leibrentenbarwertfaktor von 14,33. Somit erhält man folgenden Barwert des jährlichen Nachteils:

wirtschaftlicher Nachteil jährlich	9.583 EUR/Jahr
× Leibrentenbarwertfaktor	14,33
= Barwert des wirtschaftlichen Nachteils	137.324 EUR

Marktanpassung

Neben der rein finanzmathematisch ermittelten Größe der wirtschaftlichen Wertminderung ist im Allgemeinen ein Marktanpassungsabschlag zu berücksichtigen. Dabei spielt vor allem die verbleibende Unsicherheit, ob die berechtigte Person tatsächlich so lange überlebt, wie die aus der Statistik abgeleiteten Leibrentenbarwertfaktoren dies vorgeben, eine große Rolle. Darüber hinaus muss berücksichtigt werden, dass der Nießbrauch dem Berechtigten eine wesentlich größere Rechtssicherheit als ein Mietvertrag bietet.

Der Marktanpassungsabschlag kann jedoch niemals genau berechnet werden. Es ist lediglich möglich, anhand der wertrelevanten Faktoren abzuschätzen, ob der Marktanpassungsabschlag besonders hoch oder besonders niedrig ist. Im vorliegenden Fall sind beispielsweise die statistische Lebenserwartung des Berechtigten (rd. 25 Jahre) und auch die wirtschaftliche Wertminderung (rd. 69 % des unbelasteten Verkehrswerts) relativ hoch. Das Angebot an vergleichbaren freistehenden Mehrfamilienhäusern ist derzeit gering bei großer Nachfrage, womit der Marktanpassungsabschlag wie folgt geschätzt werden kann:

8

Merkmal	Gewicht	Punkte von 0 bis 1	hoch gering
Lebenserwartung	40	0,9	1 ◄──► 0
wirtschaftliche Wertmin-derung/unbelasteten Ver-kehrswert	40	0,9	1 ◄──► 0
Immobilienangebot	20	0,2	1 ◄──► 0
	100		

$$\text{Marktanpassung} = \frac{\sum(\text{Gewichte} \times \text{Punkte})}{300} = \frac{76}{300} = 0,25 = \text{rd. } 25\%$$

Wertminderung durch den Nießbrauch

Es ergibt sich somit folgende Wertminderung durch den Nießbrauch:

wirtschaftliche Wertminderung	137.324 EUR
+ Marktanpassungsabschlag (25 %)	50.000 EUR
= Wertminderung durch den Nießbrauch	187.324 EUR
≈	rd. 187.000 EUR

Anmerkung: Der Marktanpassungsabschlag wurde auf der Grundlage des unbelasteten Verkehrswerts von 200.000 EUR ermittelt. Mit dem unbelasteten Verkehrswert von 200.000 EUR und der Wertminderung von 187.000 EUR verbleibt letztendlich ein Verkehrswert von nur 13.000 EUR. Dieser Wert entspricht dem hohen Risiko, was jeder Käufer beim Erwerb des mit dem Nießbrauch belasteten Bewertungsobjekts eingehen würde.

8.4 Wert des Nießbrauchs

8.4.1 Vorgehensweise

Wie das Wohnungsrecht auch, ist der Nießbrauch ein persönliches Recht und kann daher nicht veräußert und nicht vererbt werden. Somit gibt es auch keinen gewöhnlichen Geschäftsverkehr für einen Nießbrauch. Es macht daher keinen Sinn, den Verkehrswert des Nießbrauchs im Hinblick auf einen fiktiven gewöhnlichen Geschäftsverkehr zu ermitteln. Man ermittelt vielmehr den Wert des Nießbrauchs, der sich für den Berechtigten ergibt. Dieser Wert spielt insbesondere dann eine wesentliche Rolle, wenn der Nießbrauch abgelöst werden soll. In diesem Fall ergibt sich der Wert des Nießbrauchs ähnlich wie der Verkehrswert des belasteten Grundstücks aus dem Barwert der wirtschaftlichen Auswirkungen und zusätzlichen Marktüberlegungen.

Es sei daher nochmals ausdrücklich darauf hingewiesen, dass es sich bei dem nachfolgend angegebenen Wert um den Wert des Nießbrauchs **für den Nießbraucher** handelt.

Grundsätzliche Vorgehensweise		Nießbrauchbewertung
Nießbrauch	Wirtschaftliche Auswirkungen	Barwert der Erträge
	Lage auf dem Grundstücksmarkt	− Barwert der Bewirtschaftungskosten, die vom Nießbraucher getragen werden
	Lage auf dem Grundstücksmarkt	± Marktanpassung
	Wert des Rechts	= Wert des Nießbrauchs

8.4.2 Barwert der Erträge und Bewirtschaftungskosten

Der Barwert des Überschusses, der sich aus der Differenz der Erträge und der Bewirtschaftungskosten ergibt, wird mittels des Leibrentenbarwertfaktors kapitalisiert.

Beispiel

Mieterträge abzgl. BWK (Überschüsse) . . . . 10.000 EUR/Jahr
Alter der Berechtigten (Frau) . . . . 76 Jahre
Liegenschaftszinssatz . . . . 4 %
Leibrentenbarwertfaktor[14] 8,67
Barwert der Überschüsse . . . . 86.700 EUR
Wirtschaftlicher Vorteil des Nießbrauchers . . . . rd. 87.000 EUR

Hinweis: Bei der Kapitalisierung des wirtschaftlichen Vorteils eines Nießbrauchberechtigten bestehen hinsichtlich der Wahl eines geeigneten Zinssatzes unterschiedliche Auffassungen. Im vorliegenden Buch wird die Kapitalisierung des Vorteils (und auch des Nachteils) eines Nießbrauchberechtigten mittels des Liegenschaftszinssatzes durchgeführt. Details dazu finden sich im Kapitel »Angemessene Kapitalisierungszinssätze«.

8.4.3 Marktanpassung

Bezüglich der Marktanpassung gilt, dass bei der Bewertung des Nießbrauchs in der Regel ein Zuschlag erforderlich ist (anders als beim belasteten Grundstück, bei dem ein Abschlag gemacht wird). Dabei spielt vor allem die für den Berechtigten verbleibende Unsicherheit hinsichtlich der Lebenserwartung eine große Rolle. Darüber hinaus muss berücksichtigt werden, dass der Nießbrauch dem Berechtigten eine wesentlich größere Rechtssicherheit als ein Mietvertrag bietet. Aus diesen Gründen würde der Berechtigte sicherlich nicht nur die kapitalisierten Überschüsse als fiktiven Preis verlangen, wenn der Nießbrauch abgelöst werden sollte.

---

14 Siehe Kapitel 19 Leibrentenbarwertfaktoren und Sterbetafeln.

Literaturquellen zur Marktanpassung finden Sie in Kapitel 8.3.1. Eine Kalkulationshilfe zur Marktanpassung finden Sie im Kapitel »Wohnungsrecht«. Die dortigen Hinweise gelten gleichermaßen für den Nießbrauch.

8.4.4 Gutachtentext

Inhalt des Nießbrauchrechts

Laut der vorliegenden Eintragungsbewilligung handelt es sich um ein lebenslängliches Nießbrauchsrecht an dem Bewertungsgrundstück nebst allen Aufbauten und sonstigen wesentlichen Bestandteilen zugunsten Frau Marianne König.

In der Eintragungsbewilligung wird lediglich in kurzer Form erwähnt, dass ein Nießbrauch eingeräumt werden soll. Aussagen dazu, wer beispielsweise die Bewirtschaftungskosten zu tragen hat, werden nicht getroffen. In der nachfolgenden Bewertung wird deshalb davon ausgegangen, dass die gesetzlichen Regelungen hinsichtlich des Nießbrauch anzuwenden sind und somit die Berechtigte sämtliche Bewirtschaftungskosten bis auf die außergewöhnlichen Lasten zu tragen hat (so genannter Nettonießbrauch).

Wert des Nießbrauchs

Der Wert des Nießbrauchs setzt sich aus folgenden zwei Faktoren zusammen:

● wirtschaftlicher Vorteil
● Marktanpassung

Im Folgenden werden diese Faktoren quantifiziert.

Wirtschaftlicher Vorteil

Der wirtschaftliche Vorteil, den die Berechtigte aufgrund des Nießbrauchs hat, berechnet sich auf der Grundlage der nachhaltig erzielbaren Miete und der Bewirtschaftungskosten.

Da im Mietpreisspiegel der Stadt Bonn keine Werte für Einfamilienhäuser erfasst sind, haben wir telefonische Rücksprache mit ortskundigen Immobilienmaklern genommen. Demnach werden derzeit in Bonn-Tannenbusch für Einfamilienhäuser mit einer vergleichbaren Wohnfläche, je nach Ausstattung und Ortslage, Mietpreise zwischen 750 und 900 EUR/Monat erzielt. Im vorliegenden Fall halten wir aufgrund des hohen Alters und des einfachen Zustands des Bewertungsobjekts einen in der unteren Hälfte der Bandbreite liegenden Mietansatz von 800 EUR/Monat für angemessen, womit sich ein jährlicher Mietzins von 9.600 EUR/Jahr ergibt.

Die Bewirtschaftungskosten werden überschlägig mit 20 Prozent des jährlichen Mietzinses in Ansatz gebracht. Davon zahlt der Grundstückseigentümer jedoch die außergewöhnlichen Kosten, die mit etwa einem Drittel veranschlagt werden können. Somit erhält man Bewirtschaftungskosten von 1.280 EUR/Jahr, die von der Berechtigten zu tragen sind.

Der Barwert des Vorteils wird mittels des Leibrentenbarwertfaktors ermittelt. In dem Leibrentenbarwertfaktor wird die Überlebenswahrscheinlichkeit der Berechtigten berücksichtigt. Im vorliegenden Fall ergibt sich auf der Grundlage des Alters der Berechtigten (61 Jahre) und des Liegenschaftszinssatzes von 3,0 % ein aktueller Leibrentenbarwertfaktor von 16,25.

Somit ergibt sich der wirtschaftliche Vorteil für die Nießbrauchberechtigte wie folgt:

ortsübliche Miete	9.600 EUR/Jahr
− Bewirtschaftungskosten	1.280 EUR/Jahr
= wirtschaftlicher Vorteil pro Jahr	8.320 EUR/Jahr
× Leibrentenbarwertfaktor	16,25
= Barwert des wirtschaftlichen Vorteils	135.200 EUR

Marktanpassung

Neben der rein finanzmathematisch ermittelten Größe des wirtschaftlichen Vorteils ist im Allgemeinen ein Marktanpassungszuschlag zu berücksichtigen. Dabei spielt vor allem die verbleibende Unsicherheit, ob die berechtigte Person tatsächlich so lange überlebt, wie die aus der Statistik abgeleiteten Leibrentenbarwertfaktoren dies vorgeben, eine große Rolle. Darüber hinaus muss berücksichtigt werden, dass das Nießbrauchrecht der Berechtigten eine wesentlich größere Rechtssicherheit als ein Mietvertrag bietet.

Der Marktanpassungszuschlag kann jedoch niemals genau berechnet werden. Es ist lediglich möglich, anhand der wertrelevanten Faktoren abzuschätzen, ob der Marktanpassungszuschlag besonders hoch oder besonders niedrig ist. Im vorliegenden Fall ist insbesondere die Lebenserwartung der Berechtigten mit rd. 23 Jahren sehr hoch. Damit besitzt die Berechtigte im Falle einer Veräußerung des Rechts auch eine sehr gute Rechts- und Verhandlungsposition. Wir halten es daher für angemessen, einen Marktanpassungszuschlag von 25 Prozent des wirtschaftlichen Vorteils, das sind von 33.800 EUR, zu berücksichtigen.

Ergebnis

Es ergibt sich somit folgender Wert des Nießbrauchrechts:

wirtschaftlicher Vorteil	135.200 EUR
+ Marktanpassung	33.800 EUR
= Wert des Nießbrauchrechts	169.000 EUR

8.5 Nießbrauch in den WertR 2006

In den WertR 2006 werden das Wohnungsrecht und der Nießbrauch gemeinsam unter Nr. 4.4 behandelt. Bei der Bewertung wird dort keine Differenzierung zwischen Wohnungsrecht und Nießbrauch vorgenommen, d. h. Wohnungsrecht und Nießbrauch werden in den WertR 2006 nach den gleichen Modellen bewertet. Da hundertprozentige Modellidentität herrscht, wird hinsichtlich der Bewertung im Zusammenhang mit Nießbrauchrechten auf das Kapitel »Wohnungsrecht nach WertR 2006« verwiesen.

8.6   Zusammenfassung

- Beim Nießbrauch handelt es sich um ein Nutzungsrecht. Bei der Bewertung dieses Nutzungsrechts können sich folgende zwei Fragen stellen: 1. Was ist es wert, Eigentümer des mit dem Nießbrauch belasteten Grundstücks zu sein? 2. Was ist es wert, den Nießbrauch am Grundstück zu haben?
- Für den Sachverständigen ist es in der Regel nicht möglich, den gesetzlichen und den schuldrechtlichen Inhalt des Nießbrauchs zu unterscheiden. Er muss jedoch darauf hinweisen, welche Inhalte er in seinem Gutachten berücksichtigt hat.
- Der richtige Ansatz der Bewirtschaftungskosten spielt bei der Bewertung im Zusammenhang mit Nießbrauchrechten eine entscheidende Rolle.
- Es sind Marktanpassungszu- oder -abschläge anzusetzen, mit dem die über die wirtschaftlichen Aspekte hinausgehenden Faktoren berücksichtigt werden. Die Marktanpassungszu- oder -abschläge werden von den Fachkommentatoren zum Wertermittlungsrecht mittlerweile größtenteils akzeptiert.
- Die WertR 2006 haben dem Nießbrauch kein eigenes Kapitel gewidmet. Er ist laut WertR 2006 in gleicher Weise wie das Wohnungsrecht zu behandeln.

9 Wegerecht

In diesem Kapitel wird gezeigt,

- welche wesentlichen rechtlichen Grundlagen bei der Bewertung von Wegerechten zu beachten sind,
- wie sich Wegrechte auf die Bodenwerte von unbebauten Grundstücken auswirken können,
- wie Sachwerte und Ertragswerte von bebauten Grundstücken ermittelt werden, wenn Wegerechte zu berücksichtigen sind,
- welche Rolle Baulasten bei der Wegerechtsbewertung spielen,
- wie die Verkehrswerte im Zusammenhang mit Wegerechten nach den WertR 2006 ermittelt werden sollen und welche Kritikpunkte in diesem Zusammenhang zu nennen sind.

9.1 Grundlagen

Bei Wegerechten ist zwischen Privatrecht und öffentlichem Recht zu unterscheiden. Die privatrechtlichen Wegerechte werden im Bürgerlichen Gesetzbuch behandelt; die öffentlich-rechtlichen Wegerechte beruhen beispielsweise auf Festlegungen im Bebauungsplan oder Baulasteintragungen.

Privatrecht

Das privatrechtliche Wegerecht ist ein Nutzungsrecht in Form einer Grunddienstbarkeit. Die rechtlichen Grundlagen des privatrechtlichen Wegerechts finden sich in den Paragraphen 1018 bis 1029 des Bürgerlichen Gesetzbuchs in dem Unterabschnitt über die Grunddienstbarkeiten. Die wichtigsten dort enthaltenen und das Wegerecht betreffenden Bestimmungen werden im Folgenden erläutert.

- Das Wegerecht belastet ein Grundstück zugunsten des jeweiligen Eigentümers eines anderen Grundstücks im Allgemeinen in der Weise, dass dieser das Grundstück überqueren darf. Dabei muss die Benutzung des belasteten Grundstücks dem begünstigten Grundstück einen Vorteil bieten. Wenn also ein Grundstück bereits im ausreichenden Maße an eine öffentliche Straße angeschlossen ist, so ist es in der Regel nicht möglich, darüber hinaus ein Wegerecht zu vereinbaren.
- Mit § 1020 BGB wurde eine Regelung in das Gesetz eingeführt, die den Berechtigten einer Grunddienstbarkeit verpflichtet, das Interesse des Eigentümers des belasteten Grundstücks zu schonen. Dies bedeutet, dass z. B. die Nutzung eines Wegerechts so gehandhabt werden soll, dass den Verpflichteten des Wegerechts keine zusätzlichen Einschränkungen in der Nutzung seines Eigentums treffen. Nach § 1020 fällt die Unterhaltung von Anlagen, die der aus dem Wegerecht Berechtigte auf dem dienenden Grund-

stück unterhält, dem Berechtigten zu. Abweichende Vereinbarungen können getroffen und in das Grundbuch eingetragen werden.

- Beschränkt sich die jeweilige Ausübung des Wegerechts (bzw. generell einer Grunddienstbarkeit) auf einen Teil des belasteten Grundstücks, so kann der Eigentümer die Verlegung der Ausübung auf eine andere, für den Berechtigten ebenso geeignete Stelle verlangen, wenn die Ausübung an der bisherigen Stelle für ihn besonders beschwerlich ist; die Kosten der Verlegung hat er zu tragen.[1]

- Bei Teilung des begünstigten Grundstücks, besteht das Wegerecht (bzw. generell eine Grunddienstbarkeit) gemäß § 1025 BGB für die neu entstehenden Teile fort. Sofern das Wegerecht nach der Teilung des Grundstücks jedoch nur noch einem Teil der neu entstandenen Grundstücke zum Vorteil gereicht, erlischt das Wegerecht für die nach der Teilung nicht mehr begünstigten Grundstücke.

- Die Teilung des belasteten Grundstücks führt gemäß § 1026 BGB dazu, dass auch hier nur die Teile der neu entstehenden Grundstücke belastet bleiben, die zur Ausübung des Wegerechts (bzw. generell einer Grunddienstbarkeit) weiterhin erforderlich sind.

- Im Unterschied zu einer beschränkt persönlichen Dienstbarkeit, die an eine bestimmte Person gebunden ist, wird eine Grunddienstbarkeit zugunsten des jeweiligen Eigentümers eines anderen Grundstücks in das Grundbuch eingetragen. *Die Grunddienstbarkeit ist wesentlicher Bestandteil des Eigentumsrechts am herrschenden Grundstück und geht mit dem Eigentum am herrschenden Grundstück über.*[2]

- Die Grunddienstbarkeit entsteht durch Einigung und Eintragung. Häufig wird im Bestandsverzeichnis des herrschenden Grundstücks eine Eintragung vorgenommen, die auf die Existenz der begünstigenden Grunddienstbarkeit hinweist (so genannter Herrschvermerk). Diese zusätzliche Eintragung ist jedoch nicht zwingend erforderlich, sondern kann auf Antrag erfolgen.

- Die Löschung einer Grunddienstbarkeit kann nur durch einseitige Erklärung des aktuellen Rechtsinhabers erfolgen. Hierfür ist die Abgabe einer Löschungsbewilligung erforderlich.[3]

- Für die Ausübung des Wegerechts und die damit verbundene Einschränkung des belasteten Grundstücks hat der Eigentümer des begünstigten Grundstücks im Allgemeinen eine angemessene Rente, die bei der Bestellung des Rechts festgelegt wird, zu zahlen. Diese Rente kann an die Änderung der allgemeinen wirtschaftlichen Verhältnisse, nicht jedoch an die Bodenwertsteigerung angepasst werden. Ist also die vereinbarte Rente niedriger als die Bodenwertverzinsung, so ergibt sich ein finanzieller Nachteil für den Belasteten, der im Laufe der Zeit immer größer wird.

---

1 Vgl. § 1024 BGB.
2 Vgl. *Fassbender u. a.*, Notariatskunde, 2000, S. 319.
3 *Ebenda*, S. 320.

Öffentliches Recht

Im Unterschied zu den oben beschriebenen privatrechtlichen Wegerechten gibt es Wegerechte, die auf öffentlichem Recht basieren. Dabei handelt es sich zum Beispiel um Wegerechte, die auf der Grundlage eines Bebauungsplans begründet werden. Die Vorgehensweise bei der Wertermittlung unterscheidet sich in beiden Fällen prinzipiell nicht.

Darüber hinaus besteht die Möglichkeit, den Regelungsinhalt von Wegerechten in Form von Baulasten öffentlich-rechtlich zu sichern. Die Bewertungsgrundsätze im Zusammenhang mit Baulasten werden an späterer Stelle dieses Kapitels sowie im Kapitel »Baulasten« intensiv erläutert.

9.2 Klassischer Fall

Nachfolgend sehen Sie eine Abbildung, die den klassischen Fall eines Wegerechts darstellt. Das begünstigte Grundstück erhält nur durch die Einräumung eines Wegerechts Zugang zu einer öffentlichen Straße. Dem begünstigten Grundstück wird ein Vorteil eingeräumt, der ohne das Wegerecht nicht gegeben ist.

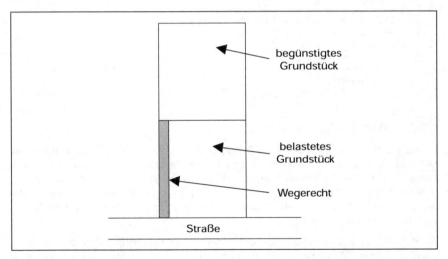

Anhand dieser Darstellung wird im Folgenden die Vorgehensweise bei der Bewertung im Zusammenhang mit Wegerechten beschrieben. Dabei wird von dem in der Praxis am häufigsten vorkommenden Fall ausgegangen, dass das Wegerecht zeitlich unbefristet ist.

9.3 Verkehrswert des belasteten Grundstücks

9.3.1 Vorgehensweise

Es ist zunächst der Verkehrswert des Grundstücks ohne Berücksichtigung des Wegerechts zu ermitteln, unabhängig davon, ob das Grundstück bebaut ist oder nicht. Anschließend sind die wirtschaftlichen Vor- und Nachteile zu berücksichtigen. Als wirtschaftlicher Vorteil ist zum Beispiel die Zahlung einer Wegerente an den Eigentümer des belasteten Grundstücks anzusehen. Ein wirtschaftlicher Nachteil besteht beispielsweise darin, dass der belastete Grundstücksbereich nicht mehr oder nur noch eingeschränkt genutzt werden kann.

Grundsätzliche Vorgehensweise		Bewertung von Wegerechten
Belastetes Grundstück	unbelasteter Verkehrswert	Verkehrswert ohne Berücksichtigung des Wegerechts
	Ertrags- und Kostenüberlegungen	± Barwert der wirtschaftlichen Vor- und Nachteile
	Lage auf dem Grundstücksmarkt	± Marktanpassung
	belasteter Verkehrswert	= Verkehrswert des belasteten Grundstücks

9.3.2 Wirtschaftliche Vorteile

Im klassischen Fall besteht der einzige wirtschaftliche Vorteil des belasteten Grundstücks in der Regel darin, dass eine Wegerente gezahlt wird. Die Wegerente ist als eine Art Entschädigung dafür anzusehen, dass der Eigentümer des belasteten Grundstücks einen Teil seines Grundstücks zur Wegerechtsnutzung zur Verfügung stellt und diesen Grundstücksteil dann nicht mehr selber (baulich) nutzen kann.

An dieser Stelle geht es jedoch nicht um die sachverständige Ermittlung einer angemessenen Wegerente. Es muss vielmehr recherchiert werden, **ob** eine Wegerente gezahlt wird und wenn ja, in welcher Höhe und über welchen Zeitraum. Der Barwert der Wegerente entspricht dann dem wirtschaftlichen Vorteil. Ist keine Wegerente vereinbart, kann in der Wertermittlung kein wirtschaftlicher Vorteil berücksichtigt werden.

Dazu folgendes Beispiel:

Barwert der Wegerente
Es wird eine unbefristete Laufzeit des Wegerechts unterstellt.
Wegerente . . . . 3.000 EUR/Jahr
Liegenschaftszinssatz . . . . 4,0 %
Barwert der Rente (3.000 EUR/Jahr ÷ 0,04) . . . . 75.000 EUR

9.3.3   Wirtschaftliche Nachteile

Es können insbesondere folgende zwei wirtschaftliche Nachteile für das belastete Grundstück auftreten:

- durch das Wegerecht wird das belastete Grundstück in seiner Nutzung eingeschränkt
- durch die Nutzung des Wegerechts können Immissionen aller Art auftreten

Die Nutzungseinschränkungen und Immissionsbelastungen können derart vielfältig sein, dass keine pauschale Vorgehensweise vorgeschlagen werden kann. Es kann jedoch davon ausgegangen werden, dass die Nachteile, die sich aufgrund der Nutzungseinschränkungen und Immissionsbelastungen ergeben, in einem prozentualen Abschlag vom Bodenwert berücksichtigt werden können. Dieser prozentuale Abschlag vom Bodenwert kann in vielen Fällen der Wertermittlung im Zusammenhang mit Wegerechten zu sachgerechten Ergebnissen führen. Dabei ist zu beachten, dass der prozentuale Abschlag als wirtschaftlicher Nachteil stets vom unbelasteten Verkehrswert des bebauten oder unbebauten Grundstücks abzuziehen ist und nicht direkt den Bodenwert mindert.

Im Folgenden finden Sie Erfahrungswerte, welche Abschläge in speziellen Einzelfällen in Frage kommen. Es ist jedoch stets zu bedenken: Jeder Bewertungsfall ist anders und es muss daher in jedem Fall eine spezielle Lösung gefunden werden. Die Vorschläge können daher nur Anregungen zur Lösungsfindung im Bewertungsfall sein. Sofern weitere wirtschaftliche Nachteile erkannt werden, die nicht bereits über die hier vorgestellten Abschläge erfasst wurden, müssen diese in geeigneter Weise zusätzlich berücksichtigt werden.

Vorschläge zur Berücksichtigung von Nachteilen durch Wegerechte		Abschlag vom Boden-wert des unbelasteten Grundstücks
Ausmaß von Nutzungseinschränkungen und Immissionsbelastungen		
gering	• Wegerecht verläuft am Rand des Grund-stücks • Wegerecht nimmt nur einen Bruchteil des Gesamtgrundstücks ein (< 15 %) • die (bauliche) Nutzbarkeit wird nicht ein-geschränkt • es sind keine wesentlichen Immissionen zu erwarten	1 bis 5 %
vertretbar	Über die geringen Nachteile hinaus sind folgende weitere Nachteile vorhanden: • Wegerecht nimmt einen größeren Bereich des Gesamtgrundstücks ein (> 15 %) • die (bauliche) Nutzbarkeit wird teilweise eingeschränkt	6 bis 20 %
erheblich	Über die vertretbaren Nachteile hinaus sind folgende weitere Nachteile vorhanden: • Wegerecht verläuft nicht am Rand son-dern im zentralen Bereich des Grund-stücks • die (bauliche) Nutzbarkeit wird stark ein-geschränkt • es sind störende Immissionen zu erwar-ten	21 bis 40 %
nicht vertretbar	Über die erheblichen Nachteile hinaus sind folgende weitere Nachteile vorhanden: • die (bauliche) Nutzbarkeit ist kaum bzw. nicht möglich • es sind erheblich störende Immissionen zu erwarten	41 bis 90 %

Nachfolgend wird anhand einiger Praxisfälle beschrieben, wie der Nachteil durch ein Wegerecht mittels der obigen Tabelle ermittelt werden kann.

9.3.4 Fall 1: Geringe Nachteile

Das Flurstück 477 ist mit einem Wegerecht zugunsten der Flurstücke 476, 475 und 474 belastet. Das Wegerecht bezieht sich auf einen 2 m breiten Weg, der am Rand des Flurstücks verläuft (siehe nachstehenden Ausschnitt aus der Flurkarte). Dieser Weg ist lediglich ein Fußweg, über den die Eigentümer der begünstigten Grundstücke künftig nach erfolgter Bebauung ihre rückwär-tigen Gärten erreichen können. Die Bebauungsmöglichkeit auf den betroffe-nen Grundstücken ist mit gestrichelten Linien dargestellt.

Es soll der wirtschaftliche Nachteil des belasteten Grundstücks ermittelt werden.

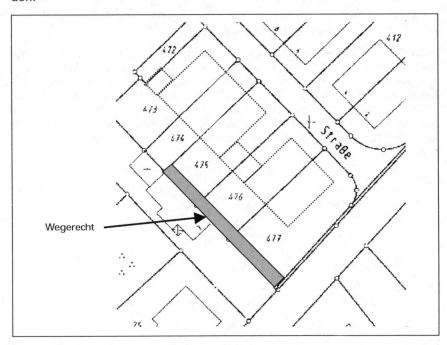

Bei der Ermittlung des wirtschaftlichen Nachteils sind folgende Aspekte zu berücksichtigen:

- das Wegerecht verläuft am Rand des Grundstücks
- das Wegerecht nimmt mit einer Fläche von 15 m² nur rd. 7 Prozent des Gesamtgrundstücks (203 m²) ein
- die bauliche Nutzbarkeit wird nicht eingeschränkt
- es sind keine wesentlichen Immissionen zu erwarten

Es handelt sich um geringe Nachteile, weshalb ein Abschlag von 5 Prozent des unbelasteten Bodenwerts als angemessen erscheint. Bei einem unbelasteten Bodenwert von 200 EUR/m² ergibt sich somit folgender wirtschaftlicher Nachteil:

Wirtschaftlicher Nachteil
Bodenwert des unbelasteten Grundstücks (relativ) . . . . 200 EUR/m²
Gesamtgrundstücksgröße . . . . 203 m²
Bodenwert des unbelasteten Grundstücks (absolut) . . . . 40.600 EUR
wirtschaftlicher Nachteil (5 Prozent) . . . . 2.030 EUR

Der wirtschaftliche Nachteil in Höhe von 2.030 EUR wird vom unbelasteten Verkehrswert in Abzug gebracht.

9.3.5   Fall 2: Vertretbare Nachteile

Das Flurstück 2289 ist durch ein Wegerecht zugunsten des Flurstücks 2292 belastet (siehe nachfolgenden Ausschnitt aus der Flurkarte). Das Wegerecht verläuft zwar am Rand des belasteten Grundstücks, die bauliche Nutzbarkeit wird jedoch teilweise eingeschränkt. Da nämlich der Bebauungsplan eine geschlossene Bauweise festsetzt, könnte auch die durch das Wegerecht belastete Fläche bebaut werden. Für das begünstigte Grundstück ist eine Einfamilienhausbebauung festgesetzt, so dass keine wesentlichen Immissionen zu erwarten sind.

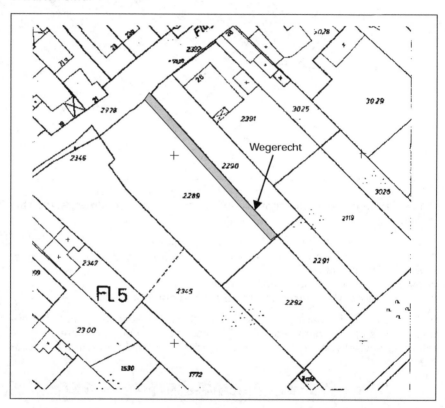

Die Einschränkung der baulichen Nutzungsmöglichkeit stellt einen mehr als nur geringfügigen aber noch vertretbaren Nachteil dar. Insofern kann davon ausgegangen werden, dass zunächst ein Abschlag von 5 bis 20 Prozent angemessen ist. Da jedoch das Wegerecht am Rand des Grundstücks verläuft und zudem keine wesentlichen Immissionen zu erwarten sind, ist von einem in der unteren Hälfte der Bandbreite liegenden Wert von rd. 10 Prozent auszugehen.

Bei einem unbelasteten Bodenwert von 200 EUR/m² ergibt sich somit folgender wirtschaftlicher Nachteil:

Wirtschaftlicher Nachteil
Bodenwert des unbelasteten Grundstücks (relativ) . . . . 200 EUR/m²
Gesamtgrundstücksgröße . . . . 970 m²
Bodenwert des unbelasteten Grundstücks (absolut) . . . . 194.000 EUR
wirtschaftlicher Nachteil (10 Prozent) . . . . 19.400 EUR

9.3.6 Fall 3: Erhebliche Nachteile

Das Flurstück mit der Nummer 1521 ist sowohl mit einem privatrechtlichen als auch einem öffentlich-rechtlichen Wegerecht zugunsten der Kommune belastet. Das privatrechtliche Wegerecht ist im Grundbuch eingetragen, das öffentlich-rechtliche ist durch die Festsetzungen des Bebauungsplans gesichert.

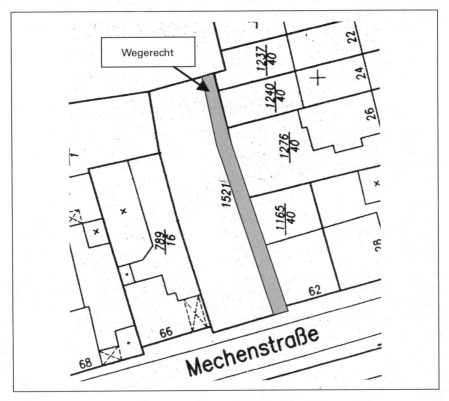

Bei der Ermittlung des wirtschaftlichen Nachteils sind folgende Gesichtspunkte zu berücksichtigen:

- Das Wegerecht verläuft in einer Breite von 3 Metern an der Grenze des belasteten Grundstücks. Es nimmt etwa 25 Prozent des Grundstücks ein.
- Das belastete Grundstück ist lediglich ca. 12 m breit. Eine bauliche Nutzung ist über die gesamte Breite des Grundstücks möglich (geschlossene Bauweise). Durch das Wegerecht wird die bauliche Nutzbarkeit somit erheblich eingeschränkt.
- Es handelt sich um ein Wegerecht zugunsten der Allgemeinheit. Es wurde begründet, um eine im rückwärtigen Bereich an das Bewertungsgrundstück anschließende Schulfläche zugänglich zu machen. Insofern sind störende (Lärm-)Immissionen zu erwarten. Eventuell müssen sogar Maßnahmen getroffen werden, die einen Einblick auf den verbleibenden Grundstücksbereich vom Weg aus verhindern (Palisadenwände, dichte Bepflanzung, etc.).

Aufgrund der oben aufgeführten Nachteile handelt es sich um eine erhebliche Belastung. Der Abschlag vom Bodenwert des unbelasteten Grundstücks liegt somit zwischen 20 und 40 Prozent. Obwohl das Wegerecht am Rand des Grundstücks und nicht in der Mitte verläuft sind die Belastungen so hoch, dass die obere Grenze der Bandbreite, somit 40 Prozent, als angemessen erscheint.

Bei einem unbelasteten Bodenwert von 210 EUR/m² ergibt sich somit folgender wirtschaftlicher Nachteil:

Wirtschaftlicher Nachteil
Bodenwert des unbelasteten Grundstücks (relativ) . . . . 210 EUR/m²
Gesamtgrundstücksgröße . . . . 478 m²
Bodenwert des unbelasteten Grundstücks (absolut) . . . . 100.380 EUR
wirtschaftlicher Nachteil (40 Prozent) . . . . 40.152 EUR

Inwiefern es sinnvoll ist, ein Grundstück derart stark mit einem Wegerecht zugunsten der Allgemeinheit zu belasten, kann in einem Verkehrswertgutachten nicht diskutiert werden. Es ist auch fraglich, ob diese Belastung bei einer eventuellen Klage vor dem zuständigen Gericht Bestand behalten würde, vor allem unter dem Aspekt, dass die Verlegung der Belastung auf eine benachbarte unbebaute Stelle in der Nähe des Bewertungsgrundstücks möglich ist. Alle Aussagen zu einer eventuellen Aufhebung der Belastung sind jedoch lediglich Spekulation. Insofern muss bei der Wertermittlung davon ausgegangen werden, dass das Wegerecht in Zukunft Bestand haben wird.

9.3.7 Fall 4: Nicht vertretbare Nachteile

Das in der nachfolgenden Flurkarte dargestellte Flurstück Nr. 679 ist ca.
6,50 m breit. Es ist für eine Reihenhausbebauung vorgesehen. An der Grenze
zum Flurstück Nr. 678 verläuft jedoch ein 3 m breites Wegerecht zugunsten
des Flurstücks Nr. 547/3, so dass eine wirtschaftliche bauliche Nutzung des belasteten Grundstücks unmöglich ist.

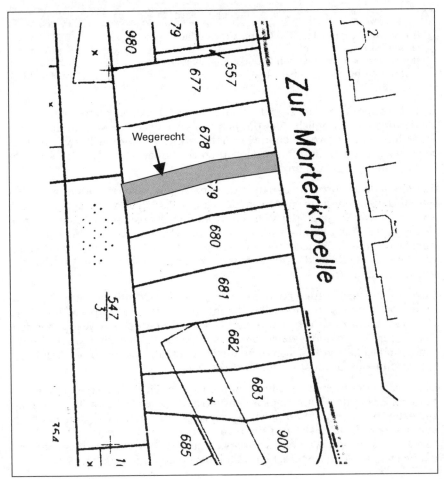

Da eine wirtschaftliche bauliche Nutzbarkeit unmöglich ist, handelt es sich um eine nicht vertretbare Belastung, womit der Abschlag vom Bodenwert des unbelasteten Grundstücks 40 bis 90 Prozent betragen kann. Im vorliegenden Fall ist die Belastung so hoch, dass die obere Grenze der Bandbreite, demnach 90 Prozent, angesetzt werden kann. Bei einem unbelasteten Bodenwert von 160 EUR/m² ergibt sich somit folgender wirtschaftlicher Nachteil:

Wirtschaftlicher Nachteil
Bodenwert des unbelasteten Grundstücks (relativ) . . . . 160 EUR/m²
Gesamtgrundstücksgröße . . . . 157 m²
Bodenwert des unbelasteten Grundstücks (absolut) . . . . 25.120 EUR
wirtschaftlicher Nachteil (90 %) . . . . 22.608 EUR

In diesem speziellen Fall sind durchaus weitere Denkansätze zur Lösung des Bewertungsfalls möglich. Allerdings muss stets beachtet werden, dass sich im Rahmen des gewöhnlichen Geschäftsverkehrs unter der Prämisse einer nicht möglichen Neuordnung der Flurstücke zunächst der oben genannte wirtschaftliche Nachteil ergäbe.

Es wäre jedoch durchaus denkbar, dass beispielsweise der Eigentümer des Flurstücks 680 Interesse am Ankauf des Flurstücks 679 bekundet und in einem solchen Bewertungsfall der Wert eines Interessenausgleichs bestimmt werden müsste. Auch könnten im Rahmen der Planung einer Bauträgermaßnahme weitere Flurstücke in die Überlegungen mit einbezogen werden, so dass durch eine Neuordnung der Flurstücke sinnvoll bebaubare Grundstücke entstehen könnten.

Da eine bauliche Nutzung auf dem zu bewertenden Grundstück ohne Neuordnung der Flurstücke unmöglich ist könnte man auch die Frage stellen, ob es sich überhaupt noch um baureifes Land im Sinne des § 4 WertV handelt. Bei dieser Betrachtungsweise ergibt sich eine weitere alternative Bewertungsmöglichkeit, wobei sich dann die Frage stellt, welcher Entwicklungszustandsstufe das Grundstück zuzuordnen wäre.

Die Vielzahl der möglichen Überlegungen verdeutlicht letztlich einmal mehr, dass der Zweck des Gutachtens im Vorfeld einer jeden Wertermittlung genau zu bestimmen ist. In Abhängigkeit vom Zweck des Gutachtens kann dann bestimmt werden, ob es sich um einen Verkehrswert im Sinne des § 194 BauGB handelt oder ob der Wert eines Interessenausgleichs unter Berücksichtigung der wechselseitigen Ansprüche und Interessenlagen zu ermitteln ist.

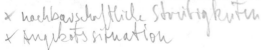

9.3.8 Beispiel für das belastete Grundstück

Ausgangsdaten

unbelasteter Verkehrswert .... 250.000 EUR
unbelasteter Bodenwert .... 90.000 EUR
wirtschaftlicher Nachteil .... 25 % des unbel. Bodenwerts
Wegerente .... 500 EUR/Jahr
Liegenschaftszinssatz .... 3,5 %

Grundsätzliche Vorgehensweise		Wegerechtsbewertung	Beispiel
Belastetes Grundstück	unbelasteter Verkehrswert	Verkehrswert ohne Berücksichtigung des Wegerechts	250.000 EUR
	Ertrags- und Kostenüberlegungen	+ Barwert der Wegerente	+ 14.286 EUR (= 500 EUR/Jahr ÷ 0,035)
		– wirtschaftlicher Nachteil	– 22.500 EUR (= 90.000 EUR × 0,25)
	Zwischenwert		= 241.786 EUR
	Lage auf dem Grundstücksmarkt	± Marktanpassung	– 0 EUR
	belasteter Verkehrswert	= Verkehrswert des belasteten Grundstücks	= 241.786 EUR rd. 240.000 EUR

9.4 Verkehrswert des begünstigten Grundstücks

9.4.1 Vorgehensweise

Es wird zunächst der Verkehrswert des Grundstücks ohne Berücksichtigung des Wegerechts ermittelt. Bei der Bodenwertermittlung wird jedoch unterstellt, dass es sich bei der Grundstücksqualität um »baureifes Land« im Sinne des § 4 WertV handelt.

Es wird deshalb die Qualität »baureifes Land« unterstellt, weil man davon ausgehen kann, dass das begünstigte Grundstück durch das Wegerecht überhaupt erst bebaubar wird. Dabei ist es jedoch von entscheidender Bedeutung, ob das privatrechtliche Wegerecht auch öffentlich-rechtlich, zum Beispiel durch eine Baulast, gesichert ist. Ist dies nicht der Fall, so wird die Baubehörde eine Baugenehmigung nicht erteilen, womit auch kein »baureifes Land« vorliegt, da die Erschließung nicht gesichert ist. Dieser Umstand muss dann als wirtschaftlicher Nachteil berücksichtigt werden.

9

Wegerecht

Weitere wirtschaftliche Nachteile ergeben sich beispielsweise dann, wenn eine Wegerente und Unterhaltungskosten gezahlt werden müssen. Wirtschaftliche Vorteile sind über die bereits geänderte Entwicklungszustandsstufe hinaus in der Regel nicht vorhanden.

Somit ist wie folgt zu verfahren:

	Grundsätzliche Vorgehensweise	Bewertung von Wegerechten
Begünstigtes Grundstück	Ausgangswert	Verkehrswert mit Bodenwert für baureifes Land
	Ertrags- und Kostenüberlegungen	− Barwert der wirtschaftlichen Nachteile
	Lage auf dem Grundstücksmarkt	± Marktanpassung
	begünstigter Verkehrswert	= Verkehrswert des begünstigten Grundstücks

9.4.2 Beispiel 1: Wegerecht mit Baulast

Das Grundstück mit der Flurstücksnummer 1036 (im unten stehenden Flurkartenausschnitt schwarz umrandet) ist durch ein Wegerecht begünstigt. Zusätzlich zum Wegerecht ist eine entsprechende Baulast auf dem belasteten Grundstück eingetragen.

192

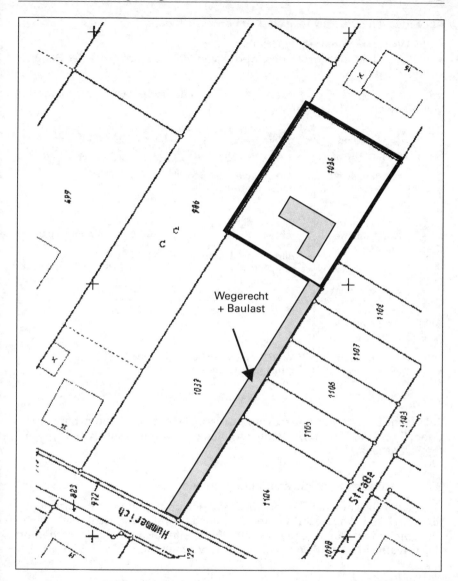

Aufgrund des Wegerechts und der Baulast ist das begünstigte Grundstück der Entwicklungszustandsstufe »Baureifes Land« im Sinne des § 4 WertV zuzuordnen. Demnach kann das Grundstück auf der Grundlage eines Boden-richtwerts oder auf der Grundlage von Vergleichspreisen für baureifes Land bewertet werden.

Als wirtschaftliche Nachteile sind zu berücksichtigen:

- die Wegerente von 1.000 EUR/Jahr
- die Unterhaltungskosten des Weges von 200 EUR/Jahr, die der Begünstigte trägt

Mit einem Liegenschaftszinssatz von 3 Prozent ergibt sich somit folgender Verkehrswert für das begünstigte Grundstück:

	Grundsätzliche Vorgehensweise	Wegerechts-bewertung	Beispiel
Begünstigtes Grundstück	Ausgangswert	Verkehrswert mit Bodenwert für baureifes Land	250.000 EUR
	Ertrags- und Kostenüberlegungen	– Barwert der Wegerente	– 33.333 EUR (= 1.000 EUR/Jahr ÷ 0,03)
		– Barwert der Unterhaltungskosten	– 6.667 EUR (= 200 EUR/Jahr ÷ 0,03)
	Zwischenwert		= 210.000 EUR
	Lage auf dem Grundstücksmarkt	± Marktanpassung	– 10.000 EUR
	begünstigter Verkehrswert	= Verkehrswert des begünstigten Grundstücks	= 200.000 EUR

Falls keine Baulast vorhanden wäre, so wäre dies entsprechend zu berücksichtigen. Eine Möglichkeit, wie dann vorgegangen werden kann, wird im nächsten Fall gezeigt.

9.4.3 Beispiel 2: Wegerecht ohne Baulast

Das gewerblich nutzbare Grundstück mit der Flurstücksnummer 408 ist lediglich durch ein Wegerecht an eine öffentliche Straße angeschlossen (siehe nachfolgenden Flurkartenausschnitt). Eine öffentlich-rechtliche Sicherung des privatrechtlichen Wegerechts ist nicht vorhanden.

Bei der Wertermittlung ist zunächst der Bodenwert für baureifes Land zu ermitteln.

Aufgrund der fehlenden Baulast ist jedoch ein wirtschaftlicher Nachteil zu berücksichtigen, der wie folgt ermittelt werden kann:

> Da das privatrechtliche Wegerecht nicht öffentlich-rechtlich gesichert ist, handelt es sich beim Entwicklungszustand des Bewertungsgrundstücks nicht um »Baureifes Land« im Sinne des § 4 Abs. 4 WertV. Danach sind »Baureifes Land« Flächen, die nach öffentlich-rechtlichen Vorschriften baulich nutzbar sind. Die Entwicklungszustandsstufe ist vielmehr vergleichbar mit »Rohbauland« im Sinne des § 4 Abs. 3 WertV, da die Erschließung öffentlich-rechtlich nicht gesichert ist.

Es gibt jedoch eine Rechtsprechung, die besagt, dass der Eigentümer eines durch Grunddienstbarkeiten belasteten Grundstücks in der Regel auch eine den privatrechtlichen Begünstigungen entsprechende Baulast hinnehmen muss (insbesondere BGH-Urteil vom 3. 2. 1989, V ZR 224/87). Ob eine Baulast auch im vorliegenden Fall eingeklagt werden kann, obliegt jedoch einer richterlichen Entscheidung.

Somit verbleibt letztendlich die Unsicherheit, ob ein Richter im konkreten Bewertungsfall entgegen oder im Sinne der genannten Rechtsprechung urteilen würde. Dieses Risiko muss in der Bodenwertermittlung berücksichtigt werden.

Da es in der einschlägigen Literatur keine Anhaltspunkte dafür gibt, wie das diesbezügliche Risiko bewertungstechnisch eingestuft werden kann, muss eine grobe Schätzung vorgenommen werden. Es erscheint angemessen von einem Bodenwert, der zwischen den Bodenwerten für »Baureifes Land« und »Rohbauland« liegt, auszugehen. Bei Bodenwerten für »Rohbauland«, die erfahrungsgemäß etwa bei 60 Prozent des Bodenwerts für »Baureifes Land« liegen, ist daher ein Bodenwert von 80 Prozent des Bodenwerts für »Baureifes Land« angemessen. Letztendlich ergibt sich somit ein wirtschaftlicher Nachteil von 20 % des Bodenwerts für »Baureifes Land«.

Angenommen es sind folgende zusätzliche wirtschaftliche Nachteile zu berücksichtigen:

- die Wegerente von 800 EUR/Jahr
- die Unterhaltungskosten des Wegs von 450 EUR/Jahr, die der Begünstigte trägt

Mit einem Liegenschaftszinssatz von 5 Prozent ergibt sich somit folgender Verkehrswert für das begünstigte Grundstück:

Grundsätzliche Vorgehensweise		Wegerechts-bewertung	Beispiel
Begünstigtes Grundstück	Ausgangswert	Verkehrswert mit Bodenwert, der die fehlende Baulastabsicherung berücksichtigt (80 % des Werts für baureifes Land = 35 EUR/m²)	87.500 EUR (= 35 EUR/m² × 2.500 m²)
	Ertrags- und Kostenüberlegungen	– Barwert der Wegerente	– 16.000 EUR (= 800 EUR/Jahr ÷ 0,05)
		– Barwert der Unterhaltungskosten	– 9.000 EUR (= 450 EUR/Jahr ÷ 0,05)
	Zwischenwert		= 62.500 EUR
	Lage auf dem Grundstücksmarkt	± Marktanpassung	– 5.000 EUR
	begünstigter Verkehrswert	= Verkehrswert des begünstigten Grundstücks	= 57.500 EUR rd. 57.000 EUR

Die Lage auf dem Grundstücksmarkt erfasst in diesem Fall die zusätzliche Unsicherheit des Begünstigten, dass ihm unter Umständen aufgrund der fehlenden Baulast eine (zukünftige) Baugenehmigung verwehrt wird. Demnach liegt in diesem Fall ein weiteres Risiko aus Sicht des Berechtigten vor. Weiterhin könnte über die Marktanpassung erfasst werden, dass im Rahmen einer Zwangsversteigerung die Unsicherheit des Untergangs einer Grunddienstbarkeit besteht.

9.5 Vorgehensweise nach WertR 2006

Grundsätzlich sind gemäß WertR 2006 bei der Bewertung von Grunddienstbarkeiten und demnach auch bzw. insbesondere bei der Bewertung von Wegerechten folgende wertrelevante Aspekte zu berücksichtigen:

- die Änderung der Nutzungsmöglichkeit des begünstigten bzw. belasteten Grundstücks
- die eingetretene Lageverbesserung, sofern dies nicht bereits über die geänderte Nutzungsmöglichkeit berücksichtigt wurde
- die eingetretene Wertminderung des belasteten Grundstücks (unabhängig davon, ob eine Ertragseinbuße vorliegt)
- die vereinbarte Rente und ihre Anpassungsmöglichkeiten

In den WertR 2006 wird zudem darauf hingewiesen, dass der Wertnachteil des mit dem Wegerecht belasteten Grundstücks nicht dem Wertvorteil des Begünstigten Grundstücks entsprechen muss.

9.5.1 Bodenwert des begünstigten Grundstücks nach WertR 2006

Gemäß der Beispielrechnung Nr. 18 der WertR 2006 ergibt sich der Bodenwert des begünstigten Grundstücks wie folgt:

	Bodenwert des begünstigten Grundstücks
	Bodenwert unter Berücksichtigung der geänderten Lagequalität
−	Barwert der Wegerente
−	Barwert der sonstigen vom Begünstigten zu tragenden Kosten
=	Bodenwert des begünstigten Grundstücks

Beispiel: Es ist der Bodenwert des (bebauten) begünstigten Grundstücks aus den nachstehenden Daten zu ermitteln:

zur Verfügung stehende Informationen	
Bodenwert unter Berücksichtigung der geänderten Lagequalität	250 EUR/m²
Grundstücksgröße	500 m²
Wegerente	350 EUR/Jahr
Übernahme der Instandhaltungskosten des Wegs	200 EUR/Jahr
Liegenschaftszinssatz	3,5 %

Der Bodenwert des begünstigten Grundstücks ergibt sich mit den oben stehenden Daten nach WertR 2006 wie folgt:

	Bodenwert des begünstigten Grundstücks	
	Bodenwert unter Berücksichtigung der geänderten Lagequalität	125.000 EUR
−	Barwert der Wegerechtsrente	10.000 EUR = 350 EUR/3,5 %
−	Barwert der für die Instandhaltung des Wegs übernommenen Kosten	5.714 EUR = 200 EUR/3,5 %
=	Bodenwert des begünstigten Grundstücks	109.286 EUR

Der Bodenwert des begünstigten Grundstücks beträgt nach WertR 2006 somit etwa 109.000 EUR.

9.5.2 Bodenwert des belasteten Grundstücks nach WertR 2006

Der Bodenwert des mit einem Wegerecht belasteten Grundstücks wird nach WertR 2006 analog der Beispielrechnung Nr. 19 wie folgt ermittelt:

Bodenwert des belasteten Grundstücks	
	Bodenwert des unbelasteten Grundstücks
–	Wertnachteil aus dem Wegerecht (verringerte bauliche Ausnutzung, Immissionen, sonstige Beeinträchtigungen)
+	Barwert der Wegerechtsrente
=	Bodenwert des belasteten Grundstücks

Der Wertnachteil aus dem Wegerecht wird hierbei einerseits an der Fläche des Wegerechts und der unter Umständen damit verbundenen geringeren baulichen Nutzbarkeit gemessen. Andererseits sollen hier Beeinträchtigungen aus der Nutzung des begünstigten Grundstücks berücksichtigt werden. Zur Erfassung der Höhe der Wertminderung kann nach WertR 2006 auf in der Literatur angegebene Erfahrungssätze zurückgegriffen werden.

Dabei sollen diese Erfahrungssätze je nach Grad der Beeinträchtigung auf eine Bodenwertminderung der Wegerechtsfläche oder des Gesamtgrundstücks bezogen werden. Minderungen des Gebäudewerts sollen, sofern nicht in anderer Weise bereits berücksichtigt, entsprechend erfasst werden.

Beispiel: Es ist der Bodenwert des belasteten Grundstücks aus den nachstehenden Daten zu ermitteln:

zur Verfügung stehende Informationen	
unbelasteter Bodenwert	225 EUR/m²
Grundstücksgröße	600 m²
Wegefläche	50 m²
Wegerente	300 /Jahr
Einschränkung der baulichen Nutzbarkeit	nicht gegeben
Immissionsbelastungen	gering
Liegenschaftszinssatz	3,5 %

Der Wert des belasteten Grundstücks ergibt sich mit den oben stehenden Daten wie folgt:

Bodenwert des belasteten Grundstücks		
	Bodenwert des unbelasteten Grundstücks	135.000 EUR
+	Barwert der Wegerechtsrente	8.571 EUR = 300 EUR/3,5 %
−	Wertnachteil aus der Beeinträchtigung durch das Wegerecht	13.500 EUR = 135.000 EUR × 10 %
=	Bodenwert des belasteten Grundstücks	130.071 EUR

Der Wert des belasteten Grundstücks beträgt nach WertR 2006 somit etwa 130.000 EUR.

9.6   Kritik an der Vorgehensweise nach WertR 2006

9.6.1   Begünstigtes Grundstück

Eine fehlende Baulasteintragung wird nicht berücksichtigt

In dem Modell nach WertR 2006 wird dem Umstand nicht Rechnung getragen, dass unter Umständen keine Baulast als zusätzliche öffentlich-rechtliche Absicherung des Wegerechts in das Baulastenverzeichnis eingetragen ist. In der Beispielrechnung wird davon ausgegangen, dass es sich tatsächlich um baureifes Land handelt, sobald die Erreichbarkeit des begünstigten Grundstücks über ein Wegerecht gesichert ist. Die Eintragung eines Wegerechts in Abteilung II des belasteten Grundstücks führt jedoch alleine nicht dazu, dass das durch das Wegerecht begünstigte Grundstück als gesichert erschlossen eingestuft werden kann. Hierzu bedarf es zusätzlich der Eintragung einer Baulast in das Baulastenverzeichnis. Nur dann kann in der Wertermittlung für das begünstigte Grundstück sicher von der Entwicklungszustandstufe »baureifes Land« gemäß § 4 Abs. 4 WertV ausgegangen werden.

Eine Marktanpassung ist nicht vorgesehen

Zudem ist auch in diesem Modell zu bemängeln, dass keine Marktanpassung in die Bewertungssystematik mit einbezogen wird. Dies ist jedoch, wie bereits mehrfach erwähnt, zentraler Inhalt einer jeden Wertermittlung. Der Verkehrswert berücksichtigt nicht ausschließlich den Barwert eines wirtschaftlichen Vor- oder Nachteils. Er umfasst darüber hinaus einen weiteren wesentlichen Aspekt, der nicht unterschätzt werden darf: Die Reaktion des Marktes auf die Tatsache, dass das begünstigte Grundstück nur in Abhängigkeit von der Existenz des Wegerechts erschlossen werden kann! Diesem Umstand wird durch den Markt im Besonderen Rechnung getragen, sofern keine zusätzliche Absicherung des Wegerechts über die Baulast erfolgt.

Unterschiedliche Diktion im Richtlinientext und in den Beispielrechnungen

Zu Irritationen führen auch die im Richtlinientext und in den Beispielrechnungen verwendeten Begriffe. Grundsätzlich wird als Ergebnis der Wertermittlung von Werten bzw. Bodenwerten und nicht Verkehrswerten gesprochen. Die Diktion des Richtlinientextes wird nachfolgend der Diktion in der Beispielrechnung gegenübergestellt:

Richtlinientext	Beispielrechnung
Verkehrswert des Grundstücks unter Berücksichtigung des Wegerechts	Bodenwert des Grundstücks unter Berücksichtigung der geänderten Lagequalität
– Wegerechtsrente	– Barwert der Wegerechtsrente
– Leistungen im Zusammenhang mit dem Wegerecht	– Barwert der Kosten für die Instandhaltung des Weges
= Wert des begünstigten Grundstücks	= Bodenwert des begünstigten Grundstücks

Es wird kein Verkehrswert ermittelt

Der Begriff »Verkehrswert« wird im Zusammenhang mit dem Ergebnis der Bewertung des begünstigten Grundstücks konsequent vermieden. Es wird nicht erläutert, aus welchem Grund es sich um »Werte« unterschiedlicher Art und nicht um einen Verkehrswert handelt. So bleibt unklar, ob über die in der WertR 2006 vorgeschlagene Vorgehensweise ein Verkehrswert aus den vorliegenden Informationen abgeleitet werden kann. Hier ist erheblicher Klärungsbedarf vorhanden.

9.6.2 Belastetes Grundstück

Der unbelastete Verkehrswert ist nicht Ausgangspunkt der Überlegungen

In der Beispielrechnung ist ein Grundstück zu bewerten, das nach Bestellung des Wegerechts bebaut wurde. Es wurden weder ein Qualitäts- noch ein Wertermittlungsstichtag angegeben. Es ist jedoch aufgrund der Aufgabenstellung zu vermuten, dass der Wertermittlungsstichtag zu einem Zeitpunkt gewählt wurde, zu dem die Bebauung tatsächlich bereits vorhanden war und genutzt wurde.

Im Lösungsansatz wird jedoch missachtet, dass es sich um ein bebautes Grundstück handelt, dessen unbelasteter Verkehrswert Ausgangspunkt der Überlegungen sein sollte. In dem in der WertR 2006 vorgeschlagenen Modell sollen die wirtschaftlichen Vor- und Nachteile einzig im Bodenwert berücksichtigt werden. Dies führt bei Ertragswertobjekten mit langen Restnutzungsdauern, insbesondere bei hohen Liegenschaftszinssätzen, jedoch dazu, dass der Barwert der Wegerente sowie die sonstigen wirtschaftlichen Auswirkungen nahezu unberücksichtigt bleiben.

Eine Marktanpassung ist nicht vorgesehen

Verkehrswertgutachten stehen häufig unter der Kritik, keine Marktwerte darzustellen, wenngleich dies Ziel einer jeden Wertermittlung sein sollte. Auch in dem Bewertungsmodell des durch ein Wegerecht belasteten Grundstücks mangelt es an dem Hinweis, dass die Lage auf dem Grundstücksmarkt in jedem Fall zu würdigen ist.

Es wird kein Verkehrswert ermittelt

Der Begriff »Verkehrswert« wird auch im Zusammenhang mit dem Ergebnis der Bewertung des belasteten Grundstücks ohne Erläuterung vermieden.

Unterschiedliche Diktion im Richtlinientext und in den Beispielrechnungen

Letztendlich sei auch an dieser Stelle vermerkt, dass die Diktion im Richtlinientext von der Diktion in der Beispielrechnung abweicht, so dass auch in diesem Fall erheblicher Klärungsbedarf besteht.

Die nachfolgende Tabelle zeigt in der linken Spalte die Sprachregelung des Richtlinientextes (Nr. 4.5.2.3) hinsichtlich der Bewertung eines Grundstücks, das mit einem Wegerecht belastet ist. In der rechten Spalte wird die entsprechende Sprachregelung in der Beispielrechnung Nr. 19 (Anlage 20) wiedergegeben. Im Richtlinientext ist vom Grundstückswert und vom Wert des belasteten Grundstücks die Rede, während in der Beispielrechnung lediglich der Bodenwert berechnet wird. Richtlinientext und Beispielrechnung sind somit, was die Wertbegriffe angeht, nicht deckungsgleich. Zudem muss man sich fragen, was mit »Grundstückswert« und »Wert« des belasteten Grundstücks gemeint ist. Handelt es sich dabei um Verkehrswerte? Oder wurden die Begriffe »Grundstückswert« und »Wert« mit Absicht gewählt, um zu verdeutlichen, dass es sich nicht um Verkehrswerte handelt?

Richtlinientext	Beispielrechnung
unbelasteter Grundstückswert	Bodenwert des unbelasteten Grundstücks
– Wertminderung durch das Recht z. B. anhand von Erfahrungssätzen in Bezug auf den Bodenwert der Wegerechtsfläche oder des Gesamtgrundstücks	– Beeinträchtigung des Grundstücks durch das Wegerecht in % des unbelasteten Bodenwerts
– Minderungen des Gebäudewerts	
+ Barwert der Wegerechtsrente	+ Barwert der Wegerechtsrente
= Wert des belasteten Grundstücks	= Bodenwert des belasteten Grundstücks

9.7 Zusammenfassung

- Die Vor- und Nachteile im Zusammenhang mit Wegerechten ergeben sich beispielsweise durch die Zahlung einer Wegerente oder durch Unterhaltungsverpflichtungen. Die Barwerte derartiger Zahlungen und Verpflichtungen können relativ einfach ermittelt werden.
- Auch Nutzungseinschränkungen und Immissionsbelastungen können sich als Nachteil auswirken. Sie sind je nach Auswirkung durch einen prozentualen Abschlag vom Bodenwert des unbelasteten Grundstücks zu berücksichtigen. Der so ermittelte Betrag ist sodann als wirtschaftlicher Nachteil vom unbelasteten Verkehrswert in Abzug zu bringen.
- Insbesondere bei begünstigten Grundstücken ist darauf zu achten, dass das Wegerecht durch eine Baulast gesichert ist.
- Die Berücksichtigung von Wegerechten nach den WertR 2006 ist nicht abschließend durchdacht. Der unbelastete Verkehrswert ist nicht Ausgangspunkt der Überlegungen! Vielmehr werden die wirtschaftlichen Vor- und Nachteile direkt im Bodenwert berücksichtigt, was bei Ertragswertobjekten mit langen Restnutzungsdauern zu erheblichen Fehlern in der Wertermittlung führen kann. Zudem findet die Lage auf dem Grundstücksmarkt keine Berücksichtigung.

10 Notweg

10.1 Grundlagen

Der Notweg gehört wie der Überbau zu den nachbarrechtlichen Beschränkungen des Grundeigentums nach dem Bürgerlichen Gesetzbuch. Seine rechtlichen Grundlagen befinden sich in den §§ 917, 918 und 924 des Bürgerlichen Gesetzbuchs. In § 917 wird der Notweg wie folgt definiert:

§ 917 BGB

(1) Fehlt einem Grundstück die zur ordnungsgemäßen Benutzung notwendige Verbindung mit einem öffentlichen Wege, so kann der Eigentümer von den Nachbarn verlangen, dass sie bis zur Hebung des Mangels die Benutzung ihrer Grundstücke zur Herstellung der erforderlichen Verbindung dulden. Die Richtung des Notwegs und der Umfang des Benutzungsrechts werden erforderlichen Falles durch Urteil bestimmt.

(2) Die Nachbarn, über deren Grundstücke der Notweg führt, sind durch eine Geldrente zu entschädigen. Die Vorschriften des § 912 Abs. 2 Satz 2 und der §§ 913, 914, 916 finden entsprechende Anwendung.

Nachfolgend werden einige grundlegende Aspekte zum Notweg beschrieben.

- Gemäß BGH-Urteil[1] vom 19. April 1985 begründet § 917 Abs. 1 eine Duldungspflicht des belasteten Grundstückseigentümers. Mit der Duldungspflicht verbunden ist eine Rentenzahlungspflicht.
- Wird zum Beispiel ein Grundstück durch Hochwasser von einer öffentlichen Straße abgeschnitten, so ist der Eigentümer berechtigt, ein anderes Grundstück als Notweg in Anspruch zu nehmen. Es handelt sich hierbei um einen zeitlich begrenzten Notweg, denn wenn das Hochwasser zurückgegangen ist, kann der normale Weg wieder benutzt werden. Das Notwegerecht gilt dann nicht mehr.
- Der Notweg muss nicht notwendigerweise zeitlich begrenzt sein; er kann durchaus auch von Dauer sein. So ist der (wohl äußerst seltene) Fall möglich, dass ein Grundstück durch ein sich verlagerndes Flussbett von der öffentlichen Straße abgeschnitten wird.
- Wird die bisherige Verbindung des Grundstücks mit einem öffentlichen Weg durch eine willkürliche Handlung des Eigentümers aufgehoben, so besteht für die Nachbarn keine Pflicht zur Duldung des Notwegs.
- Das Recht des Notwegs beinhaltet die reine Wegbenutzung. Andere Handlungen wie zum Beispiel das Parken von Kraftfahrzeugen sind in der Regel

---

1 BGH, Urt. vom 19. April 1985 – V ZR 152/83.

nicht erlaubt. Im Streitfall werden der Umfang und auch die Richtung des Notwegs durch richterliches Urteil bestimmt.

● Der Anspruch auf einen Notweg bezieht sich nicht nur auf die oberirdische wegmäßige Anbindung an eine öffentliche Straße. Auch Versorgungsleitungen zum Beispiel für Strom, Wasser und Gas können im Einzelfall Gegenstand des Notwegerechts sein. Bei einer derartigen Inanspruchnahme des Notwegerechts werden jedoch hohe Anforderungen an die tatsächliche Notlage des künftig Begünstigten gestellt[2].

● Das Vorhandensein einer Notlage wird verneint, wenn die Zuwegung des Begünstigten auch auf einem anderen Weg erreicht werden kann. Dabei muss derjenige, der die Einräumung eines Notwegs begehrt, durchaus auch wirtschaftliche Nachteile hinnehmen, wenn eine andere Lösung zur Erschließung seines Grundstücks möglich ist.

● Der Umstand, dass die Inanspruchnahme des Notwegerechts bequemer oder weniger kostspielig ist, begründet keinen Rechtsanspruch auf ein Notwegerecht. Wenn sich in Ausnahmefällen jedoch erweist, dass durch das Ausweichen auf eine andere Lösung als der Inanspruchnahme des Notwegerechts die Gesamtwirtschaftlichkeit des begünstigten Grundstücks in Frage gestellt wird, kann sich im Einzelfall der Anspruch auf Inanspruchnahme z. B. für eine Leitungsführung ergeben.

● Der Verlauf des Notwegs darf nicht willkürlich vom Berechtigten festgelegt werden, sondern muss sich an der sinnvollsten Lösung orientieren. Das Grundstück, das nach den örtlichen Verhältnissen naturgemäß für eine Verbindung in Frage kommt, ist durch das Notwegerecht zu belasten[3].

● Sofern aufgrund eines Notwegs eine Leitung im belasteten Grundstück verlegt ist, kann der Eigentümer des belasteten Grundstücks aufgrund des § 1023 BGB die Verlegung der Leitung verlangen. Die Kosten hierfür hat er zu tragen, wenn die Leitung von einem Grundstückseigentümer verlegt wurde, der zum Zeitpunkt der Verlegung sowohl Eigentümer des belasteten als auch des begünstigten Grundstücks war[4].

● Die Geldrente ist dem jeweiligen Eigentümer des Nachbargrundstücks von dem jeweiligen Eigentümer des begünstigten Grundstücks zu entrichten. Für die Höhe der Rente ist die Zeit des Entstehens des Notwegs maßgebend.

● Der Notweg und die Geldrente werden weder bei dem begünstigten noch bei dem belasteten Grundstück in das Grundbuch eingetragen. Für den Wertermittlungssachverständigen ist demnach durch bloße Einsichtnahme in das Grundbuch nicht erkennbar, ob ein Notweg und daraus folgend eine Wertbeeinflussung vorliegt. Bei einem Grundstück, das offensichtlich nicht an einen öffentlichen Weg angeschlossenen ist, empfiehlt es sich daher, beim Ortstermin entsprechende Nachforschungen zu betreiben.

---

2 BGH, Urt. vom 15. April 1964 – V – ZR 134/62.
3 OLG Nürberg, Urt. vom 19. Dezember 1967 – 7 U 132/67.
4 BGH, Urt. vom 31. Januar 1981 – V ZR 6/80.

10.2 Verkehrswerte

Der Notweg hat zwar einen anderen Rechtscharakter als das Wegerecht, bewertungsmethodisch bestehen jedoch keine wesentlichen Unterschiede. Insofern kann bezüglich der Wertermittlung auf die Ausführungen im Zusammenhang mit Wegerechten zurückgegriffen werden. Diese Annahme wird auch durch die Erläuterung der Bemessungsgrundlage einer Notwegerente seitens des BGH gestützt[5] (siehe Punkt 10.3.1 dieses Kapitels). Die Höhe der Notwegerente soll demnach an der Minderung des Verkehrswerts des belasteten Grundstücks gemessen werden. Dabei sollen z. B. individuelle Vermögensnachteile des Duldungspflichtigen sowie die Art und die Intensität der Nutzung berücksichtigt werden.

Nachfolgend wird zunächst die Vorgehensweise zur Bewertung des belasteten und des begünstigten Grundstücks vorgestellt und jeweils mittels eines Beispiels verdeutlicht. Daran anschließend finden Sie einige Ausführungen zur Notwegerente.

10.2.1 Belastetes Grundstück

Vorgehensweise

Es ist zunächst der Verkehrswert des Grundstücks ohne Berücksichtigung des Notwegerechts zu ermitteln. Auch in diesem Bewertungsfall ist also der unbelastete Verkehrswert unabhängig davon, ob das Grundstück bebaut ist oder nicht, Ausgangspunkt der Überlegungen zur Wertermittlung. Anschließend sind die wirtschaftlichen Vor- und Nachteile zu berücksichtigen. Als wirtschaftlicher Vorteil ist zum Beispiel die Zahlung einer Notwegerente an den Eigentümer des belasteten Grundstücks anzusehen.

Ein wirtschaftlicher Nachteil besteht beispielsweise darin, dass der belastete Grundstücksbereich nicht mehr genutzt werden kann bzw. durch die Nutzung Immissionen entstehen.

	Grundsätzliche Vorgehensweise	Bewertung von Notwegerechten
Belastetes Grundstück	unbelasteter Verkehrswert	Verkehrswert ohne Berücksichtigung des Notwegerechts
	Ertrags- und Kostenüberlegungen	± Barwert der wirtschaftlichen Vor- und Nachteile
	Lage auf dem Grundstücksmarkt	± Marktanpassung
	belasteter Verkehrswert	= Verkehrswert des belasteten Grundstücks

5 BGH, Urt. vom 16. November 1990 – V ZR 297/89.

Die wirtschaftlichen Nachteile können in einem prozentualen Abschlag vom unbelasteten Bodenwert zum Ausdruck gebracht werden. Der so ermittelte wirtschaftliche Nachteil ist vom unbelasteten Verkehrswert in Abzug zu bringen. Zur Höhe der prozentualen Abschläge in Abhängigkeit vom Grad der Beeinträchtigung verweisen wir auf das Kapitel »Wegerecht«.

Beispiel für das belastete Grundstück

Ausgangsdaten

unbelasteter Verkehrswert . . . . 185.000 EUR
unbelasteter Bodenwert . . . . 55.000 EUR
wirtschaftlicher Nachteil . . . . 10 % des unbel. Bodenwerts
Notwegerente . . . . 90 EUR/Jahr
Dauer der Belastung mit dem Notweg . . . . 3 Jahre
Liegenschaftszinssatz . . . . 3 %

	Grundsätzliche Vorgehensweise	Notwegerechts-bewertung	Beispiel
Belastetes Grundstück	unbelasteter Verkehrswert	Verkehrswert ohne Berücksichtigung des Notwegerechts	185.000 EUR
	Ertrags- und Kostenüberlegungen	+ Barwert der Notwegerente	+ 255 EUR (= 90 EUR/Jahr × 2,83[6])
		− wirtschaftlicher Nachteil	− 5.500 EUR (= 55.000 EUR × 0,10)
	Zwischenwert		= 179.755 EUR
	Lage auf dem Grundstücksmarkt	± Marktanpassung	− 0 EUR
	belasteter Verkehrswert	= Verkehrswert des belasteten Grundstücks	= 179.755 EUR rd. 179.000 EUR

---

6 Die Notwegerente ist jährlich im voraus zu entrichten (§ 913 BGB). Somit müsste der Barwert der Notwegerente mit dem jährlich vorschüssigen Vervielfältiger berechnet werden. Aus Gründen der Übersichtlichkeit und Einheitlichkeit wird der Barwert hier jedoch mit dem in der WertV angegebenen jährlich nachschüssigen Vervielfältiger berechnet. Die diesbezüglichen Unterschiede liegen im Rahmen der Schätz- und Rundungsgenauigkeiten einer Verkehrswertermittlung.

10.2.2 Begünstigtes Grundstück

Vorgehensweise

In der überwiegenden Zahl der Fälle bedarf es eines Notwegerechts, wenn durch unvorhergesehene Ereignisse unmöglich wird, ein bislang problemlos erreichbares Grundstück zu nutzen. Die ursprüngliche Nutzung des Grundstücks war in den meisten Fällen über eine gesicherte Erschließung möglich. Dem Eigentümer des begünstigten Grundstücks entsteht durch die Einräumung eines Notwegs kein Vorteil im Verhältnis zu der vorher bestehenden Situation. Es ist also nur sachgerecht vom unbelasteten Verkehrswert des durch den Notweg begünstigten Grundstücks auszugehen, wie er sich vor der Notwendigkeit eines Notwegerechts darstellt.

Der Qualitätsstichtag liegt bei dieser Betrachtung ähnlich wie im Falle der Vorwirkung der Enteignung in der Vergangenheit. Dies bedeutet, dass die Qualität unmittelbar vor dem Zeitpunkt der Einräumung des Notwegerechts maßgeblich ist.

Es wird demnach zunächst der Verkehrswert des Grundstücks ohne Berücksichtigung des Notwegerechts ermittelt.

Durch die Zahlung einer Notwegerente und die eventuell notwendige Unterhaltung der in Anspruch genommenen Fläche ergibt sich für den Begünstigten ein wirtschaftlicher Nachteil.

Somit ist wie folgt zu verfahren:

	Grundsätzliche Vorgehensweise	Bewertung von Notwegerechten
Begünstigtes Grundstück	Ausgangswert	Verkehrswert auf Basis eines Qualitätsstichtags unmittelbar vor Einräumung des Notwegerechts
	Ertrags- und Kostenüberlegungen	− Barwert der wirtschaftlichen Nachteile
	Lage auf dem Grundstücksmarkt	± Marktanpassung
	begünstigter Verkehrswert	= Verkehrswert des begünstigten Grundstücks

Beispiel für das begünstigte Grundstück

Ausgangsdaten
unbelasteter Verkehrswert .... 200.000 EUR
Unterhaltungskosten des Notwegs .... 300 EUR/Jahr
Notwegerente .... 180 EUR/Jahr
Dauer der Begünstigung durch den Notweg .... 3 Jahre
Liegenschaftszinssatz .... 3 %

	Grundsätzliche Vorgehensweise	Notwege- rechtsbewertung	Beispiel
Begünstigtes Grundstück	Ausgangswert	Verkehrswert mit Bodenwert für baureifes Land	200.000 EUR
	Ertrags- und Kostenüber- legungen	– Barwert der Notwegerente	– 509 EUR (= 180 EUR/Jahr × 2,83[7])
		– Barwert der Unterhaltungskosten	– 849 EUR (= 300 EUR/Jahr × 2,83)
	Zwischenwert		= 198.642 EUR
	Lage auf dem Grundstücks- markt	± Marktanpassung	– 15.000 EUR
	begünstigter Verkehrswert	= Verkehrswert des begünstigten Grund- stücks	= 183.642 EUR rd. 183.000 EUR

Die Lage auf dem Grundstücksmarkt erfasst in diesem Fall die zusätzliche Unsicherheit des Begünstigten, dass der Belastete unter Umständen die Gestattung der Nutzung verweigert, obschon er das Notwegerecht zu dulden hat.

10.3   Ermittlung der angemessenen Notwegerente

10.3.1 Determinanten der Notwegerente

Der vom Notweg betroffene Grundstückseigentümer ist mit einem angemessenen Geldbetrag als Einmalbetrag oder als Rente für die Belastung *zu ent-*

---

7 Die Notwegerente ist jährlich im voraus zu entrichten (§ 913 BGB). Somit müsste der Barwert der Notwegerente mit dem jährlich vorschüssigen Vervielfältiger berechnet werden. Aus Gründen der Übersichtlichkeit und Einheitlichkeit wird der Barwert hier jedoch mit dem in der WertV angegebenen jährlich nachschüssigen Vervielfältiger berechnet. Die diesbezüglichen Unterschiede liegen im Rahmen der Schätz- und Rundungsgenauigkeiten einer Verkehrswertermittlung.

schädigen. Die angemessene Entschädigung bemisst sich in der Regel nach dem wirtschaftlichen Nachteil des belasteten Grundstücks. Hintergrund dieser Entschädigungsregel ist der Gedanke, dass der durch die unfreiwillige Beschränkung entstandene Nachteil entschädigt werden muss (siehe dazu auch das Kapitel »Angemessene Renten für Grundstücksbelastungen«). Der wirtschaftliche Nachteil ergibt sich in der Regel aus der entgangenen Bodenwertverzinsung des belasteten Grundstücksteils, kann sich aber auch auf weitere Nachteile beziehen (siehe nachfolgende Anmerkungen).

Es ist zu beachten, dass bei der Ermittlung der Notwegerente die Wertverhältnisse zum Zeitpunkt des Entstehens des Notwegs zugrunde gelegt werden müssen. Zu diesem Zeitpunkt wird die Notwegerente (gegebenenfalls auch rückwirkend) für ihre Gesamtlaufzeit festgelegt. Die Notwegerente ist gemäß § 913 Abs. 2 jährlich im Voraus zu entrichten.

Sofern die Höhe einer Notwegerente zu prüfen ist, muss dabei von den Wertverhältnissen zum Zeitpunkt der Entstehung des Notwegerechts ausgegangen werden. Die aktuelle wirtschaftliche Wertminderung des belasteten Grundstücks kann demgemäß nicht als Grundlage der Notwegerente herangezogen werden. Vielmehr sind die wirtschaftlichen Nachteile von damals zu ermitteln. Der Wert, der dem wirtschaftlichen Nachteil beigemessen wird, ist dann ebenfalls zu den Wertverhältnissen zum Zeitpunkt der Entstehung des Notwegerechts zu ermitteln.

Diese Vorgehensweise beruht auf der Entscheidung des Landgerichts Köln vom 23. Juli 1959 (Beschl. vom 23. 07. 1959 – 11 T 58/59). Seinerzeit wurde folgendes festgestellt:

● Die Notwegerente orientiert sich alleine an der durch das Notwegerecht bedingten Wertminderung des belasteten Grundstücks.
● Maßgeblich ist der Zeitpunkt, in dem die Duldungspflicht entstanden ist, d. h. der Zeitpunkt der erstmaligen Inanspruchnahme des Notwegerechts.
● Spätere Änderungen, insbesondere geänderte Grundstückspreise, bleiben bei der Ermittlung der Notwegerente unbeachtet.

Ergänzend hat der BGH in seiner Entscheidung vom 16. November 1990[8] festgestellt, dass die Notwegerente sich nicht am Vorteil des Berechtigten des Notwegs, sondern allein am Nachteil (Nutzungsverlust) des Belasteten orientiert. Dieser Nutzungsverlust orientiert sich gemäß dem Urteil an der Minderung des Verkehrswerts des gesamten Grundstücks, die sich durch die Duldungsverpflichtung aus dem Notwegerecht ergibt. Bei der Bemessung der Minderung des Verkehrswerts sollen folgende Aspekte berücksichtigt werden:

● besondere Umstände des Einzelfalls
● individuelle Vermögensnachteile des Duldungspflichtigen
● Lage, Größe und Zuschnitt des Grundstücks und der in Anspruch genommenen Teilfläche

---

8 BGH, Urt. vom 16. November 1990 – V ZR 297/89.

- bestehende Notwegerechte anderer Nachbarn
- Art und Intensität der Nutzung

Nachfolgend ein Auszug aus dem BGH-Urteil:

Die Frage, wie dieser Nachteil der Höhe nach als Rente zu bemessen ist, hat der Senat bisher nicht entschieden. Das Reichsgericht hat auf die Wertminderung des Grundstücks abgestellt, die dadurch eintrete, daß der Eigentümer sich im Falle eines Verkaufs mit einem geringeren Kaufpreis begnügen müsse (RGZ 87, 424, 425). Ihm folgt ein wesentlicher Teil der Literatur (BGB-RGRK/ Augustin 12. Aufl. § 917 Rdn. 19; Dehner aaO; Figge, AcP 160, 409, 416), wobei teilweise allerdings nur die in Anspruch genommene Grundstücksteilfläche herangezogen wird (Staudinger/Beutler, BGB 12. Aufl. § 917 Rdn. 43; Renken aaO, der etwa 1/10 des Werts der benutzten Fläche ansetzt). Nach anderer Auffassung soll der proportional auf die Notwegfläche entfallende Mietertrag des Grundstücks abzüglich einer Unkostenpauschale maßgeblich sein (MünchKomm/Säcker, BGB 2. Aufl. § 917 Rdn. 41; Säcker/Paschke, NJW 1981, 1009, 1015).

Nach Ansicht des Senats ist die Notwegrente im Gegensatz zur Revision nicht auf der Grundlage eines Nutzungsverlustes nach der entgangenen Miete und – anders als die Überbaurente (BGHZ 57, 304, 306; 65, 395, 398; 97, 292, 296) – auch nicht als Bodenrente, berechnet aus dem Verkehrswert der überbauten Fläche, zu bemessen, sondern als Ausgleich der Beeinträchtigungen, die der Eigentümer in der Nutzung des ganzen Grundstücks erleidet. Eine Eingrenzung auf die Notwegfläche ist nicht gerechtfertigt. Maßgebend ist vielmehr die Minderung des Verkehrswertes, die das gesamte Grundstück durch den Notweg erfährt. Dabei sind die besonderen Umstände des Einzelfalles und die individuellen Vermögensnachteile des Duldungspflichtigen im Zeitpunkt der Entstehung des Notwegerechts mit zu berücksichtigen, so daß entgegen der Ansicht von Säcker (MünchKomm/Säcker aaO; NJW 1981, 1009, 1015) die individualisierende Betrachtungsweise nicht verlassen wird. Von Bedeutung können insbesondere Größe, Lage, Zuschnitt des Grundstücks und der in Anspruch genommenen Teilfläche, aber auch bestehende Notwegerechte anderer Nachbarn sowie Art und Intensität der Nutzung durch den Notwegberechtigten als ein die Wertminderung beeinflussender Faktor sein.

10.3.2 Beispiel

Ausgangsdaten
wirtschaftlicher Nachteil des mit dem Notwegerecht Belasteten . . . . 20.000 EUR
Liegenschaftszinssatz . . . . 4 %

Ermittlung einer Notwegerente
Wirtschaftlicher Nachteil . . . . 20.000 EUR
Notwegerente (20.000 EUR × 4 %) . . . . 800 EUR/Jahr

Dabei wurde der wirtschaftliche Nachteil auf Basis der Beeinträchtigungen des Belasteten und der Wertverhältnisse zum Zeitpunkt des Entstehens des Notwegerechts ermittelt.

11 Leitungsrecht

In diesem Kapitel wird gezeigt,

- auf welchen wesentlichen rechtlichen Grundlagen Leitungsrechte basieren,
- wie der Verkehrswert von Grundstücken, die mit Leitungsrechten belastet bzw. durch Leitungsrechte begünstigt sind, ermittelt wird,
- dass es zahlreiche Varianten von Leitungsrechten gibt und dass deshalb kein allgemein gültiges Bewertungsschema existiert,
- wie Leitungsrechte nach den WertR 2006 zu bewerten sind.

11.1 Grundlagen

Privatrecht

Bei den in der Wertermittlungspraxis zu berücksichtigenden Leitungsrechten handelt es sich oftmals um privatrechtliche Nutzungsrechte im Sinne des Bürgerlichen Gesetzbuchs. Aus diesem Grunde finden Sie an dieser Stelle zunächst einige Grundlagen zu den privatrechtlichen Leitungsrechten.

Privatrechtliche Leitungsrechte sind in der Regel Dienstbarkeiten im Sinne des Bürgerlichen Gesetzbuchs. Dabei handelt es sich entweder um Grunddienstbarkeiten, die am dienenden Grundstück zugunsten eines anderen (des herrschenden) Grundstücks bestellt werden oder um beschränkt persönliche Dienstbarkeiten, die einer bestimmten Person zustehen, ohne Rücksicht darauf, ob er Eigentümer eines Grundstücks ist. Die rechtlichen Grundlagen der Dienstbarkeiten und damit auch der Leitungsrechte befinden sich in den Paragraphen 1018 bis 1029 und 1090 bis 1093 des Bürgerlichen Gesetzbuchs.

Im Folgenden werden einige für die Wertermittlung wesentliche Bestimmungen beschrieben.

- Ein Leitungsrecht berechtigt im Allgemeinen dazu, auf einem Grundstück eine ober- bzw. unterirdische Versorgungsleitung zu errichten, zu betreiben und zu unterhalten. Bei oberirdischen Versorgungsleitungen kann es sich zum Beispiel um Telefon- oder Stromleitungen handeln. Aber auch Hochleitungen für Fernwärme sind denkbar. Unterirdische Versorgungsleitungen sind in der Regel Kanalleitungen und Erdkabel.
- In Verbindung mit dem Leitungsrecht wird im Allgemeinen ein Schutzstreifen festgelegt, der nicht überbaut werden darf. Bei unterirdischen Leitungen mit einer Verlegetiefe bis zu 1,50 m wird die Gesamtbreite des Schutzstreifens meistens mit 5 m angesetzt. Bei Verlegetiefen von mehr als 1,50 m ist der Schutzstreifen in der Regel 7,50 m bis 10 m breit. Häufig finden sich hierzu Hinweise in den jeweiligen Eintragungsbewilligungen. Oberirdische Leitungen haben oftmals einen noch wesentlich breiteren Schutzstrei-

fen (bis zu 100 m bei großen Überlandleitungen). Die Breite des Schutzstreifens ergibt sich unter anderem aus dem beim Auswechseln der Leitungen erforderlichen Geräteaufwand.

- Zur Unterhaltung der Leitungen darf das Grundstück in der Regel jederzeit betreten werden.
- Die aus dem Leitungsrecht resultierenden Nutzungseinschränkungen verpflichten den Nutznießer des Rechts dazu, eine angemessene Entschädigung an den Eigentümer des belasteten Grundstücks zu entrichten. Die Höhe der einmalig oder in wiederkehrenden Raten zu zahlenden Entschädigung richtet sich im Allgemeinen nach dem Grad der Beeinträchtigung des Grundstücks.

Öffentliches Recht

Im Unterschied zu den oben beschriebenen privatrechtlichen Leitungsrechten gibt es Leitungsrechte, die auf öffentlichem Recht basieren. Dabei handelt es sich zum Beispiel um Leitungsrechte, die auf der Grundlage eines Bebauungsplans begründet werden. Die Vorgehensweise bei der Wertermittlung unterscheidet sich in beiden Fällen prinzipiell nicht.

11.2   Vorbemerkungen zur Wertermittlung

11.2.1   Ähnlichkeit zum Wegerecht

Ein Leitungsrecht weist rechtlich und bewertungstechnisch eine hohe Ähnlichkeit zum Wegerecht auf. Wie beim Wegerecht auch, können insbesondere beim belasteten Grundstück folgende zwei wirtschaftliche Nachteile auftreten:

- durch das Leitungsrecht wird das belastete Grundstück in seiner Nutzung eingeschränkt
- durch das Leitungsrecht können Immissionen (z. B. Elektrosmog, Geräusche) auftreten

Aufgrund der Ähnlichkeit der beiden Rechte ist auch die Vorgehensweise bei der Bewertung vergleichbar. Insofern wird bezüglich der Bewertung eines Leitungsrechts auf das Kapitel über Wegerechte verwiesen. An dieser Stelle werden lediglich einige Hinweise gegeben, die über das zum Wegerecht Gesagte hinausgehen.

Im Übrigen werden Wege- und Leitungsrechte oftmals auch gemeinsam begründet, so dass eine zusammenhängende Bewertung erforderlich wird. Diesbezüglich sei ebenfalls auf das Kapitel über Wegerechte verwiesen.

11.2.2   Jeder Fall ist anders

Es sei ausdrücklich darauf hingewiesen, dass die Nutzungseinschränkungen und Immissionsbelastungen derart vielfältig sein können, dass keine pauschale Vorgehensweise vorgeschlagen werden kann. Es kann jedoch davon ausgegangen werden, dass die Nachteile, die sich aufgrund der Nutzungseinschränkungen und Immissionsbelastungen ergeben, in einem prozentualen Abschlag vom Bodenwert berücksichtigt werden können. Der zuvor ermittelte unbelastete Verkehrswert des belasteten oder des begünstigten Grundstücks wird dann um die wirtschaftlichen Vor- oder Nachteile unter Berücksichtigung der Marktanpassung erhöht oder reduziert. Die diesbezüglichen Vorschläge zum Wegerecht können auch hier Anwendung finden. Es ist jedoch stets zu bedenken: Jeder Bewertungsfall ist anders und es muss daher in jedem Fall eine spezielle Lösung gefunden werden. Die Vorschläge können daher nur Anregungen zur Lösungsfindung im speziellen Bewertungsfall sein und dürfen keinesfalls als Dogma betrachtet werden.

11.2.3 Marktanpassung

Ein Leitungsrecht kann die zulässige wirtschaftliche Nutzung bzw. Ertragsfähigkeit eines Grundstücks mehr oder weniger stark beeinflussen. Insofern ist bei der Wertermittlung des belasteten Grundstücks zunächst von der wirtschaftlichen Auswirkung des Rechts auszugehen.

Darüber hinaus ist jedoch stets zu überprüfen, ob nicht weitergehende Belastungen, die sich oftmals einer exakten Berechnung verschließen, zu berücksichtigen sind. Hier ist insbesondere an die Anschauung der Marktteilnehmer zu denken, die nicht selten weitaus höhere Abschläge machen als dies wirtschaftlich vernünftig ist. Dieser Effekt ist vergleichbar mit dem bekannten merkantilen Minderwert. So wird zum Beispiel bei Stromleitungen aufgrund des vermeintlichen Elektrosmogs oft eine über die wirtschaftlichen Auswirkungen hinausgehende Marktanpassung notwendig sein.

Die Ermittlung derartiger Marktanpassungen gestaltet sich in der Praxis äußerst schwierig, denn sie sind in der Regel nicht objektiv messbar und zudem von Fall zu Fall unterschiedlich, so dass allgemein gültige Aussagen nicht möglich sind. Es ist im Einzelfall jedoch stets zu prüfen, ob eine über die wirtschaftlichen Auswirkungen hinausgehende Marktanpassung notwendig ist.

11.3 Verkehrswert des belasteten Grundstücks

11.3.1 Vorgehensweise

Als Ausgangsgröße ist zunächst der Verkehrswert ohne Berücksichtigung des Leitungsrechts zu ermitteln. Von dem so ermittelten Verkehrswert ist die Wertminderung, die das belastete Grundstück durch die Einräumung des Rechts erfährt, abzuziehen. Zudem sind Vorteile zu berücksichtigen, die sich z. B. aufgrund einer regelmäßigen Entschädigungszahlung ergeben können.

Grundsätzliche Vorgehensweise		Bewertung von Leitungsrechten
Belastetes Grundstück	unbelasteter Verkehrswert	Verkehrswert ohne Berücksichtigung des Leitungsrechts
	Ertrags- und Kostenüberlegungen	± Barwert der wirtschaftlichen Vor- und Nachteile
	Lage auf dem Grundstücksmarkt	± Marktanpassung
	belasteter Verkehrswert	= Verkehrswert des belasteten Grundstücks

11.3.2 Wirtschaftliche Nachteile

Die Wertminderung des belasteten Grundstücks ist nach ihrem wirtschaftlichen Nachteil zu bemessen. Dieser kann nur im Einzelfall genau ermittelt werden. Als Anhaltspunkt für eine mögliche Wertminderung durch ein Leitungsrecht können jedoch folgende Prozentangaben, die sich stets auf den unbelasteten Bodenwert der vom Schutzstreifen bedeckten Fläche beziehen, benutzt werden[1]:

Grad der Beeinträchtigung	Wohngrundstücke	Gewerbegrundstücke
1. keine oder nur unwesentliche Beeinträchtigung der Nutzungsmöglichkeit	10–30 %	10–20 %
2. teilweise Einschränkung der Nutzungsmöglichkeit	30–70 %	20–55 %
3. starke Einschränkung der Nutzungsmöglichkeit	70–80 %	55–80 %

Es sei nochmals ausdrücklich darauf hingewiesen, dass die Werte in der obigen Tabelle nur als grobe Anhaltspunkte gesehen werden können. Grundsätzlich muss der Sachverständige in seinem Gutachten plausibel darlegen, wie die Marktteilnehmer unter Berücksichtigung der Umstände des Einzelfalls bei einem Kauf des belasteten Grundstücks reagieren würden.

Keine oder nur unwesentliche Beeinträchtigung

Dazu zählen Fälle, in denen das Grundstück nicht durch die Leitung selbst, sondern nur durch den Schutzstreifen beeinträchtigt wird und/oder wo die bauliche Ausnutzung nicht vermindert wird. Beispiele:

---

1 Nach *Vogels*, Grundstücks- und Gebäudebewertung – marktgerecht, 5. Auflage, S. 328 ff.

 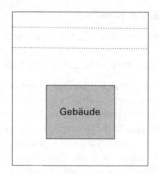

Teilweise Einschränkung

Die Leitung liegt in der Regel auf dem Grundstück. Die belasteten Flächen können in Baugebieten nur als Hofraum oder Parkflächen genutzt werden. Bei rechtzeitiger Planung können die notwendigen Freiflächen zum Teil in den Schutzstreifen gelegt werden, so dass keine wesentlich geringere Gesamtausnutzung entsteht. Andererseits gibt es auch Fälle, wo als Folge der Belastung eine erhebliche Mindernutzung auftritt. Die prozentuale Spanne zum Ausdruck der Belastung ist daher auch relativ groß. Beispiele:

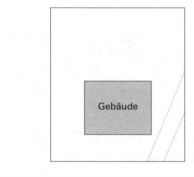 

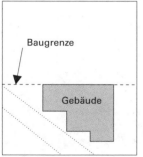 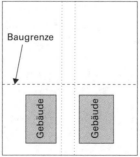 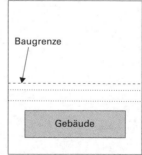

Starke Einschränkung

Dazu gehören die Flächen, die praktisch ganz der Verfügungsgewalt des Eigentümers entzogen sind; z. B. Flächen für Maste oder Häufungen von Leitungen auf einem Grundstück, die eine Bebauung nicht mehr zulassen.

Ist ein Grundstück durch ein Leitungsrecht derart stark beeinträchtigt, dass es nicht mehr wirtschaftlich genutzt werden kann, so sind die in der Tabelle angegebenen Prozentsätze auf das ganze Grundstück zu beziehen. Sollten im Einzelfall die Mindererträge aufgrund des Leitungsrechts feststellbar sein, so kann der wirtschaftliche Nachteil auch durch Kapitalisierung der Mindererträge in Bezug auf die Restnutzungsdauer des von den Mindererträgen betroffenen Gebäudes ermittelt werden.

11.3.3 Wirtschaftliche Vorteile

Wirtschaftliche Vorteile können sich hauptsächlich durch mögliche Entschädigungszahlungen für die Einräumung des Leitungsrechts ergeben. Ist die Entschädigung bereits in Form einer Einmalzahlung bei Einräumung eines Leitungsrechts abgegolten worden, ist sie bei der Verkehrswertermittlung zu einem späteren Wertermittlungsstichtag nicht mehr zu berücksichtigen.

11.3.4 Beispiel

Ausgangsdaten
unbelasteter Verkehrswert .... 130.000 EUR
Grundstücksgröße .... 700 m²
belastete Teilfläche .... 150 m²
unbelasteter Bodenwert .... 175 EUR/m²
Liegenschaftszinssatz .... 4 %
Entschädigung .... 200 EUR/Jahr
unwesentlich eingeschränkte bauliche Nutzbarkeit

Grundsätzliche Vorgehensweise		Leitungsrechts-bewertung	Beispiel
Belastetes Grundstück	unbelasteter Verkehrswert	Verkehrswert ohne Berücksichtigung des Leitungsrechts	130.000 EUR
	Ertrags- und Kostenüber-legungen	+ Barwert der Entschädigung	+ 5.000 EUR (= 200 EUR/Jahr ÷ 0,04)
		− Barwert des wirtschaft-lichen Nachteils	− 5.250 EUR (= 26.250 EUR × 0,20)
	Zwischenwert		= 129.750 EUR
	Lage auf dem Grundstücks-markt	± Marktanpassung	− 0 EUR
	belasteter Verkehrswert	= Verkehrswert des belasteten Grundstücks	= 129.750 EUR rd. 130.000 EUR

11.4 Verkehrswert des begünstigten Grundstücks

11.4.1 Vorgehensweise

Oftmals wird ein begünstigtes Grundstück durch das Leitungsrecht über-haupt erst erschlossen und erreicht damit die Entwicklungszustandsstufe »Baureifes Land«. Sollte dies der Fall sein, so müssen entsprechende Ver-gleichspreise herangezogen werden. Unter Berücksichtigung möglicher peri-odischer Entschädigungszahlungen ergibt sich der Verkehrswert des begüns-tigten Grundstücks dann wie folgt:

Grundsätzliche Vorgehensweise		Bewertung von Leitungsrechten
Begünstigtes Grundstück	Ausgangswert	Verkehrswert (evtl. mit Bodenwert für baureifes Land)
	Ertrags- und Kostenüberlegun-gen	− Barwert der wirtschaftlichen Nachteile
	Lage auf dem Grundstücksmarkt	± Marktanpassung
	begünstigter Verkehrswert	= Verkehrswert des begünstigten Grundstücks

11.4.2 Beispiel

Ausgangsdaten	
unbelasteter Verkehrswert	200.000 EUR
Grundstücksgröße	500 m²
Bodenwert des begünstigten Grundstücks	100 EUR/m²
Liegenschaftszinssatz	3,5 %
Entschädigung	500 EUR/Jahr

<table>
<tr><th colspan="2">Grundsätzliche
Vorgehensweise</th><th>Leitungsrechts-
bewertung</th><th>Beispiel</th></tr>
<tr><td rowspan="6" style="writing-mode: vertical-lr">Begünstigtes Grundstück</td><td>Ausgangswert</td><td>Verkehrswert mit
Bodenwert für
baureifes Land</td><td>200.000 EUR</td></tr>
<tr><td>Ertrags- und
Kostenüber-
legungen</td><td>– Barwert der
Entschädigung</td><td>– 14.286 EUR
(= 500 EUR/Jahr ÷ 0,035)</td></tr>
<tr><td>Zwischenwert</td><td></td><td>= 185.714 EUR</td></tr>
<tr><td>Lage auf dem
Grundstücks-
markt</td><td>± Marktanpassung</td><td>± 0 EUR</td></tr>
<tr><td>begünstigter
Verkehrswert</td><td>= Verkehrswert des
begünstigten
Grundstücks</td><td>= 185.714 EUR
rd. 185.000 EUR</td></tr>
</table>

11.5 Landesrechtliche Besonderheiten

Die Musterbauordnung enthält keinen Hinweis auf eine notwendige öffentlich-rechtliche Sicherung von Leitungsführungen, die zum Betrieb der baulichen Anlage erforderlich sind und über ein Fremdgrundstück verlaufen. Lediglich die Länder Nordrhein-Westfalen und Rheinland-Pfalz treffen in den jeweiligen Landesbauordnungen Aussagen zum notwendigen Vorhandensein
von Frisch- und Abwasserleitungen bei Beginn der Benutzung einer baulichen Anlage.[2] Es wird jedoch im Gegensatz zum Geh- und Fahrrecht ausdrücklich nicht gefordert, dass eine öffentlich-rechtliche Absicherung der Leitungsführung erfolgt. So regelt z. B. die Landesbauordnung Nordrhein-Westfalen in § 4:

---

2 Vgl. *Wenzel, Gerhard*, Baulasten in der Praxis, 2. Auflage, Köln, 2006, S. 59.

§ 4 Abs. 1 Nrn. 1, 2 und 3

(1) Gebäude dürfen nur errichtet werden, wenn gesichert ist, dass bis zum Beginn ihrer Benutzung

1. das Grundstück in angemessener Breite an einer befahrbaren öffentlichen Verkehrsfläche liegt oder das Grundstück eine befahrbare, öffentlich-rechtlich gesicherte Zufahrt zu einer befahrbaren öffentlichen Verkehrsfläche hat; Wohnwege, an denen nur Gebäude geringer Höhe zulässig sind, brauchen nur befahrbar zu sein, wenn sie länger als 50 m sind,
2. die erforderlichen Anlagen zur Versorgung mit Trink- und Löschwasser vorhanden und benutzbar sind und
3. die erforderlichen Abwasseranlagen vorhanden und benutzbar sind und die Abwasserbeseitigung entsprechend den wasserrechtlichen Vorschriften gewährleistet ist.

Grafisch lässt sich dies wie folgt darstellen:

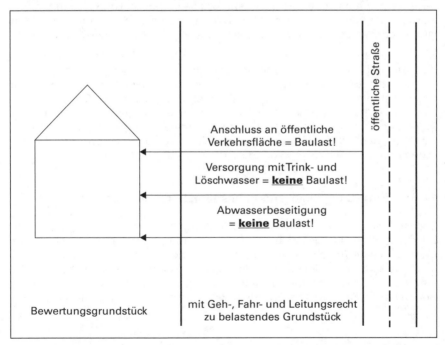

Wenzel[3] äußert sich zu diesem Fall im Zusammenhang mit der Baulastproblematik von Leitungsrechten wie folgt:

---

3 *Wenzel, Gerhard*, Baulasten in der Praxis, 2. Auflage, Köln, 2006, S. 59.

Im Gegensatz zu dem bereits beschriebenen Geh- und Fahrrecht ist gesetzlich nicht vorgeschrieben, dass die Sicherung der Leitungsrechte öffentlich-rechtlichen Charakter haben muss. Es würde somit auch eine privatrechtliche Sicherung der notwendigen Ver- und Entsorgungsleitungen ausreichen.

Weiter äußert sich Wenzel zu der Notwendigkeit einer ausschließlich privatrechtlichen Sicherung wie folgt:

Insofern könnte man denken, dass auch die Erteilung der Baugenehmigung nicht von der Vorlage einer entsprechenden (privatrechtlichen) Sicherung abhängig gemacht werden kann. Da aber die Bauaufsichtsbehörde gem. § 75 Abs. 1 Satz 1 BauO NRW eine Baugenehmigung erst erteilen darf, wenn dem Vorhaben öffentlich-rechtliche Vorschriften nicht entgegen stehen und die Versorgung mit Frischwasser sowie die Entsorgung von Abwasser zum präventiven Prüfumfang der Bauaufsicht gehört, ist die Sicherung bereits während der Bearbeitung des Bauantrags durch den Bauherrn nachzuweisen.

Demnach ist also eine Baulasteintragung zur Absicherung der Frisch- und Abwasserleitungen gemäß BauO NRW nicht erforderlich.

Sofern ein bereits bebautes Grundstück zu bewerten ist, kann also unterstellt werden, dass die Prüfung im Rahmen des Genehmigungsverfahrens erfolgt ist und eine entsprechende privatrechtliche Vereinbarung hierüber vorliegt.

Bei der Bewertung eines unbebauten Grundstücks stellt sich die Situation anders dar. In diesem Fall kann nicht sicher davon ausgegangen werden, dass der Grundstückseigentümer, dessen Grundstück belastet werden soll, auch tatsächlich die Genehmigung zur Leitungsführung über sein Grundstück erteilt. Diese Unsicherheit kann, in Anlehnung an die Vorgehensweise bei einer fehlenden Baulasteintragung bei einem durch ein Wegerecht begünstigten Grundstück, durch einen Bodenwert zum Ausdruck gebracht werden, der zwischen dem Wert für »Rohbauland« und »baureifes Land« liegt.

11.6 Ermittlung einer angemessenen Entschädigung

Sachverständige werden oftmals mit der Aufgabe betraut, eine angemessene Entschädigung als Ausgleich für die Einräumung eines Leitungsrechts zu ermitteln. Diesbezüglich werden im Kapitel (»Angemessene Renten für Grundstücksbelastungen« detaillierte Hinweise gegeben. Vorweg nur so viel: Die Methode, die Entschädigung mittels des Liegenschaftszinssatzes aus dem Bodenwert des belasteten Grundstücks zu ermitteln, ist in keinem Fall sachgerecht.

11.7 Vorgehensweise nach WertR 2006

11.7.1 Die bauliche Nutzbarkeit wird nicht eingeschränkt

Der Bodenwert des mit einem Leitungsrecht belasteten Grundstücks wird nach WertR 2006 wie folgt ermittelt (siehe WertR-Beispielrechnung Nr. 20):

Bodenwert des belasteten Grundstücks	
	Bodenwert des unbelasteten Grundstücks
−	Wertnachteil aus dem Leitungsrecht (sonstige Beeinträchtigung)
=	Bodenwert des belasteten Grundstücks

Der Wertnachteil aus dem Leitungsrecht wird hierbei am Grad der sonstigen Beeinträchtigung (z. B. Immissionsbelastung) des Grundstücks gemessen. Zur Erfassung der Höhe der Wertminderung kann nach WertR 2006 auf in der Literatur angegebene Erfahrungssätze zurückgegriffen werden.

Dabei sollen diese Erfahrungssätze je nach Grad der Beeinträchtigung auf eine Bodenwertminderung der Leitungsrechtsfläche oder des Gesamtgrundstücks bezogen werden.

Beispiel: Es ist der Bodenwert des belasteten Grundstücks aus den nachstehenden Daten zu ermitteln:

zur Verfügung stehende Informationen	
unbelasteter Bodenwert	180 EUR/m²
Grundstücksgröße	500 m²
Fläche des Schutzstreifens der Leitung	40 m²
Einschränkung der baulichen Nutzbarkeit	nicht gegeben
Sonstige Beeinträchtigungen	geringfügig
Liegenschaftszinssatz	3 %

Der Wert des belasteten Grundstücks ergibt sich mit den oben stehenden Daten wie folgt:

Bodenwert des belasteten Grundstücks		
	Bodenwert des unbelasteten Grundstücks	90.000 EUR
−	Wertnachteil aus der sonstigen Beeinträchtigung durch das Leitungsrecht	9.000 EUR = 90.000 × 10 %
=	Bodenwert des belasteten Grundstücks	81.000 EUR

11.7.2 Die bauliche Nutzbarkeit wird eingeschränkt

In diesem Fall soll der Bodenwert des mit einem Leitungsrecht belasteten Grundstücks nach WertR 2006 wie folgt ermittelt (siehe WertR-Beispielrechnung Nr. 21):

Bodenwert des belasteten Grundstücks	
	Bodenwert des unbelasteten Grundstücks
−	Wertnachteil aus dem Leitungsrecht (sonstige Beeinträchtigung)
−	Wertnachteil aus dem Leitungsrecht (verringerte bauliche Ausnutzung)
=	Bodenwert des belasteten Grundstücks

Der Wertnachteil aus dem Leitungsrecht wird hierbei einerseits am Grad der sonstigen Beeinträchtigungen des Grundstücks gemessen. Andererseits wird die Beeinträchtigung der baulichen Nutzbarkeit über die Umrechnung des Bodenwerts mittels der GFZ-Umrechnungskoeffizienten der WertR berücksichtigt.

Beispiel: Es ist der Bodenwert des belasteten Grundstücks aus den nachstehenden Daten zu ermitteln:

zur Verfügung stehende Informationen	
unbelasteter Bodenwert	180 EUR/m²
Grundstücksgröße	500 m²
Fläche des Schutzstreifens der Leitung	40 m²
tatsächlich und rechtlich mögliche GFZ	0,65
aufgrund des Leitungsrechts realisierbare GFZ	0,5
GFZ-Umrechnungskoeffizient WertR	0,89
Sonstige Einschränkungen	geringfügig
Liegenschaftszinssatz	3 %

Der Wert des belasteten Grundstücks ergibt sich mit den oben stehenden Daten wie folgt:

Bodenwert des belasteten Grundstücks		
	Bodenwert des unbelasteten Grundstücks	90.000 EUR
−	Wertnachteil aus der sonstigen Beeinträchtigung durch das Leitungsrecht	9.000 EUR = 90.000 × 10 %
=	Zwischenwert	81.000 EUR
×	GFZ-Umrechnungskoeffizient WertR	0,89
=	Zwischenwert	72.090 EUR
=	Bodenwert des belasteten Grundstücks	72.000 EUR

11.8 Kritik an der Vorgehensweise nach WertR 2006

Bei der Bewertung von Leitungsrechten nach den WertR 2006 gibt es zahlreiche Kritikpunkte, die nachfolgend dargestellt werden:

Fehlende Hinweise zur Wertermittlung des begünstigten Grundstücks

In den Beispielrechnungen Nrn. 20 und 21 der Anlage 21 zur WertR 2006 und im Richtlinientext werden lediglich Fallbeispiele und Hinweise zur Ermittlung des Werts des mit einem Leitungsrecht belasteten Grundstücks dargestellt. Ein Hinweis auf die Bewertung eines Grundstücks, das durch ein Leitungsrecht begünstigt wird, fehlt.

Fehlende Hinweise zur Wertermittlung eines bebauten Grundstücks

In den Beispielrechnungen Nrn. 20 und 21 der Anlage 21 zur WertR 2006 und im Richtlinientext werden lediglich Fallbeispiele und Hinweise zur Ermittlung des Werts von unbebauten Grundstücken dargestellt. Ein Hinweis auf die Bewertung von bebauten Grundstücken fehlt.

Es ist zu befürchten, dass aufgrund der vorhandenen Beispiele in der Praxis die Wertminderung oder Wertsteigerung eines bebauten Grundstücks ebenfalls ausschließlich im Bodenwert erfasst wird, was nicht zu sachgerechten Ergebnissen führen kann, da grundsätzlich der unbelastete Verkehrswert Ausgangspunkt der Überlegungen sein soll.

Eine Marktanpassung ist nicht vorgesehen

Nach den WertR 2006 wird keine Marktanpassung in die Bewertungssystematik mit einbezogen. Dies ist jedoch, wie bereits mehrfach erwähnt, zentraler Inhalt der Wertermittlung. Der Verkehrswert berücksichtigt nicht ausschließlich den Barwert eines wirtschaftlichen Vor- oder Nachteils. Er umfasst darüber hinaus einen weiteren wesentlichen Aspekt, der nicht unterschätzt werden darf: Die Reaktion des Marktes auf die Tatsache, dass das begünstigte Grundstück nur in Abhängigkeit von der Existenz des Leitungsrechts erschlossen werden kann!

Modellfehler

In der Beispielrechnung Nr. 21 wird der GFZ-Umrechnungskoeffizient an falscher Stelle angewendet. Die Anwendung eines Umrechnungskoeffizienten setzt das Vorhandensein ähnlicher Grundstücksverhältnisse voraus.

Im Beispiel Nr. 21 wird der Umrechnungskoeffizient nach dem Abzug der Wertminderung aufgrund sonstiger Beeinträchtigungen vom unbelasteten Bodenwert angewendet. Richtig wäre, den Umrechnungskoeffizienten auf den unbelasteten Bodenwert anzuwenden und die sonstigen Beeinträchtigungen unter den sonstigen wertbeeinflussenden Umständen zu erfassen.

Sofern der Umrechnungskoeffizient an der in der WertR 2006 vorgesehenen Stelle angewendet wird, müsste unterstellt werden, dass in dem Bodenwert bereits die sonstigen Beeinträchtigungen enthalten sind. Diese dürften dann nicht mehr separat in Abzug gebracht werden.

Es wird kein Verkehrswert ermittelt

Der Begriff »Verkehrswert« wird im Zusammenhang mit dem Ergebnis der Bewertung des belasteten Grundstücks, wie bereits beim Wegerecht, konsequent vermieden. Es wird nicht erläutert, aus welchem Grund es sich um »Bodenwerte« und nicht um einen Verkehrswert handelt. So bleibt unklar, ob über die in der WertR 2006 vorgeschlagene Vorgehensweise ein Verkehrswert aus den vorliegenden Informationen abgeleitet werden kann. Hier ist erheblicher Klärungsbedarf vorhanden.

11.9 Zusammenfassung

- Es gibt unzählige Varianten von Leitungsrechten. Eine allgemein gültige Schematisierung zur Wertermittlung ist aufgrund der Vielzahl möglicher Fälle nicht möglich.
- Ein wesentlicher Aspekt der Wertermittlung ist die Einschränkung der baulichen Nutzbarkeit (je größer die Einschränkung, desto höher die Wertminderung)
- Letztendlich ist jedoch stets zu überlegen, wie die Marktteilnehmer unter Berücksichtigung der Umstände des Einzelfalls bei einem Kauf des belasteten bzw. begünstigten Grundstücks reagieren würden.
- Die Berücksichtigung von Leitungsrechten nach WertR 2006 ist nicht abschließend durchdacht. Insbesondere die fehlenden Erläuterungen zur Bewertung des begünstigten Grundstücks und von bebauten Grundstücken werfen Fragen auf.

12   Überbau

In diesem Kapitel erfahren Sie,

- auf welchen wesentlichen rechtlichen Grundlagen der Überbau basiert,
- dass auch die Überbaubewertung im Wesentlichen nach der bei Rechten und Lasten üblichen Vorgehensweise durchgeführt wird,
- dass es sechs verschiedene Fallgestaltungen gibt,
- wie eine Überbaurente ermittelt wird,
- wie der Überbau laut WertR 2006 bewertet wird.

12.1   Grundlagen

Der Überbau gehört wie der Notweg zu den nachbarrechtlichen Beschränkungen des Grundeigentums nach dem Bürgerlichen Gesetzbuch. Die rechtlichen Grundlagen für den Überbau befinden sich in den §§ 912 bis 916 des Bürgerlichen Gesetzbuchs. In § 912 wird der Überbau wie folgt definiert:

> ### § 912 BGB
>
> (1) Hat der Eigentümer eines Grundstücks bei der Errichtung eines Gebäudes über die Grenze gebaut, ohne dass ihm Vorsatz oder grobe Fahrlässigkeit zur Last fällt, so hat der Nachbar den Überbau zu dulden, es sei denn, dass er vor oder sofort nach der Grenzüberschreitung Widerspruch erhoben hat.
>
> (2) Der Nachbar ist durch eine Geldrente zu entschädigen. Für die Höhe der Rente ist die Zeit der Grenzüberschreitung maßgebend.

Zur rechtlichen Beurteilung des Überbaus sind somit zwei Fälle zu unterscheiden:

a) Dem Eigentümer, der den Überbau zu verantworten hat, ist Vorsatz oder grobe Fahrlässigkeit vorzuwerfen. Das kann zum Beispiel dann der Fall sein, wenn das geplante Gebäude nicht von einem Vermessungsfachmann sondern von einem Laien abgesteckt, d. h. von der Örtlichkeit in die Karte übertragen wurde. Im Falle von Vorsatz oder grober Fahrlässigkeit wird das Gebäude auf der Grenze der beteiligten Grundstücke real geteilt.

b) Der Überbau ist entstanden, ohne dass dem Eigentümer des durch den Überbau begünstigten Grundstücks Vorsatz oder grobe Fahrlässigkeit vorzuwerfen ist. In einem solchen Fall hat der Nachbar den Überbau zu dulden, es sei denn, dass er vor oder sofort nach der Grenzüberschreitung Widerspruch eingelegt hat.

Im Falle der Duldungspflicht muss der Überbau jedoch nicht entschädigungslos hingenommen werden. Vielmehr hat der durch den Überbau Benachteiligte Anspruch auf eine Geldrente, die jedoch nicht in das Grundbuch eingetragen werden muss. Hinsichtlich der Überbaurente sind einige Besonderheiten zu beachten, die weiter hinten in diesem Kapitel beschrieben werden.[1]

Die Duldungspflicht des Belasteten entsteht nur dann, wenn der Überbau von einer bestimmten Dauerhaftigkeit ist. So müssen zum Beispiel Holzschuppen oder -hütten auf Verlangen hin entfernt werden. Der Überbau muss auch nur solange geduldet werden, wie er tatsächlich besteht. Wird der Überbau zum Beispiel durch Feuer oder Erdbeben zerstört, endet auch die Duldungspflicht.

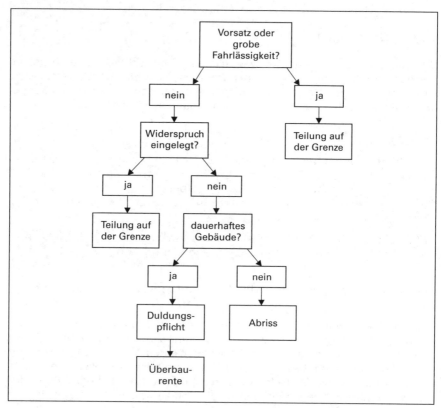

---

1 Vorweg wird auf Folgendes hingewiesen: Die Überbaurente ist jährlich im voraus zu entrichten (§ 913 BGB). Somit müsste der Barwert der Überbaurente mit dem jährlich vorschüssigen Vervielfältiger berechnet werden. Aus Gründen der Übersichtlichkeit und Einheitlichkeit wird der Barwert hier jedoch mit dem in der WertV angegebenen jährlich nachschüssigen Vervielfältiger berechnet. Die diesbezüglichen Unterschiede liegen Im Rahmen der Schätz- und Rundungsgenauigkeiten einer Verkehrswertermittlung.

Ob eine Duldungspflicht vorliegt oder nicht, bedarf letztendlich der richterlichen Entscheidung. Diese Entscheidung kann ein Sachverständiger für Immobilienbewertung in seinem Gutachten nicht treffen, da in diesem Zusammenhang mehrere komplizierte Rechtsfragen zu lösen sind (Liegen Vorsatz oder grobe Fahrlässigkeit vor? Wurde Widerspruch eingelegt und wenn ja, mit welcher Wirkung? Welche Überbaurente wird gezahlt?).

Was also ist zu tun, wenn der Sachverständige feststellt, dass ein Überbau vorhanden ist? Es kann an dieser Stelle nur empfohlen werden, entsprechende Unterlagen zu sichten (z. B. Bauakte) und die Problematik mit dem Auftraggeber bzw. den beteiligten Eigentümern zu besprechen. Auf der Basis der Recherchen und Gespräche muss der Sachverständige dann eine sinnvolle Annahme treffen und diese im Gutachten ausführlich dokumentieren.

Nachfolgend sehen Sie eine Abbildung, die den klassischen Fall eines Überbaus darstellt. Das begünstigte Grundstück hat auf das belastete Grundstück überbaut. Anhand dieser Darstellung wird im Folgenden die Vorgehensweise bei der Bewertung im Zusammenhang mit Überbauten beschrieben.

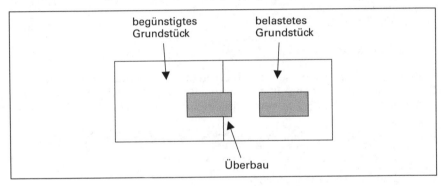

12.2 Sechs unterschiedliche Fallkonstellationen

Bei der Überbaubewertung sind folgende sechs Fälle zu unterscheiden:

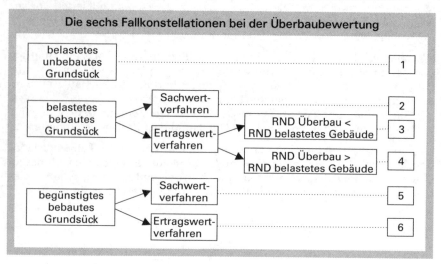

In allen Fällen ist zunächst der Verkehrswert des Grundstücks ohne Berücksichtigung des Überbaus zu ermitteln. Anschließend sind die wirtschaftlichen Vor- und Nachteile sowie die Lage auf dem Grundstücksmarkt zu berücksichtigen.

Grundsätzliche Vorgehensweise	
	unbelasteter bzw. unbegünstigter Verkehrswert
±	Ertrags- und Kostenüberlegungen
=	Zwischenwert
±	Lage auf dem Grundstücksmarkt
=	belasteter bzw. begünstigter Verkehrswert

12.3 Fall 1: Belastetes unbebautes Grundstück

Es ist zunächst der Bodenwert ohne Berücksichtigung des Überbaus auf der Grundlage von Vergleichspreisen oder Bodenrichtwerten zu ermitteln (Fiktion: es ist kein Überbau vorhanden). Daran anschließend sind folgende wirtschaftliche Vor- und Nachteile zu berücksichtigen:

- Als wirtschaftlicher Nachteil ist zu berücksichtigen, dass der überbaute Teilbereich des Grundstücks für die Restnutzungsdauer des »Überbau-Gebäudes« nicht genutzt werden kann. Dieser Nachteil kann wie folgt ermittelt werden: Bodenwertverzinsung der überbauten Teilfläche × Vervielfältiger (= entgangene Bodenwertverzinsung, entg. BWV). Der Vervielfältiger wird auf der Grundlage der Restnutzungsdauer des Überbaus und des Liegenschaftszinssatzes ermittelt.

● In Einzelfällen kann die bauliche Nutzbarkeit des Grundstücks beeinträchtigt sein oder es können Immissionen entstehen. Diesbezügliche Nachteile sind entsprechend zu berücksichtigen. Sie können beispielsweise in Anlehnung an die im Kapitel »Wegerecht« angegebenen Wertminderungen ermittelt werden. (Hinweis: beim nachfolgenden Beispiel sind keine derartigen Nachteile vorhanden)

● Falls eine Überbaurente gezahlt wird, muss deren Barwert als wirtschaftlicher Vorteil berücksichtigt werden.

Der Verkehrswert des überbauten Grundstücks ergibt sich somit wie es nachfolgend anhand eines Beispiels dargestellt wird.

Ausgangsdaten

Grundstücksgröße	700 m²
Bodenwert	250 EUR/m²
überbaute Teilfläche	50 m²
Restnutzungsdauer des »Überbau-Gebäudes«	40 Jahre
Überbaurente	150 EUR/Jahr
Liegenschaftszinssatz	3,5 %
Vervielfältiger (40 Jahre, 3,5 %)	21,355

Grundsätzliche Vorgehensweise		Überbaubewertung unbebautes belastetes Grundstück	Beispiel
Belastetes Grundstück	unbelasteter Verkehrswert	Verkehrswert ohne Berücksichtigung des Überbaus	175.000 EUR (= 250 EUR/m² × 700 m²)
	Ertrags- und Kostenüberlegungen	− Entgangene Bodenwertverzinsung	− 9.343 EUR (= 250 EUR/m² × 50 m² × 0,035 × 21,355)
		+ Barwert der Überbaurente	+ 3.203 EUR (= 150 EUR/Jahr × 21,355)
	Zwischenwert		= 168.860 EUR
	Lage auf dem Grundstücksmarkt	± Marktanpassung	− 0 EUR
	belasteter Verkehrswert	= Verkehrswert des belasteten Grundstücks	= 168.860 EUR rd. 169.000 EUR

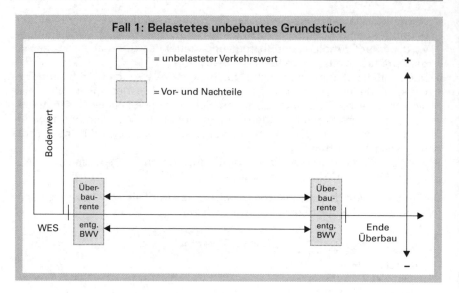

Fall 1: Belastetes unbebautes Grundstück

Erläuterungen zur entgangenen Bodenwertverzinsung

Der Bodenwert kann auch als Barwert der Bodenwertverzinsung angesehen werden. Dabei handelt es sich bei der Bodenwertverzinsung um eine ewige Rente, denn der Boden ist auf »ewig« vorhanden.

Im obigen Beispiel beträgt die Bodenwertverzinsung 6.125 EUR/Jahr (= 175.000 EUR × 0,035). Der Barwert der Bodenwertverzinsung ergibt sich zu 175.000 EUR (= 6.125 EUR/Jahr/0,035).

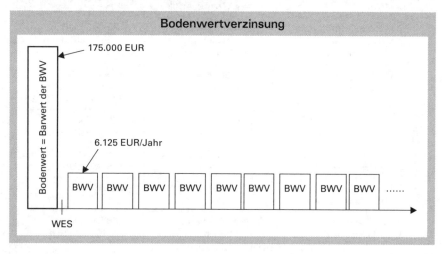

Bodenwertverzinsung

Der vom Überbau betroffene Grundstücksbereich steht dem belasteten Grundstück bis zum Ende des Überbaus nicht mehr zur Verfügung. Somit entgeht dem Eigentümer des belasteten Grundstücks ein Teil der Bodenwertverzinsung (entgangene Bodenwertverzinsung). Die entgangene Bodenwertverzinsung wird bis zum Ende des Überbaus mit dem Vervielfältiger einer Zeitrente kapitalisiert. Im obigen Beispiel ergibt sich der Vervielfältiger zu 21,355, womit man eine entgangene Bodenwertverzinsung von 9.343 EUR erhält.

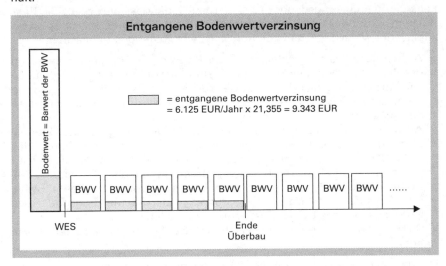

12.4 Fall 2: Belastetes bebautes Grundstück, Sachwert

Mittels des Sachwertverfahrens wird zunächst der Verkehrswert des unbelasteten Grundstücks ermittelt. Daran anschließend werden die wirtschaftlichen Vor- und Nachteile berücksichtigt. Diese ergeben sich in der gleichen Weise wie zuvor für unbebaute Grundstücke beschrieben.

Fall 2: Belastetes bebautes Grundstück, Sachwert	
	unbelasteter Verkehrswert = Sachwert × Marktanpassungsfaktor 1
±	Ertrags- und Kostenüberlegungen
=	Zwischenwert
±	Lage auf dem Grundstücksmarkt (Marktanpassungsfaktor 2
=	belasteter bzw. begünstigter Verkehrswert

Es sei ausdrücklich darauf hingewiesen, dass der Marktanpassungsfaktor 1, der üblicherweise im Sachwertverfahren anzusetzen ist, nicht identisch ist mit dem Marktanpassungsfaktor 2, der die Lage auf dem Grundstücksmarkt für »Überbauobjekte« berücksichtigt.

12.5 Fall 3: Belastetes bebautes Grundstück, Ertragswert 1

Falls die Restnutzungsdauer des »Überbau-Gebäudes« kleiner als die Restnutzungsdauer des Gebäudes auf dem überbauten Grundstück ist, so ist bezüglich der wirtschaftlichen Vor- und Nachteile Folgendes zu beachten:[2]

- Als wirtschaftlicher Nachteil muss der Barwert der Erträge, die aufgrund des Überbaus weniger zu erzielen sind, zugrunde gelegt werden. So kann die Nutzung des »Überbau-Gebäudes« zum Beispiel mit erheblichen Immissionen verbunden sein, was sich dann sicherlich als »Mindermiete« auswirken wird.
- Als weiterer wirtschaftlicher Nachteil ist zu berücksichtigen, dass eine Teilfläche des belasteten Grundstücks während der Restnutzungsdauer des »Überbau-Gebäudes« nicht genutzt werden kann. Dieser Nachteil kann wie folgt ermittelt werden: Bodenwertverzinsung der überbauten Teilfläche × Vervielfältiger (= entgangene Bodenwertverzinsung, entg. BWV). Der Vervielfältiger wird auf der Grundlage der Restnutzungsdauer des Überbaus und des Liegenschaftszinssatzes ermittelt.
- Der Barwert der Überbaurente ist als wirtschaftlicher Vorteil zu berücksichtigen.

Die nachfolgende Grafik soll die Vorgehensweise nochmals verdeutlichen. Dabei wird der unbelastete Verkehrswert nach folgender Ertragswertformel ermittelt:

Ertragswert = GebRE × V + BW

GebRE = Gebäudereinertrag
V   = Vervielfältiger
BW   = Bodenwert

Man erkennt deutlich, dass der Gebäudereinertrag als Grundlage des unbelasteten Verkehrswerts bis zum Ende der Restnutzungsdauer des Gebäudes auf dem belasteten Grundstück kapitalisiert werden muss. Die Vor- und Nachteile aufgrund des Überbaus werden dagegen lediglich bis zum Ende des Überbaus kapitalisiert.[3]

---

2 Falls die Restnutzungsdauer des »Überbau-Gebäudes« gleich der Restnutzungsdauer des Gebäudes auf dem überbauten Grundstück ist, müssen die aufgeführten Vor- und Nachteile in gleicher Weise berücksichtigt werden. Der einzige Unterschied besteht darin, dass keine unterschiedlichen Restnutzungsdauern bestehen.
3 Dies gilt natürlich nicht, falls die Restnutzungsdauer des »Überbau-Gebäudes« gleich der Restnutzungsdauer des Gebäudes auf dem überbauten Grundstück ist.

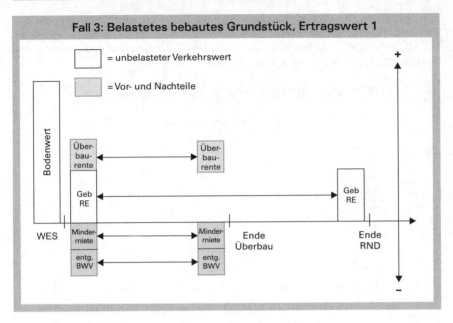

Fall 3: Belastetes bebautes Grundstück, Ertragswert 1

Hinweis: Weiter hinten in diesem Skript finden Sie einen Praxisfall zur Überbaubewertung mit einem Beispiel zu Fall 3.

12.6   Fall 4: Belastetes bebautes Grundstück, Ertragswert 2

Falls die Restnutzungsdauer des »Überbau-Gebäudes« größer als die Restnutzungsdauer des Gebäudes auf dem überbauten Grundstück ist, so ist bezüglich der wirtschaftlichen Vor- und Nachteile Folgendes zu beachten:

- Als wirtschaftlicher Nachteil muss der Barwert der Erträge, die aufgrund des Überbaus weniger zu erzielen sind, zugrunde gelegt werden. So kann die Nutzung des »Überbau-Gebäudes« zum Beispiel mit erheblichen Immissionen verbunden sein, was sich dann sicherlich als »Mindermiete« auswirken wird.
- Als weiterer wirtschaftlicher Nachteil ist zu berücksichtigen, dass eine Teilfläche des belasteten Grundstücks während der Restnutzungsdauer des »Überbau-Gebäudes« nicht genutzt werden kann. Dieser Nachteil kann wie folgt ermittelt werden: Bodenwertverzinsung der überbauten Teilfläche x Vervielfältiger (= entgangene Bodenwertverzinsung, entg. BWV). Der Vervielfältiger wird auf der Grundlage der Restnutzungsdauer des Überbaus und des Liegenschaftszinssatzes ermittelt.
- Der Barwert der Überbaurente ist als wirtschaftlicher Vorteil zu berücksichtigen.

Die nachfolgende Grafik soll die Vorgehensweise nochmals verdeutlichen. Der unbelastete Verkehrswert wird wiederum auf der Basis der in Fall 3 bereits beschriebenen Ertragswertformel berechnet. Auch hier erkennt man wiederum die unterschiedlichen Kapitalisierungszeiträume.

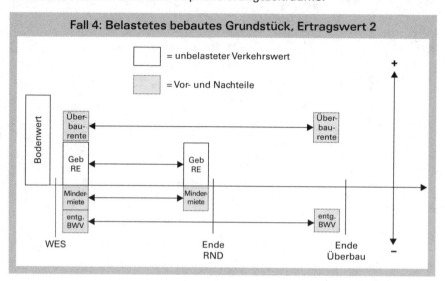

Nachfolgend finden Sie ein Beispiel zu dem 4. Fall der Überbaubewertung.

Ausgangsdaten	
Unbelasteter Verkehrswert	150.000 EUR
Bodenwert	120 EUR/m²
Größe des belasteten Grundstücks	468 m²
Überbaute Fläche	14 m²
Mindermiete durch Überbau	0,50 EUR/m²/Monat
Wohnfläche des Gebäudes auf dem belasteten Grundstück	120 m²
Überbaurente	150 EUR/Jahr
RND Gebäude auf dem belasteten Grundstück	40 Jahre
RND Überbaugebäude	70 Jahre
Liegenschaftszinssatz	4 %

Grundsätzliche Vorgehensweise	Überbaubewertung belastetes bebautes Grundstück	Beispiel
unbelasteter Verkehrswert	Verkehrswert ohne Berücksichtigung des Überbaus	150.000 EUR
Ertrags- und Kostenüberlegungen	– Entgangene Bodenwertverzinsung	– 1.572 EUR = 14 m² × 120 EUR/m² × 0,04 × 23,395
	– Barwert der Mindermiete	+ 14.251 EUR = 720 EUR/Jahr × 19,793
	+ Barwert der Überbaurente	+ 3.509 EUR = 150 EUR/Jahr × 23,395
Zwischenwert		= 137.686 EUR
Lage auf dem Grundstücksmarkt	± Marktanpassung	– 0 EUR
belasteter Verkehrswert	= Verkehrswert des belasteten Grundstücks	= 137.686 EUR rd. 137.000 EUR

(Spaltenbeschriftung links vertikal: Belastetes Grundstück)

12.7 Fall 5: Begünstigtes bebautes Grundstück, Sachwert

Es wird, wie gewohnt, zunächst der Verkehrswert ohne Berücksichtigung des Überbaus ermittelt. Im Anschluss daran werden die folgenden wirtschaftlichen Vor- und Nachteile berücksichtigt.

● Ein wirtschaftlicher Vorteil ergibt sich in der Regel dadurch, dass eine Teilfläche des überbauten Grundstücks während der Restnutzungsdauer des »Überbau-Gebäudes« genutzt wird. Dieser Vorteil kann wie folgt ermittelt werden: Bodenwertverzinsung der überbauten Teilfläche × Vervielfältiger. Der Vervielfältiger wird auf der Grundlage der Restnutzungsdauer des Überbaus und des Liegenschaftszinssatzes ermittelt.
● In Einzelfällen kann sich die bauliche Nutzbarkeit des begünstigten Grundstücks verbessern, was dann als weiterer Vorteil entsprechend zu berücksichtigen wäre.
● Als wirtschaftlicher Nachteil ist in der Regel lediglich der Barwert der Überbaurente zu berücksichtigen.

239

Überbau

Nachfolgend finden Sie ein Beispiel zum Fall 5.

Ausgangsdaten
Grundstücksgröße .... 450 m²
unbelasteter Bodenwert .... 200 EUR/m²
überbaute Teilfläche .... 40 m²
Verkehrswert ohne Berücksichtigung des Überbaus .... 210.000 EUR
Restnutzungsdauer des »Überbau-Gebäudes« .... 30 Jahre
Überbaurente .... 50 EUR/Jahr
Liegenschaftszinssatz .... 3,5 %
Vervielfältiger (30 Jahre, 3,5 %) 18,392

	Grundsätzliche Vorgehensweise	Überbaubewertung begünstigtes bebautes Grundstück	Beispiel
Begünstigtes Grundstück	unbegünstigter Verkehrswert	Verkehrswert ohne Berücksichtigung des Überbaus	210.000 EUR
	Ertrags- und Kostenüberlegungen	+ Bodenwert-verzinsung der überbauten Teilfläche	+ 5.150 EUR (= 200 EUR/m² × 40 m² × 0,035 × 18,392)
		− Barwert der Überbaurente	− 920 EUR (= 50 EUR/Jahr × 18,392)
	Zwischenwert		= 214.230 EUR
	Lage auf dem Grundstücksmarkt	± Marktanpassung	− 0 EUR
	begünstigter Verkehrswert	= Verkehrswert des begünstigten Grundstücks	= 214.230 EUR rd. 214.000 EUR

12.8   Fall 6: Begünstigtes bebautes Grundstück, Ertragswert

Es wird wiederum zunächst der Verkehrswert ohne Berücksichtigung des Überbaus ermittelt. Daran anschließend sind, wie beim Sachwertverfahren auch, folgende wirtschaftliche Vor- und Nachteile zu berücksichtigen:

● Als wirtschaftlicher Vorteil muss der Barwert der Erträge, die aufgrund des Überbaus mehr zu erzielen sind, zugrunde gelegt werden. Ergibt sich beispielsweise ein besonderes Ambiente, weil durch den Überbau ein exklusiver Wintergarten entstanden ist, so ist die diesbezügliche Mietdifferenz anzusetzen. Eine erhöhte Miete kann sich auch dann ergeben, wenn der Überbau ein bewertungsrelevantes Mehr an nutzbarer Fläche bringt.

● Als weiterer wirtschaftlicher Vorteil ist zu berücksichtigen, dass eine Teilfläche des überbauten Grundstücks während der Restnutzungsdauer des »Überbau-Gebäudes« genutzt wird. Dieser Vorteil kann wie folgt ermittelt werden: Bodenwertverzinsung der überbauten Teilfläche × Vervielfältiger (= zusätzliche Bodenwertverzinsung, zus. BWV). Der Vervielfältiger wird auf der Grundlage der Restnutzungsdauer des Überbaus und des Liegenschaftszinssatzes ermittelt.

● Zudem muss der Barwert der Überbaurente als wirtschaftlicher Vorteil berücksichtigt werden.

Die nachfolgende Grafik soll die Vorgehensweise nochmals verdeutlichen.

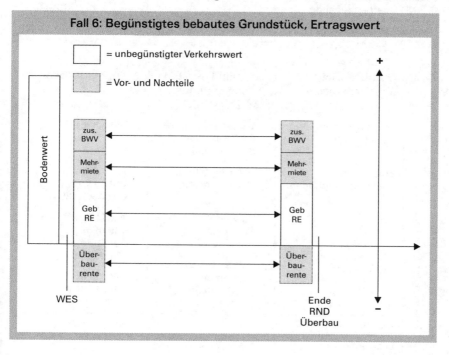

Nachfolgend finden Sie ein Beispiel zu dem 6. Fall der Überbaubewertung.

Ausgangsdaten	
Verkehrswert ohne Überbau	290.000 EUR
Bodenwert	120 EUR/m²
zusätzliche Grundstücksgröße durch Überbau	14 m²
zusätzliche Wohnfläche durch Überbau	10 m²
Miete	6 EUR/m²/Monat
Überbaurente	150 EUR/Jahr
RND Überbaugebäude	70 Jahre
Liegenschaftszinssatz	4 %

	Grundsätzliche Vorgehensweise	Überbaubewertung begünstigtes Grundstück	Übungsaufgabe
Begünstigtes Grundstück	unbegünstigter Verkehrswert	Verkehrswert ohne Berücksichtigung des Überbaus	290.000 EUR
	Ertrags- und Kostenüberlegungen	+ zusätzliche Bodenwertverzinsung	− 1.572 EUR = 14 m² × 120 EUR/m² × 0,04 × 23,395
		+ Barwert der Mehrmiete	+ 16.844 EUR = 10 m² × 6 EUR/m²/Monat × 12 × 23,395
		− Barwert der Überbaurente	+ 3.509 EUR = 150 EUR/Jahr × 23,395
	Zwischenwert		= 304.907 EUR
	Lage auf dem Grundstücksmarkt	± Marktanpassung	− 0 EUR
	begünstigter Verkehrswert	= Verkehrswert des begünstigten Grundstücks	= 304.907 EUR rd. 305.000 EUR

12.9 Überbaurente

Der vom Überbau betroffene Grundstückseigentümer ist mit einem angemessenen Geldbetrag als Einmalbetrag oder als Rente für die Belastung zu entschädigen. Somit muss der durch die unfreiwillige Beschränkung entstandene Nachteil entschädigt werden.

Der wirtschaftliche Nachteil ergibt sich aus der entgangenen Bodenwertverzinsung des belasteten Grundstücksteils. Es ist jedoch zu beachten, dass bei der Ermittlung der Überbaurente die Wertverhältnisse zum Zeitpunkt des Entstehens des Überbaus zugrunde gelegt werden müssen. Zu diesem Zeitpunkt wird die Überbaurente für ihre Gesamtlaufzeit festgelegt. Dies wird aus den folgenden Leitsätzen eines BGH-Urteils vom 26. 11. 1971 deutlich (V ZR 11/70):

- Veränderungen des Grundstückswerts, die erst nach der Grenzüberschreitung eintreten, sind für die Bemessung der Überbaurente ohne Bedeutung. Das gilt sowohl für Veränderungen tatsächlicher Art am überbauten Grundstück als auch für reine Bewertungsänderungen.
- Maßgebende Grundlage ist der in der üblichen Weise zu ermittelnde Verkehrswert der überbauten Bodenfläche.

Die einmalige Festsetzung der Rente für ihre Gesamtlaufzeit hat zur Folge, dass bei stetig steigenden Bodenpreisen die Überbaurente schon nach kurzer Zeit nicht mehr der angemessenen Bodenwertverzinsung entspricht (siehe nachfolgende Grafik). Der Belastete hat demnach einen Nachteil, der sich in einer niedrigeren Rendite, verglichen mit unbelasteten Grundstücken, ausdrückt. Diesem Nachteil kann er nur entgehen, indem er so früh wie möglich die Übernahme des überbauten Teils verlangt, denn statt einer Überbaurente kann der Belastete auch jederzeit verlangen, dass ihm der Begünstigte den überbauten Teil seines Grundstücks abkauft. Bei der Wertberechnung für den Abkauf ist ebenfalls der Zeitpunkt der Grenzüberschreitung maßgebend.

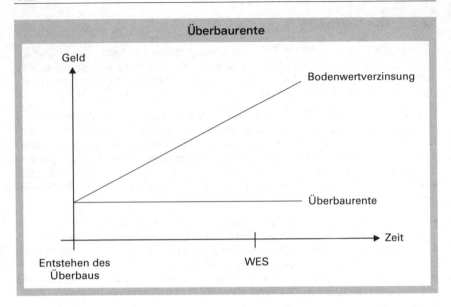

Hinsichtlich der Zwangsversteigerung ist zu berücksichtigen, dass die Überbaurente allen anderen Rechten (auch den älteren) vorgeht und somit in der Zwangsversteigerung immer bestehen bleibt (§ 914 BGB). Dies ist ein wesentlicher Unterschied zu anderen Belastungen, wie zum Beispiel dem Wohnungsrecht und dem Nießbrauch.

Nachfolgend finden Sie ein Beispiel zur Ermittlung der Überbaurente.

Ermittlung einer Überbaurente
Ausgangsdaten
Bodenwert zum Zeitpunkt des Überbaus . . . . 300 EUR/m²
Liegenschaftszinssatz . . . . 3 %
überbaute Fläche . . . . .50 m²
Berechnung der Überbaurente
Bodenwert der überbauten Fläche . . . . 15.000 EUR
Überbaurente (15.000 EUR × 3 %) . . . . 450 EUR/Jahr

12.10 Praxisfall

Vorbemerkung

In Zwangsversteigerungsverfahren sind häufig mehrere Grundstücke, die eine zusammenhängende wirtschaftliche Einheit bilden, zu bewerten. Zusätzlich zum Verkehrswert der wirtschaftlichen Einheit verlangt das Zwangsversteigerungsgericht dann in der Regel die Bewertung der einzelnen Grundstücke, da die Grundstücke möglicherweise einzeln ausgeboten werden müssen (es sei denn die Verfahrensbeteiligten sind mit einem Gesamtausgebot einverstanden).

Bei der Einzelbewertung der Grundstücke einer wirtschaftlichen Einheit kommt es oftmals zu Überbausituationen, die dann entsprechend bewertet werden müssen. Der nachfolgende Ausschnitt aus einer Flurkarte zeigt eine solche Überbausituation. Die umrandeten Grundstücke bilden eine wirtschaftliche Einheit. Bei dem Haus auf dem Grundstück mit der Flurstücksnummer 2840 handelt es sich um ein Dreifamilien-Wohnhaus. In einer der Wohnungen wohnt der Betreiber eines Handwerksbetriebes; die anderen beiden Wohnungen sind vermietet. Auf dem Grundstück mit der Flurstücksnummer 2862 befindet sich eine Gewerbehalle, in der die vom Handwerksbetrieb benötigten Materialien und Fahrzeuge untergebracht sind. Darüber hinaus wird die auf beiden Grundstücken vorhandene Freifläche zu Lagerzwecken genutzt.

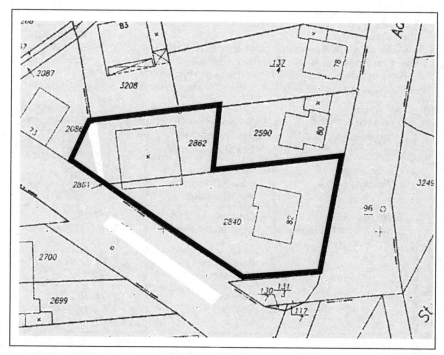

Belastetes Grundstück

Bei der Einzelbewertung muss die Überbausituation berücksichtigt werden. Zunächst soll das überbaute belastete Grundstück bewertet werden. Es handelt sich hier um den Fall 3:

- Das Dreifamilienwohnhaus ist als Ertragsobjekt zu sehen.

• Die Restnutzungsdauer des Wohnhauses ist größer als die Restnutzungsdauer der Gewerbehalle.

Nachfolgend finden Sie die bewertungsrelevanten Eingangsdaten und die Berechnung des Verkehrswerts.

Ausgangsdaten	
Unbelasteter Verkehrswert	240.000 EUR
Bodenwert	150 EUR/m²
Überbaute Fläche	25 m²
Mindermiete durch Überbau	0 EUR/m²/Monat
RND Wohngebäude	40 Jahre
RND Gewerbegebäude	20 Jahre
Liegenschaftszinssatz	4 %
Überbaurente Hinweise: Die Überbaurente ergibt sich auf der Grundlage des Bodenwerts zur Zeit des Überbaus (100 EUR/m²) und des Liegenschaftszinssatzes von 4 Prozent.	100 EUR/Jahr = 100 EUR/m² × 25 m² × 0,04

	Grundsätzliche Vorgehensweise	Überbaubewertung belastetes bebautes Grundstück	Praxisfall
Belastetes Grundstück	unbelasteter Verkehrswert	Verkehrswert ohne Berücksichtigung des Überbaus	240.000 EUR
	Ertrags- und Kostenüberlegungen	− Entgangene Bodenwertverzinsung	− 2.039 EUR = 25 m² × 150 EUR/m² × 0,04 × 13,590
		− Barwert der Mindermiete	− 0 EUR
		+ Barwert der Überbaurente	+ 1.359 EUR = 100 EUR/Jahr × 13,590
	Zwischenwert		= 239.320 EUR
	Lage auf dem Grundstücksmarkt	± Marktanpassung	± 0 EUR
	belasteter Verkehrswert	= Verkehrswert des belasteten Grundstücks	= 239.320 EUR rd. 239.000 EUR

Somit ergibt sich lediglich eine geringfügige Wertminderung aufgrund des Überbaus. Dies ist plausibel, da sich der geringfügige Überbau (25 m² Überbau bei einer Grundstücksgröße von 948 m²) im rückwärtigen Bereich des Grundstücks befindet und sich daher nicht auf die baurechtlichen Nutzungsmöglichkeiten auswirkt. Zudem entstehen durch den Überbau keine Immissionen, die eventuell Einfluss auf den Verkehrswert des belasteten Grundstücks haben könnten.

Falls die Überbaurente an die heutigen Wertverhältnisse angepasst werden könnte, wäre keine Wertminderung vorhanden. Der Barwert der Wegerente würde dann die entgangene Bodenwertverzinsung wieder aufheben. Es würde sich somit um eine »echte« Entschädigung für den Nutzungsverlust handeln. Wie weiter oben bereits beschrieben, ist eine Anpassung der Überbaurente an die aktuellen Wertverhältnisse jedoch nicht möglich.

Begünstigtes Grundstück

Beim begünstigten Grundstück handelt es sich um den Fall 6. Nachfolgend finden Sie die bewertungsrelevanten Eingangsdaten und die Berechnung des Verkehrswerts.

Ausgangsdaten	
Verkehrswert ohne Überbau	95.000 EUR
Bodenwert	150 EUR/m²
zusätzliche Grundstücksgröße durch Überbau	25 m²
zusätzliche Nutzfläche durch Überbau	22 m²
Miete	2,50 EUR/m²/Monat
RND Gewerbegebäude	20 Jahre
Liegenschaftszinssatz Wohngrundstück	4 %
Überbaurente	100 EUR/Jahr

	Grundsätzliche Vorgehensweise	Überbaubewertung begünstigtes Grundstück	Praxisfall
Begünstigtes Grundstück	unbegünstigter Verkehrswert	Verkehrswert ohne Berücksichtigung des Überbaus	95.000 EUR
	Ertrags- und Kostenüberlegungen	+ zusätzliche Bodenwertverzinsung	+ 2.039 EUR = 25 m² × 150 EUR/m² × 0,04 × 13,590
		+ Barwert der Mehrmiete	+ 8.969 EUR = 22 m² × 2,50 EUR/ m²/Monat × 12 × 13,590
		− Barwert der Überbaurente	− 1.359 EUR = 100 EUR/Jahr × 13,590
	Zwischenwert		= 104.649 EUR
	Lage auf dem Grundstücksmarkt	± Marktanpassung	± 0 EUR
	begünstigter Verkehrswert	= Verkehrswert des begünstigten Grundstücks	= 104.649 EUR rd. 105.000 EUR

Der Vorteil des Begünstigten ist somit wesentlich höher als der Nachteil des Belasteten. Dieser höhere Vorteil basiert im Wesentlichen auf der Mehrmiete, die aufgrund des Überbaus zu erzielen ist. Es zeigt sich somit wieder einmal, dass Vor- und Nachteile aufgrund eines Rechts bzw. einer Belastung sich nicht entsprechen müssen.

12.11 Überbau in den WertR

12.11.1 Vorgehensweise

Laut Nr. 4.6 der WertR 2006 ist ein Überbau bei der Verkehrswertermittlung wie folgt zu berücksichtigen:

Überbau – Begünstigtes Grundstück
Bodenwert (ohne Überbau)
– Barwert der Überbaurente
= Bodenwert des begünstigten Grundstücks
+ Gebäudewert (einschließlich Überbau)
= Verkehrswert des begünstigten Grundstücks

Überbau – Belastetes Grundstück
abgezinster Bodenwert des überbauten Grundstücksteils
+ Barwert der Überbaurente
+ Bodenwert des nicht überbauten Grundstücksteils
= Bodenwert des belasteten Grundstücks
+ Gebäudewert (ohne Überbau)
= Verkehrswert des begünstigten Grundstücks

Zu dieser Vorgehensweise werden in der Anlage 22 folgende Beispielrechnungen angegeben:

Größe begünstigtes Grundstück . . . . 450 m²
Größe belastetes Grundstück . . . . 450 m²
derzeitiger Bodenwert . . . . 200 EUR/m²
Bodenwert zum Zeitpunkt des Überbaus 1995 . . . . 60 EUR/m²
Liegenschaftszinssatz . . . . 6 %
Vervielfältiger 17,61
Überbaurente (60 m² × 60 EUR/m² × 6 %) . . . . 216 EUR/Jahr

Das belastete Grundstück wurde um 3 m auf einer Länge von 20 m überbaut. Bei der Berechnung wird davon ausgegangen, dass der Überbau noch 100 Jahre bestehen bleibt, da der Eigentümer des herrschenden Grundstücks den Vorteil des Überbaus künftig nicht aufgeben wird.

Überbau – Begünstigtes Grundstück		
Bodenwert (ohne Überbau)	450 m² × 200 EUR/m²	90.000 EUR
− Barwert der Überbaurente	216 EUR/Jahr × 17,61	3.804 EUR
= Bodenwert des begünstigten Grundstücks		86.196 EUR
+ Gebäudewert	wird in dem WertR-Beispiel nicht berechnet, obwohl ein Überbau-Gebäude vorhanden ist	
= Verkehrswert	wird in dem WertR-Beispiel nicht berechnet	

Überbau – Belastetes Grundstück		
abgezinster Bodenwert des überbauten Grundstücksteils	200 EUR/m² × 60 m² × 0,0029	35 EUR
+ Barwert der Überbaurente	216 EUR/Jahr × 17,61	3.804 EUR
+ Bodenwert des nicht überbauten Grundstücksteils	(450 m² − 60 m²) × 200 EUR/m²	78.000 EUR
= Bodenwert des belasteten Grundstücks		81.839 EUR
Gebäudewert	wird in dem WertR-Beispiel nicht berechnet	
= Verkehrswert	wird in dem WertR-Beispiel nicht berechnet	

12.11.2 Berücksichtigung der Vor- und Nachteile im Bodenwert

Wie deutlich erkennbar ist, handelt es sich im Vergleich zu der in diesem Kapitel beschriebenen detaillierten Unterscheidung in sechs Fallgestaltungen bei der Vorgehensweise nach WertR 2006 lediglich um eine »Überbaubewertung light«. Zudem ist Folgendes zu bemängeln:

Laut den WertR 2006 ergibt sich der Verkehrswert (VW) des belasteten bzw. begünstigten Grundstücks nach folgender Formel:

$$VW = BW + GW$$

Dabei werden die Vor- und Nachteile durch den Überbau im Bodenwert (BW) berücksichtigt. Betrachtet man nun einmal das Ertragswertverfahren, indem man für den Gebäudewert (GW) den Gebäudeertragswert einsetzt, erhält man folgende Formel:

$$VW = BW + GW = BW + (RE − BW \times LZ) \times V$$

RE = Reinertrag
LZ = Liegenschaftszinssatz
V = Vervielfältiger

Aus der obigen Formel ergibt sich durch Umformen[4]:

$$VW = RE \times V + \frac{BW}{(1 + LZ)^{RND}}$$

RND = Restnutzungsdauer

Durch die Umformung erkennt man, dass der Bodenwert und damit auch die im Bodenwert berücksichtigten Vor- und Nachteile über die Restnutzungsdauer abgezinst werden. Sie gehen also im WertR-Modell nicht in voller Höhe in den Verkehrswert ein.

Im obigen Beispiel der WertR 2006 zum belasteten Grundstück ergab sich ein Bodenwert des belasteten Grundstücks von 81.839 EUR. Im Vergleich zum unbelasteten Bodenwert von 90.000 EUR (450 m² × 200 EUR/m²) erhält man somit einen Nachteil von 8.161 EUR durch den Überbau.

Geht man jedoch mit dem Bodenwert des belasteten Grundstücks in das Ertragswertverfahren hinein, wird der im Bodenwert enthaltene Nachteil über die Restnutzungsdauer des Überbaugebäudes abgezinst. Mit der im WertR-Beispiel angenommenen Restnutzungsdauer von 100 Jahren reduziert sich der berechnete Nachteil von 8.161 EUR auf rd. 24 EUR. Auch mit einer üblichen Restnutzungsdauer von 50 Jahren ergibt sich noch ein erheblich reduzierter (abgezinster) Nachteil von 443 EUR. Man erkennt somit deutlich, dass die Berücksichtigung der Vor- und Nachteile im Bodenwert nicht korrekt sein kann.

Es ist wesentlich sinnvoller, die Auswirkungen der Vor- und Nachteile nicht im Bodenwert, sondern separat zu berücksichtigen, wie dies in den sechs Fallgestaltungen in diesem Kapitel auch geschieht.

12.11.3 (Nicht-)Berücksichtigung des »überbauten« Bodens

Beim belasteten Grundstück wird zwar der abgezinste Bodenwert des überbauten Grundstücksteils berücksichtigt. Somit geht man davon aus, dass der »überbaute« Bodenwert dem belasteten Grundstück (erst) nach dem Ende des Überbaus wieder zur Verfügung steht. Wo und wie aber wird der »überbaute« Bodenwert bis zum Ende des Überbaus berücksichtigt? Dieser Bodenwert hätte beim begünstigten Grundstück berücksichtigt werden müssen, was aber laut Wertermittlungsrichtlinien 2006 nicht der Fall ist.

4 *Sommer/Kröll*, Lehrbuch zur Grundstückswertermittlung, S. 146.

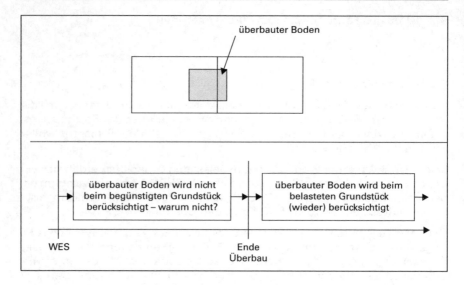

Wie oben gezeigt, wird der überbaute Boden, der vom Begünstigten in Anspruch genommen wird, in dem WertR-Modell nicht berücksichtigt. Dagegen wird beim WertR-Modell für die Erbbaurechtsbewertung der Bodenwert, der vom Begünstigten in Anspruch genommen wird, beim Begünstigten berücksichtigt (Barwert der Bodenwertverzinsung bis zum Ende des Erbbaurechts)[5]. Somit ist auch hier wieder, wie an vielen anderen Stellen auch, eine unsystematische Vorgehensweise festzustellen.

12.11.4 Fazit

Die in den WertR 2006 vorgestellte »Überbaubewertung light« ist für eine detaillierte Bewertung des Überbaus nicht geeignet. Zudem sind in dem WertR-Modell Fehler enthalten. Es wird daher empfohlen, die in diesem Kapitel vorgestellten sechs Fallgestaltungen des Überbaus entsprechend anzuwenden.

12.12 Zusammenfassung

- Hinsichtlich der rechtlichen Gegebenheiten zum Überbau muss der Sachverständige sinnvolle Annahmen treffen. Die Annahmen müssen im Gutachten deutlich gemacht werden.
- Bei unbebauten Grundstücken und bei »Sachwertobjekten« erfolgt die Bewertung des Überbaus nach der bei Rechten und Lasten üblichen Vorgehensweise: Verkehrswert ohne Überbau minus wirtschaftliche Nachteile plus wirtschaftliche Vorteile.

---

5 Siehe Kapitel 3 Erbbaurecht nach WertR 2006.

- Bei »Ertragswertobjekten« ist zunächst der unbelastete Verkehrswert zu ermitteln. Daran anschließend sind in Abhängigkeit von der Restnutzungsdauer einige Besonderheiten zu berücksichtigen.
- Die Überbaurente ergibt sich aus der entgangenen Bodenwertverzinsung des belasteten Grundstücks. Dabei werden die Wert- und Qualitätsverhältnisse zum Zeitpunkt des Überbaus zugrunde gelegt.
- Die Überbaurente ist zwangsversteigerungsfest.
- Die Überbaubewertung nach den WertR 2006 ist nicht detailliert genug und beinhaltet zudem Fehler.

13 Reallast

In diesem Kapitel wird gezeigt,

- dass es unterschiedliche Ansprüche aus Reallasten und damit unterschiedliche Bewertungsfälle gibt,
- welche Arten von Reallasten in der Wertermittlungspraxis vorkommen können (z. B. Rentenzahlungen, Naturallieferungen, Pflegeverpflichtungen, Altenteilsrechte),
- wie der Geldwert einer Reallast ermittelt wird und wie sich daraus der Verkehrswert des belasteten Grundstücks und der Verkehrswert der Reallast ableiten lassen,
- warum die Bewertung von Pflegeverpflichtungen mit erheblichen Unsicherheiten verbunden ist.

13.1 Grundlagen

Die Reallast wird in den §§ 1105 bis 1112 BGB beschrieben. In § 1105 BGB wird die Reallast wie folgt definiert:

> **§ 1105 BGB**
>
> (1) Ein Grundstück kann in der Weise belastet werden, dass an denjenigen, zu dessen Gunsten die Belastung erfolgt, wiederkehrende Leistungen aus dem Grundstück zu entrichten sind (Reallast).
>
> (2) Die Reallast kann auch zugunsten des jeweiligen Eigentümers eines anderen Grundstücks bestellt werden.

Nachfolgend werden einige Aspekte der Reallast beschrieben:

- Im Unterschied zu den Dienstbarkeiten, die auf ein Dulden oder Unterlassen gerichtet sind, müssen bei einer Reallast wiederkehrende Leistungen entrichtet werden. Dabei kann es sich um Geldleistungen (Wertsicherungsklauseln sind möglich), Sachleistungen oder Dienstleistungen handeln.
- Dass die Leistungen »aus dem Grundstück zu entrichten« sind, bedeutet nicht, dass die Leistungen auf dem Grundstück produziert werden müssen. So besagt zum Beispiel die Verpflichtungen zur Lieferung von Kartoffeln nicht, dass die Kartoffeln auch auf dem belasteten Grundstück erwirtschaftet werden müssen. **Die Formulierung »aus dem Grundstück« bedeutet vielmehr, dass der Reallastberechtigte, die Befriedigung in Geld durch Zwangsvollstreckung in das Grundstück betreiben kann, falls die Reallastleistungen nicht erfüllt werden.** Die Reallast weist somit eine enge Verwandtschaft zu den Grundpfandrechten auf.

- Bei der Reallast muss es sich um wiederkehrende Leistungen handeln. Eine einmalige Leistung kann zumindest nicht alleiniger Gegenstand einer Reallast sein.
- Die wiederkehrenden Leistungen brauchen nicht gleich hoch zu sein und nicht in gleichen Abständen anfallen. Es muss sich auch nicht um gleichartige Leistungen handeln. Eine Wertsicherung der Reallast ist möglich.
- Eine Reallast kann für eine bestimmte (natürliche oder juristische) Person oder für den Eigentümer eines bestimmten Grundstücks bestellt werden. Die für eine bestimmte Person bestellte Reallast ist übertragbar und vererblich, sofern vertraglich nichts anderes vereinbart worden ist und sofern die Art der Leistung dem nicht entgegensteht.
- Beispiele für Reallasten sind Pflegeverpflichtungen, Naturallieferungen und Rentenzahlungen. Werden mehrere Einzelverpflichtungen begründet (z. B. Pflegeverpflichtung und Wohnungsrecht), so spricht man auch von einem Altenteil oder Altenteilsrecht.

13.2 Die Ansprüche aus der Reallast

Nehmen wir den Fall an, dass der Grundstückseigentümer A sich verpflichtet, dem Berechtigten B eine monatliche Rente von 500 EUR zu zahlen. Der Berechtigte B hat somit einen schuldrechtlichen Anspruch gegen A auf die Rente von 500 EUR/Monat. Dieser Anspruch steht zunächst nicht im Zusammenhang mit der Eigenschaft des A als Grundstückseigentümer.

Nehmen wir weiter an, dass die Rente durch Eintragung einer Reallast in das Grundbuch gesichert wird. Aufgrund dieser dinglichen Sicherung kann der Berechtigte B die Zwangsversteigerung betreiben, falls der Grundstückseigentümer A den schuldrechtlichen Anspruch nicht erfüllt.

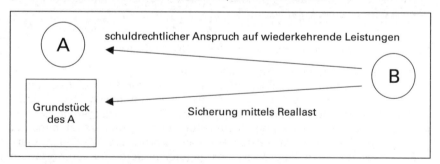

Kommt der Grundstückseigentümer A seiner Verpflichtung zur Zahlung der Rente von 500 EUR/Monat nicht nach, so bestehen für den Berechtigten B zwei Möglichkeiten:

1. Der Berechtigte B kann aus dem schuldrechtlichen Anspruch die Vollstreckung in das Vermögen des A erwirken. Diese Möglichkeit besteht unabhängig vom Eigentum des A am belasteten Grundstück.

2. Der Berechtigte B kann die Zwangsvollstreckung aus der Reallast in das Grundstück des A erwirken. Diese Möglichkeit ist jedoch nur dann wirkungsvoll, wenn bei der Bestellung der Reallast vereinbart wurde, dass diese bei einer eventuellen Zwangsvollstreckung unabhängig von der jeweiligen Rangstelle bestehen bleibt.

Da der Verkehrswert als Preisprognose gilt (Welcher Preis wäre im gewöhnlichen Geschäftsverkehr erzielbar?), muss hinsichtlich der Bewertung die Situation des Grundstücksverkaufs betrachtet werden. Nehmen wir also an, dass der Grundstückseigentümer A das Grundstück an C veräußert. Bei dieser Betrachtung ist es für die Wertermittlung von entscheidender Bedeutung, ob der neue Eigentümer C die schuldrechtliche Verpflichtung übernimmt, oder ob diese Verpflichtung bei A verbleibt.

Übernimmt C die schuldrechtliche Verpflichtung zur Zahlung der monatlichen Rente von 500 EUR, so muss diese Rente bei der Verkehrswertermittlung wertmindernd berücksichtigt werden, denn C tritt in die schuldrechtlichen und dinglichen Verpflichtungen des A ein.

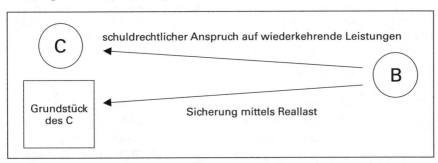

Falls C die schuldrechtliche Verpflichtung jedoch nicht übernimmt, ist es wichtig zu wissen, ob A die Rente weiterhin leisten kann oder ob dieser in absehbarer Zeit zahlungsunfähig wird. Wird A zahlungsunfähig, droht die Zwangsvollstreckung in das Vermögen und das Grundstück des C. In diesem Fall spielt also die Bonität des A eine entscheidende Rolle.

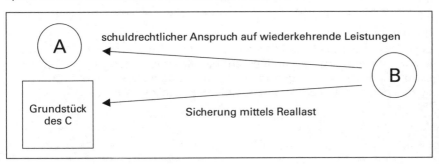

13 *Reallast*

13.3 Verkehrswert des belasteten Grundstücks

Aufgrund der oben beschriebenen Ansprüche müssen hinsichtlich der Bewertung folgende drei Fälle unterschieden werden:

1. Der Käufer übernimmt den schuldrechtlichen Anspruch und die Reallast.
2. Der Käufer übernimmt die Reallast; die schuldrechtliche Verpflichtung verbleibt jedoch beim Alteigentümer.
3. Die schuldrechtlichen und dinglichen Verpflichtungen werden beim Verkauf aufgehoben.

Der Sachverständige muss somit Erkundigungen einholen, wie sich die derzeitige rechtliche Situation darstellt bzw. was bei einem Verkauf beabsichtigt ist. Dazu müssen Grundbuchauszüge, Kaufverträge und Eintragungsbewilligungen eingesehen werden.

13.3.1 Fall 1

Übernimmt der Käufer den schuldrechtlichen Anspruch und die Reallast, muss der unbelastete Verkehrswert um den Barwert der wiederkehrenden Leistungen gemindert werden (auch wenn diese nicht aus dem Grundstück zu erbringen sind, z. B. Pflegeleistungen).

Damit ergibt sich folgende Vorgehensweise:

	Grundsätzliche Vorgehensweise	Bewertung von Reallasten
Belastetes Grundstück	unbelasteter Verkehrswert	Verkehrswert ohne Berücksichtigung der Verpflichtungen
	Ertrags- und Kostenüberlegungen	– Barwert der wiederkehrenden Leistungen
	Lage auf dem Grundstücksmarkt	– Marktanpassung
	belasteter Verkehrswert	= Verkehrswert des belasteten Grundstücks

Der Barwert der wiederkehrenden Leistungen kann wie in den nachfolgenden Beispielen dargestellt berechnet werden. Dabei erfolgt die Kapitalisierung der wiederkehrenden Zahlungen auf der Grundlage des Liegenschaftszinssatzes, denn die Zahlungen mindern die Ertragsfähigkeit des Grundstücks und stehen somit in einem unmittelbaren Bezug zum Grundstück.

Zeitlich befristete Rente

Rentenbetrag . . . . 5.000 EUR/Jahr
Restlaufzeit der Rente . . . . 20 Jahre
Liegenschaftszinssatz. . . . . 5,5 %
Vervielfältiger 11,95
Barwert der Rente (5.000 EUR/Jahr × 11,95) . . . . 59.750 EUR

Leibrente

Rentenbetrag . . . . 12.000 EUR/Jahr
Alter des Berechtigten . . . . 72 Jahre
Liegenschaftszinssatz. . . . . 4,0 %
Leibrentenbarwertfaktor[1] 8,79
Barwert der Leibrente (12.000 EUR/Jahr × 8,79) . . . . 105.480 EUR

Zeitlich unbefristete Rente

Rentenbetrag . . . . 8.400 EUR/Jahr
Liegenschaftszinssatz. . . . . 4,0 %
Barwert der Rente (8.400 EUR/Jahr ÷ 0,040) . . . . 210.000 EUR

Zusätzlich zum Barwert der wiederkehrenden Leistungen muss eine Marktanpassung wertmindernd berücksichtigt werden. Diesbezüglich wird auf die ausführliche Beschreibung der Marktanpassung bei der Bewertung im Zusammenhang mit Wohnungsrechten verwiesen; die Ableitung der Marktanpassung wird bei Reallasten auf gleiche Weise durchgeführt.

Beispiel: Mehrfamilienhaus

Ein mit einem Acht-Familienhaus bebautes Grundstück ist mit einer Reallast zugunsten einer 63-jährigen Berechtigten belastet. Die schuldrechtliche Verpflichtung zur Zahlung einer Reallastrente von 1.000 EUR/Monat wird vom Grundstückseigentümer getragen.

Ausgangsdaten
Bodenwert. . . . . 100.000 EUR
Wohnfläche insgesamt . . . . 640 m²
Nachhaltig erzielbare Nettokaltmiete. . . . . 5,50 EUR/m²/Monat
Liegenschaftszinssatz. . . . . 5 %
Restnutzungsdauer . . . . 50 Jahre
Lebenserwartung der Berechtigten . . . . rd. 21 Jahre

---

1 Siehe Kapitel 19 über Leibrenten und Sterbetafeln.

unbelasteter Verkehrswert
Bodenwert .... 100.000 EUR
Rohertrag .... 42.240 EUR/Jahr
Bewirtschaftungskosten (17 Prozent) .... 7.181 EUR/Jahr
Grundstücksreinertrag .... 35.059 EUR/Jahr
Bodenwertverzinsung .... 5.000 EUR/Jahr
Gebäudereinertrag .... 30.059 EUR/Jahr
Ertragsvervielfältiger (5 %, 50 Jahre) 18,26
Gebäudeertragswert .... 548.877 EUR
Ertragswert .... 648.877 EUR
Verkehrswert .... 650.000 EUR

Barwert der Reallastrente
jährlicher Rentenbetrag (= 1.000 EUR/Monat × 12) .... 12.000 EUR/Jahr
Leibrentenbarwertfaktor[2] 12,70
Barwert .... 152.400 EUR

Marktanpassung

Merkmal	Gewicht	Punkte von 0 bis 1	hoch	gering
Lebenserwartung	40	0,7	1 ◄─────► 0	
Barwert der Rente/ unbelasteten Verkehrswert	40	0,25	1 ◄─────► 0	
Immobilienangebot	20	0,2	1 ◄─────► 0	
	100			

$$\text{Marktanpassung} = \frac{\sum (\text{Gewichte} \times \text{Punkte})}{300} = \frac{42}{300} = 0,14 = \text{rd. } 14\%$$

Ergebnis
unbelasteter Verkehrswert .... 650.000 EUR
Barwert der Reallastrente .... 152.400 EUR
Marktanpassung .... 91.000 EUR
Verkehrswert des belasteten Grundstücks .... 406.600 EUR
rd. 406.000 EUR

13.3.2 Fall 2

Falls der Käufer die Reallast übernimmt, die schuldrechtliche Verpflichtung jedoch beim Alteigentümer verbleibt, ist der Barwert der wiederkehrenden Leistungen zunächst nicht wertmindernd zu berücksichtigen. Es besteht jedoch ein erhebliches Risiko für den Käufer, dass der Alteigentümer die vereinbarten Leistungen nicht erbringen kann. Dann nämlich droht die Zwangsvollstreckung in das Vermögen und das Grundstück des Käufers. In diesem Fall spielt also die Bonität des Alteigentümers eine entscheidende Rolle.

---

2 Siehe Kapitel 19 über Leibrenten und Sterbetafeln.

Da der Sachverständige jedoch nicht entscheiden kann, welche Bonität der Alteigentümer besitzt und wie hoch das entsprechende Risiko ist, empfiehlt sich folgende Vorgehensweise:

Der Barwert der wiederkehrenden Leistungen wird nur zur Hälfte wertmindernd angesetzt. Somit geht man davon aus, dass der Alteigentümer genau zur Hälfte der Laufzeit seine Verpflichtungen nicht mehr erbringen kann. Darüber hinaus muss ein höherer Marktanpassungsabschlag als im Fall 1 berücksichtigt werden, da das Risiko entsprechend höher ist.

Beispiel: Mehrfamilienhaus

Gleiche Ausgangsdaten wie in dem Beispiel zuvor; die schuldrechtliche Verpflichtung zur Zahlung der Rente von 1.000 EUR/Monat liegt jedoch nicht beim Grundstückseigentümer.

unbelasteter Verkehrswert .... 650.000 EUR

Barwert der Reallastrente zur Hälfte
jährlicher Rentenbetrag (= 1.000 EUR/Monat × 12) .... 12.000 EUR/Jahr
Leibrentenbarwertfaktor[3] 12,70
Barwert .... 152.400 EUR
davon die Hälfte .... 76.200 EUR

Marktanpassung

Merkmal	Gewicht	Punkte von 0 bis 1	hoch	gering
Lebenserwartung	40	0,7	1 ←——→ 0	
Barwert der Rente/ unbelasteten Verkehrswert	40	0,25	1 ←——→ 0	
Immobilienangebot	20	0,2	1 ←——→ 0	
	100			

$$\text{Marktanpassung} = \frac{\sum(\text{Gewichte} \times \text{Punkte})}{200} = \frac{42}{200} = 0,21 = \text{rd. } 21\%$$

Die maximal mögliche Marktanpassung wurde auf 50 Prozent des unbelasteten Verkehrswerts erhöht (durch die Zahl 200 im Nenner), womit die gleichen Eingangsdaten wie in dem Beispiel zuvor ein höheres Gewicht erhalten.

Ergebnis
unbelasteter Verkehrswert .... 650.000 EUR
Barwert der Reallastrente .... 76.200 EUR
Marktanpassung .... 136.500 EUR
Verkehrswert des belasteten Grundstücks .... 437.300 EUR
rd. 437.000 EUR

---

3 Siehe Kapitel 19 über Leibrenten und Sterbetafeln.

13.3.3 Fall 3

Werden die schuldrechtlichen und dinglichen Verpflichtungen beim Verkauf aufgehoben, so ist lediglich der unbelastete Verkehrswert (ohne Berücksichtigung der Verpflichtungen) zu ermitteln. Es empfiehlt sich jedoch die nachrichtliche Angabe des Werts der Reallast als Entscheidungsgrundlage für die am Verkauf beteiligten Parteien.

13.3.4 Gutachtentext

Inhalt der Reallast

Laut vorliegendem Grundbuchauszug vom 28. März 2003 und laut Grundstücksübertragungsvertrag vom 29. Dezember 1994 ist das Bewertungsobjekt (Dreifamilienwohnhaus) mit einer Reallast (Rentenlast) für die Eheleute Walter Meier, geboren am 1. Mai 1937, und Margarete Meier, geboren am 8. November 1944 als Gesamtberechtigte belastet. Diese Rentenlast wurde als Gegenleistung für die Übertragung des Bewertungsobjekts auf den neuen Grundstückseigentümer vereinbart. Demnach zahlt der Grundstückseigentümer an die Eheleute Meier als Gesamtberechtigte einen Betrag von 750 EUR pro Monat. Grundstückseigentümer und schuldrechtlich Verpflichteter sind somit identisch.

Da das Objekt nicht veräußert werden soll, liegen keinerlei Informationen über die rechtliche Gestaltung hinsichtlich der schuldrechtlichen Verpflichtung zur Zahlung einer Rente von 750 EUR/Monat und der dinglichen Absicherung dieser Rente vor. Ich gehe daher davon aus, dass bei einem unterstellten Verkauf des Bewertungsobjekts sowohl die schuldrechtliche Verpflichtung als auch die dingliche Absicherung durch die Reallast von einem neuen Eigentümer übernommen werden.

Wertminderung durch die Reallast

Die Wertminderung durch die Reallast setzt sich aus zwei Faktoren zusammen:

- wirtschaftliche Wertminderung
- Marktanpassung

Im Folgenden werden diese Faktoren quantifiziert.

Wirtschaftliche Wertminderung

Um die wirtschaftliche Wertminderung zu ermitteln, muss der Barwert der Rentenzahlungen mittels des Leibrentenbarwertfaktors berechnet werden. In dem Leibrentenbarwertfaktor wird die Überlebenswahrscheinlichkeit der Berechtigten berücksichtigt. Im vorliegenden Fall ergibt sich auf der Grundlage des Alters der Berechtigten (69 Jahre für Herrn Meier, 62 Jahre für Frau Meier) und des Liegenschaftszinssatzes von 4,5 % ein Leibrentenbarwertfaktor von 14,40. Somit erhält man folgenden Barwert für die Reallast:

	monatliche Rente	750 EUR/Monat
×		12
=	jährliche Rente	9.000 EUR/Jahr
×	Leibrentenbarwertfaktor	14,40
=	Barwert	129.600 EUR

Marktanpassung

Neben der rein finanzmathematisch ermittelten Größe der wirtschaftlichen Wertminderung ist im Allgemeinen ein Marktanpassungsabschlag zu berücksichtigen. Dabei spielt vor allem die verbleibende Unsicherheit, ob die berechtigten Personen tatsächlich so lange überleben, wie die aus der Statistik abgeleiteten Leibrentenbarwertfaktoren dies vorgeben, eine große Rolle.

Der Marktanpassungsabschlag kann jedoch niemals genau berechnet werden. Es ist lediglich möglich, anhand der wertrelevanten Faktoren abzuschätzen, ob der Marktanpassungsabschlag besonders hoch oder besonders niedrig ist. Im vorliegenden Fall ist beispielsweise die statistische Lebenserwartung der Berechtigten (rd. 13 Jahre für den Mann bzw. rd. 22 Jahre für die Frau) relativ hoch und auch die wirtschaftliche Wertminderung (rd. 37 % des unbelasteten Verkehrswerts von 350.000 EUR) relativ hoch. Das Angebot an vergleichbaren freistehenden Dreifamilienhäusern ist derzeit gering, womit der Marktanpassungsabschlag wie folgt geschätzt werden kann:

Merkmal	Gewicht	Punkte von 0 bis 1	hoch gering
Lebenserwartung	50	0,9	1 ◄──────► 0
wirtschaftliche Wertminderung/unbelasteten Verkehrswert	30	0,8	1 ◄──────► 0
Immobilienangebot	20	0,2	1 ◄──────► 0
	100		

$$\text{Marktanpassung} = \frac{\sum (\text{Gewichte} \times \text{Punkte})}{300} = \frac{73}{300} = 0,24 = \text{rd. } 24\%$$

Verkehrswert

Es ergibt sich somit folgender Verkehrswert:

	unbelasteter Verkehrswert	350.000 EUR
−	wirtschaftliche Wertminderung	129.600 EUR
−	Marktanpassungsabschlag (24 %)	84.000 EUR
=	Verkehrswert	136.400 EUR
≈		rd. 136.000 EUR

13.4 Wert einer Rentenzahlung

Der Wert der Rentenzahlungen kann zum Beispiel bei der Ablösung des Rechts oder in Erbauseinandersetzungen eine Rolle spielen. Um diesen Wert zu ermitteln, ist der Barwert der Rentenzahlung zu ermitteln.

Wert einer Leibrente
Ausgangsdaten
Rentenbetrag .... 1.500 EUR/Monat
Alter der Berechtigten .... 76 Jahre
Liegenschaftszinssatz .... 3,0 %
Wert der Leibrente
Rentenbetrag (1.500 EUR/Monat × 12) .... 18.000 EUR/Jahr
Leibrentenbarwertfaktor[4] 7,80
Barwert der Leibrente .... 140.400 EUR
Wert der Leibrente .... rd. 140.000 EUR

13.5 Verkehrswert einer Naturallieferung

Eine regelmäßig wiederkehrende Naturallieferung muss zunächst in einen Geldbetrag »umgewandelt« werden. Der Barwert dieses Geldbetrags kann dann nach den oben ausführlich beschriebenen Vorgehensweisen berechnet werden.

Nachfolgend wird anhand eines Beispiels gezeigt, wie eine Naturallieferung bewertet werden kann. Dazu ist zunächst ein Blick in die Eintragungsbewilligung erforderlich:

Der Übernehmer (des Grundstücks) hat seiner Mutter lebenslänglich und unentgeltlich folgende Reichnisse zu liefern:

- *jährlich: 4 Ztr. Kartoffeln, 1 Ztr. Weizenmehl, 5 Pfund Speck, 10 Pfund Schweinefett, 2 Ster Holz (klein gemacht und frei Haus lieferbar), 20 Ztr. Kohlen*
- *wöchentlich: 8 Pfund Brot, 1/2 Pfund Butter, 10 Eier, 1 Pfund Fleisch nach Wahl der Berechtigten, 1 Pfund Wurst nach Wahl der Berechtigten*
- *täglich: 1 Liter gute Milch*

---

4 Siehe Kapitel 19 über Leibrenten und Sterbetafeln.

Für die aufgeführten Naturallieferungen müssen nun Preisauskünfte eingeholt werden:

	Naturalien	Menge und Einheit	EUR pro Einheit	Anzahl pro Jahr	EUR/Jahr
jährlich	Kartoffeln	200 kg	1,60	1	320,00
	Weizenmehl	50 kg	3,90	1	195,00
	Speck	2,5 kg	13,90	1	34,75
	Schweinefett	5 kg	16,50	1	82,50
	Holz, kleingemacht, frei Haus	2 Stere	50,00	1	100,00
	Kohlen	20 Ztr.	33,30	1	666,00
wöchentlich	Brot	8 Pfund	2,30	52	956,80
	Butter	0,5 Pfund	5,00	52	130,00
	Eier	10 Stück	0,35	52	182,00
	Fleisch nach Wahl (Lamm)	1 Pfund	14,45	20	289,00
	Fleisch nach Wahl (Kalb)	1 Pfund	13,95	10	139,50
	Fleisch nach Wahl (Rind)	1 Pfund	10,45	15	156,75
	Fleisch nach Wahl (Schwein)	1 Pfund	8,25	7	57,75
	Wurstaufschnitt nach Wahl	1 Pfund	14,95	52	777,40
täglich gute Milch		1 Liter	1,00	365	365,00
				jährlich gesamt	4.452,45

Der jährliche Wert der Reichnisse beträgt somit 4.452 EUR. Dieser Wert kann nun mittels eines Leibrentenbarwertfaktors kapitalisiert und beim belasteten Grundstück als Abschlag berücksichtigt werden. Bei der Kapitalisierung muss der Liegenschaftszinssatz zugrunde gelegt werden.

13.6 Verkehrswert einer Pflegeverpflichtung

13.6.1 Vorbemerkungen

Die Bewertung einer Pflegeverpflichtung gehört mit zu den schwierigsten Problemen in der Grundstückswertermittlung. Dabei ist die Vorgehensweise bei der Bewertung relativ unkompliziert. Hier geht man analog zur Rentenzahlung und zur Naturalienleistung vor, indem man den Barwert eines der Pflegeverpflichtung entsprechenden Geldbetrags berücksichtigt.

Die Schwierigkeit besteht darin, einen angemessenen Geldbetrag zu ermitteln, welcher der Pflegeverpflichtung auch nur annähernd gleichwertig ist. Insbesondere folgende Probleme sind dabei zu lösen:

- Die vertraglichen Vereinbarungen sind oftmals nicht eindeutig. Es ist deshalb oftmals zunächst zu klären, wie die vertragliche Vereinbarung bezüglich der Pflegeverpflichtungen zu interpretieren ist? Darüber hinaus ist zu klären:
- Wer hat die Pflege durchzuführen?
- Sind bestimmte Handlungen ausgeschlossen oder eingeschlossen?
- Wie ist der gesundheitliche Zustand des Berechtigten und wie wird sich der Zustand weiter entwickeln?
- Wann wird die Pflegebedürftigkeit unter Berücksichtigung des gesundheitlichen Zustands und der Entwicklung voraussichtlich eintreten?
- Wie hoch ist die Lebenserwartung, wenn die Pflegebedürftigkeit bereits eingetreten ist?

Fragen zu vertraglichen Interpretationen sind oftmals streitbefangen. Sofern ein Sachverständiger in derartige Streitigkeiten eingeschaltet wird, sollte er darauf achten, dass er einen eindeutigen Auftrag bzw. Beweisbeschluss erhält. Eine Interpretation der Vereinbarungen sollte der Sachverständige auf keinen Fall zum Inhalt seines Gutachtens machen, da er damit sein Aufgabengebiet verlässt. Sollte es jedoch unumgänglich sein, vertragliche Vereinbarungen zu interpretieren, so muss dies im Gutachten ausdrücklich vermerkt werden.

Medizinische Fragen zum aktuellen Gesundheitszustand, zur Entwicklung des Zustands und zur Lebenserwartung liegen außerhalb der Kompetenz jedes Bewertungssachverständigen. Aber auch Mediziner können vermutlich zur Entwicklung des Gesundheitszustands eines Menschen nur vage Aussagen treffen. Insofern ist der Aspekt der gesundheitlichen Entwicklung des Berechtigten mit erheblichen Unsicherheiten verbunden, zumal es für die Bundesrepublik Deutschland noch keine gesicherten Statistiken über den Eintritt einer Pflegebedürftigkeit und die Lebenserwartung von Pflegebedürftigen gibt.

Insgesamt gesehen ist die Bewertung von Pflegeverpflichtungen daher mit erheblichen Schwierigkeiten verbunden. Man muss sogar feststellen, dass der Sachverständige hier mit Spekulationen arbeitet, die in der Regel keine wissenschaftliche Grundlage haben. Da Bewertungen von Pflegeverpflichtungen in der Praxis der Grundstückswertermittlung jedoch von Zeit zu Zeit vorkommen werden, sollte der mit der Bewertung befasste Sachverständige die Schwachstellen des gewählten Bewertungsmodells eindeutig darstellen, um nicht den Anschein zu erwecken, dass der ermittelte Wert einen Absolutheitsanspruch hat.

13.6.2 Ausgangspunkt der Wertermittlung

Im Folgenden wird ein Bewertungsmodell, das im Wesentlichen auf der seit dem 1. Januar 1995 geltenden Pflegeversicherung basiert, beschrieben. Ausgangspunkt der Wertermittlung ist dabei die Frage: Was würde es den Belasteten kosten, sich aus der Verpflichtung freizukaufen?

Bei der weiteren Vorgehensweise muss unterschieden werden, ob der Begünstigte noch nicht pflegebedürftig ist oder ob die Pflegebedürftigkeit bereits eingetreten ist. Dabei ist unter Pflegebedürftigkeit im Sinne der Pflegeversicherung Folgendes zu verstehen:

Wer bei den gewöhnlichen und regelmäßig wiederkehrenden Verrichtungen des täglichen Lebens dauerhaft, voraussichtlich für mindestens sechs Monate, in erheblichem oder höherem Maße auf Hilfe angewiesen ist, gilt als pflegebedürftig.

Gewöhnliche und regelmäßig wiederkehrende Verrichtungen im Ablauf des täglichen Lebens sind laut Pflegeversicherung:

1. im Bereich der Körperpflege das Waschen, Duschen, Baden, die Zahnpflege, das Kämmen, Rasieren, die Darm- oder Blasenentleerung
2. im Bereich der Ernährung das mundgerechte Zubereiten oder die Aufnahme der Nahrung
3. im Bereich der Mobilität das selbständige Aufstehen und Zubettgehen, An- und Auskleiden, Gehen, Stehen, Treppensteigen oder das Verlassen und Wiederaufsuchen der Wohnung
4. im Bereich der hauswirtschaftlichen Versorgung das Einkaufen, Kochen, Reinigen der Wohnung, Spülen, Wechseln und Waschen der Wäsche und Kleidung oder das Beheizen

13.6.3 Pflegebedürftigkeit ist bereits eingetreten

Falls die Pflegebedürftigkeit bereits eingetreten ist, muss ermittelt werden, welcher Geldbetrag aufgewendet werden muss, um die Pflege vereinbarungsgemäß durchführen zu können. Dazu muss der Bedürftige zunächst einer der drei in der Pflegeversicherung vorgesehenen Pflegestufen zugeordnet werden:

1. Pflegebedürftige der **Pflegestufe I** sind erheblich pflegebedürftig: Sie benötigen mindestens einmal am Tag Hilfe bei der Körperpflege, der Ernährung oder der Mobilität für wenigstens zwei Verrichtungen aus einem oder mehreren Bereichen und zusätzlich mehrfach in der Woche Hilfen bei der hauswirtschaftlichen Versorgung.
2. Pflegebedürftige der **Pflegestufe II** sind schwer pflegebedürftig: Sie benötigen mindestens dreimal täglich zu verschiedenen Tageszeiten Hilfe bei der Körperpflege, der Ernährung oder der Mobilität und zusätzlich mehrfach in der Woche Hilfen bei der hauswirtschaftlichen Versorgung.
3. Pflegebedürftige der **Pflegestufe III** sind schwerstpflegebedürftig: Sie benötigen täglich rund um die Uhr, auch nachts, Hilfe bei der Körperpflege, der Ernährung oder der Mobilität und zusätzlich mehrfach in der Woche Hilfen bei der hauswirtschaftlichen Versorgung.

Hier stößt der Sachverständige für Grundstückswertermittlungen erkennbar an seine Grenzen und ist daher auf die Einschätzung eines medizinischen Fachmannes angewiesen. Im Rahmen der Pflegeversicherung wird beispielsweise mittels einer Begutachtung durch den Medizinischen Dienst der Krankenversicherung festgestellt, ob und in welchem Umfang ein Mensch pflegebedürftig ist. Hierzu führt dieser eine Untersuchung des Pflegebedürftigen in dessen Wohnbereich durch.

In Abhängigkeit von der festgestellten Pflegestufe zahlt die Pflegeversicherung folgende Beträge für Leistungen bei häuslicher Pflege:

Leistungen bei häuslicher Pflege	Stufe I	Stufe II	Stufe III
Pflegegeld monatlich	205 EUR	410 EUR	665 EUR
Pflegesachleistungen monatlich bis zu – in besonderen Härtefällen bis zu	384 EUR –	921 EUR –	1.432 EUR 1.918 EUR

Der Pflegebedürftige hat ein Wahlrecht zwischen dem Pflegegeld (mit der der Pflegebedürftige die erforderliche Pflege in geeigneter Weise selbst sicherstellt, z. B. durch Angehörige) und der Pflegesachleistung (Pflegeeinsätze durch einen Vertragspartner der Pflegekasse, z. B. Sozialstation). Auch eine Kombination von Sach- und Geldleistungen ist möglich.

Die oben angegebenen Beträge der Pflegeversicherung sollten nicht ohne weiteres übernommen werden. Es sollte zumindest bei den Sachleistungen stets anhand konkreter Preise privater Pflegedienste geprüft werden, ob die Beträge der Pflegeversicherung auch plausibel sind.

Der ermittelte Betrag muss nun mittels eines geeigneten Faktors kapitalisiert werden. Leibrentenbarwertfaktoren sind dazu zunächst nicht geeignet, denn sie werden auf der Grundlage einer Sterbetafel ermittelt, in der Pflegebedürftige unterrepräsentiert sind. Es ist davon auszugehen, dass die Überlebenswahrscheinlichkeiten von Pflegebedürftigen geringer sind als die nicht pflegebedürftiger Menschen.

Die Anwendung von Leibrentenbarwertfaktoren zur Kapitalisierung von Pflegeverpflichtungen führt somit dazu, dass die ermittelten Barwerte zu hoch sind. Geht man jedoch davon aus, dass auch emotionale Faktoren (Marktanpassungsfaktoren) bei der Bewertung einer Pflegeverpflichtung von Bedeutung sind, und dass diese Faktoren in dem zu hohen Barwert mit erfasst werden, erscheint die Anwendung der Leibrentenbarwertfaktoren gerechtfertigt. Somit sind in dem mittels Leibrentenbarwertfaktoren ermittelten Barwert der Pflegeleistungen sowohl die wirtschaftlichen als auch die emotionalen Aspekte enthalten.

Verkehrswert eines belasteten Grundstücks

Ausgangsdaten
Verkehrswert ohne Berücksichtigung der Pflegeverpflichtung . . . . 250.000 EUR
Betrag für Pflege (Stufe II, Sachleistungen) . . . . 921 EUR/Monat
Alter des Berechtigten . . . . 69 Jahre
Liegenschaftszinssatz . . . . 4,5 %

Verkehrswert des belasteten Grundstücks
Verkehrswert ohne Berücksichtigung der Pflegeverpflichtung . . . . 250.000 EUR
Betrag für Pflege (921 EUR/Monat × 12) . . . . 11.052 EUR/Jahr
Leibrentenbarwertfaktor[5] 9,55
Barwert der Pflegeverpflichtung (inkl.»Marktanpassung«) . . . . 105.547 EUR
Verkehrswert . . . . 144.453 EUR
gerundet . . . . 144.000 EUR

Anmerkungen
Im Barwert der Pflegeverpflichtung sind aufgrund des für Pflegebedürftige zu hohen Leibrentenbarwertfaktors sowohl die wirtschaftlichen Nachteile als auch eine darüber hinaus gehende Marktanpassung berücksichtigt.
Die Kapitalisierung erfolgt mit dem Liegenschaftszinssatz, denn die Zahlungen mindern die Ertragsfähigkeit des Grundstücks und stehen somit in einem unmittelbaren Bezug zum Grundstück.

Wert der Pflegeverpflichtung

Ausgangsdaten
Betrag für Pflege (Stufe II, Sachleistungen) . . . . 921 EUR/Monat
Alter des Berechtigten . . . . 69 Jahre
Liegenschaftszinssatz . . . . 4,5 %

Wert der Pflegeverpflichtung
Betrag für Pflege (921 EUR/Monat × 12) . . . . 11.052 EUR/Jahr
aktueller Leibrentenbarwertfaktor[6] 9,55
Barwert der Pflegeverpflichtung (inkl.»Marktanpassung«) . . . . 105.547 EUR
Wert der Pflegeverpflichtung . . . . 105.000 EUR

Anmerkungen
Im Barwert der Pflegeverpflichtung sind aufgrund des für Pflegebedürftige zu hohen Leibrentenbarwertfaktors sowohl die wirtschaftlichen Vorteile als auch eine darüber hinaus gehende Marktanpassung berücksichtigt.

---

5 Siehe Kapitel 19 über Leibrenten und Sterbetafeln.
6 Ebenda.

13.6.4   Pflegebedürftigkeit ist noch nicht eingetreten

Falls die Pflegebedürftigkeit noch nicht eingetreten ist, muss geschätzt werden, wann die Pflegebedürftigkeit eintreten wird. Diese Schätzung kann weder ein Sachverständiger für Grundstückswertermittlungen noch ein medizinischer Fachmann mit hinreichender Genauigkeit durchführen. Darüber hinaus kann überhaupt nicht eingeschätzt werden, wie groß die Pflegebedürftigkeit bei ihrem wahrscheinlichen Eintritt sein wird. Insofern zeigt sich auch an dieser Stelle, dass die Bewertung von Pflegeverpflichtungen auf zahlreichen groben Schätzungen basiert und dementsprechend ungenau ist.

Da erfahrungsgemäß Mediziner auch auf Nachfrage keine genauen Zahlen zum Eintritt einer Pflegebedürftigkeit und der eventuellen Schwere der Bedürftigkeit geben werden, ist der Sachverständige in der Regel auf seine eigene Schätzung angewiesen. Diese Problematik muss im Gutachten beschrieben werden. Darüber hinaus muss auf jeden Fall im Gutachten angegeben werden, wie die Schätzung zustande gekommen ist.

Der Barwert der Pflegebeträge ist dann mittels des geschätzten Eintritts der Pflegebedürftigkeit auf den Wertermittlungsstichtag abzuzinsen.

Verkehrswert eines belasteten Grundstücks

Ausgangsdaten

Verkehrswert ohne Berücksichtigung der Pflegeverpflichtung	300.000 EUR
Betrag für Pflege (Stufe II, Sachleistungen)	921 EUR/Monat
Alter des Berechtigten	58 Jahre
geschätzter Eintritt der Pflegebedürftigkeit in	10 Jahren
Liegenschaftszinssatz	4,5 %

Verkehrswert des belasteten Grundstücks

Verkehrswert ohne Berücksichtigung der Pflegeverpflichtung	300.000 EUR
Betrag für Pflege (921 EUR/Monat × 12)	11.052 EUR/Jahr
Leibrentenbarwertfaktor (68 Jahre, 4,5 %)	9,90
Barwert der Pflegeverpflichtung in 10 Jahren	109.415 EUR
Abzinsungsfaktor (10 Jahre, 4,5 %)	0,644
Barwert der Pflegeverpflichtung	70.463 EUR
Verkehrswert	229.537 EUR
gerundet	229.000 EUR

Anmerkungen

- Im Barwert der Pflegeverpflichtung sind aufgrund des für Pflegebedürftige zu hohen Leibrentenbarwertfaktors sowohl die wirtschaftlichen Nachteile als auch eine darüber hinaus gehende Marktanpassung berücksichtigt.
- Da die Pflegeleistung erst in 10 Jahren anfällt, muss der Leibrentenbarwertfaktor mittels des Alters von 68 Jahren berechnet werden (= derzeitiges Alter des Berechtigten plus 10 Jahre).
- Die Kapitalisierung erfolgt mit dem Liegenschaftszinssatz, denn die Zahlungen mindern die Ertragsfähigkeit des Grundstücks und stehen somit in einem unmittelbaren Bezug zum Grundstück.

Wert der Pflegeverpflichtung

Ausgangsdaten
Betrag für Pflege (Stufe II, Sachleistungen) .... 921 EUR/Monat
Alter des Berechtigten .... 58 Jahre
geschätzter Eintritt der Pflegebedürftigkeit in .... 10 Jahren
Kapitalzinssatz .... 4,5 %

Wert der Pflegeverpflichtung
Betrag für Pflege (921 EUR/Monat × 12) .... 11.052 EUR/Jahr
Leibrentenbarwertfaktor (68 Jahre, 4,5 %)............................ 9,90
Barwert der Pflegeverpflichtung in 10 Jahren.................. 109.415 EUR
Abzinsungsfaktor (10 Jahre, 4,5 %) 0,644
Barwert der Pflegeverpflichtung............................... 70.463 EUR
Wert der Pflegeverpflichtung .... 70.000 EUR

Anmerkungen
- Im Barwert der Pflegeverpflichtung sind aufgrund des für Pflegebedürftige zu hohen Leibrentenbarwertfaktors sowohl die wirtschaftlichen Nachteile als auch eine darüber hinaus gehende Marktanpassung berücksichtigt.
- Da die Pflegeleistung erst in 10 Jahren anfällt, muss der Leibrentenbarwertfaktor mittels des Alters von 68 Jahren berechnet werden (= derzeitiges Alter des Berechtigten plus 10 Jahre).

13.6.5 Formulierungsbeispiel

Die zahlreichen Ungewissheiten, die im Zusammenhang mit der Bewertung von Pflegeverpflichtungen auftreten, müssen im Gutachten kenntlich gemacht werden. Im Folgenden finden Sie ein Beispiel dafür, wie dies geschehen kann:

Dem Sachverständigen ist nicht bekannt, in welchem gesundheitlichen Zustand die Berechtigte sich zum Wertermittlungsstichtag befand. Insofern ist es nicht möglich, die Pflegebedürftigkeit der Berechtigten zum Wertermittlungsstichtag einzuschätzen. Im Übrigen kann der exakte Grad der Pflegebedürftigkeit nur von einem Arzt ermittelt werden.

Weiterhin kann im Allgemeinen nicht eingeschätzt werden, in welchem Maße sich der Grad der Pflegebedürftigkeit während der Restlebensdauer eines Menschen verändert.

Insofern ergeben sich für die Wertermittlung folgende medizinischen Probleme:

- *Wie war der gesundheitliche Zustand der Berechtigten am Wertermittlungsstichtag?*
- *Wie ändert sich der Gesundheitszustand während der Restlebenszeit der Berechtigten?*

Da diese Fragen von einem »Nichtmediziner« nicht zu beantworten sind (wobei die zweite Frage wohl auch für Mediziner nicht zu beantworten ist), wird für die Wertermittlung folgende Annahme getroffen:

Der Gesundheitszustand der Berechtigten wird für die gesamte Restlebenszeit nach der im Pflegeversicherungsgesetz definierten Pflegestufe II eingeordnet. (Es gibt die Pflegestufen I bis III).

Dabei bedeutet Pflegestufe II: Schwerpflegebedürftige, die bei der Körperpflege, der Ernährung oder der Mobilität mindestens dreimal täglich zu verschiedenen Tageszeiten der Hilfe bedürfen und zusätzlich mehrfach in der Woche Hilfen bei der hauswirtschaftlichen Versorgung benötigen.

Im Erb- und Pflegevertrag vom 12. Mai 1989 wurde vereinbart, dass die Pflegeverpflichtung – soweit möglich – nicht durch fremde, sondern durch eigene und persönliche Dienstleistungen zu erbringen ist. Insofern wird im Folgenden von dem Pflegegeld, das nach dem Pflege-Versicherungsgesetz für häusliche Pflegehilfe durch eine Pflegeperson (Familienangehörige, Nachbarn, Freunde, etc.) angesetzt werden kann, ausgegangen. Dies beträgt bis zu 410 EUR pro Monat, d. h. 4.920 EUR pro Jahr.

Auf der Grundlage des Alters der Berechtigten und des Kapitalisierungszinssatzes von 6 Prozent erhält man einen Leibrentenbarwertfaktor von 6,09. Somit berechnet sich der Barwert der Pflegeverpflichtung wie folgt:

$$6,09 \times 4.902 \text{ EUR/Jahr} = 29.853 \text{ EUR.}$$

Der Wert der Pflegeverpflichtung beträgt demnach zum Wertermittlungsstichtag rd. 30.000 EUR.

Dabei sei nochmals erwähnt, dass bei der Ermittlung des Werts der Pflegeverpflichtung von einer über die gesamte Restlebensdauer der Berechtigten hinweg mittleren Pflegebedürftigkeit entsprechend der im Pflege-Versicherungsgesetz definierten Pflegestufe II ausgegangen wird.

13.6.6 Zusammenfassung

Bei der Bewertung von Pflegeverpflichtungen stößt der Sachverständige für Grundstückswertermittlungen an seine fachlichen Grenzen. Er sollte sich daher stets überlegen, ob er der geeignete Fachmann für derartige Bewertungen ist und im Zweifelsfall den Auftrag ablehnen.

Falls doch eine Bewertung durchgeführt wird, sind so viel wie möglich Informationen von anderen Spezialisten einzuholen (Mediziner, Pflegedienste, etc.). Sollten derartige Informationen nicht zu erhalten sein, so ist der Sachverständige auf eigene Schätzungen angewiesen. In jedem Fall sind im Gutachten die Informationsquellen zu nennen. Darüber hinaus muss im Gutachten auf die Schwächen des Bewertungsmodells und des daraus resultierenden Werts hingewiesen werden.

13.7 Altenteilsrecht

13.7.1 Grundlagen

Das Altenteilsrecht, das landschaftsspezifisch auch Leibgedinge, Leibzucht oder Auszug genannt wird, ist im Wesentlichen aus der landwirtschaftlichen Hofübergabe entstanden. Dabei wird der Hof auf den Verpflichteten (Erben) übertragen und im Gegenzug dafür erhält der Berechtigte mehrere Einzelrechte. Bei diesen Einzelrechten handelt es sich im Wesentlichen um Reallasten (Leibrenten, Naturallieferungen, Pflegeverpflichtungen) und Wohnungsrechte. Auch Nießbrauchrechte können Bestandteil des Altenteilsrechts sein, solange sie sich lediglich auf Teilbereiche der übertragenen Grundstücke beziehen.

Der wesentliche Charakter des Altenteils besteht in der Versorgung des Berechtigten, wobei die Versorgungsleistungen wertmäßig nicht dem übertragenen Grundstück entsprechen müssen.

Das Altenteilsrecht ist gesetzlich nicht definiert. Nach der Rechtsprechung versteht man darunter ein Rechtsverhältnis, das durch zahlreiche Nutzungen und Begünstigungen für den Berechtigten geprägt ist[7].

Da die Ausprägung und rechtliche Gestaltung des Altenteilsrechts regional unterschiedlich ist, findet man Auslegungsgrundsätze zum Altenteilsrecht nicht im BGB sondern in einzelnen Landesgesetzen. Dort werden zum Beispiel besondere Regelungen zum Wohnungsrecht und zur Rückabwicklung beschrieben.

In der Zwangsversteigerung gilt folgende Besonderheit: Das Altenteil soll auch dann bestehen bleiben, wenn es nachrangig im Grundbuch eingetragen ist. Diese Besonderheit wird jedoch insofern eingeschränkt, als dass ein vorrangiger oder gleichrangiger Gläubiger beantragen kann, dass das Altenteil nur dann Bestand hat, wenn er durch den Fortbestand keine Beeinträchtigung erleiden muss. Dies ist nur dann der Fall, wenn das abgegebene Angebot, den vor- bzw. gleichrangigen Gläubiger voll befriedigt. Insofern ist es für den Bestand des Altenteils außerordentlich wichtig, dass es im Rang vor den Hypotheken und Grundschulden eingetragen wird. Ansonsten ist der Bestand in der Zwangsversteigerung nicht gesichert.

13.7.2 Wertermittlung

Die Wertermittlung erfolgt für jedes Einzelrecht getrennt. Dabei ist analog zu den weiter oben beschriebenen Vorgehensweisen und Grundsätzen bei Leibrenten, Naturallieferungen, Pflegeverpflichtungen und Wohnungsrechten vorzugehen. In den diesbezüglichen Kapiteln befinden sich ausführliche Beispiele zu den einzelnen Rechten.

---

7 *Weirich*, Grundstücksrecht, Rdnr. 948.

13.8 Zusammenfassung

- Aufgrund einer Reallast sind in der Regel wiederkehrende Leistungen zu entrichten.
- Bei der Ermittlung des Verkehrswerts eines belasteten Grundstücks sind unterschiedliche Fälle zu berücksichtigen, je nach Anspruchsgrundlage.
- Der Wert einer Reallast ergibt sich unmittelbar aus dem Barwert der wiederkehrenden Leistungen.
- Bei Rentenzahlungen und Naturallieferungen ist es im Allgemeinen unproblematisch, den Barwert der wiederkehrenden Leistungen zu ermitteln.
- Dagegen ist die Bewertung von Pflegeverpflichtungen nur unter Berücksichtigung zahlreicher Annahmen und Prognosen möglich, so dass man hier nicht mehr von seriöser Verkehrswertermittlung sprechen kann.

14 Baulast

In diesem Kapitel wird gezeigt,

- auf welchen rechtlichen Grundlagen Baulasten basieren,
- welche Beteiligten es bei Baulasten gibt und wie deren Rechtspositionen sind,
- welche Bedeutung die Rechtspositionen für die Wertermittlung haben,
- welche Tatbestände Baulasten besichern,
- welche Wertermittlungsgrundsätze bei der Bewertung von Baulasten zu beachten sind,
- wie einzelne Baulasten zu bewerten sind (z. B. Zufahrtsbaulast, Stellplatzbaulast, Baulast im Zusammenhang mit Erbbaurechten).

14.1 Grundlagen

14.1.1 Definition und Wesen der Baulast

Die Rechtsgrundlage für Baulasten findet sich in § 83 der Musterbauordnung (MBO). Dort ist zunächst der Begriff der Baulast definiert. Darüber hinaus werden in der Musterbauordnung einzelne Aspekte zum Formerfordernis und zur Auflösung von Baulasten sowie zum Baulastenverzeichnis geregelt.

> **§ 83 Abs. 1, Satz 1 MBO – Baulasten**
>
> Durch Erklärung gegenüber der Bauaufsichtsbehörde können Grundstückseigentümer öffentlich-rechtliche Verpflichtungen zu einem ihre Grundstücke betreffenden Tun, Dulden oder Unterlassen übernehmen, die sich nicht schon aus öffentlich-rechtlichen Vorschriften ergeben.

Die Baulast ist eine **freiwillige** Verpflichtung eines Grundstückseigentümers gegenüber der Bauaufsichtsbehörde, auf seinem Grundstück etwas zu tun, zu dulden oder zu unterlassen, was einem anderen Grundstück zu einem Vorteil gereichen würde. Der Vorteil des anderen Grundstücks besteht in der Regel darin, dass ein Vorhaben auf dem begünstigten Grundstück aufgrund der Baulasteintragung baurechtskonform errichtet werden kann.

In den jeweiligen Landesbauordnungen sind zahlreiche Fälle aufgeführt, in denen eine Baulast begründet werden kann. Als Beispiel für eine Baulast sei hier die so genannte Zufahrtsbaulast genannt. Sie kann in den Fällen begründet werden, in denen so genannte Hinterlandgrundstücke nach öffentlich-rechtlichen Vorschriften nicht bebaut werden dürfen, weil ihnen eine Zufahrt zur Straße fehlt. In diesem Fall kann sich der Eigentümer des an der Straße gelegenen Vorderlandgrundstücks gegenüber der Bauaufsichtsbehörde verpflichten, dass er einen Teil seines Grundstücks als Zufahrt zum Hinterlandgrundstück zur Verfügung stellt. Diese Verpflichtung, welche die Erteilung der Baugenehmigung dann möglich macht, wird Baulast genannt.

Baulasten werden jedoch nicht nur in den Fällen begründet, in denen die Landesbauordnungen ihren Einsatz vorsehen. Auch in anderen Bereichen des Baurechts, zum Beispiel im Bauplanungsrecht, können Baulasten zur Regelung öffentlich-rechtlicher Rechtsverhältnisse eingesetzt werden.

14.1.2 Landesrechtliche Besonderheiten

In vierzehn der sechzehn Bundesländer ist das Rechtsinstitut der Baulast im Bauordnungsrecht bekannt und verankert. Die Regelungen zu den Baulasten in den jeweiligen Landesbauordnungen der Bundesländer basieren im Allgemeinen auf § 83 der Musterbauordnung.

In Bayern und in Brandenburg sind Baulasten derzeit nicht in den jeweiligen Landesbauordnungen vorgesehen. In Brandenburg wurde die Baulast nach der Zusammenführung von Ost- und Westdeutschland zunächst eingeführt, jedoch im Jahr 1994 aus dem Bauordnungsrecht herausgenommen. Es gilt jedoch die Regelung, dass Baulasten, die bereits vor In-Kraft-Treten der zurzeit gültigen Landesbauordnung Bestand hatten, weiterhin bestehen bleiben. Bei zurückliegenden Wertermittlungsstichtagen ist demnach auch in Brandenburg das Baulastenverzeichnis einzusehen. In Bayern werden Verpflichtungen, die üblicherweise mittels Baulasten geregelt werden, häufig als Belastung in Abteilung II des Grundbuchs eingetragen.

Die Formulierungen der einzelnen Landesbauordnungen zur Baulastthematik weichen teilweise voneinander ab, wenngleich sie sich, wie bereits erwähnt, an der Musterbauordnung orientieren. Diese Abweichungen beziehen sich z. B. auf Regelungen im Zusammenhang mit dem Formerfordernis oder der für die Baulasteintragung erforderlichen Unterlagen. Diese Aspekte werden hier nicht vertieft. Hierzu wird auf die entsprechende Fachliteratur verwiesen. Für die Praxis empfiehlt es sich, die jeweilige Landesbauordnung in die Überlegungen zur Bewertung von Baulasten mit einzubeziehen.

14.1.3 Baulastenverzeichnis

Die Übernahme der öffentlich-rechtlichen Verpflichtung eines Grundstückseigentümers gegenüber der zuständigen Behörde wird in das Baulastenverzeichnis eingetragen. Dieses wird in der Regel von der Bauaufsichtsbehörde geführt. Es handelt sich also um eine Grundstücksbelastung, die nicht in Abteilung II des Grundbuchs eingetragen wird (Ausnahme: Bayern, da dort das Rechtsinstitut der Baulast nicht bekannt ist). Die Einsicht des Baulastenverzeichnisses ist demnach im Rahmen der Recherche für eine Wertermittlung zwingend erforderlich.

Wer ein berechtigtes Interesse darlegt, kann in das Baulastenverzeichnis Einsicht nehmen oder sich Abschriften erteilen lassen. Von dieser Möglichkeit **muss** der mit einer Wertermittlung beauftragte Sachverständige auf jeden

Fall Gebrauch machen, da Baulasten in der Regel erheblich bewertungsrelevant sein können, was im Folgenden noch gezeigt werden wird.

Das Baulastenverzeichnis gibt jedoch lediglich Auskunft darüber, ob ein Grundstück mit einer Baulast **belastet** ist. Im Baulastenverzeichnis ist nicht erfasst, ob Baulasten zugunsten des zu bewertenden Grundstücks an einem anderen Grundstück eingetragen sind. Insofern werden bei der Informationsbeschaffung aus dem Baulastenverzeichnis die begünstigenden Baulasten nicht erfasst. Bei Verdachtsmomenten aufgrund der Erkenntnisse im Verlauf eines Ortstermins empfiehlt es sich, die Belastungen der umliegenden Flurstücke ebenfalls zu hinterfragen, um Auskunft über mögliche Begünstigungen des Bewertungsgrundstücks aufgrund einer bestehenden Baulast zu erkennen.

14.1.4 Formerfordernis

Die Erklärung zur Übernahme einer Baulast bedarf gemäß Musterbauordnung der Schriftform. Es wird weiter ausgeführt, dass die Unterschrift öffentlich beglaubigt sein oder vor der Bauaufsichtsbehörde abgegeben bzw. vor ihr anerkannt werden muss.

In den einzelnen Landesbauordnungen sind unterschiedliche Formulierungen hinsichtlich des Formerfordernisses zu finden. Allen gemein ist jedoch, dass die Baulasterklärung schriftlich zu erfolgen hat.

14.1.5 Wirksamkeit

Eine Baulast wird gemäß § 83 Abs. 1, Satz 2 der Musterbauordnung mit der Eintragung in das Baulastenverzeichnis wirksam und gilt ab diesem Zeitpunkt auch für Rechtsnachfolger des belasteten und begünstigten Grundstücks. Die Eintragung der Baulastverpflichtung in das Baulastenverzeichnis hat konstitutiven (d. h. rechtsbegründenden) Charakter. Dies bedeutet, dass die alleinige Abgabe einer Willenserklärung eines künftig belasteten Grundstückseigentümers zur Übernahme einer Baulastverpflichtung nicht dazu führt, dass die Baulast bereits Bestand hat. Erst mit Eintragung in das Baulastenverzeichnis erhält die Baulast Rechtskraft.

Hat ein Grundstückseigentümer eine öffentlich-rechtliche Verpflichtung hinsichtlich eines Tuns, Duldens oder Unterlassens in Bezug auf sein Grundstück übernommen, geht diese Verpflichtung beim Verkauf des Grundstücks nicht unter. Der Rechtsnachfolger ist weiterhin an die übernommenen Verpflichtungen gebunden. Der begünstigte Grundstückseigentümer profitiert auch künftig vom Inhalt der Baulasterklärung.

Die Baulastverpflichtung ist grundsätzlich auf das jeweilige Vorhaben bezogen. So ist z. B. folgender Fall denkbar:

Ein Bauvorhaben kann auf dem begünstigten Grundstück nur dann baurechtskonform ausgeführt werden, wenn auf dem Nachbargrundstück eine Abstandsfläche übernommen wird. Diese Abstandsfläche wird per Baulast besichert und in das Baulastenverzeichnis eingetragen. Nach einigen Jahren plant der Begünstigte eine Erweiterung der baulichen Anlagen auf seinem Grundstück, die wiederum eine eigenständige Abstandsfläche benötigt. Auch diese kann nur auf dem bereits belasteten Nachbargrundstück dargestellt werden. Der erneute Nachweis der Abstandsfläche kann dann nur über eine weitere Baulast mit entsprechender Erklärung des Belasteten gegenüber der Bauaufsichtsbehörde erfolgen, da die ursprüngliche Baulastverpflichtung ausschließlich auf das ursprüngliche Bauvorhaben bezogen war.

Wenzel[1] äußert sich zur Vorhabenbezogenheit der Baulast auf Basis aktueller Rechtsprechung ergänzend wie folgt:

Die bisherige Rechtsauffassung der Vorhabenbezogenheit wurde vom VGH Baden – Württemberg mit Urteil vom 27. 10. 2000 (8 S 1445/00, Baurecht 5/2001 S. 759 ff.) gelockert. In dem Fall entschied das Gericht, dass eine eingetragene Abstandsflächenbaulast auch für ein Vorhaben gültig ist, für das es ursprünglich nicht eingetragen wurde. Allein beachtlich ist nach Auffassung des Gerichts die gesicherte Fläche. Erst wenn diese vergrößert werden muss, ist eine neue Baulast erforderlich.

Folgt man der Rechtsprechung, sind auch eingetragene Wegerechte und gesicherte Stellplätze nicht ausschließlich vorhabenbezogen, sondern wirken auch für und gegen spätere Erweiterungen oder Nutzungsänderungen. Diese Auslegung muss jedoch ihre Grenzen in dem Ausmaß der Störung des belasteten Grundstückseigentümers finden.

Für die Wertermittlung bedeutet dies, dass zunächst zu hinterfragen ist, auf welches Bauvorhaben sich die eingetragene Baulast bezieht. Sollten im Zeitablauf weitere bauliche Anlagen hinzugekommen sein, die die Absicherung über eine Baulast auf einem anderen Grundstück erfordern, kann im Rahmen eines Gutachtens ohne Rücksprache mit der Bauaufsichtsbehörde nicht abschließend sicher geklärt werden, ob die bereits eingetragene Baulast ausreichend ist.

14.1.6 Löschen der Baulastverpflichtung

Eine in das Baulastenverzeichnis eingetragene Baulast erlischt erst dann wieder, wenn die Bauaufsichtsbehörde ihren Verzicht auf das Fortbestehen der Baulast erklärt. Dieser Verzicht ist nur dann möglich, wenn kein öffentliches Interesse an der Baulast mehr besteht. Im Fall einer Zufahrtsbaulast über ein Vorderlandgrundstück kann die Bauaufsichtsbehörde ihren Verzicht zum Beispiel dann erklären, wenn das frühere Hintergrundstück durch eine rückwärtige Erschließung an eine öffentliche Straße angebunden wird. Es wird also im Rahmen des Löschungsverfahrens geprüft, ob das Bauvorhaben auf dem begünstigten Grundstück auch ohne die eingetragene Baulast weiterhin baurechtskonform ist. Sollte dies der Fall sein, kann die Baulast aus dem Baulastenverzeichnis gelöscht werden.

---

1 *Wenzel, Gerhard*, Baulasten in der Praxis, 2. Auflage, Köln, 2006, S. 30.

Die Bauaufsichtsbehörde wird jedoch in der Regel nicht von sich aus tätig, sondern nur bei Antrag des belasteten Grundstückseigentümers. Die Baubehörde wird vor der endgültigen Löschung der Baulast aus dem Baulastenverzeichnis den Baulastbegünstigten hinzuziehen, wenngleich nicht das private, sondern das öffentliche Interesse Ausgangspunkt der Überlegungen zur Löschung der Baulast ist.

14.2 Beteiligte

Am Zustandekommen einer Baulast sind beteiligt:

- der Baulastverpflichtete – er gibt die Baulasterklärung gegenüber der Bauaufsichtsbehörde ab
- die Bauaufsichtsbehörde – sie dokumentiert die Baulast und überwacht deren Einhaltung
- der Baulastbegünstigte – er erhält im Allgemeinen eine Baugenehmigung aufgrund der Baulast

Nachfolgend werden die wesentlichen Aspekte, die sich aus der Eintragung einer Baulast für die Beteiligten ergeben, beschrieben.

14.2.1 Baulastverpflichteter

Der Baulastverpflichtete muss folgende Einschränkungen seines Eigentums hinnehmen:

- Mit der Eintragung einer Baulast in das Baulastenverzeichnis wird die freie Verfügbarkeit des Eigentums im Rahmen der mit der Baulast belasteten Fläche eingeschränkt. Die hinzunehmenden Einschränkungen können sich auf folgende Aspekte beziehen:
  - Einschränkungen der baulichen Nutzbarkeit und möglicherweise auch der Ertragsfähigkeit seines Eigentums
  - Einschränkungen aufgrund von Immissionsbelastungen
  - Einschränkungen durch erhöhte Kosten der Instandhaltung durch die Nutzung seines Grundstücks, der Zufahrt etc.
- Es entsteht die Verpflichtung des jeweiligen Eigentümers des belasteten Grundstücks, sich entsprechend der auferlegten Baulast zu verhalten.
- Tut er dies nicht, so kann die Bauaufsichtsbehörde mittels einer Ordnungsverfügung und eines Zwangsmittels (Zwangsgeld, Ersatzvornahme oder unmittelbaren Zwang) für die Einhaltung der Verpflichtung sorgen. Hat beispielsweise ein Baulastverpflichteter die durch eine Baulast gesicherte Zufahrt zu einem Grundstück durch Hindernisse versperrt, so ist die Bauaufsichtsbehörde befugt, eine diesbezügliche Ordnungsverfügung zu erlassen und falls nötig Zwangsmittel anzuordnen.
- Ein seitens des aus der Ordnungsverfügung Verpflichteten eingelegter Widerspruch hat aufschiebende Wirkung, sofern in der Ordnungsverfügung nicht die sofortige Behebung des Misstands verfügt wurde. Dies hat zur

Folge, dass bis zu einer rechtskräftigen Entscheidung seitens der Behörde nicht weiter eingeschritten werden kann.

14.2.2 Bauaufsichtsbehörde

Die Bauaufsichtsbehörde hat Folgendes zu beachten:

- Wird das Hindernis, das der Erteilung einer Baugenehmigung entgegensteht, durch die Begründung einer Baulast beseitigt und stehen dem Bauvorhaben keine weiteren Versagungsgründe entgegen, muss die Bauaufsichtsbehörde dem Eigentümer des durch die Baulast begünstigten Grundstücks in der Regel die Baugenehmigung erteilen. Dies setzt jedoch voraus, dass der künftig durch die Baulast Verpflichtete, den Inhalt der Baulast rechtsverbindlich gegenüber der Bauaufsichtsbehörde erklärt hat.
- Falls auf dem belasteten Grundstück ein Bauvorhaben geplant ist, das gegen den Inhalt der Baulast verstößt, muss die Bauaufsichtsbehörde die Genehmigung verweigern.
- Falls auf dem begünstigten Grundstück eine Bebauung vorgesehen ist, die auch nach der Eintragung einer Baulast noch baurechtswidrig ist, muss die Eintragung einer Baulast abgelehnt werden, auch wenn der belastete Grundstückseigentümer die Eintragung der Baulast genehmigt hat.
- Die Bauaufsichtsbehörde kann zur Einhaltung einer Baulast eine Ordnungsverfügung erlassen. Die Entscheidung über den Erlass einer Ordnungsverfügung liegt im Ermessen der Behörde.
- Eine Ordnungsverfügung kann nicht nur gegenüber dem Baulastverpflichteten, sondern auch gegenüber Dritten, die sich nicht baulastkonform verhalten, erlassen werden.
- Falls die Ordnungsverfügung nicht befolgt wird, können Zwangsmaßnahmen eingesetzt werden.
- Die Bauaufsichtsbehörde kann die Baulast löschen, sofern kein öffentlich-rechtliches Interesse am Fortbestand der Baulast vorliegt.

14.2.3 Baulastbegünstigter

Dem von der Baulast begünstigten Grundstückseigentümer muss die Eintragung der Baulast in das Baulastenverzeichnis einen Vorteil bieten. Dieser Vorteil besteht im Wesentlichen darin, ein ansonsten bauordnungsrechtlich nicht zulässiges Bauvorhaben realisieren zu können. Durch z. B. den Nachweis von Abstandsflächen auf dem Nachbargrundstück hat er in der Regel die Möglichkeit, auf dem eigenen Grundstück eine höhere bauliche Ausnutzung zu erzielen, die darüber hinaus mit wirtschaftlichen Vorteilen verbunden sein kann.

- Der Baulastbegünstigte erhält die Möglichkeit zur baurechtskonformen Errichtung eines von ihm geplanten Bauvorhabens, das andernfalls nicht genehmigungsfähig wäre.
- Unter Umständen wird die bauliche Nutzbarkeit seines Grundstücks gesteigert.
- Daraus kann ein erheblicher wirtschaftlicher Vorteil entstehen.

14.3 Rechtsverhältnisse

In der Fachwelt und der Rechtsprechung ist es unumstritten, dass ein Rechtsverhältnis zwischen der Bauaufsichtsbehörde und dem Baulastverpflichteten entsteht. Es bestehen jedoch unterschiedliche Meinungen dazu, in welchem Rechtsverhältnis der Baulastbegünstigte und der Baulastverpflichtete zueinander stehen. Weiterhin wird immer noch kontrovers diskutiert, ob der Baulastbegünstigte eine Rechtsbeziehung zur Bauaufsichtsbehörde durch die Eintragung einer Baulast erhält oder nicht. Die unterschiedlichen Meinungen zu den Rechtsverhältnissen werden nachfolgend dargestellt.

14.3.1 Subjektiv-öffentliche Rechtsposition des Baulastbegünstigten

Es ist umstritten, ob dem Baulastbegünstigten subjektiv-öffentliche Rechte gegenüber der Baubehörde zustehen. In diesem Zusammenhang ist beispielsweise folgende Frage ungeklärt: Kann der Baulastbegünstigte die Verletzung seiner Rechte gegenüber der Bauaufsichtsbehörde geltend machen, falls auf dem belasteten Grundstück ein Bauvorhaben geplant ist, das gegen den Inhalt der Baulast verstößt?

Auch die Frage, ob der Baulastbegünstigte die Verletzung seiner Rechte gegenüber der Baubehörde geltend machen kann, falls baulastwidrige Zustände entstehen, weil der Baulastverpflichtete zum Beispiel eine baurechtlich gesicherte Zufahrt versperrt, ist letztlich nicht abschließend geklärt.

Nachfolgend werden die wesentlichen unterschiedlichen Meinungen beschrieben.

Meinung: Es besteht keine subjektiv-öffentliche Rechtsposition

Nur die Baubehörde kann den Verzicht auf die Baulast erklären, wenn ein öffentliches Interesse an der Baulast nicht mehr besteht. Der Baulastbegünstigte soll vor dem Verzicht lediglich angehört werden.

Aufgrund der Tatsache, dass lediglich die Baubehörde den Verzicht auf die Baulast erklären kann wird in der Rechtsprechung vielfach verneint, dass dem Baulastbegünstigten ein subjektiv-öffentliches Recht zusteht. Dazu schreibt Schwarz[2]:

Nach Auffassung des Verwaltungsgerichtshofes Kassel folgt aus der gesetzlichen Ausgestaltung der Regelung über den Verzicht auf eine Baulast, daß eine Baulast dem Baulastbegünstigten regelmäßig kein subjektiv-öffentliches Recht vermittele. Da der Begünstigte vor dem Verzicht lediglich zu hören sei, ergebe sich die Folgerung, daß dem Begünstigten ein über das Anhörungsrecht hinausgehendes Abwehrrecht gegen den Verzicht auf eine Baulast nicht zustehe. Weil zudem der Verzicht auf eine Baulast zwingend vorgeschrieben sei, wenn ein öffentliches Interesse an ihr nicht mehr bestehe,

---

2 *Schwarz, Bernd*, Baulasten im öffentlichen Recht und im Privatrecht, Wiesbaden; Berlin: Bauverlag, 1995, S. 43.

komme es auf ein irgendwie geartetes privates Interesse des Baulastbegünstigten nicht an. Stehe dem Begünstigten demnach ein Abwehrrecht gegen den Verzicht der Behörde auf eine Baulast nicht zu, komme ihm erst recht kein subjektives Recht auf Durchsetzung einer bestehenden Baulast zu. Gestützt auf die Baulast könne der Begünstigte deshalb von der Behörde kein Einschreiten zur Durchsetzung einer Baulastverpflichtung verlangen. Der Begünstigte habe auch keinen Anspruch darauf, daß die Behörde die Genehmigung für ein baulastwidriges Vorhaben versage.

Die Konsequenz aus der fehlenden subjektiv-öffentlichen Rechtsposition besteht darin, dass der Baulastbegünstigte keinen Anspruch auf Tätigwerden der Behörde hat. Er hat lediglich Anspruch auf eine ermessenfehlerfreie Abwägung seiner Interessen durch die Behörde. Die Baubehörde kann nach der Prüfung der Interessen entscheiden, ob weitere Maßnahmen ergriffen werden.

Meinung: Es besteht eine subjektiv-öffentliche Rechtsposition

Einige Autoren vertreten die Meinung, dass der Baulastbegünstigte eine Rechtsposition gegenüber der Baulastbehörde hat. Dazu schreibt Schwarz[3]:

Andere Autoren vertreten dagegen die Meinung, eine Baulast sei durchaus imstande, dem begünstigten Grundstückseigentümer ein subjektiv-öffentliches Recht zu verleihen. Soweit in den Vorschriften über den Verzicht auf eine Baulast von dem Eigentümer eines begünstigten Grundstücks die Rede sei, sei damit die Annahme eines subjektiven öffentlichen Rechts nahegelegt. Auch die Anhörungspflicht der Eigentümer begünstigter Grundstücke vor dem Verzicht lasse vor dem Hintergrund des § 28 VwVfG (»Bevor ein Verwaltungsakt erlassen wird, der in Rechte eines Beteiligten eingreift«) nur diese Deutung zu. Schließlich sei zu berücksichtigen, daß eine Baulast dem Baulastbegünstigten einen Anspruch auf Erteilung einer Baugenehmigung verschaffen könne, den er ohne die Baulast nicht besitze. Damit verleihe die Baulast dem begünstigten Grundstückseigentümer aber ein subjektiv-öffentliches Recht gegenüber der Bauaufsichtsbehörde.

Geht man davon aus, dass dem Baulastbegünstigten eine subjektiv-öffentliche Rechtsposition zusteht, so hat er zunächst Anspruch auf eine ermessenfehlerfreie Abwägung seiner Interessen durch die Behörde. Sofern diese Prüfung sich dahingehend verdichtet, dass der Verstoß gegen den Inhalt der Baulast beseitigt werden muss, kann die Bauordnungsbehörde eine Ordnungsverfügung erlassen.[4]

Ergebnis

Unter den Fachautoren ist es umstritten, ob die Baulast dem Baulastbegünstigten eine Rechtsposition gegenüber der Baulastbehörde verleiht. Somit kann auch vom Bewertungssachverständigen nicht entschieden werden, ob

---

3 Ebenda, S. 51 f.
4 Ebenda.

und wie zum Beispiel ein Grundstückseigentümer, der durch eine Baulast begünstigt wird, gegen die Bauaufsichtsbehörde vorgehen kann. Dies ist immer vom Einzelfall und im Zweifelsfall vom Ausgang eines gerichtlichen Verfahrens abhängig.

Falls Bewertungsprobleme im Zusammenhang mit der umstrittenen Rechtsposition des Begünstigten gegenüber der Bauaufsichtsbehörde auftreten sollten, muss der Sachverständige auf die verschiedenen Meinungen hinweisen. Im Gutachten kann sich der Sachverständige dann begründet für eine Meinung entscheiden. Möglicherweise bietet es sich auch an, beide unterschiedlichen Meinungen mit einer entsprechenden Gewichtung zu berücksichtigen.

14.3.2 Privatrechtliche Rechtsposition des Baulastbegünstigten

Umstritten ist auch, ob mit Begründung der Baulast eine privatrechtliche Rechtsposition des Begünstigten gegenüber dem Belasteten entsteht. Folgende Meinungen bestehen:

Meinung: Es entsteht keine privatrechtliche Rechtsposition

In Teilen der baurechtlichen Fachliteratur wird die Meinung vertreten, dass kein privatrechtliches Rechtsverhältnis zwischen den beteiligten Eigentümern entsteht. Diese Meinung wird auch durch mehrere Gerichtsurteile insbesondere des Bundesgerichtshofes gestärkt. Somit hat der Eigentümer des begünstigten Grundstücks keine Möglichkeit, die Einhaltung der mit der Baulast übernommenen Verpflichtungen auf privatrechtlichem Weg durchzusetzen. Er muss stets den (zeitaufwändigen) Umweg über die Bauaufsichtsbehörde gehen, um seine öffentlich-rechtlichen Ansprüche (z. B. Zufahrt zum Hintergrundstück) durchzusetzen. Diese Auffassung wird auch von Wenzel[5] vertreten.

*Die Eintragung einer Baulast in das Baulastenverzeichnis bewirkt ein **Rechtsverhältnis zwischen dem Eigentümer des belasteten Grundstücks und der unteren Bauaufsichtsbehörde**. Der Bauherr als Begünstigter dieser Baulast ist in dieses Rechtsverhältnis nicht eingebunden. Insofern kann er bei einem ihn belastenden Verstoß gegen die eingetragene Baulast eine Korrektur nicht unmittelbar durchsetzen. Dies ist vielmehr Sache der Behörde. Um zu seinem Recht zu gelangen, hat der Begünstigte die Behörde über den Verstoß zu informieren ... Die Behörde wird dann die Angaben des Begünstigten prüfen und danach entscheiden, ob ein Eingreifen erforderlich ist.*

Ob aber die Baubehörde überhaupt tätig wird, liegt in ihrem Ermessen. Ein Rechtsanspruch des Begünstigten auf Tätigwerden der Baubehörde wird vielfach verneint.

---

5 *Wenzel, Gerhard*, Baulasten in der Praxis, 2. Auflage, Köln, 2006, S. 31.

Wollte der begünstigte Eigentümer seine Ansprüche auf privatrechtlichem Weg durchsetzen, so müsste dies über privatrechtliche Instrumente, wie zum Beispiel Miet- und Pachtverträge oder Grunddienstbarkeiten, geschehen. Nur dann entsteht zwischen den beteiligten Eigentümern ein privatrechtliches Rechtsverhältnis, aufgrund dessen gegenseitige Ansprüche durchgesetzt werden können. Diese privatrechtlichen Instrumente können jedoch bei einem Verkauf untergehen, sofern nicht ausdrücklich geregelt wurde, dass diese Inhalte auf die Rechtsnachfolger übergehen sollen.

Meinung: Es entsteht eine privatrechtliche Rechtsposition

Teilweise wird die Meinung vertreten, der Baulastbegünstigte habe generell eine privatrechtliche Handhabe, um das begünstigte Grundstück in einem baulastkonformen Zustand zu erhalten. Zu diesem Standpunkt äußert sich insbesondere Schwarz[6] sehr ausführlich. Demnach ist die privatrechtliche Rechtsposition des Begünstigten vor allem aus der dinglichen, absoluten Wirkung der Baulast und der Vergleichbarkeit der Baulast mit einer Dienstbarkeit abzuleiten. Umgekehrt könne im Einzelfall dem Eigentümer des belasteten Grundstücks auch die Zahlung einer angemessenen Nutzungsentschädigung zustehen. Schwarz führt dazu aus:

Da das Zivilrecht in anderen Regelungsbereichen zur Vermeidung von Ergebnisdivergenzen für die Wertungen des öffentlichen Rechts offen ist, ist nicht einzusehen, warum den der öffentlich-rechtlichen Rechtsordnung ebenfalls angehörenden Baulasten entsprechende Einwirkungsmöglichkeiten versagt sein sollen.

Döring vertritt ebenfalls die Meinung, dass dem Begünstigten auch bei fehlender privatrechtlicher Vereinbarung in der Regel ein privatrechtliches Nutzungs- und Besitzrecht zusteht. So schreibt er zum Beispiel:[7]

Zwar hat der BGH in seiner Entscheidung vom 9. 1. 1981 (BGHZ 79, 201) ausgeführt, dass der Baulastübernehmer allein aufgrund der Baulast privatrechtlich nicht zur Duldung der Nutzung verpflichtet ist. Die Verweigerung der Duldung der Nutzung kann aber rechtsmissbräuchlich sein, wenn keine Anzeichen dafür vorliegen, dass die Baurechtsbehörde auf die Baulast verzichten werde (BGHZ 79, 210). In seiner Folgeentscheidung (BGHZ 89, 79) wurde vom BGH ein Rechtsmissbrauch insofern verneint, als der Baulastübernehmer die Nutzungsgewährung von einer angemessenen Gegenleistung abhängig gemacht hat.

Diesen Entscheidungen ist zu entnehmen, dass sich der Baulastübernehmer berechtigterweise nicht dauerhaft der Duldung der Nutzung widersetzen kann. Denn bei der Beurteilung dieser Frage darf die öffentlich-rechtlich übernommene Verpflichtung nicht außer Acht gelassen werden.

---

6 *Schwarz, Bernd*, Baulasten im öffentlichen Recht und im Privatrecht, Wiesbaden, 1995.
7 *Döring, Christian*, Die öffentlich-rechtliche Baulast und das nachbarrechtliche Grundverhältnis, S. 126.

Döring geht davon aus, dass bei den meisten Baulasten auch die privatrechtliche Nutzung beabsichtigt ist. Diese wird oftmals lediglich wegen fehlender juristischer Kenntnisse der Beteiligten nicht explizit geregelt. Der Juristische Laie geht davon aus, dass mit der Eintragung der Baulast alle »Formalitäten« erledigt sind. Deshalb muss der erklärte Wille der Parteien erforscht werden, der in der überwiegenden Zahl der Fälle auch auf eine privatrechtliche Nutzung ausgerichtet sein wird. Im Detail schreibt Döring zu diesem Thema[8]:

Wenn andererseits hingegen ausdrückliche Vertragswerke, die dem Begünstigten ein Nutzungs- und Besitzrecht einräumen, fehlen, so kann daraus nicht ohne weiteres geschlossen werden, dass ein Nutzungs- und Besitzrecht versagt werden sollte. Das von den Nachbarn geschlossene Grundverhältnis ist vielmehr gemäß den §§ 133, 157 BGB auszulegen.

Das Grundverhältnis ist rechtsgeschäftlicher Natur und der Auslegung gem. §§ 133, 157 BGB zugänglich. Der wirkliche Wille der Erklärenden ist zu erforschen, wobei das Gesamtverhalten der Erklärenden und auch der Zweck der Erklärungen berücksichtigt werden müssen. Auf diese Weise ist zu ermitteln, welches Ziel mit der Baulastübernahme erreicht werden sollte.

Ergebnis

Der Meinungsstreit über die öffentlich-rechtliche und privatrechtliche Rechtsposition des Baulastbegünstigten macht es dem Sachverständigen schwer, eindeutig Stellung zu beziehen. Aufgrund der derzeitigen Rechtsprechung des BGH, erscheint es jedoch empfehlenswert, in einem Gutachten von Folgendem auszugehen:

Der Baulastbegünstigte hat nur dann eine gesicherte Rechtsposition, wenn die öffentlich-rechtliche Baulast mittels entsprechender privatrechtlicher Instrumente gesichert ist.

Dabei bieten nur Grunddienstbarkeiten eine unbeschränkte Sicherheit, da diese mit Eintragung in Abteilung II des belasteten Grundstücks zum Bestandteil des begünstigten Grundstücks werden. Bei einem Verkauf gehen die mit der Grunddienstbarkeit besicherten Rechte daher auf den Rechtsnachfolger ohne weitere Vereinbarung über. Miet- und Pachtverträge sind weniger geeignet, da die Übernahme bei einem Eigentumswechsel problematisch sein kann und einer ausdrücklichen Regelung bedarf.

Falls die privatrechtliche Sicherung fehlt, besteht zunächst kein rechtlich gesichertes Nutzungs- und Besitzrecht. So kann es zum Beispiel vorkommen, dass eine baurechtlich gesicherte Zufahrt vom Begünstigten tatsächlich nicht genutzt werden kann. Im Streitfall müssen Gerichte über Einzelheiten der Benutzung entscheiden. Um kostspielige und langwierige Gerichtsverfahren zu vermeiden, sollten Baulasten daher stets durch Grunddienstbarkeiten gesichert werden.

---

8 *Ebenda*, S. 98.

Obwohl der Inhalt der Baulastübernahmeverpflichtung zugunsten eines anderen Grundstücks ausgesprochen wird, besteht zwischen dem begünstigten und dem belasteten Grundstück bzw. deren Eigentümern keine Rechtsbeziehung. Der Begünstigte der eingetragenen Baulast erhält einzig auf Basis der in das Baulastenverzeichnis eingetragenen Baulast einen Vorteil ohne in direkter Rechtsbeziehung zum Belasteten zu stehen.

Die Rechtsverhältnisse lassen sich grafisch wie folgt darstellen:

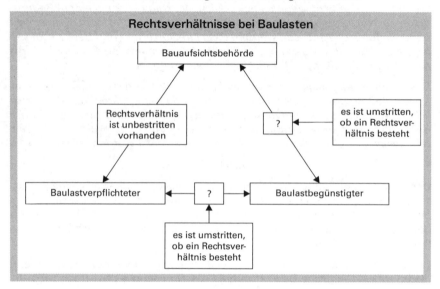

14.4 Unterscheidung Baulast und Grunddienstbarkeit

Wie weiter vorne in diesem Kapitel dargestellt, ist es von erheblicher Bedeutung, ob eine Baulast zusätzlich per Grunddienstbarkeit besichert wurde oder nicht. Zum besseren Verständnis dieser Aussage werden die wesentlichen Unterscheidungsmerkmale zwischen Baulasten und Grunddienstbarkeiten nachfolgend tabellarisch gegenübergestellt:

Unterscheidung	Baulast	Grunddienstbarkeit
Art der Verpflichtung	✓ öffentlich-rechtliche Verpflichtung bezüglich eines Tuns, Duldens oder Unterlassens	✓ privatrechtliche Verpflichtung bezüglich eines Duldens oder Unterlassens
rechtliche Einordnung	✓ öffentlich-rechtliche Verpflichtung	✓ wesentlicher Bestandteil des begünstigten Grundstücks ✓ privatrechtliche Verpflichtung
Beteiligte	✓ Bauaufsichtsbehörde ✓ Baulastverpflichteter ✓ Baulastbegünstigter	✓ jeweiliger Eigentümer des belasteten Grundstücks ✓ jeweiliger Eigentümer des begünstigten Grundstücks
Rechtsverhältnis zwischen Begünstigtem und Belastetem	✓ ungeklärt ✓ für die Wertermittlung wird davon ausgegangen, dass keine privatrechtliche Rechtsbeziehung zwischen dem Begünstigten und dem Belasteten besteht	✓ es besteht eine privatrechtliche Rechtsbeziehung zwischen dem Eigentümer des belasteten und dem Eigentümer des begünstigten Grundstücks
Möglichkeiten des Begünstigten bei Verstoß gegen den Inhalt der Verpflichtung	✓ kein direkter Zugriff auf den Baulastverpflichteten ✓ Umweg über die Behörde ist zwingend erforderlich ✓ je nach Einschätzung der subjektiv-öffentlichen Rechte hat der Begünstigte Anspruch auf ermessenfehlerfreie Abwägung und eventuell zusätzlich auf Tätigwerden der Behörde	✓ direkter Zugriff auf den durch die Grunddienstbarkeit Verpflichteten ohne Umweg über die Behörde ✓ Möglichkeit der Klage und Beantragung einer einstweiligen Anordnung[9]
Möglichkeiten der Behörden bei Verstoß gegen die Verpflichtung	✓ Möglichkeit, eine Ordnungsverfügung oder eine Zwangsmaßnahme durchzusetzen	✓ aufgrund der fehlenden öffentlich-rechtlichen Absicherung keine Eingriffsmöglichkeit
Wirkung für den Rechtsnachfolger	✓ wirkt auch gegen Rechtsnachfolger	✓ wirkt auch gegen Rechtsnachfolger

9 *Wenzel, Gerhard*, Baulasten in der Praxis, 2. Auflage, Köln, 2006, S. 33.

Unterscheidung	Baulast	Grunddienstbarkeit
Ort der Eintragung	✓ Baulastenverzeichnis	✓ Abteilung II des Grundbuchs des belasteten Grundstücks ✓ ggf. als Herrschvermerk im Bestandsverzeichnis des begünstigten Grundstücks
Zwangs-versteigerung	✓ sofern die Baulast bereits vor der Eintragung des Zwangsversteigerungsvermerks bestand, geht diese in der Zwangsversteigerung vermutlich nicht unter	✓ eine Grunddienstbarkeit kann unabhängig vom Zeitpunkt der Begründung im Rahmen der Zwangsversteigerung untergehen
Löschung	✓ Entscheidung nur durch die Behörde möglich	✓ auf Antrag der Beteiligten mittels Erklärung gegenüber dem Grundbuchamt

14.5   Baulast in der Zwangsversteigerung

In der Rechtsprechung ist es anerkannt, dass die Baulast im Zwangsversteigerungsverfahren bestehen bleibt und auch gegen den Ersteigerer gültig ist. Darüber hinaus bleibt die Baulast auch bei Grundstücksteilungen bestehen. Diese Rechtsposition wird aus der Auffassung abgeleitet, dass auch ein Erwerb durch Zwangsversteigerung eine Rechtsnachfolge im Sinne der Regelung des § 83 Abs. 1 Satz 2 MBO ist[10].

> **§ 83 Abs. 1, Satz 2 MBO – Baulasten**
>
> Baulasten werden unbeschadet der Rechte Dritter mit der Eintragung in das Baulastenverzeichnis wirksam und wirken auch gegenüber Rechtsnachfolgern.

In diesem Zusammenhang ist jedoch zu beachten, dass die Baulast in der Zwangsversteigerung nur dann bestehen bleibt, wenn die Baulasteintragung in das Baulastenverzeichnis vor der Eintragung des Zwangsversteigerungsvermerks in Abteilung II des belasteten Grundbuchs erfolgt ist[11].

---

10 *Meendermann, Dietrich*, Die öffentlich-rechtliche Baulast, Münster, Waxmann Verlag GmbH, 2003, S. 55 (Meendermann bezieht sich in diesem Fall auf die BauONW. Es ist jedoch davon auszugehen, dass dies auch für die Formulierung der Musterbauordnung gilt.).
11 *Wenzel, Gerhard*, Baulasten in der Praxis, 2. Auflage, Köln, 2006, S. 29.

Besonderheiten im Zusammenhang mit Erbbaurechten **14**

Sofern die Eintragung einer Baulast in das Baulastenverzeichnis zeitlich nach der Eintragung des Zwangsversteigerungsvermerks in Abteilung II des belasteten Grundbuchs erfolgt ist, ist davon auszugehen, dass diese im Rahmen der Zwangsversteigerung vermutlich untergehen wird.

Baulast in der Zwangsversteigerung	
Fall 1: Die Baulasteintragung lag zeitlich **vor** der Eintragung des Zwangsversteigerungsvermerks in das Grundbuch.	Die Baulast bindet den Rechtsnachfolger.
Fall 2: Die Baulasteintragung lag zeitlich **nach** der Eintragung des Zwangsversteigerungsvermerks in das Grundbuch.	Die Baulast wird vermutlich im Rahmen der Zwangsversteigerung untergehen und den Rechtsnachfolger nicht binden[12].

Abschließende Sicherheit kann in einem solchen Fall jedoch nur das Gespräch mit dem für die Zwangsversteigerung zuständigen Rechtspfleger geben.

14.6 Besonderheiten im Zusammenhang mit Erbbaurechten

14.6.1 Belastung des Erbbaurechts mit einer Baulast

Die Besonderheit eines Erbbaurechts besteht darin, dass mit der Begründung eines Erbbaurechts die bauliche Anlage zum wesentlichen Bestandteil des Erbbaurechts wird. Damit wird von dem im deutschen Recht verankerten Grundsatz abgewichen, dass eine bauliche Anlage grundsätzlich wesentlicher Bestandteil des Grundstücks ist. Aus diesem Umstand ergeben sich einige Besonderheiten, die auch Auswirkungen auf die Eintragung von Baulasten haben.

Grundsätzlich ist auch ein Erbbaurecht unabhängig von dem Grundstück, auf dem es lastet, baulastfähig. Wenzel schreibt dazu[13]:

Unabhängig von der Formulierung in den jeweiligen landesrechtlichen Vorschriften ist in Literatur und Rechtsprechung inzwischen anerkannt, dass sowohl das Erbbaurecht allein als auch das Sondereigentum an Gebäudeteilen baulastfähig ist.

Eine Baulast kann sich wie weiter oben bereits beschrieben, auf das Grundstück, eine bauliche Anlage oder das Grundstück und die bauliche Anlage beziehen. Es besteht infolgedessen die Möglichkeit, dass zu Lasten der im Erbbaurecht stehenden baulichen Anlage eine Baulastverpflichtung in das Baulastenverzeichnis eingetragen werden kann.

---

12 *Meendermann, Dietrich*, Die öffentlich-rechtliche Baulast, Münster, 2003, S. 55.
13 *Wenzel, Gerhard*, Baulasten in der Praxis, Köln, 2006, S. 14.

Die Verpflichtung zu einem Tun, Dulden oder Unterlassen kann				
das Grundstück	oder	die bauliche Anlage	oder	das Grundstück und die bauliche Anlage
belasten!				

Der Grund für die Belastung eines Erbbaurechts mit einer Baulast besteht darin, dass die Baulastbehörde bei einer alleinigen Belastung des Erbbaugrundstücks mit einer Baulast kein Zugriffsrecht auf den Erbbauberechtigten hätte. Wenn beispielsweise eine Zufahrtsbaulast an einem Erbbaugrundstück begründet wird, so könnte der Erbbauberechtigte, die Zufahrt verweigern, ohne dass die Baulastbehörde eine Möglichkeit hätte, den Erbbauberechtigten zu belangen (da ja nur der Eigentümer des Erbbaugrundstücks und nicht der Erbbauberechtigte Adressat der Baulast ist). Wie an vielen Stellen im Zusammenhang mit Baulasten, gibt es dazu jedoch auch wieder verschiedene Meinungen, die im nachfolgenden Kapitel dargestellt werden.

Hinsicht der Baulast am Erbbaurecht ist letztendlich Folgendes zu beachten[14]:

Wird eine Baulast beantragt, die nur durch einen Erbbauberechtigten oder einen Sondereigentümer begründet werden soll, hat die Behörde besondere Sorgfalt walten zu lassen. Die Baulast darf in diesen Fällen den oder die übrigen (Sonder)Eigentümer nicht in seinen/ihren Rechten berühren. Sobald entsprechende Zweifel bestehen, ist die Behörde gut beraten, die Unterschriften der (übrigen) Eigentümer gleichfalls einzufordern.

14.6.2 Belastung des Grundstücks mit einer Baulast

Das Erbbaurechtsgrundstück kann, wie jedes andere Grundstück auch, mit Baulasten belastet werden. Hinsichtlich der Bindungswirkung dieser Baulasten für den Erbbauberechtigten bestehen in der Fachwelt unterschiedliche Auffassungen. Diese werden nachfolgend dargestellt.

Wenzel[15] geht davon aus, dass *»eine eingetragene Baulast eine für alle dinglich Berechtigten des belasteten Flurstücks verbindliche Verpflichtung darstellen muss.«* Sofern durch die Baulast nicht auch der Erbbauberechtigte gegenüber der Behörde zur Einhaltung der in der Baulast übernommenen Bindungen verpflichtet ist, hat die Behörde *»in diesem Fall keine Handhabe, das Wegerecht gegenüber dem Erbbauberechtigten durchzusetzen.«*

---

14 *Ebenda*, S. 15.
15 *Ebenda*, S. 23; Die Ausführungen gelten nach Wenzel im Übrigen auch für weitere mit eigentumsähnlicher Position versehenen Personenkreise.

Sofern die Baulastverpflichtung vom Grundstückseigentümer und vom Erbbauberechtigten unterzeichnet ist, wirkt diese laut Wenzel gegen den Erbbauberechtigten und den Grundstückseigentümer:

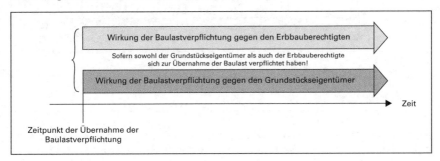

Sofern die Baulastverpflichtung allerdings nur vom Grundstückseigentümer unterzeichnet ist, wirkt diese laut Wenzel ausdrücklich **nicht** gegen den Erbbauberechtigten sondern nur gegen den Grundstückseigentümer.

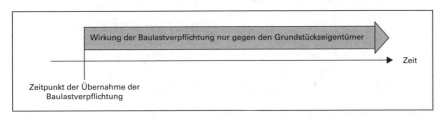

Schwarz[16] hingegen vertritt die Auffassung, dass aus der »*Rechtsnatur der Baulast als einer grundstücksbezogenen und damit jedermann treffenden Regelung folgt, dass die jeweilige Baulastverpflichtung nicht nur vom Grundstückseigentümer, der die Baulast übernommen hat, und dessen Rechtsnachfolger, sondern auch von den dinglich oder obligatorisch Berechtigten (z. B. Erbbauberechtigte ...) zu beachten ist, denen der Grundstückseigentümer nach der Bestellung der Baulast Rechte eingeräumt hat.*« Sofern also eine Baulastverpflichtung vor Bestellung eines Erbbaurechts vom Grundstückseigentümer übernommen wurde, stellt sich die Situation wie folgt dar:

---

16 *Schwarz, Bernd*, Baulasten im öffentlichen Recht und im Privatrecht, Wiesbaden, Berlin, Bauverlag, 1995, S. 27.

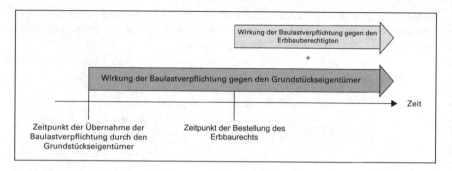

An anderer Stelle führt Schwarz aus, dass »*die Rechtsfolgen und Wirkungen einer Baulast ... auch diejenigen (treffen), denen zum Zeitpunkt der Baulastübernahme hinsichtlich des belasteten Grundstücks Rechte zustehen.*«

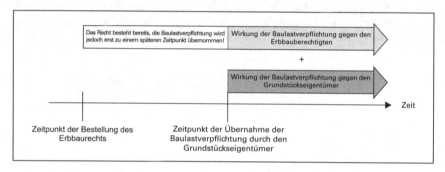

Die unterschiedlichen Meinungen lassen sich wie folgt gegenüberstellen:

Wirkung der Baulast im Zusammenhang mit Erbbaurechten	
Meinung: Die Baulast **wirkt auch gegen** den Erbbauberechtigten!	Die Baulast bindet den Erbbauberechtigten unabhängig davon, ob die Baulast bei Bestellung des Erbbaurechts bereits Bestand hatte und der Erbbauberechtigte die Baulastverpflichtung unterzeichnet hat.
Meinung: Die Baulast **wirkt nicht gegen** den Erbbauberechtigten!	Die Baulast bindet den Erbbauberechtigten nur dann, wenn er der Übernahme der Baulastverpflichtung durch schriftliche Erklärung gegenüber der Bauaufsichtsbehörde zugestimmt hat.

Grundsätzlich wird empfohlen, sowohl den Grundstückseigentümer als auch den Erbbauberechtigten die Übernahme der Baulastverpflichtung erklären zu lassen, um Rechtssicherheit zu haben.

Sofern in einer Wertermittlung jedoch Unsicherheiten hinsichtlich der rechtlichen Bindung des Erbbauberechtigten bestehen, kann nicht zweifelsfrei davon ausgegangen werden, dass die Baulastverpflichtung auch gegen ihn wirkt. Dies wirkt sich insbesondere bei der Bewertung des durch die Baulast begünstigten Grundstücks aus.

14.7 Wertermittlungsgrundsätze

Aufgrund des letztendlich ungeklärten Meinungsstreits darüber, ob eine Baulast dem Begünstigten eine privatrechtliche Rechtsposition gegenüber dem Verpflichteten einräumt, ist es sinnvoll, bei der Wertermittlung wie folgt zu unterscheiden:

- die Baulast ist privatrechtlich durch eine Grunddienstbarkeit gesichert
- die Baulast ist nicht privatrechtlich gesichert

14.7.1 Baulast ist zusätzlich privatrechtlich gesichert

Ist die öffentlich-rechtliche Baulast privatrechtlich durch eine Grunddienstbarkeit gesichert, so ergeben sich bei der Wertermittlung keine Probleme. Wirtschaftliche Nachteile des belasteten Grundstücks und wirtschaftliche Vorteile des begünstigten Grundstücks sind in diesem Fall unter Beachtung der entsprechenden öffentlich-rechtlichen **und** privatrechtlichen Regelungen zu ermitteln.

14.7.2 Baulast ist nicht zusätzlich privatrechtlich gesichert

Falls neben der öffentlich-rechtlichen Baulast keine weiteren privatrechtlichen Regelungen bestehen, muss im Streitfall ein Gericht über die privatrechtlichen Möglichkeiten entscheiden. Es müssen insbesondere Fragen zur tatsächlichen Nutzung des Grundstücks durch den Begünstigten und zur Entschädigungszahlung an den Belasteten geklärt werden. Der Sachverständige sollte, wie in jedem anderen Bewertungsfall auch, auf keinen Fall einer möglichen Gerichtsentscheidung vorgreifen und seine Einschätzung der Rechtssituation zur Grundlage des Gutachtens machen. Er sollte lediglich die beiden unterschiedlichen Meinungen aufzeigen und sich letztendlich begründet für eine der beiden Meinungen entscheiden.

Dabei ist der Meinung, dass dem Baulastbegünstigten keine privatrechtliche Rechtsposition gegenüber dem Baulastverpflichteten zusteht, derzeit noch der Vorzug zu geben. Es bleibt abzuwarten, ob sich die gegenteilige Meinung, die momentan vermehrt vertreten wird, auch in Gerichtsentscheidungen durchsetzt.

Für die Wertermittlung ergibt sich daraus die Konsequenz, dass wirtschaftliche Nachteile des belasteten Grundstücks und wirtschaftliche Vorteile des begünstigten Grundstücks in diesem Fall **allein unter Beachtung der entsprechenden öffentlich-rechtlichen Regelungen** zu ermitteln sind. Aufgrund des

Fehlens privatrechtlicher Rechtspositionen sind diese auch nicht zu berücksichtigen.

Das mögliche Vorgehen bei der Wertermittlung wird anhand einiger nachfolgend beschriebener Anwendungsfälle für Baulasten erläutert. Über die beschriebenen Anwendungsfälle hinaus gibt es zahlreiche weitere Fälle, deren Wertbeeinflussung jeweils im Einzelfall beurteilt werden muss. Eine allgemein gültige Vorgehensweise ist aufgrund der Vielfalt der Baulasten nicht möglich.

Die Ausführungen zu den einzelnen Baulasten werden im Rahmen dieses Kapitels grundsätzlich auf die Musterbauordnung (MBO) bezogen. Landesrechtliche Besonderheiten sind im Einzelfall zu hinterfragen und gesondert zu berücksichtigen.

14.7.3 Übersicht

Nachfolgend werden die Wertermittlungsgrundsätze nochmals in grafischer Form zusammengefasst.

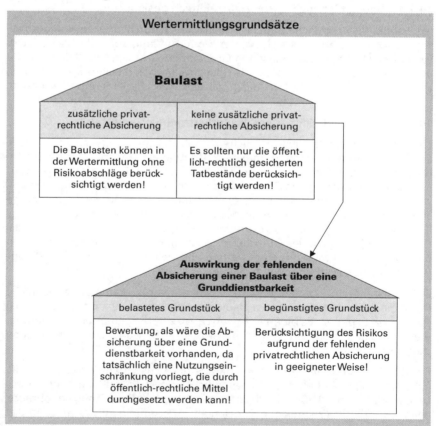

14.8 Die Zufahrtsbaulast

14.8.1 Grundlage

§ 4 Abs. 1 MBO schreibt folgendes vor:

> **§ 4 Abs. 1 MBO**
>
> Gebäude dürfen nur errichtet werden, wenn das Grundstück in angemessener Breite an einer befahrbaren öffentlichen Verkehrsfläche liegt oder wenn das Grundstück eine befahrbare, öffentlich-rechtlich gesicherte Zufahrt zu einer befahrbaren öffentlichen Verkehrsfläche hat.

Zahlreiche Grundstücke erfüllen die zitierte Vorschrift nicht, da häufig keine direkte Verbindung zu einer öffentlichen Straße besteht. Vorhaben auf diesen Grundstücken können jedoch gemäß § 4 Abs. 1 der MBO genehmigt werden, wenn die Erschließung über eine Baulast öffentlich-rechtlich gesichert wird.

Nachfolgend wird die Vorgehensweise bei der Bewertung des durch eine Zufahrtsbaulast belasteten und begünstigten Grundstücks dargestellt.

14.8.2 Baulast ist zusätzlich durch eine Grunddienstbarkeit gesichert

In diesem Fall kann wie bei einem Grundstück, das mit einem Wegerecht belastet bzw. begünstigt ist, vorgegangen werden. Insoweit wird auf die Erläuterungen im Kapitel über Wegerechte verwiesen.

14.8.3 Baulast ist nicht zusätzlich durch eine Grunddienstbarkeit gesichert

Belastetes Grundstück

Auch wenn eine privatrechtliche Regelung fehlt, so mindert der durch die Baulast belastete Teilbereich des belasteten Grundstücks in der Regel die Nutzbarkeit, denn mit der Begründung der Baulast hat der Baulastverpflichtete die öffentlich-rechtliche Einschränkung der Nutzbarkeit hingenommen. Diese öffentlich-rechtliche Einschränkung könnte die Bauaufsichtsbehörde nach Abwägung des Vorgangs mittels einer Ordnungsverfügung durchsetzen. Insofern kann in diesem Fall ebenfalls wie bei der Wertermittlung für ein mit einem Wegerecht belastetes Grundstück vorgegangen werden.

Begünstigtes Grundstück

Dem begünstigten Grundstück fehlt die sichere (privatrechtliche) Rechtsposition, nach der die tatsächliche Benutzung des belasteten Grundstücks auf Dauer möglich ist. Zwar hat der Begünstigte des Grundstücks auf der Grundlage der Baulasteintragung einen Rechtsanspruch auf Erteilung einer Baugenehmigung, sofern keine anderen bauordnungsrechtlichen Belange dagegen stehen. Jedoch ist nicht abschließend sicher, dass der Begünstigte auch tatsächlich dauerhaft von der Nutzung der Baulastfläche ausgehen kann. Laut eines BGH-Urteils (BGH, in NJW 1981, S. 980 und weitere) ist die Baulast als öffentlich-rechtliche Baubeschränkung einzustufen. Sie begründet dadurch kein Recht, das von einem Dritten geltend gemacht werden könne.[17]

Es kann auch nicht mit Sicherheit erwartet werden, dass die Bauaufsichtsbehörde bei einem baulastwidrigen Verhalten des Verpflichteten oder eines Anderen mittels Ordnungsverfügung vorgehen wird.

Die genannten Aspekte müssen bei der Wertermittlung mit einem begründeten Abschlag berücksichtigt werden.

Diese Vorgehensweise wird dem betroffenen Grundstückseigentümer in der Regel nur schwer zu verdeutlichen sein, da sich dadurch im Allgemeinen ein wesentlich niedrigerer Wert ergeben wird, als bei der Berücksichtigung einer zusätzlich privatrechtlich gesicherten Baulast. Die Situation ist jedoch mit der eines Vermieters vergleichbar, der wesentlich höhere Mieterträge erzielt, als dies ortsüblich und nachhaltig erzielbar ist. Diese Mieterträge beruhen auf keiner gesicherten Rechtsposition und können daher auch nicht über die rechtlich abgesicherte Vertragslaufzeit hinaus in der Wertermittlung berücksichtigt werden. Letztlich sind nur die Aspekte in einer Wertermittlung zu berücksichtigen, die nicht von außergewöhnlichen Tatbeständen beeinflusst sind.

Zudem kann die Wertermittlung sich nur auf rechtlich gesicherte Aspekte beziehen. Die unsichere Rechtsposition muss in dem Fall der fehlenden zusätzlichen privatrechtlichen Sicherung der Zufahrtsbaulast als Risikoabschlag in der Marktanpassung berücksichtigt werden.

Beispiel

Das gewerblich nutzbare Grundstück mit der Flurstücksnummer 408 ist lediglich durch eine Baulast an eine öffentliche Straße angeschlossen (siehe nachfolgenden Flurkartenausschnitt). Eine privatrechtliche Sicherung der öffentlich-rechtlichen Baulast ist nicht vorhanden.

---

17 Vgl. *Meendermann, Dietrich*, Die öffentlich-rechtliche Baulast, Münster, Waxmann Verlag GmbH, 2003, S. 18.

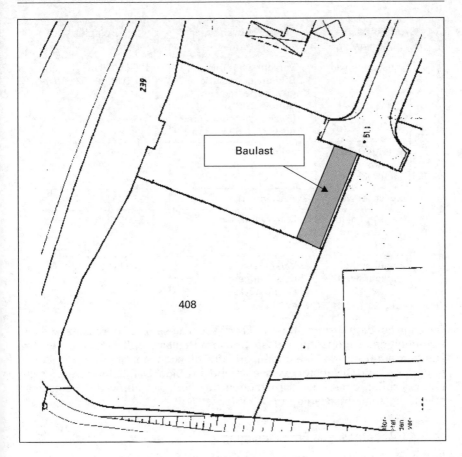

Grundsätzliche Vorgehensweise		Wegerechtsbewertung	Beispiel
Begünstigtes Grundstück	Ausgangswert	Verkehrswert mit Bodenwert, der die gesicherte Erschließung berücksichtigt (Basis: Wert für baureifes Land = 50 EUR/m²)	125.000 EUR (50 EUR/m² × 2.500 m²)
	Ertrags- und Kostenüberlegungen	keine	+ 0 EUR
	Zwischenwert	Zwischenwert	= 125.000 EUR
	Lage auf dem Grundstücksmarkt	± Marktanpassung	– 10.000 EUR
	begünstigter Verkehrswert	= Verkehrswert des begünstigten Grundstücks	= 115.000 EUR

Die Lage auf dem Grundstücksmarkt erfasst in diesem Fall die zusätzliche Unsicherheit des Begünstigten, dass ihm vom Baulastverpflichteten unter Umständen aufgrund der fehlenden privatrechtlichen Absicherung die Zuwegung zu seinem Grundstück verwehrt wird. In obiger Darstellung wurde nicht berücksichtigt, dass unter Umständen für die Übernahme der Baulastverpflichtung eine Entschädigung zu zahlen ist.

14.8.4 Angemessene Entschädigung

Bezüglich der Entschädigung für die Einräumung einer Baulast wird auf das Kapitel »Angemessene Renten für Grundstücksbelastungen« verwiesen.

14.8.5 Übersichten

Zufahrtsbaulast
**zu berücksichtigende Faktoren
beim belasteten Grundstück**

Baulast durch Grunddienstbarkeit gesichert	Baulast nicht durch Grunddienstbarkeit gesichert
Berücksichtigung von wirtschaftlichen Vor- und Nachteilen wie: • Wegerente • unter Umständen Erhalt einer Entschädigungsleistung • Einschränkung der Nutzbarkeit • Immissionsbelastungen	Auch wenn keine Grunddienstbarkeit vorhanden ist, besteht das Risiko, dass die Behörde die Baulast mittels Ordnungsmaßnahmen durchsetzt. Aus diesem Grund kann wie nebenstehend beschrieben vorgegangen werden.

Zufahrtsbaulast
**zu berücksichtigende Faktoren
beim begünstigten Grundstück**

Baulast durch Grunddienstbarkeit gesichert	Baulast nicht durch Grunddienstbarkeit gesichert
• Bodenwert unter Berücksichtigung der geänderten Qualität (baureifes Land) • Berücksichtigung der wirtschaftlichen Vor- und Nachteile (z.B. Wegerente, Unterhaltungskosten des Wegs)	• Bodenwert unter Berücksichtigung der geänderten Qualität (baureifes Land) • Berücksichtigung der wirtschaftlichen Vor- und Nachteile (z.B. Wegerente, Unterhaltungskosten des Wegs) • Zusätzlich: Marktanpassungsabschlag aufgrund der unsicheren Rechtsposition

14.9   Die Stellplatzbaulast

14.9.1   Grundlage

Bauliche Anlagen sowie andere Anlagen, bei denen Kraftfahrzeugverkehr zu erwarten ist, dürfen nur errichtet werden, wenn Stellplätze oder Garagen in ausreichender Größe sowie in geeigneter Beschaffenheit hergestellt werden. Oftmals ist jedoch die Herstellung von Stellplätzen oder Garagen auf dem Baugrundstück nicht möglich.

Gemäß § 49 Abs. 1 MBO ist es zulässig, die erforderlichen Stellplätze auf einem anderen Grundstück nachzuweisen.

§ 49 Abs. 1 MBO

Die notwendigen Stellplätze und Garagen (...) sind auf dem Baugrundstück oder in zumutbarer Entfernung davon auf einem geeigneten Grundstück herzustellen, dessen Benutzung für diesen Zweck öffentlich-rechtlich gesichert ist.

Die öffentlich-rechtliche Sicherung der Stellplätze oder Garagen auf einem anderen als dem Baugrundstück erfolgt über eine Baulast.

14.9.2   Begünstigtes Grundstück

Baulast ist durch eine Grunddienstbarkeit gesichert

Es wird zunächst der Fall betrachtet, dass die Baulast durch eine Grunddienstbarkeit gesichert ist. In diesem Fall können für das begünstigte Grundstück folgende Faktoren von Wertrelevanz sein:

- Die Stellplätze können in der Regel verpachtet werden (z. B. an die Mieter des auf dem Grundstück zu errichtenden Gebäudes). Die diesbezüglichen Mieten müssen werterhöhend berücksichtigt werden.
- Die Unterhaltungskosten für die Stellplätze, die im Allgemeinen der Eigentümer des begünstigten Grundstücks zu tragen hat, sind wertmindernd zu berücksichtigen.
- Die zukünftig anfallenden Entschädigungsleistungen für die Einräumung der Baulast und der Grunddienstbarkeit sind ebenfalls wertmindernd zu berücksichtigen.

Die teilweise vertretene Meinung, dass der ersparte Stellplatzablösebetrag werterhöhend berücksichtigt werden müsse, wird hier nicht geteilt. Dazu folgende Überlegung:

Der Eigentümer eines Grundstücks erhält nur dann die Baugenehmigung,

- wenn er ausreichend viele Stellplätze auf dem eigenen Grundstück nachweist oder

- wenn er ausreichend viele (öffentlich-rechtlich gesicherte) Stellplätze auf einem anderen Grundstück nachweist oder
- wenn er einen Ablösebetrag zahlt

Es ist nur **ein** Kriterium maßgebend. D. h. wenn der Eigentümer ausreichend viele Stellplätze auf einem anderen Grundstück nachweist, so spielen die beiden anderen Kriterien keine Rolle mehr. Für die Wertermittlung sind dann nur die Faktoren von Relevanz, die im unmittelbaren Zusammenhang mit den auf einem anderen Grundstück errichteten Stellplätzen stehen. Man würde ja nicht auch noch zusätzlich einen Zuschlag dafür machen, dass der Eigentümer die Stellplätze auf dem eigenen Grundstück erspart und das eigene Grundstück somit eine höhere Nutzbarkeit besitzt. Im Übrigen wurde der Ablösebetrag oftmals bereits bezahlt und hat somit keinen weiteren Einfluss auf die Wertermittlung.

Baulast ist nicht durch eine Grunddienstbarkeit gesichert

Ist die Baulast nicht durch eine Grunddienstbarkeit gesichert, so fehlt dem begünstigten Grundstück die sichere (privatrechtliche) Rechtsposition, nach der die tatsächliche Benutzung des belasteten Grundstücks auf Dauer möglich ist. Es kann auch nicht mit Sicherheit erwartet werden, dass die Bauaufsichtsbehörde bei einem baulastwidrigen Verhalten des Verpflichteten oder eines Anderen mittels Ordnungsverfügung vorgehen wird. Dies muss bei der Wertermittlung angemessen berücksichtigt werden.

Möglicherweise ist es im Einzelfall sinnvoll, die Stellplatzerträge (und damit auch die Unterhaltungskosten) nicht oder nur teilweise zu berücksichtigen, da die Unsicherheit besteht, dass der Baulastverpflichtete den Stellplatzmietern den Zugang zu den Stellplätzen verwehrt. Über den Ansatz der Entschädigungsleistung ist ebenfalls im Einzelfall nachzudenken, wenngleich der Baulastverpflichtete diese sicherlich in voller Höhe einfordern wird, da aus seiner Sicht die Fläche der Stellplatzbaulast für ihn nicht nutzbar ist.

Auch diese Vorgehensweise wird dem betroffenen Grundstückseigentümer in der Regel nur schwer zu verdeutlichen sein, da sich dadurch im Allgemeinen ein niedrigerer Wert ergeben wird, als bei der Berücksichtigung einer (privatrechtlich gesicherten) Baulast. Insofern empfiehlt es sich, in einem Gutachten auch in verkürzter Darstellung auf die Rechtspositionen des Baulastverpflichteten und des Baulastbegünstigten einzugehen, um z. B. das Risiko des Mietausfalls für die Stellplätze zu verdeutlichen.

14.9.3 Belastetes Grundstück

Baulast ist durch eine Grunddienstbarkeit gesichert

In diesem Fall müssen bei dem belasteten Grundstück folgende Faktoren berücksichtigt werden:

- Die Nutzbarkeit des belasteten Grundstücks wird in der Regel eingeschränkt.

- Es können Immissionen entstehen, die zu einer Minderung des Ertrags führen können.
- Der Eigentümer des belasteten Grundstücks erhält im Allgemeinen eine Entschädigungsleistung.

Insofern kann in diesem Fall ebenfalls wie bei der Wertermittlung für ein mit einem Wegerecht belastetes Grundstück vorgegangen werden, da auch in diesem Bewertungsfall eine Nutzungseinschränkung vorliegen kann und je nach Anzahl der Stellplätze mit Immissionen zu rechnen ist. Die Wertminderung kann über einen prozentualen Abschlag vom unbelasteten Verkehrswert zum Ausdruck gebracht werden. Hinsichtlich der Bemessung des wirtschaftlichen Nachteils wird insofern auf das Kapitel »Wegerecht« verwiesen.

Weitergehende Faktoren müssen im Einzelfall recherchiert werden.

Baulast ist nicht durch eine Grunddienstbarkeit gesichert

Auch wenn eine privatrechtliche Regelung fehlt, so mindert der durch die Baulast belastete Teilbereich des belasteten Grundstücks in der Regel die Nutzbarkeit, denn mit der Begründung der Baulast hat der Baulastverpflichtete die öffentlich-rechtliche Einschränkung der Nutzbarkeit hingenommen. Diese öffentlich-rechtliche Einschränkung kann die Bauaufsichtsbehörde jederzeit mittels einer Ordnungsverfügung durchsetzen. Insofern kann in diesem Fall wie bei einer Baulast, die durch eine Grunddienstbarkeit gesichert ist, vorgegangen werden.

14.9.4　Übersichten

Stellplatzbaulast
zu berücksichtigende Faktoren
beim belasteten Grundstück

Baulast durch Grunddienstbarkeit gesichert	Baulast nicht durch Grunddienstbarkeit gesichert
Berücksichtigung von wirtschaftlichen Vor- und Nachteilen wie: • unter Umständen Erhalt einer Entschädigungsleistung • Einschränkung der Nutzbarkeit • Immissionsbelastungen	Auch wenn keine Grunddienstbarkeit vorhanden ist, besteht das Risiko, dass die Behörde die Baulast mittels Ordnungsmaßnahmen durchsetzt. Aus diesem Grund kann wie nebenstehend beschrieben vorgegangen werden.

Stellplatzbaulast
zu berücksichtigende Faktoren
beim begünstigten Grundstück

Baulast durch Grunddienstbarkeit gesichert	Baulast nicht durch Grunddienstbarkeit gesichert
Berücksichtigung von wirtschaftlichen Vor- und Nachteilen wie: • Mieteinnahmen aus Vermietung der Stellplätze • Unterhaltungskosten für die Stellplätze • zu zahlende Entschädigungsleistung	unter Umständen nur teilweise Berücksichtigung von: • Mieteinnahmen aus Vermietung der Stellplätze • Unterhaltungskosten für die Stellplätze • zu zahlende Entschädigungsleistung • ggf. begründeter Marktanpassungsabschlag

14.9.5 Angemessene Entschädigung

Die Entschädigungsleistung kann sich aus verschiedenen Überlegungen ergeben. Einerseits könnte der Belastete an den durch die Stellplätze erzielbaren Erträgen partizipieren wollen, andererseits könnte diese sich an der Bodenwertverzinsung der belasteten Fläche orientieren. Denkbar ist auch eine Kombination aus diesen und weiteren Argumenten, die dann letztlich zu einer angemessenen Entschädigung führt. Diese ist im Einzelfall immer durch den Nachvollzug der Interessenlagen aller Beteiligten sachgerecht aus den vorhandenen Informationen abzuleiten.

Bezüglich weiterführender Überlegungen zu der Entschädigung für die Einräumung einer Baulast wird grundsätzlich auf das Kapitel »Angemessene Renten für Grundstücksbelastungen« verwiesen.

14.10 Die Flächenbaulast

14.10.1 Grundlage

Die Flächenbaulast hat ihre Grundlage nicht wie die bisher beschriebenen Baulasten in der Musterbauordnung und darauf aufbauend in den jeweiligen Landesbauordnungen, sondern im Bauplanungsrecht. Demnach kann unter Übernahme einer entsprechenden Baulast auf die Ausnutzung eines Teils der baurechtlich möglichen Grundfläche, Geschossfläche oder der Baumasse eines Grundstücks zugunsten eines anderen Grundstücks verzichtet werden.

14.10.2 Wertermittlung

Die Wertermittlung erfolgt ähnlich wie bei der Abstandsflächenbaulast, d. h.
es ist die durch die Baulast geänderte Nutzbarkeit des zu bewertenden Grundstücks zu berücksichtigen. Die Nutzbarkeit wiederum hat Auswirkungen auf
die Höhe des Bodenwerts und auf die Möglichkeit der Ertragserzielung bei ertragsorientierten Objekten. Bei typischen Sachwertobjekten erhöhen sich
durch die bessere Nutzbarkeit die Herstellungskosten der baulichen Anlagen
und damit letztendlich der Sachwert des Bewertungsobjekts. Hinsichtlich der
erhöhten baulichen Nutzbarkeit ist dabei auf die lagetypische Bebauung abzustellen.

14.11 Baulastenproblematik bei Erbbaurechtsbewertungen

Wie weiter oben bereits ausgeführt wurde, ist ein Erbbaurecht baulastfähig.
Das bedeutet, dass grundsätzlich sowohl das Erbbaurecht als auch das mit
dem Erbbaurecht belastete Grundstück getrennt voneinander mit einer Baulast belastet werden können. Bei Erbbaurechten ist demnach zusätzlich
beim Baulastenverzeichnis zu hinterfragen, ob auch oder unter Umständen
nur das Erbbaurecht mit einer Baulast belastet ist.

Sofern das mit dem Erbbaurecht belastete Grundstück mit einer Baulast belastet ist, ist es von entscheidender Bedeutung, ob die Verpflichtung zur Übernahme einer Baulast ausschließlich durch den belasteten Grundstückseigentümer oder zusätzlich durch den Erbbauberechtigten erfolgt ist.

14.11.1 Zufahrtsbaulast ist zusätzlich über eine Grunddienstbarkeit
gesichert

Trotz der Absicherung der Baulast über eine Grunddienstbarkeit sind zwei
weitere erheblich wertrelevante Fallkonstellationen zu berücksichtigen.

**Grundstückseigentümer und Erbbauberechtigter haben der Baulast-
übernahme zugestimmt**

Sofern sowohl der Grundstückseigentümer, als auch der Erbbauberechtigte
der Baulastübernahme zugestimmt haben, sind im vorliegenden Fall keine
weiteren, über die bereits im Zusammenhang mit der Zufahrtsbaulast thema-
tisierten Aspekte, zu berücksichtigen.

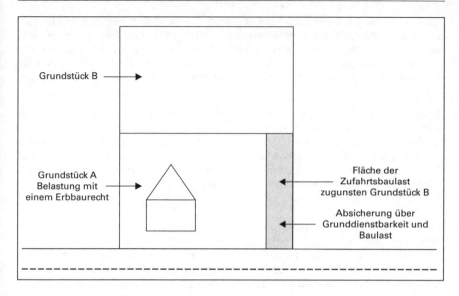

Nur der Grundstückseigentümer hat der Baulastübernahme zugestimmt

Bewertung des begünstigten Grundstücks

Es kann der Fall auftreten, dass ausschließlich der belastete Grundstückseigentümer der Baulastübernahme zugestimmt hat.

Der Erbbauberechtigte hat als Inhaber eines grundstücksgleichen Rechts die volle Verfügungsgewalt über das mit dem Erbbaurecht belastete Grundstück, sofern nicht bereits im Erbbaurechtsvertrag anders lautende Vereinbarungen getroffen wurden oder er nachträglich einer Änderung seiner Situation rechtsverbindlich zustimmt.

Das Recht des Erbbaurechtsnehmers kann sich grundsätzlich auch auf einen nicht für das eigentliche Erbbaurecht (= Bauwerk als wesentlicher Bestandteil des Erbbaurechts) erforderlichen Grundstücksteil beziehen. So ist der Fall denkbar, dass der Erbbauberechtigte im Bereich der Zufahrtsbaulast bzw. des Wegerechts eigene Stellplätze, eine Garage, ein Gartenhaus oder ähnliches errichtet.

Wie weiter vorne in diesem Kapitel beschrieben wurde, bestehen erhebliche Unsicherheiten hinsichtlich der rechtlichen Bindung des Erbbauberechtigten. Es kann in der Wertermittlung nicht zweifelsfrei davon ausgegangen werden, dass die Baulastverpflichtung auch gegen ihn wirkt. Dies wirkt sich insbesondere bei der Bewertung des durch die Baulast begünstigten Grundstücks aus.

Es empfiehlt sich, davon auszugehen, dass die Baulastverpflichtung in diesem Fall mangels der Übernahmeerklärung des Erbbauberechtigten ausschließlich gegen den Grundstückseigentümer wirkt. Für den durch die Baulast begünstigten Grundstückseigentümer B ergibt sich somit die Unsicherheit, ob er tatsächlich eine Baugenehmigung für das von ihm geplante Bauvorhaben erhalten wird. Denn schließlich muss je nach Rechtsauffassung auch der Erbbauberechtigte, da er unmittelbar von der Baulast betroffen ist, der Begründung der Baulast mit einer entsprechenden Nutzungseinschränkung zustimmen.

Auch in diesem Fall besteht das Risiko, dass kein »baureifes Land« im Sinne des § 4 Abs. 4 WertV vorliegt, da die Erschließung als nicht gesichert eingestuft werden muss. Es empfiehlt sich demnach, auch in diesem Bewertungsfall analog der Vorgehensweise des durch ein Wegerecht begünstigten Grundstücks von einem Bodenwert auszugehen, der zwischen dem Wert für »Rohbauland« und »baureifes Land« liegt.

Bewertung des belasteten Grundstücks

Bei der Bewertung des belasteten Grundstücks ergeben sich keine Schwierigkeiten, da die Bauaufsichtsbehörde den Inhalt der Baulast gegenüber dem Grundstückseigentümer mittels Ordnungsverfügung durchsetzen kann. Da das Grundstück und das Erbbaurecht separat voneinander bewertet werden, kann also davon ausgegangen werden, dass aus der fehlenden Zustimmung des Erbbauberechtigten zur Baulasteintragung keine Probleme erwachsen können, die in einer Wertermittlung zu berücksichtigen sind.

Insofern kann in diesem Fall ebenfalls wie bei der Wertermittlung für ein mit einem Wegerecht belastetes Grundstück vorgegangen werden, da auch in diesem Bewertungsfall eine Nutzungseinschränkung vorliegen kann und je nach Nutzungsintensität mit Immissionen zu rechnen ist. Hinsichtlich der Bemessung des wirtschaftlichen Nachteils verweisen wir auf das Kapitel »Wegerecht«. Die Besonderheit besteht darin, dass je nach angewandtem Modell des Erbbaurechts (praxiserprobte Vorgehensweise oder Vorgehensweise nach WertR 06) Auswirkungen im Verkehrswert des Erbbaurechts und im Verkehrswert des belasteten Grundstücks zu verzeichnen sein können.

14.11.2 Zufahrtsbaulast ist nicht zusätzlich über eine Grunddienstbarkeit gesichert

Auch hierbei sind zwei weitere erheblich wertrelevante Fallkonstellationen zu berücksichtigen.

Bewertung des begünstigten Grundstücks, wenn nur der Grundstückseigentümer der Baulastübernahme zugestimmt hat

Auch bei einer fehlenden privatrechtlichen Absicherung der Baulast durch Belastung des Erbbaugrundstücks mit einer Grunddienstbarkeit kann der Fall auftreten, dass ausschließlich der belastete Grundstückseigentümer der Baulastübernahme zugestimmt hat.

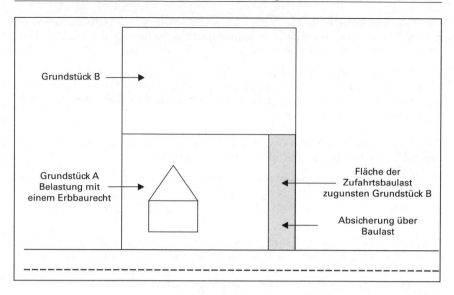

Wie weiter vorne in diesem Kapitel beschrieben wurde, bestehen in diesem Fall erhebliche Unsicherheiten hinsichtlich der rechtlichen Bindung des Erbbauberechtigten. Es kann in der Wertermittlung nicht zweifelsfrei davon ausgegangen werden, dass die Baulastverpflichtung auch gegen ihn wirkt. Dies wirkt sich insbesondere bei der Bewertung des durch die Baulast begünstigten Grundstücks aus.

Zusätzlich ist in diesem Fall zu berücksichtigen, dass die Rechtsbeziehung zwischen dem Baulastbegünstigten und dem Baulastverpflichteten sowie dem Erbbauberechtigten ungeklärt ist. Insofern kann nicht sicher bestimmt werden, inwieweit seitens des begünstigten Grundstückseigentümers aufgrund der fehlenden privatrechtlichen Sicherung der Zufahrt eine Zugriffsmöglichkeit auf den belasteten Grundstückseigentümer bzw. den Erbbauberechtigten besteht.

Es empfiehlt sich einerseits, davon auszugehen, dass die Baulastverpflichtung in diesem Fall mangels der Übernahmeerklärung des Erbbauberechtigten ausschließlich gegen den Grundstückseigentümer wirkt. Für den durch die Baulast begünstigten Grundstückseigentümer B ergibt sich somit die Unsicherheit, ob er tatsächlich eine Baugenehmigung für das von ihm geplante Bauvorhaben erhalten wird. Denn schließlich muss je nach Rechtsauffassung auch der Erbbauberechtigte, da er unmittelbar von der Baulast betroffen ist, der Begründung der Baulast mit einer entsprechenden Nutzungseinschränkung zustimmen.

Auch in diesem Fall besteht in Folge dessen das Risiko, dass kein »baureifes Land« im Sinne des § 4 Abs. 4 WertV vorliegt, da die Erschließung als nicht gesichert eingestuft werden muss. Es sollte in diesem Bewertungsfall analog der Vorgehensweise des durch ein Wegerecht begünstigten Grundstücks von einem Bodenwert ausgegangen werden, der zwischen dem Wert für »Rohbauland« und »baureifes Land« liegt.

Zusätzlich ist über einen angemessenen Marktanpassungsabschlag zu berücksichtigen, dass, mangels der Eintragung einer Grunddienstbarkeit, keine gesicherte Rechtsbeziehung zwischen dem Baulastverpflichteten und dem Baulastbegünstigten besteht.

Bewertung des belasteten Grundstücks, wenn nur der Grundstückseigentümer der Baulastübernahme zugestimmt hat

Bei der Bewertung des belasteten Grundstücks ergeben sich auch in diesem Fall keine Schwierigkeiten, da die Bauaufsichtsbehörde den Inhalt der Baulast gegenüber dem Grundstückseigentümer mittels Ordnungsverfügung durchsetzen kann.

Insofern kann in diesem Fall ebenfalls wie bei der Wertermittlung für ein mit einem Wegerecht belastetes Grundstück vorgegangen werden, da auch in diesem Bewertungsfall eine Nutzungseinschränkung vorliegen kann und je nach Nutzungsintensität mit Immissionen zu rechnen ist. Hinsichtlich der Bemessung des wirtschaftlichen Nachteils verweisen wir auf das Kapitel »Wegerecht«. Die Besonderheit besteht darin, dass je nach angewandtem Modell des Erbbaurechts (praxiserprobte Vorgehensweise oder Vorgehensweise nach WertR 06) Auswirkungen im Verkehrswert des Erbbaurechts und im Verkehrswert des belasteten Grundstücks zu verzeichnen sein können.

14.12 Zusammenfassung

• Eine Baulast ist eine freiwillige Verpflichtung eines Grundstückseigentümers, auf seinem Grundstück etwas zu tun, zu dulden oder zu unterlassen.

• Es gibt unterschiedliche Meinungen dazu, ob zwischen dem Baulastbegünstigten und dem Baulastverpflichteten ein privatrechtliches Rechtsverhältnis entsteht. Diese Frage kann im Einzelfall nur durch eine gerichtliche Entscheidung geklärt werden.

• Der Sachverständige sollte im Gutachten zwar auf die Problematik hinweisen, sich aber letztendlich an Spekulationen über einen möglichen Ausgang einer privatrechtlichen Streitigkeit nicht beteiligen. Er sollte vielmehr vom derzeit gesicherten Standpunkt ausgehen, dass der Baulastbegünstigte nur dann eine gesicherte Rechtsposition hat, wenn die öffentlich-rechtliche Baulast zusätzlich mittels entsprechender privatrechtlicher Instrumente gesichert ist.

• Daraus ergibt sich als Konsequenz für die Wertermittlung, dass das Fehlen einer privatrechtlichen Sicherung durch einen angemessenen Abschlag zu berücksichtigen ist.

• Auch Erbbaurechte können durch Baulasten belastet werden. Daraus ergeben sich Konsequenzen für die Wertermittlung.

15 Veräußerungsverbot

15.1 Vorbemerkung

In diesem Kapitel finden Sie einen Artikel, der für die Rubrik »Mein schwierigs-
ter Fall« der Zeitschrift »Der Sachverständige« geschrieben wurde. Er wurde
im Heft 3/2003 veröffentlicht.

Es handelt sich um die Bewertung eines »Exoten« unter den Rechten und Belastungen und deshalb auch um einen so schwierigen Fall. Wir möchten Ihnen mit der Behandlung dieses Falls verdeutlichen, welche umfangreichen
Probleme bei der Bewertung von Rechten und Lasten auftreten können. Diese
Probleme können so weit führen, dass man sich in letzter Konsequenz damit
beschäftigen muss, was eigentlich der Verkehrswert ist und wie er ermittelt
werden kann.

15.2 Bewertungsfall

Auf den ersten Blick handelte es sich bei dem zu bewertenden Objekt um
einen alltäglichen Bewertungsfall:

- Zweifamilienwohnhaus mit KG, EG und ausgebautem DG
- Baujahr 1963
- Grundstücksgröße 732 m²
- durchschnittlicher Bau- und Ausstattungsstandard
- mittlere Lage
- EG-Wohnung ca. 60 m², von den Eltern des Eigentümers bewohnt
- DG-Wohnung ca. 49 m², vom Eigentümer (Sohn) bewohnt

Während des Ortstermins stellte sich dann heraus, dass die Eltern das Objekt
vor einiger Zeit ihrem Sohn übertragen hatten. Sie ließen sich ein lebenslanges, unentgeltliches Wohnungsrecht an der EG-Wohnung in das Grundbuch
eintragen. Zudem wurde ein Veräußerungsverbot eingetragen, wonach das
Objekt während der Lebzeiten der Eltern nicht veräußert werden durfte.

Das wesentliche Problem in diesem Bewertungsfall bestand in der Berücksichtigung des Wohnungsrechts und des Veräußerungsverbots. Es wird nachfolgend gezeigt, wie diese Belastungen im Gutachten berücksichtigt wurden
und welche Probleme sich dabei ergaben.

15.3 Berücksichtigung der Belastungen

Bei der Verkehrswertermittlung im Zusammenhang mit Rechten und Lasten
ist es in den meisten Fällen sinnvoll, zunächst den unbelasteten Verkehrswert
zu ermitteln und daran anschließend die Einflüsse der Rechte und Lasten zu

berücksichtigen. Diese Vorgehensweise hat den Vorteil, dass sowohl der Sachverständige als auch der Auftraggeber erkennen können, welche Werte sich mit und ohne die Belastungen ergeben würden. Der Auftraggeber kann auf dieser Grundlage beispielsweise eine Investitionsentscheidung treffen; der Sachverständige kann erkennen, ob der unbelastete Verkehrswert marktgerecht ist und ausgehend von diesem die Belastungen berücksichtigen.

Im vorliegenden Fall wurde zunächst der unbelastete Verkehrswert auf der Grundlage des Ertragswertverfahrens ermittelt. Dabei könnte man nun intensiv darüber diskutieren, ob das Ertragswertverfahren bei einem Zweifamilienwohnhaus das geeignete Bewertungsmodell ist. Sicherlich würde auch das Sachwertverfahren zu einem plausiblen unbelasteten Verkehrswert führen. Die Verfahrenswahl soll an dieser Stelle jedoch nicht diskutiert werden. Es stehen vielmehr andere Probleme im Vordergrund, wie später noch deutlich werden wird.

Der unbelastete Verkehrswert ergab sich auf der Grundlage des Ertragswertverfahrens zu 160.000 EUR. Es mussten nun die Belastungen durch das Wohnungsrecht und das Veräußerungsverbot berücksichtigt werden. Dazu wurde folgender gedanklicher Ansatz gewählt:

Geht man davon aus, dass der Verkehrswert als der Preis anzusehen ist, der auf dem Immobilienmarkt zu erzielen wäre, so muss man sich die Frage stellen, welchen Preis ein Marktteilnehmer zum Wertermittlungsstichtag zu zahlen bereit wäre. Dabei muss man berücksichtigen, dass das Objekt erst nach dem Tod der Eltern veräußert werden kann. Der Verkehrswert ist dann also der Geldbetrag, der am Wertermittlungsstichtag angelegt werden muss, um nach dem Tod der Eltern den unbelasteten Verkehrswert zu ergeben. Demnach müsste der unbelastete Verkehrswert mit dem an das Leben der Eltern gebundenen Abzinsungsfaktor abgezinst werden.

Mit dem an das Leben gebundenen Abzinsungsfaktor ergab sich letztendlich ein Verkehrswert von 110.000 EUR. Bei dieser Vorgehensweise spielte das Wohnungsrecht (vielleicht etwas überraschend) keine Rolle; es konnte vernachlässigt werden, da es bei Ende des Veräußerungsverbots ausläuft.

Die Vorgehensweise über den abgezinsten, unbelasteten Verkehrswert beinhaltete jedoch mehrere Probleme, die nachfolgend beschrieben werden.

15.4 Das Prognoseproblem

Bei dem oben skizzierten Lösungsansatz wird davon ausgegangen, dass der zum Wertermittlungsstichtag ermittelte unbelastete Verkehrswert auch nach 10 Jahren unverändert hoch ist. Selbstverständlich hätte man auch die Zustandsmerkmale und Wertverhältnisse in zehn Jahren prognostizieren können. Diese Prognose ist jedoch mit erheblichen Unsicherheiten verbunden. Daher ist es in diesem Bewertungsfall keinesfalls »ungenauer«, den zum

Wertermittlungsstichtag ermittelten Verkehrswert ohne weitere Hochrechnungen anzusetzen.

Auch wenn man von einer realen Steigerung der Wertverhältnisse (z. B. Mieten und Bodenwerte) ausgehen würde, so müsste man die in zehn Jahren geringere Restnutzungsdauer wertmindernd berücksichtigen. Somit wird also die Steigerung der Wertverhältnisse durch die Reduzierung der Restnutzungsdauer weitgehend ausgeglichen.

15.5 Das Statistikproblem

Die maximale Lebenserwartung der Eltern von zehn Jahren wurde der Sterbetafel entnommen. Bei dieser Lebenserwartung handelt es sich um einen durchschnittlichen Wert, der unter Berücksichtigung aller in Deutschland Lebenden (bzw. Gestorbenen) zustande gekommen ist.

Kann man diese durchschnittliche Lebenserwartung auch im vorliegenden Fall ansetzen? Oder anders gefragt: Würde ein Marktteilnehmer, der das Objekt zu erwerben gedenkt, auch in die Sterbetafel schauen und den dort angegebenen Zeitraum als Grundlage für seine Preisfindung ansetzen? Die Antwort kann nur lauten: Vermutlich nicht! Denn es ist äußerst unsicher, dass die berechtigten Eltern sich an die Sterbetafel halten und pünktlich nach zehn Jahren ihrer Lebenserwartung ein Ende bereiten.

Diese statistische Unsicherheit muss bei der Ermittlung des belasteten Verkehrswerts berücksichtigt werden. Dabei gibt es drei Möglichkeiten:

- fiktive Erhöhung der Lebenserwartung
- Erhöhung des Liegenschaftszinssatzes
- zusätzlicher Abschlag vom unbelasteten Verkehrswert

Für alle drei Möglichkeiten gibt es keinerlei Erfahrungswerte. Somit muss der Sachverständige seinen Ermessenspielraum ausnutzen und sich einerseits für eine der genannten Möglichkeiten entscheiden und andererseits die der Möglichkeit entsprechenden Werte schätzen. Dass an dieser Stelle fünf Sachverständige sicherlich zu fünf verschiedenen Werten kommen würden, ist mit hoher Wahrscheinlichkeit anzunehmen.

In dem zu erstellenden Gutachten wurde sich für einen zusätzlichen Risikoabschlag von 10.000 EUR entschieden.

15.6 Das Zinssatzproblem

Der beschriebene Lösungsansatz geht davon aus, dass ein potenzieller Käufer des Bewertungsobjekts einen Geldbetrag anspart, der nach zehn Jahren als Preis gezahlt werden wird. Damit stellt sich die Frage des für die Abzinsung richtigen Zinssatzes.

Diese Frage ist weder aus theoretischer noch aus praktischer Sicht zu beantworten, denn der richtige Zinssatz ist abhängig von der persönlichen Anlagestrategie der potenziellen Käufer. Betrachtet man diese persönlichen Anlagestrategien, so muss man feststellen, dass es erhebliche Unterschiede in den Zinssätzen je nach Anlagevolumen, -art, -zeitpunkt und -zeitraum gibt. Auch die Bonität des Investors spielt beim Zinssatz oftmals eine wesentliche Rolle. Somit müsste der Sachverständige einen durchschnittlichen Zinssatz ansetzen, der alle zum Wertermittlungsstichtag üblichen Zinssätze berücksichtigt, denn er weiß ja nicht, welcher Marktteilnehmer letztendlich das Objekt erwerben wird.

Diese Vorgehensweise würde jedoch weit über die Anforderungen an eine sorgfältige Verkehrswertermittlung hinausgehen. Insofern ist es praktikabel, wenn der Sachverständige **einen** Zinssatz begründet auswählt. Im vorliegenden Fall wurde der Liegenschaftszinssatz als Kapitalisierungszinssatz ausgewählt, da dieser mit 3,0 Prozent in etwa in der Höhe des am Wertermittlungsstichtag üblichen Habenzinssatzes für Festgelder lag. Es wurde also davon ausgegangen, dass der zukünftige Käufer den zu zahlenden Preis entweder aus einem anderen Immobilienengagement heraus erwirtschaftet (dann wäre der Liegenschaftszinssatz anzusetzen) oder aus angelegten Festgeldern.

15.7 Das Marktproblem

In der beschriebenen Gutachtenlösung steht folgende Frage im Vordergrund: Was ist es einem Marktteilnehmer am Wertermittlungsstichtag wert, in zehn Jahren Eigentümer des Bewertungsobjekts zu werden? Es wurde also unterstellt, dass es in diesem Fall einen Markt für das Bewertungsobjekt gibt.

Was aber ist der Verkehrwert, wenn der Eigentümer (Sohn) nicht beabsichtigt, das Objekt jemals zu verkaufen? Muss man in diesem Fall nicht den Wert ermitteln, der sich aus der Sicht des Eigentümers ergibt?

Diese Vorgehensweise, den Wert aus der Sicht des Eigentümers und nicht aus der Sicht eines (wenn auch fiktiven) Marktteilnehmers zu ermitteln, kann durchaus ihre Berechtigung haben. Wenn beispielsweise die Eltern dem Sohn das Objekt überlassen haben und dieser nun seine Geschwister auszahlen soll, so ist zumindest mit dem Auftraggeber zu erörtern, ob nicht dieser Wert als Grundlage für die Auszahlung dienen soll.

Der Wert aus der Sicht des Eigentümers ergibt sich aus dem unbelasteten Verkehrswert unter Berücksichtigung der Wertminderung aufgrund des Wohnungsrechts. Bei dieser Vorgehensweise spielt somit das Veräußerungsverbot keine Rolle mehr; das Wohnungsrecht ist dagegen von entscheidender Bedeutung.

Ob es sich bei dem derart ermittelten Wert jedoch um den Verkehrswert im Sinne des § 194 BauGB handelt, ist zweifelhaft. Hier kann man sicherlich nicht von dem Wert sprechen, der durch den Preis bestimmt wird, der im gewöhnlichen Geschäftsverkehr (also auf dem Immobilienmarkt) zu erzielen wäre. Der unter Berücksichtigung des Wohnungsrechts ermittelte Wert ist lediglich für den Eigentümer und seine Geschwister von Interesse.

Aus diesem Grund wurde im vorliegenden Fall ein abgezinster, unbelasteter Verkehrswert, der unter der Annahme eines Marktgeschehens zustande gekommen ist, als Ergebnis ausgewiesen. Es wurde jedoch zusätzlich darauf hingewiesen, dass sich ein anderer Wert ergeben kann, falls das Objekt nicht veräußert werden soll. Dieser Wert wurde in dem Gutachten zusätzlich berechnet und informativ angegeben.

15.8 Der richtige Verkehrswert

Die aufgeführten Probleme machen deutlich, dass der Lösungsansatz über die Abzinsung des unbelasteten Verkehrswerts zahlreiche Varianten beinhaltet, die alle zu verschiedenen Verkehrswerten führen. Letztendlich kann keine der Varianten als falsch angesehen werden, was zu der Frage führt, welcher Verkehrswert denn nun der richtige ist, zumal in der Praxis stets gefordert wird, **einen** Verkehrswert auszuweisen und nicht eine Bandbreite anzugeben. Nachfolgend wird versucht, eine Antwort auf die Frage zu geben.

Nimmt man einmal an, dass das zu bewertende Objekt tatsächlich auf dem Immobilienmarkt angeboten wird und dass sich in einem angemessenen Vermarktungszeitraum von einem Jahr sechs ernsthafte Interessenten finden. Diese sind bereit, die in der Grafik dargestellten Preise zu zahlen.

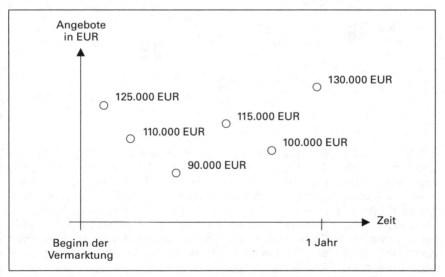

Was aber ist nun der Verkehrswert des Objekts, wenn man die obigen Angebote betrachtet? Um diese Frage zu beantworten, muss man sich zunächst vor Augen führen, wie die Angebote zustande gekommen sind. Dabei wird man erkennen, dass die Interessenten das Objekt und seine Zustandsmerkmale unterschiedlich bewerten (zum Beispiel Lage, Nutzbarkeit, Zustand, Veräußerungsverbot, Wohnungsrecht). Teilweise wissen die Interessenten auch nicht, dass bestimmte Merkmale einer Immobilie wertrelevant sein können. Wie oft erleben wir es zum Beispiel, dass Eigentümer von der Existenz eines Leitungsrechts nichts wissen.

Die unterschiedliche Einschätzung sowie die teilweise vorhandene Unkenntnis von preisbeeinflussenden Merkmalen führen dann letztendlich zu den unterschiedlichen Angeboten. Dies wird in der nachfolgenden Grafik dadurch zum Ausdruck gebracht, dass unterschiedliche Felder des zum jeweiligen Verkaufsfall gehörenden Quadrats ausgefüllt sind. Die Felder des Quadrats stehen also für die Zustandsmerkmale des Bewertungsobjekts.

Der Verkehrswert ist dann der Wert, der **alle** Merkmale einer Immobilie berücksichtigt (alle Felder des Quadrats sind ausgefüllt). Dies erklärt auch die Tatsache, dass der Verkehrswert in der Regel nicht mit einzelnen Kaufpreisen identisch ist.

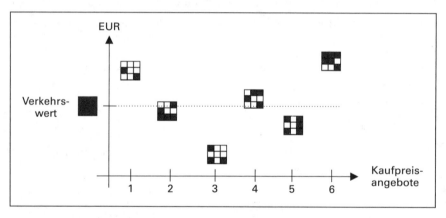

Der Sachverständige muss bei einer Verkehrswertermittlung somit zunächst **alle** wertrelevanten Zustandsmerkmale einer Immobilie ermitteln (Tatsachenfeststellung). Diesen Zustandsmerkmalen müssen dann die entsprechenden Wertverhältnisse (Werte) zugeordnet werden, wobei hier in vielen Fällen große Ermessensspielräume bestehen. Es kommt daher nicht selten vor, dass verschiedene Sachverständige unterschiedliche Verkehrswerte ermitteln. Die subjektiven Erfahrungen, Einschätzungen und Einflüsse eines jeden Sachverständigen führen sogar zwangsläufig dazu, dass die Ermessensspielräume unterschiedlich ausgenutzt werden und somit verschiedene Verkehrswerte ermittelt werden. Falls diese Verkehrswerte »nur« etwa 20 bis 30 Prozent um einen fiktiven Mittelwert streuen, so ist dies für einen Laien natürlich nur schwer zu verstehen, nach dem bisher Gesagten ist dies aber durchaus als »normal« anzusehen.

Die Antwort auf die zu Beginn dieses Abschnitts gestellte Frage nach dem »richtigen« Verkehrswert muss somit lauten: Je nach Einschätzung des mit der Verkehrswertermittlung beauftragten Sachverständigen gibt es mehrere »richtige« Verkehrswerte.

Auf dieser Grundlage basiert auch der hier vorgestellte Lösungsansatz für das mit dem Veräußerungsverbot belastete Zweifamilienhaus:

- Es wurden zunächst alle wertrelevanten Zustandsmerkmale des Bewertungsobjekts recherchiert (Tatsachenfeststellung).
- Daran anschließend wurde ein Bewertungsmodell begründet ausgewählt (abgezinster, unbelasteter Verkehrswert).
- Die Eingangsgrößen für das Bewertungsmodell wurden begründet ausgewählt. Hier bestehen teilweise erhebliche Ermessensspielräume. Die diesbezüglichen Probleme wurden weiter oben beschrieben.
- Auf der Grundlage der Zustandsmerkmale, des Bewertungsmodells und der Eingangsgrößen wurde ein Verkehrswert abgeleitet. Dieser Verkehrswert ist nur ein möglicher »richtiger« Verkehrswert, denn ein anderer Sachverständiger würde seinen Ermessensspielraum sicherlich anders ausnutzen und somit zu einem anderen »richtigen« Verkehrswert kommen.

15.9 Schlussbemerkung

Im Nachhinein bot sich die Gelegenheit, die oben vorgestellte Gutachtenlösung und die daraus resultierende Deutung des »richtigen« Verkehrswerts mit Kollegen zu diskutieren. Anlässlich eines Sachverständigen-Erfahrungsaustausches wurde das oben Beschriebene vorgestellt.

Bezüglich der Gutachtenlösung und der damit zusammenhängenden Lösung der Probleme konnte bei den Kollegen wohlwollendes Kopfnicken registriert werden. Die Ausführungen zum »richtigen« Verkehrswert endeten jedoch in einem Fiasko. Die Kollegen waren entsetzt und teilweise regelrecht aufgebracht, denn sie waren der Meinung, dass es nur einen »richtigen« Verkehrswert geben kann, da jeder Sachverständige von den gleichen Zustandsmerkmalen auszugehen habe und bei der entsprechenden Zuordnung der Werte zu den Zustandsmerkmalen allein objektive Maßstäbe angelegt werden dürften. Aufgrund der Objektivitätspflicht müssten also alle Sachverständigen zum gleichen Verkehrswert gelangen.

Auch Strotkamp äußert Kritik an der Aussage, dass es mehrere »richtige« Verkehrswerte gibt. Er schreibt, dass sich daraus die Folgerung zwingend aufdrängt, dass man auf den Berufsstand der Sachverständigen für bebaute und unbebaute Grundstücke verzichten kann und sich der Gesetzgeber in vielen Fällen – wie zum Beispiel für die Verkehrswertermittlung zum Zwecke der

Entschädigung für den Rechtsverlust nach § 95 BauGB – andere Lösungen einfallen lassen muss.[1]

Damit keine Missverständnisse auftreten: Selbstverständlich muss in jedem Fall **ein** Verkehrswert ermittelt werden, damit die Auftraggeber (Gerichte, Behörden, Private) eine vernünftige Grundlage für ihre Entscheidungen haben. Es sei jedoch folgende Frage erlaubt: Ist dieser eine Verkehrswert tatsächlich der »richtige« Verkehrswert, wenn man vor allem bedenkt, dass ein zweiter Sachverständiger sicherlich einen anderen Verkehrswert ermitteln würde? Wie oft werden in Gerichtsverfahren mehrere Gutachten erstellt, die dann jeweils zu unterschiedlichen Verkehrswerten führen. Letztendlich ist es dann der Auftraggeber (Richter) der auf der Basis mehrerer Verkehrswerte entscheiden muss, welcher der »richtige« ist.

Deshalb sei nochmals klargestellt, dass in der Praxis immer **ein** Verkehrswert ermittelt werden muss. In der Theorie muss es sich dabei jedoch keineswegs um den »richtigen« Verkehrswert handeln. Der theoretisch »richtige« Verkehrswert würde sich wie folgt ergeben:

- Es werden zahlreiche Sachverständige unabhängig voneinander mit der Bewertung eines Objekts beauftragt.
- Jeder Sachverständige ermittelt die gleichen wertrelevanten Zustandsmerkmale.
- Jeder Sachverständige wählt das gleiche Bewertungsmodell aus.
- Jeder Sachverständige handelt in jeder Hinsicht objektiv und lässt subjektive Erfahrungen und Kenntnisse außer Betracht, d. h. der Ermessensspielraum wird von jedem Sachverständigen gleich ausgenutzt, so dass sich die gleichen Eingangsgrößen ergeben.
- Unter diesen Voraussetzungen dürfte sich sicherlich nur ein »richtiger« Verkehrswert ergeben.

Eine derartige Konstellation wird sich jedoch in keinem Bewertungsfall ergeben und somit bleibt der einzige »richtige« Verkehrswert ein theoretischer Wert, der in der Praxis nicht zu ermitteln ist. Dies verdeutlicht auch ein in der jüngeren Vergangenheit von der Stiftung Warentest durchgeführter Gutachtertest, bei dem ein Gebäude von sechs Gutachtern unabhängig voneinander bewertet wurde. Dabei ergaben sich sechs verschiedene Verkehrswerte, die teilweise auf erheblich unterschiedlichen Eingangsgrößen basierten.

Somit bleibt letztendlich die unbefriedigende Feststellung, dass es zwar aus theoretischer Sicht nur einen »richtigen« Verkehrswert geben sollte, dass dies aber nicht der Praxis entspricht, wonach mehrere Sachverständige immer zu unterschiedlichen Verkehrswerten kommen werden, die unter den beschriebenen Voraussetzungen alle als »richtig,« angesehen werden müssen.

---

1 *Strotkamp*, Wertermittlungsforum Aktuell, 2005, S. 23.

16   Denkmalschutz

In diesem Kapitel wird gezeigt,

- auf welchen gesetzlichen Grundlagen der Denkmalschutz basiert,
- welche Besonderheiten bei der Verkehrswertermittlung eines denkmalgeschützten Sachwertobjekts zu berücksichtigen sind,
- nach welcher Variante des Ertragswertverfahrens der Verkehrswert eines denkmalgeschützen Ertragsobjekts zu ermitteln ist.

16.1   Grundlagen

Der Denkmalschutz in Deutschland ist Ländersache und wird daher in Landesgesetzen geregelt. Es bestehen zahlreiche Unterschiede zwischen den jeweiligen Landesgesetzen, auf die an dieser Stelle nicht näher eingegangen wird. Es werden vielmehr einige grundlegende Aspekte des Denkmalschutzes beschrieben, die auch für die Verkehrswertermittlung von Relevanz sind.

- Bauliche Maßnahmen, die bei einem denkmalgeschützten Gebäude durchgeführt werden sollen, sind im Allgemeinen genehmigungspflichtig.
- Für denkmalgeschützte Gebäude gilt zudem ein Erhaltungs- und Instandsetzungsgebot.
- Weiterhin kann eine bestimmte Nutzung untersagt werden.
- Sind die Genehmigungen sowie Gebote und Verbote des Denkmalschutzes für den Eigentümer des belasteten Objekts nicht mehr zumutbar, besteht ein Anspruch auf Entschädigung. Wann die Zumutbarkeitsgrenze erreicht ist, ist einzelfallabhängig und im Streitfall von einem Gericht festzustellen. Es gibt Gerichtsurteile, die besagen, dass die Grenze dann überschritten ist, wenn ein Gebäude nicht mehr wirtschaftlich sinnvoll genutzt werden kann, wenn also die Kosten langfristig höher sind als die Erträge.
- Positiv wirkt sich dagegen aus, dass denkmalbedingte Maßnahmen in der Regel bezuschusst werden.
- Darüber hinaus gibt es steuerrechtliche Vergünstigungen, wie zum Beispiel besondere Abschreibungsmöglichkeiten.
- Denkmalgeschützte Gebäude besitzen oftmals ein besonderes Ambiente, das durchaus werterhöhend sein kann. Vereinzelt werden für denkmalgeschützte Gebäude sogar Preise erzielt, die weit über dem Marktniveau liegen.

Um die im konkreten Wertermittlungsfall möglicherweise vorhandenen Vor- und Nachteile zu recherchieren, sollte der Sachverständige sich an die jeweilige untere Denkmalschutzbehörde, die in der Regel bei den Landkreisen oder kreisfreien Städten zu finden ist, wenden. Dort erhält der Sachverständige Auskunft über alle mit dem Denkmalschutz verbundenen Vorschriften. Diese Behörde ist auch Anlaufstelle, wenn man sich nicht sicher ist, ob ein Gebäude unter Denkmalschutz steht, was nämlich in einigen Fällen nicht auf Anhieb zu erkennen ist.

Im Übrigen ist es nicht die Aufgabe des Bewertungssachverständigen, die Zumutbarkeitsgrenze (einer wirtschaftlichen Beeinträchtigung) zu ermitteln. Der Sachverständige sollte in seinem Gutachten zwar auf diese Grenze hinweisen, er sollte sich jedoch nicht zu einer Aussage darüber verleiten lassen, wann die Grenze erreicht ist. Damit überschreitet der Sachverständige seine Kompetenzen und macht sich möglicherweise regresspflichtig. Das Gutachten sollte daher den klaren Hinweis enthalten, dass der Verkehrswert ohne Berücksichtigung einer eventuellen Entschädigung, auf die bei Überschreiten der Zumutbarkeitsgrenze ein Anspruch besteht, ermittelt wurde.

16.2 Bodenwert

Aufgrund des Denkmalschutzes und der damit verbundenen Erhaltungspflicht ist die Nutzung des Bodens auf Dauer vorgegeben. Somit muss der Bodenwert des Bewertungsgrundstücks auf der Grundlage der tatsächlich ausgeübten Nutzung ermittelt werden, unabhängig davon, was aus rechtlicher Sicht ohne Berücksichtigung des vorhandenen Gebäudes möglich wäre.

16.3 Sachwert

16.3.1 Vorbemerkung

Es gibt zahlreiche denkmalgeschützte Wohngebäude, die zum Wertermittlungsstichtag und auch in absehbarer Zukunft nicht ertragsorientiert genutzt werden (können). Bei der Bewertung dieser Objekte scheidet das Vergleichswertverfahren wegen Mangels an geeigneten Vergleichspreisen in aller Regel aus, womit nur das Sachwertverfahren als geeignetes Wertermittlungsverfahren in Frage kommt. Bei der Anwendung des Sachwertverfahrens sind jedoch die nachfolgend beschriebenen Besonderheiten zu berücksichtigen.

Darüber hinaus gibt es auch zahlreiche Gebäude, bei denen eine ertragsorientierte Nutzung zunächst nicht zu erkennen ist. Dabei handelt es sich zum Beispiel um Burgen, Schlösser, Herrensitze, Stadtvillen, Kloster, Kirchen, etc. Bei der Bewertung derartiger Objekte ist jedoch immer auf eine zukünftige wirtschaftliche Nutzung abzustellen. Um die optimale wirtschaftliche Nutzung herauszufinden, sind in der Regel spezielle Marktanalysen notwendig, die ein Bewertungssachverständiger in den meisten Fällen nicht selber durchführen kann. Falls die Marktanalysen jedoch vorliegen, kann die Bewertung auf der Grundlage des Ertragswertverfahrens, wie an späterer Stelle beschrieben, durchgeführt werden.

16.3.2 Bodenwert

Es ist der Bodenwert anzusetzen, der sich auf der Grundlage der tatsächlich ausgeübten Nutzung ergibt.

16.3.3 Alterswertminderung

Je älter ein Gebäude wird, desto mehr verliert es an Wert. Dieser Wertverlust ergibt sich aus der Tatsache, dass die Nutzung eines »gebrauchten« Gebäudes im Vergleich zur Nutzung eines neuen Gebäudes mit zunehmendem Alter immer unwirtschaftlicher wird. Der Wertverlust muss als Alterswertminderung im Sachwertverfahren berücksichtigt werden. Die Alterswertminderung ergibt sich im Allgemeinen aus der wirtschaftlichen Gesamtnutzungsdauer und der wirtschaftlichen Restnutzungsdauer des Bewertungsobjekts.

Bei denkmalgeschützten Bewertungsobjekten bereitet die Ermittlung der Alterswertminderung jedoch Schwierigkeiten. Da nämlich das Denkmalschutzgesetz vorschreibt, ein Gebäude auf »ewige« Zeit zu erhalten, müsste man bei denkmalgeschützten Gebäuden eine unendliche Restnutzungsdauer ansetzen. Dies würde dazu führen, dass die Alterswertminderung zu Null wird.

Diese Vorgehensweise widerspricht jedoch den Gepflogenheiten des Geschäftsverkehrs, wonach »gebrauchte« Gebäude, die schon längere Zeit genutzt werden, erheblich niedriger bewertet werden als Neubauten. Auch die in der Fachliteratur bisweilen vertretene Meinung, bei denkmalgeschützten Objekten eine pauschale Restnutzungsdauer von 100 Jahren anzusetzen, führt hier nicht weiter. Dann würde die Ermittlung einer plausiblen Alterswertminderung am Ansatz einer aufgrund des Denkmalschutzes unendlichen Gesamtnutzungsdauer scheitern. Insofern muss die Alterswertminderung sachgerecht geschätzt werden. Dabei müssen die möglicherweise durchgeführten Renovierungen und Modernisierungen, die eine »Verjüngung« des Gebäudes bewirken, berücksichtigt werden.

16.3.4 Bauschäden, Modernisierungen, Renovierungen

Bei der Beseitigung von Bauschäden sowie bei der Durchführung von Modernisierungen und Renovierungen sind aufgrund der behördlichen Auflagen erhöhte Kosten zu erwarten. Demgegenüber stehen jedoch Zuschüsse der öffentlichen Hand, die bei denkmalbedingten Maßnahmen im Allgemeinen gezahlt werden.

16.3.5 Sonstige wertbeeinflussende Umstände

Die Vorschriften des Denkmalschutzes können sich wie oben ausgeführt zum Nachteil aber auch zum Vorteil des betroffenen Grundstücks auswirken. In der Regel sind die mit dem Denkmalschutz einhergehenden Nachteile größer als die Vorteile, denn die steuerlichen Vergünstigungen und öffentlichen Förder-

mittel können die erhöhten Kosten aufgrund des Instandhaltungs- und In-
standsetzungsgebots sowie des Abbruchverbots nicht aufwiegen.

Die erhöhten Kosten müssen in der Wertermittlung als sonstige wertbeeinflussende Umstände berücksichtigt werden.

16.4 Ertragswert

16.4.1 Grundlagen

Aufgrund des Denkmalschutzes ist von einer »unendlichen« Restnutzungsdauer auszugehen, denn der Denkmalschutz ist auf den dauernden Erhalt
eines Objekts ausgelegt. So schreibt zum Beispiel Kleiber, dass bei Denkmalen folgendem Ertragswertmodell der Vorzug zu geben ist[1]:

*Ertragswertermittlung unter Berücksichtigung der »auf Dauer« angelegten Er-
haltungspflicht (Restnutzungsdauer = unendlich) i. V. m. den daraus resultierenden erhöhten Bewirtschaftungskosten, insbesondere Instandhaltungs-
und Instandsetzungskosten, sowie den geminderten oder aufgrund eines höheren Ambientes höheren Erträgen.*

Aufgrund der unendlichen Restnutzungsdauer entfällt die Ermittlung des Bodenwerts, womit sich das Ertragswertverfahren wie folgt darstellt:

```
  Rohertrag
– Bewirtschaftungskosten
= Reinertrag
÷ Liegenschaftszinssatz
= Barwert des Reinertrags
– Sonstige wertbeeinflussende Umstände
= Ertragswert
```

Im Einzelfall ist zu beachten, dass Erträge und Bewirtschaftungskosten erheblich vom Üblichen abweichen können.

16.4.2 Gutachten aus der Praxis

1. Allgemeines

1.1 Bewertungsgegenstand

Bei dem Bewertungsobjekt handelt es sich ein bebautes Eckgrundstück in
einem Kölner Stadtteil. Die Bebauung besteht aus einem voll unterkeller-
ten, viergeschossigen, gemischt genutzten Gebäude mit ausgebautem
Dachgeschoss. Im Erdgeschoss des Gebäudes sind zwei leerstehende La-

---

1 *Kleiber* in Kleiber/Simon/Weyers, Verkehrswertermittlung, S. 1683.

den- bzw. Büroeinheiten vorhanden, in den oberen Geschossen Wohnungen. Das Objekt steht unter Denkmalschutz.

1.2 Zweck des Gutachtens

Die Eigentümerin beabsichtigt, das bebaute Grundstück an den Auftraggeber zu einem marktgerechten Preis zu veräußern. Aus diesem Grund soll der Verkehrswert ermittelt werden.

1.3 Wertermittlungsstichtag

Die Recherche bezüglich der wertrelevanten Merkmale des Grundstücks wurde am 22. Juni 2006 abgeschlossen. Dieser Tag ist auch der Wertermittlungsstichtag.

2. Wesentliche wertrelevante Zustandsmerkmale

2.1 Grundstück

- Das zu bewertende Grundstück liegt im Kölner Stadtteil S. in der Nähe der Hauptstraße. Das Stadtzentrum von Köln liegt etwa 3,5 km entfernt.
- Es handelt sich um ein Grundstück an der Ecke B-Straße/K-Straße. Beide Straßen werden überwiegend nur vom Anliegerverkehr genutzt. Die Straßen sind asphaltiert. Gehwege sind vorhanden.
- In der näheren Umgebung des Bewertungsgrundstücks sind größtenteils viergeschossige Mehrfamilien-Wohnhäuser in geschlossener Bauweise vorhanden. In den Erdgeschossen der Gebäude sind teilweise Gewerbeeinheiten anzutreffen (Ladenlokale, Büros, etc.).
- U-Bahn- und S-Bahnhaltestellen befinden sich in der Nähe des Bewertungsgrundstücks. Von dort aus ist das Zentrum von Köln innerhalb kurzer Zeit erreichbar.
- Autobahnauffahrten sind in etwa 2 km Entfernung vorhanden.
- Die Verkehrsanbindung ist insgesamt als gut zu bezeichnen.
- In der Nähe des Bewertungsgrundstücks verläuft die viel befahrene Hauptstraße. Aufgrund der Lärmabschirmung der zwischen dem Bewertungsgrundstück und der Hauptstraße vorhandenen Gebäude ist nur mit geringen Lärmimmissionen zu rechnen.
- Schulen und Kindergärten sind in einem Umkreis von ca. 2 km vorhanden.
- Einkaufsmöglichkeiten für den kurz- und mittelfristigen Bedarf sind in der Nähe vorhanden. Der langfristige Bedarf kann im Zentrum bzw. im Umland von Köln gedeckt werden.
- Insgesamt gesehen handelt es sich um eine einfache Kölner Wohnlage.
- Die ortsüblichen Ver- und Entsorgungsanschlüsse für Kanal, Wasser, Strom, Gas und Telefon sind vorhanden.

- Wohnungsmietverträge mit den üblichen Regelungen (zeitlich unbegrenzt, übliche Kündigungszeiten, Betriebskosten werden im üblichen Umfang auf die Mieter umgelegt)
- Die Wohnungskaltmieten liegen laut Auskunft der Eigentümerin bei ca. 5,50 EUR/m². Für die Gewerbefläche (Ladenlokale) im Erdgeschoss wurde zuletzt eine Kaltmiete von insgesamt 735 EUR pro Monat gezahlt, das sind etwa 10,50 EUR/m². Die Gewerbeflächen stehen schon seit mehreren Jahren leer, was jedoch laut Eigentümerin nicht an der schlechten Vermietbarkeit liegt, sondern an persönlichen Gründen.
- In der Zweiten Abteilung des Grundbuchs ist laut Grundbuchauszug ein Sanierungsvermerk eingetragen. Dies bedeutet für einen zukünftigen Eigentümer, dass er vermutlich die bei Abschluss der Sanierung anfallenden Ausgleichsbeträge, die für die sanierungsbedingten Werterhöhungen erhoben werden, zahlen muss. Laut Auskunft der Stadt Köln (Herr B., 0221/123456) ist die Sanierung im Herbst 1999 eingeleitet worden. Ein Ende der Sanierung ist noch nicht abzusehen. Auch kann nicht vorausgesagt werden, ob und gegebenenfalls in welcher Höhe Ausgleichsbeträge zu leisten sind. Insofern können möglicherweise anfallende Ausgleichsbeträge auch in der Wertermittlung nicht berücksichtigt werden.
- Ein Bebauungsplan existiert für das zu bewertende Grundstück laut Auskunft des Planungsamts der Stadt Köln vom 15. Juni 2006 (Herr S., 0221/987654) nicht. Es handelt sich somit um ein Grundstück, dessen Bebaubarkeit nach den Vorschriften des § 34 Baugesetzbuch zu beurteilen ist.
- Laut Auskunft der Stadt Köln (Herr S., 0221/345678) steht das Gebäude unter Denkmalschutz. Es ist laut Auskunft von Herrn S. Teil eines »gestalterischen Ensembles«.
- Beim Ortstermin und beim Studium der Bewertungsunterlagen konnten keine Hinweise auf wertrelevante Baulasten entdeckt werden. Insofern wird davon ausgegangen, dass keine derartigen Baulasten vorhanden sind.

2.2 Bauliche Anlagen

- beidseitig angebautes, viergeschossiges Gebäude mit größtenteils ausgebautem Dachgeschoss in massiver, konventioneller Bauart
- Laut Auskunft der Eigentümerin wurde das Gebäude um die Jahrhundertwende erbaut, im 2. Weltkrieg teilweise zerstört und danach wieder renoviert.
- Das Gebäude ist voll unterkellert. Für jede Mietpartei ist ein Kellerraum vorhanden.
- normale Innenausstattung
- Die gewerblich nutzbare Erdgeschossfläche wurde aus den zur Verfügung gestellten Grundrissen zu ca. 70 m² ermittelt. In dieser Nutzfläche

sind auch die im Erdgeschoss vorhandenen Nebenräume enthalten. Die wohnlich nutzbare Fläche des Gebäudes beträgt ca. 246 m² (ohne teilausgebautes Dachgeschoss).

● Das Gebäude befindet sich in einem leicht zurückgehaltenen Unterhaltungszustand. So sind zum Beispiel im Treppenhaus mehrere Rissebildungen und Putzablösungen vorhanden. Der Unterhaltungsrückstand muss bei der Wertermittlung wertmindernd berücksichtigt werden. Es werden überschlägig geschätzte Schadensbeseitigungskosten von 15.000 EUR angesetzt.

3. Zur Verfahrenswahl

Nach den Vorschriften der WertV sind zur Ermittlung des Verkehrswerts das Vergleichswertverfahren, das Ertragswertverfahren oder das Sachwertverfahren heranzuziehen. Die Verfahren sind nach der *Art des Gegenstands* der Wertermittlung unter Berücksichtigung der *im gewöhnlichen Geschäftsverkehr bestehenden Gepflogenheiten* und den sonstigen *Umständen des Einzelfalls* zu wählen; die Wahl ist zu begründen (§ 7 Abs. 2, WertV).

3.1 Art des Gegenstands der Wertermittlung

Der Gegenstand der Wertermittlung sowie seine wertrelevanten Merkmale wurden in den vorherigen Abschnitten beschrieben. Es sei an dieser Stelle nochmals erwähnt, dass es sich um ein Grundstück handelt, das mit einem gemischt genutzten Gebäude bebaut ist. In dem Gebäude befinden sich im Erdgeschoss Gewerbeflächen und in den Obergeschossen sechs abgeschlossene Wohnungen.

3.2 Gepflogenheiten des gewöhnlichen Geschäftsverkehrs

Der gewöhnliche Geschäftsverkehr schätzt Grundstücke mit Gebäuden, in denen sich Gewerbeflächen und mehrere abgeschlossene, vermietbare Wohnungen befinden, in der Regel nach dem erzielbaren Ertrag ein. Demzufolge muss auch bei der Verkehrswertermittlung der erzielbare Ertrag im Vordergrund stehen, was im Rahmen der von der WertV vorgegebenen Verfahren nur über das Ertragswertverfahren möglich ist.

3.3 Umstände des Einzelfalls

Besondere Umstände des Einzelfalls, die ein Abweichen von den Gepflogenheiten des gewöhnlichen Geschäftsverkehrs rechtfertigen würden, sind beim Bewertungsobjekt nicht erkennbar. Insofern wird der Verkehrswert des zu bewertenden Grundstücks auf der Grundlage des Ertragswertverfahrens ermittelt.

4.   Ertragswertverfahren

4.1   Vorgehensweise

Im vorliegenden Fall ist aufgrund des Denkmalschutzes von einer »unend-lichen« Restnutzungsdauer auszugehen, denn der Denkmalschutz ist auf den dauernden Erhalt eines Objekts ausgelegt. Dies wird auch in der maß-gebenden Literatur so gesehen. So schreibt zum Beispiel Kleiber, dass bei Denkmalen folgendem Ertragswertmodell der Vorzug zu geben ist (Kleiber in Kleiber/Simon/Weyers, Verkehrswertermittlung, S. 1683):

Ertragswertermittlung unter Berücksichtigung der »auf Dauer« angeleg-ten Erhaltungspflicht (Restnutzungsdauer = unendlich) i. V. m. den daraus resultierenden erhöhten Bewirtschaftungskosten, insbesondere Instand-haltungs- und Instandsetzungskosten, sowie den geminderten oder auf-grund eines höheren Ambientes höheren Erträgen.

Aufgrund der unendlichen Restnutzungsdauer entfällt die Ermittlung des Bodenwerts, womit sich das Ertragswertverfahren wie folgt darstellt:

```
    Rohertrag
  – Bewirtschaftungskosten
  = Reinertrag
  ÷ Liegenschaftszinssatz
  = Barwert des Reinertrags
  – Sonstige wertbeeinflussende Umstände
  = Ertragswert
```

Die für das Ertragswertverfahren notwendigen Eingangsgrößen werden im folgenden zunächst quantifiziert. Daran anschließend wird die Ertrags-wertberechnung mit den ermittelten Eingangsgrößen durchgeführt.

4.2   Rohertrag

Der Rohertrag umfasst alle bei ordnungsgemäßer Bewirtschaftung und zu-lässiger Nutzung nachhaltig erzielbaren Einnahmen aus dem Grundstück. Die nachhaltig erzielbare Miete wird im vorliegenden Bewertungsfall auf-grund folgender Angaben ermittelt:

- Der Mietspiegel der Stadt Köln gibt für vergleichbare Wohnungen um 40 m^2 Größe in mittlerer Wohnlage eine Nettokaltmiete von 4,75 bis 5,75 EUR/m^2 an.
- Laut einer Untersuchung des Maklerunternehmens Blumenauer Immo-bilien aus dem Jahr 2005 liegen die Mieten für einfache Altbauten in einer mittleren Lage in Köln bei ca. 6 EUR/m^2 (Quelle: http://focus.de).
- Laut RDM liegen die Mieten für Wohnungen mit ca. 70 m^2 Wohnfläche in mittleren Lagen in Köln bei ca. 6 bis 7 EUR/m^2 (Quelle: Immobilien Zei-tung vom 22. Mai 2006).

- Der VDM-Mietpreisspiegel für Gewerbeimmobilien 2005 gibt Mieten für Ladenlokale in Nebengeschäftszentren (Vorortlage) von Köln mit 15 bis 35 EUR/m² an. Diese Mieten beziehen sich auf Lokale mit bis zu 200 m² Fläche.

Aufgrund der obigen Angaben erscheint eine nachhaltig erzielbare Wohnungsmiete von 5,50 EUR/m² als angemessen, wobei dem Mietspiegel das höchste Gewicht beigemessen wird. Der Mietansatz von 5,50 EUR/m² ist identisch mit der tatsächlich gezahlten Miete. Für die nur teilweise ausgebauten Dachgeschossflächen (ca. 50 m²) wird ein Pauschalansatz von 100 EUR/Monat gewählt. Man erhält somit folgenden jährlichen Rohertrag für die Wohnungen:

Wohnfläche		246 m²
Nettokaltmiete	×	5,50 EUR/m²/Monat
Nettokaltmiete	=	1.353 EUR/Monat
DG-Flächen	+	100 EUR/Monat
Gesamtmiete	=	1.453 EUR/Monat
	×	12
Gesamtmiete (EUR/Jahr)	=	17.436 EUR/Jahr

Beim Ansatz der nachhaltig erzielbaren Miete für die Ladenlokale im Erdgeschoss ist zu bedenken, dass das Objekt abseits des eigentlichen Zentrums von S. liegt. Es kann somit nicht mit »Laufkundschaft« gerechnet werden. Die Ladenlokale eignen sich daher im Wesentlichen für Branchen mit fester Stammkundschaft, wie zum Beispiel Versicherungen und Makler. Insofern erscheint eine unter den vom VDM angegeben Werten liegende Miete von ca. 10 EUR/m² für die Ladenlokale im Erdgeschoss als nachhaltig erzielbar. Es ergibt sich somit folgender jährlicher Rohertrag für die Erdgeschossflächen:

Nutzfläche EG		70 m²
Nettokaltmiete	×	10 EUR/m²/Monat
Gesamtmiete	=	700 EUR/Monat
	×	12
Gesamtmiete (EUR/Jahr)	=	8.400 EUR/Jahr

Der gesamte jährliche Rohertrag für das Gebäude beträgt somit 25.836 EUR/Jahr (= 17.436 EUR/Jahr + 8.400 EUR/Jahr).

4.3 Bewirtschaftungskosten

Die Bewirtschaftungskosten setzen sich zusammen aus den Verwaltungskosten, den Betriebskosten, den Instandhaltungskosten und dem Mietausfallwagnis. Anzusetzen sind die Kosten, die bei gewöhnlicher Bewirtschaftung nachhaltig entstehen.

Im vorliegenden Fall werden folgende Bewirtschaftungskosten gewählt:

Kostenposition	EUR/Jahr	Begründung
Instandhaltungs-kosten	4.392	Wegen Denkmalschutz erhöhter Ansatz gegenüber den Werten der II. Berechnungsverordnung: rd. 12 EUR/m²/Jahr.
Betriebskosten	517	Es wird davon ausgegangen, dass die Betriebskosten zum größten Teil auf die Mieter umgelegt werden. Es verbleibt vermutlich nur ein geringer Anteil, den der Eigentümer zu tragen hat. Dieser wird auf etwa 2 % des Rohertrags geschätzt.
Verwaltungskosten	775	Die Verwaltungskosten für derartige Objekte liegen nach Erfahrungssätzen etwa bei 3 % des Rohertrags.
Mietausfallwagnis	775	Es kann davon ausgegangen werden, dass das Mietausfallwagnis beim Bewertungsobjekt normal ist. Aus diesem Grund werden 3 % vom Rohertrag als angemessen angesehen.
insgesamt	6.459	

Die Summe der Bewirtschaftungskosten beträgt 6.459 EUR bzw. ca. 25 Prozent des Rohertrags.

4.4 Liegenschaftszinssatz

Der Gutachterausschuß der Stadt Köln gibt den Liegenschaftszinssatz für gemischt genutzte Grundstücke mit einem gewerblichen Mietanteil von weniger als 50 Prozent in einer Bandbreite von 4,75 bis 5,5 Prozent an. Im vorliegenden Fall erscheint aufgrund der Lage des Bewertungsobjekts etwas abseits von der Hauptstraße und dem damit verbundenen Investitionsrisiko ein im oberen Bereich der Bandbreite liegender Wert von 5,25 Prozent als angemessen.

4.5 Sonstige wertbeeinflussende Umstände

Als sonstige wertbeeinflussende Umstände im Sinne des § 19 der Wertermittlungsverordnung gelten insbesondere die Beseitigungskosten für Unterhaltungsrückstände. Diese werden auf 15.000 EUR geschätzt.

Anmerkung: Die angegebenen Kosten werden nur pauschal und in dem beim Ortstermin offensichtlichen Ausmaß berücksichtigt. Sie sind daher nicht als Grundlage bzw. Kostenvoranschläge für weitere Planungen geeignet. Es wurden insbesondere keine weitergehenden Untersuchungen bezüglich möglicher Ursachen für die aufgezählten Unterhaltungsrückstände bzw. Schäden durchgeführt. Eine Ursachenforschung ist nur im Rahmen eines speziellen Bauschadens- bzw. Bausubstanzgutachtens möglich, jedoch nicht in einem Verkehrswertgutachten.

4.6 Berechnung des Ertragswerts

Der Ertragswert ergibt sich mit den oben ermittelten Eingangsgrößen wie folgt:

Rohertrag	25.836 EUR/Jahr
– Bewirtschaftungskosten	6.459 EUR/Jahr
= Reinertrag	19.377 EUR/Jahr
÷ Liegenschaftszinssatz	0,0525
= Barwert des Reinertrags	369.086 EUR
– Sonstige wertbeeinflussende Umstände	15.000 EUR
= Ertragswert	354.086 EUR

Bei den vorstehenden Kalkulationen handelt es sich um die Wiedergabe der Ergebnisse eines DV-unterstützten Rechengangs nach Wertermittlungsverordnung. In den Nachkommastellen sind daher im Gutachtentext Rundungen vorgenommen worden. Insofern kann der Nachvollzug der Kalkulationen mit den aufgeführten gerundeten Werten zu geringen Abweichungen führen.

5. Verkehrswert

5.1 Ziel

Für das zu begutachtende Objekt ist gemäß der bestehenden Richtlinien und Verordnungen der Verkehrswert nach dem Preis zu ermitteln, welcher zum Zeitpunkt der Schätzung im gewöhnlichen Geschäftsverkehr nach dem Zustand des Grundstücks ohne Rücksicht auf ungewöhnliche oder persönliche Verhältnisse zu erzielen wäre. Der Verkehrswert ist also insbesondere als eine Prognose des möglicherweise zu erzielenden Preises zu verstehen, sofern es sich überhaupt um eine verkehrsfähige Liegenschaft handelt. Dies trifft bei vorliegendem Objekt zu.

5.2 Zur Eingrenzung des Ermessensspielraums

Jede gutachterliche Wertermittlung unterliegt naturgemäß einem gewissen Ermessensspielraum. Es gilt unter anderem, diesen Spielraum so weit wie möglich einzugrenzen. Es wurden deswegen örtliche Vergleichswerte, wie zum Beispiel Mieten und Liegenschaftszinssatz, herangezogen und diese nach verschiedenen Merkmalen angepasst. Diese Vorgehensweise wird auch ausdrücklich vom Gesetzgeber vorgeschrieben, was auch in amtlichen Hinweisen festgeschrieben wurde. Insofern ist der Ermessensspielraum geringer geworden.

Der Verkehrswert hat sich schließlich am Ergebnis des angewandten Verfahren zu orientieren. Es ist also ein Verfahren für den besonderen Bewertungsfall begründet auszuwählen. Auch dies wurde zur Eingrenzung des Ermessensspielraums vorgenommen.

5.3 Marktlage

Der Verkehrswert des Bewertungsobjekts ist unter Berücksichtigung der örtlichen und regionalen Marktverhältnisse aus dem angewandten Wertermittlungsverfahren abzuleiten.

Da als Eingangsgrößen des Ertragswertverfahrens zum größten Teil marktnahe Daten, wie zum Beispiel ortsübliche Vergleichsmieten, Bewirtschaftungskosten und Liegenschaftszinssatz gewählt wurden, spiegelt sich in dem ermittelten Ertragswert die Marktsituation wider. Zu- oder Abschläge zum ermittelten Ertragswert sind demnach nicht mehr vorzunehmen.

5.4 Abschließendes Ergebnis

Unter Berücksichtigung aller wertbeeinflussenden Merkmale wird der Verkehrswert zum Wertermittlungsstichtag 22. Juni 2006 auf 355.000 EUR geschätzt.

17 Angemessene Renten für Grundstücks- belastungen

In diesem Kapitel erfahren Sie,

- welche zwei Konstellationen bei der Ermittlung von Renten für Grundstücksbelastungen zu unterscheiden sind, wobei hier nur der Fall der frei auszuhandelnden Rente betrachtet wird,
- warum in dem Fall der frei auszuhandelnden Rente nicht nur der Nachteil des belasteten Grundstücks, sondern auch der Vorteil des begünstigten Grundstücks eine Rolle spielt,
- wie die zu berücksichtigenden Vor- und Nachteile beziffert werden können,
- wie sich die zu ermittelnde Rente letztendlich als ein Adäquat zu einer verkäuflichen Ware ergibt.

17.1 Unterschiedliche Fallkonstellationen

Wertermittlungssachverständige werden oftmals mit der Aufgabe betraut, einen angemessenen Geldbetrag als Rente für die Belastung eines Grundstücks mit einem Recht zu ermitteln. Soll zum Beispiel an einem Grundstück ein Wegerecht eingeräumt werden, so stellt sich die Frage, welcher Geldbetrag für die Belastung des Grundstücks mit dem Wegerecht (Wegerente) angemessen ist. Als weiteres Beispiel kann der Fall genannt werden, in dem ein Eigentümer auf das Nachbargrundstück überbaut hat. Auch in diesem Fall ist dem durch den Überbau Belasteten ein angemessener Geldbetrag für die eingeschränkte Nutzung seines Grundstücks (Überbaurente) zu zahlen.

Bei der Ermittlung eines angemessenen Geldbetrags für die Belastung eines Grundstücks mit einem Recht sind zwei Fälle zu unterscheiden:

a) *Es liegt nicht in der freien Entscheidung der beteiligten Grundstückseigentümer, ob eine Grundstücksbelastung entsteht.* Das ist oftmals bei einem Überbau oder einem Notweg der Fall.

b) *Die beteiligten Grundstückseigentümer können das Entstehen einer Grundstücksbelastung frei aushandeln.* Beispiele für derartige Grundstücksbelastungen sind Grunddienstbarkeiten wie Wegerechte und Leitungsrechte. Ein Wegerecht zum Beispiel kann im Allgemeinen nicht durch eine Rechtsnorm begründet werden. Das Zustandekommen hängt vielmehr von der freien Entscheidung der Beteiligten ab. Eine Ausnahme bildet hier das bauplanungsrechtlich gesicherte Wegerecht durch die Eintragung einer Wegerechtsfläche im Bebauungsplan.

In Fall a) ist der betroffene Grundstückseigentümer mit einem angemessenen Geldbetrag als Einmalbetrag oder als Rente für die Belastung *zu entschädigen.* Die angemessene Entschädigung bemisst sich dann in der Regel nach dem wirtschaftlichen Nachteil des belasteten Grundstücks. Hintergrund dieser Entschädigungsregel ist der Gedanke, dass der durch die unfreiwillige Beschränkung entstandene Nachteil entschädigt werden muss. Zu dieser Fallkonstellation gibt es zahlreiche Gerichtsurteile und Literaturstellen, die dem Sachverständigen hinreichende Hilfe geben (siehe dazu insbesondere die Kapitel zum Überbau und zum Notweg).

Im Fall b) ist nicht nur der Nachteil des belasteten Grundstückseigentümers zu berücksichtigen, sondern auch der Vorteil des Begünstigten. In der Wertermittlungsliteratur gibt es zu diesem Problem nur wenige Hinweise. Da derartige Fälle jedoch in täglicher Praxis immer häufiger vorkommen, soll im Folgenden aufgezeigt werden, wie in diesem Fall ein angemessener Geldbetrag ermittelt werden kann.

17.2 Die aushandelbare Grundstücksbelastung als Adäquat zu einer verkäuflichen Ware

Stellen Sie sich den Fall vor, dass zwei Grundstückseigentümer über die Einräumung einer Grundstücksbelastung verhandeln. Stellt sich dabei heraus, dass der Vorteil des Begünstigten höher als der Nachteil des Belasteten ist, so wird sich der Belastete nicht mit einer Entschädigung lediglich für seinen Nachteil»abspeisen« lassen. Er wird vielmehr darauf bestehen, dass auch der Vorteil des Begünstigten in den angemessenen Geldbetrag für die Belastung mit einfließen muss. Dazu ein Beispiel:

Zwei benachbarte Grundstückseigentümer verhandeln über die Einräumung eines Wegerechts. Der wirtschaftliche Nachteil des Belasteten ergibt sich zum größten Teil aus der entgangenen Bodenwertverzinsung des belasteten Grundstücksbereichs in Höhe von 1.000 EUR/Jahr. Dagegen ist der wirtschaftliche Vorteil des Begünstigten wesentlich höher, denn durch die Einräumung des Wegerechts wäre sein Grundstück an eine öffentliche Straße angebunden und würde somit Baulandqualität erlangen[1]. Der Begünstigte hätte einen wirtschaftlichen Vorteil von 5.000 EUR/Jahr.

Der Belastete ist in diesem Fall sicherlich nicht dazu bereit, einen Teil seines Grundstücks für eine Entschädigung von nur 1.000 EUR/Jahr zur Verfügung zu stellen. Er sieht vielmehr auch die Situation des Begünstigten, der bei einer zu zahlenden Entschädigung von 1.000 EUR/Jahr einen Überschuss von 4.000 EUR/Jahr erzielen würde. Als wirtschaftlich handelnder Mensch wäre der Belastete nur dann bereit, das Wegerecht einzuräumen, wenn sich sein Nachteil mit dem Vorteil des Begünstigten in angemessener Weise ausgleicht. Es liegt daher an den Beteiligten, durch Verhandlungen zu einem Ausgleich der unterschiedlichen Vorstellungen zu gelangen. Kommt bei dem Verhandlungsprozess zwischen den Grundstückseigentümern keine Einigung über die Rente zustande, so wird auch das Recht nicht entstehen.

---

1 Dabei wird die Eintragung einer dem Wegerecht entsprechenden Baulast vorausgesetzt.

Die auszuhandelnde Grundstücksbelastung ist demnach als eine Art »Ware« zu sehen, deren »Verkauf« nur dann zustande kommt, wenn die Preisvorstellungen der am Verkauf Beteiligten zur Deckung gebracht werden. Der angemessene Geldbetrag als der Preis, den die Beteiligten für die »Ware Grundstücksbelastung« aushandeln, bewegt sich somit zwischen dem Nachteil des Belasteten und dem Vorteil des Begünstigten. Einigen sich die Beteiligten nicht auf einen Ausgleich zwischen dem Vorteil des Begünstigten und dem Nachteil des Belasteten, kommt kein Preis zustande. Vermutlich wird dann auch keine Belastung oder Begünstigung des einen oder anderen Grundstücks eintreten.

Der Preis kommt weiterhin nur dann zustande, wenn der Vorteil des Begünstigten größer ist als der Nachteil des Belasteten, denn als wirtschaftlich denkender Mensch wäre der Begünstigte nicht bereit, mehr als den Geldbetrag zu zahlen, der seinem Vorteil entspricht. Für den angemessenen Geldbetrag gilt also folgende Ungleichung:

| Vorteil des Begünstigten | $\geq$ | angemessener Geldbetrag | $\geq$ | Nachteil des Belasteten |

Die Aufgabe des mit der Ermittlung eines angemessenen Geldbetrags betrauten Sachverständigen besteht nun einerseits darin, den Vorteil des Begünstigten und den Nachteil des Belasteten zu beziffern und andererseits einen Ausgleich zwischen den beiden zu beziffernden Beträgen zu prognostizieren. Diese Vorgehensweise gilt im Übrigen nicht nur für noch einzuräumende Rechte sondern auch für bereits bestehende, sofern ein freies Aushandeln noch möglich ist und die Zahlung einer Entschädigungsleistung zu ermitteln ist.

17.3 Bezifferung des Vor- und Nachteils

Sowohl der Vorteil des Begünstigten als auch der Nachteil des Belasteten enthalten Elemente, die nicht ohne weiteres in Zahlen zu fassen sind. Diese Elemente werden im Folgenden als *qualitative* Elemente bezeichnet. Es kann sich dabei zum Beispiel um die Beeinträchtigung durch Immissionen handeln, deren Auswirkungen oftmals nur schwer zu beziffern sind. Es können aber auch einfach nur irrationale Empfindungen analog zu merkantilen Minderwerten sein.

Die Aufgabe des Sachverständigen besteht darin, die Auswirkungen der qualitativen Elemente zu konkretisieren. So könnte man die Auswirkungen von Immissionen zum Beispiel über Mieten oder Bodenwerte aus vergleichbar belasteten Gebieten ermitteln. Im Allgemeinen wird man mittels Analogien oder Deduktionen vorgehen müssen, um zu einem plausiblen und nachvollziehbaren Ergebnis zu kommen.

Neben den rein qualitativen Elementen sind im Vorteil des Begünstigten und im Nachteil des Belasteten jeweils auch *quantitative* Elemente enthalten, deren Auswirkungen in der Regel mittels Ertragsüberlegungen ermittelt werden können. Mit den qualitativen und quantitativen Elementen erhält man folgende erweiterte Ungleichung:

Vorteil des Begünstigten   Nachteil des Belasteten

Für die weitere Vorgehensweise wird vorausgesetzt, dass sowohl die quantitativen als auch die qualitativen Elemente der obigen Gleichung ermittelbar sind. Dabei soll nochmals erwähnt werden, dass die hauptsächliche Schwierigkeit bei der Ermittlung eines Ausgleichsbetrags darin besteht, die Auswirkung eines qualitativen Elements in einem Geldbetrag zu beziffern.

Als Ergebnis ergibt sich zunächst eine Spanne, innerhalb welcher der angemessene Geldbetrag liegen muss. Dabei wird davon ausgegangen, dass die qualitativen und die quantitativen Elemente über die Bewertung in EUR jeweils gleichwertig zu betrachten sind.

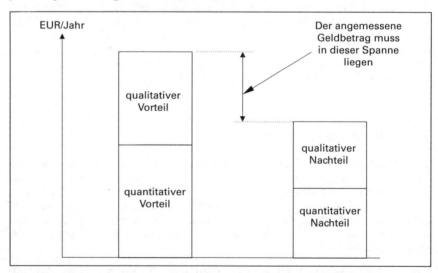

17.4   Verhandlung über die angemessene Entschädigung

Will man den angemessenen Geldbetrag nicht als Spanne, sondern als einen konkreten Wert angeben, muss die Verhandlung über die Entschädigung zwischen dem Begünstigten und dem Belasteten simuliert werden. Eine Möglichkeit, das Ergebnis herbei zu führen, besteht darin, dass die Differenz zwischen Vorteil und Nachteil halbiert wird. Der angemessene Geldbetrag ergibt sich dann als Nachteil plus halber Differenz bzw. Vorteil minus halber Differenz. Diese Form der Mittelwertbildung wird in der Regel jedoch zu Recht als »Ausdruck der Hilflosigkeit« des Sachverständigen angesehen. Die Vorgehensweise über die Halbierung der Differenz zwischen Vor- und Nachteil kann daher nur in den Fällen empfohlen werden, in denen absolut keine Anhaltspunkte für eine andere Vorgehensweise vorliegen.

Wenn der potenziell Begünstigte auf die Einräumung des Rechts gleichsam angewiesen ist, um beispielsweise eine Baugenehmigung zu bekommen, so ist er gegenüber dem Eigentümer des zukünftig belasteten Grundstücks in einer schlechteren Verhandlungsposition. In diesem Fall ist es durchaus vorstellbar, dass sich die Preisvorstellungen des Benachteiligten bei der Bemessung des Ausgleichsbetrags durchsetzen werden und eine Entschädigung gezahlt wird, die die Hälfte der Differenz aus dem jeweiligen Saldo der Vor- und Nachteile zuzüglich des Nachteils des belasteten Grundstückseigentümers deutlich übersteigt.

17.5 Beispiel

Ein Grundstück A soll wie nachfolgend dargestellt mit einem Wegerecht zugunsten eines Grundstücks B belastet werden.

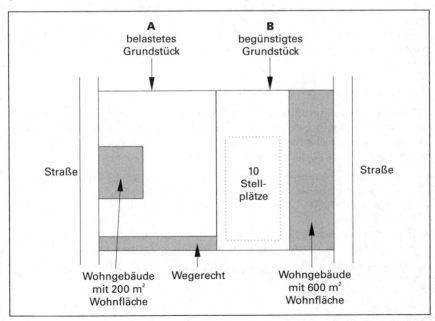

Da sich die betreffenden Eigentümer nicht über eine angemessene Wegerente einigen können, wird ein Sachverständiger mit der Ermittlung der Wegerente beauftragt. Er ermittelt folgende Vor- und Nachteile:

Qualitativer Nachteil des Grundstücks A

Der auf dem Grundstück A geplante Weg dient als Zufahrt zu einem Parkplatz. Die mit dem Kraftfahrzeugverkehr verbundenen Lärm- und Geruchsimmissionen, aber auch Erschütterungen, Blickbeeinträchtigungen etc. haben Auswirkungen auf die erzielbaren Erträge. Es wird mit einem geringeren monatlichen Reinertrag von 2 EUR/m² gerechnet. Bei einer vermietbaren Fläche von 200 m² ergibt sich ein qualitativer Nachteil von 4.800 EUR/Jahr.

Quantitativer Nachteil des Grundstücks A

Ein quantitativer Nachteil ist für das Grundstück A ist nicht bezifferbar, allenfalls als »größer Null« zu bezeichnen.

Quantitativer Vorteil des Grundstücks B

Der Eigentümer des Grundstücks B kann die von der Baubehörde geforderten Stellplätze auf dem eigenen Grundstück herstellen. Er muss somit keine Ablösebeträge für die geforderten Stellplätze leisten. Der Ablösebetrag pro geforderten Stellplatz liegt bei 10.000 EUR, was bei 10 geforderten Stellplätzen einen gesamten Ablösebetrag von 100.000 EUR ergibt. Diesem Betrag müssen jedoch die Herstellungskosten pro Stellplatz von 3.000 EUR gegengerechnet werden. Insofern beläuft sich der quantitative Vorteil des Grundstücks B zunächst auf 70.000 EUR. Bei einem Liegenschaftszinssatz von 5 Prozent ergibt sich somit ein quantitativer Vorteil von 3.500 EUR/Jahr (= 70.000 EUR × 0,05).

Qualitativer Vorteil des Grundstücks B

Die Mieter können ihre Kfz auf dem Grundstück unterbringen. Sie brauchen sich nicht im öffentlichen Straßenraum auf Parkplatzsuche zu begeben, was im vorliegenden Fall äußerst »nervenaufreibend« sein kann. Zur hilfsweisen Bezifferung dieses Vorteils zwei Vorschläge:

- Die Annehmlichkeit des Parkens auf dem Grundstück könnte zu einem höheren monatlichen Reinertrag von bis zu 0,50 EUR/m² führen. Bei einer vermietbaren Fläche von 600 m² ergäbe sich damit ein Vorteil von bis zu 3.600 EUR/Jahr.
- Diese Annehmlichkeit könnte auch zu einer Verminderung des Mietausfallwagnisses führen; in einer etwa gleichen Größenordnung.

Der qualitative Vorteil kann somit auf »maximal 7.200 EUR/Jahr« beziffert werden.

Zusammenfassung der Vor- und Nachteile

Zusammenfassend ergeben sich somit folgende Vor- bzw. Nachteile:

Grundstück A (belastetes Grundstück)		Grundstück B (begünstigtes Grundstück)	
Quantitativer Nachteil	4.800 EUR/Jahr	3.500 EUR/Jahr	Quantitativer Vorteil
Qualitativer Nachteil	0 EUR/Jahr	7.200 EUR/Jahr	Qualitativer Vorteil
Gesamter Nachteil	4.800 EUR/Jahr	10.700 EUR/Jahr	Gesamter Vorteil

Ausgleich

Die angemessene Rente für die Einräumung des Wegerechts liegt zunächst in folgender Spanne:

$$4.800 \text{ EUR/Jahr} < \text{Rente} < 10.700 \text{ EUR/Jahr}$$

Die Aufgabe des Sachverständigen ist es nun, sich nachvollziehbar und begründet für einen konkreten Betrag innerhalb der ermittelten Spanne zu entscheiden. Im vorliegenden Fall entscheidet sich der Sachverständige folgendermaßen:

Der Eigentümer des Grundstücks A kann die Begründung des Wegerechts verhindern, wenn er mit dem Ausgleichsbetrag nicht einverstanden ist. Er wird in der Preisverhandlung somit vermutlich fordern, dass er an der Differenz zwischen Vor- und Nachteil am meisten profitiert.

Der Eigentümer des Grundstücks B wird jedoch nicht seinen gesamten Vorteil, den er durch die Einräumung des Wegerechts hat, an den Eigentümer des Grundstücks A abtreten. Denn sonst hätte er auch die Ablösebeträge für die geforderten Stellplätze zahlen können.

Beide Eigentümer möchten somit von der Einräumung des Wegerechts profitieren, wobei jedoch der Eigentümer A letztendlich in der stärkeren Position ist. Unter diesen Gesichtspunkten erscheint eine Aufteilung der Differenz zwischen Vor- und Nachteil im Verhältnis von zwei Dritteln für den Eigentümer des Grundstücks A zu einem Drittel für den Eigentümer des Grundstücks B als angemessen. Somit ergibt sich eine Wegerente von rd. 8.700 EUR/Jahr.

17.6 Zusammenfassung

Der angemessene Geldbetrag für eine frei aushandelbare Grundstücksbelastung ergibt sich aus der Prognose des wahrscheinlichsten Verhaltens der betroffenen Grundstückseigentümer. Dabei ist wie folgt vorzugehen:

1. Bezifferung des Vorteils des Begünstigten (qualitativ und quantitativ)
2. Bezifferung des Nachteils des Belasteten (qualitativ und quantitativ)
3. Ausgleich zwischen Vor- und Nachteil herstellen durch Simulation der Verhandlungen zwischen den betroffenen Eigentümern

18 Angemessene Kapitalisierungszinssätze

In diesem Kapitel wird gezeigt,

- dass es unterschiedliche Meinungen zum Ansatz des richtigen Kapitalisierungszinssatzes bei der Ermittlung des Verkehrswerts eines Rechts gibt,
- welche beiden Lösungsansätze es im Wesentlichen gibt,
- dass es keine Lösung des Problems gibt, die in der Fachwelt einheitlich als richtig anerkannt wird, weshalb der Sachverständige in seinem Gutachten die unterschiedlichen Standpunkte erläutern und sich letztendlich begründet für eine Lösung entscheiden sollte.

18.1 Vorbemerkungen

Die Fachwelt ist sich im Großen und Ganzen einig, dass bei der Bewertung von Grundstücken, die mit Rechten belastet bzw. durch Rechte begünstigt sind, der Liegenschaftszinssatz der geeignete Kapitalisierungszinssatz ist. Aus diesem Grund werden die entsprechenden Barwerte der wirtschaftlichen Vor- und Nachteile auf der Grundlage eines angemessenen Liegenschaftszinssatzes berechnet. Dies wird auch im vorliegenden Buch so gehandhabt.

Welcher Zinssatz ist jedoch bei der Kapitalisierung einer Wegerente anzuwenden? Mit welchem Zinssatz muss beispielsweise der Vorteil einer eingesparten Miete beim unentgeltlichen Wohnungsrecht kapitalisiert werden? Bei der Antwort auf derartige Fragen ist die Fachwelt sehr uneinheitlich. Es gibt zwar zahlreiche Vorschläge, welcher Zinssatz anzuwenden sei. Diese Vorschläge weichen aber stark voneinander ab und führen somit meistens zur Verwirrung des nach Informationen suchenden Sachverständigen. Um die Bandbreite der vorgeschlagenen Kapitalisierungszinssätze zu verdeutlichen, werden in der folgenden Auflistung einige der in der Literatur zu findenden Vorschläge wiedergegeben:

- Liegenschaftszinssätze
- Kapitalzinssätze
- Dynamische Zinssätze
- Leibrentenzinssätze der Finanzbehörden (5,5 %),
- Leibrentenzinssätze der Versicherungsgesellschaften (3 %),
- Leibrentenzinssätze der Pensionskassen (3,5 %)

Über die Frage, welcher dieser Zinssätze der Richtige ist, herrscht in der Fachwelt eine rege Diskussion. Es gibt zahlreiche Beiträge in der einschlägigen Literatur, in denen die unterschiedlichen Meinungen dargelegt werden. Dabei können grob zwei Richtungen unterschieden werden:

1. Der angemessene Kapitalisierungszinssatz ist aus einem Kapitalzinssatz unter Berücksichtigung der Inflationsrate abzuleiten.

2. Der angemessene Kapitalisierungszinssatz ist aus dem Liegenschaftszinssatz abzuleiten.

In den WertR 2006 wird nunmehr der Liegenschaftszinssatz als maßgeblicher Zinssatz für die Barwertbildung der wirtschaftlichen Vor- und Nachteile im Zusammenhang mit der Bewertung von Rechten vorgeschrieben. Dennoch wird es in Zukunft vermutlich weiterhin intensive Diskussionen über den geeigneten Zinssatz im konkreten Bewertungsfall geben. Nachfolgend werden die jeweiligen Positionen dargestellt.

Die nachstehende Grafik soll die Zusammenhänge jedoch zunächst noch einmal verdeutlichen.

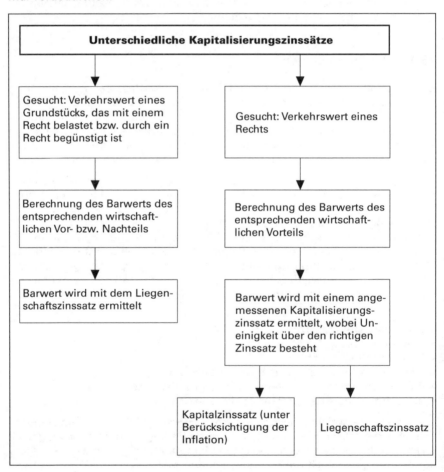

18.2 Ableitung aus einem Kapitalzinssatz unter Berücksichtigung der Inflation

Von zahlreichen Fachleuten wird die Meinung vertreten, dass der Liegenschaftszinssatz im Allgemeinen nicht der geeignete Zinssatz für die Kapitalisierung von Rentenzahlungen sei. Es wird argumentiert, dass der Liegenschaftszinssatz lediglich der Rechenzinssatz des Ertragswertverfahrens sei und nicht ohne weiteres bei Rentenberechnungen außerhalb des Ertragswertverfahrens angewandt werden kann. Insofern muss in diesen Fällen ein anderer Zinssatz zur Anwendung kommen. Dazu schreibt zum Beispiel Sprengnetter[1]:

Das Marktverhalten muss dann (Anmerkung: wenn ein Wertermittlungsobjekt nicht verkehrsfähig ist), anhand der Denkungsweise eines wirtschaftlichen handelnden Marktteilnehmers fiktiv nachvollzogen werden[2]. D. h. hier ist ein plausibler Zinssatz zu schätzen. I. d. R. besteht der Vorteil des durch die Rentenraten Begünstigten darin, dass er diese (langfristig) anlegen kann, so dass sich seine Anlage mit dem Kapitalzinssatz verzinst. Verändern sich die Rentenraten entsprechend vereinbarter Wertsicherungsklauseln oder aufgrund dynamischer Marktentwicklungen, so ist für die Kapitalisierung neben dem jeweiligen Kapitalzinssatz der diesbezügliche Dynamik(zins)satz zu schätzen. Ein Beispiel für derartige Wertermittlungsaufgaben ist das Wohnungsrecht nach § 1093 BGB.

Der nach Meinung Sprengnetters anzuwendende langfristige Kapitalzinssatz wird von ihm in Abhängigkeit der Laufzeit der Rentenzahlung wie folgt angegeben[3]:

Laufzeit	> 20 Jahre	rd. 10 Jahre	deutlich kürzer
Kapitalzinssatz	6,0 %	4,0 %	1,5 bis (2,0 %[4])
Ermittlungs-grundlage	durchschnittlicher Zinssatz für öffentliche Anleihen	mittelfristige Festgelder	Festgelder mit einer kurzfristigen Laufzeit

Falls Wertsicherungsklauseln vorhanden sind, ist laut Sprengnetter zusätzlich eine Dynamik nach folgender Näherungsformel zu berücksichtigen.

anzuwendender Zinssatz = Kapitalzinssatz – Dynamikzinssatz

---

1 *Sprengnetter u. a.*, Grundstücksbewertung, Lehrbuch, 9. EL, S. 1/9/3/2.
2 Vgl. Urteil des OLG Bremen vom 29. 11. 1967–UB c 5/67 –.
3 *Sprengnetter*, Grundstücksbewertung, Wertermittlungsforum, Band III, Arbeitsmaterialien, 73. Ergänzungslieferung, 4.09.2/8.
4 Je nach Höhe der Gelder, die zu verrenten/kapitalisieren sind.

18 *Angemessene Kapitalisierungszinssätze*

Der entsprechende Dynamikzinssatz für Wertsicherungsklauseln, die sich an den durchschnittlichen Lebenshaltungsindizes orientieren, wird wie folgt angegeben[5]:

Laufzeit	> 20 Jahre	kürzere Zeiträume
Dynamikzinssatz	3,0 bis 3,3 %	1,5 und 3,0%
Anmerkung	Für sehr kurze Zeiträume ist der jeweils aktuelle Dynamikzinssatz mit hohem Gewicht zu berücksichtigen.	

Falls Kapitalisierungen von Mieterträgen erforderlich sind (zum Beispiel bei der Kapitalisierung des Vorteils eines unentgeltlichen Wohnungsrechts), ist laut Sprengnetter die aus Mietpreisindizes ermittelte Mietdynamik wie folgt zu berücksichtigen:

Laufzeit	≤ 10 Jahre	> 10 Jahre
Differenzzinssatz	(2,0) bis 2,5 %	(3,5) bis 4,0 %

Nachfolgend ein Beispiel zur Ermittlung des nach Sprengnetter anzuwendenden Zinssatzes bei der Ermittlung des Verkehrswerts eines Wohnungsrechts.

Kapitalisierungszinssatz bei einem Wohnungsrecht

Lebenserwartung des Berechtigten . . . . 11 Jahre
Kapitalzinssatz bei einer Laufzeit von rd. 10 Jahren . . . . 6 %
Mietdynamik bei einer Laufzeit von weniger als 20 Jahren . . . . 3 %
Der letztendlich anzuwendende Kapitalisierungszinssatz
ergibt sich durch Abzug der Mietdynamik vom Kapitalzinssatz:
Kapitalisierungszinssatz (6 % minus 3 %) . . . . 3 %

18.3 Ableitung aus dem Liegenschaftszinssatz

Entgegen der hauptsächlich von Sprengnetter vertretenen Meinung, dass der Kapitalisierungszinssatz aus wirtschaftlichen Überlegungen abzuleiten sei, sind zahlreiche andere Fachleute der Meinung, dass der Liegenschaftszinssatz als Grundlage für die Kapitalisierung von Rentenzahlungen dienen kann. Von diesen Meinungen fällt auf Anhieb der Artikel »Ableitung von Zinssätzen zur Verrentung und zur Kapitalisierung aus Rentenvereinbarungen« von Rainer Möckel ins Auge[6]. Dem Sachverständigen, der nach Informationen über den bei Barwertberechnungen anzuwendenden Zinssatz sucht, sei dieser Artikel als Lektüre empfohlen.

---

5 *Sprengnetter*, Grundstücksbewertung, Wertermittlungsforum, Band III, Arbeitsmaterialien, 73. Ergänzungslieferung, 4.09.3/5.
6 *Möckel, Rainer*, Ableitung von Zinssätzen zur Verrentung und zur Kapitalisierung aus Rentenvereinbarungen, Grundstücksmarkt und Grundstückswert, 1995, 140.

Möckel beschreibt darin eine im Hinblick auf den angewandten Zinssatz durchgeführte Untersuchung von Kaufverträgen mit Rentenvereinbarungen. In dieser Untersuchung stellte sich heraus, dass sich der angewandte Zinssatz in der Regel am Niveau von Liegenschaftszinssätzen orientiert. Das Ergebnis der Untersuchung hat Möckel in folgender Tabelle zusammengefasst:

Leibrenten-zinssatz	Einfamilienhaus-grundstücke	Ertragsgrundstück
mit Wert-sicherugs-klauseln Allgemein	Orientierung am durchschnittlichen Liegenschaftszinssatz für die betreffende Grundstücksart mit Zu- und Abschlägen je nach Alter des Berechtigten und Wirkungsweise der Wert-sicherungsklausel	
Ansätze für Berlin	2% bis 4% durchschn. 3%	4% bis 6% durchschn. 5%
ohne Wert-sicherungs-klauseln Allgemein	Orientierung an einem um ca. 2%-Punkte erhöhten durchschnittl. Liegenschaftszinssatz für die betreffende Grundstücksart	
Ansätze für Berlin	5%	7%

Übersicht 4: Leibrentensätze

Unabhängig von der Untersuchung Möckels ist es immer dann sinnvoll, den Liegenschaftszinssatz bei der Ermittlung des Verkehrswerts anzuwenden, wenn es sich um ein so genanntes statisches Modell handelt (wenn also statische Erträge und Kosten angesetzt werden). Da dies in allen WertV- und WertR-Modellen der Fall ist, wird in den entsprechenden Modellen immer mit dem Liegenschaftszinssatz kapitalisiert.

Warum also sollte bei der Ermittlung des Verkehrswerts eines Rechts auf der Basis der WertV oder der WertR nicht auch der Liegenschaftszinssatz angewandt werden? Nur dann, wenn man von dynamischen Erträgen und Kosten ausgeht (wenn man also die Inflation berücksichtigt), muss ein vom Liegenschaftszinssatz abweichender Zinssatz angewandt werden. Dies ist bei den WertV- und WertR-Modellen jedoch nicht der Fall.

18.4 Zusammenhang zwischen Liegenschaftszinssatz, Kapitalzinssatz und Inflationsrate

Die Diskussion über den richtigen Kapitalisierungszinssatz erinnert bisweilen an die Meinungsverschiedenheiten zwischen den Anhängern des traditionellen deutschen Ertragswertverfahrens und den Verfechtern des vermeintlich moderneren Discounted-Cash-Flow-Verfahrens.

Im Ertragswertverfahren wird in der Regel ein statischer Reinertragsansatz gewählt[7], wobei die Kapitalisierung der Reinerträge mittels des Liegenschaftszinssatzes zu einem marktgerechten Ertragswert führt. Dagegen geht das Discounted-Cash-Flow-Verfahren von sich ändernden Überschüssen aus, womit die Barwertbildung der Überschüsse nicht mehr auf der Grundlage des Liegenschaftszinssatzes durchgeführt werden kann. Es muss vielmehr ein geeigneter Kapitalisierungszinssatz gefunden werden, der letztendlich ebenfalls zu einem marktgerechten Wert führen soll.

Wenn nun sowohl das Ertragswertverfahren als auch das Discounted-Cash-Flow-Verfahren zum (gleichen) marktgerechten Wert führen sollen, dann ist dies laut Sommer nur unter der folgenden Bedingung möglich[8]

$$k = (1 + l) \times (1 + i) - 1$$

k = Kapitalisierungszinssatz
l = Liegenschaftszinssatz
i = Inflationsrate

Demnach kann also der Kapitalisierungszinssatz des Discounted-Cash-Flow-Verfahrens aus dem bekannten Liegenschaftszinssatz und der bekannten Inflationsrate abgeleitet werden.

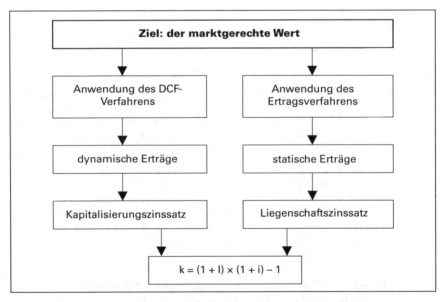

7 D. h. die Erträge sind über die gesamte Restnutzungsdauer gleich hoch.
8 *Sommer/Kröll*, Lehrbuch zur Grundstückswertermittlung, Inflationsneutralität im Ertragswertverfahren, Kapitel 9.11, S. 196 ff.

Die Beziehung zwischen dem Kapitalisierungszinssatz des dynamischen Discounted-Cash-Flow-Verfahrens und dem Liegenschaftszinssatz des statischen Ertragswertverfahrens kann auch auf die Ermittlung des Werts eines Rechts übertragen werden. Wenn nämlich beispielsweise der wirtschaftliche Vorteil eines Wohnungsrechts zu kapitalisieren ist, und wenn dabei eine Mietdynamik unterstellt wird, so kann der entsprechende Kapitalisierungszinssatz ebenfalls aus dem bekannten Liegenschaftszinssatz und der bekannten Inflationsrate abgeleitet werden[9].

Somit kann letztendlich Folgendes festgestellt werden:

● Falls der wirtschaftliche Vorteil eines Rechts auf der Grundlage statischer Erträge ermittelt wird, so ist mittels des Liegenschaftszinssatzes zu kapitalisieren (diese Vorgehensweise ist identisch mit dem Modell »Möckel«).

● Falls der wirtschaftliche Vorteil eines Rechts auf der Grundlage dynamischer Erträge ermittelt wird, so ist mittels eines Kapitalisierungszinssatzes zu kapitalisieren, der aus dem Liegenschaftszinssatz und der Inflationsrate ermittelt werden kann (diese Vorgehensweise ist identisch mit dem Modell »Sprengnetter«).

Beide Modelle müssen zwangsläufig zum gleichen Wert führen, da beide Zinssätze unter Beachtung der unterschiedlichen Eingangsgrößen in Beziehung zueinander stehen.

Im Übrigen ist die Diskussion um den richtigen Zinssatz vor allem bei Berechtigten, die älter als 70 Jahre sind, in der Regel überflüssig. Dies soll folgende Tabelle zeigen, in der die Barwerte für unterschiedliche Zinssätze und Alter für einen wirtschaftlichen Vorteil von 10.000 EUR/Jahr ermittelt wurden:

	50 Jahre	60 Jahre	70 Jahre	80 Jahre	90 Jahre
3 %	171.400 EUR	130.060 EUR	89.100 EUR	53.500 EUR	30.400 EUR
4 %	153.000 EUR	119.700 EUR	83.700 EUR	51.400 EUR	29.700 EUR
5 %	137.700 EUR	110.200 EUR	78.900 EUR	49.500 EUR	29.000 EUR

Betrachtet man das Alter von 70 Jahren und nimmt man an, dass der Zinssatz von 4 Prozent der richtige Kapitalisierungszinssatz sei, so kann man Folgendes feststellen: Bei einem um einen Prozentpunkt falschen Zinssatz (3 und 5 Prozent) ändert sich der Barwert um weniger als 10 Prozent. Dies liegt innerhalb der Schätzgenauigkeit einer derartigen Berechnung.

Zudem ist zu beachten, dass die reine Barwertbildung von wirtschaftlichen Vor- und Nachteilen nicht allein zu einem marktgerechten Wert des Rechts führen kann. Ziel der Wertermittlung ist der auf dem Markt erzielbare Preis zur Ablösung des Rechts. Wie im vorliegenden Buch bereits vielfach beschrieben wurde, ist dieser Wert lediglich unter Berücksichtigung der Marktanpassung zu erzielen. Die Marktanpassung führt dann zu einem geeigneten Wert des

9 Sommer, a. a. O.

Rechts, so dass die Wahl eines geeigneten Zinssatzes alleine ohne Beachtung der Marktanpassung nicht ausschlaggebend ist.

18.5 Zusammenfassung und abschließender Hinweis

Die zu Beginn des Kapitels gestellte Frage lautete: Welcher Zinssatz ist bei der Ermittlung des Verkehrswerts eines Rechts anzuwenden? Zur Beantwortung dieser Frage wurde zunächst gezeigt, dass es zwei unterschiedliche Modelle zur Kapitalisierung von Erträgen gibt:

- das statische Modell, in dem aufgrund der Prämisse der Inflationsneutralität der Liegenschaftszinssatz zu berücksichtigen ist
- das dynamische Modell, in dem ein vom Liegenschaftszinssatz abweichender Kapitalisierungszinssatz und die Inflationsrate zu berücksichtigen sind

Es wurde gezeigt, dass beide Modelle unterschiedliche mathematische Grundlagen haben. Sie müssen jedoch zwangsläufig zum gleichen Wert führen, wenn die jeweiligen Eingangsgrößen richtig gewählt werden.

Insofern lautet die Antwort auf die eingangs gestellte Frage nach dem anzuwendenden Kapitalisierungszinssatz: Der Kapitalisierungszinssatz ist je nach dem gewählten Modell anzusetzen. Im statischen Modell ist der Liegenschaftszinssatz zu wählen, im dynamischen Modell ein vom Liegenschaftszinssatz abweichender Zinssatz und zudem die Inflationsrate.

Im vorliegenden Buch wird bei allen Kapitalisierungen immer das statische Modell mit dem Liegenschaftszinssatz angewandt. Das gilt auch für die Kapitalisierungen bei der Ermittlung des (Verkehrs-)werts eines Rechts (z. B. eines Wohnungsrechts), denn diese Vorgehensweise entspricht den Denkmodellen von WertV und WertR, in denen die Prämisse der Inflationsneutralität gilt.

Für die Gutachtenerstellung ist es möglicherweise sinnvoll, die unterschiedlichen Meinungen zur Anwendung des Kapitalisierungszinssatzes anzugeben. Bei der Auswahl des Zinssatzes muss der Sachverständige dann dokumentieren, warum er sich für den einen und nicht für den anderen Zinssatz entschieden hat. An dieser Stelle wird die Anwendung des Liegenschaftszinssatzes empfohlen (Begründung: Die Bewertungsmodelle in der WertV und den WertR beinhalten die Prämisse der Inflationsneutralität). Wie jedoch gezeigt wurde, werden sich unabhängig vom gewählten Modell (dynamisch oder statisch) kaum große Unterschiede ergeben.

Weitere Informationen zu diesem Thema finden Sie im »Lehrbuch zur Grundstückswertermittlung« von Sommer/Kröll in Kapitel 9.11.

19 Leibrentenbarwertfaktoren und Sterbetafeln

19.1 Verschiedene Rentenarten

Im Allgemeinen kennt man drei verschiedene Rentenarten:

- Zeitrente
- Ewige Rente
- Leibrente

Nachfolgend werden die drei Rentenarten beschrieben.

19.1.1 Zeitrente

Bei einer Zeitrente erstreckt sich die Länge des Rentenvorgangs über eine begrenzte und bekannte Zeitspanne. Der Barwert der Zeitrente ergibt sich durch Multiplikation des Rentenbetrags mit dem Ertragsvervielfältiger.

Als Beispiel aus der Verkehrswertermittlung sei hier der Reinertrag genannt, bei dem man davon ausgeht, dass er über die begrenzte und bekannte Restnutzungsdauer eines Gebäudes erzielt wird. Der Barwert des Reinertrags wird durch Kapitalisierung mit dem Ertragsvervielfältiger ermittelt. Dabei handelt es sich bei der Verkehrswertermittlung in der Regel um den Vervielfältiger einer jährlich nachschüssigen Zeitrente. Es sind jedoch auch andere Zahlungsweisen möglich (z. B. monatlich vorschüssig), was dann zu anderen Vervielfältigern führen würde.

19.1.2 Ewige Rente

Bei einer ewigen Rente erstreckt sich die Länge des Rentenvorgangs über eine unbegrenzte Zeitspanne. Der Barwert der ewigen Rente ergibt sich aus dem Quotient von Rentenbetrag und Zinssatz.

In der Wertermittlung kennt man ewige Renten beispielsweise aus der Wegerechtsbewertung. Dort wird die Wegerente, die als Entgelt für die Nutzung eines Wegerechts gezahlt werden muss, oftmals »auf ewig« kapitalisiert, indem die jährliche Rente durch den Liegenschaftszinssatz dividiert wird.

19.1.3 Leibrente

Bei einer Leibrente ist die Länge des Rentenvorgangs an das Lebensalter einer Person gebunden. D. h. dass das Ende des Rentenvorgangs zunächst nicht bekannt ist, da man nicht weiß, wie lange die berechtigte Person noch leben wird. Aus diesem Grund greift man auf die so genannten Sterbetafeln zurück. In den Sterbetafeln finden sich die statistischen Lebenserwartungen und

Überlebenswahrscheinlichkeiten. Nachfolgend finden Sie einen Ausschnitt aus der Allgemeinen Sterbetafel 1986/88 für das frühere Bundesgebiet.

Allgemeine Sterbetafel 1986/88 für das frühere Bundesgebiet; Männlich

Vollen-detes Alter [Jahre]	Über-lebende im Alter x	Gestor-bene im Alter x bis unter x +1	Sterbe-	Überlebens-	Von den Überleben-den im Alter x		Druch-schnitt-liche Lebens-erwar-tung im Alter x in Jahren
			wahrscheinlichkeit vom Alter x bis x +1		bis zum Alter x +1 durch-lebte Jahre	insgesamt noch zu durch-lebende Jahre	
x	l_x	d_x	q_x	p_x	L_x	$e_x l_x$	e_x
45	94.555	339	0,00358825	0,99641175	94.386	2.825.771	29,88
46	94.216	375	0,00397516	0,99602483	94.029	2.731.386	28,99
47	93.841	413	0,00440134	0,99559866	93.635	2.637.357	28,10
48	93.428	455	0,00487349	0,99512651	93.201	2.543.722	27,23
49	92.973	502	0,00540080	0,99459920	92.722	2.450.521	26,36

Die in der Sterbetafel angegebene durchschnittliche Lebenserwartung einer berechtigten Person darf jedoch nicht zur Kapitalisierung einer Leibrente verwandt werden, da dann die mit steigendem Alter ebenfalls steigende Lebenserwartung nicht berücksichtigt werden würde. Dies soll anhand der nachfolgenden Tabelle verdeutlicht werden (Basis: Allgemeinen Sterbetafel 1986/88 für das frühere Bundesgebiet).

Vollendetes Alter [Jahre]	Lebenserwartung [Jahre]	Sterbealter [Jahre]
40	34	74
50	26	76
60	18	78
70	11	81
75	8	83
80	6	86

Wenn demnach eine Person ein Alter von 40 Jahren erreicht hat, so hat diese Person eine durchschnittliche Lebenserwartung von 34 Jahren und würde so-mit (statistisch gesehen) 74 Jahre alt werden. Zehn Jahre weiter schaut diese Person wiederum in die Sterbetafel und stellt fest, dass die Lebenserwartung um zwei Jahre auf 76 Jahre gestiegen ist. Diese Steigerung der Lebenserwar-tung mit zunehmendem Alter wird mit der Fortsetzung der Tabelle deutlich.

Aus diesem Grund werden so genannte Leibrentenbarwertfaktoren berechet, welche die Steigerung der Lebenserwartung mit zunehmendem Alter berücksichtigen. Würde man lediglich die Lebenserwartung aus den Sterbetafeln entnehmen und mit diesen und dem Vervielfältiger einer Zeitrente den Barwert der Leibrente berechen, so würde die oben beschriebene Systematik nicht erfasst werden.

Die Barwerte der unterschiedlichen Renten werden somit wie folgt ermittelt:

Rentenart	Barwert
Zeitrente	Rentenbetrag × Vervielfältiger
Ewige Rente	Rentenbetrag / Zinssatz
Leibrente	Rentenbetrag × Leibrentenbarwertfaktor

19.2 Verschiedene Sterbetafeln

19.2.1 Vorbemerkung

Nachfolgend wird gezeigt, welche unterschiedlichen Sterbetafeln es gibt. Für den Sachverständigen ist es wichtig, die unterschiedlichen Sterbetafeln zu kennen, um die in der Wertermittlung üblichen Leibrentenbarwertfaktoren korrekt ermitteln zu können.

Vorweg jedoch zunächst die Definition einer Sterbetafel:

»Eine Sterbetafel ist ein demografisches Modell, das die zusammenfassende Beurteilung der Sterblichkeitsverhältnisse einer Bevölkerung ermöglicht. Die Sterbetafel zeigt hierzu in einer nach Geschlecht getrennten Tabelle, wie viele Personen eines Ausgangsbestands aufgrund der Sterbewahrscheinlichkeiten in den einzelnen Altersjahren überleben und sterben werden. Darüber hinaus gibt die Sterbetafel Auskunft über die geschlechterspezifische durchschnittliche Lebenserwartung in den einzelnen Altersjahren.«[1]

Die wesentlichen Begriffe in dieser etwas komplizierten Definition sind »Sterbewahrscheinlichkeit« und »Lebenserwartung«. Sowohl die Sterbewahrscheinlichkeit als auch die Lebenserwartung sind ausschlaggebende Faktoren bei der Berechnung der Leibrentenbarwertfaktoren, um die es in diesem Kapitel im Wesentlichen geht.

19.2.2 Allgemeine Sterbetafeln

Allgemeine Sterbetafeln basieren auf Volkszählungen und bieten eine hohe Genauigkeit bezüglich der dort angegebenen Überlebenswahrscheinlichkei-

---

1 Statistisches Bundesamt, Wiesbaden, 2004, Sterbetafeln für Deutschland, 1871/1881 bis 2001/2003.

ten und durchschnittlichen Lebenserwartungen. Die letzte allgemeine Sterbetafel stammt aus den Jahren 1986/88. Sie bezieht sich auf das Gebiet der frü-
heren Bundesrepublik Deutschland (alte Bundesländer, Gebietsstand vor
dem 3. Oktober 1990).

Es gibt auch eine allgemeine Sterbetafel, die sich auf den Gebietsstand der
Bundesrepublik Deutschland mit dem Gebietsstand nach dem 3. Oktober
1990 bezieht. Diese wurde auf Wunsch des Finanzministeriums berechnet. Dabei wurden die allgemeine Sterbetafel 1986/88 mit dem Gebietsstand vor
1990 zugrunde, statistische Angaben der ehemaligen DDR berücksichtigt
und eine Ausgleichung durchgeführt.

Beide allgemeinen Sterbetafeln unterscheiden sich hinsichtlich der Lebenserwartungen jedoch nicht wesentlich (siehe nachfolgende Tabelle), weshalb die
in diesem Buch angegebenen Leibrentenbarwertfaktoren bzw. Ableitungs-
methoden auch für die neuen Bundesländer angewandt werden können.

Alter des Mannes	Lebenserwartung Gebietsstand vor 3.10.90	Lebenserwartung Gebietsstand nach 3.10.90
10	63,10	62,61
20	53,37	52,89
30	43,88	43,41
40	34,46	34,02
50	25,50	25,11
60	17,55	17,24
70	10,90	10,65
80	6,06	5,86
90	3,25	3,15
100	1,84	1,80

19.2.3 Abgekürzte Sterbetafeln

Seit der Volkszählung im Jahr 1987 wurde keine weitere Volkszählung durchgeführt und damit auch keine neue allgemeine Sterbetafel erstellt. Um dennoch die aktuelle Entwicklung der Lebenserwartung erfassen zu können, wurden zwischen 1987 und 2002 so genannte abgekürzte Sterbetafeln berechnet.
Die letzte veröffentlichte abgekürzte Sterbetafel stammt aus den Jahren
1999/2001. Eine Berechnung von abgekürzten Sterbetafeln erfolgt derzeit
nicht mehr (siehe dazu auch den folgenden Abschnitt über »Sterbetafeln«).

Die abgekürzten Sterbetafeln sind aus folgenden Gründen wesentlich ungenauer als die allgemeinen Sterbetafeln:

● Abgekürzte Sterbetafeln basieren nicht auf Volkszählungen. Sie schreiben den Bevölkerungsstand, der bei der Volkszählung ermittelt wurde, lediglich mit statistischen Methoden fort. Liegt zwischen der Volkszählung und dem Zeitpunkt, auf den sich die abgekürzte Sterbetafel bezieht, ein großer Zeitraum, so ist bei den Angaben bezüglich der Lebenserwartung mit entsprechenden Ungenauigkeiten zu rechnen.

● Bei den abgekürzten Sterbetafeln wird keine statistische Glättung der teilweise zwischen den Jahren auftretenden Sprünge in den Sterbewahrscheinlichkeiten durchgeführt. Aus diesem Grund gehen kurzfristige Schwankungen der Sterbewahrscheinlichkeiten mit in die Berechnungen ein.

● Es erfolgt keine Berechnung der Überlebenswahrscheinlichkeiten und Lebenserwartungen der Personen, die älter als 90 Jahre sind. Die Werte dieser Personen werden in der Altersgruppe der 90-jährigen zusammengefasst. Somit sind die abgekürzten Sterbetafeln zur Berechnung der Leibrentenbarwertfaktoren nicht geeignet, da keine verwertbaren Informationen über Personen vorliegen, die älter als 90 Jahre alt sind.

● In den abgekürzten Sterbetafeln gibt es Schwierigkeiten, die Sterbewahrscheinlichkeiten für Altersstufen oberhalb 90 Jahren zu ermitteln, da die Sterbewahrscheinlichkeiten insbesondere der Männer ab dieser Altersklasse unplausibel sinken. Dies führt zu einer überhöhten Lebenserwartung.

19.2.4 Sterbetafeln

Seit dem Jahr 2002 werden Sterbetafeln nach einer neuen Methode berechnet. Diese Tabellen werden als »Sterbetafeln« bezeichnet (ohne die Attribute »allgemein« und »abgekürzt«). Die erste nach der neuen Methode berechnete Sterbetafel ist die Sterbetafel 2000/2002.

Mittels der neuen Methode werden im Gegensatz zur abgekürzten Sterbetafel auch Sterbewahrscheinlichkeiten und Lebenserwartungen für die Personen, die älter als 90 Jahre sind, **berechnet**. Eine tatsächliche Erfassung der Sterblichkeit bzw. der Lebenserwartung dieser Personen auf der Basis einer Volkszählung erfolgt jedoch nicht. Insofern haben die neu berechneten Sterbetafeln zwar Ähnlichkeit mit einer allgemeinen Sterbetafel (da in beiden Tafeln die Lebenserwartung der über 90-jährigen Personen angegeben wird). Der Unterschied besteht jedoch darin, dass die Lebenswahrscheinlichkeit der über 90-jährigen in der allgemeinen Sterbetafel auf einer Volkszählung basiert, während sie in der neuen Sterbetafel lediglich aus statistischen Methoden ohne eine weitere Datenerhebung berechnet wird. Bei diesen Methoden handelt es sich um die Methoden der Extinct Generation und der nichtlinearen Regression. Beide Methoden werden in der Veröffentlichung »Periodensterbetafeln für Deutschland« vom Statistischen Bundesamt beschrieben (www.destatis.de). An dieser Stelle wird auf die Methoden zur Berechnung der Sterbetafel nicht weiter eingegangen, da diesbezüglich detaillierte statistische Kenntnisse erforderlich sind.

Hinsichtlich der neuen Sterbetafeln ist jedoch zu beachten, dass die Sterblichkeit der Altersklasse ab 90 Jahre nur begrenzt plausible Sterbewahrscheinlichkeiten liefert. So liegen zum Beispiel für Frauen plausible Daten lediglich bis zum Alter von 98 Jahren und für Männer lediglich bis zum Alter von 93 Jahren vor (Basis: Sterbetafel 2001/2003). Darüber hinausgehende Jahre werden mittels der oben genannten nichtlinearen Regression berechnet. Zudem ist in den Erläuterungen zu den neuen Sterbetafeln kein Hinweis darauf zu finden, ob kurzfristige Schwankungen der Sterblichkeit geglättet werden. Dieser Aspekt verstärkt den Eindruck, dass die neuen Sterbetafeln in den oberen Altersklassen nur begrenzt einsatzfähig sind.

Für den Bewertungssachverständigen ist es somit wichtig zu wissen, dass es seit dem Jahr 2002 neue Sterbetafeln gibt, die zwar nicht auf einer Volkszählung basieren, die aber dennoch die Lebenserwartung von über 90-jährigen Personen nach statistischen Methoden ermitteln. Dabei ist jedoch nicht eindeutig erkennbar, mit welcher Genauigkeit in den oberen Altersklassen zu rechnen ist.

Mit den Sterbetafeln ist es möglich, Leibrentenbarwertfaktoren unmittelbar (ohne den Umweg über Näherungslösungen) zu berechnen. Auf der Grundlage der abgekürzten Sterbetafeln können die Leibrentenbarwertfaktoren nur näherungsweise ermittelt werden, da die abgekürzten Sterbetafeln lediglich die Lebenserwartung bis zu einem Alter von 90 Jahren beinhalteten (auf die Berechnung der Leibrentenbarwertfaktoren wird nachfolgend noch im Detail eingegangen).

Das Statistische Bundesamt veröffentlicht die auf der Basis der neuen Sterbetafel berechneten Leibrentenbarwertfaktoren auf seiner Internetseite (www.destatis.de). Dort werden die Leibrentenbarwertfaktoren allerdings als »Kommutationszahlen« bezeichnet.

19.2.5 Zusammenfassung

Es gibt drei Arten von Sterbetafeln:

- Allgemeine Sterbetafeln
- Abgekürzte Sterbetafeln
- Sterbetafeln

Nachfolgend werden die wichtigsten Eigenschaften dieser Sterbetafeln nochmals zusammengefasst.

Allgemeine Sterbetafel	• auf der Basis einer Volkszählung berechnet • letzte allgemeine Sterbetafel: 1986/88 • enthält Lebenserwartungen bis zum Alter der letzten lebenden Person • Leibrentenbarwertfaktoren können auf Basis der allgemeinen Sterbetafel berechnet werden
Abgekürzte Sterbetafel	• basiert nicht auf einer Volkszählung • wird aus der allgemeinen Sterbetafel mittels statistischer Fortschreibung berechnet • letzte abgekürzte Sterbetafel: 1999/2001, wird seitdem nicht mehr berechnet • enthält Lebenserwartungen bis zum Alter 90 Jahre • Leibrentenbarwertfaktoren können auf Basis der abgekürzten Sterbetafel nur näherungsweise berechnet werden
Sterbetafel	• basiert nicht auf einer Volkszählung • wird aus der allgemeinen Sterbetafel und anderen Daten mittels neuerer statistischer Methoden berechnet • wurde erstmals 2000/2002 berechnet • enthält Lebenserwartungen bis zum Alter der letzten lebenden Person • die Daten in den oberen Altersklassen (ab 90 Jahre) enthalten Unsicherheiten • Leibrentenbarwertfaktoren (Kommutationszahlen) können auf Basis der Sterbetafel berechnet werden

19.3 Ermittlung der Leibrentenbarwertfaktoren

19.3.1 Leibrentenbarwertfaktoren des Statistischen Bundesamtes

Für aktuelle Wertermittlungen (ab 2002) kann auf die Leibrentenbarwertfaktoren (Kommutationszahlen) des Statistischen Bundesamtes zurückgegriffen werden. Wie weiter oben bereits beschrieben, werden diese auf der Internetseite www.destatis.de veröffentlicht. Es handelt sich dabei um ein so umfangreiches Tabellenwerk, dass dessen Wiedergabe den Umfang dieses Buches bei Weitem sprengen würde. Deshalb werden im vorliegenden Buch nur die entsprechenden Leibrentenbarwertfaktoren 2002/2004 des Statistischen Bundesamtes für männliche und weibliche Einzelpersonen wiedergegeben, was lediglich eine Buchseite in Anspruch nimmt (siehe weiter hinten).

Die Leibrentenbarwertfaktoren 2002/2004 des Statistischen Bundesamtes für verbundene Leibrenten (z. B. Ehepaare) werden hier nicht wiedergegeben. Sie können den entsprechenden Veröffentlichungen im Internet entnommen werden.

Im Übrigen können im Internet mittlerweile auch kostenlose und entgeltliche Software-Programme erworben werden, in denen die Leibrentenbarwertfaktoren des Statistischen Bundesamtes komfortabel und schnell berechnet werden.

Im vorliegenden Buch werden alle Barwerte von Leibrenten mit den Leibrentenbarwertfaktoren (Kommutationszahlen) des Statistischen Bundesamtes berechnet!

19.3.2 Berechnung der Leibrentenbarwertfaktoren

Die Berechnung der Leibrentenbarwertfaktoren erfolgt auf der Basis einer komplizierten Formel. Eine eigenständige Berechnung der Leibrentenbarwertfaktoren anhand dieser Formel ist für den Sachverständigen in der Regel nicht möglich. Aus diesem Grund greift der Sachverständige im Allgemeinen auf die veröffentlichten Tabellenwerte oder Software-Programme zurück.

Sollten jedoch keine Tabellenwerte oder Software-Programme vorliegen, können die Leibrentenbarwertfaktoren auch näherungsweise anhand eines relativ einfachen Schemas berechnet werden. Dabei behilft man sich mit folgender Methode, die von Strotkamp[2] wie folgt beschrieben wurde:

Vorgehensweise	Beispiel	
1. Alter der berechtigten Person ermitteln	tatsächliches Alter des männlichen Berechtigten	60 Jahre
2. Man entnimmt der für den Wertermittlungsstichtag geltenden Sterbetafel die Lebenserwartung der berechtigten Person.	Lebenserwartung nach der Sterbetafel 2002/2004	20,05 Jahre
3. Mit dieser Lebenserwartung geht man in die allgemeine Sterbetafel 1986/88 und entnimmt das der Lebenserwartung entsprechende Alter der Person.	fiktives Alter des Berechtigten nach der allgemeinen Sterbetafel 1986/88	rd. 57 Jahre
4. Mit diesem fiktiven Alter wird dann der Leibrentenbarwertfaktor auf der Grundlage der allgemeinen Sterbetafel 1986/88 ermittelt.	Leibrentenbarwertfaktor 1986/88 auf der Grundlage eines fiktiven Alters von 57 Jahren und eines Zinssatzes von 3,5 Prozent (monatlich vorschüssige Zahlungsweise)	13,63

Zum Vergleich: Das Statistische Bundesamt gibt für einen 60-jährigen Mann bei einem Zinssatz von 3,5 Prozent einen Leibrentenbarwertfaktor (Kommutationszahl) von 13,777 an (Basis: Sterbetafel 2002/2004). Somit wird deutlich, dass mit der obigen Methode Leibrentenbarwertfaktoren ermittelt werden können, die ausreichend genau sind.

---

2 *Strotkamp/Kierig*, Leibrenten – Ein Buch mit sieben Siegeln? WertermittlungsForum Aktuell, 2000, 51.

Zur Berechnung der Leibrentenbarwertfaktoren nach der obigen Methode werden im vorliegenden Buch die Sterbetafel 2002/2004 und die Leibrentenbarwertfaktoren 1986/88 angegeben (siehe weiter hinten).

Leibrentenbarwertfaktoren für Ehepaare werden im Übrigen auf ähnliche Weise ermittelt:

Vorgehensweise	Beispiel	
1. Alter der berechtigten Personen ermitteln	tatsächliches Alter Mann tatsächliches Alter Frau	70 Jahre 63 Jahre
2. Man entnimmt der für den Wertemittlungsstichtag geltenden Sterbetafel die Lebenserwartung der berechtigten Personen.	Lebenserwartung nach der Sterbetafel 2002/2004	Mann: 12,83 Jahre Frau: 21,47 Jahre
3. Mit diesen Lebenserwartungen geht man in die allgemeine Sterbetafel 1986/88 und entnimmt das der Lebenserwartung entsprechende Alter der Personen.	fiktives Alter der Berechtigten nach der allgemeinen Sterbetafel 1986/88	Mann: rd. 66 Jahre Frau: rd. 60 Jahre
4. Mit dem fiktiven Alter wird dann der Leibrentenbarwertfaktor auf der Grundlage der allgemeinen Sterbetafel 1986/88 ermittelt.	Leibrentenbarwertfaktor 1986/88 auf der Grundlage des fiktiven Alters der Berechtigten und eines Zinssatzes von 3,5 Prozent (monatlich vorschüssige Zahlungsweise)	15,17

Mit der obigen Methode erhält man Leibrentenbarwertfaktoren, die hinreichend genau sind. Die Prozedur ist zwar etwas umständlich, hilft aber in den Fällen, wenn keine Leibrentenbarwertfaktoren (Kommutationszahlen) des Statistischen Bundesamtes vorliegen, was zum Beispiel bei der Bewertung für einen zurückliegenden Stichtag der Fall sein kann. Dann muss der Sachverständige zunächst die für den Wertermittlungsstichtag geltende Sterbetafel besorgen. Mit den dort angegebenen Lebenserwartungen und der Näherungslösung können dann die entsprechenden Leibrentenbarwertfaktoren berechnet werden.

In der nachfolgenden Tabelle werden die Differenzen angegeben, die sich zwischen den Leibrentenbarwertfaktoren (Kommutationszahlen) des Statistischen Bundesamtes (Basis 2002/2004, monatlich vorschüssig) und der Näherungslösung für einen männlichen Berechtigten und einen Zinssatz von 4 Prozent ergeben. Dabei wird deutlich, dass die Abweichungen nicht wertrelevant sind.

Alter	Kommutations-zahlen (2002/2004) des Statistischen Bundesamtes	Näherungslö-sung für Leibrenten-barwertfaktor	Abweichung
20	22,253	22,180	– 0,3 %
30	20,872	20,834	– 0,2 %
40	18,880	18,872	– 0,04 %
50	16,300	16,221	– 0,4 %
60	13,142	13,003	– 1,1 %
70	9,521	9,461	– 0,6 %
80	6,004	6,013	+ 0,1 %
90	3,291	3,319	+ 0,9 %

Ist der Berechtigte älter als 90 Jahre, hilft die obige Methode im Zusammenhang mit den abgekürzten Sterbetafeln nicht weiter, da in den abgekürzten Sterbetafeln keine Lebenserwartungen für diese Personen angeben werden. In diesen Fällen bietet sich eine Extrapolation bzw. Regression an, um die benötigten Leibrentenbarwertfaktoren zu erhalten.

Die nachfolgende Grafik zeigt die Leibrentenbarwertfaktoren aus der vorherigen Tabelle in Abhängigkeit vom Alter der berechtigten Person als Kurve. Diesbezüglich wurde eine lineare Regression gerechnet, die als Gerade in die Grafik eingefügt wurde. Es wird deutlich, dass bereits eine einfache lineare Regression zu akzeptablen Ergebnissen führen kann. Im vorliegenden Fall ergibt sich auf der Grundlage der linearen Regression für das Alter 100 ein Leibrentenbarwertfaktor von 1,85.

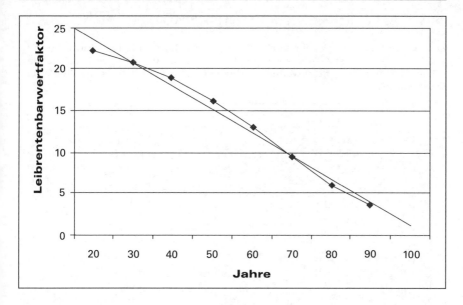

19.3.3 Zusammenfassung zur Vorgehensweise

Für einen aktuellen Wertermittlungsstichtag (ab 2000) sind die jeweils aktuell vom statistischen Bundesamt veröffentlichen Leibrentenbarwertfaktoren anzuwenden. Diese sind für Einzelpersonen im vorliegenden Buch für die Periode 2002/2004 tabelliert. Für mehrere Berechtigte (so genannte Verbindungsrenten) sind sie den Veröffentlichungen des Statistischen Bundesamtes zu entnehmen oder über eine Software zu berechnen.

Falls kein Zugriff auf die Veröffentlichungen des Statistischen Bundesamtes oder eine Software besteht, können die Leibrentenbarwertfaktoren 2002/2004 anhand der oben beschriebenen Methode näherungsweise berechnet werden. Die näherungsweise Berechnung ist zwar etwas umständlich. Sie weist jedoch in der Regel eine für die Wertermittlung ausreichende Genauigkeit auf.

Für zurückliegende Wertermittlungsstichtage (zwischen 1986 und 2000) müssen die Leibrentenbarwertfaktoren über die Näherungslösung berechnet werden. Dann muss der Sachverständige zunächst die für den Wertermittlungsstichtag geltende Sterbetafel besorgen. Mit den dort angegebenen Lebenserwartungen, den Leibrentenbarwertfaktoren 1986/88 und der Näherungslösung können die entsprechenden Leibrentenbarwertfaktoren berechnet werden.

19.4   Leibrentenbarwertfaktoren 2002/2004

Leibrentenbarwertfaktoren für monatlich vorschüssig bis zum Tod zahlbare Leibrenten auf der Grundlage der Sterbetafel für Deutschland 2002/2004 (Quelle: Kommutationszahlen und Versicherungsbarwerte für Leibrenten 2002/2004, Statistisches Bundesamt, www.destatis.de)

Alter des Manes bzw. der Frau	Männer									Frauen								
	Zinssatz									Zinssatz								
	3,0%	3,5%	4,0%	4,5%	5,0%	5,5%	6,0%	6,5%	7,0%	3,0%	3,5%	4,0%	4,5%	5,0%	5,5%	6,0%	6,5%	7,0%
55	16,50	15,61	14,80	14,05	13,37	12,74	12,16	11,63	11,13	18,67	17,55	16,54	15,62	14,79	14,02	13,32	12,68	12,09
56	16,10	15,25	14,48	13,76	13,11	12,51	11,95	11,44	10,96	18,29	17,22	16,25	15,36	14,56	13,82	13,14	12,52	11,95
57	15,70	14,89	14,15	13,47	12,84	12,27	11,73	11,24	10,78	17,89	16,87	15,94	15,09	14,32	13,61	12,95	12,35	11,80
58	15,29	14,52	13,82	13,17	12,57	12,02	11,51	11,03	10,59	17,49	16,52	15,63	14,81	14,07	13,39	12,76	12,18	11,64
59	14,88	14,15	13,48	12,86	12,29	11,77	11,28	10,82	10,40	17,09	16,16	15,31	14,53	13,82	13,16	12,55	11,99	11,48
60	14,46	13,78	13,14	12,56	12,01	11,51	11,04	10,61	10,20	16,67	15,79	14,98	14,23	13,55	12,92	12,34	11,80	11,30
61	14,05	13,40	12,80	12,24	11,73	11,25	10,80	10,38	10,00	16,25	15,41	14,64	13,93	13,28	12,67	12,12	11,60	11,12
62	13,62	13,01	12,44	11,92	11,43	10,97	10,55	10,15	9,78	15,81	15,02	14,29	13,61	12,99	12,41	11,88	11,39	10,93
63	13,20	12,62	12,09	11,59	11,13	10,70	10,29	9,92	9,57	15,37	14,62	13,93	13,29	12,70	12,15	11,64	11,17	10,73
64	12,77	12,23	11,73	11,26	10,82	10,41	10,03	9,67	9,34	14,92	14,21	13,56	12,95	12,39	11,87	11,39	10,94	10,51
65	12,34	11,83	11,36	10,92	10,51	10,12	9,76	9,43	9,11	14,46	13,79	13,18	12,61	12,08	11,58	11,12	10,69	10,29
66	11,91	11,43	10,99	10,58	10,19	9,83	9,49	9,17	8,87	13,99	13,37	12,79	12,25	11,75	11,29	10,85	10,44	10,06
67	11,48	11,04	10,62	10,24	9,88	9,53	9,21	8,91	8,63	13,52	12,94	12,40	11,89	11,42	10,98	10,57	10,18	9,82
68	11,05	10,64	10,26	9,90	9,56	9,24	8,94	8,65	8,39	13,05	12,51	12,00	11,53	11,08	10,67	10,28	9,92	9,57
69	10,63	10,25	9,89	9,55	9,24	8,94	8,66	8,39	8,14	12,58	12,07	11,60	11,15	10,74	10,35	9,98	9,64	9,32
70	10,21	9,85	9,52	9,21	8,91	8,64	8,37	8,12	7,89	12,10	11,63	11,19	10,77	10,39	10,02	9,68	9,36	9,06
71	9,79	9,46	9,16	8,87	8,59	8,33	8,09	7,85	7,63	11,62	11,18	10,77	10,39	10,03	9,69	9,37	9,07	8,78
72	9,38	9,08	8,79	8,52	8,27	8,03	7,80	7,58	7,38	11,14	10,73	10,36	10,00	9,67	9,35	9,05	8,77	8,51
73	8,97	8,70	8,44	8,19	7,95	7,73	7,52	7,32	7,12	10,65	10,29	9,94	9,61	9,30	9,01	8,73	8,47	8,22
74	8,58	8,32	8,08	7,85	7,64	7,43	7,23	7,05	6,87	10,17	9,84	9,52	9,22	8,93	8,66	8,40	8,16	7,93
75	8,19	7,95	7,73	7,52	7,32	7,13	6,95	6,78	6,61	9,69	9,39	9,09	8,82	8,56	8,31	8,07	7,85	7,63
76	7,80	7,59	7,38	7,19	7,01	6,83	6,67	6,51	6,35	9,22	8,94	8,67	8,42	8,18	7,95	7,74	7,53	7,33
77	7,41	7,22	7,03	6,86	6,69	6,53	6,38	6,23	6,09	8,75	8,49	8,25	8,02	7,80	7,59	7,40	7,21	7,03
78	7,02	6,85	6,68	6,52	6,37	6,23	6,09	5,95	5,82	8,28	8,05	7,83	7,62	7,42	7,23	7,05	6,88	6,72
79	6,65	6,49	6,34	6,20	6,06	5,93	5,80	5,68	5,56	7,82	7,61	7,41	7,23	7,05	6,87	6,71	6,55	6,40
80	6,28	6,14	6,00	5,87	5,75	5,63	5,51	5,40	5,30	7,36	7,18	7,00	6,83	6,67	6,52	6,37	6,23	6,09
81	5,93	5,80	5,68	5,56	5,45	5,34	5,24	5,14	5,04	6,93	6,76	6,61	6,45	6,31	6,17	6,04	5,91	5,78
82	5,59	5,47	5,36	5,26	5,16	5,06	4,96	4,87	4,79	6,51	6,36	6,22	6,09	5,96	5,83	5,71	5,59	5,48
83	5,28	5,18	5,08	4,98	4,89	4,80	4,72	4,63	4,55	6,11	5,98	5,86	5,74	5,62	5,51	5,40	5,30	5,20
84	4,98	4,88	4,80	4,71	4,63	4,55	4,47	4,40	4,32	5,73	5,61	5,50	5,39	5,29	5,19	5,09	5,00	4,91
85	4,68	4,59	4,52	4,44	4,36	4,29	4,22	4,16	4,09	5,35	5,25	5,15	5,05	4,96	4,87	4,79	4,70	4,62
86	4,36	4,29	4,22	4,15	4,09	4,02	3,96	3,90	3,84	4,96	4,87	4,79	4,70	4,62	4,54	4,47	4,40	4,33
87	4,08	4,01	3,95	3,89	3,83	3,78	3,72	3,67	3,62	4,61	4,53	4,45	4,38	4,31	4,24	4,17	4,11	4,05
88	3,83	3,77	3,71	3,66	3,61	3,56	3,51	3,46	3,42	4,29	4,22	4,15	4,09	4,03	3,97	3,91	3,85	3,79
89	3,60	3,55	3,50	3,45	3,40	3,36	3,31	3,27	3,23	3,99	3,93	3,87	3,81	3,76	3,70	3,65	3,60	3,55
90	3,38	3,34	3,29	3,25	3,21	3,17	3,13	3,09	3,05	3,71	3,66	3,60	3,55	3,51	3,46	3,41	3,37	3,33
91	3,17	3,13	3,09	3,05	3,02	2,98	2,95	2,91	2,88	3,44	3,40	3,35	3,31	3,26	3,22	3,18	3,14	3,11
92	2,98	2,95	2,91	2,88	2,84	2,81	2,78	2,75	2,72	3,22	3,18	3,14	3,10	3,06	3,03	2,99	2,96	2,92
93	2,81	2,78	2,74	2,71	2,68	2,66	2,63	2,60	2,57	3,01	2,98	2,94	2,91	2,88	2,84	2,81	2,78	2,75
94	2,65	2,62	2,59	2,56	2,54	2,51	2,48	2,46	2,44	2,83	2,79	2,76	2,73	2,70	2,67	2,64	2,62	2,59
95	2,49	2,47	2,44	2,42	2,40	2,37	2,35	2,33	2,31	2,65	2,62	2,60	2,57	2,54	2,52	2,49	2,47	2,44
96	2,36	2,33	2,31	2,29	2,27	2,25	2,23	2,21	2,19	2,49	2,47	2,44	2,42	2,39	2,37	2,35	2,33	2,30
97	2,23	2,21	2,19	2,17	2,15	2,13	2,11	2,09	2,07	2,34	2,32	2,30	2,28	2,26	2,24	2,22	2,20	2,18
98	2,11	2,09	2,07	2,05	2,04	2,02	2,00	1,99	1,97	2,21	2,19	2,17	2,15	2,13	2,11	2,09	2,08	2,06
99	2,00	1,98	1,96	1,95	1,93	1,92	1,90	1,89	1,87	2,08	2,07	2,05	2,03	2,01	2,00	1,98	1,96	1,95
100	1,89	1,88	1,86	1,85	1,83	1,82	1,81	1,79	1,78	1,97	1,95	1,94	1,92	1,91	1,89	1,88	1,86	1,85

19.5 Leibrentenbarwertfaktoren 1986/88

19.5.1 Grundsätzliche Hinweise

In den folgenden Tabellen sind die Leibrentenbarwertfaktoren (LBF) auf der Grundlage der Allgemeinen Sterbetafel 1986/88 für die Bundesrepublik Deutschland angegeben (Gebietsstand vor dem 3. Oktober 1990). Diese Tabellen der Leibrentenbarwertfaktoren wurden nach folgenden Gesichtspunkten strukturiert:

● In der Praxis werden Leibrenten für Ehepaare in der Regel bis zum Tod des zweiten Berechtigten gezahlt. Diesem Umstand wurde in den folgenden Tabellen Rechnung getragen, indem dort die entsprechenden Leibrentenbarwertfaktoren unmittelbar angegeben sind.

● In den folgenden Tabellen werden nur die Personen berücksichtigt, für die in der Regel Leibrentenvereinbarungen getroffen werden. Dabei handelt es sich um Frauen und Männer von 50 bis 90 Jahre. Die Altersklassen von 0 bis 50 Jahre (und über 90) wurden nicht berücksichtigt.

● Innerhalb der Bandbreite von 50 bis 90 Jahre werden die Leibrentenbarwertfaktoren für jede Alterskombination angegeben.

● Es wurde die in der Praxis am häufigsten auftretende monatlich vorschüssige Zahlungsweise gewählt. Bei einer anderen Zahlungsweise als der monatlich vorschüssigen müssen die nachfolgend angegebenen Korrekturfaktoren berücksichtigt werden.

Zins-satz	Korrekturfaktoren bei vor-schüssiger Zahlungsweise			Korrekturen bei nachschüssiger Zahlungsweise			
	jährl.	halbjährl.	viertel-jährl.	jährl.	halbjährl.	viertel-jährl.	monatl.
3 %	0,46	0,21	0,08	− 0,54	− 0,29	− 0,17	− 0,08
3,5 %	0,46	0,21	0,08	− 0,54	− 0,29	− 0,17	− 0,08
4 %	0,46	0,21	0,08	− 0,54	− 0,29	− 0,17	− 0,08
4,5 %	0,47	0,21	0,08	− 0,53	− 0,29	− 0,17	− 0,08
5 %	0,47	0,21	0,08	− 0,53	− 0,29	− 0,17	− 0,08
5,5 %	0,47	0,21	0,08	− 0,53	− 0,29	− 0,17	− 0,08
6 %	0,47	0,21	0,08	− 0,53	− 0,29	− 0,17	− 0,08
6,5 %	0,47	0,21	0,08	− 0,53	− 0,29	− 0,17	− 0,08
7 %	0,47	0,21	0,08	− 0,53	− 0,29	− 0,17	− 0,08

Beispiele für die Anwendung der Korrekturfaktoren:

Ein 66-jähriger Mann erhält eine jährliche vorschüssige Rente. Bei einem Zinssatz von 5 % ergibt sich dann der Leibrentenbarwertfaktor zu 9,65 (= 9,18 + 0,47).

Eine 76-jährige Frau erhält eine halbjährliche nachschüssige Rente. Bei einem Zinssatz von 6 % ergibt sich dann der Leibrentenbarwertfaktor zu 6,71 (= 7,00 − 0,29).

Nachfolgend finden Sie zunächst die Leibrentenbarwertfaktoren für Einzelpersonen und dann die Leibrentenbarwertfaktoren für Ehepaare.

19.5.2 Leibrentenbarwertfaktoren für Einzelpersonen

Leibrentenbarwertfaktoren für monatlich vorschüssig bis zum Tod zahlbare Leibrenten auf der Grundlage der Allgemeinen Sterbetafel für die Bundesrepublik Deutschland 1986/88 (Gebietsstand vor dem 3. Oktober 1990)

	Männer									Frauen								
	Zinssatz									Zinssatz								
	3,0%	3,5%	4,0%	4,5%	5,0%	5,5%	6,0%	6,5%	7,0%	3,0%	3,5%	4,0%	4,5%	5,0%	5,5%	6,0%	6,5%	7,0%
50	17,15	16,18	15,30	14,50	13,77	13,10	12,49	11,92	11,40	19,58	18,34	17,22	16,21	15,30	14,47	13,72	13,03	12,40
51	16,75	15,83	14,99	14,22	13,52	12,87	12,28	11,73	11,23	19,20	18,02	16,94	15,97	15,09	14,28	13,55	12,88	12,27
52	16,35	15,47	14,67	13,93	13,26	12,64	12,07	11,54	11,05	18,83	17,69	16,65	15,72	14,86	14,09	13,38	12,73	12,13
53	15,94	15,11	14,34	13,64	12,99	12,40	11,85	11,34	10,87	18,44	17,35	16,36	15,45	14,63	13,88	13,20	12,57	11,99
54	15,53	14,74	14,01	13,34	12,72	12,15	11,63	11,14	10,69	18,05	17,00	16,05	15,19	14,40	13,67	13,01	12,40	11,84
55	15,13	14,37	13,68	13,04	12,45	11,91	11,40	10,93	10,50	17,65	16,65	15,74	14,91	14,15	13,45	12,81	12,23	11,68
56	14,72	14,00	13,34	12,73	12,17	11,65	11,17	10,72	10,31	17,25	16,29	15,42	14,63	13,90	13,23	12,61	12,04	11,52
57	14,30	13,63	13,00	12,43	11,89	11,40	10,94	10,51	10,11	16,84	15,93	15,10	14,33	13,64	12,99	12,40	11,85	11,35
58	13,89	13,25	12,66	12,11	11,61	11,13	10,69	10,29	9,90	16,42	15,55	14,76	14,04	13,37	12,75	12,18	11,66	11,17
59	13,48	12,87	12,32	11,80	11,32	10,87	10,45	10,06	9,69	15,99	15,17	14,42	13,73	13,09	12,50	11,96	11,45	10,98
60	13,06	12,49	11,97	11,48	11,02	10,60	10,20	9,83	9,48	15,56	14,79	14,07	13,41	12,81	12,24	11,72	11,24	10,79
61	12,65	12,11	11,62	11,15	10,72	10,32	9,94	9,59	9,26	15,13	14,39	13,72	13,09	12,51	11,98	11,48	11,02	10,59
62	12,23	11,73	11,26	10,83	10,42	10,04	9,69	9,35	9,04	14,69	14,00	13,36	12,76	12,21	11,70	11,23	10,79	10,38
63	11,81	11,34	10,91	10,50	10,12	9,76	9,42	9,10	8,81	14,24	13,59	12,99	12,43	11,91	11,42	10,97	10,55	10,16
64	11,39	10,96	10,55	10,17	9,81	9,47	9,15	8,85	8,57	13,79	13,18	12,61	12,08	11,59	11,13	10,71	10,31	9,93
65	10,97	10,57	10,19	9,83	9,49	9,18	8,88	8,60	8,33	13,33	12,76	12,23	11,73	11,27	10,84	10,43	10,05	9,70
66	10,56	10,18	9,82	9,49	9,18	8,88	8,60	8,34	8,09	12,87	12,34	11,84	11,37	10,94	10,53	10,15	9,79	9,46
67	10,14	9,79	9,46	9,15	8,86	8,58	8,32	8,07	7,84	12,41	11,91	11,44	11,01	10,60	10,22	9,86	9,52	9,21
68	9,73	9,40	9,10	8,81	8,54	8,28	8,04	7,81	7,59	11,94	11,48	11,04	10,64	10,26	9,90	9,56	9,25	8,95
69	9,32	9,02	8,74	8,47	8,22	7,98	7,75	7,53	7,33	11,47	11,04	10,64	10,26	9,91	9,57	9,26	8,96	8,68
70	8,91	8,64	8,37	8,13	7,89	7,67	7,46	7,26	7,07	11,00	10,60	10,23	9,88	9,55	9,24	8,95	8,67	8,41
71	8,51	8,26	8,02	7,79	7,57	7,37	7,17	6,99	6,81	10,53	10,16	9,82	9,50	9,19	8,90	8,63	8,37	8,13
72	8,12	7,88	7,67	7,46	7,26	7,07	6,89	6,72	6,55	10,06	9,72	9,41	9,11	8,83	8,56	8,31	8,07	7,84
73	7,73	7,52	7,32	7,13	6,94	6,77	6,60	6,45	6,29	9,59	9,28	8,99	8,72	8,46	8,21	7,98	7,76	7,55
74	7,36	7,16	6,98	6,80	6,64	6,48	6,32	6,18	6,04	9,13	8,85	8,58	8,33	8,09	7,87	7,65	7,45	7,25
75	6,99	6,82	6,65	6,49	6,33	6,19	6,05	5,91	5,78	8,67	8,42	8,18	7,95	7,73	7,52	7,32	7,14	6,96
76	6,64	6,48	6,33	6,18	6,04	5,91	5,78	5,65	5,54	8,22	7,99	7,77	7,56	7,37	7,18	7,00	6,82	6,66
77	6,30	6,15	6,01	5,88	5,75	5,63	5,51	5,40	5,29	7,78	7,58	7,38	7,19	7,01	6,84	6,67	6,51	6,36
78	5,97	5,84	5,71	5,59	5,47	5,36	5,26	5,15	5,05	7,36	7,17	6,99	6,82	6,66	6,50	6,35	6,21	6,07
79	5,65	5,54	5,42	5,31	5,21	5,10	5,01	4,91	4,82	6,94	6,78	6,61	6,46	6,31	6,17	6,03	5,90	5,78
80	5,35	5,25	5,14	5,04	4,95	4,85	4,77	4,68	4,60	6,54	6,39	6,25	6,11	5,98	5,85	5,73	5,61	5,49
81	5,06	4,97	4,87	4,78	4,70	4,61	4,53	4,45	4,38	6,16	6,03	5,90	5,77	5,65	5,54	5,42	5,32	5,21
82	4,79	4,70	4,62	4,54	4,46	4,38	4,31	4,24	4,17	5,79	5,67	5,56	5,44	5,34	5,23	5,13	5,04	4,94
83	4,53	4,45	4,37	4,30	4,23	4,16	4,09	4,03	3,97	5,44	5,34	5,23	5,13	5,03	4,94	4,85	4,76	4,68
84	4,28	4,21	4,14	4,07	4,01	3,95	3,89	3,83	3,77	5,11	5,01	4,92	4,83	4,75	4,66	4,58	4,50	4,43
85	4,04	3,98	3,92	3,86	3,80	3,74	3,69	3,64	3,58	4,79	4,71	4,63	4,55	4,47	4,39	4,32	4,25	4,18
86	3,82	3,76	3,71	3,65	3,60	3,55	3,50	3,45	3,41	4,49	4,42	4,35	4,27	4,21	4,14	4,07	4,01	3,95
87	3,61	3,56	3,51	3,46	3,41	3,37	3,32	3,28	3,24	4,21	4,15	4,08	4,02	3,96	3,90	3,84	3,78	3,73
88	3,41	3,36	3,32	3,28	3,23	3,19	3,15	3,11	3,07	3,95	3,89	3,83	3,77	3,72	3,67	3,61	3,56	3,52
89	3,22	3,18	3,14	3,10	3,06	3,03	2,99	2,95	2,92	3,70	3,65	3,60	3,54	3,50	3,45	3,40	3,36	3,31
90	3,05	3,01	2,97	2,94	2,90	2,87	2,84	2,80	2,77	3,47	3,42	3,37	3,33	3,29	3,24	3,20	3,16	3,12

Alter des Manes bzw. der Frau

19.5.3 Leibrentenbarwertfaktoren für Ehepaare

Leibrentenbarwertfaktoren für monatlich vorschüssig bis zum Tod der zweiten Person an Ehepaare zahlbare Leibrenten auf der Grundlage der Allgemeinen Sterbetafel für die Bundesrepublik Deutschland 1986/88 (Gebietsstand vor dem 3. Oktober 1990)

Zinssatz 3 %

	Alter der Frau (50 bis 70 Jahre)																				
	50	51	52	53	54	55	56	57	58	59	60	61	62	63	64	65	66	67	68	69	70
50	21,29	21,07	20,85	20,64	20,43	20,23	20,03	19,84	19,66	19,48	19,32	19,15	19,00	18,85	18,72	18,58	18,46	18,34	18,23	18,13	18,04
51	21,17	20,94	20,71	20,49	20,27	20,06	19,85	19,65	19,46	19,27	19,09	18,92	18,75	18,60	18,45	18,31	18,18	18,05	17,93	17,82	17,72
52	21,05	20,81	20,57	20,34	20,11	19,89	19,67	19,46	19,26	19,06	18,87	18,69	18,51	18,35	18,19	18,04	17,89	17,76	17,63	17,51	17,40
53	20,94	20,69	20,45	20,20	19,97	19,73	19,51	19,28	19,07	18,86	18,66	18,46	18,28	18,10	17,93	17,77	17,62	17,47	17,34	17,21	17,09
54	20,84	20,58	20,32	20,07	19,82	19,58	19,34	19,11	18,89	18,67	18,45	18,25	18,05	17,86	17,68	17,51	17,35	17,19	17,05	16,91	16,78
55	20,74	20,47	20,21	19,95	19,69	19,44	19,19	18,95	18,71	18,48	18,26	18,04	17,83	17,63	17,44	17,26	17,08	16,92	16,76	16,61	16,47
56	20,65	20,37	20,10	19,83	19,57	19,30	19,04	18,79	18,54	18,30	18,07	17,84	17,62	17,41	17,20	17,01	16,82	16,65	16,48	16,32	16,17
57	20,56	20,28	20,00	19,72	19,45	19,17	18,91	18,64	18,38	18,13	17,88	17,64	17,41	17,19	16,97	16,77	16,57	16,38	16,20	16,04	15,88
58	20,48	20,19	19,90	19,62	19,33	19,05	18,77	18,50	18,23	17,97	17,71	17,46	17,22	16,98	16,75	16,54	16,33	16,13	15,94	15,76	15,59
59	20,40	20,11	19,81	19,52	19,23	18,94	18,65	18,37	18,09	17,81	17,54	17,28	17,03	16,78	16,54	16,31	16,09	15,88	15,68	15,49	15,31
60	20,33	20,03	19,73	19,43	19,13	18,83	18,53	18,24	17,95	17,67	17,39	17,11	16,85	16,59	16,34	16,10	15,86	15,64	15,43	15,22	15,03
61	20,27	19,96	19,65	19,34	19,04	18,73	18,43	18,12	17,82	17,53	17,24	16,96	16,68	16,41	16,14	15,89	15,64	15,41	15,18	14,97	14,76
62	20,21	19,89	19,58	19,27	18,95	18,64	18,32	18,01	17,70	17,40	17,10	16,80	16,52	16,23	15,96	15,69	15,43	15,18	14,95	14,72	14,50
63	20,15	19,83	19,51	19,19	18,87	18,55	18,23	17,91	17,59	17,28	16,97	16,66	16,36	16,07	15,78	15,50	15,23	14,97	14,72	14,48	14,25
64	20,10	19,78	19,45	19,12	18,80	18,47	18,14	17,81	17,49	17,16	16,84	16,53	16,22	15,91	15,61	15,32	15,04	14,77	14,50	14,25	14,01
65	20,05	19,72	19,39	19,06	18,73	18,39	18,06	17,72	17,39	17,06	16,73	16,40	16,08	15,77	15,46	15,15	14,86	14,57	14,30	14,03	13,78
66	20,00	19,67	19,34	19,00	18,66	18,32	17,98	17,64	17,30	16,96	16,62	16,29	15,96	15,63	15,31	14,99	14,69	14,39	14,10	13,82	13,55
67	19,96	19,63	19,29	18,95	18,61	18,26	17,91	17,56	17,22	16,87	16,52	16,18	15,84	15,50	15,17	14,84	14,53	14,22	13,91	13,62	13,34
68	19,93	19,59	19,25	18,90	18,55	18,20	17,85	17,49	17,14	16,78	16,43	16,08	15,73	15,38	15,04	14,70	14,37	14,05	13,74	13,44	13,14
69	19,89	19,55	19,20	18,85	18,50	18,15	17,79	17,43	17,07	16,70	16,34	15,98	15,63	15,27	14,92	14,57	14,23	13,90	13,57	13,26	12,95
70	19,86	19,51	19,17	18,81	18,46	18,10	17,73	17,37	17,00	16,63	16,27	15,90	15,53	15,17	14,81	14,45	14,10	13,76	13,42	13,09	12,78
71	19,83	19,48	19,13	18,77	18,41	18,05	17,68	17,31	16,94	16,57	16,19	15,82	15,45	15,07	14,71	14,34	13,98	13,63	13,28	12,94	12,61
72	19,80	19,45	19,10	18,74	18,38	18,01	17,64	17,26	16,89	16,51	16,13	15,75	15,37	14,99	14,61	14,24	13,87	13,50	13,15	12,80	12,45
73	19,78	19,43	19,07	18,71	18,34	17,97	17,60	17,22	16,84	16,45	16,07	15,68	15,30	14,91	14,53	14,14	13,77	13,39	13,02	12,66	12,31
74	19,76	19,40	19,04	18,68	18,31	17,94	17,56	17,18	16,79	16,40	16,01	15,62	15,23	14,84	14,45	14,06	13,67	13,29	12,91	12,54	12,18
75	19,74	19,38	19,02	18,65	18,28	17,91	17,53	17,14	16,75	16,36	15,97	15,57	15,17	14,77	14,38	13,98	13,59	13,20	12,81	12,43	12,06
76	19,72	19,36	19,00	18,63	18,26	17,88	17,50	17,11	16,72	16,32	15,92	15,52	15,12	14,72	14,31	13,91	13,51	13,11	12,72	12,33	11,95
77	19,71	19,35	18,98	18,61	18,24	17,85	17,47	17,08	16,68	16,28	15,88	15,48	15,07	14,66	14,26	13,85	13,44	13,04	12,63	12,24	11,85
78	19,69	19,33	18,96	18,59	18,21	17,83	17,44	17,05	16,65	16,25	15,85	15,44	15,03	14,62	14,20	13,79	13,38	12,97	12,56	12,15	11,76
79	19,68	19,32	18,95	18,58	18,20	17,81	17,42	17,03	16,63	16,22	15,82	15,40	14,99	14,57	14,16	13,74	13,32	12,90	12,49	12,08	11,67
80	19,67	19,30	18,94	18,56	18,18	17,79	17,40	17,01	16,60	16,20	15,79	15,37	14,96	14,54	14,12	13,69	13,27	12,85	12,43	12,01	11,60
81	19,66	19,29	18,92	18,55	18,17	17,78	17,38	16,99	16,58	16,17	15,76	15,35	14,93	14,50	14,08	13,65	13,23	12,80	12,37	11,95	11,53
82	19,65	19,28	18,91	18,54	18,15	17,76	17,37	16,97	16,56	16,15	15,74	15,32	14,90	14,47	14,05	13,62	13,19	12,76	12,33	11,90	11,47
83	19,64	19,27	18,90	18,53	18,14	17,75	17,36	16,95	16,55	16,14	15,72	15,30	14,87	14,45	14,02	13,58	13,15	12,72	12,28	11,85	11,42
84	19,63	19,27	18,89	18,52	18,13	17,74	17,34	16,94	16,53	16,12	15,70	15,28	14,85	14,42	13,99	13,56	13,12	12,68	12,24	11,81	11,37
85	19,63	19,26	18,89	18,51	18,12	17,73	17,33	16,93	16,52	16,11	15,69	15,26	14,83	14,40	13,97	13,53	13,09	12,65	12,21	11,77	11,33
86	19,62	19,25	18,88	18,50	18,11	17,72	17,32	16,92	16,51	16,09	15,67	15,25	14,82	14,38	13,95	13,51	13,07	12,62	12,18	11,73	11,29
87	19,62	19,25	18,87	18,49	18,11	17,71	17,31	16,91	16,50	16,08	15,66	15,23	14,80	14,37	13,93	13,49	13,04	12,60	12,15	11,70	11,26
88	19,61	19,24	18,87	18,49	18,10	17,71	17,31	16,90	16,49	16,07	15,65	15,22	14,79	14,35	13,91	13,47	13,02	12,58	12,13	11,68	11,23
89	19,61	19,24	18,86	18,48	18,10	17,70	17,30	16,89	16,48	16,06	15,64	15,21	14,78	14,34	13,90	13,45	13,01	12,56	12,11	11,65	11,20
90	19,60	19,24	18,86	18,48	18,09	17,70	17,29	16,89	16,47	16,06	15,63	15,20	14,77	14,33	13,89	13,44	12,99	12,54	12,09	11,63	11,18

(Zeilenbeschriftung links: Alter des Mannes (50 bis 90 Jahre))

Zinssatz 3 %

		71	72	73	74	75	76	77	78	79	80	81	82	83	84	85	86	87	88	89	90
									Alter der Frau (71 bis 90 Jahre)												
	50	17,95	17,87	17,79	17,72	17,66	17,60	17,55	17,50	17,46	17,42	17,39	17,36	17,33	17,31	17,29	17,27	17,25	17,24	17,23	17,22
	51	17,62	17,53	17,45	17,38	17,31	17,25	17,19	17,14	17,09	17,05	17,02	16,98	16,95	16,93	16,90	16,88	16,87	16,85	16,84	16,83
	52	17,30	17,20	17,12	17,03	16,96	16,89	16,83	16,77	16,72	16,68	16,64	16,60	16,57	16,54	16,52	16,50	16,48	16,46	16,45	16,43
	53	16,98	16,87	16,78	16,69	16,61	16,54	16,47	16,41	16,35	16,31	16,26	16,22	16,19	16,16	16,13	16,11	16,09	16,07	16,05	16,04
	54	16,66	16,55	16,44	16,35	16,26	16,18	16,11	16,05	15,99	15,93	15,89	15,84	15,81	15,77	15,74	15,72	15,69	15,67	15,66	15,64
	55	16,35	16,23	16,11	16,01	15,92	15,83	15,75	15,68	15,62	15,56	15,51	15,46	15,42	15,39	15,35	15,32	15,30	15,28	15,26	15,24
	56	16,04	15,91	15,79	15,68	15,57	15,48	15,40	15,32	15,25	15,19	15,13	15,08	15,04	15,00	14,96	14,93	14,91	14,88	14,86	14,84
	57	15,73	15,59	15,46	15,34	15,23	15,13	15,04	14,96	14,88	14,82	14,76	14,70	14,65	14,61	14,57	14,54	14,51	14,49	14,46	14,44
	58	15,43	15,28	15,14	15,02	14,90	14,79	14,69	14,60	14,52	14,45	14,38	14,32	14,27	14,23	14,18	14,15	14,12	14,09	14,06	14,04
	59	15,14	14,98	14,83	14,69	14,57	14,45	14,34	14,25	14,16	14,08	14,01	13,95	13,89	13,84	13,80	13,76	13,72	13,69	13,67	13,64
	60	14,85	14,68	14,52	14,37	14,24	14,11	14,00	13,90	13,80	13,72	13,64	13,57	13,51	13,46	13,41	13,37	13,33	13,29	13,27	13,24
	61	14,57	14,39	14,22	14,06	13,92	13,78	13,66	13,55	13,45	13,35	13,27	13,20	13,13	13,07	13,02	12,97	12,93	12,90	12,87	12,84
	62	14,30	14,11	13,92	13,76	13,60	13,46	13,32	13,20	13,09	13,00	12,91	12,83	12,76	12,69	12,64	12,59	12,54	12,50	12,47	12,44
	63	14,03	13,83	13,64	13,46	13,29	13,14	13,00	12,87	12,75	12,64	12,55	12,46	12,38	12,31	12,25	12,20	12,15	12,11	12,07	12,04
	64	13,78	13,56	13,36	13,17	12,99	12,82	12,67	12,53	12,41	12,29	12,19	12,10	12,01	11,94	11,87	11,81	11,76	11,72	11,68	11,64
	65	13,53	13,30	13,09	12,88	12,70	12,52	12,36	12,21	12,07	11,95	11,84	11,74	11,65	11,57	11,50	11,43	11,38	11,33	11,28	11,25
	66	13,30	13,06	12,83	12,61	12,41	12,22	12,05	11,89	11,75	11,61	11,49	11,38	11,29	11,20	11,12	11,06	10,99	10,94	10,89	10,85
	67	13,07	12,82	12,58	12,35	12,13	11,94	11,75	11,58	11,43	11,28	11,16	11,04	10,93	10,84	10,76	10,68	10,62	10,56	10,51	10,46
	68	12,86	12,59	12,34	12,10	11,87	11,66	11,46	11,28	11,12	10,96	10,83	10,70	10,59	10,49	10,40	10,32	10,25	10,18	10,13	10,08
Alter des Mannes (50 bis 90 Jahre)	69	12,66	12,38	12,11	11,86	11,62	11,39	11,18	10,99	10,81	10,65	10,51	10,37	10,25	10,14	10,04	9,96	9,88	9,81	9,75	9,70
	70	12,47	12,17	11,89	11,63	11,37	11,14	10,92	10,71	10,53	10,35	10,20	10,05	9,92	9,81	9,70	9,61	9,53	9,45	9,39	9,33
	71	12,29	11,98	11,69	11,41	11,15	10,90	10,66	10,45	10,25	10,07	9,90	9,74	9,61	9,48	9,37	9,27	9,18	9,10	9,03	8,97
	72	12,12	11,80	11,50	11,21	10,93	10,67	10,42	10,20	9,98	9,79	9,61	9,45	9,30	9,17	9,05	8,94	8,84	8,76	8,68	8,61
	73	11,97	11,64	11,32	11,02	10,73	10,45	10,20	9,96	9,73	9,53	9,34	9,17	9,01	8,87	8,74	8,62	8,52	8,43	8,35	8,27
	74	11,83	11,48	11,15	10,84	10,54	10,25	9,98	9,73	9,50	9,28	9,08	8,90	8,73	8,58	8,44	8,32	8,21	8,11	8,02	7,95
	75	11,70	11,34	11,00	10,67	10,36	10,06	9,78	9,52	9,28	9,05	8,84	8,64	8,47	8,31	8,16	8,03	7,91	7,81	7,71	7,63
	76	11,58	11,21	10,86	10,52	10,20	9,89	9,60	9,32	9,07	8,83	8,61	8,40	8,22	8,05	7,90	7,76	7,63	7,52	7,42	7,33
	77	11,47	11,09	10,73	10,38	10,05	9,73	9,43	9,14	8,87	8,62	8,39	8,18	7,98	7,81	7,64	7,50	7,36	7,24	7,14	7,04
	78	11,37	10,98	10,61	10,25	9,91	9,58	9,27	8,97	8,69	8,43	8,19	7,97	7,77	7,58	7,41	7,25	7,11	6,99	6,87	6,77
	79	11,28	10,89	10,51	10,14	9,78	9,44	9,12	8,82	8,53	8,26	8,01	7,78	7,56	7,36	7,19	7,02	6,87	6,74	6,62	6,51
	80	11,19	10,80	10,41	10,03	9,67	9,32	8,99	8,67	8,38	8,10	7,84	7,59	7,37	7,17	6,98	6,81	6,65	6,51	6,39	6,27
	81	11,12	10,72	10,32	9,94	9,56	9,21	8,87	8,54	8,24	7,95	7,68	7,43	7,20	6,98	6,79	6,61	6,44	6,30	6,16	6,05
	82	11,06	10,64	10,24	9,85	9,47	9,10	8,75	8,42	8,11	7,81	7,53	7,27	7,03	6,81	6,61	6,42	6,25	6,10	5,96	5,83
	83	11,00	10,58	10,17	9,77	9,38	9,01	8,65	8,31	7,99	7,68	7,40	7,13	6,88	6,65	6,44	6,25	6,07	5,91	5,77	5,63
	84	10,94	10,52	10,11	9,70	9,31	8,93	8,56	8,21	7,88	7,57	7,28	7,00	6,75	6,51	6,29	6,09	5,91	5,74	5,59	5,45
	85	10,90	10,47	10,05	9,64	9,24	8,85	8,48	8,13	7,79	7,47	7,17	6,88	6,62	6,38	6,15	5,94	5,75	5,58	5,42	5,28
	86	10,86	10,42	10,00	9,58	9,18	8,78	8,41	8,04	7,70	7,37	7,06	6,78	6,51	6,25	6,02	5,81	5,61	5,43	5,27	5,12
	87	10,82	10,38	9,95	9,53	9,12	8,72	8,34	7,97	7,62	7,29	6,97	6,68	6,40	6,14	5,90	5,68	5,48	5,30	5,13	4,97
	88	10,79	10,35	9,91	9,49	9,07	8,67	8,28	7,91	7,55	7,21	6,89	6,59	6,31	6,04	5,80	5,57	5,36	5,17	5,00	4,84
	89	10,76	10,31	9,88	9,45	9,03	8,62	8,23	7,85	7,49	7,14	6,82	6,51	6,22	5,95	5,70	5,47	5,26	5,06	4,88	4,72
	90	10,73	10,28	9,84	9,41	8,99	8,58	8,18	7,80	7,43	7,08	6,75	6,44	6,14	5,87	5,61	5,38	5,16	4,96	4,77	4,60

Zinssatz 3,5 %

		Alter der Frau (50 bis 70 Jahre)																			
		50	51	52	53	54	55	56	57	58	59	60	61	62	63	64	65	66	67	68	69	70
	50	19,87	19,68	19,49	19,31	19,13	18,96	18,79	18,62	18,46	18,31	18,16	18,02	17,88	17,75	17,63	17,51	17,40	17,29	17,19	17,10	17,02
	51	19,76	19,56	19,37	19,18	18,99	18,81	18,63	18,46	18,29	18,12	17,96	17,81	17,67	17,53	17,40	17,27	17,15	17,04	16,93	16,83	16,74
	52	19,66	19,46	19,25	19,05	18,86	18,67	18,48	18,29	18,11	17,94	17,77	17,61	17,46	17,31	17,17	17,03	16,90	16,78	16,67	16,56	16,46
	53	19,56	19,35	19,14	18,93	18,73	18,53	18,33	18,14	17,95	17,77	17,59	17,42	17,25	17,09	16,94	16,80	16,66	16,53	16,41	16,29	16,18
	54	19,47	19,25	19,04	18,82	18,61	18,40	18,19	17,99	17,79	17,60	17,41	17,23	17,05	16,88	16,72	16,57	16,42	16,28	16,15	16,02	15,91
	55	19,39	19,16	18,94	18,71	18,49	18,27	18,05	17,84	17,63	17,43	17,23	17,04	16,86	16,68	16,51	16,34	16,19	16,04	15,90	15,76	15,64
	56	19,31	19,07	18,84	18,61	18,38	18,15	17,93	17,70	17,49	17,27	17,07	16,87	16,67	16,48	16,30	16,12	15,96	15,80	15,65	15,50	15,37
	57	19,23	18,99	18,75	18,51	18,27	18,04	17,80	17,57	17,35	17,12	16,91	16,69	16,49	16,29	16,10	15,91	15,73	15,56	15,40	15,25	15,10
	58	19,16	18,91	18,67	18,42	18,18	17,93	17,69	17,45	17,21	16,98	16,75	16,53	16,31	16,10	15,90	15,70	15,52	15,34	15,16	15,00	14,84
	59	19,09	18,84	18,59	18,33	18,08	17,83	17,58	17,33	17,09	16,84	16,61	16,37	16,15	15,93	15,71	15,50	15,30	15,11	14,93	14,76	14,59
	60	19,03	18,77	18,51	18,25	17,99	17,73	17,48	17,22	16,96	16,71	16,47	16,22	15,99	15,75	15,53	15,31	15,10	14,90	14,70	14,52	14,34
	61	18,97	18,71	18,44	18,18	17,91	17,64	17,38	17,11	16,85	16,59	16,33	16,08	15,83	15,59	15,35	15,12	14,90	14,69	14,48	14,29	14,10
	62	18,92	18,65	18,38	18,11	17,83	17,56	17,29	17,01	16,74	16,47	16,21	15,94	15,69	15,43	15,19	14,95	14,71	14,49	14,27	14,06	13,87
	63	18,87	18,60	18,32	18,04	17,76	17,48	17,20	16,92	16,64	16,36	16,09	15,82	15,55	15,29	15,03	14,78	14,53	14,29	14,07	13,85	13,64
	64	18,82	18,54	18,26	17,98	17,70	17,41	17,12	16,83	16,55	16,26	15,98	15,70	15,42	15,14	14,88	14,61	14,36	14,11	13,87	13,64	13,42
Alter des Mannes (50 bis 90 Jahre)	65	18,78	18,50	18,21	17,92	17,63	17,34	17,05	16,75	16,46	16,16	15,87	15,58	15,29	15,01	14,73	14,46	14,19	13,93	13,68	13,44	13,20
	66	18,74	18,45	18,16	17,87	17,58	17,28	16,98	16,68	16,38	16,08	15,77	15,48	15,18	14,89	14,60	14,31	14,04	13,76	13,50	13,25	13,00
	67	18,70	18,41	18,12	17,82	17,52	17,22	16,91	16,61	16,30	15,99	15,68	15,38	15,07	14,77	14,47	14,18	13,89	13,61	13,33	13,06	12,81
	68	18,67	18,37	18,08	17,78	17,47	17,16	16,85	16,54	16,23	15,91	15,60	15,28	14,97	14,66	14,35	14,05	13,75	13,46	13,17	12,89	12,62
	69	18,63	18,34	18,04	17,73	17,43	17,11	16,80	16,48	16,16	15,84	15,52	15,20	14,88	14,56	14,24	13,93	13,62	13,31	13,02	12,73	12,45
	70	18,60	18,31	18,00	17,70	17,38	17,07	16,75	16,43	16,10	15,78	15,45	15,12	14,79	14,46	14,14	13,82	13,50	13,18	12,88	12,57	12,28
	71	18,58	18,28	17,97	17,66	17,35	17,03	16,70	16,38	16,05	15,72	15,38	15,05	14,71	14,38	14,04	13,71	13,38	13,06	12,74	12,43	12,13
	72	18,55	18,25	17,94	17,63	17,31	16,99	16,66	16,33	16,00	15,66	15,32	14,98	14,64	14,30	13,96	13,62	13,28	12,95	12,62	12,30	11,98
	73	18,53	18,23	17,92	17,60	17,28	16,95	16,62	16,29	15,95	15,61	15,27	14,92	14,57	14,22	13,88	13,53	13,19	12,84	12,51	12,18	11,85
	74	18,51	18,20	17,89	17,57	17,25	16,92	16,59	16,25	15,91	15,56	15,22	14,86	14,51	14,16	13,80	13,45	13,10	12,75	12,40	12,06	11,73
	75	18,49	18,18	17,87	17,55	17,22	16,89	16,56	16,22	15,87	15,52	15,17	14,81	14,46	14,10	13,74	13,38	13,02	12,66	12,31	11,96	11,61
	76	18,48	18,17	17,85	17,53	17,20	16,87	16,53	16,19	15,84	15,49	15,13	14,77	14,41	14,04	13,68	13,31	12,95	12,58	12,22	11,86	11,51
	77	18,46	18,15	17,83	17,51	17,18	16,84	16,50	16,16	15,81	15,45	15,09	14,73	14,36	13,99	13,62	13,25	12,88	12,51	12,14	11,78	11,42
	78	18,45	18,14	17,82	17,49	17,16	16,82	16,48	16,13	15,78	15,42	15,06	14,69	14,32	13,95	13,57	13,20	12,82	12,45	12,07	11,70	11,33
	79	18,44	18,12	17,80	17,48	17,14	16,80	16,46	16,11	15,75	15,39	15,03	14,66	14,29	13,91	13,53	13,15	12,77	12,39	12,01	11,63	11,25
	80	18,42	18,11	17,79	17,46	17,13	16,79	16,44	16,09	15,73	15,37	15,00	14,63	14,25	13,87	13,49	13,11	12,72	12,33	11,95	11,56	11,18
	81	18,42	18,10	17,78	17,45	17,11	16,77	16,43	16,07	15,71	15,35	14,98	14,60	14,23	13,84	13,46	13,07	12,68	12,29	11,90	11,51	11,12
	82	18,41	18,09	17,77	17,44	17,10	16,76	16,41	16,06	15,69	15,33	14,96	14,58	14,20	13,81	13,43	13,03	12,64	12,24	11,85	11,45	11,06
	83	18,40	18,08	17,76	17,43	17,09	16,75	16,40	16,04	15,68	15,31	14,94	14,56	14,18	13,79	13,40	13,00	12,61	12,21	11,81	11,41	11,01
	84	18,39	18,07	17,75	17,42	17,08	16,74	16,39	16,03	15,67	15,30	14,92	14,54	14,16	13,77	13,37	12,98	12,58	12,17	11,77	11,37	10,97
	85	18,39	18,07	17,74	17,41	17,07	16,73	16,38	16,02	15,65	15,28	14,91	14,52	14,14	13,75	13,35	12,95	12,55	12,14	11,74	11,33	10,92
	86	18,38	18,06	17,74	17,40	17,06	16,72	16,37	16,01	15,64	15,27	14,89	14,51	14,12	13,73	13,33	12,93	12,52	12,12	11,71	11,30	10,89
	87	18,38	18,06	17,73	17,40	17,06	16,71	16,36	16,00	15,63	15,26	14,88	14,50	14,11	13,71	13,31	12,91	12,50	12,09	11,68	11,27	10,86
	88	18,37	18,05	17,73	17,39	17,05	16,70	16,35	15,99	15,62	15,25	14,87	14,49	14,09	13,70	13,30	12,89	12,48	12,07	11,66	11,24	10,83
	89	18,37	18,05	17,72	17,39	17,05	16,70	16,34	15,98	15,62	15,24	14,86	14,47	14,08	13,69	13,28	12,88	12,47	12,05	11,64	11,22	10,80
	90	18,36	18,04	17,72	17,38	17,04	16,69	16,34	15,98	15,61	15,23	14,85	14,47	14,07	13,68	13,27	12,87	12,45	12,04	11,62	11,20	10,78

Zinssatz 3,5 %

Alter des Mannes (50 bis 90 Jahre)	71	72	73	74	75	76	77	78	79	80	81	82	83	84	85	86	87	88	89	90
50	16,93	16,86	16,79	16,73	16,67	16,61	16,57	16,52	16,48	16,45	16,41	16,39	16,36	16,34	16,32	16,30	16,29	16,27	16,26	16,25
51	16,65	16,57	16,49	16,42	16,36	16,30	16,25	16,20	16,16	16,12	16,08	16,05	16,02	16,00	15,98	15,96	15,94	15,93	15,92	15,90
52	16,36	16,27	16,19	16,12	16,05	15,99	15,93	15,88	15,83	15,79	15,75	15,72	15,68	15,66	15,63	15,61	15,60	15,58	15,57	15,55
53	16,08	15,98	15,90	15,81	15,74	15,67	15,61	15,55	15,50	15,45	15,41	15,38	15,34	15,31	15,29	15,27	15,25	15,23	15,21	15,20
54	15,80	15,69	15,60	15,51	15,43	15,36	15,29	15,23	15,17	15,12	15,08	15,04	15,00	14,97	14,94	14,92	14,89	14,87	14,86	14,84
55	15,52	15,41	15,30	15,21	15,12	15,04	14,97	14,90	14,84	14,79	14,74	14,70	14,66	14,62	14,59	14,56	14,54	14,52	14,50	14,48
56	15,24	15,12	15,01	14,91	14,81	14,73	14,65	14,58	14,51	14,45	14,40	14,35	14,31	14,27	14,24	14,21	14,18	14,16	14,14	14,12
57	14,97	14,84	14,72	14,61	14,51	14,42	14,33	14,25	14,18	14,12	14,06	14,01	13,97	13,92	13,89	13,86	13,83	13,80	13,78	13,76
58	14,70	14,56	14,44	14,32	14,21	14,11	14,01	13,93	13,85	13,79	13,72	13,67	13,62	13,57	13,54	13,50	13,47	13,44	13,42	13,40
59	14,44	14,29	14,15	14,03	13,91	13,80	13,70	13,61	13,53	13,45	13,39	13,33	13,27	13,22	13,18	13,14	13,11	13,08	13,06	13,03
60	14,18	14,02	13,87	13,74	13,61	13,50	13,39	13,29	13,20	13,12	13,05	12,98	12,93	12,87	12,83	12,79	12,75	12,72	12,69	12,67
61	13,92	13,76	13,60	13,45	13,32	13,19	13,08	12,97	12,88	12,79	12,71	12,64	12,58	12,53	12,48	12,43	12,39	12,36	12,33	12,30
62	13,68	13,50	13,33	13,18	13,03	12,90	12,77	12,66	12,56	12,46	12,38	12,30	12,24	12,18	12,12	12,07	12,03	12,00	11,96	11,93
63	13,44	13,25	13,07	12,90	12,75	12,61	12,47	12,35	12,24	12,14	12,05	11,97	11,89	11,83	11,77	11,72	11,67	11,63	11,60	11,57
64	13,21	13,00	12,82	12,64	12,47	12,32	12,18	12,05	11,93	11,82	11,72	11,63	11,55	11,48	11,42	11,36	11,32	11,27	11,23	11,20
65	12,98	12,77	12,57	12,38	12,20	12,04	11,89	11,75	11,62	11,50	11,40	11,30	11,22	11,14	11,07	11,01	10,96	10,91	10,87	10,83
66	12,77	12,54	12,33	12,13	11,94	11,77	11,60	11,45	11,32	11,19	11,08	10,98	10,88	10,80	10,73	10,66	10,60	10,55	10,51	10,47
67	12,56	12,32	12,10	11,89	11,69	11,50	11,33	11,17	11,02	10,89	10,77	10,66	10,56	10,47	10,39	10,32	10,25	10,20	10,15	10,11
68	12,36	12,11	11,88	11,65	11,44	11,24	11,06	10,89	10,73	10,59	10,46	10,34	10,23	10,14	10,05	9,98	9,91	9,85	9,79	9,75
69	12,18	11,91	11,67	11,43	11,21	11,00	10,80	10,62	10,45	10,30	10,16	10,03	9,92	9,82	9,72	9,64	9,57	9,50	9,44	9,39
70	12,00	11,73	11,47	11,22	10,98	10,76	10,55	10,36	10,18	10,02	9,87	9,74	9,61	9,50	9,40	9,31	9,23	9,16	9,10	9,04
71	11,83	11,55	11,28	11,02	10,77	10,54	10,32	10,11	9,93	9,75	9,59	9,45	9,32	9,20	9,09	8,99	8,91	8,83	8,76	8,70
72	11,68	11,38	11,10	10,83	10,57	10,32	10,09	9,88	9,68	9,49	9,32	9,17	9,03	8,90	8,79	8,68	8,59	8,51	8,44	8,37
73	11,53	11,23	10,93	10,65	10,38	10,12	9,88	9,65	9,44	9,25	9,07	8,90	8,75	8,62	8,50	8,39	8,29	8,20	8,12	8,05
74	11,40	11,08	10,78	10,48	10,20	9,93	9,68	9,44	9,22	9,01	8,83	8,65	8,49	8,35	8,22	8,10	7,99	7,90	7,81	7,74
75	11,28	10,95	10,63	10,33	10,03	9,75	9,49	9,24	9,01	8,79	8,59	8,41	8,24	8,09	7,95	7,82	7,71	7,61	7,52	7,44
76	11,16	10,83	10,50	10,18	9,88	9,59	9,32	9,06	8,81	8,59	8,38	8,18	8,01	7,85	7,70	7,56	7,44	7,34	7,24	7,15
77	11,06	10,71	10,38	10,05	9,74	9,44	9,15	8,88	8,63	8,39	8,17	7,97	7,79	7,61	7,46	7,32	7,19	7,07	6,97	6,88
78	10,97	10,61	10,27	9,93	9,61	9,30	9,00	8,72	8,46	8,21	7,98	7,77	7,58	7,40	7,23	7,08	6,95	6,83	6,72	6,62
79	10,88	10,52	10,16	9,82	9,49	9,17	8,86	8,58	8,30	8,05	7,81	7,59	7,38	7,19	7,02	6,87	6,72	6,59	6,48	6,38
80	10,80	10,43	10,07	9,72	9,38	9,05	8,74	8,44	8,16	7,89	7,64	7,41	7,20	7,00	6,82	6,66	6,51	6,38	6,25	6,14
81	10,74	10,36	9,99	9,63	9,28	8,94	8,62	8,31	8,02	7,75	7,49	7,25	7,03	6,83	6,64	6,47	6,31	6,17	6,04	5,93
82	10,67	10,29	9,91	9,55	9,19	8,85	8,51	8,20	7,90	7,62	7,35	7,11	6,88	6,66	6,47	6,29	6,13	5,98	5,84	5,72
83	10,62	10,23	9,84	9,47	9,11	8,76	8,42	8,10	7,79	7,50	7,23	6,97	6,73	6,51	6,31	6,12	5,95	5,80	5,66	5,53
84	10,57	10,17	9,78	9,40	9,03	8,68	8,33	8,00	7,69	7,39	7,11	6,85	6,60	6,37	6,16	5,97	5,79	5,63	5,49	5,35
85	10,52	10,12	9,73	9,34	8,97	8,60	8,25	7,92	7,59	7,29	7,00	6,73	6,48	6,25	6,03	5,83	5,65	5,48	5,33	5,19
86	10,48	10,08	9,68	9,29	8,91	8,54	8,18	7,84	7,51	7,20	6,91	6,63	6,37	6,13	5,91	5,70	5,51	5,34	5,18	5,04
87	10,45	10,04	9,64	9,24	8,85	8,48	8,12	7,77	7,43	7,12	6,82	6,53	6,27	6,02	5,79	5,58	5,39	5,21	5,04	4,89
88	10,41	10,00	9,60	9,20	8,81	8,43	8,06	7,71	7,37	7,04	6,74	6,45	6,18	5,92	5,69	5,47	5,27	5,09	4,92	4,76
89	10,39	9,97	9,56	9,16	8,76	8,38	8,01	7,65	7,30	6,98	6,66	6,37	6,09	5,84	5,59	5,37	5,17	4,98	4,80	4,64
90	10,36	9,94	9,53	9,12	8,73	8,34	7,96	7,60	7,25	6,92	6,60	6,30	6,02	5,76	5,51	5,28	5,07	4,87	4,70	4,53

Zinssatz 4 %

Alter des Mannes \ Alter der Frau	50	51	52	53	54	55	56	57	58	59	60	61	62	63	64	65	66	67	68	69	70
50	18,59	18,43	18,27	18,11	17,96	17,81	17,66	17,52	17,38	17,24	17,11	16,99	16,87	16,75	16,64	16,53	16,43	16,34	16,25	16,16	16,09
51	18,50	18,33	18,17	18,00	17,84	17,68	17,52	17,37	17,22	17,08	16,94	16,81	16,68	16,55	16,44	16,32	16,22	16,11	16,02	15,92	15,84
52	18,41	18,24	18,06	17,89	17,72	17,56	17,39	17,23	17,08	16,92	16,78	16,63	16,50	16,36	16,24	16,11	16,00	15,89	15,78	15,69	15,59
53	18,33	18,15	17,97	17,79	17,61	17,44	17,26	17,10	16,93	16,77	16,61	16,46	16,32	16,17	16,04	15,91	15,78	15,67	15,55	15,45	15,35
54	18,25	18,06	17,87	17,69	17,50	17,32	17,14	16,96	16,79	16,62	16,46	16,29	16,14	15,99	15,84	15,71	15,57	15,45	15,33	15,21	15,11
55	18,18	17,98	17,79	17,59	17,40	17,21	17,02	16,84	16,66	16,48	16,30	16,13	15,97	15,81	15,65	15,51	15,37	15,23	15,10	14,98	14,86
56	18,10	17,90	17,70	17,50	17,30	17,11	16,91	16,72	16,53	16,34	16,15	15,98	15,80	15,63	15,47	15,31	15,16	15,02	14,88	14,75	14,63
57	18,04	17,83	17,62	17,42	17,21	17,01	16,80	16,60	16,40	16,20	16,01	15,82	15,64	15,46	15,29	15,12	14,96	14,81	14,66	14,52	14,39
58	17,97	17,76	17,55	17,34	17,12	16,91	16,70	16,49	16,28	16,08	15,88	15,68	15,49	15,30	15,11	14,94	14,77	14,60	14,45	14,30	14,16
59	17,92	17,70	17,48	17,26	17,04	16,82	16,60	16,38	16,17	15,96	15,74	15,54	15,34	15,14	14,95	14,76	14,58	14,41	14,24	14,08	13,93
60	17,86	17,64	17,41	17,19	16,96	16,74	16,51	16,29	16,06	15,84	15,62	15,40	15,19	14,98	14,78	14,59	14,39	14,21	14,03	13,87	13,70
61	17,81	17,58	17,35	17,12	16,89	16,66	16,42	16,19	15,96	15,73	15,50	15,28	15,05	14,84	14,62	14,42	14,22	14,02	13,84	13,66	13,49
62	17,76	17,53	17,29	17,06	16,82	16,58	16,34	16,10	15,86	15,62	15,39	15,15	14,92	14,70	14,47	14,26	14,05	13,84	13,66	13,45	13,27
63	17,71	17,48	17,24	17,00	16,76	16,51	16,26	16,02	15,77	15,53	15,28	15,04	14,80	14,56	14,33	14,10	13,88	13,67	13,46	13,26	13,06
64	17,67	17,43	17,19	16,94	16,70	16,44	16,19	15,94	15,69	15,43	15,18	14,93	14,68	14,43	14,19	13,96	13,72	13,50	13,28	13,07	12,86
65	17,63	17,39	17,14	16,89	16,64	16,38	16,13	15,87	15,61	15,34	15,08	14,83	14,57	14,31	14,06	13,82	13,57	13,34	13,11	12,88	12,67
66	17,60	17,35	17,10	16,84	16,59	16,33	16,06	15,80	15,53	15,26	15,00	14,73	14,46	14,20	13,94	13,68	13,43	13,18	12,94	12,71	12,48
67	17,56	17,31	17,06	16,80	16,54	16,27	16,00	15,73	15,46	15,19	14,91	14,64	14,36	14,09	13,82	13,56	13,29	13,04	12,79	12,54	12,30
68	17,53	17,28	17,02	16,76	16,49	16,22	15,95	15,67	15,40	15,12	14,83	14,55	14,27	13,99	13,71	13,44	13,17	12,90	12,64	12,38	12,13
69	17,50	17,24	16,98	16,72	16,45	16,18	15,90	15,62	15,34	15,05	14,76	14,47	14,19	13,90	13,61	13,33	13,05	12,77	12,50	12,23	11,97
70	17,47	17,22	16,95	16,68	16,41	16,13	15,85	15,57	15,28	14,99	14,70	14,40	14,11	13,81	13,52	13,22	12,93	12,65	12,37	12,09	11,82
71	17,45	17,19	16,92	16,65	16,38	16,10	15,81	15,52	15,23	14,93	14,63	14,33	14,03	13,73	13,43	13,13	12,83	12,53	12,24	11,96	11,68
72	17,43	17,16	16,90	16,62	16,34	16,06	15,77	15,48	15,18	14,88	14,58	14,27	13,97	13,66	13,35	13,04	12,73	12,43	12,13	11,83	11,54
73	17,41	17,14	16,87	16,60	16,31	16,03	15,74	15,44	15,14	14,84	14,53	14,22	13,90	13,59	13,27	12,96	12,64	12,33	12,02	11,72	11,42
74	17,39	17,12	16,85	16,57	16,29	16,00	15,70	15,40	15,10	14,79	14,48	14,17	13,85	13,53	13,21	12,88	12,56	12,24	11,93	11,61	11,30
75	17,37	17,10	16,83	16,55	16,26	15,97	15,67	15,37	15,07	14,75	14,44	14,12	13,80	13,47	13,14	12,82	12,49	12,16	11,84	11,51	11,20
76	17,35	17,08	16,81	16,53	16,24	15,95	15,65	15,34	15,03	14,72	14,40	14,08	13,75	13,42	13,09	12,75	12,42	12,09	11,75	11,42	11,10
77	17,34	17,07	16,79	16,51	16,22	15,92	15,62	15,32	15,00	14,69	14,36	14,04	13,71	13,37	13,04	12,70	12,36	12,02	11,68	11,34	11,01
78	17,33	17,06	16,78	16,49	16,20	15,91	15,60	15,29	14,98	14,66	14,33	14,00	13,67	13,33	12,99	12,65	12,30	11,96	11,61	11,27	10,93
79	17,32	17,04	16,76	16,48	16,19	15,89	15,58	15,27	14,95	14,63	14,30	13,97	13,64	13,29	12,95	12,60	12,25	11,90	11,55	11,20	10,85
80	17,31	17,03	16,75	16,46	16,17	15,87	15,56	15,25	14,93	14,61	14,28	13,94	13,60	13,26	12,91	12,56	12,21	11,85	11,50	11,14	10,79
81	17,30	17,02	16,74	16,45	16,16	15,86	15,55	15,24	14,91	14,59	14,26	13,92	13,58	13,23	12,88	12,52	12,17	11,81	11,45	11,09	10,73
82	17,29	17,01	16,73	16,44	16,15	15,84	15,54	15,22	14,90	14,57	14,24	13,90	13,55	13,20	12,85	12,49	12,13	11,77	11,40	11,04	10,67
83	17,28	17,01	16,72	16,43	16,14	15,83	15,52	15,21	14,88	14,55	14,22	13,88	13,53	13,18	12,82	12,46	12,10	11,73	11,36	10,99	10,63
84	17,27	17,00	16,71	16,42	16,13	15,82	15,51	15,19	14,87	14,54	14,20	13,86	13,51	13,16	12,80	12,44	12,07	11,70	11,33	10,95	10,58
85	17,27	16,99	16,71	16,42	16,12	15,81	15,50	15,18	14,86	14,53	14,19	13,84	13,49	13,14	12,78	12,41	12,04	11,67	11,30	10,92	10,54
86	17,26	16,99	16,70	16,41	16,11	15,81	15,49	15,17	14,85	14,51	14,17	13,83	13,48	13,12	12,76	12,39	12,02	11,65	11,27	10,89	10,51
87	17,26	16,98	16,70	16,40	16,10	15,80	15,49	15,16	14,84	14,50	14,16	13,82	13,46	13,11	12,74	12,37	12,00	11,62	11,24	10,86	10,48
88	17,25	16,98	16,69	16,40	16,10	15,79	15,48	15,16	14,83	14,49	14,15	13,81	13,45	13,09	12,73	12,36	11,98	11,60	11,22	10,84	10,45
89	17,25	16,97	16,69	16,39	16,09	15,79	15,47	15,15	14,82	14,49	14,14	13,80	13,44	13,08	12,71	12,34	11,97	11,59	11,20	10,81	10,43
90	17,25	16,97	16,68	16,39	16,09	15,78	15,47	15,14	14,82	14,48	14,14	13,79	13,43	13,07	12,70	12,33	11,95	11,57	11,18	10,79	10,40

Alter der Frau (50 bis 70 Jahre) — Spalten.
Alter des Mannes (50 bis 90 Jahre) — Zeilen.

Zinssatz 4 %

Alter der Frau (71 bis 90 Jahre)

	71	72	73	74	75	76	77	78	79	80	81	82	83	84	85	86	87	88	89	90
50	16,01	15,94	15,88	15,82	15,76	15,71	15,67	15,63	15,59	15,56	15,53	15,50	15,48	15,46	15,44	15,42	15,41	15,39	15,38	15,37
51	15,76	15,68	15,61	15,55	15,49	15,44	15,39	15,34	15,30	15,27	15,23	15,20	15,18	15,15	15,13	15,12	15,10	15,09	15,07	15,06
52	15,51	15,43	15,35	15,28	15,22	15,16	15,10	15,06	15,01	14,97	14,94	14,90	14,87	14,85	14,83	14,81	14,79	14,77	14,76	14,75
53	15,26	15,17	15,09	15,01	14,94	14,88	14,82	14,77	14,72	14,67	14,64	14,60	14,57	14,54	14,52	14,50	14,48	14,46	14,44	14,43
54	15,00	14,91	14,82	14,74	14,67	14,60	14,53	14,48	14,42	14,38	14,33	14,30	14,26	14,23	14,20	14,18	14,16	14,14	14,13	14,11
55	14,76	14,65	14,56	14,47	14,39	14,32	14,25	14,18	14,13	14,08	14,03	13,99	13,95	13,92	13,89	13,86	13,84	13,82	13,80	13,79
56	14,51	14,40	14,30	14,20	14,12	14,03	13,96	13,89	13,83	13,78	13,73	13,68	13,64	13,61	13,57	13,55	13,52	13,50	13,48	13,46
57	14,26	14,15	14,04	13,94	13,84	13,75	13,67	13,60	13,53	13,47	13,42	13,37	13,33	13,29	13,26	13,23	13,20	13,17	13,15	13,13
58	14,02	13,90	13,78	13,67	13,57	13,47	13,39	13,31	13,24	13,17	13,11	13,06	13,01	12,97	12,94	12,90	12,87	12,85	12,82	12,80
59	13,79	13,65	13,52	13,41	13,30	13,20	13,10	13,02	12,94	12,87	12,81	12,75	12,70	12,65	12,61	12,58	12,55	12,52	12,49	12,47
60	13,55	13,41	13,27	13,15	13,03	12,92	12,82	12,73	12,65	12,57	12,50	12,44	12,38	12,34	12,29	12,25	12,22	12,19	12,16	12,14
61	13,32	13,17	13,02	12,89	12,76	12,65	12,54	12,44	12,35	12,27	12,19	12,13	12,07	12,02	11,97	11,93	11,89	11,86	11,83	11,80
62	13,10	12,94	12,78	12,64	12,50	12,38	12,26	12,15	12,06	11,97	11,89	11,82	11,75	11,70	11,64	11,60	11,56	11,52	11,49	11,46
63	12,88	12,71	12,54	12,39	12,24	12,11	11,98	11,87	11,77	11,67	11,59	11,51	11,44	11,38	11,32	11,27	11,23	11,19	11,15	11,12
64	12,67	12,48	12,31	12,14	11,99	11,85	11,71	11,59	11,48	11,38	11,28	11,20	11,12	11,06	11,00	10,94	10,90	10,85	10,82	10,78
65	12,46	12,27	12,08	11,91	11,74	11,59	11,45	11,31	11,19	11,08	10,98	10,89	10,81	10,74	10,68	10,62	10,57	10,52	10,48	10,44
66	12,27	12,06	11,86	11,68	11,50	11,34	11,18	11,04	10,92	10,80	10,69	10,59	10,50	10,43	10,36	10,29	10,24	10,19	10,14	10,11
67	12,08	11,86	11,65	11,45	11,27	11,09	10,93	10,78	10,64	10,51	10,40	10,29	10,20	10,11	10,04	9,97	9,91	9,86	9,81	9,77
68	11,89	11,66	11,44	11,24	11,04	10,85	10,68	10,52	10,37	10,24	10,11	10,00	9,90	9,81	9,73	9,65	9,59	9,53	9,48	9,43
69	11,72	11,48	11,25	11,03	10,82	10,62	10,44	10,27	10,11	9,97	9,84	9,72	9,61	9,51	9,42	9,34	9,27	9,21	9,15	9,10
70	11,56	11,31	11,06	10,83	10,61	10,40	10,21	10,03	9,86	9,71	9,57	9,44	9,32	9,21	9,12	9,03	8,96	8,89	8,83	8,77
71	11,40	11,14	10,89	10,64	10,41	10,19	9,99	9,80	9,62	9,46	9,30	9,17	9,04	8,93	8,82	8,73	8,65	8,58	8,51	8,45
72	11,26	10,98	10,72	10,47	10,22	9,99	9,78	9,58	9,39	9,21	9,05	8,91	8,77	8,65	8,54	8,44	8,35	8,27	8,20	8,14
73	11,12	10,84	10,56	10,30	10,05	9,81	9,58	9,37	9,17	8,98	8,81	8,66	8,51	8,38	8,26	8,16	8,06	7,98	7,90	7,83
74	11,00	10,70	10,42	10,14	9,88	9,63	9,39	9,17	8,96	8,76	8,58	8,42	8,26	8,13	8,00	7,89	7,79	7,69	7,61	7,54
75	10,88	10,58	10,28	10,00	9,72	9,46	9,21	8,98	8,76	8,55	8,36	8,19	8,03	7,88	7,75	7,63	7,52	7,42	7,33	7,26
76	10,78	10,46	10,16	9,86	9,58	9,31	9,05	8,80	8,57	8,36	8,16	7,97	7,81	7,65	7,51	7,38	7,26	7,16	7,07	6,98
77	10,68	10,36	10,04	9,74	9,44	9,16	8,89	8,64	8,40	8,18	7,97	7,77	7,59	7,43	7,28	7,15	7,02	6,91	6,81	6,72
78	10,59	10,26	9,94	9,62	9,32	9,03	8,75	8,49	8,24	8,00	7,79	7,58	7,40	7,22	7,07	6,92	6,79	6,68	6,57	6,48
79	10,51	10,17	9,84	9,52	9,21	8,91	8,62	8,35	8,09	7,84	7,62	7,41	7,21	7,03	6,87	6,71	6,58	6,45	6,34	6,24
80	10,44	10,09	9,75	9,42	9,10	8,79	8,50	8,22	7,95	7,70	7,46	7,24	7,04	6,85	6,68	6,52	6,37	6,24	6,13	6,02
81	10,37	10,02	9,67	9,34	9,01	8,69	8,39	8,10	7,82	7,56	7,32	7,09	6,88	6,68	6,50	6,33	6,18	6,05	5,92	5,81
82	10,31	9,95	9,60	9,26	8,92	8,60	8,29	7,99	7,70	7,44	7,18	6,95	6,73	6,52	6,34	6,16	6,01	5,86	5,73	5,61
83	10,26	9,90	9,54	9,19	8,84	8,51	8,19	7,89	7,60	7,32	7,06	6,82	6,59	6,38	6,18	6,00	5,84	5,69	5,55	5,43
84	10,21	9,84	9,48	9,12	8,77	8,44	8,11	7,80	7,50	7,22	6,95	6,70	6,46	6,24	6,04	5,86	5,69	5,53	5,39	5,26
85	10,17	9,79	9,43	9,06	8,71	8,37	8,03	7,72	7,41	7,12	6,85	6,59	6,35	6,12	5,91	5,72	5,54	5,38	5,23	5,10
86	10,13	9,75	9,38	9,01	8,65	8,30	7,97	7,64	7,33	7,03	6,75	6,49	6,24	6,01	5,79	5,59	5,41	5,24	5,09	4,95
87	10,09	9,71	9,34	8,97	8,60	8,25	7,90	7,57	7,26	6,95	6,67	6,40	6,14	5,90	5,68	5,48	5,29	5,12	4,96	4,82
88	10,06	9,68	9,30	8,92	8,56	8,20	7,85	7,51	7,19	6,88	6,59	6,31	6,05	5,81	5,58	5,37	5,18	5,00	4,84	4,69
89	10,04	9,65	9,27	8,89	8,51	8,15	7,80	7,46	7,13	6,82	6,52	6,24	5,97	5,72	5,49	5,28	5,08	4,89	4,73	4,57
90	10,01	9,62	9,24	8,85	8,48	8,11	7,75	7,41	7,08	6,76	6,46	6,17	5,90	5,65	5,41	5,19	4,99	4,80	4,62	4,47

Alter des Mannes (50 bis 90 Jahre)

Zinssatz 4,5 %

Alter der Frau (50 bis 70 Jahre)

Alter des Mannes (50 bis 90 Jahre)

	50	51	52	53	54	55	56	57	58	59	60	61	62	63	64	65	66	67	68	69	70
50	17,44	17,30	17,17	17,03	16,90	16,77	16,64	16,52	16,39	16,27	16,16	16,05	15,94	15,84	15,74	15,64	15,55	15,47	15,39	15,31	15,24
51	17,36	17,22	17,08	16,94	16,80	16,66	16,52	16,39	16,26	16,13	16,01	15,89	15,78	15,67	15,56	15,46	15,36	15,27	15,18	15,10	15,02
52	17,29	17,14	16,99	16,84	16,69	16,55	16,41	16,27	16,13	16,00	15,87	15,74	15,62	15,50	15,38	15,28	15,17	15,07	14,98	14,89	14,80
53	17,22	17,06	16,90	16,75	16,60	16,45	16,30	16,15	16,00	15,86	15,72	15,59	15,46	15,33	15,21	15,09	14,98	14,87	14,77	14,68	14,59
54	17,15	16,99	16,82	16,66	16,50	16,34	16,19	16,03	15,88	15,73	15,58	15,44	15,30	15,17	15,04	14,91	14,79	14,68	14,57	14,47	14,37
55	17,08	16,91	16,75	16,58	16,41	16,25	16,08	15,92	15,76	15,60	15,45	15,30	15,15	15,01	14,87	14,74	14,61	14,49	14,37	14,26	14,15
56	17,02	16,85	16,67	16,50	16,33	16,16	15,98	15,81	15,65	15,48	15,32	15,16	15,00	14,85	14,71	14,57	14,43	14,30	14,17	14,05	13,94
57	16,96	16,78	16,60	16,43	16,25	16,07	15,89	15,71	15,54	15,36	15,19	15,03	14,86	14,70	14,55	14,40	14,25	14,11	13,98	13,85	13,73
58	16,90	16,72	16,54	16,35	16,17	15,98	15,80	15,61	15,43	15,25	15,07	14,90	14,72	14,55	14,39	14,23	14,08	13,93	13,79	13,65	13,52
59	16,85	16,67	16,48	16,29	16,10	15,90	15,71	15,52	15,33	15,14	14,95	14,77	14,59	14,41	14,24	14,07	13,91	13,75	13,60	13,45	13,31
60	16,80	16,61	16,42	16,22	16,03	15,83	15,63	15,43	15,23	15,04	14,84	14,65	14,46	14,27	14,09	13,91	13,74	13,58	13,41	13,26	13,11
61	16,76	16,56	16,36	16,16	15,96	15,76	15,55	15,35	15,14	14,94	14,74	14,53	14,34	14,14	13,95	13,76	13,58	13,41	13,24	13,07	12,91
62	16,71	16,51	16,31	16,10	15,90	15,69	15,48	15,27	15,06	14,84	14,63	14,42	14,22	14,01	13,81	13,62	13,43	13,24	13,06	12,89	12,72
63	16,67	16,47	16,26	16,05	15,84	15,62	15,41	15,19	14,97	14,75	14,54	14,32	14,11	13,89	13,68	13,48	13,28	13,08	12,89	12,71	12,53
64	16,63	16,43	16,22	16,00	15,78	15,56	15,34	15,12	14,90	14,67	14,45	14,22	14,00	13,78	13,56	13,34	13,13	12,93	12,73	12,53	12,35
65	16,60	16,39	16,17	15,95	15,73	15,51	15,28	15,05	14,82	14,59	14,36	14,13	13,90	13,67	13,44	13,22	13,00	12,78	12,57	12,37	12,17
66	16,56	16,35	16,13	15,91	15,69	15,46	15,22	14,99	14,75	14,52	14,28	14,04	13,80	13,56	13,33	13,10	12,87	12,64	12,42	12,21	12,00
67	16,53	16,32	16,09	15,87	15,64	15,41	15,17	14,93	14,69	14,45	14,20	13,96	13,71	13,47	13,22	12,98	12,74	12,51	12,28	12,05	11,83
68	16,50	16,28	16,06	15,83	15,60	15,36	15,12	14,88	14,63	14,38	14,13	13,88	13,63	13,37	13,12	12,87	12,62	12,38	12,14	11,91	11,68
69	16,48	16,25	16,03	15,80	15,56	15,32	15,08	14,83	14,58	14,32	14,06	13,81	13,55	13,29	13,03	12,77	12,51	12,26	12,01	11,77	11,53
70	16,45	16,23	16,00	15,76	15,52	15,28	15,03	14,78	14,52	14,26	14,00	13,74	13,47	13,21	12,94	12,67	12,41	12,15	11,89	11,63	11,39
71	16,43	16,20	15,97	15,73	15,49	15,25	14,99	14,74	14,48	14,21	13,95	13,68	13,41	13,13	12,86	12,59	12,31	12,04	11,77	11,51	11,25
72	16,41	16,18	15,95	15,71	15,46	15,21	14,96	14,70	14,43	14,17	13,89	13,62	13,34	13,06	12,78	12,50	12,22	11,94	11,67	11,40	11,13
73	16,39	16,16	15,92	15,68	15,43	15,18	14,92	14,66	14,39	14,12	13,85	13,57	13,28	13,00	12,71	12,43	12,14	11,85	11,57	11,29	11,01
74	16,37	16,14	15,90	15,66	15,41	15,15	14,89	14,63	14,36	14,08	13,80	13,52	13,23	12,94	12,65	12,36	12,06	11,77	11,48	11,19	10,90
75	16,35	16,12	15,88	15,64	15,39	15,13	14,87	14,60	14,32	14,05	13,76	13,47	13,18	12,89	12,59	12,29	11,99	11,69	11,39	11,10	10,80
76	16,34	16,11	15,87	15,62	15,37	15,11	14,84	14,57	14,29	14,01	13,73	13,44	13,14	12,84	12,54	12,24	11,93	11,62	11,32	11,01	10,71
77	16,33	16,09	15,85	15,60	15,35	15,09	14,82	14,55	14,27	13,98	13,69	13,40	13,10	12,80	12,49	12,18	11,87	11,56	11,25	10,94	10,63
78	16,32	16,08	15,84	15,59	15,33	15,07	14,80	14,52	14,24	13,96	13,66	13,37	13,06	12,76	12,45	12,14	11,82	11,50	11,18	10,87	10,55
79	16,30	16,07	15,82	15,57	15,31	15,05	14,78	14,50	14,22	13,93	13,64	13,34	13,03	12,72	12,41	12,09	11,77	11,45	11,13	10,80	10,48
80	16,29	16,06	15,81	15,56	15,30	15,04	14,76	14,49	14,20	13,91	13,61	13,31	13,00	12,69	12,37	12,05	11,73	11,40	11,07	10,75	10,42
81	16,29	16,05	15,80	15,55	15,29	15,02	14,75	14,47	14,18	13,89	13,59	13,29	12,98	12,66	12,34	12,02	11,69	11,36	11,03	10,69	10,36
82	16,28	16,04	15,79	15,54	15,28	15,01	14,74	14,45	14,17	13,87	13,57	13,27	12,95	12,64	12,31	11,99	11,66	11,32	10,98	10,65	10,31
83	16,27	16,03	15,78	15,53	15,27	15,00	14,72	14,44	14,15	13,86	13,55	13,25	12,93	12,61	12,29	11,96	11,62	11,29	10,95	10,60	10,26
84	16,27	16,02	15,78	15,52	15,26	14,99	14,71	14,43	14,14	13,84	13,54	13,23	12,91	12,59	12,27	11,93	11,60	11,26	10,91	10,57	10,22
85	16,26	16,02	15,77	15,51	15,25	14,98	14,70	14,42	14,13	13,83	13,53	13,21	12,90	12,57	12,25	11,91	11,57	11,23	10,88	10,53	10,18
86	16,25	16,01	15,76	15,51	15,24	14,97	14,69	14,41	14,12	13,82	13,51	13,20	12,88	12,56	12,23	11,89	11,55	11,20	10,86	10,50	10,15
87	16,25	16,01	15,76	15,50	15,24	14,97	14,69	14,40	14,11	13,81	13,50	13,19	12,87	12,54	12,21	11,87	11,53	11,18	10,83	10,48	10,12
88	16,25	16,00	15,75	15,50	15,23	14,96	14,68	14,39	14,10	13,80	13,49	13,18	12,86	12,53	12,20	11,86	11,51	11,16	10,81	10,45	10,09
89	16,24	16,00	15,75	15,49	15,23	14,95	14,67	14,39	14,09	13,79	13,48	13,17	12,85	12,52	12,18	11,84	11,50	11,15	10,79	10,43	10,07
90	16,24	16,00	15,75	15,49	15,22	14,95	14,67	14,38	14,09	13,79	13,48	13,16	12,84	12,51	12,17	11,83	11,48	11,13	10,77	10,41	10,05

Zinssatz 4,5 %

	Alter der Frau (71 bis 90 Jahre)																			
	71	72	73	74	75	76	77	78	79	80	81	82	83	84	85	86	87	88	89	90
50	15,17	15,10	15,05	14,99	14,94	14,89	14,85	14,81	14,78	14,75	14,72	14,69	14,67	14,65	14,63	14,62	14,60	14,59	14,58	14,57
51	14,95	14,88	14,81	14,75	14,70	14,65	14,60	14,56	14,52	14,49	14,46	14,43	14,40	14,38	14,36	14,34	14,33	14,32	14,30	14,29
52	14,72	14,65	14,58	14,51	14,45	14,40	14,35	14,30	14,26	14,22	14,19	14,16	14,13	14,11	14,09	14,07	14,05	14,04	14,02	14,01
53	14,50	14,42	14,34	14,27	14,21	14,15	14,10	14,05	14,00	13,96	13,92	13,89	13,86	13,83	13,81	13,79	13,77	13,75	13,74	13,73
54	14,28	14,19	14,11	14,03	13,96	13,90	13,84	13,79	13,74	13,69	13,65	13,62	13,58	13,55	13,53	13,51	13,49	13,47	13,45	13,44
55	14,05	13,96	13,87	13,79	13,72	13,65	13,58	13,52	13,47	13,42	13,38	13,34	13,30	13,27	13,25	13,22	13,20	13,18	13,16	13,15
56	13,83	13,73	13,64	13,55	13,47	13,39	13,32	13,26	13,20	13,15	13,10	13,06	13,02	12,99	12,96	12,93	12,91	12,89	12,87	12,85
57	13,61	13,51	13,40	13,31	13,22	13,14	13,07	13,00	12,94	12,88	12,83	12,78	12,74	12,70	12,67	12,64	12,62	12,59	12,57	12,55
58	13,40	13,28	13,17	13,07	12,98	12,89	12,81	12,73	12,67	12,61	12,55	12,50	12,46	12,41	12,38	12,35	12,32	12,29	12,27	12,25
59	13,18	13,06	12,94	12,83	12,73	12,64	12,55	12,47	12,40	12,33	12,27	12,22	12,17	12,12	12,09	12,05	12,02	11,99	11,97	11,95
60	12,97	12,84	12,71	12,60	12,49	12,39	12,29	12,21	12,13	12,06	11,99	11,93	11,88	11,83	11,79	11,75	11,72	11,69	11,67	11,64
61	12,76	12,62	12,49	12,36	12,24	12,14	12,04	11,94	11,86	11,78	11,71	11,65	11,59	11,54	11,49	11,45	11,42	11,39	11,36	11,33
62	12,56	12,41	12,27	12,13	12,01	11,89	11,78	11,68	11,59	11,51	11,43	11,36	11,30	11,25	11,20	11,15	11,11	11,08	11,05	11,02
63	12,36	12,20	12,05	11,90	11,77	11,64	11,53	11,42	11,32	11,23	11,15	11,08	11,01	10,95	10,90	10,85	10,81	10,77	10,74	10,71
64	12,17	12,00	11,83	11,68	11,54	11,40	11,28	11,16	11,06	10,96	10,87	10,79	10,72	10,66	10,60	10,55	10,50	10,46	10,43	10,40
65	11,98	11,80	11,63	11,46	11,31	11,17	11,03	10,91	10,80	10,69	10,60	10,51	10,43	10,36	10,30	10,25	10,20	10,15	10,11	10,08
66	11,80	11,61	11,42	11,25	11,09	10,93	10,79	10,66	10,54	10,43	10,32	10,23	10,15	10,07	10,01	9,94	9,89	9,84	9,80	9,76
67	11,62	11,42	11,23	11,04	10,87	10,71	10,55	10,41	10,28	10,16	10,05	9,95	9,86	9,78	9,71	9,64	9,59	9,54	9,49	9,45
68	11,46	11,24	11,04	10,84	10,66	10,49	10,32	10,17	10,03	9,91	9,79	9,68	9,58	9,50	9,42	9,35	9,28	9,23	9,18	9,14
69	11,30	11,07	10,86	10,65	10,46	10,27	10,10	9,94	9,79	9,65	9,53	9,41	9,31	9,22	9,13	9,05	8,99	8,93	8,87	8,82
70	11,14	10,91	10,68	10,47	10,26	10,07	9,89	9,71	9,56	9,41	9,28	9,15	9,04	8,94	8,85	8,77	8,69	8,63	8,57	8,52
71	11,00	10,76	10,52	10,29	10,08	9,87	9,68	9,50	9,33	9,17	9,03	8,90	8,78	8,67	8,57	8,48	8,40	8,33	8,27	8,21
72	10,87	10,61	10,36	10,13	9,90	9,68	9,48	9,29	9,11	8,95	8,79	8,65	8,53	8,41	8,30	8,21	8,12	8,05	7,98	7,92
73	10,74	10,47	10,22	9,97	9,73	9,51	9,29	9,09	8,90	8,73	8,57	8,42	8,28	8,16	8,04	7,94	7,85	7,77	7,70	7,63
74	10,62	10,35	10,08	9,82	9,58	9,34	9,12	8,90	8,71	8,52	8,35	8,19	8,05	7,92	7,80	7,69	7,59	7,50	7,42	7,35
75	10,51	10,23	9,95	9,69	9,43	9,18	8,95	8,73	8,52	8,32	8,14	7,98	7,82	7,68	7,56	7,44	7,34	7,24	7,16	7,08
76	10,41	10,12	9,84	9,56	9,29	9,04	8,79	8,56	8,34	8,14	7,95	7,77	7,61	7,46	7,33	7,21	7,09	6,99	6,90	6,82
77	10,32	10,02	9,73	9,44	9,17	8,90	8,65	8,41	8,18	7,97	7,77	7,58	7,41	7,26	7,11	6,98	6,86	6,76	6,66	6,57
78	10,24	9,93	9,63	9,33	9,05	8,77	8,51	8,26	8,02	7,80	7,59	7,40	7,22	7,06	6,91	6,77	6,64	6,53	6,43	6,34
79	10,16	9,85	9,54	9,23	8,94	8,66	8,39	8,13	7,88	7,65	7,43	7,23	7,05	6,87	6,71	6,57	6,44	6,32	6,21	6,11
80	10,09	9,77	9,45	9,14	8,84	8,55	8,27	8,00	7,75	7,51	7,29	7,08	6,88	6,70	6,53	6,38	6,24	6,12	6,00	5,90
81	10,03	9,70	9,38	9,06	8,75	8,45	8,17	7,89	7,63	7,38	7,15	6,93	6,73	6,54	6,36	6,21	6,06	5,93	5,81	5,70
82	9,97	9,64	9,31	8,98	8,67	8,36	8,07	7,79	7,52	7,26	7,02	6,79	6,58	6,39	6,21	6,04	5,89	5,75	5,63	5,51
83	9,92	9,58	9,25	8,92	8,59	8,28	7,98	7,69	7,41	7,15	6,90	6,67	6,45	6,25	6,06	5,89	5,73	5,59	5,45	5,33
84	9,87	9,53	9,19	8,85	8,53	8,21	7,90	7,60	7,32	7,05	6,79	6,55	6,33	6,12	5,93	5,75	5,58	5,43	5,29	5,17
85	9,83	9,48	9,14	8,80	8,47	8,14	7,83	7,52	7,23	6,96	6,70	6,45	6,22	6,00	5,80	5,61	5,44	5,29	5,15	5,02
86	9,80	9,44	9,09	8,75	8,41	8,08	7,76	7,45	7,16	6,87	6,60	6,35	6,11	5,89	5,69	5,49	5,32	5,16	5,01	4,87
87	9,76	9,41	9,05	8,70	8,36	8,03	7,70	7,39	7,09	6,80	6,52	6,26	6,02	5,79	5,58	5,38	5,20	5,03	4,88	4,74
88	9,73	9,37	9,02	8,66	8,32	7,98	7,65	7,33	7,02	6,73	6,45	6,18	5,93	5,70	5,48	5,28	5,09	4,92	4,76	4,62
89	9,71	9,35	8,98	8,63	8,28	7,93	7,60	7,28	6,96	6,67	6,38	6,11	5,86	5,62	5,39	5,19	4,99	4,82	4,65	4,50
90	9,68	9,32	8,96	8,60	8,24	7,89	7,56	7,23	6,91	6,61	6,32	6,04	5,79	5,54	5,31	5,10	4,90	4,72	4,55	4,40

Alter des Mannes (50 bis 90 Jahre)

Zinssatz 5 %

		Alter der Frau (50 bis 70 Jahre)																			
		50	51	52	53	54	55	56	57	58	59	60	61	62	63	64	65	66	67	68	69	70
	50	16,41	16,29	16,17	16,06	15,94	15,83	15,71	15,61	15,50	15,39	15,29	15,19	15,10	15,00	14,92	14,83	14,75	14,67	14,60	14,53	14,46
	51	16,34	16,21	16,09	15,97	15,85	15,73	15,61	15,50	15,38	15,27	15,16	15,06	14,95	14,85	14,76	14,67	14,58	14,50	14,42	14,34	14,27
	52	16,27	16,14	16,02	15,89	15,76	15,64	15,51	15,39	15,27	15,15	15,03	14,92	14,81	14,71	14,60	14,51	14,41	14,32	14,24	14,15	14,08
	53	16,21	16,08	15,94	15,81	15,68	15,54	15,41	15,28	15,16	15,03	14,91	14,79	14,67	14,56	14,45	14,35	14,24	14,15	14,06	13,97	13,88
	54	16,15	16,01	15,87	15,73	15,59	15,46	15,32	15,18	15,05	14,92	14,79	14,66	14,54	14,42	14,30	14,19	14,08	13,98	13,88	13,78	13,69
	55	16,09	15,95	15,80	15,66	15,51	15,37	15,23	15,08	14,94	14,80	14,67	14,53	14,40	14,28	14,15	14,03	13,92	13,80	13,70	13,60	13,50
	56	16,04	15,89	15,74	15,59	15,44	15,29	15,14	14,99	14,84	14,70	14,55	14,41	14,27	14,14	14,00	13,88	13,75	13,64	13,52	13,41	13,31
	57	15,99	15,83	15,68	15,52	15,37	15,21	15,05	14,90	14,74	14,59	14,44	14,29	14,14	14,00	13,86	13,73	13,59	13,47	13,35	13,23	13,12
	58	15,94	15,78	15,62	15,46	15,30	15,14	14,97	14,81	14,65	14,49	14,33	14,17	14,02	13,87	13,72	13,58	13,44	13,30	13,17	13,05	12,93
	59	15,89	15,73	15,56	15,40	15,23	15,07	14,90	14,73	14,56	14,39	14,23	14,06	13,90	13,74	13,59	13,43	13,29	13,14	13,00	12,87	12,74
	60	15,85	15,68	15,51	15,34	15,17	15,00	14,82	14,65	14,47	14,30	14,13	13,95	13,79	13,62	13,45	13,29	13,14	12,99	12,84	12,70	12,56
	61	15,80	15,63	15,46	15,29	15,11	14,93	14,75	14,57	14,39	14,21	14,03	13,85	13,67	13,50	13,33	13,16	12,99	12,83	12,68	12,53	12,38
	62	15,76	15,59	15,42	15,24	15,06	14,87	14,69	14,50	14,31	14,13	13,94	13,75	13,57	13,38	13,20	13,03	12,85	12,68	12,52	12,36	12,21
	63	15,73	15,55	15,37	15,19	15,00	14,81	14,62	14,43	14,24	14,05	13,85	13,66	13,46	13,27	13,08	12,90	12,72	12,54	12,36	12,20	12,03
	64	15,69	15,51	15,33	15,14	14,95	14,76	14,57	14,37	14,17	13,97	13,77	13,57	13,37	13,17	12,97	12,78	12,59	12,40	12,21	12,04	11,86
Alter des Mannes (50 bis 90 Jahre)	65	15,66	15,48	15,29	15,10	14,91	14,71	14,51	14,31	14,10	13,90	13,69	13,48	13,27	13,07	12,86	12,66	12,46	12,26	12,07	11,88	11,70
	66	15,63	15,44	15,25	15,06	14,86	14,66	14,46	14,25	14,04	13,83	13,62	13,40	13,19	12,97	12,76	12,55	12,34	12,13	11,93	11,74	11,54
	67	15,60	15,41	15,22	15,02	14,82	14,62	14,41	14,20	13,98	13,76	13,55	13,33	13,10	12,88	12,66	12,44	12,23	12,01	11,80	11,59	11,39
	68	15,57	15,38	15,19	14,99	14,78	14,58	14,36	14,15	13,93	13,70	13,48	13,25	13,03	12,80	12,57	12,34	12,12	11,89	11,67	11,46	11,25
	69	15,55	15,36	15,16	14,96	14,75	14,54	14,32	14,10	13,88	13,65	13,42	13,19	12,95	12,72	12,48	12,25	12,02	11,78	11,55	11,33	11,11
	70	15,53	15,33	15,13	14,93	14,72	14,50	14,28	14,06	13,83	13,60	13,36	13,13	12,89	12,64	12,40	12,16	11,92	11,68	11,44	11,21	10,98
	71	15,51	15,31	15,11	14,90	14,69	14,47	14,24	14,02	13,79	13,55	13,31	13,07	12,82	12,58	12,33	12,08	11,83	11,58	11,34	11,09	10,85
	72	15,49	15,29	15,08	14,87	14,66	14,44	14,21	13,98	13,74	13,50	13,26	13,01	12,76	12,51	12,26	12,00	11,75	11,49	11,24	10,98	10,74
	73	15,47	15,27	15,06	14,85	14,63	14,41	14,18	13,95	13,71	13,46	13,22	12,97	12,71	12,45	12,19	11,93	11,67	11,41	11,14	10,88	10,63
	74	15,45	15,25	15,04	14,83	14,61	14,38	14,15	13,92	13,67	13,43	13,18	12,92	12,66	12,40	12,13	11,87	11,60	11,33	11,06	10,79	10,53
	75	15,44	15,23	15,02	14,81	14,59	14,36	14,13	13,89	13,64	13,39	13,14	12,88	12,62	12,35	12,08	11,81	11,53	11,26	10,98	10,71	10,43
	76	15,42	15,22	15,01	14,79	14,57	14,34	14,10	13,86	13,61	13,36	13,10	12,84	12,57	12,30	12,03	11,75	11,47	11,19	10,91	10,63	10,35
	77	15,41	15,20	14,99	14,77	14,55	14,32	14,08	13,84	13,59	13,33	13,07	12,81	12,54	12,26	11,98	11,70	11,42	11,13	10,84	10,55	10,27
	78	15,40	15,19	14,98	14,76	14,53	14,30	14,06	13,82	13,57	13,31	13,05	12,78	12,50	12,23	11,94	11,66	11,37	11,07	10,78	10,49	10,19
	79	15,39	15,18	14,97	14,75	14,52	14,28	14,04	13,80	13,54	13,29	13,02	12,75	12,47	12,19	11,91	11,62	11,32	11,03	10,73	10,43	10,13
	80	15,38	15,17	14,96	14,73	14,51	14,27	14,03	13,78	13,53	13,26	13,00	12,72	12,45	12,16	11,87	11,58	11,28	10,98	10,68	10,37	10,07
	81	15,37	15,16	14,95	14,72	14,49	14,26	14,01	13,77	13,51	13,25	12,98	12,70	12,42	12,13	11,84	11,55	11,24	10,94	10,63	10,32	10,01
	82	15,36	15,15	14,94	14,71	14,48	14,25	14,00	13,75	13,49	13,23	12,96	12,68	12,40	12,11	11,82	11,52	11,21	10,90	10,59	10,28	9,96
	83	15,36	15,15	14,93	14,70	14,47	14,24	13,99	13,74	13,48	13,21	12,94	12,66	12,38	12,09	11,79	11,49	11,18	10,87	10,56	10,24	9,92
	84	15,35	15,14	14,92	14,70	14,47	14,23	13,98	13,73	13,47	13,20	12,93	12,65	12,36	12,07	11,77	11,46	11,16	10,84	10,52	10,20	9,88
	85	15,35	15,13	14,92	14,69	14,46	14,22	13,97	13,72	13,46	13,19	12,91	12,63	12,34	12,05	11,75	11,44	11,13	10,82	10,49	10,17	9,84
	86	15,34	15,13	14,91	14,68	14,45	14,21	13,96	13,71	13,45	13,18	12,90	12,62	12,33	12,03	11,73	11,42	11,11	10,79	10,47	10,14	9,81
	87	15,34	15,12	14,91	14,68	14,44	14,20	13,96	13,70	13,44	13,17	12,89	12,61	12,32	12,02	11,72	11,41	11,09	10,77	10,45	10,12	9,78
	88	15,33	15,12	14,90	14,67	14,44	14,20	13,95	13,69	13,43	13,16	12,88	12,60	12,31	12,01	11,70	11,39	11,07	10,75	10,42	10,09	9,76
	89	15,33	15,12	14,90	14,67	14,43	14,19	13,94	13,69	13,42	13,15	12,87	12,59	12,30	12,00	11,69	11,38	11,06	10,74	10,41	10,07	9,74
	90	15,33	15,11	14,89	14,67	14,43	14,19	13,94	13,68	13,42	13,15	12,87	12,58	12,29	11,99	11,68	11,37	11,05	10,72	10,39	10,05	9,72

19

Zinssatz 5 %

	Alter der Frau (71 bis 90 Jahre)																			
	71	72	73	74	75	76	77	78	79	80	81	82	83	84	85	86	87	88	89	90
50	14,40	14,34	14,28	14,23	14,19	14,14	14,10	14,07	14,03	14,00	13,98	13,95	13,93	13,91	13,90	13,88	13,87	13,86	13,84	13,84
51	14,20	14,14	14,08	14,02	13,97	13,92	13,88	13,84	13,81	13,77	13,74	13,72	13,69	13,67	13,65	13,64	13,62	13,61	13,60	13,59
52	14,00	13,93	13,87	13,81	13,75	13,70	13,66	13,61	13,57	13,54	13,51	13,48	13,45	13,43	13,41	13,39	13,37	13,36	13,35	13,34
53	13,80	13,73	13,66	13,60	13,54	13,48	13,43	13,38	13,34	13,30	13,27	13,23	13,21	13,18	13,16	13,14	13,12	13,11	13,09	13,08
54	13,61	13,53	13,45	13,38	13,32	13,26	13,20	13,15	13,10	13,06	13,02	12,99	12,96	12,93	12,91	12,88	12,86	12,85	12,83	12,82
55	13,41	13,32	13,24	13,16	13,09	13,03	12,97	12,91	12,86	12,82	12,78	12,74	12,71	12,68	12,65	12,63	12,60	12,59	12,57	12,56
56	13,21	13,12	13,03	12,95	12,87	12,80	12,74	12,68	12,62	12,57	12,53	12,49	12,45	12,42	12,39	12,36	12,34	12,32	12,30	12,29
57	13,01	12,91	12,82	12,73	12,65	12,57	12,50	12,44	12,38	12,33	12,28	12,23	12,19	12,16	12,13	12,10	12,08	12,05	12,03	12,02
58	12,82	12,71	12,61	12,51	12,43	12,34	12,27	12,20	12,14	12,08	12,03	11,98	11,94	11,90	11,86	11,83	11,81	11,78	11,76	11,74
59	12,62	12,51	12,40	12,30	12,20	12,12	12,03	11,96	11,89	11,83	11,77	11,72	11,67	11,63	11,60	11,56	11,53	11,51	11,48	11,46
60	12,43	12,31	12,19	12,08	11,98	11,89	11,80	11,72	11,64	11,58	11,52	11,46	11,41	11,37	11,33	11,29	11,26	11,23	11,21	11,18
61	12,24	12,11	11,99	11,87	11,76	11,66	11,57	11,48	11,40	11,33	11,26	11,20	11,15	11,10	11,05	11,01	10,98	10,95	10,92	10,90
62	12,06	11,92	11,79	11,66	11,54	11,43	11,33	11,24	11,15	11,07	11,00	10,94	10,88	10,83	10,78	10,74	10,70	10,67	10,64	10,61
63	11,88	11,73	11,59	11,45	11,33	11,21	11,10	11,00	10,91	10,82	10,74	10,67	10,61	10,55	10,50	10,46	10,42	10,38	10,35	10,34
64	11,70	11,54	11,39	11,25	11,11	10,99	10,87	10,76	10,66	10,57	10,49	10,41	10,34	10,28	10,23	10,18	10,13	10,10	10,06	10,03
65	11,53	11,36	11,20	11,05	10,90	10,77	10,64	10,53	10,42	10,32	10,23	10,15	10,08	10,01	9,95	9,90	9,85	9,81	9,77	9,74
66	11,36	11,18	11,01	10,85	10,70	10,55	10,42	10,30	10,18	10,08	9,98	9,89	9,81	9,74	9,68	9,62	9,57	9,52	9,48	9,44
67	11,20	11,01	10,83	10,66	10,50	10,34	10,20	10,07	9,94	9,83	9,73	9,63	9,55	9,47	9,40	9,34	9,28	9,23	9,19	9,15
68	11,04	10,85	10,66	10,47	10,30	10,14	9,99	9,84	9,71	9,59	9,48	9,38	9,29	9,20	9,13	9,06	9,00	8,95	8,90	8,86
69	10,89	10,69	10,49	10,30	10,11	9,94	9,78	9,63	9,49	9,36	9,24	9,13	9,03	8,94	8,86	8,78	8,72	8,66	8,61	8,56
70	10,75	10,54	10,33	10,12	9,93	9,75	9,58	9,42	9,27	9,13	9,00	8,88	8,78	8,68	8,59	8,51	8,44	8,38	8,32	8,27
71	10,62	10,39	10,17	9,96	9,76	9,57	9,38	9,21	9,05	8,91	8,77	8,65	8,53	8,43	8,33	8,25	8,17	8,10	8,04	7,99
72	10,49	10,26	10,03	9,80	9,59	9,39	9,20	9,02	8,85	8,69	8,55	8,41	8,29	8,18	8,08	7,99	7,91	7,83	7,77	7,71
73	10,38	10,13	9,89	9,66	9,44	9,22	9,02	8,83	8,65	8,49	8,33	8,19	8,06	7,94	7,83	7,74	7,65	7,57	7,50	7,44
74	10,27	10,01	9,76	9,52	9,29	9,07	8,85	8,65	8,47	8,29	8,13	7,98	7,84	7,71	7,60	7,49	7,40	7,31	7,24	7,17
75	10,16	9,90	9,64	9,39	9,15	8,92	8,70	8,49	8,29	8,11	7,93	7,78	7,63	7,49	7,37	7,26	7,16	7,07	6,99	6,91
76	10,07	9,80	9,53	9,27	9,02	8,78	8,55	8,33	8,12	7,93	7,75	7,58	7,43	7,29	7,16	7,04	6,93	6,83	6,75	6,67
77	9,98	9,70	9,43	9,16	8,90	8,65	8,41	8,18	7,97	7,77	7,58	7,40	7,24	7,09	6,95	6,82	6,71	6,61	6,51	6,43
78	9,90	9,62	9,33	9,06	8,79	8,53	8,28	8,05	7,82	7,61	7,41	7,23	7,06	6,90	6,75	6,62	6,50	6,39	6,29	6,20
79	9,83	9,54	9,25	8,96	8,69	8,42	8,16	7,92	7,69	7,47	7,26	7,07	6,89	6,72	6,57	6,43	6,30	6,19	6,08	5,99
80	9,76	9,46	9,17	8,88	8,59	8,32	8,05	7,80	7,56	7,33	7,12	6,92	6,73	6,56	6,40	6,25	6,12	6,00	5,89	5,79
81	9,70	9,40	9,09	8,80	8,51	8,22	7,95	7,69	7,44	7,21	6,98	6,78	6,58	6,40	6,23	6,08	5,94	5,81	5,70	5,59
82	9,65	9,34	9,03	8,73	8,43	8,14	7,86	7,59	7,34	7,09	6,86	6,65	6,44	6,26	6,08	5,92	5,78	5,64	5,52	5,41
83	9,60	9,28	8,97	8,66	8,36	8,06	7,78	7,50	7,24	6,99	6,75	6,53	6,32	6,12	5,94	5,78	5,62	5,48	5,36	5,24
84	9,56	9,24	8,92	8,60	8,29	7,99	7,70	7,42	7,15	6,89	6,65	6,42	6,20	6,00	5,81	5,64	5,48	5,34	5,20	5,08
85	9,52	9,19	8,87	8,55	8,23	7,93	7,63	7,34	7,06	6,80	6,55	6,31	6,09	5,88	5,69	5,51	5,35	5,20	5,06	4,93
86	9,48	9,15	8,82	8,50	8,18	7,87	7,56	7,27	6,99	6,72	6,46	6,22	5,99	5,78	5,58	5,40	5,23	5,07	4,93	4,79
87	9,45	9,12	8,79	8,46	8,13	7,82	7,51	7,21	6,92	6,65	6,38	6,14	5,90	5,68	5,48	5,29	5,11	4,95	4,80	4,67
88	9,42	9,09	8,75	8,42	8,09	7,77	7,46	7,15	6,86	6,58	6,31	6,06	5,82	5,59	5,38	5,19	5,01	4,84	4,69	4,55
89	9,40	9,06	8,72	8,38	8,05	7,73	7,41	7,10	6,80	6,52	6,25	5,99	5,74	5,51	5,30	5,10	4,91	4,74	4,58	4,44
90	9,37	9,03	8,69	8,35	8,02	7,69	7,37	7,06	6,75	6,46	6,19	5,92	5,67	5,44	5,22	5,01	4,82	4,65	4,49	4,34

Alter des Mannes (50 bis 90 Jahre)

Zinssatz 5,5 %

Alter des Mannes	Alter der Frau (50 bis 70 Jahre)																				
	50	51	52	53	54	55	56	57	58	59	60	61	62	63	64	65	66	67	68	69	70
50	15,47	15,37	15,27	15,17	15,07	14,97	14,87	14,77	14,68	14,59	14,50	14,41	14,32	14,24	14,16	14,09	14,01	13,94	13,87	13,81	13,75
51	15,41	15,30	15,20	15,09	14,99	14,88	14,78	14,68	14,58	14,48	14,38	14,29	14,20	14,11	14,03	13,94	13,86	13,79	13,71	13,65	13,58
52	15,35	15,24	15,13	15,02	14,91	14,80	14,69	14,59	14,48	14,37	14,27	14,17	14,08	13,98	13,89	13,80	13,71	13,63	13,55	13,48	13,41
53	15,30	15,18	15,07	14,95	14,84	14,72	14,61	14,49	14,38	14,27	14,16	14,06	13,95	13,85	13,75	13,66	13,57	13,48	13,39	13,31	13,24
54	15,25	15,13	15,01	14,89	14,76	14,64	14,52	14,40	14,29	14,17	14,05	13,94	13,83	13,72	13,62	13,52	13,42	13,33	13,23	13,15	13,07
55	15,19	15,07	14,95	14,82	14,70	14,57	14,44	14,32	14,19	14,07	13,95	13,83	13,71	13,60	13,49	13,38	13,27	13,17	13,08	12,98	12,89
56	15,15	15,02	14,89	14,76	14,63	14,50	14,37	14,23	14,10	13,97	13,85	13,72	13,60	13,48	13,36	13,24	13,13	13,02	12,92	12,82	12,72
57	15,10	14,97	14,84	14,70	14,56	14,43	14,29	14,15	14,02	13,88	13,75	13,61	13,48	13,35	13,23	13,11	12,99	12,87	12,76	12,65	12,55
58	15,06	14,92	14,78	14,64	14,50	14,36	14,22	14,08	13,93	13,79	13,65	13,51	13,37	13,24	13,10	12,97	12,85	12,72	12,61	12,49	12,38
59	15,02	14,88	14,73	14,59	14,44	14,30	14,15	14,00	13,85	13,70	13,56	13,41	13,26	13,12	12,98	12,84	12,71	12,58	12,45	12,33	12,21
60	14,98	14,83	14,69	14,54	14,39	14,24	14,08	13,93	13,78	13,62	13,47	13,31	13,16	13,01	12,86	12,72	12,58	12,44	12,30	12,17	12,05
61	14,94	14,79	14,64	14,49	14,34	14,18	14,02	13,86	13,70	13,54	13,38	13,22	13,06	12,90	12,75	12,59	12,44	12,30	12,16	12,02	11,89
62	14,90	14,75	14,60	14,44	14,29	14,12	13,96	13,80	13,63	13,46	13,30	13,13	12,96	12,80	12,64	12,47	12,32	12,16	12,01	11,87	11,72
63	14,87	14,72	14,56	14,40	14,24	14,07	13,90	13,74	13,56	13,39	13,22	13,04	12,87	12,70	12,53	12,36	12,19	12,03	11,87	11,72	11,57
64	14,84	14,68	14,52	14,36	14,19	14,02	13,85	13,68	13,50	13,32	13,14	12,96	12,78	12,60	12,42	12,25	12,07	11,90	11,74	11,57	11,41
65	14,81	14,65	14,49	14,32	14,15	13,98	13,80	13,62	13,44	13,26	13,07	12,88	12,70	12,51	12,33	12,14	11,96	11,78	11,60	11,43	11,26
66	14,78	14,62	14,45	14,28	14,11	13,93	13,75	13,57	13,38	13,19	13,00	12,81	12,62	12,42	12,23	12,04	11,85	11,66	11,48	11,30	11,12
67	14,75	14,59	14,42	14,25	14,07	13,89	13,71	13,52	13,33	13,13	12,94	12,74	12,54	12,34	12,14	11,94	11,74	11,55	11,35	11,16	10,98
68	14,73	14,56	14,39	14,22	14,04	13,85	13,67	13,47	13,28	13,08	12,88	12,68	12,47	12,26	12,06	11,85	11,64	11,44	11,24	11,04	10,84
69	14,71	14,54	14,37	14,19	14,01	13,82	13,63	13,43	13,23	13,03	12,82	12,61	12,40	12,19	11,98	11,76	11,55	11,34	11,13	10,92	10,72
70	14,69	14,52	14,34	14,16	13,98	13,79	13,59	13,39	13,19	12,98	12,77	12,56	12,34	12,12	11,90	11,68	11,46	11,24	11,02	10,81	10,59
71	14,67	14,49	14,32	14,13	13,95	13,75	13,56	13,35	13,15	12,94	12,72	12,50	12,28	12,06	11,83	11,60	11,38	11,15	10,92	10,70	10,48
72	14,65	14,47	14,30	14,11	13,92	13,73	13,53	13,32	13,11	12,89	12,68	12,45	12,23	12,00	11,77	11,53	11,30	11,06	10,83	10,60	10,37
73	14,63	14,46	14,28	14,09	13,90	13,70	13,50	13,29	13,08	12,86	12,63	12,41	12,18	11,94	11,71	11,47	11,23	10,99	10,74	10,50	10,27
74	14,62	14,44	14,26	14,07	13,88	13,68	13,47	13,26	13,04	12,82	12,60	12,37	12,13	11,89	11,65	11,41	11,16	10,91	10,66	10,42	10,17
75	14,60	14,42	14,24	14,05	13,85	13,65	13,45	13,23	13,01	12,79	12,56	12,33	12,09	11,85	11,60	11,35	11,10	10,84	10,59	10,34	10,08
76	14,59	14,41	14,23	14,03	13,84	13,63	13,42	13,21	12,99	12,76	12,53	12,29	12,05	11,80	11,55	11,30	11,04	10,78	10,52	10,26	10,00
77	14,58	14,40	14,21	14,02	13,82	13,61	13,40	13,19	12,96	12,73	12,50	12,26	12,01	11,76	11,51	11,25	10,99	10,73	10,46	10,19	9,93
78	14,57	14,39	14,20	14,00	13,80	13,60	13,39	13,17	12,94	12,71	12,47	12,23	11,98	11,73	11,47	11,21	10,94	10,67	10,40	10,13	9,86
79	14,56	14,38	14,19	13,99	13,79	13,58	13,37	13,15	12,92	12,69	12,45	12,20	11,95	11,70	11,44	11,17	10,90	10,63	10,35	10,07	9,80
80	14,55	14,37	14,18	13,98	13,78	13,57	13,35	13,13	12,90	12,67	12,43	12,18	11,93	11,67	11,40	11,14	10,86	10,58	10,30	10,02	9,74
81	14,54	14,36	14,17	13,97	13,77	13,56	13,34	13,12	12,89	12,65	12,41	12,16	11,90	11,64	11,38	11,10	10,83	10,55	10,26	9,98	9,69
82	14,53	14,35	14,16	13,96	13,76	13,55	13,33	13,10	12,87	12,64	12,39	12,14	11,88	11,62	11,35	11,08	10,80	10,51	10,22	9,93	9,64
83	14,53	14,34	14,15	13,95	13,75	13,54	13,32	13,09	12,86	12,62	12,38	12,12	11,86	11,60	11,33	11,05	10,77	10,48	10,19	9,89	9,60
84	14,52	14,34	14,14	13,95	13,74	13,53	13,31	13,08	12,85	12,61	12,36	12,11	11,85	11,58	11,31	11,03	10,74	10,45	10,16	9,86	9,56
85	14,52	14,33	14,14	13,94	13,73	13,52	13,30	13,07	12,84	12,60	12,35	12,09	11,83	11,56	11,29	11,01	10,72	10,43	10,13	9,83	9,53
86	14,51	14,33	14,13	13,93	13,73	13,51	13,29	13,06	12,83	12,59	12,34	12,08	11,82	11,55	11,27	10,99	10,70	10,40	10,11	9,80	9,49
87	14,51	14,32	14,13	13,93	13,72	13,51	13,28	13,06	12,82	12,58	12,33	12,07	11,81	11,53	11,26	10,97	10,68	10,38	10,08	9,78	9,47
88	14,50	14,32	14,12	13,92	13,72	13,50	13,28	13,05	12,81	12,57	12,32	12,06	11,79	11,52	11,24	10,96	10,66	10,37	10,06	9,75	9,44
89	14,50	14,31	14,12	13,92	13,71	13,50	13,27	13,04	12,81	12,56	12,31	12,05	11,78	11,51	11,23	10,94	10,65	10,35	10,05	9,73	9,42
90	14,50	14,31	14,12	13,91	13,71	13,49	13,27	13,04	12,80	12,55	12,30	12,04	11,78	11,50	11,22	10,93	10,64	10,34	10,03	9,72	9,40

Alter des Mannes (50 bis 90 Jahre)

Leibrentenbarwertfaktoren und Sterbetafeln

Zinssatz 5,5 %

		Alter der Frau (71 bis 90 Jahre)																		
		71	72	73	74	75	76	77	78	79	80	81	82	83	84	85	86	87	88	89	90
50	13,69	13,64	13,59	13,54	13,50	13,46	13,42	13,38	13,35	13,33	13,30	13,28	13,26	13,24	13,22	13,21	13,19	13,18	13,17	13,16
51	13,52	13,46	13,40	13,35	13,30	13,26	13,22	13,18	13,15	13,12	13,09	13,07	13,04	13,02	13,01	12,99	12,97	12,96	12,95	12,94
52	13,34	13,28	13,22	13,16	13,11	13,06	13,02	12,98	12,94	12,91	12,88	12,85	12,83	12,80	12,78	12,77	12,75	12,74	12,73	12,71
53	13,16	13,10	13,03	12,97	12,92	12,86	12,82	12,77	12,73	12,69	12,66	12,63	12,60	12,58	12,56	12,54	12,52	12,51	12,50	12,48
54	12,99	12,91	12,84	12,78	12,72	12,66	12,61	12,56	12,52	12,48	12,44	12,41	12,38	12,35	12,33	12,31	12,29	12,28	12,26	12,25
55	12,81	12,73	12,65	12,58	12,52	12,46	12,40	12,35	12,30	12,26	12,22	12,18	12,15	12,12	12,10	12,08	12,06	12,04	12,02	12,01
56	12,63	12,55	12,46	12,39	12,32	12,25	12,19	12,14	12,08	12,04	12,00	11,96	11,92	11,89	11,86	11,84	11,82	11,80	11,78	11,77
57	12,45	12,36	12,27	12,19	12,12	12,05	11,98	11,92	11,86	11,81	11,77	11,73	11,69	11,66	11,62	11,60	11,57	11,55	11,53	11,52
58	12,28	12,18	12,09	12,00	11,91	11,84	11,77	11,70	11,64	11,59	11,54	11,49	11,45	11,42	11,38	11,35	11,33	11,31	11,29	11,27
59	12,10	12,00	11,90	11,80	11,71	11,63	11,55	11,48	11,42	11,36	11,31	11,26	11,21	11,17	11,14	11,11	11,08	11,05	11,03	11,01
60	11,93	11,82	11,71	11,61	11,51	11,42	11,34	11,26	11,19	11,13	11,07	11,02	10,97	10,93	10,89	10,86	10,83	10,80	10,78	10,75
61	11,76	11,64	11,52	11,41	11,31	11,21	11,13	11,04	10,97	10,90	10,84	10,78	10,73	10,68	10,64	10,60	10,57	10,54	10,52	10,49
62	11,59	11,46	11,34	11,22	11,11	11,01	10,91	10,82	10,74	10,67	10,60	10,54	10,48	10,43	10,39	10,35	10,31	10,28	10,25	10,23
63	11,42	11,28	11,15	11,03	10,91	10,80	10,70	10,60	10,52	10,44	10,36	10,30	10,24	10,18	10,13	10,09	10,05	10,02	9,99	9,96
64	11,26	11,11	10,97	10,84	10,71	10,60	10,49	10,39	10,29	10,20	10,13	10,05	9,99	9,93	9,88	9,83	9,79	9,75	9,72	9,69
65	11,10	10,95	10,80	10,66	10,52	10,40	10,28	10,17	10,07	9,97	9,89	9,81	9,74	9,68	9,62	9,57	9,52	9,48	9,45	9,42
66	10,95	10,78	10,62	10,47	10,33	10,20	10,07	9,95	9,84	9,74	9,65	9,57	9,49	9,43	9,36	9,31	9,26	9,22	9,18	9,14
67	10,80	10,62	10,46	10,30	10,15	10,00	9,87	9,74	9,63	9,52	9,42	9,33	9,25	9,17	9,11	9,05	8,99	8,95	8,90	8,87
68	10,65	10,47	10,29	10,13	9,96	9,81	9,67	9,53	9,41	9,29	9,19	9,09	9,00	8,92	8,85	8,79	8,73	8,68	8,63	8,59
69	10,52	10,32	10,14	9,96	9,79	9,63	9,47	9,33	9,20	9,08	8,96	8,86	8,76	8,68	8,60	8,53	8,47	8,41	8,36	8,32
70	10,39	10,18	9,99	9,80	9,62	9,45	9,29	9,13	8,99	8,86	8,74	8,63	8,53	8,43	8,35	8,27	8,21	8,15	8,09	8,04
71	10,26	10,05	9,84	9,65	9,46	9,28	9,10	8,94	8,79	8,65	8,52	8,40	8,29	8,20	8,11	8,02	7,95	7,88	7,83	7,77
72	10,14	9,92	9,71	9,50	9,30	9,11	8,93	8,76	8,60	8,45	8,31	8,19	8,07	7,96	7,87	7,78	7,70	7,63	7,57	7,51
73	10,03	9,80	9,58	9,36	9,15	8,95	8,76	8,58	8,42	8,26	8,11	7,98	7,85	7,74	7,63	7,54	7,46	7,38	7,31	7,25
74	9,93	9,69	9,46	9,23	9,02	8,81	8,61	8,42	8,24	8,07	7,92	7,77	7,64	7,52	7,41	7,31	7,22	7,14	7,06	7,00
75	9,83	9,59	9,35	9,11	8,88	8,67	8,46	8,26	8,07	7,90	7,73	7,58	7,44	7,31	7,20	7,09	6,99	6,90	6,83	6,75
76	9,74	9,49	9,24	9,00	8,76	8,54	8,32	8,11	7,91	7,73	7,56	7,40	7,25	7,11	6,99	6,88	6,77	6,68	6,59	6,52
77	9,66	9,40	9,14	8,89	8,65	8,41	8,19	7,97	7,77	7,57	7,39	7,23	7,07	6,93	6,79	6,67	6,56	6,46	6,37	6,29
78	9,59	9,32	9,05	8,80	8,54	8,30	8,06	7,84	7,63	7,43	7,24	7,06	6,90	6,75	6,61	6,48	6,36	6,26	6,16	6,08
79	9,52	9,24	8,97	8,71	8,45	8,19	7,95	7,72	7,50	7,29	7,09	6,91	6,74	6,58	6,43	6,30	6,17	6,06	5,96	5,87
80	9,46	9,17	8,90	8,62	8,36	8,10	7,85	7,61	7,38	7,16	6,96	6,76	6,58	6,42	6,27	6,12	6,00	5,88	5,77	5,67
81	9,40	9,11	8,83	8,55	8,27	8,01	7,75	7,50	7,27	7,04	6,83	6,63	6,44	6,27	6,11	5,96	5,83	5,70	5,59	5,49
82	9,35	9,05	8,76	8,48	8,20	7,93	7,66	7,41	7,16	6,93	6,71	6,50	6,31	6,13	5,96	5,81	5,67	5,54	5,42	5,32
83	9,30	9,00	8,71	8,42	8,13	7,85	7,58	7,32	7,07	6,83	6,60	6,39	6,19	6,00	5,83	5,67	5,52	5,39	5,26	5,15
84	9,26	8,96	8,66	8,36	8,07	7,78	7,51	7,24	6,98	6,74	6,50	6,28	6,08	5,88	5,70	5,54	5,38	5,24	5,11	5,00
85	9,22	8,91	8,61	8,31	8,01	7,72	7,44	7,17	6,90	6,65	6,41	6,19	5,97	5,77	5,59	5,41	5,26	5,11	4,98	4,85
86	9,19	8,88	8,57	8,26	7,96	7,67	7,38	7,10	6,83	6,57	6,33	6,10	5,88	5,67	5,48	5,30	5,14	4,99	4,85	4,72
87	9,16	8,84	8,53	8,22	7,92	7,62	7,32	7,04	6,76	6,50	6,25	6,01	5,79	5,58	5,38	5,20	5,03	4,87	4,73	4,59
88	9,13	8,81	8,50	8,18	7,87	7,57	7,27	6,98	6,70	6,44	6,18	5,94	5,71	5,49	5,29	5,10	4,93	4,76	4,62	4,48
89	9,10	8,78	8,47	8,15	7,84	7,53	7,23	6,93	6,65	6,38	6,12	5,87	5,63	5,41	5,21	5,01	4,83	4,67	4,51	4,37
90	9,08	8,76	8,44	8,12	7,80	7,49	7,19	6,89	6,60	6,33	6,06	5,81	5,57	5,34	5,13	4,93	4,75	4,58	4,42	4,27

Alter des Mannes (50 bis 90 Jahre)

Zinssatz 6 %

		Alter der Frau (50 bis 70 Jahre)																			
		50	51	52	53	54	55	56	57	58	59	60	61	62	63	64	65	66	67	68	69	70
	50	14,62	14,53	14,45	14,36	14,27	14,19	14,10	14,02	13,93	13,85	13,77	13,69	13,62	13,54	13,47	13,40	13,34	13,27	13,21	13,15	13,10
	51	14,57	14,48	14,39	14,29	14,20	14,11	14,02	13,93	13,84	13,76	13,67	13,59	13,51	13,43	13,35	13,28	13,20	13,14	13,07	13,01	12,95
	52	14,52	14,42	14,33	14,23	14,14	14,04	13,95	13,85	13,76	13,66	13,57	13,48	13,40	13,31	13,23	13,15	13,07	13,00	12,93	12,86	12,79
	53	14,47	14,37	14,27	14,17	14,07	13,97	13,87	13,77	13,67	13,57	13,48	13,38	13,29	13,20	13,11	13,02	12,94	12,86	12,78	12,71	12,64
	54	14,42	14,32	14,22	14,11	14,01	13,90	13,80	13,69	13,59	13,48	13,38	13,28	13,18	13,09	12,99	12,90	12,81	12,72	12,64	12,56	12,49
	55	14,38	14,27	14,17	14,06	13,95	13,84	13,73	13,62	13,51	13,40	13,29	13,18	13,08	12,97	12,87	12,78	12,68	12,59	12,50	12,41	12,33
	56	14,34	14,23	14,11	14,00	13,89	13,77	13,66	13,54	13,43	13,31	13,20	13,08	12,97	12,86	12,76	12,65	12,55	12,45	12,36	12,27	12,18
	57	14,30	14,18	14,07	13,95	13,83	13,71	13,59	13,47	13,35	13,23	13,11	12,99	12,87	12,76	12,64	12,53	12,42	12,32	12,22	12,12	12,03
	58	14,26	14,14	14,02	13,90	13,78	13,65	13,53	13,40	13,27	13,15	13,02	12,90	12,77	12,65	12,53	12,41	12,30	12,19	12,08	11,97	11,87
	59	14,22	14,10	13,98	13,85	13,72	13,59	13,46	13,33	13,20	13,07	12,94	12,81	12,68	12,55	12,42	12,30	12,17	12,06	11,94	11,83	11,72
	60	14,19	14,06	13,93	13,80	13,67	13,54	13,41	13,27	13,13	12,99	12,86	12,72	12,58	12,45	12,31	12,18	12,05	11,93	11,80	11,68	11,57
	61	14,15	14,02	13,89	13,76	13,63	13,49	13,35	13,21	13,07	12,92	12,78	12,63	12,49	12,35	12,21	12,07	11,93	11,80	11,67	11,54	11,42
	62	14,12	13,99	13,86	13,72	13,58	13,44	13,29	13,15	13,00	12,85	12,70	12,55	12,40	12,26	12,11	11,96	11,82	11,68	11,54	11,40	11,27
	63	14,09	13,96	13,82	13,68	13,54	13,39	13,24	13,09	12,94	12,79	12,63	12,48	12,32	12,16	12,01	11,86	11,71	11,56	11,41	11,27	11,13
	64	14,06	13,93	13,79	13,64	13,50	13,35	13,19	13,04	12,88	12,72	12,56	12,40	12,24	12,08	11,92	11,76	11,60	11,44	11,29	11,14	10,99
	65	14,03	13,90	13,75	13,61	13,46	13,30	13,15	12,99	12,83	12,66	12,50	12,33	12,16	11,99	11,83	11,66	11,49	11,33	11,17	11,01	10,85
	66	14,01	13,87	13,72	13,57	13,42	13,26	13,10	12,94	12,78	12,61	12,44	12,26	12,09	11,91	11,74	11,56	11,39	11,22	11,05	10,88	10,72
	67	13,98	13,84	13,69	13,54	13,39	13,23	13,06	12,90	12,73	12,55	12,38	12,20	12,02	11,84	11,66	11,47	11,29	11,11	10,94	10,76	10,59
	68	13,96	13,82	13,67	13,51	13,35	13,19	13,02	12,85	12,68	12,50	12,32	12,14	11,95	11,77	11,58	11,39	11,20	11,01	10,83	10,65	10,47
	69	13,94	13,79	13,64	13,49	13,32	13,16	12,99	12,81	12,64	12,45	12,27	12,08	11,89	11,70	11,50	11,31	11,11	10,92	10,73	10,53	10,35
	70	13,92	13,77	13,62	13,46	13,30	13,13	12,96	12,78	12,60	12,41	12,22	12,03	11,83	11,63	11,43	11,23	11,03	10,83	10,63	10,43	10,23
	71	13,90	13,75	13,60	13,44	13,27	13,10	12,92	12,74	12,56	12,37	12,18	11,98	11,78	11,57	11,37	11,16	10,95	10,74	10,54	10,33	10,12
	72	13,89	13,73	13,58	13,41	13,25	13,07	12,89	12,71	12,52	12,33	12,13	11,93	11,73	11,52	11,31	11,10	10,88	10,67	10,45	10,24	10,02
	73	13,87	13,72	13,56	13,39	13,22	13,05	12,87	12,68	12,49	12,29	12,09	11,89	11,68	11,47	11,25	11,03	10,81	10,59	10,37	10,15	9,93
	74	13,86	13,70	13,54	13,37	13,20	13,03	12,84	12,65	12,46	12,26	12,06	11,85	11,64	11,42	11,20	10,98	10,75	10,52	10,29	10,07	9,84
	75	13,84	13,69	13,52	13,36	13,18	13,01	12,82	12,63	12,43	12,23	12,03	11,81	11,60	11,38	11,15	10,92	10,69	10,46	10,22	9,99	9,75
	76	13,83	13,67	13,51	13,34	13,17	12,99	12,80	12,61	12,41	12,20	12,00	11,78	11,56	11,34	11,11	10,88	10,64	10,40	10,16	9,92	9,68
	77	13,82	13,66	13,50	13,33	13,15	12,97	12,78	12,59	12,39	12,18	11,97	11,75	11,53	11,30	11,07	10,83	10,59	10,35	10,10	9,85	9,61
	78	13,81	13,65	13,49	13,31	13,14	12,95	12,76	12,57	12,37	12,16	11,94	11,72	11,50	11,27	11,03	10,79	10,55	10,30	10,05	9,80	9,54
	79	13,80	13,64	13,47	13,30	13,12	12,94	12,75	12,55	12,35	12,14	11,92	11,70	11,47	11,24	11,00	10,75	10,51	10,25	10,00	9,74	9,48
	80	13,79	13,63	13,46	13,29	13,11	12,93	12,73	12,53	12,33	12,12	11,90	11,68	11,45	11,21	10,97	10,72	10,47	10,21	9,95	9,69	9,43
	81	13,78	13,62	13,46	13,28	13,10	12,91	12,72	12,52	12,31	12,10	11,88	11,66	11,42	11,18	10,94	10,69	10,44	10,18	9,91	9,65	9,38
	82	13,78	13,62	13,45	13,27	13,09	12,90	12,71	12,51	12,30	12,09	11,86	11,64	11,40	11,16	10,92	10,66	10,41	10,14	9,88	9,61	9,33
	83	13,77	13,61	13,44	13,26	13,08	12,89	12,70	12,50	12,29	12,07	11,85	11,62	11,38	11,14	10,89	10,64	10,38	10,11	9,84	9,57	9,29
	84	13,77	13,60	13,43	13,26	13,08	12,89	12,69	12,49	12,28	12,06	11,84	11,61	11,37	11,12	10,87	10,62	10,35	10,09	9,81	9,54	9,26
	85	13,76	13,60	13,43	13,25	13,07	12,88	12,68	12,48	12,27	12,05	11,82	11,59	11,35	11,11	10,86	10,60	10,33	10,06	9,79	9,51	9,22
	86	13,76	13,59	13,42	13,25	13,06	12,87	12,67	12,47	12,26	12,04	11,81	11,58	11,34	11,09	10,84	10,58	10,31	10,04	9,76	9,48	9,19
	87	13,75	13,59	13,42	13,24	13,06	12,86	12,67	12,46	12,25	12,03	11,80	11,57	11,33	11,08	10,83	10,56	10,30	10,02	9,74	9,46	9,17
	88	13,75	13,59	13,41	13,24	13,05	12,86	12,66	12,46	12,24	12,02	11,79	11,56	11,32	11,07	10,81	10,55	10,28	10,00	9,72	9,44	9,14
	89	13,75	13,58	13,41	13,23	13,05	12,85	12,66	12,45	12,24	12,01	11,79	11,55	11,31	11,06	10,80	10,54	10,27	9,99	9,71	9,42	9,12
	90	13,74	13,58	13,41	13,23	13,04	12,85	12,65	12,44	12,23	12,01	11,78	11,54	11,30	11,05	10,79	10,53	10,25	9,97	9,69	9,40	9,10

Alter des Mannes (50 bis 90 Jahre)

Zinssatz 6 %

	71	72	73	74	75	76	77	78	79	80	81	82	83	84	85	86	87	88	89	90
										Alter der Frau (71 bis 90 Jahre)									
50	13,04	12,99	12,95	12,90	12,86	12,82	12,79	12,76	12,73	12,70	12,68	12,66	12,64	12,62	12,60	12,59	12,58	12,57	12,56	12,55
51	12,89	12,83	12,78	12,74	12,69	12,65	12,61	12,58	12,54	12,52	12,49	12,47	12,44	12,43	12,41	12,39	12,38	12,37	12,36	12,35
52	12,73	12,67	12,62	12,57	12,52	12,47	12,43	12,39	12,36	12,33	12,30	12,27	12,25	12,23	12,21	12,19	12,18	12,16	12,15	12,14
53	12,57	12,51	12,45	12,39	12,34	12,29	12,25	12,21	12,17	12,13	12,10	12,08	12,05	12,03	12,01	11,99	11,97	11,96	11,94	11,93
54	12,41	12,35	12,28	12,22	12,16	12,11	12,06	12,02	11,98	11,94	11,91	11,87	11,85	11,82	11,80	11,78	11,76	11,75	11,73	11,72
55	12,26	12,18	12,11	12,05	11,99	11,93	11,88	11,83	11,78	11,74	11,70	11,67	11,64	11,61	11,59	11,57	11,55	11,53	11,52	11,50
56	12,10	12,02	11,94	11,87	11,80	11,74	11,69	11,63	11,58	11,54	11,50	11,46	11,43	11,40	11,37	11,35	11,33	11,31	11,29	11,28
57	11,94	11,85	11,77	11,69	11,62	11,56	11,49	11,44	11,38	11,34	11,29	11,25	11,22	11,19	11,16	11,13	11,11	11,09	11,07	11,05
58	11,78	11,68	11,60	11,52	11,44	11,37	11,30	11,24	11,18	11,13	11,08	11,04	11,00	10,97	10,94	10,91	10,88	10,86	10,84	10,82
59	11,62	11,52	11,43	11,34	11,26	11,18	11,11	11,04	10,98	10,92	10,87	10,83	10,78	10,75	10,71	10,68	10,65	10,63	10,61	10,59
60	11,46	11,35	11,25	11,16	11,07	10,99	10,91	10,84	10,77	10,71	10,66	10,61	10,56	10,52	10,48	10,45	10,42	10,40	10,37	10,35
61	11,30	11,19	11,08	10,98	10,89	10,80	10,71	10,64	10,57	10,50	10,44	10,39	10,34	10,29	10,25	10,22	10,19	10,16	10,13	10,11
62	11,15	11,03	10,91	10,81	10,70	10,61	10,52	10,44	10,36	10,29	10,22	10,17	10,11	10,06	10,02	9,98	9,95	9,92	9,89	9,87
63	11,00	10,87	10,75	10,63	10,52	10,42	10,32	10,23	10,15	10,07	10,00	9,94	9,88	9,83	9,79	9,74	9,71	9,67	9,64	9,62
64	10,85	10,71	10,58	10,46	10,34	10,23	10,13	10,03	9,94	9,86	9,79	9,72	9,65	9,60	9,55	9,50	9,46	9,43	9,39	9,37
65	10,70	10,56	10,42	10,29	10,16	10,04	9,93	9,83	9,73	9,65	9,57	9,49	9,42	9,36	9,31	9,26	9,22	9,18	9,14	9,11
66	10,56	10,41	10,26	10,12	9,99	9,86	9,74	9,63	9,53	9,43	9,35	9,27	9,19	9,13	9,07	9,02	8,97	8,93	8,89	8,86
67	10,42	10,26	10,10	9,96	9,81	9,68	9,55	9,43	9,32	9,22	9,13	9,04	8,96	8,89	8,83	8,77	8,72	8,68	8,63	8,60
68	10,29	10,12	9,95	9,80	9,64	9,50	9,37	9,24	9,12	9,01	8,91	8,82	8,74	8,66	8,59	8,53	8,47	8,42	8,38	8,34
69	10,16	9,98	9,81	9,64	9,48	9,33	9,19	9,05	8,92	8,81	8,70	8,60	8,51	8,43	8,35	8,29	8,23	8,17	8,12	8,08
70	10,04	9,85	9,67	9,49	9,32	9,16	9,01	8,87	8,73	8,61	8,49	8,39	8,29	8,20	8,12	8,05	7,98	7,92	7,87	7,82
71	9,92	9,73	9,53	9,35	9,17	9,00	8,84	8,69	8,54	8,41	8,29	8,17	8,07	7,98	7,89	7,81	7,74	7,68	7,62	7,57
72	9,81	9,61	9,41	9,21	9,03	8,85	8,68	8,51	8,36	8,22	8,09	7,97	7,86	7,76	7,66	7,58	7,50	7,43	7,37	7,32
73	9,71	9,50	9,29	9,08	8,89	8,70	8,52	8,35	8,19	8,04	7,90	7,77	7,65	7,54	7,44	7,35	7,27	7,20	7,13	7,07
74	9,61	9,39	9,17	8,96	8,76	8,56	8,37	8,19	8,02	7,86	7,72	7,58	7,45	7,34	7,23	7,14	7,05	6,97	6,90	6,83
75	9,52	9,29	9,07	8,85	8,63	8,43	8,23	8,04	7,86	7,70	7,54	7,40	7,26	7,14	7,03	6,92	6,83	6,75	6,67	6,60
76	9,44	9,20	8,97	8,74	8,52	8,30	8,10	7,90	7,72	7,54	7,38	7,22	7,08	6,95	6,83	6,72	6,62	6,53	6,45	6,38
77	9,36	9,12	8,87	8,64	8,41	8,19	7,97	7,77	7,57	7,39	7,22	7,06	6,91	6,77	6,64	6,53	6,42	6,33	6,24	6,16
78	9,29	9,04	8,79	8,55	8,31	8,08	7,86	7,64	7,44	7,25	7,07	6,90	6,74	6,60	6,47	6,34	6,23	6,13	6,04	5,95
79	9,22	8,97	8,71	8,46	8,22	7,98	7,75	7,53	7,32	7,12	6,93	6,75	6,59	6,44	6,30	6,17	6,05	5,94	5,84	5,76
80	9,16	8,90	8,64	8,38	8,13	7,89	7,65	7,42	7,20	7,00	6,80	6,62	6,45	6,29	6,14	6,00	5,88	5,76	5,66	5,57
81	9,11	8,84	8,57	8,31	8,05	7,80	7,56	7,32	7,10	6,88	6,68	6,49	6,31	6,14	5,99	5,85	5,72	5,60	5,49	5,39
82	9,06	8,79	8,51	8,24	7,98	7,72	7,47	7,23	7,00	6,78	6,57	6,37	6,18	6,01	5,85	5,70	5,56	5,44	5,33	5,22
83	9,02	8,74	8,46	8,19	7,91	7,65	7,39	7,15	6,91	6,68	6,46	6,26	6,07	5,89	5,72	5,56	5,42	5,29	5,17	5,06
84	8,97	8,69	8,41	8,13	7,86	7,59	7,32	7,07	6,82	6,59	6,37	6,16	5,96	5,77	5,60	5,44	5,29	5,15	5,03	4,91
85	8,94	8,65	8,37	8,08	7,80	7,53	7,26	7,00	6,75	6,51	6,28	6,06	5,86	5,66	5,49	5,32	5,17	5,02	4,89	4,78
86	8,91	8,62	8,33	8,04	7,75	7,47	7,20	6,93	6,68	6,43	6,20	5,97	5,76	5,57	5,38	5,21	5,05	4,90	4,77	4,65
87	8,88	8,58	8,29	8,00	7,71	7,42	7,15	6,88	6,61	6,36	6,12	5,89	5,68	5,48	5,29	5,11	4,94	4,79	4,65	4,52
88	8,85	8,55	8,26	7,96	7,67	7,38	7,10	6,82	6,56	6,30	6,06	5,82	5,60	5,39	5,20	5,02	4,85	4,69	4,55	4,41
89	8,83	8,53	8,23	7,93	7,63	7,34	7,05	6,77	6,50	6,24	5,99	5,76	5,53	5,32	5,12	4,93	4,76	4,59	4,45	4,31
90	8,80	8,50	8,20	7,90	7,60	7,30	7,01	6,73	6,46	6,19	5,94	5,70	5,47	5,25	5,04	4,85	4,67	4,51	4,35	4,21

Alter des Mannes (50 bis 90 Jahre)

Zinssatz 6,5 %

Alter des Mannes (50 bis 90 Jahre)	Alter der Frau (50 bis 70 Jahre)																				
	50	51	52	53	54	55	56	57	58	59	60	61	62	63	64	65	66	67	68	69	70
50	13,85	13,77	13,70	13,62	13,55	13,47	13,40	13,32	13,25	13,18	13,11	13,04	12,97	12,90	12,84	12,77	12,71	12,66	12,60	12,55	12,49
51	13,80	13,72	13,65	13,57	13,49	13,41	13,33	13,25	13,17	13,09	13,02	12,94	12,87	12,80	12,73	12,66	12,60	12,53	12,47	12,42	12,36
52	13,76	13,68	13,59	13,51	13,43	13,34	13,26	13,18	13,09	13,01	12,93	12,85	12,77	12,70	12,62	12,55	12,48	12,41	12,35	12,29	12,23
53	13,72	13,63	13,54	13,46	13,37	13,28	13,19	13,11	13,02	12,93	12,85	12,76	12,68	12,60	12,52	12,44	12,36	12,29	12,22	12,15	12,09
54	13,68	13,59	13,50	13,41	13,31	13,22	13,13	13,04	12,94	12,85	12,76	12,67	12,58	12,50	12,41	12,33	12,25	12,17	12,09	12,02	11,95
55	13,64	13,54	13,45	13,36	13,26	13,16	13,07	12,97	12,87	12,77	12,68	12,58	12,49	12,40	12,31	12,22	12,13	12,05	11,97	11,89	11,81
56	13,60	13,50	13,41	13,31	13,21	13,11	13,00	12,90	12,80	12,70	12,60	12,50	12,40	12,30	12,20	12,11	12,02	11,93	11,84	11,76	11,67
57	13,56	13,46	13,36	13,26	13,16	13,05	12,95	12,84	12,73	12,62	12,52	12,41	12,31	12,20	12,10	12,00	11,90	11,81	11,71	11,62	11,54
58	13,53	13,43	13,32	13,11	13,00	12,89	12,78	12,66	12,55	12,44	12,33	12,22	12,11	12,00	11,89	11,79	11,69	11,59	11,49	11,40
58	13,53	13,43	13,32	13,22	13,11	13,00	12,89	12,78	12,66	12,55	12,44	12,33	12,22	12,11	12,00	11,89	11,79	11,69	11,59	11,49	11,40
59	13,50	13,39	13,28	13,17	13,06	12,95	12,83	12,72	12,60	12,48	12,37	12,25	12,13	12,01	11,90	11,79	11,68	11,57	11,46	11,36	11,26
60	13,46	13,36	13,25	13,13	13,02	12,90	12,78	12,66	12,54	12,42	12,29	12,17	12,05	11,92	11,80	11,68	11,57	11,45	11,34	11,23	11,12
61	13,43	13,32	13,21	13,09	12,97	12,85	12,73	12,60	12,48	12,35	12,22	12,09	11,96	11,84	11,71	11,58	11,46	11,34	11,22	11,10	10,99
62	13,40	13,29	13,17	13,06	12,93	12,81	12,68	12,55	12,42	12,29	12,15	12,02	11,88	11,75	11,62	11,48	11,35	11,22	11,10	10,97	10,85
63	13,38	13,26	13,14	13,02	12,89	12,77	12,63	12,50	12,36	12,23	12,09	11,95	11,81	11,67	11,53	11,39	11,25	11,11	10,98	10,85	10,72
64	13,35	13,23	13,11	12,99	12,86	12,72	12,59	12,45	12,31	12,17	12,03	11,88	11,73	11,59	11,44	11,30	11,15	11,01	10,87	10,73	10,59
65	13,33	13,21	13,08	12,95	12,82	12,69	12,55	12,41	12,26	12,11	11,97	11,82	11,66	11,51	11,36	11,21	11,05	10,90	10,75	10,61	10,47
66	13,30	13,18	13,05	12,92	12,79	12,65	12,51	12,36	12,21	12,06	11,91	11,75	11,60	11,44	11,28	11,12	10,96	10,80	10,65	10,49	10,34
67	13,28	13,16	13,03	12,89	12,76	12,61	12,47	12,32	12,17	12,01	11,86	11,69	11,53	11,37	11,20	11,04	10,87	10,71	10,54	10,38	10,22
68	13,26	13,13	13,00	12,87	12,73	12,58	12,43	12,28	12,13	11,97	11,80	11,64	11,47	11,30	11,13	10,96	10,79	10,61	10,44	10,27	10,11
69	13,24	13,11	12,98	12,84	12,70	12,55	12,40	12,25	12,09	11,92	11,76	11,59	11,41	11,24	11,06	10,88	10,71	10,53	10,35	10,17	10,00
70	13,22	13,09	12,96	12,82	12,67	12,52	12,37	12,21	12,05	11,88	11,71	11,54	11,36	11,18	11,00	10,81	10,63	10,44	10,26	10,07	9,89
71	13,21	13,07	12,94	12,80	12,65	12,50	12,34	12,18	12,01	11,84	11,67	11,49	11,31	11,12	10,94	10,75	10,56	10,36	10,17	9,98	9,79
72	13,19	13,06	12,92	12,77	12,63	12,47	12,31	12,15	11,98	11,81	11,63	11,45	11,26	11,07	10,88	10,69	10,49	10,29	10,09	9,89	9,70
73	13,18	13,04	12,90	12,76	12,60	12,45	12,29	12,12	11,95	11,77	11,59	11,41	11,22	11,02	10,83	10,63	10,42	10,22	10,02	9,81	9,61
74	13,16	13,03	12,88	12,74	12,59	12,43	12,26	12,10	11,92	11,74	11,56	11,37	11,18	10,98	10,78	10,57	10,37	10,16	9,95	9,73	9,52
75	13,15	13,01	12,87	12,72	12,57	12,41	12,24	12,07	11,90	11,72	11,53	11,34	11,14	10,94	10,73	10,52	10,31	10,10	9,88	9,66	9,44
76	13,14	13,00	12,86	12,71	12,55	12,39	12,22	12,05	11,87	11,69	11,50	11,31	11,11	10,90	10,69	10,48	10,26	10,04	9,82	9,60	9,37
77	13,13	12,99	12,84	12,69	12,54	12,37	12,21	12,03	11,85	11,67	11,47	11,28	11,07	10,87	10,65	10,44	10,22	9,99	9,76	9,53	9,30
78	13,12	12,98	12,83	12,68	12,52	12,36	12,19	12,01	11,83	11,64	11,45	11,25	11,05	10,84	10,62	10,40	10,17	9,94	9,71	9,48	9,24
79	13,11	12,97	12,82	12,67	12,51	12,35	12,17	12,00	11,81	11,62	11,43	11,23	11,02	10,81	10,59	10,36	10,14	9,90	9,67	9,43	9,19
80	13,10	12,96	12,81	12,66	12,50	12,33	12,16	11,98	11,80	11,61	11,41	11,21	11,00	10,78	10,56	10,33	10,10	9,86	9,62	9,38	9,13
81	13,09	12,95	12,80	12,65	12,49	12,32	12,15	11,97	11,78	11,59	11,39	11,19	10,97	10,76	10,53	10,30	10,07	9,83	9,58	9,34	9,09
82	13,09	12,95	12,80	12,64	12,48	12,31	12,14	11,96	11,77	11,58	11,38	11,17	10,96	10,74	10,51	10,28	10,04	9,80	9,55	9,30	9,04
83	13,08	12,94	12,79	12,63	12,47	12,30	12,13	11,95	11,76	11,56	11,36	11,15	10,94	10,72	10,49	10,25	10,01	9,77	9,52	9,26	9,01
84	13,08	12,93	12,78	12,63	12,46	12,30	12,12	11,94	11,75	11,55	11,35	11,14	10,92	10,70	10,47	10,23	9,99	9,74	9,49	9,23	8,97
85	13,07	12,93	12,78	12,62	12,46	12,29	12,11	11,93	11,74	11,54	11,34	11,13	10,91	10,68	10,45	10,21	9,97	9,72	9,46	9,20	8,94
86	13,07	12,92	12,77	12,62	12,45	12,28	12,10	11,92	11,73	11,53	11,33	11,11	10,90	10,67	10,44	10,20	9,95	9,70	9,44	9,18	8,91
87	13,06	12,92	12,77	12,61	12,45	12,28	12,10	11,91	11,72	11,52	11,32	11,10	10,88	10,66	10,42	10,18	9,93	9,68	9,42	9,15	8,88
88	13,06	12,92	12,76	12,61	12,44	12,27	12,09	11,91	11,71	11,52	11,31	11,09	10,87	10,65	10,41	10,17	9,92	9,66	9,40	9,13	8,86
89	13,06	12,91	12,76	12,60	12,44	12,27	12,09	11,90	11,71	11,51	11,30	11,09	10,86	10,64	10,40	10,16	9,91	9,65	9,38	9,12	8,84
90	13,06	12,91	12,76	12,60	12,43	12,26	12,08	11,90	11,70	11,50	11,29	11,08	10,86	10,63	10,39	10,15	9,89	9,64	9,37	9,10	8,82

Zinssatz 6,5 %

		Alter der Frau (71 bis 90 Jahre)																		
		71	72	73	74	75	76	77	78	79	80	81	82	83	84	85	86	87	88	89	90
50	12,45	12,40	12,36	12,32	12,28	12,24	12,21	12,18	12,15	12,13	12,10	12,08	12,06	12,05	12,03	12,02	12,01	12,00	11,99	11,98
51	12,31	12,26	12,21	12,17	12,12	12,09	12,05	12,02	11,99	11,96	11,94	11,91	11,89	11,87	11,86	11,84	11,83	11,82	11,81	11,80
52	12,17	12,11	12,06	12,01	11,97	11,93	11,89	11,85	11,82	11,79	11,76	11,74	11,72	11,70	11,68	11,66	11,65	11,64	11,62	11,61
53	12,03	11,97	11,91	11,86	11,81	11,77	11,72	11,69	11,65	11,62	11,59	11,56	11,54	11,51	11,49	11,48	11,46	11,45	11,44	11,42
54	11,88	11,82	11,76	11,71	11,65	11,60	11,56	11,51	11,48	11,44	11,41	11,38	11,35	11,33	11,31	11,29	11,27	11,26	11,24	11,23
55	11,74	11,67	11,61	11,55	11,49	11,44	11,39	11,34	11,30	11,26	11,23	11,19	11,17	11,14	11,12	11,09	11,08	11,06	11,05	11,03
56	11,60	11,52	11,45	11,39	11,33	11,27	11,22	11,17	11,12	11,08	11,04	11,01	10,97	10,95	10,92	10,90	10,88	10,86	10,84	10,83
57	11,45	11,37	11,30	11,23	11,16	11,10	11,04	10,99	10,94	10,89	10,85	10,81	10,78	10,75	10,72	10,70	10,68	10,66	10,64	10,62
58	11,31	11,22	11,14	11,07	11,00	10,93	10,87	10,81	10,75	10,71	10,66	10,62	10,58	10,55	10,52	10,49	10,47	10,45	10,43	10,41
59	11,16	11,07	10,99	10,91	10,83	10,76	10,69	10,63	10,57	10,51	10,47	10,42	10,38	10,35	10,31	10,28	10,26	10,24	10,22	10,20
60	11,02	10,92	10,83	10,74	10,66	10,58	10,51	10,44	10,38	10,32	10,27	10,22	10,18	10,14	10,10	10,07	10,05	10,02	10,00	9,98
61	10,88	10,77	10,68	10,58	10,49	10,41	10,33	10,26	10,19	10,13	10,07	10,02	9,97	9,93	9,89	9,86	9,83	9,80	9,78	9,76
62	10,74	10,63	10,52	10,42	10,32	10,23	10,15	10,07	10,00	9,93	9,87	9,81	9,76	9,72	9,68	9,64	9,61	9,58	9,55	9,53
63	10,60	10,48	10,37	10,26	10,16	10,06	9,97	9,88	9,81	9,73	9,67	9,61	9,55	9,50	9,46	9,42	9,38	9,35	9,32	9,30
64	10,46	10,34	10,21	10,10	9,99	9,88	9,79	9,70	9,61	9,54	9,46	9,40	9,34	9,29	9,24	9,19	9,16	9,12	9,09	9,06
65	10,33	10,19	10,06	9,94	9,82	9,71	9,61	9,51	9,42	9,34	9,26	9,19	9,13	9,07	9,02	8,97	8,93	8,89	8,86	8,83
66	10,20	10,05	9,92	9,79	9,66	9,54	9,43	9,33	9,23	9,14	9,06	8,98	8,91	8,85	8,79	8,74	8,70	8,65	8,62	8,59
67	10,07	9,92	9,77	9,63	9,50	9,37	9,25	9,14	9,04	8,94	8,85	8,77	8,70	8,63	8,57	8,51	8,46	8,42	8,38	8,34
68	9,95	9,79	9,63	9,48	9,34	9,21	9,08	8,96	8,85	8,75	8,65	8,56	8,48	8,41	8,34	8,28	8,23	8,18	8,14	8,10
69	9,83	9,66	9,50	9,34	9,19	9,05	8,91	8,78	8,67	8,55	8,45	8,36	8,27	8,19	8,12	8,06	8,00	7,95	7,90	7,86
70	9,71	9,54	9,37	9,20	9,04	8,89	8,75	8,61	8,48	8,37	8,26	8,15	8,06	7,98	7,90	7,83	7,77	7,71	7,66	7,62
71	9,60	9,42	9,24	9,07	8,90	8,74	8,59	8,44	8,31	8,18	8,06	7,96	7,86	7,77	7,68	7,61	7,54	7,48	7,42	7,37
72	9,50	9,31	9,12	8,94	8,76	8,59	8,43	8,28	8,14	8,00	7,88	7,76	7,66	7,56	7,47	7,39	7,32	7,25	7,19	7,14
73	9,40	9,20	9,01	8,82	8,63	8,46	8,29	8,13	7,97	7,83	7,70	7,57	7,46	7,36	7,26	7,17	7,10	7,03	6,96	6,90
74	9,31	9,10	8,90	8,70	8,51	8,32	8,15	7,98	7,82	7,67	7,52	7,39	7,27	7,16	7,06	6,97	6,88	6,81	6,74	6,68
75	9,23	9,01	8,80	8,59	8,39	8,20	8,01	7,83	7,67	7,51	7,36	7,22	7,09	6,97	6,87	6,77	6,67	6,59	6,52	6,45
76	9,15	8,93	8,71	8,49	8,28	8,08	7,89	7,70	7,52	7,36	7,20	7,05	6,92	6,79	6,68	6,57	6,48	6,39	6,31	6,24
77	9,07	8,85	8,62	8,40	8,18	7,97	7,77	7,57	7,39	7,22	7,05	6,90	6,75	6,62	6,50	6,39	6,29	6,19	6,11	6,03
78	9,01	8,77	8,54	8,31	8,09	7,87	7,66	7,46	7,26	7,08	6,91	6,75	6,60	6,46	6,33	6,21	6,10	6,01	5,92	5,84
79	8,94	8,70	8,46	8,23	8,00	7,77	7,56	7,35	7,15	6,96	6,78	6,61	6,45	6,30	6,17	6,04	5,93	5,83	5,73	5,65
80	8,89	8,64	8,40	8,15	7,92	7,68	7,46	7,24	7,04	6,84	6,65	6,48	6,31	6,16	6,02	5,89	5,77	5,66	5,56	5,47
81	8,84	8,58	8,33	8,08	7,84	7,60	7,37	7,15	6,93	6,73	6,54	6,35	6,18	6,02	5,87	5,74	5,61	5,49	5,39	5,29
82	8,79	8,53	8,28	8,02	7,77	7,53	7,29	7,06	6,84	6,63	6,43	6,24	6,06	5,89	5,74	5,60	5,46	5,34	5,23	5,13
83	8,75	8,48	8,22	7,96	7,71	7,46	7,22	6,98	6,75	6,53	6,33	6,13	5,95	5,77	5,61	5,46	5,33	5,20	5,08	4,98
84	8,71	8,44	8,18	7,91	7,65	7,40	7,15	6,91	6,67	6,45	6,23	6,03	5,84	5,66	5,50	5,34	5,20	5,07	4,95	4,84
85	8,67	8,40	8,13	7,87	7,60	7,34	7,08	6,84	6,60	6,37	6,15	5,94	5,75	5,56	5,39	5,23	5,08	4,94	4,82	4,70
86	8,64	8,37	8,09	7,82	7,55	7,29	7,03	6,78	6,53	6,30	6,07	5,86	5,66	5,47	5,29	5,12	4,97	4,83	4,69	4,57
87	8,61	8,34	8,06	7,78	7,51	7,24	6,98	6,72	6,47	6,23	6,00	5,78	5,57	5,38	5,19	5,02	4,86	4,72	4,58	4,46
88	8,59	8,31	8,03	7,75	7,47	7,20	6,93	6,67	6,41	6,17	5,93	5,71	5,50	5,30	5,11	4,93	4,77	4,62	4,48	4,35
89	8,56	8,28	8,00	7,72	7,44	7,16	6,89	6,62	6,36	6,11	5,87	5,65	5,43	5,22	5,03	4,85	4,68	4,53	4,38	4,25
90	8,54	8,26	7,97	7,69	7,41	7,13	6,85	6,58	6,32	6,06	5,82	5,59	5,37	5,16	4,96	4,77	4,60	4,44	4,29	4,15

Alter des Mannes (50 bis 90 Jahre)

Zinssatz 7 %

	Alter der Frau (50 bis 70 Jahre)																				
	50	51	52	53	54	55	56	57	58	59	60	61	62	63	64	65	66	67	68	69	70
50	13,14	13,08	13,01	12,95	12,88	12,82	12,75	12,69	12,62	12,56	12,49	12,43	12,37	12,31	12,25	12,20	12,14	12,09	12,04	11,99	11,94
51	13,10	13,04	12,97	12,90	12,83	12,76	12,69	12,62	12,55	12,48	12,42	12,35	12,28	12,22	12,16	12,10	12,04	11,98	11,93	11,87	11,82
52	13,07	13,00	12,92	12,85	12,78	12,70	12,63	12,56	12,48	12,41	12,34	12,27	12,20	12,13	12,06	12,00	11,93	11,87	11,81	11,76	11,70
53	13,03	12,96	12,88	12,80	12,73	12,65	12,57	12,50	12,42	12,34	12,26	12,19	12,11	12,04	11,97	11,90	11,83	11,76	11,70	11,64	11,58
54	12,99	12,92	12,84	12,76	12,68	12,60	12,52	12,43	12,35	12,27	12,19	12,11	12,03	11,95	11,87	11,80	11,73	11,65	11,59	11,52	11,45
55	12,96	12,88	12,80	12,71	12,63	12,55	12,46	12,37	12,29	12,20	12,12	12,03	11,95	11,86	11,78	11,70	11,62	11,55	11,47	11,40	11,33
56	12,93	12,84	12,76	12,67	12,58	12,49	12,41	12,31	12,22	12,13	12,04	11,95	11,86	11,77	11,69	11,60	11,52	11,44	11,36	11,28	11,21
57	12,89	12,81	12,72	12,63	12,54	12,45	12,35	12,26	12,16	12,07	11,97	11,88	11,78	11,69	11,60	11,50	11,42	11,33	11,24	11,16	11,08
58	12,86	12,77	12,68	12,59	12,49	12,40	12,30	12,20	12,10	12,00	11,90	11,80	11,70	11,60	11,50	11,41	11,31	11,22	11,13	11,04	10,96
59	12,83	12,74	12,65	12,55	12,45	12,35	12,25	12,15	12,04	11,94	11,83	11,73	11,62	11,52	11,42	11,31	11,21	11,11	11,02	10,92	10,83
60	12,80	12,71	12,61	12,51	12,41	12,31	12,20	12,10	11,99	11,88	11,77	11,66	11,55	11,44	11,33	11,22	11,11	11,01	10,90	10,80	10,71
61	12,78	12,68	12,58	12,48	12,37	12,27	12,16	12,05	11,93	11,82	11,71	11,59	11,47	11,36	11,24	11,13	11,01	10,90	10,79	10,69	10,58
62	12,75	12,65	12,55	12,44	12,34	12,23	12,11	12,00	11,88	11,76	11,64	11,52	11,40	11,28	11,16	11,04	10,92	10,80	10,68	10,57	10,46
63	12,73	12,62	12,52	12,41	12,30	12,19	12,07	11,95	11,83	11,71	11,58	11,46	11,33	11,20	11,08	10,95	10,82	10,70	10,58	10,46	10,34
64	12,70	12,60	12,49	12,38	12,27	12,15	12,03	11,91	11,78	11,66	11,53	11,40	11,26	11,13	11,00	10,87	10,73	10,60	10,47	10,34	10,22
65	12,68	12,57	12,46	12,35	12,24	12,12	11,99	11,87	11,74	11,61	11,47	11,34	11,20	11,06	10,92	10,78	10,64	10,51	10,37	10,24	10,10
66	12,66	12,55	12,44	12,32	12,20	12,08	11,96	11,83	11,69	11,56	11,42	11,28	11,14	10,99	10,85	10,70	10,56	10,41	10,27	10,13	9,99
67	12,64	12,53	12,41	12,30	12,18	12,05	11,92	11,79	11,65	11,51	11,37	11,23	11,08	10,93	10,78	10,63	10,48	10,32	10,17	10,03	9,88
68	12,62	12,51	12,39	12,27	12,15	12,02	11,89	11,75	11,61	11,47	11,32	11,17	11,02	10,87	10,71	10,56	10,40	10,24	10,08	9,93	9,77
69	12,60	12,49	12,37	12,25	12,12	11,99	11,86	11,72	11,58	11,43	11,28	11,13	10,97	10,81	10,65	10,49	10,32	10,16	9,99	9,83	9,67
70	12,58	12,47	12,35	12,23	12,10	11,97	11,83	11,69	11,54	11,39	11,24	11,08	10,92	10,75	10,59	10,42	10,25	10,08	9,91	9,74	9,57
71	12,57	12,45	12,33	12,21	12,08	11,94	11,80	11,66	11,51	11,35	11,20	11,04	10,87	10,70	10,53	10,36	10,18	10,01	9,83	9,65	9,48
72	12,55	12,44	12,31	12,19	12,05	11,92	11,78	11,63	11,48	11,32	11,16	11,00	10,83	10,65	10,48	10,30	10,12	9,94	9,75	9,57	9,39
73	12,54	12,42	12,30	12,17	12,03	11,90	11,75	11,60	11,45	11,29	11,13	10,96	10,79	10,61	10,43	10,25	10,06	9,87	9,68	9,49	9,30
74	12,53	12,41	12,28	12,15	12,02	11,88	11,73	11,58	11,42	11,26	11,10	10,92	10,75	10,57	10,38	10,20	10,01	9,81	9,62	9,42	9,22
75	12,52	12,39	12,27	12,14	12,00	11,86	11,71	11,56	11,40	11,24	11,07	10,89	10,71	10,53	10,34	10,15	9,95	9,76	9,55	9,35	9,15
76	12,50	12,38	12,26	12,12	11,98	11,84	11,69	11,54	11,38	11,21	11,04	10,86	10,68	10,49	10,30	10,11	9,91	9,70	9,50	9,29	9,08
77	12,49	12,37	12,24	12,11	11,97	11,83	11,68	11,52	11,36	11,19	11,02	10,84	10,65	10,46	10,27	10,07	9,86	9,66	9,44	9,23	9,02
78	12,49	12,36	12,23	12,10	11,96	11,81	11,66	11,50	11,34	11,17	10,99	10,81	10,62	10,43	10,23	10,03	9,82	9,61	9,40	9,18	8,96
79	12,48	12,35	12,22	12,09	11,95	11,80	11,65	11,49	11,32	11,15	10,97	10,79	10,60	10,40	10,20	10,00	9,79	9,57	9,35	9,13	8,91
80	12,47	12,35	12,21	12,08	11,94	11,79	11,63	11,47	11,31	11,13	10,95	10,77	10,58	10,38	10,18	9,97	9,75	9,53	9,31	9,09	8,86
81	12,46	12,34	12,21	12,07	11,93	11,78	11,62	11,46	11,29	11,12	10,94	10,75	10,56	10,36	10,15	9,94	9,72	9,50	9,27	9,04	8,81
82	12,46	12,33	12,20	12,06	11,92	11,77	11,61	11,45	11,28	11,10	10,92	10,73	10,54	10,34	10,13	9,92	9,70	9,47	9,24	9,01	8,77
83	12,45	12,32	12,19	12,05	11,91	11,76	11,60	11,44	11,27	11,09	10,91	10,72	10,52	10,32	10,11	9,89	9,67	9,44	9,21	8,97	8,73
84	12,45	12,32	12,19	12,05	11,90	11,75	11,59	11,43	11,26	11,08	10,90	10,70	10,51	10,30	10,09	9,87	9,65	9,42	9,18	8,94	8,70
85	12,44	12,31	12,18	12,04	11,90	11,74	11,58	11,42	11,25	11,07	10,88	10,69	10,49	10,29	10,07	9,85	9,63	9,40	9,16	8,92	8,67
86	12,44	12,31	12,18	12,04	11,89	11,74	11,58	11,41	11,24	11,06	10,87	10,68	10,48	10,27	10,06	9,84	9,61	9,38	9,14	8,89	8,64
87	12,43	12,31	12,17	12,03	11,88	11,73	11,57	11,41	11,23	11,05	10,86	10,67	10,47	10,26	10,05	9,82	9,59	9,36	9,12	8,87	8,62
88	12,43	12,30	12,17	12,03	11,88	11,73	11,57	11,40	11,23	11,04	10,86	10,66	10,46	10,25	10,03	9,81	9,58	9,34	9,10	8,85	8,59
89	12,43	12,30	12,16	12,02	11,88	11,72	11,56	11,39	11,22	11,04	10,85	10,65	10,45	10,24	10,02	9,80	9,57	9,33	9,08	8,83	8,57
90	12,43	12,30	12,16	12,02	11,87	11,72	11,56	11,39	11,21	11,03	10,84	10,65	10,44	10,23	10,01	9,79	9,56	9,32	9,07	8,82	8,56

Alter des Mannes (50 bis 90 Jahre)

Zinssatz 7 %

		71	72	73	74	75	76	77	78	79	80	81	82	83	84	85	86	87	88	89	90
	50	11,90	11,85	11,81	11,77	11,74	11,71	11,67	11,65	11,62	11,60	11,57	11,56	11,54	11,52	11,51	11,49	11,48	11,47	11,46	11,46
	51	11,77	11,73	11,68	11,64	11,60	11,57	11,53	11,50	11,47	11,45	11,42	11,40	11,38	11,36	11,35	11,34	11,32	11,31	11,30	11,29
	52	11,65	11,60	11,55	11,50	11,46	11,42	11,39	11,35	11,32	11,29	11,27	11,24	11,22	11,20	11,19	11,17	11,16	11,15	11,13	11,13
	53	11,52	11,47	11,42	11,37	11,32	11,28	11,24	11,20	11,17	11,14	11,11	11,08	11,06	11,04	11,02	11,00	10,99	10,98	10,96	10,95
	54	11,39	11,33	11,28	11,23	11,18	11,13	11,09	11,05	11,01	10,98	10,95	10,92	10,89	10,87	10,85	10,83	10,82	10,80	10,79	10,78
	55	11,26	11,20	11,14	11,08	11,03	10,98	10,93	10,89	10,85	10,81	10,78	10,75	10,72	10,70	10,68	10,66	10,64	10,62	10,61	10,60
	56	11,13	11,07	11,00	10,94	10,88	10,83	10,78	10,73	10,69	10,65	10,61	10,58	10,55	10,52	10,50	10,48	10,46	10,44	10,42	10,41
	57	11,00	10,93	10,86	10,79	10,73	10,67	10,62	10,57	10,52	10,48	10,44	10,40	10,37	10,34	10,32	10,29	10,27	10,25	10,24	10,22
	58	10,87	10,79	10,72	10,65	10,58	10,52	10,46	10,40	10,35	10,31	10,26	10,23	10,19	10,16	10,13	10,10	10,08	10,06	10,04	10,03
	59	10,74	10,66	10,58	10,50	10,43	10,36	10,30	10,24	10,18	10,13	10,09	10,04	10,01	9,97	9,94	9,91	9,89	9,87	9,85	9,83
	60	10,61	10,52	10,43	10,35	10,27	10,20	10,13	10,07	10,01	9,96	9,91	9,86	9,82	9,78	9,75	9,72	9,69	9,67	9,65	9,63
	61	10,48	10,38	10,29	10,20	10,12	10,04	9,97	9,90	9,84	9,78	9,72	9,67	9,63	9,59	9,55	9,52	9,49	9,46	9,44	9,42
	62	10,35	10,25	10,15	10,05	9,97	9,88	9,80	9,73	9,66	9,60	9,54	9,48	9,44	9,39	9,35	9,32	9,29	9,26	9,23	9,21
	63	10,22	10,11	10,01	9,91	9,81	9,72	9,63	9,55	9,48	9,41	9,35	9,29	9,24	9,19	9,15	9,11	9,08	9,05	9,02	9,00
	64	10,10	9,98	9,87	9,76	9,66	9,56	9,47	9,38	9,30	9,23	9,16	9,10	9,04	8,99	8,95	8,90	8,87	8,83	8,80	8,78
Alter des Mannes (50 bis 90 Jahre)	65	9,97	9,85	9,73	9,61	9,50	9,40	9,30	9,21	9,12	9,04	8,97	8,90	8,84	8,79	8,74	8,69	8,65	8,62	8,58	8,56
	66	9,85	9,72	9,59	9,47	9,35	9,24	9,14	9,04	8,95	8,86	8,78	8,71	8,64	8,58	8,53	8,48	8,44	8,40	8,36	8,33
	67	9,74	9,59	9,46	9,33	9,20	9,08	8,97	8,87	8,77	8,68	8,59	8,51	8,44	8,38	8,32	8,27	8,22	8,18	8,14	8,10
	68	9,62	9,47	9,33	9,19	9,06	8,93	8,81	8,70	8,59	8,49	8,40	8,32	8,24	8,17	8,11	8,05	8,00	7,95	7,91	7,88
	69	9,51	9,35	9,20	9,06	8,91	8,78	8,65	8,53	8,42	8,31	8,22	8,13	8,04	7,97	7,90	7,84	7,78	7,73	7,69	7,65
	70	9,40	9,24	9,08	8,93	8,78	8,63	8,50	8,37	8,25	8,14	8,03	7,94	7,85	7,77	7,69	7,62	7,56	7,51	7,46	7,42
	71	9,30	9,13	8,96	8,80	8,64	8,49	8,35	8,21	8,08	7,96	7,85	7,75	7,65	7,57	7,49	7,41	7,35	7,29	7,24	7,19
	72	9,20	9,03	8,85	8,68	8,51	8,35	8,20	8,06	7,92	7,79	7,68	7,57	7,46	7,37	7,28	7,21	7,14	7,07	7,02	6,96
	73	9,11	8,93	8,74	8,56	8,39	8,22	8,06	7,91	7,77	7,63	7,51	7,39	7,28	7,18	7,09	7,00	6,93	6,86	6,80	6,74
	74	9,03	8,83	8,64	8,46	8,27	8,10	7,93	7,77	7,62	7,48	7,34	7,22	7,10	6,99	6,90	6,81	6,73	6,65	6,59	6,53
	75	8,95	8,75	8,55	8,35	8,16	7,98	7,80	7,64	7,48	7,33	7,18	7,05	6,93	6,81	6,71	6,62	6,53	6,45	6,38	6,31
	76	8,87	8,66	8,46	8,26	8,06	7,87	7,69	7,51	7,34	7,18	7,03	6,89	6,76	6,64	6,53	6,43	6,34	6,25	6,18	6,11
	77	8,80	8,59	8,38	8,17	7,96	7,77	7,57	7,39	7,21	7,05	6,89	6,74	6,61	6,48	6,36	6,25	6,16	6,07	5,99	5,91
	78	8,74	8,52	8,30	8,08	7,87	7,67	7,47	7,28	7,09	6,92	6,76	6,60	6,46	6,32	6,20	6,09	5,98	5,89	5,80	5,72
	79	8,68	8,45	8,23	8,01	7,79	7,58	7,37	7,17	6,98	6,80	6,63	6,47	6,32	6,18	6,04	5,92	5,81	5,71	5,62	5,54
	80	8,63	8,39	8,16	7,94	7,71	7,49	7,28	7,07	6,88	6,69	6,51	6,34	6,18	6,04	5,90	5,77	5,66	5,55	5,45	5,37
	81	8,58	8,34	8,10	7,87	7,64	7,41	7,19	6,98	6,78	6,58	6,40	6,22	6,06	5,90	5,76	5,63	5,51	5,40	5,29	5,20
	82	8,53	8,29	8,05	7,81	7,57	7,34	7,12	6,90	6,69	6,49	6,29	6,11	5,94	5,78	5,63	5,49	5,37	5,25	5,14	5,04
	83	8,49	8,24	8,00	7,75	7,51	7,28	7,04	6,82	6,60	6,40	6,20	6,01	5,83	5,67	5,51	5,37	5,23	5,11	5,00	4,90
	84	8,45	8,20	7,95	7,70	7,46	7,22	6,98	6,75	6,53	6,31	6,11	5,91	5,73	5,56	5,40	5,25	5,11	4,98	4,87	4,76
	85	8,42	8,17	7,91	7,66	7,41	7,16	6,92	6,68	6,46	6,24	6,03	5,83	5,64	5,46	5,29	5,14	4,99	4,86	4,74	4,63
	86	8,39	8,13	7,87	7,62	7,36	7,11	6,86	6,62	6,39	6,17	5,95	5,75	5,55	5,37	5,20	5,04	4,89	4,75	4,62	4,51
	87	8,36	8,10	7,84	7,58	7,32	7,07	6,81	6,57	6,33	6,10	5,88	5,67	5,47	5,28	5,11	4,94	4,79	4,64	4,51	4,39
	88	8,34	8,07	7,81	7,55	7,28	7,02	6,77	6,52	6,28	6,04	5,82	5,60	5,40	5,21	5,02	4,85	4,69	4,55	4,41	4,29
	89	8,31	8,05	7,78	7,52	7,25	6,99	6,73	6,47	6,23	5,99	5,76	5,54	5,33	5,13	4,95	4,77	4,61	4,46	4,32	4,19
	90	8,29	8,03	7,76	7,49	7,22	6,95	6,69	6,43	6,18	5,94	5,71	5,48	5,27	5,07	4,88	4,70	4,53	4,38	4,23	4,10

Alter der Frau (71 bis 90 Jahre)

19.6 Allgemeine Sterbetafel 1986/88 (Gebietsstand vor dem 3. 10. 1990)

Männlich				Weiblich			
Vollendetes Alter in Jahren	Durchschnittl. Lebenserwartung in Jahren	Vollendetes Alter in Jahren	Durchschnittl. Lebenserwartung in Jahren	Vollendetes Alter in Jahren	Durchschnittl. Lebenserwartung in Jahren	Vollendetes Alter in Jahren	Durchschnittl. Lebenserwartung in Jahren
1	71,88	51	24,65	1	78,23	51	29,87
2	70,93	52	23,81	2	77,28	52	28,96
3	69,97	53	22,98	3	76,31	53	28,06
4	68,99	54	22,17	4	75,33	54	27,17
5	68,02	55	21,37	5	74,35	55	26,28
6	67,03	56	20,58	6	73,36	56	25,40
7	66,05	57	19,80	7	72,37	57	24,52
8	65,07	58	19,04	8	71,38	58	23,66
9	64,09	59	18,29	9	70,39	59	22,80
10	63,10	60	17,55	10	69,40	60	21,95
11	62,11	61	16,83	11	68,41	61	21,10
12	61,12	62	16,11	12	67,42	62	20,27
13	60,14	63	15,41	13	66,43	63	19,44
14	59,15	64	14,73	14	65,45	64	18,63
15	58,17	65	14,05	15	64,46	65	17,82
16	57,19	66	13,39	16	63,47	66	17,03
17	56,22	67	12,75	17	62,49	67	16,24
18	55,26	68	12,12	18	61,51	68	15,47
19	54,32	69	11,50	19	60,53	69	14,71
20	53,37	70	10,90	20	59,55	70	13,96
21	52,43	71	10,32	21	58,57	71	13,23
22	51,49	72	9,76	22	57,60	72	12,52
23	50,54	73	9,22	23	56,62	73	11,82
24	49,60	74	8,70	24	55,64	74	11,14
25	48,65	75	8,21	25	54,66	75	10,48
26	47,69	76	7,73	26	53,68	76	9,85
27	46,74	77	7,28	27	52,70	77	9,24
28	45,79	78	6,85	28	51,72	78	8,66
29	44,84	79	6,44	29	50,75	79	8,10
30	43,88	80	6,06	30	49,77	80	7,57
31	42,93	81	5,69	31	48,80	81	7,07
32	41,98	82	5,35	32	47,82	82	6,60
33	41,03	83	5,03	33	46,85	83	6,15
34	40,09	84	4,72	34	45,88	84	5,73
35	39,14	85	4,43	35	44,91	85	5,34
36	38,20	86	4,17	36	43,95	86	4,97
37	37,26	87	3,91	37	42,99	87	4,63
38	36,32	88	3,68	38	42,03	88	4,31
39	35,39	89	3,46	39	41,07	89	4,01
40	34,46	90	3,25	40	40,11	90	3,74
41	33,53	91	3,06	41	39,16	91	3,49
42	32,61	92	2,88	42	38,22	92	3,25
43	31,69	93	2,72	43	37,27	93	3,04
44	30,79	94	2,56	44	36,33	94	2,84
45	29,88	95	2,42	45	35,40	95	2,65
46	28,99	96	2,28	46	34,46	96	2,49
47	28,10	97	2,16	47	33,54	97	2,33
48	27,23	98	2,04	48	32,61	98	2,19
49	26,36	99	1,93	49	31,69	99	2,06
50	25,50	100	1,83	50	30,78	100	1,94

19.7   Abgekürzte Sterbetafel 1999/01 (Quelle: www.destatis.de)

Männlich				Weiblich			
Vollendetes Alter in Jahren	Durchschnittl. Lebenserwartung in Jahren	Vollendetes Alter in Jahren	Durchschnittl. Lebenserwartung in Jahren	Vollendetes Alter in Jahren	Durchschnittl. Lebenserwartung in Jahren	Vollendetes Alter in Jahren	Durchschnittl. Lebenserwartung in Jahren
1	74,48	46	31,27	1	80,39	46	36,37
2	73,51	47	30,38	2	79,41	47	35,44
3	72,53	48	29,50	3	78,43	48	34,51
4	71,55	49	28,63	4	77,44	49	33,59
5	70,56	50	27,76	5	76,45	50	32,67
6	69,57	51	26,89	6	75,46	51	31,75
7	68,58	52	26,04	7	74,47	52	30,84
8	67,59	53	25,19	8	73,48	53	29,94
9	66,59	54	24,35	9	72,48	54	29,04
10	65,60	55	23,52	10	71,49	55	28,14
11	64,61	56	22,70	11	70,50	56	27,25
12	63,62	57	21,88	12	69,51	57	26,36
13	62,63	58	21,09	13	68,51	58	25,48
14	61,64	59	20,29	14	67,52	59	24,60
15	60,65	60	19,51	15	66,53	60	23,72
16	59,67	61	18,74	16	65,54	61	22,85
17	58,69	62	17,98	17	64,56	62	21,99
18	57,73	63	17,24	18	63,57	63	21,13
19	56,78	64	16,51	19	62,60	64	20,28
20	55,83	65	15,79	20	61,62	65	19,44
21	54,89	66	15,09	21	60,64	66	18,62
22	53,94	67	14,41	22	59,66	67	17,80
23	52,98	68	13,75	23	58,67	68	17,00
24	52,03	69	13,11	24	57,69	69	16,21
25	51,07	70	12,48	25	56,71	70	15,43
26	50,11	71	11,88	26	55,72	71	14,66
27	49,15	72	11,29	27	54,74	72	13,91
28	48,19	73	10,71	28	53,76	73	13,18
29	47,23	74	10,14	29	52,78	74	12,46
30	46,27	75	9,58	30	51,79	75	11,75
31	45,31	76	9,04	31	50,81	76	11,07
32	44,35	77	8,52	32	49,83	77	10,41
33	43,39	78	8,03	33	48,85	78	9,77
34	42,43	79	7,55	34	47,87	79	9,15
35	41,47	80	7,12	35	46,90	80	8,57
36	40,52	81	6,69	36	45,93	81	8,01
37	39,57	82	6,29	37	44,95	82	7,48
38	38,63	83	5,88	38	43,99	83	6,94
39	37,69	84	5,51	39	43,02	84	6,45
40	36,75	85	5,18	40	42,06	85	6,00
41	35,82	86	4,88	41	41,10	86	5,58
42	34,90	87	4,61	42	40,15	87	5,19
43	33,98	88	4,37	43	39,20	88	4,82
44	33,07	89	4,15	44	38,25	89	4,48
45	32,17	90	3,97	45	37,31	90	4,18

19.8 Sterbetafel 2002/2004 (Quelle: www.destatis.de)

Männlich				Weiblich			
Vollendetes Alter in Jahren	Durchschnittl. Lebens- erwartung in Jahren	Vollendetes Alter in Jahren	Durchschnittl. Lebens- erwartung in Jahren	Vollendetes Alter in Jahren	Durchschnittl. Lebens- erwartung in Jahren	Vollendetes Alter in Jahren	Durchschnittl. Lebens- erwartung in Jahren
1	75,24	51	27,46	1	80,86	51	32,12
2	74,27	52	26,60	2	79,89	52	31,21
3	73,29	53	25,75	3	78,90	53	30,30
4	72,30	54	24,91	4	77,92	54	29,40
5	71,31	55	24,08	5	76,93	55	28,50
6	70,32	56	23,26	6	75,94	56	27,60
7	69,33	57	22,44	7	74,94	57	26,71
8	68,34	58	21,63	8	73,95	58	25,83
9	67,34	59	20,83	9	72,96	59	24,95
10	66,35	60	20,05	10	71,96	60	24,08
11	65,36	61	19,27	11	70,97	61	23,21
12	64,37	62	18,50	12	69,97	62	22,34
13	63,37	63	17,75	13	68,98	63	21,47
14	62,38	64	17,00	14	67,99	64	20,62
15	61,39	65	16,26	15	66,99	65	19,77
16	60,41	66	15,54	16	66,01	66	18,92
17	59,43	67	14,84	17	65,02	67	18,09
18	58,46	68	14,15	18	64,03	68	17,27
19	57,50	69	13,48	19	63,05	69	16,47
20	56,55	70	12,83	20	62,07	70	15,67
21	55,59	71	12,19	21	61,09	71	14,89
22	54,64	72	11,57	22	60,10	72	14,13
23	53,68	73	10,97	23	59,12	73	13,38
24	52,72	74	10,39	24	58,13	74	12,65
25	51,75	75	9,83	25	57,15	75	11,93
26	50,79	76	9,29	26	56,16	76	11,24
27	49,83	77	8,75	27	55,18	77	10,56
28	48,86	78	8,22	28	54,20	78	9,89
29	47,90	79	7,72	29	53,21	79	9,26
30	46,93	80	7,24	30	52,23	80	8,64
31	45,97	81	6,78	31	51,24	81	8,06
32	45,00	82	6,34	32	50,26	82	7,50
33	44,04	83	5,95	33	49,28	83	6,99
34	43,08	84	5,56	34	48,30	84	6,49
35	42,12	85	5,19	35	47,32	85	6,01
36	41,16	86	4,81	36	46,35	86	5,53
37	40,21	87	4,47	37	45,37	87	5,10
38	39,26	88	4,17	38	44,40	88	4,71
39	38,31	89	3,89	39	43,43	89	4,35
40	37,37	90	3,64	40	42,46	90	4,02
41	36,43	91	3,39	41	41,50	91	3,71
42	35,50	92	3,18	42	40,54	92	3,45
43	34,58	93	2,97	43	39,59	93	3,21
44	33,66	94	2,79	44	38,64	94	2,99
45	32,75	95	2,62	45	37,69	95	2,80
46	31,85	96	2,46	46	36,75	96	2,61
47	30,96	97	2,32	47	35,81	97	2,45
48	30,07	98	2,18	48	34,88	98	2,30
49	29,19	99	2,06	49	33,96	99	2,16
50	28,32	100	1,95	50	33,04	100	2,03

20 Weitere finanzmathematische Grundlagen

20.1 Rentenbarwertfaktoren

Nachfolgend werden die Rentenbarwertfaktoren für eine jährlich nachschüssig zahlbare Zeitrente angegeben. Diese sind identisch mit dem Vervielfältiger der WertV. Korrekturfaktoren für andere Zahlungsweisen werden im Anschluss an diese Tabelle angegeben.

	2,0%	2,5%	3,0%	3,5%	4,0%	4,5%	5,0%	5,5%	6,0%	6,5%	7,0%	7,5%	8,0%
1 Jahr	0,980	0,976	0,971	0,966	0,962	0,957	0,952	0,948	0,943	0,939	0,935	0,930	0,926
2 Jahre	1,942	1,927	1,913	1,900	1,886	1,873	1,859	1,846	1,833	1,821	1,808	1,796	1,783
3 Jahre	2,884	2,856	2,829	2,802	2,775	2,749	2,723	2,698	2,673	2,648	2,624	2,601	2,577
4 Jahre	3,808	3,762	3,717	3,673	3,630	3,588	3,546	3,505	3,465	3,426	3,387	3,349	3,312
5 Jahre	4,713	4,646	4,580	4,515	4,452	4,390	4,329	4,270	4,212	4,156	4,100	4,046	3,993
6 Jahre	5,601	5,508	5,417	5,329	5,242	5,158	5,076	4,996	4,917	4,841	4,767	4,694	4,623
7 Jahre	6,472	6,349	6,230	6,115	6,002	5,893	5,786	5,683	5,582	5,485	5,389	5,297	5,206
8 Jahre	7,325	7,170	7,020	6,874	6,733	6,596	6,463	6,335	6,210	6,089	5,971	5,857	5,747
9 Jahre	8,162	7,971	7,786	7,608	7,435	7,269	7,108	6,952	6,802	6,656	6,515	6,379	6,247
10 Jahre	8,983	8,752	8,530	8,317	8,111	7,913	7,722	7,538	7,360	7,189	7,024	6,864	6,710
11 Jahre	9,787	9,514	9,253	9,002	8,760	8,529	8,306	8,093	7,887	7,689	7,499	7,315	7,139
12 Jahre	10,575	10,258	9,954	9,663	9,385	9,119	8,863	8,619	8,384	8,159	7,943	7,735	7,536
13 Jahre	11,348	10,983	10,635	10,303	9,986	9,683	9,394	9,117	8,853	8,600	8,358	8,126	7,904
14 Jahre	12,106	11,691	11,296	10,921	10,563	10,223	9,899	9,590	9,295	9,014	8,745	8,489	8,244
15 Jahre	12,849	12,381	11,938	11,517	11,118	10,740	10,380	10,038	9,712	9,403	9,108	8,827	8,559
16 Jahre	13,578	13,055	12,561	12,094	11,652	11,234	10,838	10,462	10,106	9,768	9,447	9,142	8,851
17 Jahre	14,292	13,712	13,166	12,651	12,166	11,707	11,274	10,865	10,477	10,111	9,763	9,434	9,122
18 Jahre	14,992	14,353	13,754	13,190	12,659	12,160	11,690	11,246	10,828	10,432	10,059	9,706	9,372
19 Jahre	15,678	14,979	14,324	13,710	13,134	12,593	12,085	11,608	11,158	10,735	10,336	9,959	9,604
20 Jahre	16,351	15,589	14,877	14,212	13,590	13,008	12,462	11,950	11,470	11,019	10,594	10,194	9,818
21 Jahre	17,011	16,185	15,415	14,698	14,029	13,405	12,821	12,275	11,764	11,285	10,836	10,413	10,017
22 Jahre	17,658	16,765	15,937	15,167	14,451	13,784	13,163	12,583	12,042	11,535	11,061	10,617	10,201
23 Jahre	18,292	17,332	16,444	15,620	14,857	14,148	13,489	12,875	12,303	11,770	11,272	10,807	10,371
24 Jahre	18,914	17,885	16,936	16,058	15,247	14,495	13,799	13,152	12,550	11,991	11,469	10,983	10,529
25 Jahre	19,523	18,424	17,413	16,482	15,622	14,828	14,094	13,414	12,783	12,198	11,654	11,147	10,675
26 Jahre	20,121	18,951	17,877	16,890	15,983	15,147	14,375	13,662	13,003	12,392	11,826	11,299	10,810
27 Jahre	20,707	19,464	18,327	17,285	16,330	15,451	14,643	13,898	13,211	12,575	11,987	11,441	10,935
28 Jahre	21,281	19,965	18,764	17,667	16,663	15,743	14,898	14,121	13,406	12,746	12,137	11,573	11,051
29 Jahre	21,844	20,454	19,188	18,036	16,984	16,022	15,141	14,333	13,591	12,907	12,278	11,696	11,158
30 Jahre	22,396	20,930	19,600	18,392	17,292	16,289	15,372	14,534	13,765	13,059	12,409	11,810	11,258
31 Jahre	22,938	21,395	20,000	18,736	17,588	16,544	15,593	14,724	13,929	13,201	12,532	11,917	11,350
32 Jahre	23,468	21,849	20,389	19,069	17,874	16,789	15,803	14,904	14,084	13,334	12,647	12,015	11,435
33 Jahre	23,989	22,292	20,766	19,390	18,148	17,023	16,003	15,075	14,230	13,459	12,754	12,107	11,514
34 Jahre	24,499	22,724	21,132	19,701	18,411	17,247	16,193	15,237	14,368	13,577	12,854	12,193	11,587
35 Jahre	24,999	23,145	21,487	20,001	18,665	17,461	16,374	15,391	14,498	13,687	12,948	12,273	11,655
36 Jahre	25,489	23,556	21,832	20,290	18,908	17,666	16,547	15,536	14,621	13,791	13,035	12,347	11,717
37 Jahre	25,969	23,957	22,167	20,571	19,143	17,862	16,711	15,674	14,737	13,888	13,117	12,415	11,775
38 Jahre	26,441	24,349	22,492	20,841	19,368	18,050	16,868	15,805	14,846	13,979	13,193	12,479	11,829
39 Jahre	26,903	24,730	22,808	21,102	19,584	18,230	17,017	15,929	14,949	14,065	13,265	12,539	11,879
40 Jahre	27,355	25,103	23,115	21,355	19,793	18,402	17,159	16,046	15,046	14,146	13,332	12,594	11,925
41 Jahre	27,799	25,466	23,412	21,599	19,993	18,566	17,294	16,157	15,138	14,221	13,394	12,646	11,967

	2,0%	2,5%	3,0%	3,5%	4,0%	4,5%	5,0%	5,5%	6,0%	6,5%	7,0%	7,5%	8,0%
42 Jahre	28,235	25,821	23,701	21,835	20,186	18,724	17,423	16,263	15,225	14,292	13,452	12,694	12,007
43 Jahre	28,662	26,166	23,982	22,063	20,371	18,874	17,546	16,363	15,306	14,359	13,507	12,739	12,043
44 Jahre	29,080	26,504	24,254	22,283	20,549	19,018	17,663	16,458	15,383	14,421	13,558	12,780	12,077
45 Jahre	29,490	26,833	24,519	22,495	20,720	19,156	17,774	16,548	15,456	14,480	13,606	12,819	12,108
46 Jahre	29,892	27,154	24,775	22,701	20,885	19,288	17,880	16,633	15,524	14,535	13,650	12,855	12,137
47 Jahre	30,287	27,467	25,025	22,899	21,043	19,415	17,981	16,714	15,589	14,587	13,692	12,888	12,164
48 Jahre	30,673	27,773	25,267	23,091	21,195	19,536	18,077	16,790	15,650	14,636	13,730	12,919	12,189
49 Jahre	31,052	28,071	25,502	23,277	21,341	19,651	18,169	16,863	15,708	14,682	13,767	12,948	12,212
50 Jahre	31,424	28,362	25,730	23,456	21,482	19,762	18,256	16,932	15,762	14,725	13,801	12,975	12,233
51 Jahre	31,788	28,646	25,951	23,629	21,617	19,868	18,339	16,997	15,813	14,765	13,832	13,000	12,253
52 Jahre	32,145	28,923	26,166	23,796	21,748	19,969	18,418	17,058	15,861	14,803	13,862	13,023	12,272
53 Jahre	32,495	29,193	26,375	23,957	21,873	20,066	18,493	17,117	15,907	14,838	13,890	13,045	12,288
54 Jahre	32,838	29,457	26,578	24,113	21,993	20,159	18,565	17,173	15,950	14,872	13,916	13,065	12,304
55 Jahre	33,175	29,714	26,774	24,264	22,109	20,248	18,633	17,225	15,991	14,903	13,940	13,084	12,319
56 Jahre	33,505	29,965	26,965	24,410	22,220	20,333	18,699	17,275	16,029	14,932	13,963	13,101	12,332
57 Jahre	33,828	30,210	27,151	24,550	22,327	20,414	18,761	17,322	16,065	14,960	13,984	13,117	12,344
58 Jahre	34,145	30,448	27,331	24,686	22,430	20,492	18,820	17,367	16,099	14,986	14,003	13,132	12,356
59 Jahre	34,456	30,681	27,506	24,818	22,528	20,567	18,876	17,410	16,131	15,010	14,022	13,146	12,367
60 Jahre	34,761	30,909	27,676	24,945	22,623	20,638	18,929	17,450	16,161	15,033	14,039	13,159	12,377
61 Jahre	35,060	31,130	27,840	25,067	22,715	20,706	18,980	17,488	16,190	15,054	14,055	13,172	12,386
62 Jahre	35,353	31,347	28,000	25,186	22,803	20,772	19,029	17,524	16,217	15,075	14,070	13,183	12,394
63 Jahre	35,640	31,558	28,156	25,300	22,887	20,834	19,075	17,558	16,242	15,094	14,084	13,193	12,402
64 Jahre	35,921	31,764	28,306	25,411	22,969	20,894	19,119	17,591	16,266	15,111	14,098	13,203	12,409
65 Jahre	36,197	31,965	28,453	25,518	23,047	20,951	19,161	17,622	16,289	15,128	14,110	13,212	12,416
66 Jahre	36,468	32,161	28,595	25,621	23,122	21,006	19,201	17,651	16,310	15,144	14,121	13,221	12,422
67 Jahre	36,733	32,352	28,733	25,721	23,194	21,058	19,239	17,679	16,331	15,158	14,132	13,228	12,428
68 Jahre	36,994	32,538	28,867	25,817	23,264	21,108	19,275	17,705	16,350	15,172	14,142	13,236	12,433
69 Jahre	37,249	32,720	28,997	25,910	23,330	21,156	19,310	17,730	16,368	15,185	14,152	13,243	12,438
70 Jahre	37,499	32,898	29,123	26,000	23,395	21,202	19,343	17,753	16,385	15,197	14,160	13,249	12,443
71 Jahre	37,744	33,071	29,246	26,087	23,456	21,246	19,374	17,776	16,401	15,209	14,169	13,255	12,447
72 Jahre	37,984	33,240	29,365	26,171	23,516	21,288	19,404	17,797	16,416	15,219	14,176	13,260	12,451
73 Jahre	38,220	33,405	29,481	26,253	23,573	21,328	19,432	17,817	16,430	15,230	14,183	13,265	12,455
74 Jahre	38,451	33,566	29,593	26,331	23,628	21,367	19,459	17,836	16,443	15,239	14,190	13,270	12,458
75 Jahre	38,677	33,723	29,702	26,407	23,680	21,404	19,485	17,854	16,456	15,248	14,196	13,275	12,461
76 Jahre	38,899	33,876	29,808	26,480	23,731	21,439	19,509	17,871	16,468	15,256	14,202	13,279	12,464
77 Jahre	39,117	34,025	29,910	26,551	23,780	21,473	19,533	17,887	16,479	15,264	14,208	13,282	12,467
78 Jahre	39,330	34,171	30,010	26,619	23,827	21,505	19,555	17,903	16,490	15,271	14,213	13,286	12,469
79 Jahre	39,539	34,313	30,107	26,685	23,872	21,536	19,576	17,917	16,500	15,278	14,218	13,289	12,471
80 Jahre	39,745	34,452	30,201	26,749	23,915	21,565	19,596	17,931	16,509	15,285	14,222	13,292	12,474
81 Jahre	39,946	34,587	30,292	26,810	23,957	21,594	19,616	17,944	16,518	15,291	14,226	13,295	12,475
82 Jahre	40,143	34,719	30,381	26,870	23,997	21,621	19,634	17,956	16,526	15,297	14,230	13,298	12,477
83 Jahre	40,336	34,848	30,467	26,928	24,036	21,647	19,651	17,968	16,534	15,302	14,234	13,300	12,479
84 Jahre	40,526	34,974	30,550	26,983	24,073	21,671	19,668	17,979	16,542	15,307	14,237	13,303	12,481
85 Jahre	40,711	35,096	30,631	27,037	24,109	21,695	19,684	17,990	16,549	15,312	14,240	13,305	12,482
86 Jahre	40,893	35,216	30,710	27,089	24,143	21,718	19,699	18,000	16,556	15,316	14,243	13,307	12,483
87 Jahre	41,072	35,333	30,786	27,139	24,176	21,740	19,713	18,009	16,562	15,320	14,246	13,309	12,485
88 Jahre	41,247	35,446	30,860	27,187	24,207	21,760	19,727	18,018	16,568	15,324	14,249	13,310	12,486
89 Jahre	41,419	35,557	30,932	27,234	24,238	21,780	19,740	18,027	16,573	15,328	14,251	13,312	12,487
90 Jahre	41,587	35,666	31,002	27,279	24,267	21,799	19,752	18,035	16,579	15,331	14,253	13,313	12,488
91 Jahre	41,752	35,771	31,070	27,323	24,295	21,817	19,764	18,043	16,584	15,335	14,255	13,315	12,489
92 Jahre	41,914	35,875	31,136	27,365	24,323	21,835	19,775	18,050	16,588	15,338	14,257	13,316	12,489
93 Jahre	42,072	35,975	31,200	27,406	24,349	21,852	19,786	18,057	16,593	15,341	14,259	13,317	12,490
94 Jahre	42,228	36,073	31,262	27,445	24,374	21,868	19,796	18,063	16,597	15,343	14,261	13,318	12,491

	2,0%	2,5%	3,0%	3,5%	4,0%	4,5%	5,0%	5,5%	6,0%	6,5%	7,0%	7,5%	8,0%
95 Jahre	42,380	36,169	31,323	27,484	24,398	21,883	19,806	18,069	16,601	15,346	14,263	13,319	12,492
96 Jahre	42,529	36,263	31,381	27,520	24,421	21,897	19,815	18,075	16,605	15,348	14,264	13,320	12,492
97 Jahre	42,676	36,354	31,438	27,556	24,443	21,911	19,824	18,081	16,608	15,350	14,266	13,321	12,493
98 Jahre	42,820	36,443	31,493	27,590	24,465	21,925	19,832	18,086	16,611	15,352	14,267	13,322	12,493
99 Jahre	42,960	36,529	31,547	27,623	24,485	21,938	19,840	18,091	16,615	15,354	14,268	13,323	12,494
100 Jahre	43,098	36,614	31,599	27,655	24,505	21,950	19,848	18,096	16,618	15,356	14,269	13,324	12,494

Korrekturfaktoren bei einer anderen als der jährlich nachschüssigen Zahlungsweise

Zinssatz	nachschüssige Zahlungsweise			vorschüssige Zahlungsweise			
	monat-lich	viertel-jährl.	halbjährl.	monat-lich	viertel-jährl.	halbjährl.	jährlich
2,0%	1,009	1,007	1,005	1,011	1,012	1,015	1,020
2,5%	1,011	1,009	1,006	1,013	1,016	1,019	1,025
3,0%	1,014	1,011	1,007	1,016	1,019	1,022	1,030
3,5%	1,016	1,013	1,009	1,019	1,022	1,026	1,035
4,0%	1,018	1,015	1,010	1,021	1,025	1,030	1,040
4,5%	1,020	1,017	1,011	1,024	1,028	1,034	1,045
5,0%	1,023	1,018	1,012	1,027	1,031	1,037	1,050
5,5%	1,025	1,020	1,013	1,029	1,034	1,041	1,055
6,0%	1,027	1,022	1,015	1,032	1,037	1,045	1,060
6,5%	1,029	1,024	1,016	1,035	1,040	1,048	1,065
7,0%	1,031	1,026	1,017	1,037	1,043	1,052	1,070
7,5%	1,033	1,027	1,018	1,040	1,046	1,056	1,075
8,0%	1,036	1,029	1,019	1,042	1,049	1,059	1,080

Beispiel:

Legt man folgende Ausgangsdaten zugrunde:

- monatlich vorschüssige Zahlungsweise
- Zinssatz 4 Prozent
- Laufzeit 30 Jahre

ergibt sich

- ein jährlich nachschüssiger Vervielfältiger von 17,292
- ein Korrekturfaktor von 1,021
- ein monatlich vorschüssiger Vervielfältiger von 17,655 (= 17,292 × 1,021)

20.2 Aufzinsungsfaktoren

	2,0%	2,5%	3,0%	3,5%	4,0%	4,5%	5,0%	5,5%	6,0%	6,5%	7,0%	7,5%	8,0%
1 Jahr	1,02	1,03	1,03	1,04	1,04	1,05	1,05	1,06	1,06	1,07	1,07	1,08	1,08
2 Jahre	1,04	1,05	1,06	1,07	1,08	1,09	1,10	1,11	1,12	1,13	1,14	1,16	1,17
3 Jahre	1,06	1,08	1,09	1,11	1,12	1,14	1,16	1,17	1,19	1,21	1,23	1,24	1,26
4 Jahre	1,08	1,10	1,13	1,15	1,17	1,19	1,22	1,24	1,26	1,29	1,31	1,34	1,36
5 Jahre	1,10	1,13	1,16	1,19	1,22	1,25	1,28	1,31	1,34	1,37	1,40	1,44	1,47
6 Jahre	1,13	1,16	1,19	1,23	1,27	1,30	1,34	1,38	1,42	1,46	1,50	1,54	1,59
7 Jahre	1,15	1,19	1,23	1,27	1,32	1,36	1,41	1,45	1,50	1,55	1,61	1,66	1,71
8 Jahre	1,17	1,22	1,27	1,32	1,37	1,42	1,48	1,53	1,59	1,65	1,72	1,78	1,85
9 Jahre	1,20	1,25	1,30	1,36	1,42	1,49	1,55	1,62	1,69	1,76	1,84	1,92	2,00
10 Jahre	1,22	1,28	1,34	1,41	1,48	1,55	1,63	1,71	1,79	1,88	1,97	2,06	2,16
11 Jahre	1,24	1,31	1,38	1,46	1,54	1,62	1,71	1,80	1,90	2,00	2,10	2,22	2,33
12 Jahre	1,27	1,34	1,43	1,51	1,60	1,70	1,80	1,90	2,01	2,13	2,25	2,38	2,52
13 Jahre	1,29	1,38	1,47	1,56	1,67	1,77	1,89	2,01	2,13	2,27	2,41	2,56	2,72
14 Jahre	1,32	1,41	1,51	1,62	1,73	1,85	1,98	2,12	2,26	2,41	2,58	2,75	2,94
15 Jahre	1,35	1,45	1,56	1,68	1,80	1,94	2,08	2,23	2,40	2,57	2,76	2,96	3,17
16 Jahre	1,37	1,48	1,60	1,73	1,87	2,02	2,18	2,36	2,54	2,74	2,95	3,18	3,43
17 Jahre	1,40	1,52	1,65	1,79	1,95	2,11	2,29	2,48	2,69	2,92	3,16	3,42	3,70
18 Jahre	1,43	1,56	1,70	1,86	2,03	2,21	2,41	2,62	2,85	3,11	3,38	3,68	4,00
19 Jahre	1,46	1,60	1,75	1,92	2,11	2,31	2,53	2,77	3,03	3,31	3,62	3,95	4,32
20 Jahre	1,49	1,64	1,81	1,99	2,19	2,41	2,65	2,92	3,21	3,52	3,87	4,25	4,66
21 Jahre	1,52	1,68	1,86	2,06	2,28	2,52	2,79	3,08	3,40	3,75	4,14	4,57	5,03
22 Jahre	1,55	1,72	1,92	2,13	2,37	2,63	2,93	3,25	3,60	4,00	4,43	4,91	5,44
23 Jahre	1,58	1,76	1,97	2,21	2,46	2,75	3,07	3,43	3,82	4,26	4,74	5,28	5,87
24 Jahre	1,61	1,81	2,03	2,28	2,56	2,88	3,23	3,61	4,05	4,53	5,07	5,67	6,34
25 Jahre	1,64	1,85	2,09	2,36	2,67	3,01	3,39	3,81	4,29	4,83	5,43	6,10	6,85
26 Jahre	1,67	1,90	2,16	2,45	2,77	3,14	3,56	4,02	4,55	5,14	5,81	6,56	7,40
27 Jahre	1,71	1,95	2,22	2,53	2,88	3,28	3,73	4,24	4,82	5,48	6,21	7,05	7,99
28 Jahre	1,74	2,00	2,29	2,62	3,00	3,43	3,92	4,48	5,11	5,83	6,65	7,58	8,63
29 Jahre	1,78	2,05	2,36	2,71	3,12	3,58	4,12	4,72	5,42	6,21	7,11	8,14	9,32
30 Jahre	1,81	2,10	2,43	2,81	3,24	3,75	4,32	4,98	5,74	6,61	7,61	8,75	10,06
31 Jahre	1,85	2,15	2,50	2,91	3,37	3,91	4,54	5,26	6,09	7,04	8,15	9,41	10,87
32 Jahre	1,88	2,20	2,58	3,01	3,51	4,09	4,76	5,55	6,45	7,50	8,72	10,12	11,74
33 Jahre	1,92	2,26	2,65	3,11	3,65	4,27	5,00	5,85	6,84	7,99	9,33	10,88	12,68
34 Jahre	1,96	2,32	2,73	3,22	3,79	4,47	5,25	6,17	7,25	8,51	9,98	11,69	13,69
35 Jahre	2,00	2,37	2,81	3,33	3,95	4,67	5,52	6,51	7,69	9,06	10,68	12,57	14,79
36 Jahre	2,04	2,43	2,90	3,45	4,10	4,88	5,79	6,87	8,15	9,65	11,42	13,51	15,97
37 Jahre	2,08	2,49	2,99	3,57	4,27	5,10	6,08	7,25	8,64	10,28	12,22	14,52	17,25
38 Jahre	2,12	2,56	3,07	3,70	4,44	5,33	6,39	7,65	9,15	10,95	13,08	15,61	18,63
39 Jahre	2,16	2,62	3,17	3,83	4,62	5,57	6,70	8,07	9,70	11,66	13,99	16,79	20,12
40 Jahre	2,21	2,69	3,26	3,96	4,80	5,82	7,04	8,51	10,29	12,42	14,97	18,04	21,72
41 Jahre	2,25	2,75	3,36	4,10	4,99	6,08	7,39	8,98	10,90	13,22	16,02	19,40	23,46
42 Jahre	2,30	2,82	3,46	4,24	5,19	6,35	7,76	9,48	11,56	14,08	17,14	20,85	25,34
43 Jahre	2,34	2,89	3,56	4,39	5,40	6,64	8,15	10,00	12,25	15,00	18,34	22,42	27,37
44 Jahre	2,39	2,96	3,67	4,54	5,62	6,94	8,56	10,55	12,99	15,97	19,63	24,10	29,56
45 Jahre	2,44	3,04	3,78	4,70	5,84	7,25	8,99	11,13	13,76	17,01	21,00	25,90	31,92
46 Jahre	2,49	3,11	3,90	4,87	6,07	7,57	9,43	11,74	14,59	18,12	22,47	27,85	34,47
47 Jahre	2,54	3,19	4,01	5,04	6,32	7,92	9,91	12,38	15,47	19,29	24,05	29,94	37,23
48 Jahre	2,59	3,27	4,13	5,21	6,57	8,27	10,40	13,07	16,39	20,55	25,73	32,18	40,21
49 Jahre	2,64	3,35	4,26	5,40	6,83	8,64	10,92	13,78	17,38	21,88	27,53	34,60	43,43
50 Jahre	2,69	3,44	4,38	5,58	7,11	9,03	11,47	14,54	18,42	23,31	29,46	37,19	46,90

	2,0%	2,5%	3,0%	3,5%	4,0%	4,5%	5,0%	5,5%	6,0%	6,5%	7,0%	7,5%	8,0%
51 Jahre	2,75	3,52	4,52	5,78	7,39	9,44	12,04	15,34	19,53	24,82	31,52	39,98	50,65
52 Jahre	2,80	3,61	4,65	5,98	7,69	9,86	12,64	16,19	20,70	26,44	33,73	42,98	54,71
53 Jahre	2,86	3,70	4,79	6,19	7,99	10,31	13,27	17,08	21,94	28,15	36,09	46,20	59,08
54 Jahre	2,91	3,79	4,93	6,41	8,31	10,77	13,94	18,01	23,26	29,98	38,61	49,67	63,81
55 Jahre	2,97	3,89	5,08	6,63	8,65	11,26	14,64	19,01	24,65	31,93	41,32	53,39	68,91
56 Jahre	3,03	3,99	5,23	6,87	8,99	11,76	15,37	20,05	26,13	34,01	44,21	57,39	74,43
57 Jahre	3,09	4,09	5,39	7,11	9,35	12,29	16,14	21,15	27,70	36,22	47,30	61,70	80,38
58 Jahre	3,15	4,19	5,55	7,35	9,73	12,85	16,94	22,32	29,36	38,57	50,61	66,33	86,81
59 Jahre	3,22	4,29	5,72	7,61	10,12	13,42	17,79	23,54	31,12	41,08	54,16	71,30	93,76
60 Jahre	3,28	4,40	5,89	7,88	10,52	14,03	18,68	24,84	32,99	43,75	57,95	76,65	101,26
61 Jahre	3,35	4,51	6,07	8,15	10,94	14,66	19,61	26,21	34,97	46,59	62,00	82,40	109,36
62 Jahre	3,41	4,62	6,25	8,44	11,38	15,32	20,59	27,65	37,06	49,62	66,34	88,58	118,11
63 Jahre	3,48	4,74	6,44	8,73	11,83	16,01	21,62	29,17	39,29	52,85	70,99	95,22	127,55
64 Jahre	3,55	4,86	6,63	9,04	12,31	16,73	22,70	30,77	41,65	56,28	75,96	102,36	137,76
65 Jahre	3,62	4,98	6,83	9,36	12,80	17,48	23,84	32,46	44,14	59,94	81,27	110,04	148,78
66 Jahre	3,69	5,10	7,03	9,68	13,31	18,27	25,03	34,25	46,79	63,84	86,96	118,29	160,68
67 Jahre	3,77	5,23	7,25	10,02	13,84	19,09	26,28	36,13	49,60	67,99	93,05	127,16	173,54
68 Jahre	3,84	5,36	7,46	10,37	14,40	19,95	27,60	38,12	52,58	72,41	99,56	136,70	187,42
69 Jahre	3,92	5,49	7,69	10,74	14,97	20,85	28,98	40,22	55,73	77,11	106,53	146,95	202,41
70 Jahre	4,00	5,63	7,92	11,11	15,57	21,78	30,43	42,43	59,08	82,12	113,99	157,98	218,61
71 Jahre	4,08	5,77	8,16	11,50	16,19	22,76	31,95	44,76	62,62	87,46	121,97	169,82	236,09
72 Jahre	4,16	5,92	8,40	11,90	16,84	23,79	33,55	47,23	66,38	93,15	130,51	182,56	254,98
73 Jahre	4,24	6,07	8,65	12,32	17,52	24,86	35,22	49,82	70,36	99,20	139,64	196,25	275,38
74 Jahre	4,33	6,22	8,91	12,75	18,22	25,98	36,98	52,56	74,58	105,65	149,42	210,97	297,41
75 Jahre	4,42	6,37	9,18	13,20	18,95	27,15	38,83	55,45	79,06	112,52	159,88	226,80	321,20
76 Jahre	4,50	6,53	9,45	13,66	19,70	28,37	40,77	58,50	83,80	119,83	171,07	243,81	346,90
77 Jahre	4,59	6,69	9,74	14,14	20,49	29,65	42,81	61,72	88,83	127,62	183,04	262,09	374,65
78 Jahre	4,69	6,86	10,03	14,63	21,31	30,98	44,95	65,12	94,16	135,92	195,85	281,75	404,63
79 Jahre	4,78	7,03	10,33	15,15	22,16	32,37	47,20	68,70	99,81	144,75	209,56	302,88	437,00
80 Jahre	4,88	7,21	10,64	15,68	23,05	33,83	49,56	72,48	105,80	154,16	224,23	325,59	471,95
81 Jahre	4,97	7,39	10,96	16,22	23,97	35,35	52,04	76,46	112,14	164,18	239,93	350,01	509,71
82 Jahre	5,07	7,57	11,29	16,79	24,93	36,94	54,64	80,67	118,87	174,85	256,73	376,27	550,49
83 Jahre	5,17	7,76	11,63	17,38	25,93	38,61	57,37	85,10	126,00	186,22	274,70	404,49	594,53
84 Jahre	5,28	7,96	11,98	17,99	26,97	40,34	60,24	89,79	133,57	198,32	293,93	434,82	642,09
85 Jahre	5,38	8,16	12,34	18,62	28,04	42,16	63,25	94,72	141,58	211,21	314,50	467,43	693,46
86 Jahre	5,49	8,36	12,71	19,27	29,17	44,06	66,42	99,93	150,07	224,94	336,52	502,49	748,93
87 Jahre	5,60	8,57	13,09	19,94	30,33	46,04	69,74	105,43	159,08	239,56	360,07	540,18	808,85
88 Jahre	5,71	8,78	13,48	20,64	31,55	48,11	73,22	111,23	168,62	255,13	385,28	580,69	873,56
89 Jahre	5,83	9,00	13,88	21,36	32,81	50,27	76,89	117,35	178,74	271,72	412,25	624,24	943,44
90 Jahre	5,94	9,23	14,30	22,11	34,12	52,54	80,73	123,80	189,46	289,38	441,10	671,06	1.018,92
91 Jahre	6,06	9,46	14,73	22,89	35,48	54,90	84,77	130,61	200,83	308,19	471,98	721,39	1.100,43
92 Jahre	6,18	9,70	15,17	23,69	36,90	57,37	89,01	137,79	212,88	328,22	505,02	775,49	1.188,46
93 Jahre	6,31	9,94	15,63	24,52	38,38	59,95	93,46	145,37	225,66	349,55	540,37	833,66	1.283,54
94 Jahre	6,43	10,19	16,10	25,37	39,91	62,65	98,13	153,37	239,19	372,27	578,20	896,18	1.386,22
95 Jahre	6,56	10,44	16,58	26,26	41,51	65,47	103,03	161,80	253,55	396,47	618,67	963,39	1.497,12
96 Jahre	6,69	10,70	17,08	27,18	43,17	68,42	108,19	170,70	268,76	422,24	661,98	1.035,65	1.616,89
97 Jahre	6,83	10,97	17,59	28,13	44,90	71,50	113,60	180,09	284,88	449,69	708,31	1.113,32	1.746,24
98 Jahre	6,96	11,24	18,12	29,12	46,69	74,71	119,28	189,99	301,98	478,92	757,90	1.196,82	1.885,94
99 Jahre	7,10	11,53	18,66	30,14	48,56	78,08	125,24	200,44	320,10	510,05	810,95	1.286,58	2.036,82
100 Jahre	7,24	11,81	19,22	31,19	50,50	81,59	131,50	211,47	339,30	543,20	867,72	1.383,08	2.199,76

20

20.3 Abzinsungsfaktoren

Weitere finanzmathematische Grundlagen

	2,0%	2,5%	3,0%	3,5%	4,0%	4,5%	5,0%	5,5%	6,0%	6,5%	7,0%	7,5%	8,0%
1 Jahr	0,98	0,98	0,97	0,97	0,96	0,96	0,95	0,95	0,94	0,94	0,93	0,93	0,93
2 Jahre	0,96	0,95	0,94	0,93	0,92	0,92	0,91	0,90	0,89	0,88	0,87	0,87	0,86
3 Jahre	0,94	0,93	0,92	0,90	0,89	0,88	0,86	0,85	0,84	0,83	0,82	0,80	0,79
4 Jahre	0,92	0,91	0,89	0,87	0,85	0,84	0,82	0,81	0,79	0,78	0,76	0,75	0,74
5 Jahre	0,91	0,88	0,86	0,84	0,82	0,80	0,78	0,77	0,75	0,73	0,71	0,70	0,68
6 Jahre	0,89	0,86	0,84	0,81	0,79	0,77	0,75	0,73	0,70	0,69	0,67	0,65	0,63
7 Jahre	0,87	0,84	0,81	0,79	0,76	0,73	0,71	0,69	0,67	0,64	0,62	0,60	0,58
8 Jahre	0,85	0,82	0,79	0,76	0,73	0,70	0,68	0,65	0,63	0,60	0,58	0,56	0,54
9 Jahre	0,84	0,80	0,77	0,73	0,70	0,67	0,64	0,62	0,59	0,57	0,54	0,52	0,50
10 Jahre	0,82	0,78	0,74	0,71	0,68	0,64	0,61	0,59	0,56	0,53	0,51	0,49	0,46
11 Jahre	0,80	0,76	0,72	0,68	0,65	0,62	0,58	0,55	0,53	0,50	0,48	0,45	0,43
12 Jahre	0,79	0,74	0,70	0,66	0,62	0,59	0,56	0,53	0,50	0,47	0,44	0,42	0,40
13 Jahre	0,77	0,73	0,68	0,64	0,60	0,56	0,53	0,50	0,47	0,44	0,41	0,39	0,37
14 Jahre	0,76	0,71	0,66	0,62	0,58	0,54	0,51	0,47	0,44	0,41	0,39	0,36	0,34
15 Jahre	0,74	0,69	0,64	0,60	0,56	0,52	0,48	0,45	0,42	0,39	0,36	0,34	0,32
16 Jahre	0,73	0,67	0,62	0,58	0,53	0,49	0,46	0,42	0,39	0,37	0,34	0,31	0,29
17 Jahre	0,71	0,66	0,61	0,56	0,51	0,47	0,44	0,40	0,37	0,34	0,32	0,29	0,27
18 Jahre	0,70	0,64	0,59	0,54	0,49	0,45	0,42	0,38	0,35	0,32	0,30	0,27	0,25
19 Jahre	0,69	0,63	0,57	0,52	0,47	0,43	0,40	0,36	0,33	0,30	0,28	0,25	0,23
20 Jahre	0,67	0,61	0,55	0,50	0,46	0,41	0,38	0,34	0,31	0,28	0,26	0,24	0,21
21 Jahre	0,66	0,60	0,54	0,49	0,44	0,40	0,36	0,32	0,29	0,27	0,24	0,22	0,20
22 Jahre	0,65	0,58	0,52	0,47	0,42	0,38	0,34	0,31	0,28	0,25	0,23	0,20	0,18
23 Jahre	0,63	0,57	0,51	0,45	0,41	0,36	0,33	0,29	0,26	0,23	0,21	0,19	0,17
24 Jahre	0,62	0,55	0,49	0,44	0,39	0,35	0,31	0,28	0,25	0,22	0,20	0,18	0,16
25 Jahre	0,61	0,54	0,48	0,42	0,38	0,33	0,30	0,26	0,23	0,21	0,18	0,16	0,15
26 Jahre	0,60	0,53	0,46	0,41	0,36	0,32	0,28	0,25	0,22	0,19	0,17	0,15	0,14
27 Jahre	0,59	0,51	0,45	0,40	0,35	0,30	0,27	0,24	0,21	0,18	0,16	0,14	0,13
28 Jahre	0,57	0,50	0,44	0,38	0,33	0,29	0,26	0,22	0,20	0,17	0,15	0,13	0,12
29 Jahre	0,56	0,49	0,42	0,37	0,32	0,28	0,24	0,21	0,18	0,16	0,14	0,12	0,11
30 Jahre	0,55	0,48	0,41	0,36	0,31	0,27	0,23	0,20	0,17	0,15	0,13	0,11	0,10
31 Jahre	0,54	0,47	0,40	0,34	0,30	0,26	0,22	0,19	0,16	0,14	0,12	0,11	0,09
32 Jahre	0,53	0,45	0,39	0,33	0,29	0,24	0,21	0,18	0,15	0,13	0,11	0,10	0,09
33 Jahre	0,52	0,44	0,38	0,32	0,27	0,23	0,20	0,17	0,15	0,13	0,11	0,09	0,08
34 Jahre	0,51	0,43	0,37	0,31	0,26	0,22	0,19	0,16	0,14	0,12	0,10	0,09	0,07
35 Jahre	0,50	0,42	0,36	0,30	0,25	0,21	0,18	0,15	0,13	0,11	0,09	0,08	0,07
36 Jahre	0,49	0,41	0,35	0,29	0,24	0,21	0,17	0,15	0,12	0,10	0,09	0,07	0,06
37 Jahre	0,48	0,40	0,33	0,28	0,23	0,20	0,16	0,14	0,12	0,10	0,08	0,07	0,06
38 Jahre	0,47	0,39	0,33	0,27	0,23	0,19	0,16	0,13	0,11	0,09	0,08	0,06	0,05
39 Jahre	0,46	0,38	0,32	0,26	0,22	0,18	0,15	0,12	0,10	0,09	0,07	0,06	0,05
40 Jahre	0,45	0,37	0,31	0,25	0,21	0,17	0,14	0,12	0,10	0,08	0,07	0,06	0,05
41 Jahre	0,44	0,36	0,30	0,24	0,20	0,16	0,14	0,11	0,09	0,08	0,06	0,05	0,04
42 Jahre	0,44	0,35	0,29	0,24	0,19	0,16	0,13	0,11	0,09	0,07	0,06	0,05	0,04
43 Jahre	0,43	0,35	0,28	0,23	0,19	0,15	0,12	0,10	0,08	0,07	0,05	0,04	0,04
44 Jahre	0,42	0,34	0,27	0,22	0,18	0,14	0,12	0,09	0,08	0,06	0,05	0,04	0,03
45 Jahre	0,41	0,33	0,26	0,21	0,17	0,14	0,11	0,09	0,07	0,06	0,05	0,04	0,03
46 Jahre	0,40	0,32	0,26	0,21	0,16	0,13	0,11	0,09	0,07	0,06	0,04	0,04	0,03
47 Jahre	0,39	0,31	0,25	0,20	0,16	0,13	0,10	0,08	0,06	0,05	0,04	0,03	0,03
48 Jahre	0,39	0,31	0,24	0,19	0,15	0,12	0,10	0,08	0,06	0,05	0,04	0,03	0,02
49 Jahre	0,38	0,30	0,23	0,19	0,15	0,12	0,09	0,07	0,06	0,05	0,04	0,03	0,02
50 Jahre	0,37	0,29	0,23	0,18	0,14	0,11	0,09	0,07	0,05	0,04	0,03	0,03	0,02

Abzinsungsfaktoren **20**

	2,0%	2,5%	3,0%	3,5%	4,0%	4,5%	5,0%	5,5%	6,0%	6,5%	7,0%	7,5%	8,0%
51 Jahre	0,36	0,28	0,22	0,17	0,14	0,11	0,08	0,07	0,05	0,04	0,03	0,03	0,02
52 Jahre	0,36	0,28	0,22	0,17	0,13	0,10	0,08	0,06	0,05	0,04	0,03	0,02	0,02
53 Jahre	0,35	0,27	0,21	0,16	0,13	0,10	0,08	0,06	0,05	0,04	0,03	0,02	0,02
54 Jahre	0,34	0,26	0,20	0,16	0,12	0,09	0,07	0,06	0,04	0,03	0,03	0,02	0,02
55 Jahre	0,34	0,26	0,20	0,15	0,12	0,09	0,07	0,05	0,04	0,03	0,02	0,02	0,01
56 Jahre	0,33	0,25	0,19	0,15	0,11	0,09	0,07	0,05	0,04	0,03	0,02	0,02	0,01
57 Jahre	0,32	0,24	0,19	0,14	0,11	0,08	0,06	0,05	0,04	0,03	0,02	0,02	0,01
58 Jahre	0,32	0,24	0,18	0,14	0,10	0,08	0,06	0,04	0,03	0,03	0,02	0,02	0,01
59 Jahre	0,31	0,23	0,17	0,13	0,10	0,07	0,06	0,04	0,03	0,02	0,02	0,01	0,01
60 Jahre	0,30	0,23	0,17	0,13	0,10	0,07	0,05	0,04	0,03	0,02	0,02	0,01	0,01
61 Jahre	0,30	0,22	0,16	0,12	0,09	0,07	0,05	0,04	0,03	0,02	0,02	0,01	0,01
62 Jahre	0,29	0,22	0,16	0,12	0,09	0,07	0,05	0,04	0,03	0,02	0,02	0,01	0,01
63 Jahre	0,29	0,21	0,16	0,11	0,08	0,06	0,05	0,03	0,03	0,02	0,01	0,01	0,01
64 Jahre	0,28	0,21	0,15	0,11	0,08	0,06	0,04	0,03	0,02	0,02	0,01	0,01	0,01
65 Jahre	0,28	0,20	0,15	0,11	0,08	0,06	0,04	0,03	0,02	0,02	0,01	0,01	0,01
66 Jahre	0,27	0,20	0,14	0,10	0,08	0,05	0,04	0,03	0,02	0,02	0,01	0,01	0,01
67 Jahre	0,27	0,19	0,14	0,10	0,07	0,05	0,04	0,03	0,02	0,01	0,01	0,01	0,01
68 Jahre	0,26	0,19	0,13	0,10	0,07	0,05	0,04	0,03	0,02	0,01	0,01	0,01	0,01
69 Jahre	0,26	0,18	0,13	0,09	0,07	0,05	0,03	0,02	0,02	0,01	0,01	0,01	0,00
70 Jahre	0,25	0,18	0,13	0,09	0,06	0,05	0,03	0,02	0,02	0,01	0,01	0,01	0,00
71 Jahre	0,25	0,17	0,12	0,09	0,06	0,04	0,03	0,02	0,02	0,01	0,01	0,01	0,00
72 Jahre	0,24	0,17	0,12	0,08	0,06	0,04	0,03	0,02	0,02	0,01	0,01	0,01	0,00
73 Jahre	0,24	0,16	0,12	0,08	0,06	0,04	0,03	0,02	0,01	0,01	0,01	0,01	0,00
74 Jahre	0,23	0,16	0,11	0,08	0,05	0,04	0,03	0,02	0,01	0,01	0,01	0,00	0,00
75 Jahre	0,23	0,16	0,11	0,08	0,05	0,04	0,03	0,02	0,01	0,01	0,01	0,00	0,00
76 Jahre	0,22	0,15	0,11	0,07	0,05	0,04	0,02	0,02	0,01	0,01	0,01	0,00	0,00
77 Jahre	0,22	0,15	0,10	0,07	0,05	0,03	0,02	0,02	0,01	0,01	0,01	0,00	0,00
78 Jahre	0,21	0,15	0,10	0,07	0,05	0,03	0,02	0,02	0,01	0,01	0,01	0,00	0,00
79 Jahre	0,21	0,14	0,10	0,07	0,05	0,03	0,02	0,01	0,01	0,01	0,00	0,00	0,00
80 Jahre	0,21	0,14	0,09	0,06	0,04	0,03	0,02	0,01	0,01	0,01	0,00	0,00	0,00
81 Jahre	0,20	0,14	0,09	0,06	0,04	0,03	0,02	0,01	0,01	0,01	0,00	0,00	0,00
82 Jahre	0,20	0,13	0,09	0,06	0,04	0,03	0,02	0,01	0,01	0,01	0,00	0,00	0,00
83 Jahre	0,19	0,13	0,09	0,06	0,04	0,03	0,02	0,01	0,01	0,01	0,00	0,00	0,00
84 Jahre	0,19	0,13	0,08	0,06	0,04	0,02	0,02	0,01	0,01	0,01	0,00	0,00	0,00
85 Jahre	0,19	0,12	0,08	0,05	0,04	0,02	0,02	0,01	0,01	0,00	0,00	0,00	0,00
86 Jahre	0,18	0,12	0,08	0,05	0,03	0,02	0,02	0,01	0,01	0,00	0,00	0,00	0,00
87 Jahre	0,18	0,12	0,08	0,05	0,03	0,02	0,01	0,01	0,01	0,00	0,00	0,00	0,00
88 Jahre	0,18	0,11	0,07	0,05	0,03	0,02	0,01	0,01	0,01	0,00	0,00	0,00	0,00
89 Jahre	0,17	0,11	0,07	0,05	0,03	0,02	0,01	0,01	0,01	0,00	0,00	0,00	0,00
90 Jahre	0,17	0,11	0,07	0,05	0,03	0,02	0,01	0,01	0,01	0,00	0,00	0,00	0,00
91 Jahre	0,16	0,11	0,07	0,04	0,03	0,02	0,01	0,01	0,00	0,00	0,00	0,00	0,00
92 Jahre	0,16	0,10	0,07	0,04	0,03	0,02	0,01	0,01	0,00	0,00	0,00	0,00	0,00
93 Jahre	0,16	0,10	0,06	0,04	0,03	0,02	0,01	0,01	0,00	0,00	0,00	0,00	0,00
94 Jahre	0,16	0,10	0,06	0,04	0,03	0,02	0,01	0,01	0,00	0,00	0,00	0,00	0,00
95 Jahre	0,15	0,10	0,06	0,04	0,02	0,02	0,01	0,01	0,00	0,00	0,00	0,00	0,00
96 Jahre	0,15	0,09	0,06	0,04	0,02	0,01	0,01	0,01	0,00	0,00	0,00	0,00	0,00
97 Jahre	0,15	0,09	0,06	0,04	0,02	0,01	0,01	0,01	0,00	0,00	0,00	0,00	0,00
98 Jahre	0,14	0,09	0,06	0,03	0,02	0,01	0,01	0,01	0,00	0,00	0,00	0,00	0,00
99 Jahre	0,14	0,09	0,05	0,03	0,02	0,01	0,01	0,00	0,00	0,00	0,00	0,00	0,00
100 Jahre	0,14	0,08	0,05	0,03	0,02	0,01	0,01	0,00	0,00	0,00	0,00	0,00	0,00

21 Übungsaufgaben zu Rechten und Belastungen

21.1 Aufgaben

21.1.1 Finanzmathematik

1. Was ist ein heutiges Kapital von 10.000 EUR bei einem Zinssatz von 5 % in 10 Jahren wert?
2. Was ist ein in 10 Jahren anfallendes Kapital von 16.289 EUR bei einem Zinssatz von 5 % heute wert?
3. Was ist der heutige Wert einer über 10 Jahre jährlich nachschüssig zu zahlenden Rente von 1.000 EUR/Jahr bei einem Zinssatz von 5 %?

21.1.2 Erbbaurecht

4. Verkehrswert des Erbbaurechts

Es ist der Verkehrswert des Erbbaurechts auf Basis der nachstehenden Informationen anhand der Überlegungen eines Investors zu ermitteln (siehe Kapitel 2).

zur Verfügung stehende Informationen	
unbelasteter Bodenwert	50.000 EUR
Reinertrag	12.000 EUR/Jahr
Liegenschaftszinssatz	2,5 %
Erbbauzins	800 EUR/Jahr
Restlaufzeit des Erbbaurechts	45 Jahre
Restnutzungsdauer des Gebäudes	40 Jahre

5. Ermitteln Sie den Bodenwertanteil des Erbbauberechtigten nach WertR 2006!

Ausgangsdaten	
unbelasteter Bodenwert	50.000 EUR
Liegenschaftszinssatz	3,5 %
Erbbauzins	400 EUR/Jahr
Restlaufzeit Erbbaurecht	50 Jahre

6. Verkehrswert des Erbbaurechts (Sachwertobjekt) nach WertR 2006, RLZ $\geq$ RND

Es ist der Verkehrswert des Erbbaurechts anhand der nachstehenden Angaben nach dem Bewertungsmodell der WertR 2006 zu ermitteln.

zur Verfügung stehende Informationen	
unbelasteter Bodenwert	60.000 EUR
Liegenschaftszinssatz	3,0 %
Erbbauzins	300 EUR/Jahr
Restlaufzeit des Erbbaurechts (RLZ)	55 Jahre
Restnutzungsdauer Gebäude (RND)	50 Jahre
Herstellungskosten Gebäude	150.000 EUR
Alterswertminderung	35 %
Baumängel und Bauschäden	35.000 EUR
Marktanpassungsfaktor Erbbaurecht	0,9
Zu- und Abschläge aufgrund besonderer vertraglicher Regelungen	0 EUR

7. Verkehrswert des Erbbaurechts (Ertragswertobjekt) nach WertR 2006, RLZ $\geq$ RND

Es ist der Verkehrswert des Erbbaurechts anhand der nachstehenden Angaben nach dem Bewertungsmodell der WertR 2006 zu ermitteln.

zur Verfügung stehende Informationen	
unbelasteter Bodenwert	60.000 EUR
Liegenschaftszinssatz	3,0 %
Erbbauzins	300 EUR/Jahr
Restlaufzeit des Erbbaurechts (RLZ)	55 Jahre
Restnutzungsdauer Gebäude (RND)	50 Jahre
Rohertrag	11.500 EUR/Jahr
Bewirtschaftungskosten	18 % vom Rohertrag
Marktanpassungsfaktor Erbbaurecht	1,05

8. Verkehrswert des Erbbaurechts (Ertragswertobjekt) nach WertR 2006, RLZ < RND

Ermitteln Sie aus den nachstehenden Informationen den Verkehrswert des Erbbaurechts.

zur Verfügung stehende Informationen	
unbelasteter Bodenwert	80.000 EUR
Liegenschaftszinssatz	3,0 %
Erbbauzins	1.500 EUR/Jahr
Restlaufzeit des Erbbaurechts (RLZ)	40 Jahre
Restnutzungsdauer Gebäude (RND)	60 Jahre
Grundstücksreinertrag	10.000 EUR/Jahr
Marktanpassungsfaktor Erbbaurecht	1,4
Entschädigung am Ende der Laufzeit des Erbbaurechts in % des Gebäudeertragswerts	80 %

9. Verkehrswert des mit einem Erbbaurecht belasteten Grundstücks nach WertR 2006, RLZ $\geq$ RND

Es ist der Verkehrswert des belasteten Grundstücks auf Basis der nachstehenden Informationen anhand der Überlegungen eines Investors zu ermitteln. Stellen Sie daran anschließend die Vorgehensweise grafisch dar:

zur Verfügung stehende Informationen	
unbelasteter Bodenwert	50.000 EUR
Liegenschaftszinssatz	2,5 %
Erbbauzins	800 EUR/Jahr
Restlaufzeit des Erbbaurechts	45 Jahre
Restnutzungsdauer des Gebäudes	40 Jahre
Marktanpassungsfaktor	1,0
Zu- oder Abschläge wegen besonderer vertraglicher Vereinbarungen	0 EUR

10. Verkehrswert des mit einem Erbbaurecht belasteten Grundstücks nach WertR 2006, RLZ < RND

Ermitteln Sie auf Basis der nachstehenden Angaben den Verkehrswert des mit dem Erbbaurecht belasteten Grundstücks nach den Vorgaben der WertR 2006.

zur Verfügung stehende Informationen	
unbelasteter Bodenwert	90.000 EUR
Erbbauzins	4.800 EUR/Jahr
Restlaufzeit des Erbbaurechts (RLZ)	25 Jahre
Restnutzungsdauer des Gebäudes (RND)	40 Jahre
Grundstücksreinertrag	15.000 EUR/Jahr
Liegenschaftszinssatz	5,0 Prozent
Entschädigung bei Ende des Erbbaurechts in % vom Gebäudeertragswert bei Ende des Erbbaurechts	35 %
Marktanpassungsfaktor	1,4

11. Erbbauzins ohne Anpassungsklausel

Sie haben den Auftrag, den Verkehrswert eines mit einem Erbbaurecht belasteten Grundstücks zum Wertermittlungsstichtag 31.12.2005 zu ermitteln. Der Erbbaurechtsvertrag wurde im Jahr 1983 geschlossen. Es wurde seinerzeit ein Erbbauzins in Höhe von 350,00 DM/Jahr vereinbart. Der Vertrag enthält keine Anpassungsklausel. Der seinerzeit vereinbarte Erbbauzins wird am Wertermittlungsstichtag noch unverändert mit 350,00 DM/Jahr gezahlt.

Ihnen liegen folgende Informationen über die Entwicklung der Lebenshaltungskosten vor:

Jahr	Preisindex für Lebenshaltungskosten
1983	72,0
2005	108,3

Gehen Sie in der Wertermittlung von dem am Wertermittlungsstichtag tatsächlich gezahlten Erbbauzins aus oder wie argumentieren Sie?

12. Erbbauzinsanpassung

Es soll zum Wertermittlungsstichtag 31.12.1999 ein Verkehrswertgutachten für ein im Jahr 1965 bestelltes Erbbaurecht erstattet werden. Der Erbbauzins wurde im Erbbaurechtsvertrag mit 350 DM/Jahr festgelegt. In diesem Vertrag wurde keine Anpassungsklausel vereinbart. Prüfen Sie anhand der nachstehenden Angaben, ob der Erbbauzins angepasst werden muss und wenn ja in welcher Höhe!

Jahr	Preisindex für Lebenshaltungskosten
1965	36,5
1999	104,9

Unterstellen Sie im vorliegenden Fall, dass der Preisindex für die Lebenshaltung hinsichtlich unterschiedlicher Basisjahre bereits umgerechnet wurde.

	1965	1999
Preisindizes für die Lebenshaltung für 4-Personen-Haushalte von Arbeitern und Angestellten mit mittlerem Einkommen	36,5	104,9
Index der durchschnittlichen Bruttowochenverdienste der Arbeiter im produzierenden Gewerbe (1995 = 100)	19,8	105,7
Index der durchschnittlichen Bruttomonatsverdienste der Angestellten im produzierenden Gewerbe und Handel (1995 = 100)	18,2	107,9

21.1.3 Wohnungsrecht

13. Bewertung des mit einem Wohnungsrecht belasteten Grundstücks (Ertragswertobjekt)

Ermitteln Sie den belasteten Verkehrswert eines Mehrfamilienhauses, das insgesamt aus 12 Wohnungen besteht. Eine der Wohnungen ist mit einem Wohnungsrecht belastet. Der Berechtigte trägt die umlagefähigen Bewirtschaftungskosten. In dem regionalen Teilmarkt werden derzeit einige Mehrfamilienhäuser zum Kauf angeboten.

Ausgangsdaten	
Alter des Berechtigten am Wertermittlungsstichtag	55 Jahre
Liegenschaftszinssatz	4 %
Leibrentenbarwertfaktor[1]	14,80
unbelasteter Bodenwert	150.000 EUR
Restnutzungsdauer	45 Jahre
Wohnfläche gesamt	780 m²
Wohnfläche der mit dem Wohnungsrecht belasteten Wohnung	55 m²
nachhaltig erzielbare Miete	6,00 EUR/m²/Monat
Bewirtschaftungskosten	18 %

14. Bewertung eines Wohnungsrechts

Ermitteln Sie den Wert des Wohnungsrechts anhand der nachstehenden Angaben!

---

1 Siehe Kapitel 19 Leibrentenbarwertfaktoren.

Ausgangsdaten	
Alter der Berechtigten	81 Jahre
Wohnfläche	73 m²
nachhaltig erziehbare Miete	5,90 EUR/m²
Liegenschaftszinssatz	4 Prozent
Leibrentenbarwertfaktor[2]	6,61
Objekt	6-Familienhaus

15. Wert eines Wohnungsrechts nach WertR 2006

Ermitteln Sie den Wert eines Wohnungsrechts anhand der nachstehenden Angaben zum Wertermittlungsstichtag 01. 04. 2006. Das Wohnungsrecht soll aufgrund des Verkaufs der belasteten Wohnung aufgelöst werden.

zur Verfügung stehende Informationen	
Alter der Berechtigten am Wertermittlungsstichtag	60 Jahre
Liegenschaftszinssatz	3,0 %
Leibrentenbarwertfaktor[3]	16,67
Nettokaltmiete/p. a.	4.400 EUR/Jahr
Zuschlag augrund der Unkündbarkeit und Sicherheit vor Mieterhöhungen	5 % der Nettokaltmiete

16. Ermittlung des anzuwendenden Leibrentenbarwertfaktors bei der Bewertung eines Wohnungsrechts

Ermitteln Sie anhand der nachstehenden Angaben den Leibrentenbarwertfaktor zur Ermittlung des Verkehrswerts eines mit einem Wohnungsrecht belasteten Grundstücks anhand der Näherungslösung:

Alter der Berechtigten: 74 Jahre, Liegenschaftszinssatz: 3,5%

---

2 Siehe Kapitel 19 Leibrentenbarwertfaktoren.
3 Ebenda.

Auszug aus der abgekürzten Sterbetafel 1999/2001 (Gebietsstand seit dem 03. 10. 1990)

Vollendetes Lebensalter in Jahren (weiblich)	Durchschnittliche Lebenserwartung in Jahren
71	14,66
72	13,91
73	13,18
74	12,46
75	11,75
76	11,07
77	10,41
78	9,77
79	9,15

Auszug aus der allgemeinen Sterbetafel 1986/1988 (Gebietsstand seit dem 03. 10. 1990)

Vollendetes Lebensalter in Jahren (weiblich)	Durchschnittliche Lebenserwartung in Jahren
71	12,78
72	12,07
73	11,39
74	10,73
75	10,09
76	9,47
77	8,88
78	8,32
79	7,78

Leibrentenbarwertfaktoren für Einzelpersonen

Alter der Frau	Liegenschaftszinssatz 3,5%
71	10,16
72	9,72
73	9,28
74	8,85
75	8,42
76	7,99
77	7,58
78	7,17
79	6,78

21.1.4 Nießbrauch

17. Verkehrswert des mit einem Nießbrauch belasteten Grundstücks

Ein Erblasser hat seinen Kindern ein Grundstück mit einem Mietwohnhaus vererbt. Er hat jedoch seiner überlebenden 73 Jahre alten Ehefrau (Lebenserwartung rd. 13 Jahre) einen lebenslangen Nießbrauch eingeräumt, wobei die Begünstigte sämtliche Bewirtschaftungskosten trägt (auch die außergewöhnlichen). Zum Zwecke der Erbauseinandersetzung wollen die Kinder nun wissen, wie hoch der Verkehrswert des belasteten Grundstücks ist. Das Angebot an vergleichbaren Mehrfamilienhäusern ist gering.

Ausgangsdaten	
Bodenwert	100.000 EUR
Wohnfläche insgesamt	350 m²
Nachhaltig erzielbarer Rohertrag	6 EUR/m²
Bewirtschaftungskosten	24%
Liegenschaftszinssatz	5%
Restnutzungsdauer	44 Jahre

21.1.5 Wegerecht

18. Wegerecht – Verkehrswert des belasteten Grundstücks

Auf einem durch ein Wegerecht begünstigten Grundstück befindet sich ein kleines Lagergebäude mit An- und Abfahrtsverkehr. Auf dem belasteten Grundstück befindet sich ein Einfamilienwohnhaus. Ermitteln Sie den Verkehrswert des belasteten Grundstücks sowohl für eine unbefristete Laufzeit als auch für eine auf 20 Jahre befristete Laufzeit des Wegerechts!

Ausgangsdaten		
Verkehrswert ohne Wegerecht	250.000 EUR	
Grundstückgröße belastetes Grundstück gesamt:	500 m²	
davon mit Wegerecht belastete Fläche:	50 m²	
Bodenrichtwert für vergleichbare Wohngrundstücke:	150 EUR/m²	
Liegenschaftszinssatz:	4 %	
Wegerente:	350 EUR/Jahr	

19. Bewertung des von dem Wegerecht begünstigten Grundstücks

Es ist der Verkehrswert des Flurstücks 7 (begünstigtes Grundstück) zu ermitteln. Das Flurstück ist derzeit unbebaut und soll mit einer Doppelhaushälfte bebaut werden. Die Zufahrt ist über eine Grunddienstbarkeit und über eine Baulast abgesichert. Der Berechtigte soll gemäß Eintragungsbewilligung die Kosten der Unterhaltung des Wegs tragen. Folgende Informationen stehen Ihnen zur Verfügung:

Thematisieren Sie zusätzlich die Vorgehensweise, sofern das Wegerecht nicht über eine Baulast besichert ist.

zur Verfügung stehende Informationen	
Bodenrichtwert für baureifes Land für vergleichbare Wohnbaugrundstücke	250 EUR/m²
Grundstücksgröße begünstigtes Grundstück	280 m²
jährlich anfallende Unterhaltungskosten	250 EUR/Jahr
Liegenschaftszinssatz	3 %
zu zahlende Wegerente	150 EUR/Jahr

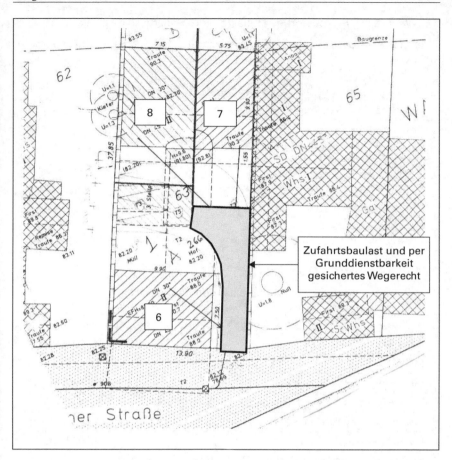

Zufahrtsbaulast und per Grunddienstbarkeit gesichertes Wegerecht

20. Wegerecht: Bodenwert des begünstigten Grundstücks nach WertR 2006

Es ist der Bodenwert des begünstigten Grundstücks aus den nachstehenden Daten zu ermitteln:

zur Verfügung stehende Informationen	
Bodenwert unter Berücksichtigung der geänderten Lagequalität	250 EUR/m²
Grundstücksgröße	500 m²
Wegerente	350 EUR/Jahr
Übernahme der Instandhaltungskosten des Wegs	200 EUR/Jahr
Liegenschaftszinssatz	3,5 %

21 *Übungsaufgaben zu Rechten und Belastungen*

21. Wegerecht: Bodenwert des belasteten Grundstücks nach WertR 2006

Es ist der Wert des belasteten Grundstücks aus den nachstehenden Daten zu ermitteln:

zur Verfügung stehende Informationen	
unbelasteter Bodenwert	225 EUR/m²
Grundstücksgröße	600 m²
Wegefläche	50 m²
Wegerente	300 EUR/Jahr
Einschränkung der baulichen Nutzbarkeit	nicht gegeben
Immissionsbelastungen	gering
Liegenschaftszinssatz	3,5 %

21.1.6 Überbau

22. Überbau – Verkehrswert des belasteten Grundstücks

Ausgangsdaten	
Bodenwert	150 EUR/m²
Miete	7 EUR/m²/Monat
Mindermiete durch Überbau	0,50 EUR/m²/Monat
Wohnfläche Gebäude auf dem belasteten Grundstück	120 m²
Bewirtschaftungskosten	20 % des Rohertrags
Überbaurente	150 EUR/Jahr
RND Gebäude auf dem belasteten Grundstück	30 Jahre
RND Überbaugebäude	55 Jahre
Liegenschaftszinssatz	4 %

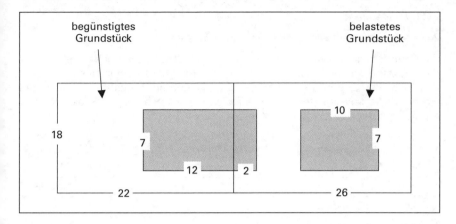

23. Überbau – Verkehrswert des begünstigten Grundstücks

Ausgangsdaten	
Bodenwert	160 EUR/m²
Miete	6,5 EUR/m²/Monat
Wohnfläche ohne Überbau	252 m²
zusätzliche Wohnfläche durch Überbau	42 m²
Bewirtschaftungskosten	20 % des Rohertrags
Überbaurente	150 EUR/Jahr
RND Überbaugebäude	40 Jahre
Liegenschaftszinssatz	3 %

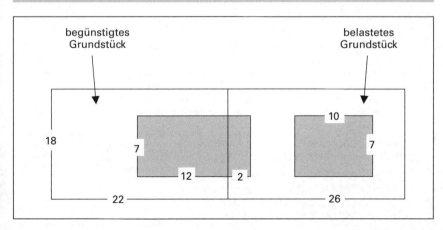

21.1.7 Reallast

24. Verkehrswert des mit einer Reallast belasteten Grundstücks

Ein Grundstück, das mit einem Wohn- und Geschäftshaus bebaut ist, ist mit einer Rentenreallast belastet. Ermitteln sie den Verkehrswert des belasteten Grundstücks! Gehen Sie davon aus, dass bei einem Verkauf des belasteten Grundstücks sowohl der schuldrechtliche Anspruch als auch die Reallast auf den Käufer übertragen werden.

Ausgangsdaten	
Reinertrag	75.773 EUR/Jahr
Bodenwert	529.650 EUR
Liegenschaftszinssatz	6%
Restnutzungsdauer	30 Jahre
monatliche Rentenreallast	9.189,52 EUR
Restlaufzeit	4 Jahre

21.1.8 Multiple Choice

1	Der Bodenwertanteil eines Erbbaurechts ergibt sich aus folgender Formel: ☐ (Bodenwert × Liegenschaftszinssatz – tatsächlicher Erbbauzins) ☐ (Liegenschaftszins – Erbbauzins) × Rentenbarwertfaktor ☐ (Bodenwertverzinsung – tatsächlicher Erbbauzins) × Vervielfältiger
2	Der Barwert einer auf 10 Jahre befristeten Rentenzahlung ergibt sich wie folgt: ☐ jährlicher Rentenbetrag × Ertragsvervielfältiger ☐ jährlicher Rentenbetrag × Aufzinsungsfaktor ☐ jährlicher Rentenbetrag × 10
3	Ein Grundstück im Rechtssinn ist … ☐ ein abgegrenzter Teil der Erdoberfläche, der in der Flurkarte unter einer besonderen Nummer aufgeführt ist. ☐ ein mit Grenzsteinen versehener, zusammenhängender Teilbereich der Erdoberfläche ☐ ein im Liegenschaftskataster erfasster Teil der Erdoberfläche, der im Grundbuch auf einem besonderen Blatt oder unter einer besonderen Nummer geführt wird.
4	Ein Grundstück ist vom Nachbargrundstück aus um etwa 50 m² überbaut worden. Der Bodenwert beträgt 300 DM/m². Wie berechnet sich die Überbaurente? ☐ 50 m² × 300 EUR/m² × Ertragsvervielfältiger ☐ 50 m² × 300 EUR/m² × Liegenschaftszinssatz ☐ 300 EUR/m² ÷ Liegenschaftszinssatz ☐ 50 m² × 300 EUR/m² ÷ Liegenschaftszinssatz

5	Ein Vorkaufsrecht ...
	☐ berechtigt dazu, ein Grundstück anstelle eines Dritten zu erwerben.
	☐ berechtigt dazu, ein Grundstück anstelle eines Dritten zu erwerben, wenn das Grundstück an den Dritten veräußert wird.
	☐ berechtigt dazu, ein Grundstück zu veräußern, wenn das Grundstück von einem Dritten erworben wird.
	☐ berechtigt dazu, ein Grundstück zu erwerben, wenn eine Mietwohnung in eine Eigentumswohnung umgewandelt werden soll.
6	Welche Grundbucheintragung genießt keinen öffentlichen Glauben?
	☐ Eigentümer
	☐ Grundstücks- bzw. Flurstücksgröße
	☐ Flurstücksnummer
7	Welche Informationen stehen im Baulastenverzeichnis?
	☐ Informationen zur Belastung eines Grundstücks mit einer Baulast
	☐ Informationen zur Begünstigung eines Grundstücks mit einer Baulast
	☐ Informationen über das Grundbuchblatt, auf dem die Baulast eingetragen ist
8	Welcher Zeitpunkt ist für die Festlegung einer Überbaurente maßgebend?
	☐ der Wertermittlungsstichtag
	☐ der Zeitpunkt des Entstehens des Überbaus
	☐ der Zeitpunkt der Gerichtsentscheidung darüber, ob ein Überbau vorliegt oder nicht
9	Der Barwert einer Leibrente ergibt sich wie folgt:
	☐ jährlicher Rentenbetrag × Ertragsvervielfältiger
	☐ jährlicher Rentenbetrag × Lebenserwartung
	☐ jährlicher Rentenbetrag × Leibrentenbarwertfaktor
10	Der Verkehrswert eines Erbbaurechtsgrundstücks ergibt sich wie folgt:
	☐ abgezinster Bodenwert − Barwert des Erbbauzinses
	☐ abgezinster Bodenwert + Barwert des Erbbauzinses
	☐ (Erbbauzins − Liegenschaftszins) × Vervielfältiger
11	Der Qualitätsstichtag ist der Zeitpunkt,
	☐ der für die Qualifizierung der Zustandsmerkmale eines Grundstücks maßgebend ist
	☐ auf den sich die Wertermittlung beziehen soll
	☐ der immer mit dem Wertermittlungsstichtag zusammenfällt
12	Ein Flurstück
	☐ ist ein zusammenhängender Teil der Erdoberfläche, der in der Flurkarte unter einer besonderen Nummer aufgeführt ist
	☐ ist ein zusammenhängender Teil der Erdoberfläche, der im Grundbuch unter einer laufenden Nummer geführt wird
	☐ ist ein zusammenhängender Teil der Erdoberfläche, der in der Flurkarte mit einer unterstrichenen Nummer gekennzeichnet ist

13	Man spricht von einem Realfolium, wenn
	☐ für jedes Grundstück ein Grundbuchblatt angelegt wird
	☐ für alle Grundstücke eines Eigentümers jeweils ein Grundbuchblatt angelegt wird
	☐ für jeden Eigentümer ein Grundbuchblatt angelegt wird
14	Ein Grundstück ist mit einem Wegerecht belastet. Das Wegerecht läuft vereinbarungsgemäß nur noch 5 Jahre. Wie ist der Bodenwert des belasteten Grundstücksteils am Wertermittlungsstichtag zu ermitteln?
	☐ Bodenwert des belasteten Grundstücksteils in fünf Jahren × Abzinsungsfaktor
	☐ Bodenwert des belasteten Grundstücksteils in fünf Jahren × Aufzinsungsfaktor
	☐ heutiger Bodenwert des belasteten Grundstücksteils × Vervielfältiger
	☐ heutiger Bodenwert des belasteten Grundstücksteils × Aufzinsungsfaktor
15	In welcher Norm ist der Begriff der Baulast definiert?
	☐ Bürgerliches Gesetzbuch
	☐ Baugesetzbuch
	☐ Bauordnung
	☐ Baunutzungsverordnung

21.1.9 Umfangreicher Fall

Sachverhalt

Ein etwa 900 m² großes Grundstück ist mit einem Erbbaurecht belastet. Auf der Grundlage des Erbbaurechtsvertrags wurde im Jahr 1986 ein Mietwohngebäude mit zehn Wohneinheiten gebaut.

Wertermittlungsgrundlagen

– Wertermittlungsstichtag: 1. Juli 2006
– Bewertungsobjekt: Mietwohngebäude mit zehn Wohneinheiten
– Wohnfläche 700 m² (= 10 Wohneinheiten mit je 70 m²)
– Baujahr 1986, Restnutzungsdauer 60 Jahre
– normaler Bau- und Unterhaltungszustand

Grundlagen zum Erbbaurecht

– Restlaufzeit des Erbbaurechts am Wertermittlungsstichtag: .... 60 Jahre
– derzeit gezahlter Erbbauzins: .... 10.000 EUR/Jahr
– Marktanpassungsfaktor Erbbaurecht 1,1

Grundlage zur Wertermittlung des belasteten Grundstücks

– Marktanpassungsfaktor belastetes Grundstück 1,2

Wertverhältnisse zum Wertermittlungsstichtag 1. Juli 2006

– Bodenrichtwert in gleicher Lage für 600 m² großes Grundstück
.... 410 EUR/m²
– ortsübliche Miete lt. Mietspiegel für
70 m² große Wohnungen .... 7,50 EUR/m²/Monat
– Liegenschaftszinssatz .... 5,0 Prozent

Anmerkung

Daten, die für die Wertermittlung benötigt werden, aber oben nicht angegeben sind, können sachgerecht geschätzt werden.

Aufgaben

1. Ermitteln Sie den Bodenwert des **unbelasteten** Grundstücks auf der Grundlage der folgenden Vergleichspreise, Indizes und Umrechnungskoeffizienten zum Wertermittlungsstichtag 1. Juli 2006!

Vergleichspreis	aus dem Jahr	Grundstücksgröße
370 EUR/m²	2002	700 m²
390 EUR/m²	2005	600 m²
180 EUR/m²	2006	900 m²
350 EUR/m²	2004	700 m²
410 EUR/m²	2005	600 m²

Bodenpreisindex	Umrechnungskoeffizient Grundstücksgröße
1. Juli 2002 = 100	600 = 1,00
1. Juli 2004 = 103	700 = 0,95
1. Juli 2005 = 104	800 = 0,93
1. Juli 2006 = 106	900 = 0,88

2. Kommentieren Sie die Höhe des Bodenrichtwerts im Vergleich zu dem in Aufgabe 1 ermittelten Bodenwert!

3. Ermitteln Sie den Bodenwertanteil des Erbbaurechts zum Wertermittlungsstichtag 1. Juli 2006 nach den Vorschriften der WertR!

4. Ermitteln Sie den Verkehrswert des Erbbaurechts zum Wertermittlungsstichtag 1. Juli 2006 nach den Vorschriften der WertR!

5. Ermitteln Sie den Verkehrswert des Erbbaugrundstücks zum Wertermittlungsstichtag 1. Juli 2006 nach den Vorschriften der WertR!

6. Der Erbbauzins (EBZ) wurde bei Beginn des Erbbaurechts auf der Grundlage des Bodenwerts (BW) und des Liegenschaftszinssatzes von 5 Prozent festgelegt (EBZ = BW × LZ). Welcher Bodenwert wurde dabei zugrunde gelegt, wenn der Erbbauzins nach acht und nach 16 Jahren um jeweils 7 Prozent erhöht wurde?

7. Ermitteln Sie den Verkehrswert des Erbbaurechts zum Wertermittlungsstichtag 1. Juli 2006 unter der Annahme, dass eine der zehn Wohnungen mit einem unentgeltlichen Wohnungsrecht belastet ist (Alter des Berechtig-

ten: 72 Jahre, der Berechtigte trägt die umlagefähigen Bewirtschaftungskosten)

21.2 Lösungsvorschläge

21.2.1 Finanzmathematik

1. Aufzinsen:
Aufzinsungsfaktor bei einer Laufzeit von 10 Jahren und einem Zinssatz von 5 % = 1,6289

1,6289 × 10.000 EUR = 16.289 EUR

2. Abzinsen:
Abzinsungsfaktor bei einer Laufzeit von 10 Jahren und einem Zinssatz von 5 % = 0,6139

0,6139 × 16.289 EUR = 10.000 EUR

3. Barwert einer Rente:
Ertragsvervielfältiger bei einer Laufzeit von 10 Jahren und einem Zinssatz von 5 % = 7,72

7,722 × 1.000 EUR/Jahr = 7.720 EUR

21.2.2 Erbbaurecht

4. Verkehrswert des Erbbaurechts

Der Verkehrswert des Erbbaurechts ergibt sich in diesem Fall wie folgt:

Verkehrswert des Erbbaurechts		
Reinertrag	12.000 EUR/Jahr	
x Vervielfältiger (2,5%, 40 Jahre)	25,10	
= Barwert der Reinerträge		301.200 EUR
Erbbauzins	800 EUR/Jahr	
x Vervielfältiger (2,5%, 45 Jahre)	26,83	
= Barwert der Erbbauzinsen	–	21.464 EUR
vorläufiger Ertragswert	=	279.736 EUR
sonstige wertbeeinflussende Umstände	±	0 EUR
Marktanpassung	±	0 EUR
Verkehrswert des Erbbaurechts	=	279.736 EUR

Der Verkehrswert des Erbbaurechts beträgt im vorliegenden Fall 279.000 EUR.

5. Bodenwertanteil des Erbbauberechtigten nach WertR 2006

Bodenwertanteil des Erbbauberechtigten		
angemessener Zins = Bodenwertverzinsung		1.750 EUR/Jahr
tatsächlicher Zins = Erbbauzins	–	400 EUR/Jahr
Zinsvorteil des Erbbauberechtigten	=	1.350 EUR/Jahr
Vervielfältiger	×	23,46
Barwert des Zinsvorteils = Bodenwertanteil des Erbbauberechtigten	=	**31.671 EUR**

6. Verkehrswert des Erbbaurechts (Sachwertobjekt) nach WertR 2006, RLZ ≥ RND

Schritt 1 – Ermittlung des Gebäudesachwerts:

Gebäudesachwert		
	Herstellungskosten Gebäude	150.000 EUR
–	Alterswertminderung 35%	52.500 EUR
=	Zwischenwert	97.500 EUR
–	Baumängel und Bauschäden	35.000 EUR
=	Zwischenwert	62.500 EUR
±	sonstige Umstände § 25 WertV	0 EUR
=	Gebäudesachwert	62.500 EUR

Schritt 2 – Ermittlung des Verkehrswerts des Erbbaurechts:

Verkehrswert des Erbbaurechts		
Gebäudesachwert		62.500 EUR
Bodenwertverzinsung	*1.800 EUR/Jahr*	
− *tatsächliche Verzinsung (Erbbauzins)*	*300 EUR/Jahr*	
= *Zinsvorteil des Erbbauberechtigten*	*1.500 EUR/Jahr*	
x *Vervielfältiger (55 Jahre, 3%)*	*26,77*	
= *Bodenwertanteil des Erbbaurechts*	*40.155 EUR*	
+ Bodenwertanteil des Erbbaurechts		40.155 EUR
= Zwischenwert		102.655 EUR
x Marktanpassungsfaktor		0,9
= Zwischenwert		92.390 EUR
± Zu- und Abschläge aufgrund besonderer vertraglicher Regelungen		0 EUR
= Verkehrswert des Erbbaurechts		92.390 EUR

Der Verkehrswert des Erbbaurechts beträgt im vorliegenden Bewertungsfall etwa 92.000 EUR.

7. Verkehrswert des Erbbaurechts (Ertragswertobjekt) nach WertR 2006, RLZ $\geq$ RND

Schritt 1 – Ermittlung des Gebäudeertragswerts:

Gebäudeertragswert		
Rohertrag		11.500 EUR/Jahr
− Bewirtschaftungskosten		2.070 EUR/Jahr
= Grundstücksreinertrag		9.430 EUR/Jahr
− Bodenwertverzinsung des unbelasteten Bodens		1.800 EUR/Jahr
= Gebäudereinertrag		7.630 EUR/Jahr
x Vervielfältiger (50 Jahre, 3%)		25,73
= Zwischenwert		196.320 EUR
± sonstige Umstände (§ 19 WertV)		0 EUR
= Gebäudeertragswert		196.320 EUR

Schritt 2 – Ermittlung des Verkehrswerts des Erbbaurechts:

Verkehrswert des Erbbaurechts		
Gebäudeertragswert		196.320 EUR
Bodenwertverzinsung	*1.800 EUR/Jahr*	
− *tatsächliche Verzinsung (Erbbauzins)*	*300 EUR/Jahr*	
= *Zinsvorteil des Erbbauberechtigten*	*1.500 EUR/Jahr*	
× *Vervielfältiger (55 Jahre, 3%)*	*26,77*	
= *Bodenwertanteil des Erbbaurechts*	*40.155 EUR*	
+ Bodenwertanteil des Erbbauberechtigten		40.155 EUR
= Zwischenwert		236.475 EUR
× Marktanpassungsfaktor		1,05
= Zwischenwert		248.299 EUR
± Zu- und Abschläge aufgrund besonderer vertraglicher Regelungen		0 EUR
= Verkehrswert des Erbbaurechts		248.299 EUR

Der Verkehrswert des Erbbaurechts beträgt im vorliegenden Bewertungsfall etwa 248.000 EUR.

8. Verkehrswert des Erbbaurechts (Ertragswertobjekt) nach WertR 2006, RLZ < RND

Der Verkehrswert des Erbbaurechts wird aus den vorhandenen Informationen wie folgt abgeleitet:

Schritt 1 – Ermittlung des Bodenwertanteils des Erbbaurechts:

Bodenwertanteil des Erbbauberechtigten		
Bodenwertverzinsung		2.400 EUR/Jahr
− tatsächliche Verzinsung (Erbbauzins)		1.500 EUR/Jahr
= Zinsvorteil des Erbbauberechtigten		900 EUR/Jahr
× Vervielfältiger (40 Jahre, 3 %)		23,11
= Bodenwertanteil des Erbbauberechtigten		20.799 EUR

Schritt 2 – Ermittlung des Gebäudeertragswerts I am Wertermittlungsstichtag:

Gebäudeertragswert I am Wertermittlungsstichtag		
	Grundstücksreinertrag	10.000 EUR/Jahr
−	Bodenwertverzinsung des unbelasteten Bodenwerts	2.400 EUR/Jahr
=	Gebäudereinertrag	7.600 EUR/Jahr
x	Vervielfältiger zur Kapitalisierung der Reinerträge **bis** Ende EBR	23,11
=	Zwischenwert	175.636 EUR
±	sonstige Umstände § 19 WertV	0 EUR
=	Gebäudeertragswert I am Wertermittlungsstichtag	175.636 EUR

Schritt 3 – Ermittlung des Gebäudeertragswerts II am Ende des Erbbaurechts:

Gebäudeertragswert II am Ende der Laufzeit des Erbbaurechts		
	Grundstücksreinertrag	10.000 EUR/Jahr
−	Bodenwertverzinsung des unbelasteten Bodenwerts	2.400 EUR/Jahr
=	Gebäudereinertrag	7.600 EUR/Jahr
x	Vervielfältiger zur Kapitalisierung der Reinerträge **ab** Ende EBR	14,88
=	Zwischenwert	113.088 EUR
±	sonstige Umstände § 19 WertV	0 EUR
=	Gebäudeertragswert II am Ende der Laufzeit des Erbbaurechts	113.088 EUR

Schritt 4 – Ermittlung des Gebäudeertragswerts II am Wertermittlungsstichtag:

über RLZ abgezinster Gebäudeertragswert II		
	Gebäudeertragswert II am Ende der Laufzeit des Erbbaurechts	113.088 EUR
x	Abzinsungsfaktor (RLZ 40 Jahre, 3,0%)	0,307
=	Gebäudeertragswert II am Wertermittlungsstichtag	34.718 EUR

Schritt 5 – Ermittlung der Höhe des nicht zu entschädigenden Betrags am Wertermittlungsstichtag:

Ermittlung des nicht zu entschädigenden Betrags		
	Gebäudeertragswerts II am Wertermittlungsstichtag	34.718 EUR
x	Prozentsatz der nicht entschädigt wird	20 %
=	Höhe des nicht zu entschädigenden Betrags	6.944 EUR

Mit den oben dargestellten Teilinformationen ergibt sich der Verkehrswert des Erbbaurechts am Wertermittlungsstichtag wie folgt:

Verkehrswert des Erbbaurechts		
	Bodenwertanteil des Erbbaurechts	20.799 EUR
+	Gebäudeertragswert I am Wertermittlungsstichtag	175.636 EUR
+	Gebäudeertragswert II am Wertermittlungsstichtag	34.718 EUR
–	Betrag, der nicht zu entschädigen ist	6.944 EUR
=	Zwischenwert	224.209 EUR
x	Marktanpassungsfaktor	1,4
±	Zu- oder Abschlag aufgrund besonderer vertraglicher Regelungen	0 EUR
=	Verkehrswert des Erbbaurechts	313.893 EUR

Der Verkehrswert des Erbbaurechts beträgt etwa 313.000 EUR.

9. Verkehrswert des mit einem Erbbaurecht belasteten Grundstücks nach WertR 2006, RLZ $\geq$ RND

Der Verkehrswert des Erbbaurechtsgrundstücks wird nach WertR 2006 wie folgt ermittelt:

Verkehrswert des belasteten Grundstücks		
Erbbauzins	800 EUR/Jahr	
x Vervielfältiger (2,5%, 45 Jahre)	26,83	
= Barwert der Erbbauzinsen		21.464 EUR
Bodenwert	50.000 EUR	
x Abzinsungsfaktor (2,5%, 45 Jahre)	0,329	
= abgezinster Bodenwert	+	16.450 EUR
Summe der Barwerte	=	37.914 EUR
Marktanpassungsfaktor	x	1,0
Zwischenwert	=	37.914 EUR
Zu- oder Abschläge wegen besonderer vertraglicher Vereinbarungen	±	0 EUR
Verkehrswert des belasteten Grundstücks	=	37.914 EUR

Der Verkehrswert des belasteten Grundstücks beträgt im vorliegenden Fall 37.000 EUR.

Grafisch lässt sich dieses Modell wie folgt darstellen:

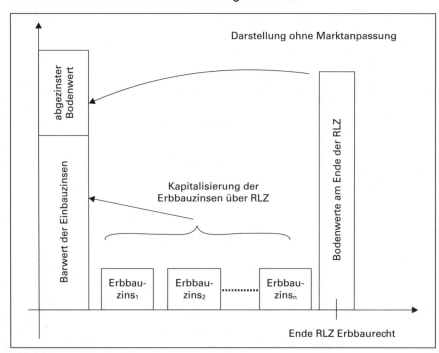

10. Verkehrswert des mit einem Erbbaurecht belasteten Grundstücks nach WertR 2006, RLZ < RND

Schritt 1 – Ermittlung des Gebäudeertragswerts II am Ende des Erbbaurechts:

	Gebäudeertragswert II ab Ende der Laufzeit des Erbbaurechts	
	Grundstücksreinertrag	15.000 EUR/Jahr
–	Bodenwertverzinsung des unbelasteten Bodenwerts	4.500 EUR/Jahr
=	Gebäudereinertrag	10.500 EUR/Jahr
x	Vervielfältiger zur Kapitalisierung der Reinerträge **ab** Ende EBR	10,38
=	Zwischenwert	108.990 EUR
±	sonstige Umstände § 19 WertV	0 EUR
=	Gebäudeertragswert II ab Ende der Laufzeit des Erbbaurechts	108.990 EUR

Schritt 2 – Ermittlung des Gebäudeertragswerts II am Wertermittlungsstichtag:

	über RLZ abgezinster Gebäudeertragswert II	
	Gebäudeertragswert II am Ende der Laufzeit des Erbbaurechts	108.990 EUR
x	Abzinsungsfaktor (RLZ 25 Jahre, 5,0%)	0,295
=	Gebäudeertragswert II am Wertermittlungsstichtag	32.152 EUR

Schritt 3 – Ermittlung der Höhe des zu entschädigenden Betrags am Wertermittlungsstichtag:

	Ermittlung des zu entschädigenden Betrags	
	Gebäudeertragswerts II am Wertermittlungsstichtag	32.152 EUR
x	Prozentsatz des zu entschädigenden Anteils am Gebäudeertragswert II	35 %
=	Höhe des zu entschädigenden Betrags	11.253 EUR

Der Verkehrswert ergibt sich nun wie folgt:

Verkehrswert des belasteten Grundstücks			
	Erbbauzins	4.800 EUR/Jahr	
x	Vervielfältiger (5 %, 25 Jahre)	14,09	
=	Barwert der Erbbauzinsen		67.632 EUR
	Bodenwert	90.000 EUR	
x	Abzinsungsfaktor (5 %, 40 Jahre)	0,142	
=	abgezinster Bodenwert	+	12.780 EUR
	Summe der Barwerte	=	80.412 EUR
	Gebäudeertragswert II am Wertermittlungsstichtag	+	32.152 EUR
	zu zahlende Entschädigung	–	11.253 EUR
	sonstige wertbeeinflussende Umstände	±	0 EUR
	Zwischensumme	=	101.311 EUR
	Marktanpassungsfaktor	x	1,4
	Zwischenwert	=	141.835 EUR
	Zu- oder Abschläge wegen besonderer vertraglicher Verpflichtungen	±	0 EUR
	Verkehrswert des belasteten Grundstücks	=	141.835 EUR

Der Verkehrswert des belasteten Grundstücks beträgt etwa 141.000 EUR.

11. Erbbauzins ohne Anpassungsklausel

Nach BGH-Rechtsprechung ist ein Anpassungsverlangen bei einem Kaufkraftschwund von mehr als 60% gerechtfertigt. Dieser Kaufkraftschwund ist aus der Änderung der Lebenshaltungskosten (zum Zeitpunkt des BGH-Urteils für einen 4-Personen-Arbeitnehmer-Haushalt) abzuleiten.

Im vorliegenden Fall beträgt der Kaufkraftschwund 50,42%. Der Kaufkraftschwund wird wie folgt ermittelt:

$$\frac{108,3 - 72,0}{72,0} = 50,42\%$$

In diesem Fall ist gemäß BGH-Urteil die Grenze des vom Erbbaurechtsgeber tragbaren Risikos noch nicht überschritten und eine Anpassung des Erbbauzinses wäre nicht gerechtfertigt. Abschließende Sicherheit kann jedoch nur eine juristische Beurteilung geben. Es empfiehlt sich, im Gutachten von dem zum Zeitpunkt der Wertermittlung gezahlten Erbbauzins auszugehen und dies im Gutachten ausdrücklich hervorzuheben.

12. Erbbauzinsanpassung

Im vorliegenden Bewertungsfall kommt man hinsichtlich der Prüfung, ob ein Kaufkraftschwund von mehr als 60 Prozent seit Vereinbarung des Erbbauzinses vorliegt, zu folgendem Ergebnis:

$$\frac{104,9 - 36,5}{36,5} = 187,40\%$$

Da der Kaufkraftschwund größer als 60% ist, könnte eine Anpassung des Erbbauzinses verlangt werden. Es wird allerdings darauf verwiesen, dass eine abschließende Sicherheit über die Notwendigkeit der Erhöhung nur über eine juristisch fundierte Aussage erlangt werden kann.

Die Höhe der Anpassung des Erbbauzinses wird wie folgt berechnet:

	1965	1999	Anpassungs-faktoren
			Steigerung in %
Preisindizes für die Lebenshaltung für 4-Personen-Haushalte von Arbeitern und Angestellten mit mittlerem Einkommen	36,5	104,9	2,874
			187,4
Index der durchschnittlichen Bruttowochenverdienste der Arbeiter im produzierenden Gewerbe (1995 = 100)	19,8	105,7	5,338
			433,8
Index der durchschnittlichen Bruttomonatsverdienste der Angestellten im produzierenden Gewerbe und Handel (1995 = 100)	18,2	107,9	5,929
			492,9

Das gewogene Mittel wird nach folgender Formel berechnet:

$$\text{Erbbauzinsanpassungsfaktor} = \left(\frac{b+c}{2} + a\right)/2$$

a = Anpassungsfaktor Lebenshaltungskostenindex
b = Anpassungsfaktor ∅ Bruttowochenverdienst der Arbeiter im produzierenden Gewerbe
c = Anpassungsfaktor ∅ Bruttomonatsverdienst der Angestellten im produzierenden Gewerbe und Handel

Als gewogenes Mittel der Anpassungsfaktoren erhält man demnach:

$$\left(\frac{5,338 + 5,929}{2} + 2,874\right)/0,5 = 4,254$$

Mit Hilfe dieses Ergebnisses lässt sich der angepasste Erbbauzins wie folgt berechnen:

Erbbauzins laut Vertrag in 1965	350,00 DM
Erbbauzins in 1999	350,00 DM × 4,254 = 1.488,80 DM

Dies entspricht einem Erbbauzins in Höhe von 761,26 EUR.

Als gewogenes Mittel der Steigerungen in Prozent erhält man demnach:

$$\left(\frac{433,8 + 492,9}{2} + 187,4 \right) / 0,5 = 325,4$$

Mit Hilfe dieses Ergebnisses lässt sich der angepasste Erbbauzins wie folgt berechnen:

Erbbauzins laut Vertrag in 1965	350,00 DM
Erbbauzins in 1999	350,00 DM + (350,00 DM × 325,4%) = 1.488,80 DM

Dies entspricht einem Erbbauzins in Höhe von 761,26 EUR.

21.2.3 Wohnungsrecht

13. Bewertung des mit einem Wohnungsrecht belasteten Grundstücks (Ertragswertobjekt)

Der unbelastete Verkehrswert wird wie folgt ermittelt:

	unbelasteter Verkehrswert	
	Rohertrag	56.160 EUR/Jahr
−	Bewirtschaftungskosten	10.109 EUR/Jahr
=	Grundstücksreinertrag	46.051 EUR/Jahr
−	Bodenwertverzinsung	6.000 EUR/Jahr
=	Gebäudereinertrag	40.051 EUR/Jahr
×	Vervielfältiger (4%, 45 Jahre)	20,72
=	Gebäudeertragswert	829.857 EUR
+	Bodenwert	150.000 EUR
=	unbelasteter Verkehrswert	979.857 EUR

Die wirtschaftliche Wertminderung ergibt sich im vorliegenden Fall wie folgt:

Barwert des Mietausfalls	
Mietausfall/Jahr	3.960 EUR/Jahr
x Leibrentenbarwertfaktor[4]	14,80
= Barwert des Mietausfalls	58.608 EUR

Ermittlung der Marktanpassung:

Merkmal	Gewicht	Punkte von 0 bis 1	hoch gering
Laufzeit	30	0,2	1 ◄──────► 0
wirtschaftliche Wertmin-derung/unbelasteten Ver-kehrswert	45	0,1	1 ◄──────► 0
Immobilienangebot	25	0,2	1 ◄──────► 0
	100		

$$\text{Marktanpassung} = \frac{\sum(\text{Gewichte} \times \text{Punkte})}{300} = \frac{15,5}{300} = 0,051666.. = \text{rd. } 5\%$$

Der belastete Verkehrswert ergibt sich aus diesen Werten wie folgt:

Verkehrswert des belasteten Grundstücks	
979.857 EUR	Verkehrswert ohne Berücksichtigung des Wohnungs-rechts
- 58.608 EUR	Barwert des Mietausfalls
- 48.993 EUR	Lage auf dem Grundstücksmarkt
= 872.256 EUR	Verkehrswert des belasteten Grundstücks

Der belastete Verkehrswert beträgt 870.000 EUR.

---

4 Siehe Kapitel 19 Leibrentenbarwertfaktoren und Sterbetafeln.

14. Bewertung eines Wohnungsrechts

Grundsätzliche Vorgehensweise		Bewertung von Wohnungsrechten	Übungsaufgabe
Wohnungsrecht	Ertrags- und Kostenüberlegungen	Barwert der ersparten Miete	34.163 EUR = 5,90 EUR/m² × 73 m² × 12 × 6,61
	Lage auf dem Grundstücksmarkt	+ Marktanpassung	3.416 EUR = 10 Prozent der ersparten Miete
	Verkehrswert des Rechts	= Wert des Wohnungsrechts	37.579 EUR rd. 37.000 EUR

15. Wert eines Wohnungsrechts nach WertR 2006

Der Wert des Wohnungsrechts wird wie folgt ermittelt:

		Wert des Wohnungsrechts
	4.400 EUR	Nettokaltmiete in EUR/Jahr
+	0 EUR	weiterer ersparter Kostenpositionen
+	220 EUR	Zuschlag aufgrund Unkündbarkeit und Sicherheit vor Mieterhöhungen in EUR/Jahr (5 % von 4.400 EUR/Jahr)
−	0 EUR	jährlicher Nachteil aus Tragung von Kosten
=	4.620 EUR	Zwischenwert (EUR/Jahr)
×	16,67	aktueller Leibrentenbarwertfaktor
=	77.015 EUR	Wert des Wohnungsrechts

Der Wert des Wohnungsrechts beträgt etwa 77.000 EUR.

16. Ermittlung des anzuwendenden Leibrentenbarwertfaktors

Der Leibrentenbarwertfaktor wird wie folgt ermittelt:

Alter der Berechtigten am Wertermittlungsstichtag	74 Jahre
Lebenserwartung nach der abgekürzten Sterbetafel 1999/2001	12,46 Jahre
Fiktives Alter der Berechtigten nach der allgemeinen Sterbetafel 1986/1988	71 Jahre
Leibrentenbarwertfaktor auf der Grundlage eines Alters von 74 Jahren und eines Zinssatzes von 3,5 % (monatlich vorschüssige Zahlungsweise)	10,16

21.2.4 Nießbrauch

17. Verkehrswert des mit einem Nießbrauch belasteten Grundstücks

Verkehrswert ohne Berücksichtigung des Nießbrauchs		
	Rohertrag	25.200 EUR/Jahr
–	Bewirtschaftungskosten	6.048 EUR/Jahr
=	Reinertrag	19.152 EUR/Jahr
–	Bodenwertverzinsung	5.000 EUR/Jahr
=	Gebäudereinertrag	14.152 EUR/Jahr
x	Vervielfältiger (RND, LZ)	17,66
=	Zwischenwert	249.924 EUR
±	Sonstige Umstände (§ 19)	0 EUR
=	Gebäudeertragswert	249.924 EUR
+	Bodenwert	100.000 EUR
=	Ertragswert	349.924 EUR
	Verkehrswert ohne Nießbrauch (gerundet)	350.000 EUR

Grundsätzliche Vorgehensweise		Bewertung eines Nießbrauchs	Übungsaufgabe
Belastetes Grundstück	unbelasteter Verkehrswert	Verkehrswert ohne Berücksichtigung des Nießbrauchs	350.000 EUR
	Ertrags- und Kostenüberlegungen	– Barwert des Mietausfalls	234.360 EUR = 25.200 EUR/Jahr x 9,30
		+ Barwert der Bewirtschaftungskosten	56.246 EUR = 6.048 EUR/Jahr x 9,30
	Lage auf dem Grundstücksmarkt	– Marktanpassung	49.000 EUR = 14 % von 350.000 EUR
	belasteter Verkehrswert	= Verkehrswert des belasteten Grundstücks	122.886 EUR rd. 122.000 EUR

Merkmal	Gewicht	Punkte von 0 bis 1	hoch gering
Lebenserwartung	40	0,3	1 ◄──────► 0
wirtschaftliche Wertminderung/unbelasteten Verkehrswert	40	0,7	1 ◄──────► 0
Immobilienangebot	20	0,1	1 ◄──────► 0
	100		

$$\text{Marktanpassung} = \frac{\sum (\text{Gewichte} \times \text{Punkte})}{300} = \frac{42}{300} = 0{,}14 = \text{rd. } 14\%$$

21.2.5 Wegerecht

18. Verkehrswert des belasteten Grundstücks

Grundsätzliche Vorgehensweise		Wegerechtsbewertung	Übungsaufgabe unbefristete Laufzeit	
Belastetes Grundstück	unbelasteter Verkehrswert	Verkehrswert ohne Berücksichtigung des Wegerechts		250.000 EUR
	Ertrags- und Kostenüberlegungen	+ Barwert der Wegerente	+	8.750 EUR (= 350 EUR/Jahr/0,04)
		− wirtschaftlicher Nachteil	−	7.500 EUR (= 10 % von 75.000 EUR)
	Zwischenwert		=	251.250 EUR
	Lage auf dem Grundstücksmarkt	± Marktanpassung	−	0 EUR
	belasteter Verkehrswert	= Verkehrswert des belasteten Grundstücks	=	251.250 EUR

Der Barwert des wirtschaftlichen Nachteils von 10 % des Bodenwerts des belasteten Grundstücks ergibt sich aus folgenden Überlegungen: Das Wegerecht liegt am Rand des Grundstücks. Es nimmt weiterhin nur 10 Prozent der Grundstücksfläche ein. Zudem bestehen keine Baueinschränkungen. Hinsichtlich dieser Nachteile kann eine Wertminderung von jeweils rd. 5 Prozent angesetzt werden (siehe Ausführungen zur Wegerechtsbewertung). Über diese Nachteile hinaus bestehen störende Immissionen, für die ein Nachteil von 30 Prozent angesetzt wird. Als Mittel der Nachteile ergibt sich somit ein Wert von rd. 10 Prozent.

wertrelevante Aspekte	Abschlag
Wegerecht am Rand	5 %
10 % der Grundstücksfläche	5 %
keine Baueinschränkung	5 %
störende Immissionen	30 %
	insg. rd. 10 %

	Grundsätzliche Vorgehensweise	Wegerechtsbewertung	Übungsaufgabe Laufzeit 20 Jahre
Belastetes Grundstück	unbelasteter Verkehrswert	Verkehrswert ohne Berücksichtigung des Wegerechts	250.000 EUR
	Ertrags- und Kosten über-legungen	+ Barwert der Wegerente	+ 4.757 EUR (= 350 EUR/Jahr x 13,59)
		− Barwert des wirtschaftlichen Nachteils	− 4.077 EUR
	Zwischenwert		= 250.680 EUR
	Lage auf dem Grundstücksmarkt	± Marktanpassung	− 0 EUR
	belasteter Verkehrswert	= Verkehrswert des belasteten Grundstücks	= 250.680 EUR

Der Barwert des wirtschaftlichen Nachteils von 4.077 EUR wird wie folgt ermittelt: Die Annuität (Bodenwertverzinsung der mit dem Wegerecht belasteten Fläche) des wirtschaftlichen Nachteils bei unbefristeter Laufzeit ergibt sich zu 300 EUR/Jahr (= 7.500 EUR x 0,04). Diese Annuität fällt bei der befristeten Laufzeit 20 Jahre an. Ihr Barwert beträgt 4.077 EUR (= 300 EUR/Jahr x 13,59).

19. Bewertung des von dem Wegerecht begünstigten Grundstücks

	Grundsätzliche Vorgehensweise	Wegerechtsbewertung	Übungsaufgabe unbefristete Laufzeit
Begünstigtes Grundstück	unbelasteter Verkehrswert	Verkehrswert ohne Berücksichtigung des Wegerechts auf Basis »baureifes Land«	70.000 EUR (= 280 m² × 250 EUR/m²)
	Ertrags- und Kostenüberlegungen	– Barwert der Wegerente	– 5.000 EUR (= 150 EUR/Jahr/0,03)
		– Barwert der Unterhaltungskosten	– 8.333 EUR (= 250 EUR/Jahr/0,03)
	Zwischenwert		= 56.667 EUR
	Lage auf dem Grundstücksmarkt	± Marktanpassung	– 0 EUR
	begünstigter Verkehrswert	= Verkehrswert des begünstigten Grundstücks	= 56.667 EUR

Sofern das Wegerecht nur über eine Grunddienstbarkeit gesichert ist und eine zusätzliche Absicherung mittels Baulast fehlt, kann nicht der Wert für baureifes Land zur Verkehrswertermittlung des begünstigten Grundstücks herangezogen werden. Der Wert des begünstigten Grundstücks wird sich dann zwischen dem Wert von baureifem Land und Rohbauland ergeben. Zusätzlich wäre in diesem Fall eine Marktanpassung zu berücksichtigen. Diese berücksichtigt, dass der Belastete dem Begünstigten unter Umständen den Zugang zu dessen Grundstück verweigern kann. In diesem Fall hat der Berechtigte nur die Möglichkeit einer langwierigen Klage.

20. Bodenwert des begünstigten Grundstücks nach WertR 2006

Der Bodenwert des begünstigten Grundstücks ergibt sich wie folgt:

Bodenwert des begünstigten Grundstücks	
Bodenwert unter Berücksichtigung der geänderten Lagequalität	125.000 EUR
− Barwert der Wegerente und sonstiger zu zahlender Leistungen	10.000 EUR = 350 EUR/0,035
− Barwert der für die Instandhaltung des Wegs übernommenen Kosten	5.714 EUR = 200 EUR/0,035
= Bodenwert des begünstigten Grundstücks	109.286 EUR

Der Bodenwert des begünstigten Grundstücks beträgt nach WertR 2006 etwa 109.000 EUR.

21. Bodenwert des belasteten Grundstücks nach WertR 2006

Der Bodenwert des belasteten Grundstücks ergibt sich wie folgt:

Bodenwert des belasteten Grundstücks	
Bodenwert des unbelasteten Grundstücks	135.000 EUR
+ Barwert der Wegerente	8.571 EUR 300 EUR/0,035
− Wertnachteil aus der Beeinträchtigung durch das Wegerecht	13.500 EUR = 135.000 × 10 %
= Bodenwert des belasteten Grundstücks	130.071 EUR

Der Bodenwert des belasteten Grundstücks beträgt nach WertR 2006 etwa 130.000 EUR.

21.2.6 Überbau

22. Überbau – Verkehrswert des belasteten Grundstücks

	Verkehrswert ohne Berücksichtigung des Überbaus	
	Rohertrag	10.080 EUR/Jahr
–	Bewirtschaftungskosten	2.016 EUR/Jahr
=	Reinertrag	8.064 EUR/Jahr
–	Bodenwertverzinsung	2.808 EUR/Jahr
=	Gebäudereinertrag	5.256 EUR/Jahr
x	Vervielfältiger (RND, LZ)	17,29
=	Zwischenwert	90.876 EUR
±	Sonstige Umstände (§ 19)	0 EUR
=	Gebäudeertragswert	90.876 EUR
+	Bodenwert	70.200 EUR
=	Ertragswert	161.076 EUR
	Verkehrswert ohne Überbau (gerundet)	161.000 EUR

	Grundsätzliche Vorgehensweise	Überbaubewertung belastetes Grundstück	Übungsaufgabe
Belastetes Grundstück	unbelasteter Verkehrswert	Verkehrswert ohne Berücksichtigung des Überbaus	161.000 EUR
	Ertrags- und Kostenüberlegungen	– Entgangene Bodenwertverzinsung der überbauten Teilfläche	– 1.857 EUR (= 14 m² × 150 EUR/m² × 0,04 × 22,11)
		– Barwert der Mindermiete	– 12.449 EUR (= 720 EUR/Jahr × 17,29)
		+ Barwert der Überbaurente	+ 3.317 EUR (= 150 EUR/Jahr × 22,11)
	Zwischenwert		= 150.011 EUR
	Lage auf dem Grundstücksmarkt	± Marktanpassung	± 0 EUR
	belasteter Verkehrswert	= Verkehrswert des belasteten Grundstücks	= 150.011 EUR

23. Überbau – Verkehrswert des begünstigten Grundstücks

Verkehrswert ohne Berücksichtigung des Überbaus	
	Rohertrag	19.656 EUR/Jahr
–	Bewirtschaftungskosten	3.931 EUR/Jahr
=	Reinertrag	15.725 EUR/Jahr
–	Bodenwertverzinsung	1.901 EUR/Jahr
=	Gebäudereinertrag	13.824 EUR/Jahr
×	Vervielfältiger (RND, LZ)	23,11
=	Zwischenwert	319.473 EUR
±	Sonstige Umstände (§ 19)	0 EUR
=	Gebäudeertragswert	319.473 EUR
+	Bodenwert	63.360 EUR
=	Ertragswert	382.833 EUR
	Verkehrswert ohne Überbau (gerundet)	382.000 EUR

	Grundsätzliche Vorgehensweise	Überbaubewertung begünstigtes Grundstück	Übungsaufgabe		
Begünstigtes Grundstück	unbegünstigter Verkehrswert	Verkehrswert ohne Berücksichtigung des Überbaus		382.000 EUR	
	Ertrags- und Kostenüberlegungen	+ Zusätzliche Bodenwertverzinsung	+	1.553 EUR (= 14 m² × 160 EUR/m² × 0,03 × 23,11)	
		+ Barwert der Mehrmiete	+	75.708 EUR (= 42 m² × 6,50 EUR/Jahr × 12 × 23,11)	
		– Barwert der Überbaurente	–	3.465 EUR = 150 EUR/Jahr × 23,11	
	Zwischenwert		=	455.796 EUR	
	Lage auf dem Grundstücksmarkt	± Marktanpassung	±	0 EUR	
	begünstigter Verkehrswert	= Verkehrswert des begünstigten Grundstücks	=	455.796 EUR	

21.2.7 Reallast

24. Verkehrswert des mit einer Reallast belasteten Grundstücks

	Verkehrswert ohne Berücksichtigung der Reallast	
=	Reinertrag	75.773 EUR/Jahr
–	Bodenwertverzinsung	31.779 EUR/Jahr
=	Gebäudereinertrag	43.994 EUR/Jahr
×	Vervielfältiger (RND, LZ)	13,765
=	Zwischenwert	605.577 EUR
±	Sonstige Umstände (§ 19)	0 EUR
=	Gebäudeertragswert	605.577 EUR
+	Bodenwert	529.650 EUR
=	Ertragswert	1.135.227 EUR
	Verkehrswert ohne Reallast (gerundet)	1.100.000 EUR

	Grundsätzliche Vorgehensweise	Bewertung von Reallasten	Übungsaufgabe
Belastetes Grundstück	unbelasteter Verkehrswert	Verkehrswert ohne Berücksichtigung der Reallast	1.100.000 EUR
	Ertrags- und Kostenüberlegungen	– Barwert des Reallast-Rente	382.100 EUR = 9.189,52 EUR/Jahr × 3,465 × 12
	Lage auf dem Grundstücksmarkt	± Marktanpassung	88.000 EUR = 8 % von 1.100.000 EUR
	belasteter Verkehrswert	= Verkehrswert des belasteten Grundstücks	629.900 rd. 630.000 EUR

Merkmal	Gewicht	Punkte von 0 bis 1	hoch gering
Laufzeit	40	0,1	1 ◄────► 0
wirtschaftliche Wertmin derung/unbelasteten Verkehrswert	40	0,4	1 ◄────► 0
Immobilienangebot	20	0,2	1 ◄────► 0
	100		

$$\text{Marktanpassung} = \frac{\sum (\text{Gewichte} \times \text{Punkte})}{300} = \frac{24}{300} = 0,08 = \text{rd. } 8\%$$

21.2.8 Multiple Choice

1	Der Bodenwertanteil eines Erbbaurechts ergibt sich aus folgender Formel: ☐ (Bodenwert × Liegenschaftszinssatz – tatsächlicher Erbbauzins) ☐ (Liegenschaftszins – Erbbauzins) × Rentenbarwertfaktor ☑ (Bodenwertverzinsung – tatsächlicher Erbbauzins) × Vervielfältiger
2	Der Barwert einer auf 10 Jahre befristeten Rentenzahlung ergibt sich wie folgt: ☑ jährlicher Rentenbetrag × Ertragsvervielfältiger ☐ jährlicher Rentenbetrag × Aufzinsungsfaktor ☐ jährlicher Rentenbetrag × 10
3	Ein Grundstück im Rechtssinn ist … ☐ ein abgegrenzter Teil der Erdoberfläche, der in der Flurkarte unter einer besonderen Nummer aufgeführt ist. ☐ ein mit Grenzsteinen versehener, zusammenhängender Teilbereich der Erdoberfläche ☑ ein im Liegenschaftskataster erfasster Teil der Erdoberfläche, der im Grundbuch auf einem besonderen Blatt oder unter einer besonderen Nummer geführt wird.
4	Ein Grundstück ist vom Nachbargrundstück aus um etwa 50 m² überbaut worden. Der Bodenwert beträgt 300 EUR/m². Wie berechnet sich die Überbaurente? ☐ 50 m² × 300 EUR/m² × Ertragsvervielfältiger ☑ 50 m² × 300 EUR/m² × Liegenschaftszinssatz ☐ 300 EUR/m² ÷ Liegenschaftszinssatz ☐ 50 m² × 300 EUR/m² ÷ Liegenschaftszinssatz

5	Ein Vorkaufsrecht ...
	☐ berechtigt dazu, ein Grundstück anstelle eines Dritten zu erwerben.
	☑ berechtigt dazu, ein Grundstück anstelle eines Dritten zu erwerben, wenn das Grundstück an den Dritten veräußert wird.
	☐ berechtigt dazu, ein Grundstück zu veräußern, wenn das Grundstück von einem Dritten erworben wird.
	☑ berechtigt dazu, ein Grundstück zu erwerben, wenn eine Mietwohnung in eine Eigentumswohnung umgewandelt werden soll.
6	Welche Grundbucheintragung genießt keinen öffentlichen Glauben?
	☐ Eigentümer
	☑ Grundstücks- bzw. Flurstücksgröße
	☐ Flurstücksnummer
7	Welche Informationen stehen im Baulastenverzeichnis?
	☑ Informationen zur Belastung eines Grundstücks mit einer Baulast
	☐ Informationen zur Begünstigung eines Grundstücks mit einer Baulast
	☐ Informationen über das Grundbuchblatt, auf dem die Baulast eingetragen ist
8	Welcher Zeitpunkt ist für die Festlegung einer Überbaurente maßgebend?
	☐ der Wertermittlungsstichtag
	☑ der Zeitpunkt des Entstehens des Überbaus
	☐ der Zeitpunkt der Gerichtsentscheidung darüber, ob ein Überbau vorliegt oder nicht
9	Der Barwert einer Leibrente ergibt sich wie folgt:
	☐ jährlicher Rentenbetrag × Ertragsvervielfältiger
	☐ jährlicher Rentenbetrag × Lebenserwartung
	☑ jährlicher Rentenbetrag × Leibrentenbarwertfaktor
10	Der Verkehrswert eines Erbbaurechtsgrundstücks ergibt sich wie folgt:
	☐ abgezinster Bodenwert – Barwert des Erbbauzinses
	☑ abgezinster Bodenwert + Barwert des Erbbauzinses
	☐ (Erbbauzins – Liegenschaftszins) × Vervielfältiger
11	Der Qualitätsstichtag ist der Zeitpunkt,
	☑ der für die Qualifizierung der Zustandsmerkmale eines Grundstücks maßgebend ist
	☐ auf den sich die Wertermittlung beziehen soll
	☐ der immer mit dem Wertermittlungsstichtag zusammenfällt
12	Ein Flurstück
	☑ ist ein zusammenhängender Teil der Erdoberfläche, der in der Flurkarte unter einer besonderen Nummer aufgeführt ist
	☐ ist ein zusammenhängender Teil der Erdoberfläche, der im Grundbuch unter einer laufenden Nummer geführt wird
	☐ ist ein zusammenhängender Teil der Erdoberfläche, der in der Flurkarte mit einer unterstrichenen Nummer gekennzeichnet ist

13	Man spricht von einem Realfolium, wenn
	☑ für jedes Grundstück ein Grundbuchblatt angelegt wird
	☐ für alle Grundstücke eines Eigentümers jeweils ein Grundbuchblatt angelegt wird
	☐ für jeden Eigentümer ein Grundbuchblatt angelegt wird
14	Ein Grundstück ist mit einem Wegerecht belastet. Das Wegerecht läuft vereinbarungsgemäß nur noch 5 Jahre. Wie ist der Bodenwert des belasteten Grundstücksteils am Wertermittlungsstichtag zu ermitteln?
	☑ Bodenwert des belasteten Grundstücksteils in fünf Jahren × Abzinsungsfaktor
	☐ Bodenwert des belasteten Grundstücksteils in fünf Jahren × Aufzinsungsfaktor
	☐ heutiger Bodenwert des belasteten Grundstücksteils × Vervielfältiger
	☐ heutiger Bodenwert des belasteten Grundstücksteils × Aufzinsungsfaktor
15	In welcher Norm ist der Begriff der Baulast definiert?
	☐ Bürgerliches Gesetzbuch
	☐ Baugesetzbuch
	☑ Bauordnung
	☐ Baunutzungsverordnung

21.2.9 Umfangreicher Fall

Lösung Aufgabe 1

Schritt 1: Hochrechnen auf den Wertermittlungsstichtag

Vergleichspreis	aus Jahr	Um-rechnungs-koeffizient	Vergleichspreis am WES
370 EUR/m²	2002	1,06	392 EUR/m²
390 EUR/m²	2005	1,02	398 EUR/m²
180 EUR/m²	2006	1,00	180 EUR/m²
350 EUR/m²	2004	1,03	361 EUR/m²
410 EUR/m²	2005	1,02	418 EUR/m²

Schritt 2: Anpassen an die Größe des Bewertungsgrundstücks

Vergleichspreis am WES	Größe Vergleichsgrundstück	Umrechnungskoeffizient	umgerechneter Vergleichspreis
392 EUR/m²	700 m²	0,93	365 EUR/m²
398 EUR/m²	600 m²	0,88	350 EUR/m²
180 EUR/m²	900 m²	1,00	180 EUR/m²
361 EUR/m²	700 m²	0,93	336 EUR/m²
418 EUR/m²	600 m²	0,88	368 EUR/m²
			320 EUR/m²

Schritt 3: Werte mit mehr als 30 Prozent Abweichung vom Mittelwert nicht berücksichtigen

umgerechneter Vergleichspreis
365 EUR/m²
350 EUR/m²
336 EUR/m²
368 EUR/m²

Mittelwert: 355 EUR/m²

Es ergibt sich ein Vergleichswert von 355 EUR/m². Bei einer Grundstücksgröße von 900 m² erhält man somit einen Bodenwert des unbelasteten Grundstücks von 319.500 EUR.

Lösung Aufgabe 2:

Der Bodenrichtwert von 410 EUR/m² wurde für ein 600 m² großes Grundstück ermittelt. Da das Bewertungsgrundstück aber 900 m² groß ist, muss dieser Bodenrichtwert noch umgerechnet werden. Mit dem oben ermittelten Faktor von 0,88 erhält man einen umgerechneten Bodenrichtwert von 361 EUR/m². Dieser Wert liegt nur unwesentlich über dem Vergleichswert von 355 EUR/m² und bestätigt damit die Richtigkeit des Vergleichswerts.

Lösung Aufgabe 3:

Bodenwertverzinsung (319.500 EUR × 5 %)	15.975 EUR/Jahr
− derzeitiger Erbbauzins	10.000 EUR/Jahr
= Zinsvorteil Erbbauberechtigter	5.975 EUR/Jahr
× Vervielfältiger (60 Jahre, 5 %)	18,93
= Bodenwertanteil des Erbbauberechtigten	113.107 EUR

Lösung Aufgabe 4:

Rohertrag	63.000 EUR/Jahr
– Bewirtschaftungskosten	9.160 EUR/Jahr
= Reinertrag	53.840 EUR/Jahr
– Bodenwertverzinsung des Gesamtbodenwerts	15.975 EUR/Jahr
= Gebäudereinertrag	37.865 EUR/Jahr
× Vervielfältiger (60 Jahre, 5 %)	18,93
= Ertragswert der baulichen Anlagen	716.784 EUR
+ Bodenwertanteil des Erbbauberechtigten	113.107 EUR
= Ertragswert des Erbbaurechts	829.891 EUR
× Marktanpassungsfaktor Erbbaurecht	1,1
= Zwischensumme	912.880 EUR
± Zu- oder Abschläge aufgrund besonderer vertragl. Verpfl.	0,00 EUR
= Verkehrswert des Erbbaurechts	912.880 EUR
Verkehrswert, gerundet	912.000 EUR

Lösung Aufgabe 5:

über Restlaufzeit abgez. Bodenwert (319.500 EUR × 0,054)	17.253 EUR/Jahr
+ Barwert des Erbbauzinses (10.000 EUR × 18,93)	189.300 EUR/Jahr
= Summe der Barwerte	206.553 EUR/Jahr
× Marktanpassungsfaktor belastetes Grundstück	1,2
= Zwischensumme	247.864 EUR
± Zu- oder Abschläge aufgrund besonderer vertragl. Verpfl.	0,00 EUR
= Verkehrswert des Erbbaugrundstücks	247.864 EUR
Verkehrswert, gerundet	247.000 EUR

Geschätzt:
Verwaltungskosten: 230 EUR/Jahr pro Wohnung = 2.300 EUR/Jahr
Betriebskosten: keine, werden umgelegt auf die Mieter
Instandhaltungskosten 7,10 EUR/m^2 × 700 m^2 = 4.970 EUR/Jahr
Mietausfallwagnis: 3 % des Rohertrags = 1.890 EUR/Jahr

Lösung Aufgabe 6:

Beginn:	$EBZ = BW \times LZ$
nach 8 Jahren:	$EBZ = BW \times LZ + BW \times LZ \times 0,07$
nach 16 Jahren:	$EBZ = BW \times LZ + BW \times LZ \times 0,07 + (BW \times LZ + BW \times LZ \times 0,07) \times 0,07$

Umformung:
$$EBZ = BW \times LZ + BW \times LZ \times 0,07 + BW \times LZ \times 0,07 + BW \times LZ \times 0,07^2$$
$$EBZ = BW \times LZ + 2 \times BW \times LZ \times 0,07 + BW \times LZ \times 0,07^2$$
$$EBZ = BW \times LZ \times (1 + 2 \times 0,07 + 0,07^2)$$
$$EBZ = BW \times LZ \times (1 + 0,07)^2$$
$$EBZ = BW \times LZ \times 1,07^2$$

Daraus ergibt sich für den Bodenwert:

$BW = EBZ \div (LZ \times 1{,}07^2) = 10.000\ EUR \div (0{,}05 \times 1{,}07^2) = 174.688\ EUR$

Lösung Aufgabe 7:

a) Wirtschaftliche Wertminderung

ortsübliche Miete	6.300 EUR/Jahr
× Leibrentenbarwertfaktor	8,27
= wirtschaftliche Wertminderung	52.101 EUR

b) Marktanpassung ist nicht notwendig, da es sich um eine große Wohnanlage handelt

c) belasteter Verkehrswert:

unbelasteter Verkehrswert	912.000 EUR
– wirtschaftliche Wertminderung	52.101 EUR
– Marktanpassung	0 EUR
= Verkehrswert unter Berücksichtigung des Wohnungsrechts	859.899 EUR
Verkehrswert, gerundet	860.000 EUR

22 Fragen zu Rechten und Belastungen

22.1 Fragen

1. Erläutern Sie die Begriffe »Allgemeines Vorkaufsrecht« und »Besonderes Vorkaufsrecht« wie sie im BauGB beschrieben werden!

2. Was versteht man unter einer Baulast? Nennen Sie Beispiele für Baulasten!

3. Was ist der Unterschied zwischen einer beschränkten persönlichen Dienstbarkeit und einer Grunddienstbarkeit?

4. Was versteht man unter einem Erbbaurecht?

5. Erläutern Sie den Begriff »Bodenwertanteil des Erbbaurechts«!

6. Welcher Zeitpunkt ist für die Festlegung einer Überbaurente maßgeblich?

7. Was versteht man unter einer Leibrente? Was ist der Unterschied zwischen einer Leibrente und einer Zeitrente?

8. Welche wesentlichen Informationen benötigt man zur Bewertung eines Wohnungsrechts, dessen Laufzeit an die Lebenserwartung einer Person gebunden ist?

9. Was versteht man unter grundstücksgleichen Rechten?

10. Was versteht man unter einem Herrschvermerk im Grundbuch? Warum gibt es keinen Herrschvermerk bei einem Nießbrauch?

11. Welcher Unterschied besteht zwischen einem ins Grundbuch eingetragenen Wegerecht und einer dem Wegerecht entsprechenden Baulast?

12. Was ist der Unterschied zwischen einem Realfolium und einem Personalfolium?

13. Nennen Sie privatrechtliche Rechte und Belastungen, die nicht in das Grundbuch eingetragen werden!

14. Definieren Sie den Begriff Rechte an Sachen nach BGB.

15. Welches unbeschränkt dingliche Recht kennt das BGB und welche beschränkt dinglichen Rechte?

16. Nennen Sie ein Beispiel für ein beschränkt dingliches Recht.

17. Nennen Sie Beispiele für öffentlich-rechtliche Rechte und Lasten!

18. Wo erhalten Sie Auskunft über bestehende Baulasten und welche Information erhalten Sie an dieser Stelle?

19. Welchem Grundsatz folgt die Bewertung von Rechten und Lasten?

20. Kann sich ein Erbbaurecht auf einen für das Erbbaurecht nicht erforder- lichen Grundstücksteil beziehen und wo ist dies geregelt?

21. Ist die Beschränkung des Erbbaurechts auf Gebäudeteile möglich?

22. Kann ein Erbbaurecht an auflösende Bedingungen gebunden sein?

23. Nennen Sie Gründe für die Bestellung von Erbbaurechten. Unterschei- den Sie zwischen der Sicht des Erbbaurechtsgebers und der des Erbbau- rechtsnehmers.

24. In welchem rechtlichen Verhältnis steht das Erbbaurecht zum Grund- stück?

25. In welchem rechtlichen Verhältnis steht das Bauwerk zum Erbbaurecht?

26. Sind die Bestandteile des Erbbaurechts gleichzeitig Bestandteile des Grundstücks?

27. Was versteht man unter einem Eigentümererbbaurecht?

28. Wie entsteht ein Erbbaurecht?

29. Wo wird das Erbbaurecht eingetragen?

30. Welche Inhalte von Erbbaurechten kennen Sie?

31. Wo ist der gesetzliche Inhalt des Erbbaurechts beschrieben?

32. Worin liegt der Unterschied zwischen schuldrechtlichen und vertrag- lichen Inhalten von Erbbaurechten?

33. Auf welche Weise kann ein Erbbaurecht enden?

34. Was ist unter Heimfall zu verstehen?

35. Welche Besonderheit muss bei der Aufhebung eines Erbbaurechts beach- tet werden?

36. Was ist eine Wertsicherungsklausel?

37. Ist der Erbbauzins Inhalt des Erbbaurechts?

38. Nach welchem Zeitraum darf der Erbbauzins bei wohnwirtschaftlichen Erbbaurechten frühestens erhöht werden und wo ist dies geregelt?

39. Kann ein Erhöhungsanspruch des Erbbauzinses bei wohnwirtschaft- lichen Erbbaurechten an geänderte Grundstückswertverhältnisse gekop- pelt werden?

40. Handelt es sich bei der Erbpacht und dem Erbbaurecht um identische grundstücksgleiche Rechte?

41. In einem Erbbaurechtsvertrag wurde keine Anpassungsklausel zur Erhö- hung des Erbbauzinses vereinbart. Wie gehen Sie in einer Wertermittlung vor?

42. Warum zählt das Wohnungsrecht zu den beschränkt persönlichen Dienstbarkeiten?

43. Ist ein Wohnungsrecht übertragbar? Wenn ja, auf wen?

44. Welche Nutzungen gestattet das Wohnungsrecht dem Inhaber?

45. Wo finden Sie Hinweise über den Inhalt des Wohnungsrechts?

46. Skizieren Sie die Vorgehensweise bei der Bewertung von Wohnungsrechten.

47. Welcher Vervielfältiger wird bei der Bewertung von Wohnungsrechten herangezogen?

48. Welche Gründe führen bei der Bewertung des mit einem Wohnungsrecht belasteten Grundstücks in der Regel zu einem Marktanpassungsabschlag?

49. Nennen Sie ein Beispiel für eine Zeitrente und beschreiben Sie wie der Barwert einer Zeitrente gebildet wird.

50. Wie wird der Barwert einer ewigen Rente gebildet?

51. Wann kommen Leibrentenbarwertfaktoren zum Einsatz?

52. Welcher Zinssatz wird bei der Bewertung eines Wohnungsrechts, welcher bei der Bewertung eines mit einem Wohnungsrecht belasteten Grundstücks angewandt?

53. Handelt es sich bei einem Wegerecht um eine beschränkt persönliche Dienstbarkeit?

54. Erläutern Sie den Begriff Schonungspflicht im Zusammenhang mit der Bewertung von Wegerechten und nennen Sie die gesetzliche Grundlage.

55. Welche wirtschaftlichen Nachteile können dem Eigentümer des belasteten Grundstücks durch die Einräumung einer Grunddienstbarkeit in Form eines Wegerechts entstehen?

56. Bleibt eine Baulast bei dem Verkauf eines mit einer Baulast belasteten Grundstücks bestehen?

57. In welchen Fällen kann eine Baulast erlöschen?

58. Nennen Sie die Beteiligten bei einer Baulasteintragung in das Baulastenverzeichnis.

22.2 Lösungsvorschläge

1. Im BauGB wird unterschieden zwischen dem allgemeinen und dem besonderen Vorkaufsrecht, die beide nur ausgeübt werden dürfen, wenn das Wohl der Allgemeinheit dies rechtfertigt.

   Allgemeines Vorkaufsrecht:
   Der Gemeinde steht ein Vorkaufsrecht zu beim Kauf von Grundstücken
   a) im Geltungsbereich eines Bebauungsplans, soweit es sich um Flächen handelt, für die nach dem Bebauungsplan eine Nutzung für öffentliche Zwecke oder für Flächen oder Maßnahmen zum Ausgleich von Eingriffen in Natur und Landschaft festgesetzt ist,
   b) in einem Umlegungsgebiet,
   c) in einem förmlich festgelegten Sanierungsgebiet und städtebaulichem Entwicklungsbereich,
   d) im Geltungsbereich einer Erhaltungssatzung,
   e) im Geltungsbereich eines Flächennutzungsplans, soweit es sich um bebaute Flächen im Außenbereich handelt, für die nach dem Flächennutzungsplan eine Nutzung als Wohnbaufläche oder Wohngebiet dargestellt ist, sowie
   f) in Gebieten, die nach den §§ 30, 33 oder 34 Abs. 2 BauGB vorwiegend mit Wohngebäuden bebaut werden können, soweit die Grundstücke unbebaut sind.

   Besonderes Vorkaufsrecht:
   Die Gemeinde kann
   a) im Geltungsbereich eines Bebauungsplans durch Satzung ihr Vorkaufsrecht an unbebauten Grundstücken begründen,
   b) in Gebieten, in denen sie städtebauliche Maßnahmen in Betracht zieht, zur Sicherung einer geordneten städtebaulichen Entwicklung durch Satzung Flächen bezeichnen, an denen ihr ein Vorkaufsrecht an den Grundstücken zusteht.

2. Die Landesbauordnungen der Länder definieren eine Baulast fast alle inhaltlich gleich. Lediglich die Bauordnungen der Länder Bayern und Brandenburg kennen das Institut der Baulast nicht. In der Landesbauordnung für das Land Nordrhein-Westfalen ist die Baulast zum Beispiel wie folgt definiert:
   Durch Erklärung gegenüber der Bauaufsichtsbehörde kann die Grundstückseigentümerin oder der Grundstückseigentümer öffentlich-rechtliche Verpflichtungen zu einem ihr oder sein Grundstück betreffenden Tun, Dulden oder Unterlassen übernehmen, die sich nicht schon aus öffentlich-rechtlichen Vorschriften ergeben.

   Beispiele für Baulasten sind:
   • Abstandsflächenbaulast: Ein Grundstückseigentümer übernimmt die auf einem Nachbargrundstück geforderten Abstandsflächen.
   • Stellplatzbaulast: Ein Grundstückseigentümer übernimmt die auf einem Nachbargrundstück geforderten Stellplätze.

● Erschließungsbaulast: Mit dieser Baulast sollen einem Nachbargrundstück der Anschluss an eine öffentliche Verkehrsfläche sowie die Ver- und Entsorgung ermöglicht werden.

3. Die beschränkte persönliche Dienstbarkeit steht einer bestimmten natürlichen oder juristischen Person zu und nicht wie die Grunddienstbarkeit dem jeweiligen Eigentümer eines Grundstücks. Aufgrund der Bindung an eine Person ist die beschränkte persönliche Dienstbarkeit nicht übertragbar.

4. Ein Erbbaurecht ist das vererbliche und veräußerliche Recht, ein Bauwerk auf oder unter fremden Grund und Boden zu haben.

5. Bodenwertanteil des Erbbaurechts =
(Bodenwertverzinsung – Erbbauzins) × V

   Der Bodenwertanteil des Erbbaurechts ist der sich ohne Berücksichtigung der Gebäude, Außenanlagen und besonderen Betriebseinrichtungen ergebende Wertanteil des Erbbaurechts.

6. Für die Höhe der Rente ist der Zeitpunkt des Überbaus maßgebend. Zu diesem Zeitpunkt wird die Überbaurente (gegebenenfalls auch rückwirkend) auf der Grundlage der angemessenen Bodenwertverzinsung der überbauten Fläche für ihre Gesamtlaufzeit auf Basis der Werte zum Zeitpunkt des Überbaus festgelegt.

7. Unter einer Leibrente versteht man regelmäßige Zahlungen, die an die Lebenszeit einer Person gebunden sind. Der Unterschied zwischen einer Leibrente und einer Zeitrente liegt darin, dass die Zeitrente für einen genau definierten Zeitraum zu leisten ist und die Laufzeit der Leibrente aufgrund der nicht kalkulierbaren Überlebenswahrscheinlichkeiten nicht sicher vorhergesagt werden kann.

8. Folgende Informationen werden benötigt:
   ● Wird ein Entgelt gezahlt?
   ● Wer trägt die BWK?
   ● Wie hoch ist die ortsübliche Miete bzw. der nachhaltig erzielbare Rohertrag?
   ● Alter des Berechtigten
   ● Höhe des Kapitalisierungszinssatzes

9. Grundstücksgleiche Rechte sind Rechte an Grundstücken, die wie Grundstücke behandelt werden. Sie können vererbt, veräußert und belastet werden. Zudem werden sie in einem Register eingetragen.

   Bei der Veräußerung eines grundstücksgleichen Rechts wird lediglich das Recht und nicht das Grundstück, mit dem dieses Recht verbunden ist, veräußert.

   Zu den grundstücksgleichen Rechten zählen auch beispielsweise Schiffsrechte, die dann in das Schiffsregister eingetragen werden.

10. Ist ein Grundstück durch ein Recht begünstigt (z. B. durch ein Wegerecht) so wird oftmals ein diesbezüglicher Vermerk in das Bestandsverzeichnis des Grundbuchs des begünstigten Grundstücks eingetragen. Dieser Vermerk wird Herrschvermerk genannt.

    Bei einem Nießbrauch gibt es keinen Herrschvermerk, da kein Grundstück, sondern eine Person begünstigt ist.

11. Das ins Grundbuch eingetragene Wegerecht ist privatrechtlicher Natur. Somit bestehen lediglich private Rechtsbeziehungen zwischen den beteiligten Grundstückseigentümern. Die entsprechende Baulast ist öffentlich-rechtlicher Natur. Aus diesem Grund bestehen nach häufiger Meinung keine privaten Rechtsbeziehungen zwischen den an der Baulast Beteiligten.

12. Wird für jedes Grundstück ein Grundbuchblatt angelegt, so bezeichnet man dieses Grundbuchblatt als Realfolium. Im Gegensatz dazu bezeichnet man ein Grundbuchblatt als Personalfolium, wenn es für die jeweiligen Grundstücke eines Eigentümers angelegt wird.

13. Insbesondere folgende privatrechtlichen Rechte und Lasten werden nicht in das Grundbuch eingetragen:

    • persönliche Rechte und schuldrechtliche Ansprüche, wie zum Beispiel Miete und Pacht sowie schuldrechtliche Vorkaufsrechte
    • nachbarrechtliche Beschränkungen des Grundeigentums durch das BGB, wie zum Beispiel Notweg und Überbau
    • nachbarrechtliche Beschränkungen des Grundeigentums durch Landesrecht, wie zum Beispiel Leitungsrecht, Hammerschlagsrecht, Fenster- und Lichtrecht

14. Die Systematik des Bürgerlichen Gesetzbuchs (BGB) unterscheidet im Sachenrecht (3. Buch des BGB) zwischen dem Besitz und den Rechten an Sachen. Die Rechte an Sachen unterteilen sich nach BGB zunächst in das unbeschränkt dingliche Recht (Eigentum) an der Sache und in die beschränkt dinglichen Rechte.

    Beschränkt dingliche Rechte an Sachen sind Rechte, die dem Berechtigten nur bestimmte Befugnisse an der Sache einräumen. Immobile Sachen werden durch Einigung (Auflassung) und Eintragung in das Grundbuch wirksam übereignet. Mobile Sachen können durch Einigung und Übergabe übereignet werden

    Das Eigentum als unbeschränkt dingliches Recht wird unterschieden in Alleineigentum, Miteigentum und die grundstücksgleichen Rechte.

15. unbeschränkt dingliches Recht: Eigentum als Gesamt-, Mit- oder Teileigentum sowie grundstücksgleiche Rechte

    beschränkt dingliche Rechte:
    a) Nutzungsrechte: Grunddienstbarkeit, Nießbrauch, beschränkte persönliche Dienstbarkeit

| b) Verwertungsrechte: | Reallast, Hypothek, Grundschuld, Rentenschuld, Pfandrecht |
| c) Erwerbsrechte: | Vorkaufsrecht, Vormerkung, Anwartschaftsrecht |

16. Grunddienstbarkeit, Nießbrauch, Reallast, Vorkaufsrecht etc.

17. Baulasten, Auflagen des Denkmalschutzes, Miet- und Belegungsbindungen

18. Das Baulastenregister wird in der Regel beim Bauordnungsamt geführt. Dort können bei Nachweis eines berechtigten Interesses unverbindliche mündliche Auskünfte und verbindliche schriftliche Auskünfte eingeholt werden. Im Baulastenregister werden lediglich die Belastungen eines Grundstücks mit Baulasten aufgeführt. Etwaige Begünstigungen sind nicht unmittelbar aus dem Baulastenregister ersichtlich. Ergeben sich aus der Aktenlage oder beim Ortstermin begründete Verdachtsmomente, die die Existenz begünstigender Baulasten wahrscheinlich erscheinen lassen, muss dies ausdrücklich hinterfragt werden. Hierzu müssen die Belastungen der benachbarten Flurstücke geprüft werden.

19. Grundsätzlich ist bei der Bewertung von Rechten und Lasten die Frage danach zu beantworten, welche wirtschaftlichen Auswirkungen das Recht oder die Belastung verursachen und ob diese sich in vollem Umfang auf den Verkehrswert des Bewertungsobjekts auswirken.

Analog der Systematik der WertV wird immer zunächst der unbelastete Verkehrswert ermittelt. Daran anschließend werden die durch die Rechte und Belastungen entstehenden Wertminderungen bzw. Werterhöhungen sowie eine eventuell erforderlich werdende Anpassung an die Lage auf dem Grundstücksmarkt berücksichtigt.

20. Gemäß § 1 Abs. 2 der Verordnung über das Erbbaurecht (ErbbauVO) kann sich das Erbbaurecht auch auf einen für das Bauwerk nicht erforderlichen Teil des Grundstücks erstrecken. Demnach kann beispielsweise eine Gartenfläche ebenfalls Inhalt des Erbbaurechts sein. Zu beachten ist in diesem Fall jedoch, dass das Bauwerk wirtschaftlich die Hauptsache des Erbbaurechts darstellen muss.

21. Eine Beschränkung des Erbbaurechts auf Gebäudeteile, zum Beispiel eine Etage eines Einfamilienhauses, ist nicht zulässig. Das Erbbaurecht umfasst das gesamte Bauwerk. Ausnahmen bilden das Wohnungs- und Teilerbbaurecht.

22. Auf im Erbbaurechtsvertrag vorhandene Bedingungen, die bei Eintritt zur Auflösung des Erbbaurechts und Löschung im Grundbuch führen sollen, kann ein Grundstückseigentümer sich nicht berufen. Das Erbbaurecht kann also nicht durch auflösende Bedingungen beschränkt werden.

23. Dem Grundstückseigentümer bieten sich bei der Bestellung von Erbbaurechten viele Vorteile. Er bleibt Eigentümer des Grundstücks und erhält

für die Gestattung der Bebauung und Nutzung des Grundstücks den Erbbauzins als wiederkehrende Leistung aus dem Grundstück. Je nach Ausgestaltung des Erbbaurechts trägt er für die Dauer des Erbbaurechts
keine Kosten, die aus dem Eigentum des Grundstücks entstehen können.
Weiterhin partizipiert er an Bodenwertsteigerungen, die im Zeitablauf
zweifelsohne erzielt werden und kann nach Ablauf des Erbbaurechts gegen Zahlung einer Entschädigung das Eigentum an dem Bauwerk, den
baulichen Anlagen oder Einrichtungen erzielen.

Der Erbbaurechtsnehmer hingegen erhält die Möglichkeit, Eigentum zu
bilden, ohne die Kosten des Grunderwerbs tragen zu müssen. Dabei
hat er im Rahmen des Erbbaurechts die komplette Verfügungsgewalt
über das Grundstück. In der Regel bleibt der zu zahlende Erbbauzins deutlich hinter den laufenden Kosten zurück, die beim Kauf eines Grundstücks
entstehen würden.

24. Bei der Bewertung von Erbbaurechten ist zu beachten, dass das Bauwerk
    zwar wesentlicher Bestandteil des Erbbaurechts ist (§ 12 ErbbauVO), je-
    doch gemäß § 95 (BGB) als Scheinbestandteil des Grundstücks gilt, mit
    dem es zur Ausübung des Rechts verbunden wurde.

25. Das Eigentum wird beim Erbbaurecht nach dem Eigentum am Grund-
    stück und dem Eigentum am Gebäude getrennt. Dies geschieht unabhän-
    gig davon, ob das Bauwerk bereits errichtet ist oder noch errichtet wird.

    Der Erbbaurechtsnehmer wird Eigentümer des Bauwerks, der Erbbau-
    rechtsgeber ist Eigentümer des Grundstücks, auf dem das Bauwerk er-
    richtet wurde oder wird. Im Fall des Erbbaurechts wird also von dem
    Grundsatz abgewichen, dass die bauliche Anlage wesentlicher Bestand-
    teil des Grundstücks ist und somit das Grundstück und das Bauwerk im
    Eigentum eines Eigentümers stehen und das gleiche rechtliche Schicksal
    teilen.

26. Die Bestandteile des Erbbaurechts sind nicht gleichzeitig Bestandteile
    des Grundstücks. Sobald das Erbbaurecht jedoch erlischt, werden die Be-
    standteile des Erbbaurechts zu Bestandteilen des Grundstücks.

27. Man spricht dann von einem Eigentümererbbaurecht, wenn eine Person
    zugleich Inhaber des Erbbaurechts und Eigentümer des Grundstücks ist.

28. Ein Erbbaurecht entsteht durch die Einigung zwischen dem Erbbaurechts-
    geber und dem Erbbaurechtsnehmer über die Bestellung eines Erbbau-
    rechts sowie die Eintragung in das Grundbuch.

29. Im Falle des Erbbaurechts ist zu beachten, dass dieses in zwei verschiede-
    nen Grundbüchern dokumentiert wird. Einerseits wird das Erbbaurecht
    in Abeilung II des belasteten Grundstücks eingetragen. Andererseits
    wird darüber hinaus ein Erbbaugrundbuch angelegt.

30. Es wird zwischen den gesetzlichen, vertraglichen und schuldrechtlichen
    Inhalten von Erbbaurechten unterschieden.

31. Der gesetzliche Inhalt des Erbbaurechts ist in § 1 ErbbauVO geregelt. Er besteht u. a. darin, dass dem Erbbauberechtigten das veräußerliche und vererbliche Recht zusteht, auf oder unter der Oberfläche eines fremden Grundstücks ein Bauwerk zu haben.

32. Die vertraglichen in den §§ 2 bis 8 der ErbbauVO geregelten Vereinbarungen werden zum Inhalt des Erbbaurechts. Dadurch sind sie mit dem Erbbaurecht verbunden und wirken aufgrund ihres dinglichen Charakters gegen den derzeitigen Grundstückseigentümer und auch gegen seine Rechtsnachfolger.

Alle über diese dinglichen Inhalte hinausgehenden Vereinbarungen haben ausschließlich schuldrechtliche Wirkungen. Da sie nicht dinglich gesichert sind, können diese bei einem Eigentumswechsel untergehen.

33. Das Ende der Laufzeit des Erbbaurechts kann durch folgende Punkte erreicht werden:
    ● Heimfallanspruch z. B. bei Zahlungsverzug mit dem Erbbauzins in Höhe zweier Jahresbeiträge (§ 9 Abs. 4 ErbbauVO)
    ● Aufhebung
    ● Zeitablauf

34. Heimfall bedeutet, dass das Bauwerk, bauliche Anlagen und Einrichtungen bei Nichterfüllung getroffener Vereinbarungen im Zusammenhang mit der Bestellung des Erbbaurechts in das Eigentum des Erbbaurechtsgebers (=Grundstückseigentümer) übergehen. Damit wird das Bauwerk wieder wesentlicher Bestandteil des Grundstücks. Der Heimfallanspruch muss ausdrücklich vertraglich als Inhalt des Erbbaurechts vereinbart worden sein. Eine reine Vertragsverletzung ohne Regelungen über den Heimfall führt nicht zu einem Heimfallanspruch. Für den Eigentumsübergang ist in diesem Fall für das Erbbaurecht eine angemessene Vergütung zu zahlen, deren Höhe im Erbbaurechtsvertrag geregelt werden kann.

35. Stellt der Erbbaurechtsnehmer einen Antrag auf Aufhebung des Erbbaurechts, so bedarf dieser der Zustimmung des Grundstückseigentümers. Die Zustimmung ist dem Grundbuchamt oder dem Erbbauberechtigten gegenüber zu erklären und ist unwiderruflich.

36. Eine Wertsicherungsklausel bedeutet grundsätzlich, dass bei Änderung einer zuvor vereinbarten Bezugsgröße um einen bestimmten Wert, die Anpassung einer Leistung (die in der Regel ein wiederkehrender Geldbetrag ist) erforderlich wird. Die Bezugsgröße kann zum Beispiel der Preisindex für Lebenshaltungskosten sein; der wiederkehrende Geldbetrag ein zu zahlender Erbbauzins.

37. Der Erbbauzins ist nicht Inhalt des Erbbaurechts. Erst durch die Absicherung als Reallast im Grundbuch erhält der Erbbauzins die dingliche Wirkung.

38. Nach § 9 a ErbbauVO darf ein Anspruch auf Erhöhung des Erbbauzinses bei wohnwirtschaftlichen Erbbaurechten frühestens nach Ablauf von

drei Jahren seit Vertragsabschluss geltend gemacht werden. Bei bestehenden Erbbaurechtsverträgen darf eine Erhöhung des Erbbauzinses frühestens nach Ablauf von drei Jahren nach der letzten Erhöhung durchgeführt werden.

39. Bei einem Bauwerk, das Wohnzwecken dient, darf die Erhöhung des Erbbauzinses nicht unbillig sein. Die Anpassung des Erbbauzinses an geänderte wirtschaftliche Verhältnisse gilt als zulässig. Es ist nicht zulässig, die Erhöhung des Erbbauzinses an geänderte Grundstückswertverhältnisse zu koppeln, wenn diese Änderung die der wirtschaftlichen Verhältnisse übersteigt. Nach § 9 a der ErbbauVO darf die Anpassung des Erbbauzinses allerdings dann an geänderte Grundstückswertverhältnisse, die die Änderung der allgemeinen wirtschaftlichen Verhältnisse übersteigen, gekoppelt werden, wenn die Änderung des Grundstückswerts
    • infolge eigener zulässigerweise bewirkter Aufwendungen des Grundstückseigentümers entstanden ist oder
    • Vorteile, welche eine Änderung des Grundstückswerts mit sich bringen als billig anerkannt werden.

40. Die Begriffe Erbpacht und Erbbaurecht werden im allgemeinen Sprachgebrauch in Einklang gebracht, obwohl sie zwei verschiedene Rechte darstellen. Die Erbpacht ist ein dingliches Nutzungsrecht an einem ländlichen Grundstück. Das Erbbaurecht ist das Recht auf oder unter einem fremden Grundstück ein Bauwerk zu haben.

41. Die in diesem Fall derzeit gültige Vorgehensweise stützt sich auf verschiedene BGH-Urteile, die sich einerseits mit der Prüfung der wirtschaftlichen Verhältnisse beschäftigt haben und andererseits darauf abstellen, wie ein Erbbauzins bei geänderten wirtschaftlichen Verhältnissen anzupassen ist. Demnach ist zunächst zu prüfen, ob die wirtschaftlichen Verhältnisse sich seit Vertragsabschluss so stark geändert haben, dass seither ein Kaufkraftschwund von mehr als 60 % eingetreten ist. Wenn dies der Fall ist, kann der Erbbauzins an die geänderten wirtschaftlichen Verhältnisse angepasst werden. Die wirtschaftlichen Verhältnisse sollen anhand zweier Kriterien gemessen werden. Einerseits ist die Entwicklung der Lebenshaltungskosten ausschlaggebend, andererseits soll die Entwicklung der durchschnittlichen Einkommen in die Überlegungen mit einbezogen werden.

Folgende Formel kann dann zur Ermittlung des angepassten Erbbauzinses herangezogen werden:

$$\text{Erbbauzins} \times \left(\frac{b+c}{2} + a \right) \times 0{,}5$$

a = Anpassungsfaktor Lebenshaltungskostenindex
b = Anpassungsfaktor $\varnothing$ Bruttowochenverdienst der Arbeiter im produzierenden Gewerbe
c = Anpassungsfaktor $\varnothing$ Bruttomonatsverdienst der Angestellten im produzierenden Gewerbe und Handel

42. Das Wohnungsrecht zählt zu den beschränkt persönlichen Dienstbarkeiten, weil es nicht darauf ankommt, dass der Inhaber des Wohnungsrechts Eigentümer eines Grundstücks ist. Das Wohnungsrecht gewährt dem Inhaber des Rechts lediglich einzelne Befugnisse an der Sache und nicht die volle eigentumsgleiche Herrschaft über die Sache.

43. Ein Wohnungsrecht ist an eine bestimmte Person gebunden und erlischt mit dem Tod des Berechtigten. Es ist nicht übertragbar und kann nicht vererbt werden.

44. Das Wohnungsrecht gestattet ausdrücklich nur die Nutzung von Räumen zu Wohnzwecken.

45. Hinweise über den Inhalt des Wohnungsrechts können in der Eintragungsbewilligung und im Grundbuch gefunden werden.

46. Die grundsätzliche Vorgehensweise bei der Bewertung von mit Wohnungsrechten belasteten Grundstücken kann wie folgt dargestellt werden:

Grundsätzliche Vorgehensweise		Bewertung von mit Wohnungsrechten belasteten Grundstücken
Unbelasteter Verkehrswert		Verkehrswert ohne Berücksichtigung des Wohnungsrechts
Ertrags- und Kosten-überlegungen	−	Barwert des Mietausfalls
	−	Barwert sonstiger übernommener Kosten und Lasten
	+	Barwert wirtschaftlicher Vorteile
Lage auf dem Grundstücksmarkt	±	Marktanpassung
Belasteter Verkehrswert	=	Verkehrswert des belasteten Grundstücks

47. Die Wahl des Vervielfältigers hängt von der Laufzeit des Wohnungsrechts ab. Ist das Wohnungsrecht zeitlich befristet, wird der wirtschaftliche Nachteil mit dem Vervielfältiger in Abhängigkeit vom Liegenschaftszinssatz und der Restnutzungsdauer über die Restlaufzeit des Wohnungsrechts kapitalisiert.

Wenn das Wohnungsrecht an die Lebensdauer des Berechtigten gekoppelt wird, kann der Ertragsvervielfältiger nicht zur Kapitalisierung des Nachteils herangezogen werden. In diesem Fall ist die Kapitalisierung über Leibrentenbarwertfaktoren erforderlich, da nur diese die Überlebenswahrscheinlichkeit des Berechtigten erfassen.

48. Bei der Bewertung eines mit einem Wohnungsrecht belasteten Grundstücks führen einige wesentliche Aspekte zu einem Marktanpassungsabschlag vom unbelasteten Verkehrswert. Zwar kann über die Anwendung eines Leibrentenbarwertfaktors zur Kapitalisierung des wirtschaftlichen Nachteils die Überlebenswahrscheinlichkeit berücksichtigt werden. Die tatsächliche Lebenserwartung der berechtigten Person kann aber nicht vorhergesagt werden, so dass immer ein Restrisiko hinsichtlich der Dauer des Wohnungsrechts und der damit verbundenen Nachteile besteht.

Andererseits muss berücksichtigt werden, dass das Wohnungsrecht dem Berechtigten eine deutlich stärkere Rechtsposition verleiht, als dies über einen Mietvertrag der Fall wäre. So besteht unter anderem nicht die Möglichkeit der einseitigen Kündigung des Wohnungsrechts.

Darüber hinaus muss unter Umständen berücksichtigt werden, dass der wirtschaftliche Nachteil aus der Existenz des Wohnungsrechts so erheblich ist, dass das Bewertungsobjekt unter Umständen nicht veräußerbar ist.

Zuletzt muss, wie in jedem anderen Bewertungsfall auch, insbesondere die Lage auf dem Grundstücksmarkt berücksichtigt werden. Sofern das Angebot die Nachfrage nach dem Bewertungsgegenstand ähnlichen Objekten übersteigt, wird sich dies vermutlich in einem erhöhten Marktanpassungsabschlag niederschlagen.

49. Ein Beispiel für eine Zeitrente ist der Reinertrag. Der Barwert dieser Zeitrente ergibt sich aus der Multiplikation der Zeitrente mit dem Ertragsvervielfältiger.

50. Der Barwert einer ewigen Rente ergibt sich aus dem Quotient aus Rentenbetrag und Zinssatz.

51. Im Zusammenhang mit der Wertermittlung von Rechten und Lasten ist häufig der Barwert eines Vor- oder Nachteils zu ermitteln. Handelt es sich dabei um Rechte oder Lasten, die an die Lebenszeit einer Person gebunden sind, so wird der entsprechende Barwert mittels des so genannten Leibrentenbarwertfaktors (auch Kommutationszahl genannt) berechnet. Die in der Praxis oftmals anzutreffende Vorgehensweise, den Barwert mittels des Ertragsvervielfältigers einer Zeitrente zu berechnen, ist falsch (obwohl sich in den meisten Fällen keine großen Unterschiede bei der Barwertberechnung mittels Leibrentenbarwertfaktoren und der Berechnung mittels Ertragsvervielfältiger ergeben)!

52. Bei der Bewertung eines Wohnungsrechts herrschen in der Fachwelt verschiedene Meinungen vor. Einige Fachleute vertreten die Auffassung, dass bei der Wertermittlung eines Wohnungsrechts der Kapitalmarktzinssatz heranzuziehen ist. Andere Fachleute sind der Meinung, dass einzig der Liegenschaftszinssatz bei der Bewertung Wert eines Wohnungsrechts anzuwenden ist.

Für die Bewertung eines mit einem Wohnungsrecht belasteten Grundstücks wird in der Fachwelt unstrittig der Liegenschaftszinssatz als der zur Bewertung maßgebliche Zinssatz betrachtet.

53. Bei einem Wegerecht handelt es sich in der Regel um eine Grunddienstbarkeit und nicht um eine beschränkte persönliche Dienstbarkeit, da das Wegerecht zugunsten des jeweiligen Eigentümers eines anderen Grundstücks bestellt wird.

54. Mit § 1020 BGB wurde eine Regelung in das Gesetz eingeführt, die den Berechtigten einer Dienstbarkeit verpflichtet, das Interesse des Eigentümers des belasteten Grundstücks zu schonen. Dies bedeutet, dass z. B. die Nutzung eines Wegerechts so gehandhabt werden soll, dass den Verpflichteten des Wegerechts keine zusätzlichen Einschränkungen in der Nutzung seines Eigentums treffen.

55. Durch ein Wegerecht können dem Eigentümer des belasteten Grundstücks vor allem folgende wirtschaftliche Nachteile erwachsen:
- Nutzungseinschränkungen und damit verbundene Wertminderungen
- Immissionen und damit verbundenen Wertminderungen

56. Die Baulast bleibt auch beim Verkauf bestehen. Da es sich um eine öffentlich-rechtliche Verpflichtung gegenüber der Bauaufsichtsbehörde handelt, wirkt die Baulast auch gegen Rechtsnachfolger.

57. Eine Baulast kann erlöschen, wenn die Bauaufsichtsbehörde ihren Verzicht auf das Fortbestehen erklärt. Dies kann nur dann der Fall sein, wenn kein öffentliches Interesse mehr an der Baulast besteht.

58. Beteiligte:
- Baulastverpflichteter
- Baulastbegünstigter
- Bauaufsichtsbehörde

23 Wichtige Begriffe zu Rechten und Belastungen

23.1 Beschränkt dingliche Rechte

Das Sachenrecht im dritten Buch des BGB regelt, welche Rechte welche Personen an Sachen haben. Die Rechte an Sachen werden auch dingliche Rechte genannt. Bei der Grundstückswertermittlung hat man es in der Regel mit dinglichen Rechten an Grundstücken zu tun.

Das BGB unterscheidet bei Rechten an Sachen zwischen dem Eigentum als dem umfassendsten Recht an einer Sache und den beschränkt dinglichen Rechten. Als beschränkt dingliche Rechte kennt das BGB die Nutzungsrechte (Grunddienstbarkeit, Nießbrauch, beschränkte persönliche Dienstbarkeit, Erbbaurecht), die Verwertungsrechte (Reallast, Hypothek, Grundschuld, Pfandrecht) und die Erwerbsrechte (Vorkaufsrecht, Vormerkung, Anwartschaftsrecht).

23.1.1 Grunddienstbarkeit

Was unter einer Grunddienstbarkeit zu verstehen ist, wir in § 1018 BGB erläutert. Demnach kann ein Grundstück zugunsten des jeweiligen Eigentümers eines anderen Grundstücks in der Weise belastet werden,

a) dass dieser das Grundstück in einzelnen Beziehungen benutzen darf (so genannte Nutzungsdienstbarkeit, wie zum Beispiel Wegerecht) oder
b) dass auf dem Grundstück gewisse Handlungen nicht vorgenommen werden dürfen (so genannte Unterlassungsdienstbarkeit, wie zum Beispiel Bebauungsbeschränkung) oder
c) dass die Ausübung eines Rechts ausgeschlossen ist, das sich aus dem Eigentum an dem belasteten Grundstück dem anderen Grundstück gegenüber ergibt (so genannte Duldungsdienstbarkeit, wie zum Beispiel Duldung von Immissionen).

Charakteristisch für die Grunddienstbarkeit ist somit, dass sie dem jeweiligen Eigentümer eines anderen Grundstücks zusteht und nicht nur dem jetzigen. Bei Eigentumsübergang bleibt die Grunddienstbarkeit daher bestehen.

Die grundlegende Voraussetzung für die Begründung einer Grunddienstbarkeit wird in § 1019 BGB beschrieben:

Eine Grunddienstbarkeit kann nur in einer Belastung bestehen, die für die Benutzung des Grundstücks des Berechtigten einen Vorteil bietet. Über das sich hieraus ergebende Maß hinaus kann der Inhalt der Dienstbarkeit nicht erstreckt werden.

Eine Grunddienstbarkeit gilt nach § 96 BGB als Bestandteil des begünstigten (herrschenden) Grundstücks und kann daher im Bestandsverzeichnis des herrschenden Grundstücks eingetragen werden (so genannter Herrschvermerk).

23.1.2 Beschränkte persönliche Dienstbarkeit

In § 1090 BGB wird der Begriff der beschränkten persönlichen Dienstbarkeit wie folgt definiert:

Ein Grundstück kann in der Weise belastet werden, dass derjenige, zu dessen Gunsten die Belastung erfolgt, berechtigt ist, das Grundstück in einzelnen Beziehungen zu benutzen, oder dass ihm eine sonstige Befugnis zusteht, die den Inhalt eine Grunddienstbarkeit bilden kann.

Ähnlich wie bei der Grunddienstbarkeit gibt es somit drei Arten der beschränkten persönlichen Dienstbarkeiten:

- Nutzungsdienstbarkeit (Beispiel: Leitungsrecht für eine natürliche oder juristische Person)
- Unterlassungsdienstbarkeit, (Beispiel: ohne Zustimmung des Berechtigten darf der Eigentümer des belasteten Grundstücks eine bestimmte gewerbliche Nutzung nicht ausgeübt werden)
- Duldungsdienstbarkeit (Beispiel: Verzicht auf Ausgleichsansprüche gegen eine natürliche oder juristische Person insbesondere bei Bergschäden)

Die beschränkte persönliche Dienstbarkeit steht einer bestimmten natürlichen oder juristischen Person zu und nicht wie die Grunddienstbarkeit dem jeweiligen Eigentümer eines Grundstücks. Aufgrund der Bindung an eine Person ist die beschränkte persönliche Dienstbarkeit nicht übertragbar. Die Ausübung der Dienstbarkeit kann jedoch einem anderen überlassen werden, wenn dies vertraglich gestattet ist.

23.2   Besitz und Eigentum

23.2.1 Besitz

Derjenige, der die tatsächliche Herrschaft über eine Sache ausübt, ist Besitzer dieser Sache. Das heißt aber nicht, dass er auch der Eigentümer dieser Sache sein muss. Der Mieter einer Wohnung ist zum Beispiel ihr Besitzer, weil er die Sachherrschaft ausübt. Er ist aber in der Regel nicht der Eigentümer der Wohnung.

Besitzer wird man einerseits dadurch, dass man die tatsächliche Herrschaft über die Sache erlangt und gleichzeitig auch gewillt ist, die tatsächliche Herrschaft über die Sache auszuüben. Dazu ist keine Geschäftsfähigkeit nötig. Andererseits wird man Besitzer durch die Einigung mit dem bisherigen Besitzer. Da dies ein Rechtsgeschäft ist, ist Geschäftsfähigkeit erforderlich.

23.2.2 Eigentum

Eigentum ist das umfassende Recht an einer Sache. Man unterscheidet Alleineigentum und Miteigentum. Beim Miteigentum wird weiter unterschieden zwischen Miteigentum nach Bruchteilen oder Gesamthandseigentum. Miteigentum nach Bruchteilen bedeutet, dass das Eigentum mehreren Personen zu einem jeweils ideellen Bruchteil zusteht. Jeder Miteigentümer kann über seinen ideellen Anteil frei und unabhängig von den anderen Miteigentümern verfügen. Beim Gesamthandseigentum dagegen können die Eigentümer nur gemeinschaftlich über ihr Eigentum verfügen.

Das Eigentum an einer beweglichen Sache wird durch die Einigung zwischen Erwerber und Veräußerer sowie die Übergabe der Sache an den Erwerber übereignet. Zur Übereignung eines Grundstücks bedarf es der Auflassung (Einigung des Erwerbers und Veräußeres vor dem Notar) und der Eintragung in das Grundbuch.

23.3 Bewertungsgegenstand

23.3.1 Vorbemerkung

Nach § 2 WertV gibt es folgende Bewertungsgegenstände

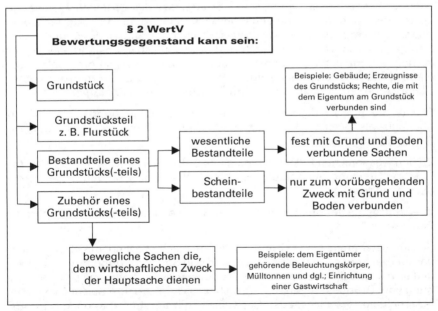

Nachfolgend wird beschrieben, was unter den in der WertV genannten Bewertungsgegenständen zu verstehen ist.

23.3.2 Grundstück

In der Umgangssprache versteht man unter einem Grundstück einen abgegrenzten Teil der Erdoberfläche.

Im Rechtssinn (d. h. im Sinn des Grundbuchs) versteht man unter einem Grundstück einen im Liegenschaftskataster erfassten Teil der Erdoberfläche, der im Grundbuch auf einem besonderen Blatt oder unter einer besonderen Nummer geführt wird.

23.3.3 Flurstück

Ein Flurstück ist ein zusammenhängender Teil der Erdoberfläche, der in der Flurkarte unter einer besonderen Nummer aufgeführt ist.

Mehrere Flurstücke können ein Grundstück bilden, umgekehrt jedoch können mehrere Grundstücke nicht ein Flurstück bilden.

23.3.4 Bestandteil eines Grundstücks oder Gebäudes

Das BGB unterscheidet zwischen wesentlichen Bestandteilen und Scheinbestandteilen (§§ 93 bis 95 BGB). Zu den wesentlichen Bestandteilen eines Grundstücks gehören die mit dem Grund und Boden fest verbundenen Sachen, insbesondere Gebäude, sowie Erzeugnisse des Grundstücks, solange sie mit dem Boden zusammenhängen. Samen wird mit dem Aussäen, eine Pflanze wird mit dem Einpflanzen wesentlicher Bestandteil des Grundstücks. Bäume gehören demzufolge auch zu den wesentlichen Bestandteilen. Nicht zu den wesentlichen Bestandteilen eines Grundstücks gehören solche Sachen, die nur auf den Boden aufgesetzt sind und ohne Zerstörung an anderer Stelle wieder aufgebaut werden können (zum Beispiel Fertiggaragen).

Rechte, die mit dem Eigentum an einem Grundstück verbunden sind, gelten ebenfalls als wesentlicher Bestandteil eines Grundstücks (zum Beispiel Grunddienstbarkeiten).

Zu den wesentlichen Bestandteilen eines Gebäudes gehören die zur Herstellung des Gebäudes eingefügten Sachen (insbesondere Mauern, Türen, Treppen, Fenster, etc.).

Wesentliche Bestandteile können nicht Gegenstand besonderer (dinglicher) Rechte sein.

Scheinbestandteile eines Grundstücks sind solche Sachen, die nur zu einem vorübergehenden Zweck mit dem Grund und Boden verbunden sind. Es handelt sich insbesondere dann um Scheinbestandteile, wenn die spätere Trennung vom Grundstück von Anfang an beabsichtigt ist (zum Beispiel vom Mieter errichtetes Gewächshaus). Das Gleiche gilt für ein Gebäude, das in Ausübung eines Rechts an einem fremden Grundstück von dem Berechtigten mit dem Grundstück verbunden worden ist (zum Beispiel Erbbaurecht, Grunddienstbarkeit, Überbau).

	wesentliche Bestandteile	Scheinbestandteile
Definition	sind solche Teile einer einheit-lichen, aber zusammengesetzten Sache, die nicht voneinander getrennt werden können, ohne dass der eine oder andere Teil zerstört oder in seinem Wesen verändert wird.	sind solche Teile, die nur zu einem vorübergehenden Zweck mit der Hauptsache verbunden sind.
zum Beispiel bei Grund-stücken	die mit dem Grund und Boden fest verbundenen Sachen, insbe-sondere Gebäude, sowie Erzeug-nisse des Grundstücks, solange sie mit dem Boden zusammen-hängen. Samen wird mit dem Aussäen, eine Pflanze wird mit dem Einpflanzen wesentlicher Bestandteil des Grundstücks. Bäume gehören demzufolge auch zu den wesentlichen Bestandtei-len. Nicht zu den wesentlichen Bestandteilen eines Grundstücks gehören solche Sachen, die nur auf den Boden aufgesetzt sind und ohne Zerstörung an anderer Stelle wieder aufgebaut werden können (zum Beispiel Fertig-garagen). Rechte, die mit dem Eigentum an einem Grundstück verbunden sind, gelten ebenfalls als wesentlicher Bestandteil eines Grundstücks (zum Beispiel Grunddienstbarkeiten).	Es handelt sich insbesondere dann um Scheinbestandteile, wenn die spätere Trennung vom Grundstück von Anfang an beabsichtigt ist (zum Beispiel vom Mieter errichtetes Gewächshaus). Das Gleiche gilt für ein Gebäude, das in Ausübung eines Rechts an einem fremden Grundstück von dem Berechtigten mit dem Grundstück verbunden worden ist (zum Beispiel Erbbaurecht, Grunddienstbarkeit, Überbau).
zum Beispiel bei Gebäu-den	die zur Herstellung des Gebäudes eingefügten Sachen (insbeson-dere Mauern, Türen, Treppen, Fenster, etc.).	Sachen, die nur zu einem vorübergehenden Zweck in das Gebäude eingefügt worden sind.
Besonder-heit	Wesentliche Bestandteile können nicht Gegenstand besonderer dinglicher Rechte sein.	Scheinbestandteile werden grundsätzlich als bewegliche Sachen behandelt und gehen nicht in das Eigentum des Grund-stückseigentümers über.

23.3.5 Zubehör eines Grundstücks oder Gebäudes

Zubehör sind bewegliche Sachen, die, ohne Bestandteil der Hauptsache zu sein, dem wirtschaftlichen Zweck der Hauptsache zu dienen bestimmt sind und zu ihr in einem dieser Bestimmung entsprechenden räumlichen Verhält-nis stehen.

Die Frage, wann eine Sache Zubehör ist und wann nicht, ist im Einzelfall schwierig zu klären. Beispiele für Zubehör: Heizölvorrat eines Wohnhauses; die Einrichtung einer Gastwirtschaft, wenn das Grundstück auf die dauernde Nutzung als Gastwirtschaft angelegt ist. Kein Zubehör sind vom Wohnungsmieter angebrachte Beleuchtungskörper und zum Verkauf bestimmte Waren.

23.4   Dienstbarkeiten

Dienstbarkeiten sind Rechte an einer Sache oder einem Recht, die auf ein Dulden oder Unterlassen gerichtet sind. Das BGB kennt drei Arten von Dienstbarkeiten:

- Grunddienstbarkeit
- Nießbrauch
- beschränkte persönliche Dienstbarkeit

Mit Grunddienstbarkeiten und beschränkten persönlichen Dienstbarkeiten können nur Grundstücke belastet werden. Ein Nießbrauch kann dagegen an beweglichen Sachen, Grundstücken, Rechten und Vermögen eingeräumt werden.

23.5   Grundbuch

23.5.1   Vorbemerkung

Im Grundbuch werden zahlreiche grundstücksbezogene Rechtsverhältnisse aus dem Bereich des privaten Rechts dokumentiert. Es genießt öffentlichen Glauben, d. h. dass die Teilnehmer am Rechtsverkehr, die sich auf die Richtigkeit des Grundbuchs verlassen, geschützt werden. Sie können die eingetragenen Rechte gutgläubig erwerben, auch wenn diese in Wirklichkeit nicht oder nicht so wie eingetragen bestehen. Der wirklich Berechtigte verliert sein Recht, wenn er nicht eingetragen ist.

Für den Wertermittlungssachverständigen ist es daher unerlässlich, in der Phase der Informationsbeschaffung das Grundbuch des zu bewertenden Grundstücks einzusehen oder sich eine möglichst aktuelle Grundbuchabschrift aushändigen zu lassen. Dementsprechend werden im folgenden die für die Informationsbeschaffung notwendigen Grundlagen des Grundbuchrechts beschrieben.

23.5.2   Wo wird das Grundbuch geführt?

Das Grundbuch wird vom Grundbuchamt, welches in der Regel eine Abteilung des Amtsgerichts ist, geführt. Eine Ausnahme bildet Baden-Württemberg, denn hier gelten für die Zuständigkeit der Grundbuchführung unterschiedliche landesrechtliche Regelungen. Die Grundbuchämter sind hier bei den Gemeinden eingerichtet und werden von einem Notar geführt.

23.5.3 Ordnungsmerkmale des Grundbuchs

Ein Amtsgerichtsbezirk ist unterteilt in verschiedene Grundbuchbezirke. Innerhalb eines Grundbuchbezirkes erhält jedes Grundstück ein fortlaufend nummeriertes Grundbuchblatt. Werden mehrere Grundstücke eines Eigentümers auf einem Grundbuchblatt geführt, so werden diese Grundstücke nochmals nach laufenden Nummern unterschieden. Somit ist ein Grundstück über die Ordnungsmerkmale Amtsgerichtsbezirk, Grundbuchbezirk, Grundbuchblatt und eventuell über die laufende Nummer eindeutig identifizierbar.

23.5.4 Das Grundbuchblatt als Grundbuch

In der Regel erhält jedes Grundstück ein eignes Grundbuchblatt. Dieses Grundbuchblatt besteht aus der Aufschrift, dem Bestandsverzeichnis und den drei Abteilungen. Verlangt man beim Grundbuchamt die Einsicht in das Grundbuch eines Grundstücks, so wird einem stets das Grundbuchblatt dieses Grundstücks mit der Aufschrift, dem Bestandsverzeichnis und den drei Abteilungen vorgelegt.

Man redet also ständig vom Grundbuch eines Grundstücks oder spricht von der Einsichtnahme in das Grundbuch und meint damit aber immer nur das **Grundbuchblatt** eines Grundstücks. Das, was man umgangssprachlich mit Grundbuch eines Grundstücks bezeichnet, ist demnach nichts anderes als das Grundbuchblatt des Grundstücks mit seiner Aufschrift, dem Bestandsverzeichnis und den drei Abteilungen.

23.5.5 Aufschrift

Die Aufschrift (Titelblatt) enthält das zuständige Amtsgericht, den Grundbuchbezirk und die Blattnummer. Diese Angaben sind für die Wertermittlung nicht von vorrangiger Bedeutung. Die Aufschrift lässt aber auch erkennen, ob es sich um ein Grundbuchblatt für ein »normales« Grundstück oder zum Beispiel um ein Grundbuchblatt für ein Erbbaurecht handelt. Für Erbbaurechte werden nämliche besondere Grundbuchblätter angelegt, die dann in der Aufschrift mit einem entsprechenden Zusatz gekennzeichnet werden.

Aber nicht nur für das Erbbaurecht, sondern für einige andere Rechte und Lasten werden ebenfalls besondere Grundbuchblätter mit den entsprechenden Zusätzen in der Aufschrift angelegt. Dabei handelt es sich insbesondere um folgende sonstige Rechte und Lasten: Wohnungseigentum, Teileigentum, Wohnungs- und Teilerbbaurecht, Höferecht, Heimstätte, Bergbaurecht, Fischereirecht.

Aus der Aufschrift lässt sich demnach erkennen, ob es sich um ein Grundbuchblatt für ein »normales« Grundstück, oder um ein Grundbuchblatt für eines der oben beschriebenen Rechte handelt.

23.5.6 Bestandsverzeichnis

Im Bestandsverzeichnis werden die Katasterangaben der einzelnen Grundstücke eines Grundbuchblatts aufgeführt. Dabei handelt es sich hauptsächlich um Gemarkung, Flur, Flurstück, Wirtschaftsart, Lage und Größe. Es ist jedoch zu beachten, dass die Angaben über Wirtschaftsart, Lage und Größe eines Grundstücks nicht am öffentlichen Glauben des Grundbuchs teilnehmen. Dies hat folgenden Grund:

Das Grundbuch ist kein Grundstücksregister sondern ein **Grundstücksrechtsregister**. In diesem Register werden zahlreiche (aber nicht alle!) mit einem Grundstück verbundenen Rechte geführt. (Anmerkung: Auch beim Eigentum am Grundstück handelt es sich um ein Grundstücksrecht!) Alle Aussagen zu den eingetragenen Rechten genießen öffentlichen Glauben.

Um die im Grundbuch eingetragenen Rechte auf einen Teil der Erdoberfläche, nämlich das Grundstück, beziehen zu können, werden die Katasterangaben Gemarkung, Flur, Flurstücksnummer, Wirtschaftsart, Lage und Größe in das Grundbuch übernommen. Der öffentliche Glauben des Grundbuchs erstreckt sich aber nur auf die Gemarkung, die Flur und die Flurstücksnummer, denn damit ist das Grundstück als Teil der Erdoberfläche eindeutig identifiziert. Der öffentliche Glaube erstreckt sich nicht auf die tatsächlichen Eigenschaften eines Grundstücks, wie zum Beispiel Wirtschaftsart, Lage und Größe. Diese Angaben werden lediglich nachrichtlich aus dem Liegenschaftskataster übernommen.

Es kann zum Beispiel der Fall auftreten, dass das Katasteramt durch Neuvermessung eines Flurstücks feststellt, dass die alte Flurstücksgröße falsch war. Dann ändert das Katasteramt die Flurstücksgröße im Liegenschaftskataster und teilt dem Grundbuchamt die neue Flurstücksgröße mit. In das Grundbuch wird nun die neue Flurstücksgröße eingetragen.

Solche Vorgänge nehmen im Grundbuchamt oftmals eine lange Bearbeitungszeit in Anspruch. Während dieser Bearbeitungszeit ist die Größenangabe im Grundbuch nicht mehr richtig. Für die Informationsbeschaffung hat dies zur Folge, dass die Grundstücksgröße immer aus dem Liegenschaftskataster und nicht aus dem Grundbuch übernommen werden sollte.

Neben den Katasterangaben können im Bestandsverzeichnis die mit dem Eigentum an dem Grundstück verbundenen subjektiv-dinglichen Rechte an anderen Grundstücken, grundstücksgleiche Rechte und Miteigentumsanteile vermerkt werden. Beispielhaft seien hier genannt, Vorkaufsrechte, Reallasten, Überbau- und Notwegerenten, Erbbauzins. Weiterhin sind die eingetretenen Zu- und Abschreibungen im Bestandsverzeichnis erkennbar. Dies ermöglicht die manchmal notwendige Recherche über die Historie eines Grundstücks.

Die folgenden Abbildung zeigt einen Auszug aus dem Bestandsverzeichnis eines Grundbuchs:

Amtsgericht Bonn		Grundbuch von Kessenich			Blatt 2573		Bestandsverzeichnis		
Laufende Nummer der Grundstücke	Bisherige laufende Nummer der Grundstücke	Bezeichnung der Grundstücke und der mit dem Eigentum verbundenen Rechte						Größe	
		Gemarkung (Vermessungsbezirk)	Karte		Liegenschaftsbuch	Wirtschaftsart und Lage			
			Flur	Flurstück					
		a	b		c/d	e	ha	a	m²
1	2	3					4		
1		Kessenich	15	327	5497	Gebäude- und Freifläche Hauptstraße 3		7	41
2 / zu 1		Wegerecht an dem Grundstück Kessenich Flur 15 Flurstück 329 eingetragen im Grundbuch von Kessenich Blatt 2561 Abt. II Nr. 1							

Bestandsverzeichnis

23.5.7 Erste Abteilung

Die erste Abteilung beinhaltet den Eigentümer des Grundstücks und die Grundlage der Eintragung (zum Beispiel Erbfolge oder Auflassung). Der Eigentümer eines Grundstücks kann für die Wertermittlung von großer Bedeutung sein, denn er ist »Anbieter« und damit Marktteilnehmer. Auch der Auftraggeber kann am Eigentümer des Grundstücks interessiert sein, zum Beispiel bei Gutachten für Verkaufsverhandlungen, Zwangsversteigerungen oder Beleihungen. Insofern sollte die Information über den Eigentümer stets eingeholt und im Gutachten mit angegeben werden.

Es sind jedoch auch Fälle möglich, in denen der im Grundbuch eingetragene Eigentümer nicht der rechtmäßige Eigentümer ist. So wird zum Beispiel ein Erbe sofort beim Erbfall oder der Ersteigerer beim Zuschlag Eigentümer. Der Eintrag im Grundbuch erfolgt dann erst später.

Die folgende Abbildung zeigt ein Beispiel für mögliche Eintragungen in die erste Abteilung eines Grundbuchs:

23.5.8 Zweite Abteilung

In die zweite Abteilung werden alle beschränkten dinglichen Rechte eingetragen, die das Grundstückseigentum belasten, mit Ausnahme der Grundpfandrechte. Die wichtigsten bewertungsrelevanten Rechte der zweiten Abteilung sind:

- Grunddienstbarkeit
- beschränkte persönliche Dienstbarkeit
- Vorkaufsrecht
- Nießbrauch

- Dauerwohn- und Dauernutzungsrecht
- Reallast
- Erbbaurecht
- Vormerkungen und Widersprüche zu Lasten der vorbezeichneten Art

Sind die Eintragungen in der Aufschrift und den beiden anderen Abteilungen zumeist informativer Art, so handelt es sich bei den Eintragungen in die zweite Abteilung in der Regel um bewertungsrelevante Rechte und Lasten. Die Einsicht der zweiten Abteilung des Grundbuchblatts mit ihren Rechten und Lasten ist somit eine **Pflicht** für jeden Wertermittlungssachverständigen.

Neben den Rechten und Lasten werden in der 2. Abteilung Verfügungsbeschränkungen ausgewiesen, wie zum Beispiel durch Nacherbschaftsvermerk, Testamentvollstreckervermerk, Konkursvermerk, Zwangsversteigerungs- oder Zwangsverwaltungsvermerk.

Die folgende Abbildung zeigt einen Auszug aus der zweiten Abteilung eines Grundbuchs:

Amtsgericht Bonn		**Grundbuch von** Kessenich	**Zweite Abteilung**
Laufende Nummer der Ein- tragung	Laufende Nummer der betroffenen Grundstücke im Bestandsverzeichnis	Grundlage der Eintragung	
1	2	3	
1	1	Befristete Grunddienstbarkeit (Kanalrecht) für die jeweiligen Eigentümer der Grundstücks Flur 15 Flurstück 319. Mit Bezug auf die Bewilligung vom 8. Oktober 1985 eingetragen am 7. Januar 1986. (Schmitz) (Müller	

Zweite Abteilung

23.5.9 Dritte Abteilung

In die dritte Abteilung des Grundbuchs werden Hypotheken, Grundschulden und Rentenschulden und die sich auf diese Rechte beziehenden Vormerkungen und Widersprüche eingetragen.

Diese Rechte sind für die Wertermittlung in der Regel nicht von Interesse. Es können jedoch auch Fälle auftreten, in denen ein günstiges Darlehen übernommen werden kann oder ein ungünstiges Darlehen übernommen werden muss. In diesen Fällen ergibt sich ein wirtschaftlicher Vor- bzw. Nachteil, der in der Verkehrswertermittlung berücksichtigt werden muss. Insofern muss der Sachverständige sich ein Bild darüber machen, ob die in der dritten Abteilung eingetragenen Rechte als besonders günstig oder besonders ungünstig einzustufen sind.

23.5.10 Ungültige Eintragungen

Bei Änderungen im Grundbuch werden die ungültig gewordenen Eintragungen **unterstrichen** und nicht durchgestrichen. Dadurch ist gewährleistet, dass alle Vorgänge detailliert nachvollzogen werden können.

23.5.11 Eintragungsbewilligung

Eine Eintragung in das Grundbuch wird durch den Eintragungsvermerk dargestellt. Dieser kann, wie in dem obigen Beispiel zur zweiten Abteilung, folgenden Wortlaut haben:

Befristete Grunddienstbarkeit (Kanalrecht) für die jeweiligen Eigentümer des Grundstücks Flur 15 Flurstück 319. Mit Bezug auf die Bewilligung vom 8. Oktober 1985 eingetragen am 7. Januar 1986.

Durch den Bezug auf die Eintragungsbewilligung ist es nicht erforderlich, den gesamten Inhalt des entsprechenden Rechts in das Grundbuchblatt des belasteten Grundstücks einzutragen. Der Bezug auf die Eintragungsbewilligung dient daher der Übersichtlichkeit des Grundbuch.

Der Text der Eintragungsbewilligung wird durch die Bezugnahme Inhalt des Grundbuchs. Das hat für die Informationsbeschaffung zur Folge, dass der Sachverständige neben dem eigentlichen Grundbuchblatt zwingend die Eintragungsbewilligung einsehen muss. Denn was nützt es dem Sachverständigen, wenn er zwar weiß, dass ein bestimmtes Recht besteht, aber nicht, wie es ausgestaltet ist?

Die Eintragungsbewilligung ist die erforderliche Erklärung des von der Eintragung Betroffenen, zum Vollzug der begehrten Grundbucheintragung. Sie ist meistens identisch mit dem Kaufvertrag. Oftmals ist ein Duplikat der Eintragungsbewilligung beim Eigentümer vorhanden. Ist dies nicht der Fall, so muss die Eintragungsbewilligung aus der Grundakte besorgt werden. Was man sich unter der Grundakte vorstellen kann, wird im folgenden beschrieben.

23.5.12 Grundakten

Für jedes Grundbuchblatt werden so genannte Grundakten geführt. Diese tragen dieselben Ordnungsmerkmale wie das zugehörige Grundbuchblatt (Amtsgerichtsbezirk, Grundbuchbezirk, Grundbuchblatt und laufende Nummer). In den Grundakten werden alle Urkunden und Dokumente aufbewahrt, auf die sich eine Eintragung im Grundbuchblatt gründet oder auf die im Grundbuchblatt Bezug genommen wird. Die in den Grundakten vorhandenen Urkunden und Dokumente gelten als Grundbuchinhalt, soweit sich eine Eintragung im Grundbuchblatt darauf bezieht.

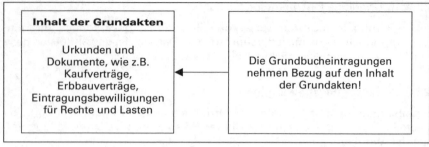

Grundakte

Durch die Aufnahme aller Dokumente und Urkunden in die Grundakte bleibt die Übersichtlichkeit der Grundbuchblätter gewährleistet. Für die Informationsbeschaffung bedeutet dies, dass die bewertungsrelevanten Informationen in der Regel in den Grundakten zu finden sind. In den Grundbuchblättern ist im allgemeinen nur ein Hinweis darauf vorhanden, dass mögliche bewertungsrelevante Tatsachen bestehen.

23.5.13 Einsicht in das Grundbuch

Die Einsicht des Grundbuchs ist jedem gestattet, der ein berechtigtes Interesse darlegt. Als berechtigt gilt zum Beispiel, wer ein wirtschaftliches, familiäres oder wissenschaftliches Interesse an der Einsicht hat. Die Rechtsprechung hat diesen Personenkreis sehr weit gefasst. Beispielhaft seien hier genannt:

- Der Kaufinteressent, der mit dem Eigentümer in konkreten Kaufverhandlungen steht. Nicht jedoch der Kaufinteressent, der durch die Einsicht erst den Namen des Grundstückseigentümers erfahren will.
- Der Gläubiger, der die Zwangsversteigerung in das Grundstück betreiben will.
- Der Wissenschaftler, der orts- und heimatgeschichtliche Arbeiten betreibt.

Die Einsicht bleibt auf die Teile beschränkt, für welche das berechtigte Interesse gilt. So wird zum Beispiel der oben genannte Wissenschaftler keine Einsicht in die dritte Abteilung erhalten. Es sind auch Fälle vorstellbar, in denen die Einsicht in die Grundakte verwehrt bleibt.

Das berechtigte Interesse muss nicht bewiesen, sondern lediglich dargelegt werden. D. h. dass Tatsachen vorgetragen werden müssen, die dem Grundbuchamt die Überzeugung vermitteln, dass die Einsicht nicht zu missbräuchlichen Zwecken oder aus Neugier gewünscht wird. Ein vorgebliches Kaufinteresse ohne konkrete Anhaltspunkte dafür, dass der Grundstückseigentümer zu einem Verkauf bereit ist, genügt zum Beispiel nicht.

Auch ein Wertermittlungssachverständiger muss zunächst sein berechtigtes Interesse an der Einsicht des Grundbuchs darlegen. Dazu sollte er glaubhaft machen können, dass er tatsächlich Sachverständiger ist und mit der Wertermittlung des betreffenden Grundstücks beauftragt ist. Der Urkundsbeamte des Grundbuchamts entscheidet dann, ob Einsicht gewährt wird und wenn ja, in welche Teile des Grundbuchblatts.

Das Risiko, dass das Einsichtsrecht verwehrt wird, sollte der Sachverständige jedoch auf keinen Fall eingehen. Er sollte sich vielmehr eine Vollmacht des Eigentümers ausstellen lassen, die ihn zur Einsicht aller Teile des Grundbuchs und der Grundakte berechtigt. Ist der Auftraggeber nicht identisch mit dem Eigentümer, was zum Beispiel bei Gutachten zur Vorbereitung eines Grundstückskaufs der Fall ist, muss über den Auftraggeber die benötigte Vollmacht besorgt werden.

Oftmals ist es ausreichend, wenn dem Sachverständigen eine Abschrift des Grundbuchblatts des zu bewertenden Grundbuchs vorgelegt wird. Die Abschrift kann aber nur dann für eine Wertermittlung verwendet werden,

- wenn sie aktuell ist und
- wenn die entsprechenden Eintragungsbewilligungen von Rechten und Lasten mit vorgelegt werden.

Zusammenfassend gilt: Für die praktische Arbeit empfiehlt es sich, vom Auftraggeber stets eine aktuelle Grundbuchabschrift des zu bewertenden Grundstücks anzufordern. Die eigenständige Einsichtnahme des Sachverständigen in das Grundbuchblatt kostet nämlich in den meisten Fällen sehr viel Zeit. Zusätzlich zu der Abschrift müssen aber auch die Eintragungsbewilligungen von etwaigen Rechten und Lasten vorgelegt werden.

23.5.14 Was ist zu tun, wenn das Grundbuch nicht eingesehen werden kann?

Zu dieser Frage soll die Auffassung von Kronenbitter angeführt werden, die keiner weiteren Kommentierung bedarf (Kronenbitter in Gerardy/Möckel, Praxis der Grundstücksbewertung, 24. NL S 9.2.1/11):

Die oft anzutreffende stereotype Mitteilung, man habe das Grundbuch nicht eingesehen oder nicht einsehen können, ist ein Fehler eines Gutachtens, wenn nicht zugleich mitgeteilt wird, warum dies unterbleiben musste oder unterblieben ist. Der Leser muss, um das Gutachten nachvollziehen zu können, nun selbst das Grundbuch erheben, um festzustellen, ob des Sachverständigen Anamnese vom Grundstück mit der (grundbuch-)rechtlichen Beschreibung übereinstimmt. Ist dies der Fall, ist der Fehler zwar nicht wesentlich, aber erheblich; es muss nachgebessert werden. Ähnlich ist es, wenn der Auftraggeber bittet, von der Grundbucheinsicht Abstand zu nehmen und nur von den durch ihn mitgeteilten Grundbuchdaten auszugehen. Das muss mitgeteilt sein und auch eine Begründung dafür abgegeben werden, weshalb diese Bitte des Auftraggebers den Sachverständigen veranlasste, auf die Grundbucheinsicht zu verzichten. Diese Begründung ist nicht für den Auftraggeber entscheidend, sondern für einen Dritten, der das Gutachten zur Grundlage seiner Entscheidung machen soll.

23.5.15 Welche Informationen stehen nicht im Grundbuch?

Entgegen der teilweise in der Praxis herrschenden Meinung sind die folgenden bewertungsrelevanten öffentlich-rechtliche Lasten und Verfügungsbeschränkungen nicht im Grundbuch eingetragen:

- Erschließungsbeiträge
- Ausbaubeiträge nach den Kommunalabgabengesetzen der Länder
- Kanalgebühren nach den Kommunalabgabengesetzen der Länder
- Baulasten

Die aufgeführten Lasten und Verfügungsbeschränkungen gehören nicht zum
Bereich des privaten sondern vielmehr zum Bereich des öffentlichen Rechts.
Auf diese Grundstücksbelastungen wird daher an späterer Stelle eingegan-
gen.

23.5.16 Zusammenfassende Tabelle zum Grundbuch

Informationsquelle	Information
Aufschrift	Handelt es sich um ein »normales« Grundbuch oder zum Bei-spiel um ein Erbbaugrundbuch, ein Wohnungsgrundbuch oder Teileigentumsgrundbuch?
Bestandsverzeichnis	Bestehen Rechte zugunsten des Bewertungsgrundstücks an einem anderen Grundstück?
Erste Abteilung	Eigentümer
Zweite Abteilung	• Grunddienstbarkeit • beschränkte persönliche Dienstbarkeit • Vorkaufsrecht • Nießbrauch • Dauerwohn- und Dauernutzungsrecht • Reallast • Erbbaurecht • Vormerkungen und Widersprüche zu Lasten der vorbe-zeichneten Art • Verfügungsbeschränkungen
Dritte Abteilung	Grundpfandrechte
Grundakte	alle Urkunden und Dokumente, auf die sich eine Eintragung gründet oder auf die eine Eintragung Bezug nimmt
Eintragungs-bewilligung	detaillierte Informationen zu den in der zweiten Abteilung eingetragenen Rechten und Lasten

23.6   Grundstücksgleiches Recht

Wenn für Rechte die für Grundstücke geltenden Vorschriften des BGB anzuwenden sind und wenn für diese Rechte Grundbücher angelegt werden, be-

zeichnet man sie als grundstücksgleiche Rechte. Es gibt die folgenden grundstücksgleichen Rechte:

● Erbbaurecht
● Gebäudeeigentum in den neuen Ländern
● Wohnungs- und Teileigentum
● Bergwerkseigentum
● Schiffseigentum
● eingetragene Luftfahrzeuge

23.7 Öffentliches Recht und Privatrecht

Das öffentliche Recht regelt die Beziehungen des Staates zum Staatsbürger.
Das Privatrecht regelt die Beziehungen der einzelnen Staatsbürger unterei-
nander.

23.8 Sachenrecht

Die für die Verkehrswertermittlung relevanten Rechte und Belastungen privatrechtlicher Art finden sich hauptsächlich im Bürgerlichen Gesetzbuch (BGB)
und dort im Dritten Buch (Sachenrecht).

Das Sachenrecht regelt, welche Sachen, welcher Person zustehen und welche
Befugnisse eine Person an einer Sache hat. Es wird unterschieden zwischen
beweglichen und unbeweglichen Sachen. Grundstücke und ihre wesentlichen Bestandteile sind unbewegliche Sachen.

Das Sachenrecht kennt insbesondere zwei unmittelbare Rechte an Sachen,
die auch für die Verkehrswertermittlung von Bedeutung sind: das Eigentum
und die beschränkt dinglichen Rechte. Das Eigentum ermöglicht die umfassende Herrschaft über eine Sache, während die beschränkt dinglichen Rechte
lediglich eine Teilherrschaft ermöglichen.

Das Sachenrecht kennt folgende beschränkt dinglichen Rechte:

● Nutzungsrechte: Grunddienstbarkeit, Nießbrauch, beschränkte persönliche Dienstbarkeit, Erbbaurecht
● Verwertungsrechte: Reallast, Hypothek, Grundschuld, Rentenschuld, Pfandrecht
● Erwerbsrechte: Vorkaufsrecht, Vormerkung, Anwartschaftsrecht

23.9 Wertermittlungsstichtag und Qualitätsstichtag

Die grundlegende Systematik jeder Verkehrswertermittlung besteht darin, zunächst die Zustandsmerkmale eines Bewertungsobjekts zu ermitteln und diesen Zustandsmerkmalen dann Werte zuzuordnen. So ist beispielsweise die

Lage ein Zustandsmerkmal, das es zu recherchieren gilt. Der recherchierten Lage ist dann ein entsprechender Bodenwert zuzuordnen.

In der Regel beziehen sich die Zustandsmerkmale und die Wertverhältnisse auf einen Zeitpunkt. Man sagt dann, dass Qualitätsstichtag (Zeitpunkt, auf den sich die Zustandsmerkmale beziehen) und Wertermittlungsstichtag (Zeitpunkt, auf den sich die Werte beziehen) zusammenfallen, was in der Praxis der Normalfall ist.

Es kann aber auch vorkommen, dass die beiden Zeitpunkte nicht zusammenfallen. Dies ist zum Beispiel bei den Anfangswerten in der Sanierung der Fall. Hier ist der Qualitätsstichtag der Zeitpunkt vor Beginn der Sanierung und der Wertermittlungsstichtag der Zeitpunkt des Sanierungsendes.

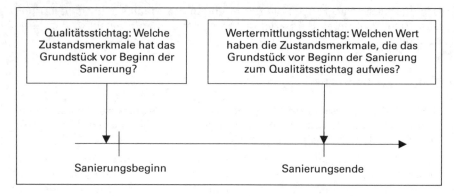

Die WertV beschreibt die unterschiedlichen Zeitpunkte in § 3 wie folgt:

Zur Ermittlung des Verkehrswerts eines Grundstücks sind die allgemeinen Wertverhältnisse auf dem Grundstücksmarkt in dem Zeitpunkt zugrunde zu legen, auf den sich die Wertermittlung bezieht (Wertermittlungsstichtag). Dies gilt auch für den Zustand des Grundstücks, es sei denn, dass aus rechtlichen oder sonstigen Gründen ein anderer Zustand des Grundstücks maßgebend ist.

24 Literatur

Döring, Christian. Die öffentlich-rechtliche Baulast und das nachbarrechtliche Grundverhältnis. 1. Aufl. Düsseldorf: Werner, 1994

Fassbender, Grauel, Kemp, Ohmen, Peter, Roemer. Notariatskunde. 13. Auflage 2000. Merkur Verlag Rinteln. Deutscher Anwaltverlag

Gerardy, Theo, Rainer Möckel und Herbert Troff. Praxis der Grundstücksbewertung. Losebl.-Ausg. Landsberg am Lech: Verlag Moderne Industrie

Gottschalk, Götz-Joachim. Immobilienwertermittlung. 2. Auflage. München: Verlag C. H. Beck, 2003.

Kleiber, Wolfgang, Jürgen Simon und Gustav Weyers. Verkehrswertermittlung von Grundstücken: Kommentar und Handbuch zur Ermittlung von Verkehrs-, Beleihungs-, Versicherungs- und Unternehmenswerten unter Berücksichtigung von WertV und BauGB. 4., vollständig neu bearbeitete und erweiterte Auflage. Köln: Bundesanzeiger, 2002.

Kleiber, Wolfgang und Jürgen Simon. Wertermittlungsverordnung 1998; unter Berücksichtigung der Wertermittlungsrichtlinien (WertR 96); praxisnahe Erläuterungen zur Ermittlung der Verkehrswerte von Grundstücken. 5., völlig neu bearbeitete Auflage. Köln: Bundesanzeiger, 1999.

Kleiber, Wolfgang. WertR 06. Wertermittlungsrichtlinien 2006. Sammlung amtlicher Texte zur Ermittlung des Verkehrswerts von Grundstücken mit Normalherstellungskosten – NHK 2000. 9. Aufl. Köln: Bundesanzeiger Verlagsges. mbH, 2006

Kleiber, Wolfgang. Entscheidungssammlung zum Grundstücksmarkt und zur Grundstückswertermittlung. Neuwied, Kriftel, Berlin: Luchterhand Verlag, 1994.

Linde, Trutz und Rüdiger Richter. Erbbaurecht und Erbbauzins. 3. neubearb. Aufl. Münster: Aschendorff; Köln: O. Schmidt, 2001

Meendermann, Dietrich. Die öffentlich-rechtliche Baulast. Münster: Waxmann Verlag GmbH, 2003

Rössler/Langner fortgeführt von Simon/Kleiber/Joeris/Simon. Schätzung und Ermittlung von Grundstückswerten. 8., überarbeitete und erweiterte Auflage. München/Unterschleißheim: Luchterhand, 2004.

Schwarz, Bernd. Baulasten im öffentlichen Recht und im Privatrecht. Wiesbaden, Berlin: Bauverlag, 1995

Sommer, Goetz, Kröll, Ralf und Jürgen Piehler. Grundstücks- und Gebäudewertermittlung für die Praxis. Losebl.-Ausg. Freiburg: Haufe

Sprengnetter, Hans-Otto. Grundstücksbewertung. Losebl.-Ausg. Sinzig: Wertermittlungsforum Dr. Sprengnetter GmbH

Statistisches Bundesamt. Kommutationszahlen und Versicherungsbarwerte für Leibrenten 2002/2004. Wiesbaden, 2006

Statistisches Bundesamt. Periodensterbetafeln für Deutschland. Wiesbaden, 2006

Weirich, Hans-Armin. Grundstücksrecht: Systematik und Praxis des materiellen und formellen Grundstücksrechts. 2., neubearb. Aufl. München: Beck, 1996

Wenzel, Gerhard. Baulasten in der Praxis. Köln: Bundesanzeiger Verlagsges. mbH., 2006

Zimmermann, Peter und Robert E. Heller. Der Verkehrswert von Grundstücken: rechtliche Belastungen und ihr Einfluss auf die Wertfindung; Praxishandbuch. 2. neubearb. und erw. Aufl. München: Vahlen, 1999

25   Wertweisheiten

Abschließend einige »Weisheiten«, die Sie zum Nachdenken über Immobilienwerte, Immobilienbewertungen und Bewertungssachverständige anregen sollen.

1. Moliere (Jean-Baptiste Poquelin): Die Dinge haben nur den Wert, den man ihnen verleiht.

2. Ludwig Marcuse: Werturteile sind nie Wahrheiten, sondern Wünsche, die wahr gemacht werden sollen.

3. Friedrich Johann Christoph Schiller: Ein jeder gibt den Wert sich selbst.

4. Wert ist das, was mindestens zwei andere bereit sind zu zahlen (Quelle unbekannt)

5. Hillmar Kopper (Deutsche Bank): Die 50 Mill. DM, die an offenen Handwerkerrechnungen bei der »Schneiderpleite« ausstehen, sind Peanuts (Peanuts = Unwort des Jahres 1994).

6. Jürgen Schneider (Frankfurter Baulöwe): Werte sind menschengemachte und zeitabhängige Bewertungen, die sich mit den Menschen und den Zeiten erheblich ändern können, das gilt für moralische Werte nicht anders als für Geldwerte. Es kommt immer darauf an, was man aus einer Sache machen kann.

7. John Ruskin (englischer Sozialreformer, 1819–1900): Es gibt kaum etwas auf dieser Welt, das nicht irgendjemand ein wenig schlechter machen und etwas billiger verkaufen könnte, und die Menschen, die sich nur am Preis orientieren, werden die gerechte Beute solcher Machenschaften. Es ist unklug, zu viel zu bezahlen, aber es ist noch schlechter, zu wenig zu bezahlen. Wenn sie zuviel bezahlen, verlieren Sie etwas Geld, das ist alles. Wenn sie dagegen zu wenig bezahlen, verlieren Sie manchmal alles, da der gekaufte Gegenstand die ihm zugedachte Aufgabe nicht erfüllen kann. Das Gesetz der Wirtschaft verbietet es, für wenig Geld viel Wert zu erhalten. Nehmen sie das niedrigste Angebot an, müssen sie für das Risiko, das sie eingehen, etwas hinzurechnen. Und wenn Sie das tun, dann haben Sie auch genug Geld, um für etwas Besseres zu bezahlen.

8. Oscar Wilde: Ein Zyniker ist ein Mensch, der von allem den Preis und von nichts den Wert kennt.

9. Erfahrung eines Sachverständigen: Wenn wir niedrige Werte ermitteln, meckert der Auftraggeber. Wenn wir hohe Werte ermitteln, spricht man von Gefälligkeitsgutachten. Wenn wir ausgewogene Werte ermitteln, wirft man uns Unkenntnis vor. Also machen wir was wir wollen: alles ist richtig, alles ist falsch.

10. Carl Spitteler: Viele Worte wässern, wenig Worte würzen.

11. Schweizer Sprichwort: Dem Weisen genügen wenige Worte.

12. Max Planck: Denn was man messen kann, existiert auch.

13. Kurt Tucholsky: Erfahrungen vererben sich nicht, jeder muss sie alleine machen.

14. Matthias Claudius: Sage nicht alles, was du weißt, aber wisse immer, was du sagst.

15. Benjamin Stolberg: Der Experte ist ein Mensch, der die kleinen Irrtümer vermeidet, während er dem großen Trugschluss entgegen treibt.